HISTOIRE

GÉNÉRALE

DE LANGUEDOC.

TOULOUSE, IMPRIMERIE DE J.-B. PAYA.

D. J. VAISSETE.

HISTOIRE
GÉNÉRALE
DE LANGUEDOC,

AVEC DES NOTES ET LES PIÈCES JUSTIFICATIVES :

COMPOSÉE SUR LES AUTEURS ET LES TITRES ORIGINAUX,

ET ENRICHIE DE DIVERS MONUMENS,

PAR DOM CLAUDE DE VIC ET DOM VAISSETE,

Religieux Bénédictins de la Congrégation de Saint-Maur ;

COMMENTÉE ET CONTINUÉE JUSQU'EN 1830,

ET AUGMENTÉE D'UN GRAND NOMBRE DE CHARTES ET DE DOCUMENS INÉDITS,

PAR M. LE CHEV. AL. DU MÈGE.

TOME PREMIER.

TOULOUSE,
J.-B. PAYA, PROPRIÉTAIRE-ÉDITEUR,
HÔTEL CASTELLANE.

M DCCC XL.

NOTICE
SUR DOM DE VIC ET DOM VAISSETTE,
AUTEURS DE L'HISTOIRE GÉNÉRALE DE LANGUEDOC.

La Province de Languedoc, célèbre par son étendue, par ses richesses, par le génie de ses habitants et par ses illustrations antiques, n'avait pas encore trouvé un historien digne d'elle, lorsqu'en 1709, M. de La Berchère, archevêque de Narbonne, proposa aux Etats qu'il présidait, de faire composer une histoire complète de cette contrée. La généreuse pensée de ce prélat fut accueillie par les Représentants de la province, et il fut prié de se charger de la direction de ce grand ouvrage et du choix des auteurs. La Congrégation des Bénédictins de St-Maur lui offrait un grand nombre de savants modestes, profondément versés dans l'étude des sciences historiques. Le général de l'Ordre, consulté par M. de La Berchère, crut que l'on devait confier la composition de cet ouvrage aux RR. PP. dom Pierre Auzières et dom Gabriel Marchand. Mais leur âge et les emplois qu'ils occupaient les empêchèrent de se livrer entièrement à ce travail, et, en 1715, on leur substitua dom Claude de Vic et dom Vaissette.

Il existait plusieurs Essais et des Mémoires, plus ou moins importants, sur nos annales ; mais, comme on l'a dit en commençant, le Languedoc n'avait pas encore un historien. Seulement, de Marca, et Catel surtout, pouvaient donner de précieuses indications et fournir beaucoup de documens importants. Mais ces laborieux écrivains n'avaient pas visité tous nos monuments, compulsé toutes nos archives. Il fallait lire, copier et analyser plusieurs milliers de chartes ; comparer les récits des divers historiens de l'antiquité et des temps modernes, établir d'une manière incontestable la chronologie des faits, la généalogie des familles souveraines, les origines des villes et des établissemens religieux et politiques ; il fallait surtout, par une critique aussi éclairée que sévère, porter la clarté la plus vive dans les ténèbres du moyen-âge, repousser l'erreur et faire jaillir des vérités inespérées de l'examen approfondi de tous les diplômes, de toutes les chartes, de tous les monuments dont on avait jusqu'alors négligé l'étude. Les auteurs devaient, d'ailleurs, sans s'écarter des saints devoirs de leur profession, et sans céder à l'esprit de leur siècle, se rappeler qu'ils n'écrivaient pas seulement pour de pieux solitaires, mais aussi pour des hommes du monde qui aiment à retrouver dans un livre l'union d'un style élégant et correct à l'intérêt des détails, à la variété des tableaux, à la majesté de l'ensemble. Il fallait enfin que, riches de tant de faits qu'eux seuls pouvaient retracer, les auteurs fissent un choix heureux, se souvenant toujours de cette vieille maxime, proclamée depuis par l'un des plus grands poètes du xviii° siècle, et qui devrait être respectée par tous ceux qui écrivent l'histoire : « Que nulle vérité ne soit cachée, c'est une règle qui peut souffrir quelques exceptions, mais en voici une qui n'en admet point : *Ne dites à la postérité que ce qui est digne de la postérité.* »

Les auteurs de l'*Histoire de Languedoc* ont compris toutes leurs obligations, et ils les ont remplies. C'est d'après l'exemple qu'ils ont offert que les provinces de Bourgogne, de Provence, de Bretagne, ont eu des histoires particulières, moins parfaites peut-être, mais où l'on retrouve cet esprit d'investigation, cette justesse de vues et cette érudition profonde qui distinguaient si éminemment dom de Vic et dom Vaissette.

Le premier de ces savants Religieux naquit à Sorèze en 1670. A l'âge de 17 ans, il entra dans le monastère de la Daurade, à Toulouse. Après avoir professé la rhétorique au collége de Saint-Sever, en 1701, il fut choisi pour accompagner à Rome le procureur-général de la congrégation de Saint-Maur. Les liaisons honorables qu'il avait formées dans cette capitale du monde chrétien, engagèrent ses supérieurs à le renvoyer en Italie, mais revêtu cette fois du titre de procureur-général. Il mourut subitement à Paris, dans l'abbaye de Saint-Germain-des-Prés, le 23 janvier 1734, peu de temps après la publication du second volume de l'Histoire à laquelle il travaillait, depuis 1715, avec son confrère dom Vaissette, qui fut chargé de terminer seul cette importante entreprise.

La famille de celui-ci était originaire de la petite ville de l'Isle d'Albigeois ; elle était ancienne dans ce pays, riche et généralement estimée[1]. Elle s'est divisée en plusieurs branches. L'aînée subsiste, dit-on, encore, à Brens, bourgade peu éloignée de Gaillac. Guillaume de Vaissette fut le premier qui s'établit dans la petite ville que nous venons de nommer. Ce fut vers l'année 1643, époque à laquelle il acheta l'office de *Procureur en chef*, ou de Procureur-général du pays d'Albigeois. Il avait épousé Jeanne de Penard, nièce d'un commandeur de Saint-Pierre de Gaillac. Il transmit sa charge et sa fortune à Jean Geraud de Vaissette, son fils, qui épousa Marie de Passemar de Bartoule. Joseph de Vaissette naquit de ce mariage le 4 mai 1685, dans la maison possédée aujourd'hui par M. Rest, membre du conseil d'arrondissement. Elle était, plus anciennement, la propriété de M. d'Autry de Ste-Colombe, qui la vendit à Jean-Geraud de Vaissette. Celui-ci la laissa à Jeanne de Vaissette, sa fille, et par succession elle passa dans la famille des Combettes-Caumont, qui l'ont possédée jusqu'en 1810.

Joseph de Vaissette était le septième des enfants provenus de l'union de son père avec Marie de Passemar ; il eut même un frère puîné : mais bientôt il ne resta de cette nombreuse famille que le savant historien du Languedoc et Jeanne de Vaissette, sa sœur, qui fut mariée le 18 octobre 1702, avec Antoine de Combettes, trésorier de France et avocat du roi au Bureau des Finances de la Généralité de Montauban. Elle porta toute la fortune de sa famille dans celle de son mari. Cette inconcevable largesse en faveur d'une fille, et au détriment d'un fils unique qui avait à peine dix-sept ans, ne peut s'expliquer que par le goût bien prononcé du jeune de Vaissette pour la vie monastique, et par sa ferme résolution d'entrer bientôt dans l'Ordre de St-Benoît.

Ses études, commencées à Gaillac et terminées à Toulouse, furent brillantes et solides. Il fut reçu docteur en théologie et docteur en droit civil et en droit canonique. Il aurait voulu dès-lors entrer dans un cloître ; mais l'instant où il devait se consacrer à Dieu fut différé par la volonté de son père, qui, se repentant peut-être de l'exhérédation dont il l'avait frappé dès l'année 1702, en mariant Jeanne de Vaissette, voulut lui assurer encore une fortune assez considérable, en lui transmettant son office et en lui en faisant d'avance exercer les fonctions sous le titre de Substitut du Procureur-général au pays d'Albigeois. Le jeune Vaissette accepta, pour obéir à ses parents, mais non sans peine, cette dignité. Il fut installé le 24 avril 1710, et remplit la charge dont on venait de l'investir jusqu'au 10 juin suivant. Etant alors parvenu à sa vingt-cinquième année, n'ayant aucun goût pour la magistrature, et d'ailleurs entraîné vers la vie religieuse par un penchant irrésistible, il demanda et obtint enfin la permission d'entrer dans la Congrégation de Saint-Maur.

A peine avait-il pris l'habit de novice, qu'il reçut la nouvelle de la mort de son père, décédé en 1711. Bientôt après il fit profession dans le monastère de la Daurade, à Toulouse.

Cette maison lui offrit de nombreux sujets d'observations : son église, qui était la plus ancienne de cette vieille capitale du Languedoc, peut-être même du midi de la France ; son cloître, rempli de tombeaux et d'épitaphes, et qui, par ses formes, par la singularité des sculptures qui le décoraient, était l'un des monuments les plus intéressants de la ville, les manuscrits précieux qui étaient conservés dans sa bibliothèque, tout se réunissait dans cette Maison pour attacher encore plus dom Vaissette aux études profondes qui devaient honorer sa vie et illustrer son souvenir. Deux ans après, il fut appelé à l'Abbaye de Saint-Germain-des-Prés, « où il allait trouver tous les genres de secours dont il devait avoir besoin pour ses travaux. » On a déjà vu qu'en 1715 il fut chargé, avec dom Claude de Vic, d'écrire l'histoire de la province de Languedoc. Trente années de soins assidus purent à peine suffire pour la composition de ce grand ouvrage.

[1] Nous devons en grande partie ces détails biographiques sur Dom Vaissette, à l'obligeance de M. de Combettes-Labourelie, qui s'occupe avec succès de recherches approfondies sur l'Histoire de l'Albigeois et du Castrais.

L'auteur le divisa en trois parties : d'abord, en *Histoire* proprement dite, puis, en *Notes* sur cette histoire, et l'on sait que chacune d'elles est une dissertation importante, complète, sur un sujet plus ou moins obscur ou controversé ; on sait aussi que le nombre de ces dissertations est si considérable, que leurs titres seuls occupent neuf colonnes dans la *Bibliothèque historique de la France*. La troisième partie se compose des *Preuves*. C'est l'immense réunion des chartes, diplômes, inscriptions, documents de toute espèce qui ont servi à la composition du texte. Dans la *Biographie universelle*, M. Weiss dit que : « cet ouvrage est savant, judicieux, exact et bien écrit ; » il aurait pu ajouter que c'était la meilleure et la plus complète des histoires de nos provinces. Le premier volume parut en 1730, le dernier en 1745. Dom Vaissette en a donné, en 1749, un *Abrégé* en six volumes, ouvrage qui a fait estimer encore plus l'*Histoire générale* dont il n'est que l'extrait. En publiant cet *Abrégé*, l'auteur ne voulut pas sans doute rendre hommage au goût léger et futile d'un siècle qui regardait avec dédain les recherches les plus profondes, mais il céda au désir de rendre plus populaire, si l'on peut s'exprimer ainsi, l'histoire de notre belle province. Sa *Géographie historique, ecclésiastique et civile*, ouvrage toujours consulté avec fruit alors qu'on veut avoir des renseignements certains, des notions incontestables sur des questions relatives aux matières traitées dans ce livre, montra, quelques années plus tard, que notre savant historien n'avait pas abandonné la carrière de l'érudition et de la critique.

Dom Vaissette avait, comme on vient de le dire, travaillé pendant trente années à l'*Histoire générale de Languedoc* ; le reste de sa vie fut consacré, d'abord, aux recherches nécessaires pour la composition de la *Description de cette province*, ouvrage qu'il ne put terminer, mais qu'il regardait avec raison comme le complément nécessaire du premier, et à la composition de sa *Géographie*. Épuisé de fatigue, il ne put renoncer à l'étude, ni recouvrer ses forces, et, après avoir langui pendant quelques années, il mourut à Paris, le 10 avril 1756, à l'âge de soixante-onze ans. Son caractère était un mélange heureux de bonhomie et de simplicité spirituelle. Il aima et protégea toujours les enfants de sa sœur. Il fit donner à son neveu, Jean-Joseph-Lazare de Combettes-Caumont, vicaire-général d'Alby, l'abbaye de Saint-Hilaire, près de Carcassonne, et un prieuré près de Paris. Il conserva aussi pour ses compatriotes un attachement sincère. Les nombreuses lettres qu'il leur a écrites, et qui sont précieusement conservées par plusieurs familles, sont des preuves assurées de cet attachement. On a encore de dom Vaissette, outre les grands ouvrages qui viennent d'être indiqués, une *Dissertation sur l'origine des Français, où l'on examine s'ils descendent des Tectosages, ou anciens Gaulois établis dans la Germanie* ; une *Lettre à M. de Fontenelle, sur Romieu de Villeneuve, ministre de Raymond-Bérenger, comte de Provence*, et un *Mémoire sur la vie et les ouvrages de dom de Vic, religieux Bénédictin de la Congrégation de Saint-Maur*.

Le cinquième et dernier volume de l'*Histoire de Languedoc* se termine à la mort de Louis XIII, et il ne paraît pas que D. Vaissette ait eu le dessein de la continuer jusqu'à l'époque où il écrivait. Plus tard, les états de la province désirèrent que cette lacune fut remplie, et Dom Bourotte, bénédictin de la congrégation de Saint-Maur, composa un sixième volume, qu'il n'eut pas le temps de publier.

On n'a pu retrouver, dans les archives de la Province, l'ouvrage de ce savant bénédictin.

Le noble désir de compléter les travaux historiques qui existent sur le Languedoc a engagé des particuliers généreux à publier une nouvelle édition du bel ouvrage de Dom de Vic et de Dom Vaissette, en y ajoutant la continuation du récit des faits, depuis la mort de Louis XIII jusqu'à l'époque de la révolution de 1830.

On a voulu joindre en même temps à l'*Histoire de Languedoc*, tous les évènements qui se rattachent à elle et qui n'étaient que faiblement connus, ou qui ne l'étaient pas durant la première moitié du dix-huitième siècle. Mais ces ADDITIONS n'ont pas été intercalées dans le texte, dont elles auraient altéré trop souvent la majestueuse simplicité. Elles ont été placées à la fin de chaque livre, et forment ainsi, avec de nombreuses NOTES, quarante-trois chapitres détachés.

Dom de Vic et Dom Vaissette avaient senti le besoin de décrire la Province de Languedoc et les monuments qu'elle renfermait. Aujourd'hui la Province est morcelée en une foule de divisions administratives; les monuments sont tombés, ou ne subsistent plus que par une sorte de prodige; et il a paru indispensable de décrire avec soin dans les ADDITIONS, tout ce qui reste aujourd'hui des admirables monuments élevés par nos pères.

Les ADDITIONS et les NOTES HISTORIQUES, ajoutées au texte, avaient besoin d'être appuyées par des *Preuves*, comme le sont tous les faits racontés par les bénédictins, auteurs de l'*Histoire de Languedoc*. On a donc ajouté, à la fin de chaque volume, des chartes, des mémoires, des ouvrages entiers qui se rattachent essentiellement aux annales de notre province. La plupart de ces documens étaient inédits, et ceux qui avaient été publiés appartenaient si essentiellement à nos annales, que l'on ne pouvait se soustraire à la nécessité de les reproduire.

Les histoires particulières des villes, les statistiques des départements dont le territoire fait partie du Languedoc, ont fourni quelquefois des documents jusqu'alors inconnus, et qui ne devaient pas être dédaignés, alors qu'il fallait donner une nouvelle édition de l'Histoire générale de cette province.

Les recherches de plusieurs particuliers [1] et de quelques corps savans, ont jeté, depuis peu d'années, des clartés inattendues sur plusieurs points de l'histoire de cette province, et l'annotateur de l'Histoire de Languedoc a dû profiter de ces intéressantes recherches. Les *Mémoires de la société archéologique du midi de la France*, fondée à Toulouse en 1831; les *Publications de la société archéologique de Montpellier*, et de celle de Béziers, ont fourni aussi des notions importantes.

Des mémoires du plus haut intérêt pour cette histoire, documents presque ignorés, existent dans les Archives du Royaume ou dans les bibliothèques de Paris; et il a fallu les recueillir, les coordonner, les faire servir à l'illustration de nos annales. Des savants recommandables ont bien voulu, à notre prière, copier et souvent traduire des textes arabes qui étaient d'un grand intérêt pour nous; d'autres nous ont transmis des copies de manuscrits et de chartes trop long-temps demeurées dans l'oubli. Enfin, nous avons cru devoir recueillir les compositions épiques ou romantiques qui se rattachent à notre histoire. Ainsi, les *Enfances de Guilhaume au-cort-nés*, son *Moinage* et le *Charroy de Nismes*, et le *Philoména*, ont dû paraître dans nos *Preuves*, non comme monuments historiques, mais comme sources des traditions populaires qui existent encore dans nos contrées. La *Canso de San Gili*, ou les fragments du poème, en langue romane, consacré aux exploits de Raymond IV de Saint-Gilles, la *Canso dels Eretgés d'Albegés*, et quelques autres devaient paraître aussi dans ces *Preuves*, comme monuments de littérature méridionale.

MM. Reinaud, de l'Institut, l'un de nos plus célèbres orientalistes; Edouard Dulaurier, jeune savant, né à Toulouse, et qui publie en cet instant la Bible, en langue cophte, M. L. de Maslatrie, élève de l'école des Chartes, et quelques autres, ont bien voulu, par leurs recherches dans les bibliothèques de Paris, nous fournir des documents de la plus haute importance. Qu'ils reçoivent ici l'expression de toute notre gratitude.

En complétant, en terminant l'œuvre de Dom de Vic et de Dom Vaissette, on a voulu rendre un solennel hommage à la mémoire de ces savants et modestes religieux, dont les travaux honoreront toujours la France. En même temps, on a essayé de rappeler au Languedoc le souvenir de sa longue et glorieuse existence. Un autre aurait bien mieux rempli cette mission de dévouement et de patriotisme; mais si le zèle le plus vrai et les études les plus consciencieuses pouvaient tenir lieu de ce qui a manqué à l'auteur, il ne serait pas toujours resté au-dessous de l'honorable tâche qui lui a été imposée.

---

[1] MM. le Marquis de Castellane, Jules Renouvier, Thomas, Puiggari, Renard de Saint-Malo, Jaubert de Réart, Henry, Belhomme, Durand et Grangent, Alexandre de Seynes, Bofarull y Mascaro, de Saint-Amans, Fons-Lamothe, l'abbé Aug. Durand, etc.

MÉDAILLES ATTRIBUÉES AUX ROIS DES GALATES.

AUTRES ROIS DES GALATES.

MÉDAILLES OU MONNAIES DES VOLCES-TEKTOSAGES ET ARÉCOMIQUES.

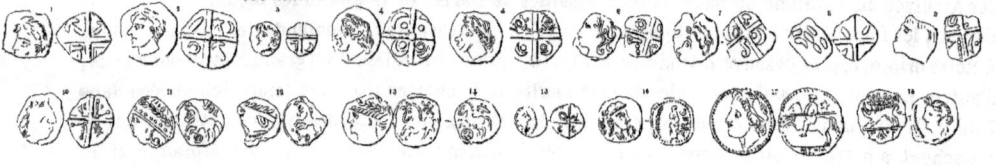

MONNAIES DES ROIS WISIGOTS.

MONNAIES MÉROVINGIENNES.

A NOSSEIGNEURS

DES ÉTATS

DE LANGUEDOC.

NOSSEIGNEURS,

L'Ouvrage que nous avons l'honneur de vous présenter, vous appartient par tou. sorte de titres. Nous l'avons entrepris par vos Ordres. Un grand Prélat Président de vos Assemblées, et passionné pour l'honneur et les intérêts de la Province, en a conçu et proposé le dessein [1] : Son illustre successeur [2] également respectable par sa naissance, et par ses éminentes qualitez, l'a soûtenu, et en a favorisé l'execution. Ce sont enfin les trois Ordres de vos Etats qui en font le principal objet.

Tous ces motifs nous ont engagez, NOSSEIGNEURS, à le mettre sous votre protection. Le sujet semble la meriter par lui-même, c'est l'Histoire de votre Province, l'une des plus belles portions du Royaume, et la plus feconde en événemens celebres. C'est le riche thrésor de vos Chartes et le recueil précieux des titres sur lesquels sont fondez les droits et les prérogatives qui distinguent si glorieusement le Languedoc des autres Provinces de France, et qui ne sont pas moins des marques de l'affection de ses Souverains à son égard, que des récompenses honorables de la fidelité inviolable de ses Peuples. Ce sont les annales de vos Assemblées que nous avons recueillies avec toute l'exactitude et la précision que demande un sujet aussi important.

C'est dans ces Actes publics que vous trouverez, NOSSEIGNEURS, les services éclatans que vos illustres et respectables prédecesseurs ont rendus à nos Rois, au Royaume et à l'Eglise ; les secours extraordinaires, toûjours proportionnez à l'affection et à l'amour des Peuples, qu'ils ont fournis pour le soûtien de la Couronne, et dans les besoins de l'Etat ; leur attention à faire fleurir dans la Province la Religion, les Sciences, les Arts, et le Commerce ; à faire regner la paix et la police dans les Villes ; à réprimer les desordres, et récompenser le mérite ; à rendre les chemins publics commodes et aisez ; à conserver et réparer les édifices anciens, dignes monumens de la grandeur et de la magnificence Romaine ; leur fermeté à soûtenir leurs droits sans blesser ceux du Prince ; leur application à observer les regles de la justice et de la charité dans les impositions publiques ; leur étude à soulager les Peuples, à les occuper utilement pour eux et pour l'Etat ; en un mot à ne rien oublier pour les rendre heureux et tranquilles.

---

[1] M. de La Berchère.
[2] M. de Beauvau.

Illustres descendans de tels Ancêtres; vous êtes animez du même esprit : comme eux, vous n'avez d'autre objet que le bien commun, la gloire de la Nation, et l'amour de la Patrie. C'est en marchant sur leurs traces que vous avez porté vos vuës à executer le dessein qu'ils avoient eu autrefois de faire rassembler en un corps tous les titres dispersez qui pouvoient regarder les interêts de la Province, ou de chacun de ses ordres. En procurant cette Histoire, vous remplissez leur intention. Trop heureux, si notre Ouvrage pouvoit mériter votre approbation, et si nos recherches et nos découvertes pouvoient justifier le choix que vous avez fait de nous pour un travail si important. Nous osons du moins assûrer que personne ne l'auroit entrepris avec plus d'ardeur, et de desinteressement, avec un amour plus sincere de la vérité, qui est le caractere propre de l'histoire, et avec une passion plus forte de vous persuader que nous sommes avec un profond respect,

NOSSEIGNEURS,

Vos très-humbles et très-obéissans serviteurs,

Fr. Claude de VIC, Fr. Joseph VAISSETE.

PRÉFACE.

Personne n'ignore que la Province de Languedoc est une des plus belles, des plus étendues et des mieux situées du Royaume, et peut-être la plus féconde en événemens. Son histoire mérite par là une attention singulière : cependant on peut dire que ceux qui jusqu'ici y ont travaillé, n'en ont donné que des ébauches très-imparfaites. Feu M. DE LA BERCHERE, Archevêque de Narbonne, Prélat recommandable par son amour pour les Lettres, autant que par son zele pour les intérêts et la gloire de la Province, est le premier qui ait formé le dessein [1] *d'une Histoire complette de Languedoc, où en détaillant tous les faits, on n'oublieroit rien de ce qui concerne les mœurs, les coûtumes et le gouvernement politique des peuples.*

Il le proposa dans l'assemblée des Etats tenue à Montpellier au mois de Janvier 1709. et après y avoir représenté les avantages qu'on pouvoit en espérer, il eut, avec la satisfaction d'être applaudi, la gloire de se voir chargé de la conduite de cet ouvrage, et du choix des ouvriers. Il jetta d'abord les yeux sur notre Congrégation, et lui aiant fait l'honneur de le lui offrir, le General qui la gouvernoit alors, pour répondre à cette marque de distinction, nomma les RR. PP. D. Gabriel MARGLAND et D. Pierre AUZIERES, deux religieux de mérite et très-capables de cette entreprise. L'un et l'autre travaillerent séparément dans la Province durant plusieurs années; et après avoir tiré des differentes bibliotheques tout ce qu'ils crurent utile à leur dessein, ils dresserent des mémoires assez considérables; mais leur âge déja avancé, ou leurs emplois ne leur aiant pas permis de continuer leur travail, et de se charger de celui des archives qui étoit le plus essentiel, nous fûmes substituez à leur place en 1715.

Pour nous conformer aux vûes de Nosseigneurs des Etats, nous avons crû devoir commencer d'abord par la recherche des titres et des autres monumens anecdotes. Nous y avons emploié plusieurs années, soit à Paris, soit en Languedoc sous la protection de M. DE BEAUVAU, qui en succedant à M. de la Berchere, a succedé aussi à son ardeur et à son empressement pour tout ce qui peut être avantageux ou honorable à la Province, et en particulier pour la perfection de cet ouvrage.

A cette recherche dont on a déja rendu compte en partie dans un mémoire

---

[1] Procès verbal des Etats de l an 1709.

particulier, et qui par le grand nombre des pièces curieuses qu'elle nous a fournies jettera un grand jour sur l'histoire de Languedoc, nous avons joint le secours qu'on peut retirer des auteurs anciens et modernes : nous avons consulté nous-mêmes tous ceux qui pouvoient nous être de quelque usage.

C'est sur ces matériaux que l'ouvrage que nous présentons au public a été composé. Notre objet principal est d'y rapporter tout ce qui s'est passé de mémorable dans la Province et dans les pays particuliers qui la composent ; et d'appuyer ses usages, ses droits et ses prérogatives sur les titres les plus autentiques.

Comme elle comprend outre presque toute la Narbonnoise I. une partie considérable de l'Aquitaine I. avec une portion de la Viennoise et de la Novempopulanie, et que ces differens pays n'ont été unis pour former un même corps que vers le commencement du XIII. siècle, il n'a pas été possible en rapportant les événemens qui s'y sont passez, de ne pas parler jusqu'à ce temps-là, à cause de leur liaison nécessaire, de ceux des anciennes Provinces dont autrefois ils faisoient partie.

On doit d'ailleurs remarquer que pendant plusieurs siècles Narbonne a été la métropole de toute la Narbonnoise, et Toulouse en trois differens temps la capitale d'un royaume fort étendu ; que le domaine des ducs de Septimanie ou marquis de Gothie et des comtes de Toulouse renfermoit une partie considérable des provinces voisines ; et qu'enfin depuis que le nom de Languedoc fut mis en usage au XIII. siècle, on comprit sous cette dénomination jusqu'au regne de Charles VII. presque la moitié de la France : ce qui fait que notre histoire est plutôt celle de la partie méridionale du Royaume que celle d'une province particuliere. Cette remarque paroît importante pour prévenir les reproches qu'on pourroit peut-être nous faire, d'avoir passé au-delà des bornes de notre sujet.

Pour donner ici une legere idée des principaux évenemens qui doivent faire le fond de l'histoire de Languedoc, le premier qui se présente, c'est la sortie de ses anciens peuples qui porterent le nom et la gloire des armes des Gaulois dans la Germanie, la Pannonie, l'Illyrie, la Grece et la Thrace, subjuguerent une grande partie de l'Asie Mineure, et firent rechercher leur amitié ou leur secours par la plûpart des princes ou des peuples de l'ancien Monde. La République Romaine ajoûta dans la suite cette province à sa domination, moins par la force des armes, que par la soûmission volontaire des peuples ; aussi leur accorda-t-elle des privileges singuliers. La Narbonnoise qui avoit déja pris en partie la politesse des Grecs, acheva d'adoucir ses mœurs par son commerce avec les Romains : dans peu on ne la distingua plus des provinces les plus civilisées de l'Italie. Ses habitans furent les premiers des Gaulois admis dans le Senat, et elle fournit à Rome non seulement un grand nombre de senateurs d'un mérite distingué, mais encore divers empereurs, des capitaines, des consuls, plusieurs autres magistrats et des gens de lettres, qui se rendirent également recommandables.

Le Languedoc fut une des premieres provinces des Gaules qui reçut les lumieres de la foy et qui la défendit au prix du sang de ses martyrs. Il a donné depuis un grand nombre de saints et de sçavans évêques, tant aux églises du pays qu'à celles des provinces et des royaumes voisins; trois ou quatre papes, plusieurs cardinaux. L'état monastique qui y fut établi dès le iv. siècle y devint bientôt florissant; et parmi un grand nombre d'abbés et de religieux qui ont illustré le pays par leurs vertus et par leurs travaux; il suffit de nommer le célebre saint Benoît d'Aniane, dont la plûpart des monasteres de France embrasserent la réforme au commencement du ix. siècle.

La province éprouva, comme les autres parties de l'empire d'Occident, les funestes suites de sa décadence. L'empereur Honoré en ceda une partie aux Visigots, et les successeurs de ce prince furent enfin obligez de leur abandonner le reste. Ces peuples établirent aussi-tôt dans le pays le siége de leur empire, dont ils étendirent les limites en-deçà et en-delà des Pyrenées, et formerent ainsi un royaume très-considérable. Ils perdirent, environ un siécle après, la meilleure partie de leurs états dans les Gaules que les François leur enleverent; ce qui engagea leurs rois à transferer leur siége en Espagne. Ils conserverent cependant la Septimanie ou Narbonnoise I. qui étant province frontiere de ces deux nations jalouses, devint le théatre de la guerre, toutes les fois qu'il s'éleva quelque differend entre elles.

Le royaume des Visigots fut détruit par les Sarasins qui envahirent sur eux l'Espagne et la Septimanie au commencement du viii. siécle. Les Infideles, non contents d'avoir subjugué cette derniere province, porterent de-là leurs courses dans le reste des Gaules. Charles Martel et Eudes duc d'Aquitaine les battirent en diverses rencontres : la gloire de les chasser entierement au-delà des Pyrenées était réservée à Pepin le Bref, premier roi de la seconde race, qui unit à la Couronne tout le Languedoc, dont ses prédecesseurs n'avoient possedé jusqu'alors qu'une partie. Ce prince, pour récompenser la soûmission volontaire des peuples de cette province, les maintint dans leurs usages et leurs libertez. Charlemagne son successeur, érigea quelque temps après l'Aquitaine en royaume, dont le siége fut établi à Toulouse, et dont la Septimanie fit partie pendant plusieurs années, jusqu'à ce qu'elle en fût détachée pour former un gouvernement general, conjointement avec la Marche d'Espagne, dont elle fut désunie dans la suite. Ce royaume finit et fut réuni au reste de la Monarchie après la mort de Charles le Chauve.

Les ducs et les comtes n'avoient été jusqu'alors que de simples gouverneurs. Il faut en excepter Eudes et les ducs d'Aquitaine de sa famille, qui, pendant la plus grande partie du vii. siécle et du suivant, possederent hereditairement cette province avec une autorité presque souveraine. On a taché de développer l'origine du premier jusqu'à présent assez obscure, et on se flatte de l'avoir fait avec quelque succès. Cette matiere est d'autant plus interessante pour notre histoire, qu'il paroît certain que le duché d'Aquitaine possedé par Eudes et ceux de sa race, ne fut pas different du royaume de Toulouse cedé par Dagobert I. à son frere Charibert.

L'usurpation des droits régaliens par les ducs et les comtes changea la face du gouvernement du Languedoc à la fin du ix. siécle. Les Comtes de Toulouse, les Marquis de Gothie et les Ducs ou Comtes de Provence partagerent entr'eux la suzeraineté sur cette province. Les autres seigneurs du pays, à la faveur des troubles du royaume et de la foiblesse du gouvernement, tâcherent à l'envi de se rendre indépendans; et pour se maintenir les uns et les autres dans l'autorité qu'ils avoient usurpée, et se mettre en état de venger leurs querelles ou de repousser l'attaque de leurs voisins, ils chercherent bientôt après à se faire un grand nombre de vassaux, moins aux dépens de leurs propres biens, que du domaine de la Couronne, dont ils disposerent comme de leur patrimoine. Leur jalousie et leur ambition firent naître entr'eux diverses guerres particulières; et non contens d'avoir enlevé à nos rois leur domaine, ils envahirent les biens des églises: ils s'emparerent entr'autres des évêchés et des abbayes qu'ils unirent en quelque maniere à leurs familles. Tous ces troubles causerent l'affoiblissement de la discipline ecclésiastique, la cessation des études, l'interruption du commerce, l'oppression de la liberté des villes municipales et des peuples, et une infinité d'autres désordres qui désolerent la Province et le reste du royaume pendant plusieurs siécles.

Les comtes de Toulouse dominerent enfin sur presque tout le Languedoc par l'union qu'ils firent à leur domaine, du marquisat de Gothie et de celui de Provence. Outre ces pays ils en possederent plusieurs autres en Aquitaine dont ils se disoient ducs ou princes. Leur famille s'étant divisée en deux branches vers le commencement du x. siécle, elles partagerent entr'elles ces provinces. Tout leur domaine fut réuni vers la fin du xi. siécle, sur la tête du fameux Raymond de S. Gilles, qui le premier se qualifia *Duc de Narbonne*, *Comte de Toulouse*, *et Marquis de Provence*, et qui transmit ces dignitez à ses descendans.

Le même Raymond suivi des principaux seigneurs du pays, se distingua dans la Terre-Sainte durant les guerres d'Outre-mer. Ses successeurs ne témoignerent pas moins de zele pour aller combattre contre les Infideles, jusqu'à ce que le Languedoc devînt lui-même le sujet de diverses croisades à cause de l'hérésie des Albigeois qui y avoit fait de grands progrès. Cette hérésie eut de tristes suites pour le pays : il fut entierement désolé par la sanglante guerre qu'elle fit naître, durant laquelle la plus grande partie de son ancienne noblesse, ou périt, ou fut obligée de ceder ses biens à des étrangers.

La guerre des Albigeois occasionna la reünion de près des deux tiers de la Province à la Couronne : l'autre tiers y aiant été réuni quelque temps après avec plusieurs autres voisins, presque tout ce qu'on appelle aujourd'hui Languedoc se trouva ainsi sous la domination immédiate de nos rois ; en sorte que l'on peut dire que si ce fut la derniere province du royaume qui se soûmit à leur obéissance, elle fut une des premieres qu'ils réunirent à leur domaine.

Pour distinguer de leurs anciens états, ces pays nouvellement acquis, ces princes partagerent le royaume en deux langues ; sçavoir en *Langue d'oc*, qui comprenoit les provinces situées à la gauche de la Loire, soûmises à leur autorité immédiate, et en *Langue d'ouy* qui renfermoit celles qui étoient à la droite de ce fleuve. C'est de ce partage que le nom de Languedoc tire son origine, d'où il est aisé de juger de son ancienne étendue.

Nos rois aussi-tôt après la réunion de la Province à la Couronne, maintinrent ses peuples dans leurs privileges et anciens usages : ils les conserverent entr'autres dans la liberté de tenir les assemblées de chaque sénéchaussée, pour déliberer sur les affaires communes du pays. A ces assemblées particulieres succeda bien-tôt l'assemblée generale des trois Ordres de la province qu'on tient régulierement tous les ans. Nous sommes en état par nos recherches, de donner une connoissance presque suivie des unes et des autres, depuis la fin du regne de saint Louis jusqu'à nos jours.

Nos rois accorderent au Languedoc un autre privilege également interessant, c'est que les affaires du pays y fussent jugées en dernier ressort par un *Parlement* qu'ils y établirent. Ce tribunal subsistoit déja sous le regne de Philippe le Hardy fils de saint Louis ; Philippe le Bel le rendit sedentaire à Toulouse, mais il le réunit quelques années après à celui de *la Langue d'ouy*. Il fut enfin rétabli en Languedoc à la demande des gens du pays sous le regne de Charles VII. et il est demeuré depuis ce tems-là fixe et permanent dans cette province.

Comme *la Languedoc* étoit limitrophe du duché de Guyenne, et que ces deux provinces appartinrent long-tems à differens maîtres qui se firent une sanglante guerre, les divers évenemens qu'elle occasionna, influent necessairement sur notre histoire, jusqu'à ce que le Languedoc fût renfermé dans les trois anciennes sénéchaussées qui le composent aujourd'hui. Cela arriva sous Charles VII. qui aiant conquis la Guyenne sur les Anglois, sépara du Languedoc la partie de l'Aquitaine qui en dépendoit auparavant. La Province fut encore resserrée dans des bornes plus étroites sous Louis XI. qui en détacha toute la partie de la sénéchaussée de Toulouse, située à la gauche de la Garonne.

Depuis ce tems-là le Languedoc n'a pas changé de limites, mais il n'a pas été moins fécond en évenemens. L'hérésie de Calvin qui y fit des progrès étonnans vers le milieu du XVI. siécle, y causa surtout une guerre civile qui fut et plus opiniâtre et plus cruelle que dans le reste du royaume. D'un autre côté les fureurs de la Ligue y furent portées aux derniers excès. Henry le Grand pacifia le pays pour un tems ; la rébellion qui s'y éleva sous le regne de Louis XIII. y excita de nouveaux troubles, et ce prince fut obligé d'y venir en personne pour les appaiser.

Ces évenemens et une infinité d'autres que les bornes d'une préface ne nous permettent pas de détailler, font la principale matiere de notre histoire. Nous y joindrons tout ce que nous avons pû recueillir d'interessant touchant la vie et les actions de ceux qui dans tous les tems ont illustré le Languedoc, soit par leur sainteté et leurs vertus, soit par les dignitez qu'ils ont occupées dans l'église et dans l'état, soit par leur valeur et leur mérite, soit enfin par leurs ouvrages et leurs talens singuliers. Nous y ajoûterons aussi, suivant les differentes époques, une description du gouvernement, des mœurs et des usages des peuples ; l'histoire de tous les conciles qui ont été tenus dans la Province, l'établissement de ses églises et la fondation de ses abbayes, avec la suite de leurs évêques et de leurs abbés ; l'origine et l'accroissement de ses principales villes ; la genealogie ou la succession des ducs, des comtes, des vicomtes et des principaux barons qui l'ont gouvernée, ou qui en ont possedé une partie, etc.

L'ordre que nous avons crû devoir donner à une matiere si vaste, a été de la partager en differens livres qui commencent ou finissent par quelque époque remarquable. Ce premier volume en contient dix, et s'étend depuis le second siécle de la République Romaine jusqu'à la mort de Charles le Chauve. Nous l'avons terminé à cette derniere époque, parce que l'histoire de la province change alors tout-à-fait de face, par l'usurpation des droits régaliens que les ducs et les comtes, dont les dignitez étoient déja devenuës hereditaires, commencerent à faire dès ce tems-là.

Le premier livre est emploié principalement à décrire l'histoire de la transmigration et des expéditions de nos Tectosages, et de leur établissement dans la Galatie. Nous avons crû devoir suivre ces peuples tant qu'ils conserverent leur liberté, et jusqu'à ce que leur pays fût réduit en province Romaine ; parce qu'outre que leur histoire n'a été traitée jusqu'ici que superficiellement, en donnant une idée de leurs mœurs, nous avons crû faire connoître celles de leurs anciens compatriotes des Gaules, sur lesquels nous avons peu de chose, en comparaison de ce que les historiens Grecs et Romains on dit des autres.

Le second et le troisiéme contiennent les révolutions arrivées dans la province, tandis qu'elle fut entierement soûmise à la République Romaine ou qu'elle fit partie de l'Empire.

L'entrée et l'établissement des Visigots dans les Gaules, la fondation de leur royaume de Toulouse, et la conquête qu'ils firent enfin de toute la Narbonnoise I. font la principale matiere du quatriéme.

Ces peuples demeurerent maîtres de presque tout le Languedoc jusqu'au commencement du vi. siécle, que les François leur enléverent une partie de cette province, avec tout ce qu'ils possedoient en Aquitaine. Ils transferérent quelque tems après le siege de leur royaume au-delà des Pyrenées. C'est ce qu'on voit dans le cinquiéme livre qui finit à l'élection de Liuva, lequel rétablit le siege royal dans la Narbonnoise ou Septimanie, en fixant sa résidence à Narbonne.

Le sixiéme et le septiéme renferment les divers évenemens arrivés dans le Languedoc, pendant le tems que cette province étoit partagée entre les François et les Visigots jusqu'à la destruction du royaume de ces derniers par l'invasion des Sarasins.

Le huitiéme contient l'histoire de la Province sous le regne de ces infideles qui s'en rendirent maîtres pour la plus grande partie ; leurs differentes incursions dans les Gaules ; leur expulsion de ces provinces par Charles Martel et Pepin le Bref ; l'union que fit ce dernier de la Septimanie à la Couronne ; et enfin la réunion du reste du Languedoc, après que ce prince eut dépouillé de ses états Waifre, dernier duc hereditaire d'Aquitaine ou de Toulouse de la race d'Eudes, de l'origine duquel nous avons parlé dans le livre précédent.

Le neuviéme commence par l'érection que fit le roy Charlemagne de l'Aquitaine en royaume. Comme Toulouse en fut la capitale, et que la Septimanie en fit longtems partie, nous avons crû que les évenemens qui s'y sont passez ne sont pas étrangers à notre sujet. Ce royaume fut réuni au reste de la monarchie, et cessa d'être gouverné par un roi particulier après la mort de Charles le Chauve ; ce qui termine le dixiéme livre. Tel est le plan de cet ouvrage, et en particulier celui de ce volume.

Quant à la méthode que nous avons suivie, nous nous sommes fait une loy d'appuier la vérité des faits sur l'autorité des historiens, ou des monumens du temps, qu'on a eu soin de citer à la marge. Nous avons aussi consulté les Modernes, mais sans adopter leurs sentimens, que lorsqu'ils ne sont pas contraires à ceux des Anciens, et que par leurs recherches ils ont répandu la clarté sur les faits ou obscurs ou peu développez. Selon ce plan on a rejetté tout ce qu'on a trouvé sans fondement et sans preuve, ou appuié seulement sur de vaines conjectures et sur des traditions incertaines ou fabuleuses.

Nous n'avons que deux auteurs qui aient écrit sur l'histoire generale de Languedoc. Le premier est Guillaume Catel, conseiller au parlement de Toulouse, qui outre l'histoire des Comtes de cette ville, imprimée de son vivant en 1623. a laissé des mémoires pour servir à l'histoire de la Province, lesquels ne parurent que dix ans après, lorsqu'il étoit déja mort. Quoique ces mémoires soient très-imparfaits, et qu'ils ne soient pas exempts de fautes, non plus que l'histoire des Comtes de Toulouse, ces deux ouvrages sont pourtant fort estimables, et on ne peut refuser à leur auteur la gloire d'avoir été le premier des modernes qui a montré aux historiens particuliers la méthode d'appuier la vérité des faits sur l'autorité des anciens titres, et de rapporter ces monumens en preuve.

L'autre est Pierre Andoque, conseiller au présidial de Béziers, qui en 1648. donna au public un volume *in-folio* sous ce titre : *Histoire du Languedoc avec l'état des provinces voisines* ; mais on peut dire que cet auteur, faute de secours et de recherches, n'a fait qu'effleurer la matiere. Il a mêlé sans choix et sans discernement le vrai avec le faux.

Nous passons sous silence divers autres modernes qui ont écrit sur des matieres qui ont du rapport à l'histoire de la Province, ou qui ont donné celle de quelques-uns de ses diocèses ou de ses villes, parce que la plûpart ne méritent pas beaucoup d'attention. On peut voir le catalogue de leurs ouvrages dans la bibliotheque historique du P. le Long. Les plus considérables de ces ouvrages sont les annales de Toulouse depuis sa réunion à la Couronne, composées par Germain la Faille, avec un abregé de l'ancienne histoire de cette ville ; l'histoire des évêques de Maguelonne et de Montpellier, par Pierre Gariel ; celle des évêques de Lodeve, par Plantavit de la Pause, évêque de cette derniere ville ; et enfin divers traités de Caseneuve, qui a défendu les privileges de la Province, avec autant de zele que d'érudition. Le public est encore redevable à l'illustre M. de Marca, et à M. Baluze de plusieurs excellens ouvrages, entr'autres du *Marca Hispanica*, où on trouve un grand nombre de monumens interessans pour notre histoire.

Dans la narration des faits, on a suivi, autant qu'on a pû, l'ordre chronologique comme le plus simple et le plus naturel. Lorsque leurs dates ne sont pas marquées dans les auteurs, ou qu'il y a de la difficulté, pour ne pas interrompre le fil du discours, on en a renvoyé ordinairement la discussion à des Notes que nous avons placées entre le corps de l'ouvrage et les pièces justificatives. On traite aussi dans les Notes plusieurs autres points obscurs ou difficiles. Nous n'avons pas fait dificulté d'en soûmettre plusieurs à un nouvel examen, quoiqu'ils eussent été déja discutez par nos plus habiles critiques.

Parmi un grand nombre de monumens qu'on a recueillis, on a fait imprimer tous ceux qu'on a jugé interessans. On a crû entrer en cela dans le dessein qu'ont toûjours eu Nosseigneurs des Etats de rassembler en un seul corps les titres qui concernent le gouvernement, les droits et les privileges de la Province, ou chacun de ses Ordres en particulier. C'est ce qui nous a engagés à donner aussi quelques piéces importantes, quoiqu'elles fussent déja imprimées, sur-tout lorsque les livres où elles se trouvent sont rares, et que nous avons eu occasion de les faire paroître ou plus entieres ou plus correctes, après les avoir collationnées sur les originaux, ou du moins sur des copies autentiques. On a jugé à propos pour la commodité des lecteurs de distribuer ces piéces justificatives à la fin de chaque volume à qui ils servent de preuves. Quant aux autres titres qui sont ou moins importans ou plus communs, on s'est contenté d'en rapporter les extraits essentiels dans les Preuves, ou de les citer seulement à la marge dans le corps de l'ouvrage, en indiquant les archives où ils sont conservés. Nous mettons à la tête de ces piéces quelques chroniques qui interessent la province : les unes n'avoient pas encore paru ; et les autres, que nous avons collationnées sur les manuscrits, seront beaucoup plus correctes.

Ces differens monumens sont précédés dans le premier volume de plusieurs anciennes inscriptions qu'on a découvertes dans la Province. Nous avons choisi les plus instructives, que nous avons tirées la plûpart de deux recueils manuscrits. L'un qui comprend les inscriptions de Narbonne, a passé de la bibliotheque de feu M. Foucault, conseiller d'état, dans celle de M. l'abbé de Rothelin ; l'autre qui renferme celles de Nismes et des environs, se trouve parmi les mémoires qu'a laissés Anné Rulman, assesseur criminel en la prevôté generale de Languedoc, dont M. le marquis d'Aubays conserve une copie dans sa bibliotheque. Il paroît qu'il s'est glissé quelques fautes dans ce dernier recueil, et qu'il y a des inscriptions répetées, comme la 49e de nos Preuves, qui paroit la même que la 67e.

On trouvera dans le même volume une carte geographique de l'ancienne Narbonnoise, avec les plans des anciens édifices les plus considérables de la province qui s'y sont conservez depuis le tems des Romains. Nous donnerons trois autres cartes geographiques dans les volumes suivans ; l'une représentera le Languedoc divisé en duchez et comtez ; l'autre en sénéchaussées et vigueries ; et la troisiéme en diocèses, suivant son état présent. Nous joindrons cette derniere à la description de la province, que nous avions eu d'abord dessein de mettre à la tête de ce volume ; mais pour ne pas le grossir, on l'a renvoiée au dernier, où l'on donnera aussi la suite des gouverneurs, commandans, capitaines et lieutenans generaux de la province ; des premiers présidens des cours supérieures, des sénéchaux, baillifs, viguiers, châtelains ou gouverneurs des places, et autres principaux officiers civils et militaires ; à quoi on pourra ajoûter une table chronologique de tout l'ouvrage. Nous avons recueilli un grand nombre de sceaux de l'ancienne noblesse du pays, et divers autres morceaux que nous placerons dans les volumes suivans.

Il ne nous reste qu'à faire connoître en peu de mots les differentes sources où nous avons puisé les titres et les monumens qui servent de fondement à cette histoire, et à marquer notre reconnoissance envers ceux qui ont bien voulu nous les communiquer.

Une des principales est le thrésor des chartes du Roy, riche et précieux dépôt des titres originaux de la Couronne, dans lequel un grand nombre de ceux de Languedoc furent transportez après sa réunion au domaine de nos rois. A la faveur d'une lettre de cachet du Roy, M. Joly de Fleury, procureur general au Parlement, chargé de la garde de ce thrésor, nous en a donné communication avec une bonté que nous ne sçaurions ni assez louer, ni assez reconnoître.

On conserve dans le même endroit les anciens registres de la chancellerie depuis saint Louis jusqu'à Charles IX. entr'autres celui qui a pour titre : *Registrum curiæ Franciæ.* Ce dernier renferme un grand nombre de piéces concernant le Languedoc et le domaine des derniers comtes de Toulouse, avec les actes de la réunion des differentes parties de cette province à la Couronne, depuis la guerre des Albigeois jusqu'au regne de Philippe le Bel. On en trouve une copie originale dans la bibliotheque Colbert, dont nous nous sommes servis. Quant aux autres registres, nous nous sommes contentez de prendre communication d'un recueil des principales piéces que feu M. Colbert fit faire de son tems, et dont feu M. le Nain, doyen du Parlement, qui en avoit une copie dans sa bibliotheque, nous permit de faire des extraits.

Nous avons trouvé un accès facile dans la bibliotheque du Roy, sous les auspices de feu M. l'abbé de Louvois bibliothecaire de Sa Majesté et de M. l'abbé Bignon son illustre successeur. Feu M. Boivin, MM. de Targny et Sallier, gardes de cette riche et nombreuse bibliotheque nous ont communiqué avec toute la politesse possible, plusieurs manuscrits intéressans pour notre histoire, et en particulier ceux de feu M. Baluze, et les titres scellez recueillis par feu M. de Gagnieres, qui y sont conservés. M. Guiblet, qui est chargé de la garde de ces titres, en a agi aussi très-poliment avec nous.

Les chambres des comptes de Paris et de Montpellier nous ont été d'un grand secours, soit par les comptes du domaine des trois anciennes sénéchaussées de la province, depuis le milieu du xiv. siécle jusqu'à la fin du xvi. que nous avons extraits, soit par un grand nombre de titres et de registres originaux qui se trouvent dans la derniere, et qui forment un dépôt des plus considérables. Nous ne pouvons que nous louer de feu M. Saunier, procureur general de la cour des comptes, aydes et finances de Montpellier, à la charge duquel est attachée la principale garde de ce dépôt.

Nous avons recueilli dans les divers manuscrits de la célebre bibliotheque de feu M. Colbert une abondante moisson. On y trouve entr'autres un ample recueil des titres conservés dans les differentes archives d'une grande partie de la Guyenne et du Languedoc, dont ce ministre fit prendre des copies il y a environ soixante ans. M. le comte de Seignelai, aujourd'hui maître de cette bibliotheque, seigneur également affable et obligeant, est allé au-devant de nos souhaits. Feu M. du Chesne garde de sa bibliotheque, et M. Milhet qui lui a succedé, nous ont communiqué par ses ordres, tout ce que nous avons pû désirer.

Les autres bibliotheques de Paris qui nous ont fourni divers manuscrits, sont celles de feu M. le chancelier Seguier, aujourd'hui de M. le duc de Coaslin évêque de Mets, que cet illustre prélat a mis en dépôt dans cette abbaye de saint Germain des Prez ; celles de M. le chancelier d'Aguesseau, de M. Chauvelin garde des sceaux de France, de M. Joly de Fleury procureur general, de feu M. Foucault conseiller d'état, aujourd'hui de M. l'abbé de Rothelin, et enfin celle de cette abbaye. Nous ne sçaurions oublier encore ce que nous devons à feu M. Godefroy, à M. de Clairambault genealogiste des ordres du Roy, et à M. Lancelot de l'académie des belles lettres, qui nous ont communiqué plusieurs pièces de leurs cabinets.

Outre les differentes archives de la province, entr'autres celles des Etats où nous avons travaillé, nous avons tiré encore divers secours de plusieurs manuscrits de la bibliotheque de M. Croissi évêque de Montpellier, et sur-tout de celle de M. le marquis d'Aubays. Ce dernier qui n'est pas moins distingué par son goût pour les lettres, que par sa politesse, a recueilli un très-grand nombre de mémoires et de volumes manuscrits sur le Languedoc, qu'il conserve dans la riche bibliotheque qu'il a formée dans son château d'Aubays, situé entre Nismes et Montpellier. Il a acquis entr'autres ceux qui avoient appartenu autrefois à M. de Rignac, conseiller en la cour des aydes de Montpellier, et s'est fait un plaisir de nous les communiquer. Nous devons témoigner aussi notre reconnaissance envers M. LE MAZUYER procureur general au parlement de Toulouse ; M. DE MAZAUGUES président au parlement de Provence, héritier de l'érudition et des manuscrits de feu M. de Peyresc ; M. DE MURAT juge mage de Carcassonne ; M. FOUREL procureur du Roy au bailliage du haut Vivarais, et M. LE FOURNIER religieux de l'abbaye de saint Victor de Marseille, qui nous ont fourni divers mémoires ou manuscrits.

Nous sommes enfin très-redevables aux lumieres de feu M. JOUBERT syndic general de la Province, et au zele qu'il a témoigné pour le succès de nos travaux. M. JOUBERT son fils et son digne successeur, nous a communiqué un recueil considérable qu'il avoit fait, des principales piéces qui se trouvent dans les vieux registres des trois anciennes sénéchaussées de Languedoc. Nous n'avons pas moins d'obligation aux deux autres syndics generaux MM. DE MONTFERRIER et FAVIER. Ils ont tous concouru, avec les autres officiers de la Province, à favoriser nos recherches, et à contribuer à la perfection et à l'ornement de cet ouvrage.

PANTHÉON OU TEMPLE DE LA FONTAINE À NIMES.

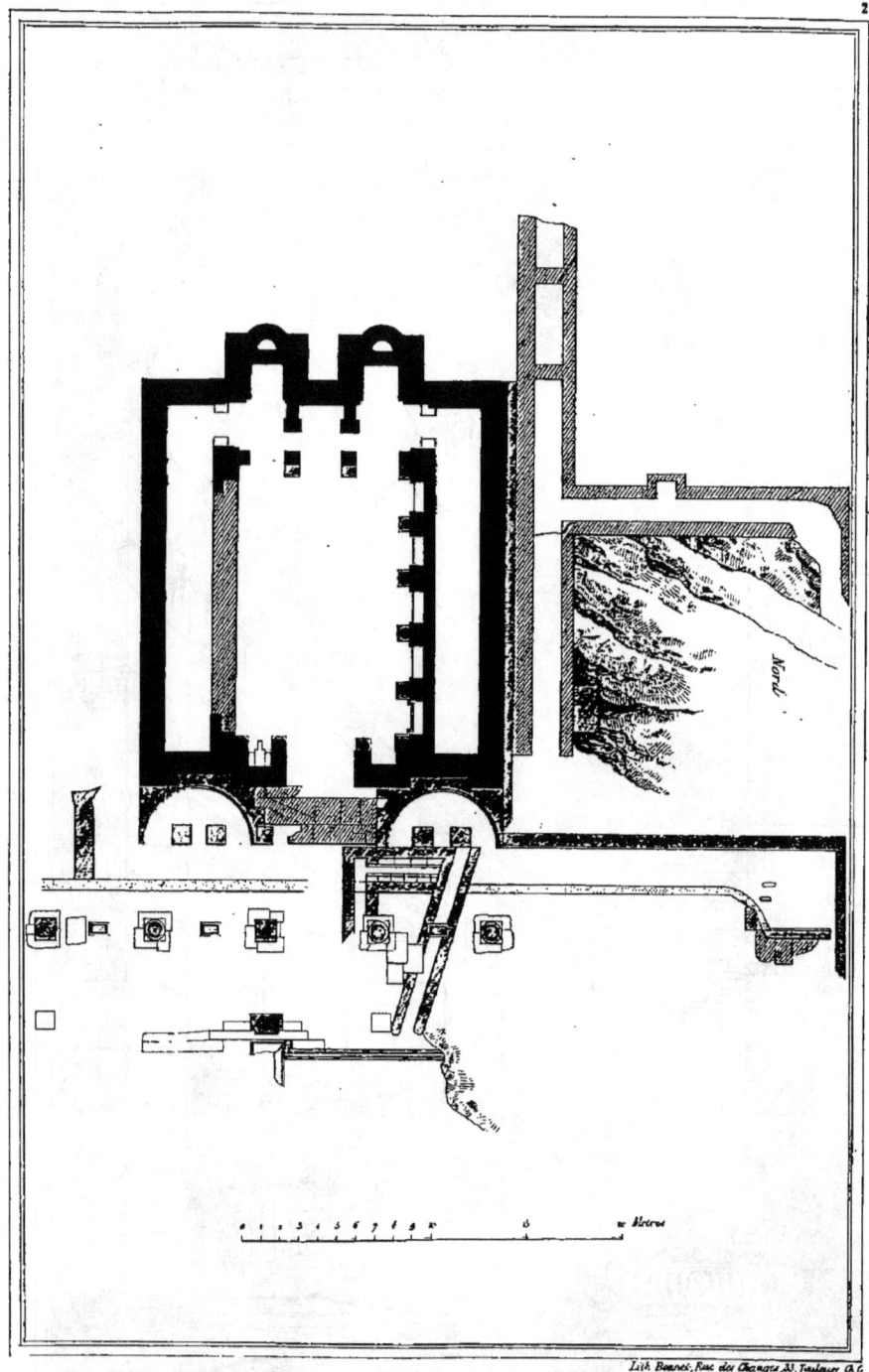

PLAN DU PANTHÉON OU TEMPLE DE LA FONTAINE À NIMES.

HISTOIRE
GÉNÉRALE
DE LANGUEDOC.

LIVRE PREMIER.

I.
Nom et division de l'ancienne Gaule.

La Gaule, dans les tems les plus reculez, n'étoit connuë des anciens que sous le nom general de Celtique [1], ou pays des Celtes. Le commerce que les Phocéens, établis à Marseille, eurent avec les Grecs leurs compatriotes, donna lieu à ces derniers d'en connoître les provinces meridionales; et comme les peuples qui les habitoient se donnoient eux-mêmes le nom de Celtes [2], les Grecs le donnerent aussi non seulement à tous les autres Gaulois, mais [3] encore à tous les peuples qui occupoient cette partie de l'Europe qui s'étend jusqu'aux extremitez de l'Ocean, et qui leur étant inconnuë étoit regardée [4], parmi eux comme une contrée barbare. Dans la suite, les Grecs aiant acquis une connoissance plus exacte de la Gaule, après que les Romains en eurent fait la conquête, nommerent d'abord indifferemment Celtes ou Galates, ceux que les mêmes Romains appelloient Gaulois: et enfin pour distinguer ceux-ci d'avec les peuples de la Germanie, ils conserverent [5] le nom de Celtes à ces derniers, et donnerent aux autres celui de Galates.

La Gaule étoit [1] bornée par l'Ocean, le Rhin, les Alpes, la Mediterranée, et les Pyrenées. Les Romains la distinguerent d'abord en trois principales parties, à cause des trois differens peuples qui l'habitoient, et dont chacun avoit sa langue, ses mœurs, ses loix, ses coûtumes particulieres. La premiere partie fut appellée Celtique, des peuples Celtes; la deuxième Belgique, des Belges; et la troisième Aquitanique, des Aquitains, qui les occupoient. La Belgique étoit située entre la Seine, la Marne, le Rhin, et l'Océan; l'Aquitanique étoit bornée par la Garonne, les Pyrenées qui la separoient de l'Iberie, et par la mer Oceane. Enfin la Celtique comprenoit le reste des Gaules, et s'étendoit entre la Garonne, la mer Mediterranée, les Alpes, le Mont-Jura, la Marne, la Seine, et l'Ocean. (NOTE 1.)

Cette derniere partie étoit partagée en deux autres [2]; dont l'une, qui étoit meridionale et separée de l'autre par le haut Rhône, et ensuite par les Cevennes jusques vers la Garonne, fut appellée *Gallia Braccata*, du nom *Bracca*, sorte de vêtement dont les habitans se servoient. On donna à l'autre partie de la Celtique, de même qu'à la Belgique et à l'Aquitanique, le nom de *Gallia Comata*, Gaule chevelué, de la chevelure que les peuples de ces

---
[1] Pausan. in Attic. p. 6.
[2] Cæs. l. 1. n. 1. et seq.
[3] Strab. l. 1. p. 33. – Dio. l. 39. p. 113 et seq. – Cosm. Ægypt. p. 148. – Plut. in Mario, etc.
[4] Polyb. lib. 3. p. 191.
[5] Dio, Procop. etc.

[1] Cæs. ibid. Plin. l. 4. cap. 31.
[2] Doujat in Liv. lib. 5. cap. 33. p. 515.

provinces prenoient grand soin de laisser croître.

Ces trois differentes parties des Gaules formerent ce que les Romains appelloient Gaule Transalpine pour la distinguer de la Cisalpine, partie de l'Italie que les Gaulois conquirent après leur passage au-delà des Alpes, et à laquelle les mêmes Romains donnerent le nom de *Gallia Togata*, à cause de l'habit ou de la toge Romaine que ces peuples portoient. César ne comprend pas dans la division qu'il nous a laissée des Gaules, cette partie de la Celtique qui portoit le nom de *Braccata*, parce qu'elle étoit pour lors soumise à la République, et qu'elle étoit province Romaine ; ce ne fut que du tems d'Auguste qu'elle fit une quatrième partie des Gaules, sous le nom de Narbonnoise.

Il paroit par ce qu'on vient de dire, que la province Narbonnoise étoit anciennement renfermée dans les limites de la Gaule Celtique proprement dite, et que ses peuples portoient autrefois le nom de Celtes. Il semble même que Strabon, pour n'avoir pas assez bien compris le texte de César, ait voulu borner la Celtique propre à cette seule province. (NOTE I. *n.* 6.)

II.

Division des Volces en Tectosages et Arecomiques. Histoire fabuleuse de Pyrene.

Les differents peuples qui habitoient la Gaule appellée *Braccata* avoient chacun leur nom particulier. On donnoit celui de Volces [1] à ceux qui s'étendoient depuis la Garonne, le long de la Mediterranée ou mer interieure, jusqu'au Rhône. Ces peuples étoient divisez en Volces Tectosages et Volces Arecomiques. Ceux-ci occupoient la plus grande partie du pays à present connu sous le nom de bas Languedoc, et ceux-là presque tout le haut. Les Bebryces [2] ou Bebryciens faisoient, à ce qu'on prétend, partie de ces derniers, et s'étendoient vers les Pyrenées.

[1] Strab. et Plin. ibid. et lib. 4. c. 4. - Liv. l. 21. - Sil. Ital. l. 3. p. 139.
[2] Sil. Ital. ibid. - Steph. de urb. - Dio apud Vales. p. 773.

Ces montagnes, selon quelques auteurs, prirent leur nom de Pyrene fille d'un roy de ces mêmes Bebryciens (NOTE X) : mais tout ce qu'ils rapportent de cette princesse et de ses amours avec Hercule ; la gloire imaginaire qu'on donne à ce héros d'avoir terrassé des geans dans la campagne de la Crau en Provence, d'avoir fondé Alesia ville capitale de la Celtique, et poli les mœurs des Celtes, nous paroissant également fabuleux ; nous n'avons garde de nous y arrêter, et de nous écarter de la loi inviolable que nous nous sommes prescrite, de ne rien avancer dans cette histoire qui ne porte des caracteres de verité. Nous passons donc sous silence tout ce que des siécles credules ou ignorans ont inventé, ou rapporté trop legerement sur la foi d'autrui ; ceux qui sont curieux de ces sortes de fables, peuvent consulter Catel [1], qui rapporte celles que differents peuples de la province avoient forgées pour en montrer le ridicule. Nous commençons donc notre histoire par l'établissement des Volces Tectosages auprès de la forêt Hercynie dans la Germanie, ou dans la Pannonie : évenemens les plus anciens et les plus memorables que nous aions de ces peuples, et qui sont appuiez sur le témoignage et l'autorité des auteurs les plus dignes de foi.

III.

Etablissement des Tectosages dans la Germanie et la Pannonie.

Sous le regne de Tarquin l'ancien, roy de Rome (vers l'an de Rome 163), la Celtique, cette troisiéme partie des Gaules dont on a déjà parlé, étoit occupée par differens peuples extremement belliqueux [2]. Les plus puissans étoient ceux de Berry. Ambigat, leur roy et celui de toute la Celtique, craignant sur la fin de son regne jusqu'alors florissant, que ses sujets déja trop nombreux n'excitassent après sa mort des troubles et des factions domestiques, fit publier dans toute l'étenduë de sa domination le dessein qu'il avoit d'envoier dans les pays étrangers, sous les auspices de ses Dieux, Bellovese et Sigovese ses

[1] Cat. Mem. l. 3.
[2] Liv. l. 5. cap. 33. et seq.

neveux fils de sa sœur, pour exercer leur valeur et pour faire des conquêtes ; avec la liberté de lever un nombre de troupes suffisant pour assurer le succès de leurs entreprises, et établir des colonies dans les provinces qu'ils soumettroient. L'amour de la gloire, joint au desir de faire fortune, anima si fort les Celtes, qu'on vit bientôt paroître ces deux generaux à la tête d'une armée de trois cens mille hommes [1], y compris sans doute les femmes et les enfans qui voulurent [2] partager la gloire et le péril des combats. Ces deux capitaines marcherent ensuite vers les pays où chacun d'eux avoit dessein de s'établir. Bellovese prit la route de l'Italie, et Sigovese son frere celle de la forêt Hercynie au-delà du Rhin.

L'armée du premier [3] étoit composée de tout ce qu'il y avoit de surnumeraire parmi les peuples du Berry, de l'Auvergne, des pays de Sens et d'Autun, des *Ambarres* ou Châlonois, des Chartrains, et des *Aulerces* ou pays d'Evreux. Elle prit sa route vers les Alpes par le pays des Salyens ou Saluviens, qui occupoient une partie de ce que nous appellons aujourd'hui la Provence. Ces derniers faisoient alors la guerre aux Phocéens nouvellement débarquez sur leurs côtes, et s'opposoient de toutes leurs forces à leur établissement dans le pays. Bellovese soit par génerosité, soit par politique, crut devoir prendre le parti de ces étrangers ; il les mit sous sa protection et leur donna du secours. Il traversa ensuite les Alpes, et par la force de ses armes s'étant rendu maître de cette partie d'Italie qui porta depuis le nom de Cisalpine, il y fixa sa demeure. Ses successeurs, à son exemple, y firent diverses expeditions, et rendirent leurs noms et leurs armes si redoutables qu'ils devinrent la terreur des Romains, et réduisirent leur république à deux doigts de sa perte (NOTE II. n. 12). Nous ignorons si les Volces eurent part à l'expedition de Bellovese [4] : il est vrai qu'un historien moderne prétend que les Gaulois Orobes qui s'établirent dans le Bergamasque, et qui fonderent la ville de Come, étoient originaires des environs de la riviere d'Orb en Languedoc : mais les conjectures de cet auteur nous paroissent trop hazardées pour oser les adopter.

Quelques modernes [1] rapportent aussi qu'une partie de l'armée de Bellovese s'étant détachée marcha vers les Pyrenées, d'où après quelque séjour elle passa dans l'Iberie. Ce sentiment est combattu par d'autres [2], qui soutiennent, et peut-être avec plus de fondement, que cette transmigration des Celtes dans l'Iberie ou Espagne, ne se fit qu'au cinquième siécle de la république Romaine. Ce qu'il y a de certain, c'est que [3] le mélange des Celtes ou Gaulois avec les Iberiens donna au pays de ces derniers le nom de Celtiberie.

Nous laissons ici Bellovese suivre avec ses troupes le cours de ses victoires et de ses conquêtes en Italie qui ne sont pas de notre sujet, pour passer à celles de Sigovese aux environs de la forêt Hercynie. Il seroit à souhaiter que les auteurs, qui ont pris soin de nous apprendre les progrez des armes du premier, se fussent aussi donnez la peine de nous instruire des expeditions de l'autre. Tite-Live [4], content de nous dire que Sigovese eut en partage la forêt Hercynie, nous laisse ignorer ses marches, ses combats, ses conquêtes et les noms même des différens peuples Celtes qui composoient son armée. Il y a cependant tout lieu de présumer que nos Tectosages étoient du nombre, et que s'étant établis auprès de la forêt Hercynie, ils suivirent la fortune de ce capitaine. César semble le faire entendre en parlant des circonstances de l'établissement des Tectosages au voisinage de cette forêt. « Il a [5] été un tems, » dit cet historien, que les Gaulois plus belli- » queux et plus vaillans que les Germains leur » faisoient d'autant plus volontiers la guerre, » qu'elle leur donnoit lieu de se décharger » d'une multitude d'hommes que le pays ne

---

[1] Justin. l. 24. c. 4.
[2] Plut. in Camill. p. 133.
[3] Liv. ibid.
[4] Catrou, Hist. Rom. l. 13 p. 13. et seq.

[1] Dupleix Mem. des Gaules. - Cordem. Hist. de Fr. tom. 1. p. 9. et 11.
[2] Lacarr. colon. l. 3. c. 1. et 2.
[3] Diod. l. 5. p. 309. - Appian. Iber p. 235. - Lucan. l. 4. Plin. l. 3. c. 4.
[4] Liv. ibid.
[5] Cæs. de Bell Gall. l 6. c. 23. et seq.

» pouvoit faire subsister, et dont ils formoient » des colonies qu'ils envoioient au-delà du » Rhin. Les Volces Tectosages occuperent » donc au voisinage de la forêt Hercynie les » lieux les plus fertiles de la Germanie et s'y » établirent. Ils s'y maintiennent encore de » nos jours avec une très-grande réputation » de justice et de valeur. » Ainsi l'autorité de César jointe à ce que Tite-Live rapporte de la sortie et de l'expédition de Sigovese, ne nous permet pas de douter que les Tectosages n'aient suivi ce général, et qu'ils ne se soient établis avec lui au-delà du Rhin. (NOTE II.)

La forêt Hercynie, aux environs de laquelle les Tectosages fixerent leur demeure, étoit d'une étenduë immense. Elle avoit neuf journées de largeur et plus de soixante de longueur le long du Danube, en sorte qu'elle occupoit la plus grande partie de la Germanie, et s'étendoit jusques dans la Sarmatie et le pays des Daces. Les Tectosages [1] instruits de leur destinée par le vol des oiseaux, après avoir subjugué tous les peuples qu'ils avoient rencontrés sur leur passage, et traversé les monts Sudetes ou Riphées, choisirent dans la Germanie, sur les frontieres de la Pannonie, et auprès du Danube, les endroits de cette forêt les plus commodes pour leur établissement, et les plus favorables au dessein qu'ils avoient de faire de nouvelles conquêtes (NOTE II). Ils commencerent d'abord par soûmettre les naturels du pays; et après les avoir réduits sous leur obéissance, ils vécurent avec eux durant plusieurs siécles dans une grande réputation de justice et de valeur [2] suivant l'expression de César que nous venons de citer. Ennemis de la mollesse, qui fit perdre ensuite la liberté à leurs anciens compatriotes, ils menerent une vie dure, laborieuse, et en tout semblable à celle des Germains dont ils se faisoient gloire d'imiter les mœurs, d'observer les loix, et de suivre les usages.

C'est de ce pays conquis au voisinage du Danube, que les Tectosages envoierent vraisemblablement dans la suite des colonies dans la Sarmatie au-delà de la Vistule, et jusques [3] vers l'Ocean septentrional; tandis qu'une autre partie, après avoir passé le Danube, alla s'établir dans la [1] Pannonie et l'Illyrie d'où elle porta ses armes victorieuses dans les provinces voisines. Les Tectosages pousserent en effet leurs conquêtes jusqu'aux extremitez de la Grece et de la Thrace, et pénétrerent ensuite dans l'Asie où ils signalerent leur valeur par un grand nombre de célebres expeditions que nous rapporterons, quand nous aurons parlé des colonies Grecques, qui s'établirent dans le pays des Volces. (NOTE II.)

IV.

Etablissement de diverses colonies Grecques dans le pays des Volces.

Nous avons déjà fait remarquer que Bellovese, avant que de passer les Alpes, avait eu la générosité de donner du secours aux Phocéens contre les Salyens, qui traversoient l'établissement de ces peuples sur la côte de la Méditerranée. Ces Phocéens, qui étoient Ioniens de nation [2] et sujets du roy Cyrus, ne pouvant supporter la tyrannie d'Arpagus Mede de nation et commandant pour ce tyran dans l'Ionie province d'Asie, résolurent de s'éloigner de leur pays et de chercher ailleurs un établissement. Dans cette vuë, ils équiperent une flotte; et trouvant dans le cours de leur navigation, que la côte des Gaules qui s'étend sur la mer Méditerranée convenoit mieux à leur dessein que tout autre pays, ils s'y arrêterent, et y fixerent leur demeure malgré l'opposition et les armes des Salyens, des Liguriens, et des peuples situez au voisinage du Rhône [3] qu'ils battirent dans plusieurs rencontres. Ils fonderent d'abord la ville de Marseille, d'où ils étendirent ensuite leur domination sur cette côte par diverses colonies qu'ils y fonderent depuis Nice jusques bien avant dans l'Espagne, et ausquelles ils prescrivirent la forme de leur gouvernement Aristocratique, leur religion, leurs loix, et leur police. L'alliance que les Romains firent avec les Marseillois fut éga-

---

[1] Justin. l. 24. cap. 4.
[2] Cæs. ibid.
[3] Plut. in Camill.

[1] Justin l 24. cap 4.
[2] Pausan. in Phocic. pag. 623. – Justin. liv. 43. cap. 3.
[3] Strab. l. 4. p. 179.

lement avantageuse aux uns et aux autres par les secours mutuels qu'ils se donnerent dans plusieurs occasions importantes.

Entre les colonies que les Phocéens ou Marseillois établirent sur la côte du pays des Volces pour les opposer aux habitans du voisinage du Rhône qui les inquiétoient, celle d'Agde fut une des premieres et des plus considerables. Strabon [1] lui donne le nom de *Roen-Agatha*, et semble confondre par là deux villes que les plus habiles critiques regardent comme differentes. Il est certain en effet qu'outre la ville d'Agde dont nous venons de parler, il y avoit une autre ville Grecque dans le même pays, située sur le bord occidental du Rhône, appellée Rhode; ce qui a donné lieu à Pline [2] et à saint Jerôme [3] de croire que les Rhodiens en avaient été les fondateurs. D'autres [4] croient, et peut-être avec plus de fondement, que cette ville de Rhode est la même que *Rhodanusia*, située sur le bord du Rhône, dont quelques anciens font mention, et où les Marseillois établirent une de leurs colonies. Heraclée étoit aussi une autre colonie Grecque située à l'embouchure du Rhône, et qui fut détruite ainsi que celle de Rhode avant le tems de Pline [5]. On [6] conjecture que c'est sur les ruines de la premiere que la ville de saint Gilles a été bâtie.

Au rapport d'un historien [7] moderne, on devroit mettre aussi parmi les colonies que les Grecs fonderent dans le pays des Volces, la ville ou lieu de Cessero, aujourd'hui saint Tiberi, situé à deux lieues de la côte de la Mediterranée. Cet auteur prétend que les Rhodiens, fondateurs de la colonie de Rhode sur le Rhône, établirent celle de Cessero, dans le même tems que les Phocéens ou Marseillois fonderent celle d'Agde; que dans la suite et environ l'an 360. de Rome, les Rhodiens et les Marseillois se faisant la guerre, ces derniers chasserent Momorus et Atepomarus du roiaume de Cessero où ils regnoient; que ces deux princes ayant remonté le long du Rhône, et s'étant arrêtez au confluent de ce fleuve et de la Saône, furent les premiers fondateurs de Lyon; et qu'enfin Atepomarus est le même qui se trouva avec Brennus et les Gaulois au siége de Rome que ces peuples firent l'an 364. de la fondation de cette ville. Cet auteur appuie ce récit sur le passage d'un ouvrage attribué à Plutarque [1], et qui porte seulement que Momorus et Atepomarus après avoir été chassez du roiaume de Seseron, ὑπὸ Σεσηρονέως τ' ἀρχῆς ἐκθληθέντες, bâtirent auprès du Rhône, et sur une colline, une ville à qui les corbeaux, qui parurent dans le tems de sa fondation, firent donner le nom de *Lugdunum ; lugum* signifiant corbeau, et *dunum* montagne, dans le langage de Momorus et d'Atepomarus. Ces deux fondateurs de Lyon parloient donc la langue Gauloise et non pas la Grecque. Il nous paroît d'ailleurs que ce passage, qui est peut-être aussi peu de Plutarque que celui que l'historien de Lyon tire de la prétendue vie d'Annibal par le même auteur, pour établir l'antiquité de cette ville, ne prouve nullement que Cessero, dont le nom est purement Gaulois, et qui étoit capitale d'un roiaume, ait été du nombre des colonies Grecques dont le gouvernement étoit républicain. Enfin ce passage ne peut fixer l'époque précise de la fondation de Lyon, dans la supposition que cette ville a subsisté avant la colonie des Viennois qui s'y établirent pendant le Triumvirat. Ce qu'il y a de constant, c'est que Lyon doit sa naissance aux peuples de la Narbonnoise.

L'établissement de ces colonies Grecques et le voisinage de Marseille, ville des plus florissantes des Gaules, soit par l'étenduë et les richesses de son commerce, soit par la diversité des arts et des sciences qu'on y cultivoit avec soin, furent très-avantageux à nos Volces. C'est en effet des Marseillois [2] que ces peuples apprirent l'art de cultiver les terres, de fortifier les villes, de tailler la vigne, de planter les oliviers; et celui de former l'es-

---

[1] Strab. ibid. p. 180. V. not. Casaubon.
[2] Plin. l. 3. n. 5.
[3] Hier. præf. lib. 2. epist. ad Galat.
[4] Martian. Heracl. - Steph. de urb.
[5] Plin. ibid.
[6] V. Tillem. Emp. tom. 5. p. 619.
[7] Menestrier. 1. Diss. sur l'orig. de Lyon, et hist. p. 41.

[1] Plut. de fluv. tom. 2 p. 1151.
[2] Justin. ibid.

prit par l'étude des belles lettres, et surtout de la langue Grecque qui devint si commune parmi eux, et dans les autres provinces méridionales des Gaules, qu'on s'en servoit quelquefois dans les actes publics. On en trouve encore des vestiges en plusieurs termes Provençaux et Languedociens, qui tirent leur racine immédiate du Grec. Mais si les Marseillois furent soigneux d'inspirer aux Volces leurs mœurs, leur langage et leur politesse, ils ne le furent pas moins de leur insinuer leur religion et leur culte; et de leur apprendre à sacrifier suivant la manière des Grecs, à Apollon de Delphes [1], à Minerve et à Diane d'Ephese, et aux autres Divinités de la Grece.

V.

Premieres expeditions des Tectosages dans la Grece.

Tandis que les Volces s'étudioient dans les Gaules à imiter la politesse des Grecs, leurs anciens compatriotes qui habitaient les environs de la forêt Hercynie, conservant leur ferocité naturelle et leur air martial, ne s'appliquoient qu'à se maintenir dans la réputation de bravoure qu'ils s'étoient acquise, et à étendre leur domination sur les peuples de la Pannonie et de l'Illyrie, contre lesquels ils eurent de frequentes occasions de guerre. Nous en ignorons à la verité le détail, mais nous savons que le [2] succès de leurs armes fut heureux.

Nous ferons à cette occasion une remarque qui servira pour tous les autres endroits où nous aurons à parler des succès heureux ou malheureux de ces Gaulois, c'est que n'aiant aucun de leurs historiens qui nous instruise de leurs expeditions, et des combats qu'ils durent livrer à un grand nombre de nations, avant que de les soûmettre ou de les rendre tributaires, il faut nécessairement nous en rapporter au témoignage des auteurs Grecs et Romains, qui uniquement attentifs à s'étendre sur les actions qui ont été désavantageuses aux Gaulois, n'ont dit qu'un mot en passant de leurs victoires et de leurs conquêtes. Ainsi on ne doit pas être surpris, si, exacts à suivre les anciens, quelque partiaux qu'ils soient, il paroît dans le récit que nous ferons dans la suite des expeditions de nos Tectosages, et des guerres ausquelles ils eurent part, qu'ils ont été plus souvent vaincus que vainqueurs. Il nous suffit de sçavoir en général qu'ils n'ont pû se faire jour à travers tant de nations belliqueuses, et s'établir au milieu d'elles, que par la force de leurs armes, et par un grand nombre de victoires. En effet, malgré l'affectation des anciens historiens à décrire leurs malheurs et à rapporter leurs disgraces; ils n'ont pû disconvenir de leur valeur, et de la réputation que leurs actions éclatantes leur acquirent parmi plusieurs nations des trois parties du monde.

C'est sans doute des Tectosages établis auprès de la forêt Hercynie vers le Danube, qu'un ancien [1] auteur a voulu parler, lorsqu'il a dit que les Celtes ou Gaulois, étant depuis quelque tems en guerre contre les Autariates peuples de l'Illyrie, et voulant enfin la terminer, userent du stratagême suivant pour y réussir. Ces Gaulois firent semblant de se retirer, et abandonnèrent leur camp pendant la nuit, après avoir empoisonné quantité de vivres et plusieurs tonneaux de vin qu'ils y laisserent: les Autariates, croiant qu'ils s'étoient véritablement retirés, s'emparerent aisément du camp le lendemain; mais ils périrent presque tous ou par le vin empoisonné qu'ils bûrent, ou par les Gaulois qui à leur retour passerent au fil de l'épée la plûpart de ceux que le poison avoit épargnez.

On pourroit aussi peut-être appliquer à nos Tectosages, qui s'étoient [2] étendus entre le Danube et le golphe Ionien ou mer Mediterranée vers l'Illyrie, ce que rapporte l'historien d'Alexandre [3] au sujet des Celtes ou Gaulois qui vivoient alors dans le même pays (vers l'an de Rome 420). Sur l'avis de la guerre que ce fameux conquerant avoit entreprise contre les Thraces et les Tryballiens, tous les peuples qui habitoient sur les bords de l'Istre ou du Danube, et sur-tout les Celtes qui de-

---

[1] V. Hendreich Massil tom. 6. antiq Gronov.
[2] Justin. l. 24 c. 4.

[1] Polyæn. l. 7. c. 42.
[2] Justin. ibid.
[3] Arrian. l. 1. p. 3 et 5. V. Strab. l. 7. p. 301. et seq.

meuroient sur ce fleuve en remontant vers sa source aux environs du golphe Ionien, se firent un devoir de lui envoier des députez. Les Celtes, dit l'historien de ce prince, se distinguerent dans cette députation par un certain air de fierté, que leur inspiroit la réputation de leurs armes autant que leur bonne mine et leur taille avantageuse. Ils demandèrent à Alexandre son amitié; ce prince la leur accorda; et après un accueil des plus gracieux, voulant sçavoir d'eux s'ils étoient instruits de la terreur de son nom et de la prospérité de ses armes, il leur demanda au milieu d'un festin dont il les regala, *ce qu'ils craignoient le plus*, persuadé qu'ils répondroient que c'étoit sa personne : mais ces Gaulois naturellement intrépides, et d'ailleurs à l'abri de ses entreprises tant par leur éloignement que par les difficultéz d'approcher de leur pays, loin de flatter sa vanité, répondirent froidement, *qu'ils ne craignoient que les Cieux, dont la chute pouvoit les écraser ; qu'au reste ils faisoient beaucoup de cas de l'amitié des grands hommes tels que lui*. Cette réponse quoique fiere plut à Alexandre, qui content de taxer les Celtes ou Gaulois de fierté et d'orgueil, renvoia leurs députez avec des marques d'honneur et de distinction, les chargea de présens magnifiques, et mit leur nation au nombre de celles qui lui étoient alliées.

Il paroît que les Tectosages furent tranquilles sous le regne de ce prince; ce n'est du moins que peu de temps après sa mort que les anciens[1] nous parlent de leurs nouvelles expeditions. Ils nous apprennent qu'Antigonus, un des successeurs d'Alexandre, en prit une partie à son service, sous le commandement d'un de leurs chefs appelé Biderius, et qu'il s'en servit utilement contre Antipater son concurrent qu'il défit entierement (vers l'an de Rome 432). Ils ajoûtent qu'après cette défaite, les mêmes Gaulois mécontens du refus qu'Antigonus fit de leur payer la solde dont ils étoient convenus, tant pour eux que pour leurs femmes et leurs enfans, menacerent de faire mourir les ôtages qu'il leur avoit donnez ; mais que ce prince joignant l'artifice à la mauvaise foi, attira chez lui les principaux de leur nation sous prétexte de vouloir les satisfaire, les fit arrêter, et ne voulut les relâcher qu'après qu'ils auroient relâché eux-mêmes ses ôtages ; ce qu'aiant obtenu, il renvoia les députez des Gaulois, et leur donna seulement trente talens, ce qui revenoit à un écu d'or pour chaque soldat effectif.

Dans la suite Cambaulus (vers l'an de Rome 472) s'étant mis à la tête d'une partie de ces Gaulois,[1] fit des courses dans la Thrace, d'où après un butin considérable, il jugea à propos de se retirer, ne se croiant pas assez fort pour aller attaquer les Grecs, quelque envie qu'il eût de courir et de ravager leur pays, comme il avoit fait celui des Thraces. Les autres Gaulois, animez par l'heureux succès des courses de ce general et par l'esperance d'un pareil butin, ou selon d'autres[2] pressez par la faim, formerent à son exemple le dessein d'une nouvelle expedition, dans l'année[3] qui suivit l'entrée de Pyrrus en Italie où les Tarentins l'avoient appelé. Ils assemblerent une armée capable de porter la terreur jusqu'aux extremitez de la Grece, et se partagerent en trois corps. On donna le commandement du premier à Cerethrius qui marcha aussitôt vers la Thrace et le pays des Tryballiens. Les autres deux corps commandez l'un par Brennus et Acichorius, et l'autre par Belgius ou Bolgius, prirent leur route, celui-ci vers la Macedoine et l'Illyrie, et celui-là vers la Pannonie et une partie de la Grece. Au bruit de la marche de cette armée également formidable par le nombre et la ferocité naturelle des soldats, la terreur se répandit dans les provinces, et les Gaulois profitant de la fraieur des peuples désolerent impitoiablement les campagnes, pillerent les villes ou en firent racheter le pillage, et forcerent les rois même de venir leur demander la paix ou de l'acheter à prix d'argent.

Ptolemée Ceraunus[4] roi de Macedoine fut le seul qui osa s'opposer à leurs courses et mesurer ses armes avec celles de Belgius. Il refusa même le secours de troupes que lui offrirent les Dardaniens : sa temerité ne demeura

---

[1] Polyæn. stratag. l. 4. c. 6.

[1] Pausan. in Phocic. p. 643. et seq.
[2] Memn. apud. Phot. cod. 224. p. 710.
[3] Polyb l. p. 6. V. NOTE 3
[4] Pausan. et Memn. ibid.

pas long-temps impunie. Belgius lui fit bientôt connoître qu'il étoit et plus habile et plus rusé que lui, lorsqu'étant à la tête de son armée en présence de celle de ce prince, et voulant s'assurer de la qualité et de la contenance des troupes ennemies, il lui envoia de vrais espions sous le nom de députez pour lui demander la paix. Ptolemée, naturellement fier et présomptueux, donna dans le piége dressé à sa vanité, et regardant cette ambassade comme une marque certaine de la foiblesse et de la crainte des Gaulois, répondit fierement aux envoiez que leur chef ne devoit esperer de paix qu'en mettant les armes bas, et en lui donnant des ôtages. Sur cette réponse, si éloignée de leurs sentimens, les Gaulois se préparerent au combat, et attaquerent ce roi peu de tems après avec tant de valeur, que son armée fut battuë à plate couture, et la plûpart de ses soldats tuez ou faits prisonniers. La défaite des troupes de Ptolemée fut suivi de la prise de sa personne, occasionnée par l'éléphant sur lequel il étoit monté, qui se sentant blessé le renversa. Les Gaulois se saisirent alors de ce prince tout couvert des blessures qu'il avoit déjà reçues dans l'action; et par un trait digne de leur ferocité, ils lui couperent la tête, la mirent au bout d'une pique, et la promenerent par tout le camp, pour animer par là le courage de leurs troupes et jetter la terreur parmi celles des ennemis.

Après une défaite aussi entiere, la perte totale des Macedoniens, qui invoquoient inutilement les manes d'Alexandre et de Philippe, étoit inévitable, si le vainqueur eût sçû ou voulu profiter des facilitez et des avantages que lui donnoit sa victoire: mais soit par négligence ou par des motifs que nous ignorons, Belgius donna à ses ennemis le tems de se reconnoître et de chercher quelque ressource à leur malheur. Les Macedoniens furent en effet assez heureux pour en trouver une en la personne de Sosthene, jeune à la verité dans le métier de la guerre, mais à qui la sagesse et le desir de sauver sa patrie firent trouver le moyen de former un corps de troupes composé de nouveaux soldats, qu'il joignit à ceux qu'il pût rallier après la défaite de l'armée de Ptolemée. Il se mit à leur tête, et fit si bonne contenance, que les Gaulois, dont le dessein étoit moins de prendre des villes que de les piller, n'osant l'attaquer, prirent le parti de se retirer et d'emporter avec eux le riche butin qu'ils avoient déja fait. Une action aussi genereuse et un service aussi important rendu à la patrie, mériterent à Sosthene la couronne de Macedoine que ses compatriotes lui défererent.

VI.

Expédition des Tectosages dans la Macedoine sous la conduite de Brennus.

Belgius, quoique victorieux de ses ennemis, ne reçut pas à son tour les applaudissemens que devoit naturellement lui attirer la victoire qu'il avoit remportée sur le roi Ptolemée. Brennus qui [1] étoit aussi de retour de son expedition, blâma fort sa conduite, et lui reprocha de n'avoir pas profité de sa victoire. Pour réparer cette faute et soûtenir la réputation des armes de la nation, Brennus convoqua une assemblée publique, à laquelle, selon l'usage, assisterent indifferemment les hommes et les femmes. Il proposa le dessein d'une nouvelle expedition dans la Grèce; et pour montrer que l'execution en était aisée, il representa d'abord la foiblesse et la misère des Grecs réduits à l'extremité par les guerres de Philippe et d'Alexandre, et en dernier lieu par celles d'Antipater et de Cassandre. Il fit ensuite venir dans l'assemblée plusieurs Macedoniens que Belgius avait fait prisonniers, et qui s'étant présentez avec des habits déchirez, la tête rase et un visage humilié, paroissoient autant dignes de mépris que de compassion : Brennus opposant à ses captifs une troupe de Gaulois des mieux faits, dit aux principaux de sa nation, en leur montrant les Grecs : Voilà les ennemis que vous avez à combattre, et que vous avez déjà vaincus. A tous ces motifs, Brennus ajoûta celui de l'interêt, et pour piquer l'avidité naturelle de ses compatriotes pour le butin, il leur fit esperer de trouver des thrésors immenses dans les villes et sur-tout dans les temples des Grecs. Ce discours prononcé avec toute la vivacité et l'ar-

---

[1] Pausan. in Phocic. p. 644. et seq. - Justin. l. 24. cap. 6. et seqq. - Polyæn. Stratag. l. 7. c. 35.

deur d'un general qui veut persuader, fit tant d'impression sur toute l'assemblée qu'on y prit la résolution de porter la guerre dans la Grece, et de mettre l'armée en état de marcher au printems suivant. (NOTE III.)

Brennus suivi d'Acichorius, fidele compagnon et témoin ordinaire de toutes ses entreprises, se mit à la tête de son armée forte [1] de cent cinquante deux mille hommes d'infanterie, et de vingt mille quatre cens chevaux (an de Rome 475). Ceux-ci faisoient plus de soixante mille hommes, car chaque cavalier étoit accompagné, à l'imitation des Perses, de deux autres qui étoient comme ses domestiques, et dont en cas de mort, de chûte, ou de blessure, l'un prenoit la place ou le cheval de l'autre. Cette cavalerie combattoit ainsi toûjours en ordre de bataille, et portoit le nom Gaulois de *Trimarcisia*, parce que, dit Pausanias, *Mar* en langage Gaulois veut dire cheval, et *Trimarcisia* triple cavalier. Cette armée étoit suivie de deux mille chariots [2] outre les bagages et les vivandiers.

De tous les différens peuples des Gaules, qui composoient l'armée de Brennus, les historiens ne [3] font mention que des Tectosages, des Trocmes et des Tolistoboges. Ces deux derniers peuples tiroient leur nom de leurs chefs, et non pas de leur ancienne patrie; et comme ils avoient les mêmes mœurs et le même langage que les Tectosages, on peut croire vraisemblablement ou qu'ils en faisoient partie, ou du [4] moins que leur ancienne demeure dans les Gaules étoit voisine de celle de ces mêmes peuples, (NOTE IV, n. 1). Les anciens nous donnent lieu aussi de conjecturer qu'une partie de ces derniers étoient venus immédiatement des Gaules, joindre leurs compatriotes dans la Pannonie pour partager avec eux la gloire de cette expedition. Quoi qu'il en soit, la marche de l'armée de Brennus porta la terreur dans toute la Grece. Les Grecs épouvantez du nombre et de la valeur des Gaulois, et persuadez que cette guerre,

bien plus dangereuse que celle qu'ils venoient de soûtenir contre les Perses, seroit également fatale à leur liberté et à leur patrie; frappez d'ailleurs des maux récens que ces mêmes Gaulois avoient faits, soit dans la Thrace, soit dans la Macedoine, la Pæonie et la Thessalie; et voiant enfin que leur unique salut étoit de n'en point espérer, prirent la genereuse résolution de vaincre ou de périr en s'opposant aux efforts de leurs ennemis, et en leur disputant l'entrée de leur pays.

Le roi Sosthene se flattant d'arrêter Brennus, comme il avoit fait auparavant Belgius, eut le courage de venir au-devant des Gaulois, lorsque ces peuples après avoir ravagé l'Ionie et l'Illyrie, commençoient d'entrer dans la Macedoine: mais ce prince fut repoussé avec tant de valeur que son armée fut mise en déroute, et lui-même tué dans l'action. Les Macedoniens frappez de la perte de leur roi et de leur general, et regardant la leur comme infaillible s'ils vouloient soûtenir encore un nouveau combat et faire front aux Gaulois qui les poussoient vivement, prirent alors le parti de se retirer dans les places fortes et de leur abandonner la campagne.

Quelque riche que fût le butin que Brennus fit ensuite avec son armée, il en avoit d'autres en vuë qui lui parurent plus dignes de son ambition et de l'avidité de ses soldats pour l'argent. C'étoient les thrésors des temples de la Grece, et sur-tout les richesses immenses de celui d'Apollon de Delphes dans la Phocide. Le desir de les envahir lui fit prendre la résolution d'y conduire son armée; et comme s'il en eût été déja le maître, il disoit par plaisanterie, que les Dieux puissans et riches d'eux-mêmes n'avoient pas besoin de tous ces thrésors destinez à enrichir les hommes. Pour s'assurer cependant de la verité et de la qualité des richesses de ce temple, il fit appeller quelques Delphiens prisonniers; et leur aiant demandé en particulier, par un interprete, si les statues du temple de Delphes étoient d'or massif, ils répondirent que le fond étoit de fer et la surface d'or [1]. Brennus peu satisfait de cette réponse leur défendit d'en parler, et leur commanda de dire le contraire dans le conseil de guerre où il les fit appeler. Ils s'y

---

[1] Pausan. ibid.
[2] Diod. fragm. tom. 2. pag. 870.
[3] Cic. pro Fontei. - Liv. l. 38. - Strab. l. 4. p. 187. et seq.
[4] V. NOTE II. n. 13. et seq.

[1] Polyæn. ibid.

rendirent en effet, et aiant été interrogez sur le même sujet en presence des generaux, ils assurerent que toutes les statuës du temple d'Apollon étoient d'un or très-pur. Brennus, content de cette seconde réponse, leur ordonna de la publier dans tout le camp, afin d'animer par là les soldats à l'enlevement de ces richesses; et se mettant au-dessus des [1] scrupules que la religion auroit pû lui inspirer, il prit la route de Delphes par la voie la plus courte, qui étoit celle des Thermopyles.

VII.

Passage de Brennus par les Thermopyles.

Les geographes donnent encore aujourd'hui le nom de Thermopyles à un col de vingt-cinq pieds de large, situé à une des extremités du mont Oeta et qui regarde le golfe Malliaque et la mer Egée. Comme cette montagne separe la Thessalie de la Phocide et de l'Achaïe, ce passage est d'autant plus important, que c'est le seul par lequel ces provinces puissent aisément communiquer ensemble. Les Grecs qui connoissoient l'avantage de ce poste, eurent soin de s'en saisir les premiers, pour défendre du moins à Brennus l'entrée de la Grece interieure; ils s'y camperent au nombre de vingt-trois mille hommes de pied et de trois mille de cavalerie, y compris les troupes auxiliaires qu'Antigonus roy de Macedoine successeur de Sosthene, et Antiochus roy de Syrie leur avoient envoiées. Le reste étoit un ramas de divers peuples de la Grece, dont chaque province avoit fourni son contingent: ceux du Peloponese ne se presserent pas d'envoier [2] le leur, parce que les Gaulois n'aiant pas de flotte, l'isthme de Corinthe sembloit les mettre à couvert de leurs insultes. Les Atheniens [3] étant de tous les peuples de la Grece les plus distinguez, et ceux qui firent le plus d'efforts pour le soûtien de la cause commune, soit par les troupes de terre qu'ils fournirent, soit par la flotte qu'ils équiperent, on leur défera l'honneur du commandement de toute l'armée, sous la conduite de Callipus leur general.

[1] Pausan. ibid.
[2] Pausan. in Achaic. p. 408.
[3] Pausan. in Attic. p. 6.

Les Grecs informez ensuite que les Gaulois [1] s'étendoient vers la Magnesie et la Phtiotide, et s'avançoient vers eux, détacherent d'abord mille soldats armés à la legere, avec la meilleure partie de la cavalerie pour retarder leur marche, et leur disputer le passage du Sperchio. Ce détachement étant arrivé aux bords de cette riviere, rompit aussitôt les ponts que les Gaulois y avoient déja construits, et campa ensuite en face de leur armée qui étoit de l'autre côté: mais Brennus dont la ruse égaloit l'experience dans le métier de la guerre, détacha durant la nuit dix mille hommes de son armée, parmi lesquels il choisit ceux dont la taille étoit la plus avantageuse, et qui sçavoient le mieux nager, avec ordre de côtoyer le Sperchio et de le passer à l'endroit où s'élargissant et formant un espèce de lac, il étoit moins rapide et moins profond. Ces Gaulois passerent ensuite cette riviere, les uns à gué, et les autres sur leurs boucliers, qui étant recourbez en forme de tuile creuse, leur servoient comme de batteaux.

Les Grecs surpris d'apprendre le lendemain matin le passage des Gaulois, et n'osant les attendre ni s'exposer à leur attaque, se retirerent aussitôt dans leur camp des Thermopyles, en sorte qu'après leur retraite il fut aisé à Brennus de faire passer le Sperchio au reste de ses troupes sur un pont qu'il fit dresser par les gens du pays. Dès que l'armée Gauloise eut passé, et qu'elle eut fait le dégât aux environs d'Heraclée, Brennus aiant eu avis par des déserteurs, de l'état de celle des ennemis, se mit en marche dans le dessein de l'attaquer et de forcer le passage des Thermopyles: mais prévenu par les Grecs qui dès la pointe du jour s'étoient avancez en bon ordre et sans bruit, il fut assailli lui-même. L'infanterie Grecque commença l'action par l'attaque de celle des Gaulois qui soûtint d'abord avec beaucoup de vigueur le choc de la phalange ennemie pesamment armée, la mit en désordre, et l'obligea d'abandonner le combat. Le reste de l'infanterie Grecque, armée à la legere, combattit cependant de son côté avec tant d'ordre et de valeur, que la Gauloise se voiant accablée d'une grêle de dards, de flé-

[1] Pausan. in Phocic. ibid.

ches, et de pierres, fut obligé enfin de ceder à son tour. L'inégalité du terrain, que la gorge d'une montagne rendoit fort difficile, et un grand nombre de sources très-glissant, ne permit pas à la cavalerie des deux armées, d'agir et de soûtenir leur infanterie. Ainsi celle des Grecs ranimant son courage à la vuë de la flotte des Atheniens, qui malgré la vaze dont la côte étoit remplie, s'étoit avancée assez près des Gaulois pour les incommoder, les poussa si vivement, et les mit dans un si grand désordre, que Brennus fut obligé de faire sonner la retraite : elle se fit avec tant de précipitation, que plusieurs Gaulois périrent dans les marais qu'ils voulurent traverser, ou s'y culbuterent les uns sur les autres. Ces peuples furent sans doute d'autant plus sensibles à leur défaite, qu'ils avoient sur les Grecs, mieux armez qu'eux, la superiorité du nombre et du courage ; en effet devenus comme insensibles, dans l'ardeur du combat, on les avoit vûs quelquefois arracher eux-mêmes les dards de leurs blessures pour les rejeter avec fureur contre les Grecs : mais comme ils n'avoient pour toutes armes défensives que leurs boucliers, ils furent exposez à tous les traits de leurs ennemis, qui par leur armure étoient plus à l'abri des traits des Gaulois. Le lendemain de l'action, les Grecs extrêmement religieux à l'égard de leurs morts, prirent un soin particulier de les faire enterrer ; au rapport de l'historien Grec, les Gaulois moins pieux ne demanderent point de trêve pour retirer les leurs, et leur rendre les mêmes devoirs. La perte des premiers ne fut, suivant le même historien, que de quarante soldats, tandis que celle des autres fut très-considérable ; on ne put savoir le nombre des morts de ces derniers, la plûpart aiant péri dans les marais.

Le septiéme jour après cette action les Gaulois tenterent d'une autre maniere le passage du mont Oeta, en prenant sans bruit, et à l'insçû des Grecs, un sentier étroit qui étoit du côté d'Heraclée et qui aboutissoit aux ruines de la ville de Trachines, au-delà de laquelle étoit un temple de Minerve, dont ils se promettoient d'enlever les richesses ; mais la vigoureuse résistance que firent les troupes Grecques qu'on avoit détachées pour la garde de ce passage, sous la conduite de Telesarchus qui fut tué dans l'action fit échouër l'entreprise, et rendit cette tentative inutile.

Ces mauvais succès ne firent point perdre aux Gaulois l'esperance de forcer le passage du mont Oeta à la faveur d'une diversion. Brennus détacha pour cela quarante mille fantassins et huit cens cavaliers sous le commandement d'Orestorius et de Combutis, deux des plus vaillans capitaines de son armée, avec ordre d'aller ravager l'Ætolie, afin d'engager les Ætoliens qui étoient dans l'armée des Thermopyles, de l'abandonner pour courir au secours de leur patrie. Brennus fut exactement obéï ; cette province fut désolée et livrée à la fureur du soldat. La ville de Callion l'éprouva plus que toute autre. Tous les hommes y furent massacrez avec presque tous les enfans, dont plusieurs furent enlevez d'entre les bras de leurs meres ; les Gaulois en réserverent seulement quelques-uns pour en faire un repas digne de leur ferocité. Les femmes ne furent pas mieux traitées que les hommes ; les plus courageuses aimerent mieux se donner la mort, que de tomber vivantes entre les mains des Gaulois : mais les autres plus faibles eurent le malheur de devenir les victimes de leur fureur, après l'avoir été de leur brutalité.

Les Ætoliens qui étoient au camp des Thermopyles informez de ces cruautez et de la désolation de leur pays, abandonnerent aussitôt leur poste, comme Brennus l'avait prévû, et accoururent au secours des villes qui avoient eu le bonheur d'échapper à la fureur des Gaulois. A leur arrivée ils formerent à la hâte un corps de troupes de tous ceux qu'ils trouverent en état de porter les armes : les vieillards et les femmes même voulurent partager la gloire de défendre leur patrie, et de venger la mort des Calliens. Les Gaulois de leur côté après avoir enlevé les thrésors de Callion, et avoir mis le feu aux quatre coins de cette ville, chargez de ses riches dépouilles, se retiroient dans le dessein d'aller joindre l'armée de Brennus, lorsqu'aiant rencontré ceux de Patras, les seuls d'entre les peuples d'Achaïe qui marchoient au secours des Ætoliens, ils se mirent en état de les attaquer. Ces Grecs épouvantez de la multitude des Gaulois, commençoient à perdre courage; mais ranimez bientôt après par la jonction des Ætoliens, tant hommes que femmes, ils se rendirent maîtres des chemins, se mirent aux trousses des Gaulois et les harcelerent à coups de flèches; ces derniers se sentant vivement poursuivis voulurent quelquefois faire volte face et poursuivre leurs aggresseurs à leur tour: mais ceux-ci tournant tête en fuiant, tiroient des flèches avec tant d'adresse, que les Gaulois, malgré leurs tyrses ou boucliers, en étoient accablez; en sorte que leur perte fut très-considérable, et qu'à peine la moitié de ce détachement put rejoindre le gros de l'armée devant les Thermopyles.

Tandis que les Grecs étaient aux mains dans l'Ætolie avec ce détachement de Gaulois Tectosages, Brennus tâcha de gagner les Ænians et les Heracleotes, qui lui promirent de conduire sûrement son armée jusqu'au-delà du mont Oeta; ces peuples se prêterent d'autant plus volontiers au désir de ce general, qu'étant fort fatiguez du séjour des Gaulois dans leur pays, ils souhaitoient ardemment d'en être délivrez. De deux sentiers qui conduisent de la Thessalie dans la Grece interieure par le mont Oeta, l'un est du côté de la ville de Trachines, difficile et fort escarpé; Brennus l'avoit tenté inutilement, comme l'on a déja dit. L'autre est du côté des peuples Ænians, beaucoup plus aisé, mais moins connu. C'est par ce dernier sentier que Brennus se fit conduire: les Perses avoient pris autrefois ce chemin pour pénétrer dans la Grece. Avant son départ ce général mit dans Heraclée le thrésor de l'armée sous la garde d'une partie de ses troupes. Il laissa le commandement du reste à Acichorius, et ne prit d'abord avec lui que quarante mille hommes d'elite; donnant ordre en même tems à ce dernier d'attaquer de front l'armée des Grecs, tandis qu'après son passage il la prendroit lui-même en queue. Un brouillard épais qui s'éleva, favorisa l'execution de son entreprise et déroba heureusement sa marche, en sorte que les troupes Grecques qui gardoient ce passage, ne s'apperçurent de l'approche des Gaulois que dans le tems qu'elles se trouverent hors d'état de s'y opposer. Elles se [1] défendirent pourtant

[1] Pausan. ibid. et Attic. p. 6.

avec beaucoup de valeur, mais enfin obligées de ceder à la force, elles se retirerent au gros de leur armée dans le camp des Thermopyles. Les Grecs furent à peine joints par ce détachement, qu'ils se virent vivement assaillis de toutes parts par les Gaulois. Ils se défendirent cependant avec opiniâtreté: mais se voiant investis par leurs ennemis, qui avoient d'ailleurs la superiorité du nombre, ils furent enfin contraints de ceder, et de s'embarquer avec précipitation sur les vaisseaux des Athéniens au port de Lamiac, en sorte qu'ils laisserent aux Gaulois le passage libre des Thermopyles.

VIII.

Siége de Delphes par les Gaulois.

Brennus n'aiant plus d'ennemis à combattre, se joignit avec Acichorius, et ne songea plus qu'à executer le dessein qu'il avoit formé d'aller s'enrichir des dépoüilles du temple de Delphes. Il fit marcher aussitôt son armée vers cette ville, et encourageant ses troupes par l'esperance d'un riche butin, il leur persuada aisément le siege de cette place. Les Delphiens d'un autre côté craignant également la perte de leur ville et l'enlevement des richesses de leur temple, s'animerent les uns les autres, et firent les derniers efforts pour prévenir ce malheur. Ils se flattoient de la protection de leur Dieu Apollon, sur la promesse que l'oracle leur en avoit faite: mais Brennus sans s'épouvanter des préparatifs des Delphiens, continua sa marche et alla se camper sous les murs de leur ville, nonobstant l'opposition des Ætoliens qui donnerent sur son arriere-garde commandée par Acichorius, et enleverent une partie du bagage.

Delphes étoit une ville [1] de la Phocide que le fameux temple d'Apollon rendoit respectable à toute la Grece. Ce temple qui en faisoit la gloire et le principal ornement, étoit situé sur le haut d'un rocher du mont Parnasse: sa réputation, autant que la superstition des Grecs, avoient donné occasion à ces peuples d'y bâtir tout autour des maisons qui formoient la ville de Delphes, et d'enrichir ce temple des dons les plus précieux et les plus magnifiques. La situation avantageuse de

[1] Justin. l. 24. cap. 6. et seqq.

cette place et les précipices qui l'environnoient en faisoient la principale force; les habitans étoient persuadez d'ailleurs qu'elle étoit imprenable sous la protection d'Apollon leur Dieu tutélaire.

Lorsque Brennus [1] se presenta devant Delphes dans le dessein d'en faire le siége, son armée n'étoit composée que de soixante-cinq mille hommes d'infanterie; mais c'étoient des troupes d'élite et prêtes à tout entreprendre, dans l'esperance de partager les riches dépouilles du temple d'Apollon; le reste de l'armée Gauloise étoit demeuré au camp d'Heraclée à la garde du thrésor. Brennus aussi prudent que brave, avant que de s'engager dans cette entreprise, tint un conseil de guerre pour déliberer s'il falloit ou brusquer l'attaque de la place, ou donner le tems à ses troupes de se rafraîchir. Ce dernier avis prévalut, contre le sentiment des capitaines Emanus et Thessalorus, qui vouloient profiter de l'embarras et de la terreur des Delphiens, et ne pas leur donner le tems de se reconnoître ni de recevoir du secours. Ils en reçurent en effet tandis que les Gaulois enchantez des beautez du pays, s'amuserent à se divertir. Ainsi les Delphiens s'étant fortifiez, et aiant assemblé des troupes de toutes parts pour leur défense, firent fort bonne contenance. Brennus tenta néanmoins l'attaque de Delphes, qu'il se flatta d'emporter de force: mais les Delphiens de leur côté soûtenus des Phocéens et des Ætoliens, qui formoient avec eux un corps de quatre mille combattans, encouragez d'ailleurs par l'esperance que leurs prêtres, fondez sur quelques visions, leur donnoient de la victoire, et par l'avantage du lieu, allerent au-devant des Gaulois et les attaquerent. L'action étoit commencée, et les deux armées se battoient avec une égale fureur, quand, au rapport de Pausanias, un orage affreux accompagné de foudres et d'éclairs s'éleva tout à coup et fut suivi d'un tremblement de terre, qui détachant de gros rochers de la montagne, écrasa une grande partie des Gaulois et mit la confusion parmi leurs troupes; en sorte que leur armée aiant été mise en déroute par cet évenement si étrange et si peu attendu, fut obligée d'abandonner le champ de bataille, après avoir cependant fait périr un grand nombre de Grecs au commencement du combat, parmi lesquels un des plus destinguez fut Aleximachus general des Phocéens, à qui les Grecs par estime et par reconnoissance firent élever dans la suite une statuë dans le temple de Delphes. Les Ætoliens firent le même honneur à Euridame leur chef qui se signala aussi dans cette action. Ces statuës subsistoient dans ce temple du tems de Pausanias, sur la foi duquel nous rapportons toutes ces circonstances.

La nuit qui suivit le combat dont on vient de parler, fut aussi funeste aux Gaulois, que l'avoit été le jour précedent. Une nouvelle secousse du mont Parnasse causa un nouveau désordre dans leur camp, tandis que d'un autre côté un froid rigoureux qui survint, et qui fut accompagné d'une quantité extraordinaire de grêle et de neige, en fit périr un grand nombre. Les Grecs persuadez que ces évenemens singuliers n'étoient pas moins des marques de la protection du Dieu Apollon sur eux, que des effets de sa colere et de sa vengeance contre les Gaulois, qui avoient porté leur témérité jusqu'à vouloir profaner son temple, le sanctuaire de toute la Grece, se mirent en état de poursuivre leur victoire. Ils firent une nouvelle sortie le lendemain et allerent attaquer leurs ennemis de front, tandis que les Phocéens, tournant autour du mont Parnasse à travers les rochers et la neige dont il étoit couvert, furent les prendre en queuë. Les Gaulois, dont l'historien Grec releve ici la bravoure, la force et la taille avantageuse, soûtinrent sans se déconcerter ces deux attaques, résisterent à tous les efforts des Grecs et les repousserent même. La cohorte prétorienne de Brennus, qui se trouva la plus exposée, fit des prodiges de valeur: quoique percée et presqu'accablée des traits des ennemis, pas un des soldats ne quitta son rang et n'abandonna son poste, jusqu'à ce qu'aiant perdu de vuë leur general que ses blessures avoient mis hors de combat et dans l'obligation de s'éloigner, ils commencerent à plier sous les efforts redoublez des Grecs. Les Gaulois prirent alors le parti de se retirer après avoir fait mourir eux-mêmes ceux de

---

[1] Pausan et Justin. ibid.

leurs soldats, à qui les grandes blessures ou l'extrême foiblesse ne permettoient pas de les suivre.

IX.

Retraite et mort de Brennus.

Brennus donna le commandement de l'arriere-garde à Acichorius et se chargea, quoique couvert de blessures, de conduire l'avantgarde; il se mit ensuite en marche, et campa la nuit suivante au premier endroit qu'il rencontra sur sa route : mais il arriva encore pendant cette nuit un évenement aussi extraordinaire et aussi funeste pour l'armée de ce general, que les précedens. Une terreur panique saisit ses troupes au point que les soldats s'imaginant avoir à leurs trousses la cavalerie des Grecs, et voir l'ennemi dans leurs camarades, coururent aux armes, se battirent, et s'entretuerent au milieu des ténèbres, sans se reconnoître ni faire attention qu'ils parloient tous la même langue. Ce ne fut qu'à la faveur du jour qu'ils s'apperçurent enfin de leur méprise, et qu'ils virent, avec autant d'étonnement que d'horreur, dix mille des leurs, morts sur la place.

Les Grecs avertis de cet étrange évenement par des bergers Phocéens, qui avoient passé la nuit au voisinage du camp des Gaulois, et qui dès la pointe du jour s'étoient apperçus du carnage, se mirent aussitôt aux [1] trousses de l'armée de Brennus à laquelle ils couperent les vivres et dresserent des embuscades; en sorte que les Gaulois étant obligez de combattre pour se procurer de quoi subsister, perdirent encore six mille hommes dans differentes escarmouches, outre dix mille autres que la faim et la misere firent périr. Pour comble de malheur, les Athéniens et les Beotiens, qui retournoient chez eux après la levée du siége de Delphes, n'épargnerent aucun des traîneurs qu'ils rencontrerent sur leur route, tandis que l'arriere garde commandée par Acichorius, fut extrêmement maltraitée par les Ætoliens, ce qui retarda sa jonction avec l'avant-garde. Enfin Brennus et Acichorius s'étant rejoints, menerent les débris de leurs troupes dans le camp d'Heraclée,

[1] Pausan. ibid. et p. 614. et 622.

où ils comptoient trouver le reste de l'armée qu'ils y avoient laissée à leur départ pour le siége de Delphes.

Brennus se voiant alors [1] réduit à l'extremité, fit assembler les Gaulois, et après avoir exposé la suite de ses malheurs, leur proposa, sans s'exclure lui-même, le cruel expedient de faire mourir tous les blessez qui étoient hors d'état de suivre l'armée; et de brûler les chariots, afin de rendre leur retraite et plus aisée et plus prompte. Il ajoûta à cette proposition celle d'elire Acichorius pour commander l'armée à sa place : il se fit ensuite apporter du vin dont il s'enyvra; et pour servir sans doute d'exemple aux autres blessez qui devoient éprouver le même sort, il prit un poignard qu'il plongea dans son sein. Telle fut la fin tragique de ce fameux capitaine qui parut toujours grand dans ses malheurs, hardi dans ses entreprises, et intrépide au milieu des plus grands périls.

Acichorius après lui avoir rendu les derniers devoirs, et pris soin de ses funerailles, se mit à la tête de l'armée; et conformément au conseil et au dessein de Brennus, il fit mourir tous les blessez qui n'étoient pas en état de suivre. Après cette sanglante execution Acichorius reprenant sa premiere route, repassa la riviere de Sperchio; mais il fut continuellement harcelé dans sa retraite par les Ætoliens, les Thessaliens, et les Malliens qui le poursuivirent, et qui lui firent perdre en differens petits combats, la plus grande partie de ses troupes. Enfin à son arrivée dans la Dardanie, les peuples du pays lui aiant livré un nouveau combat, acheverent de le défaire entierement, en sorte qu'il se trouva à peine quelqu'un d'une armée auparavant si nombreuse, qui fût en état de porter à ses compatriotes la nouvelle de ce désastre. Ce qu'on vient de raconter arriva la deuxième [2] année de la cent vingt-cinquième Olympiade, et sous le gouvernement d'Anaxicrate archonte d'Athenes, ou l'an 476. de Rome. (NOTE III. n. 3.)

Quelques anciens semblent dire que les Gaulois se rendirent maîtres de la ville et du

[1] Justin et Pausan. ibid. Diod. Eclog. l. 22. tom. 2. p. 870.
[2] Pausan. ibid.

temple de Delphes, et qu'ils en enleverent les thrésors : mais il nous paroît que leur autorité doit ceder à celle des historiens ou presque contemporains, ou du pays, qui assurent le contraire. Cette expedition au rapport de ces derniers historiens fut funeste aux Gaulois, qui outre la honte d'avoir levé le siége de Delphes, eurent encore le malheur de perdre les soixante-cinq mille hommes d'élite que Brennus avoit pris avec lui pour cette entreprise. (NOTE IV.)

Le reste de l'armée [1] Gauloise, que ce general avoit laissé au camp d'Heracléc à la garde du thrésor, s'étant partagé avant son retour, alla tenter fortune en d'autres pays. Ces troupes chargées du riche butin, dont Brennus leur avoit confié la garde, s'étendirent sous la conduite de divers chefs, les unes sur la côte de l'Hellespont, et les autres dans la Thrace.

X.
Etablissement des Gaulois Tectosages dans la Thrace.

Ceux d'entre ces Gaulois qui prirent la route de l'Hellespont, et qui avoient à leur tête le general Commontorius, enchantez du voisinage de Byzance, y fixerent leur demeure; et laissant à leurs autres [2] compatriotes, dont nous parlerons bientôt, la gloire de subjuguer une partie de l'Asie, ils entreprirent de leur côté la guerre contre les Thraces qu'ils soumirent à leur domination, s'établirent dans leur pays, et choisirent la ville de Tule pour capitale de leur nouveau roiaume.

Commontorius, general et premier roy de ces Gaulois, animé par l'heureux succès de ses armes, les porta ensuite dans les terres des Byzantins. Ceux-ci pour se racheter du pillage, et prévenir le ravage de leurs campagnes, s'engagerent alors à lui paier un tribut annuel, qui ne fut d'abord que de quatre ou cinq mille écus d'or par an, puis de dix mille, et enfin de quatre-vingt talens. L'impuissance de paier cette derniere somme mit les Byzantins dans la nécessité d'imposer un subside sur les marchandises de ceux qui commerçoient sur la mer du Pont. Mais cette imposition leur aiant attiré la guerre de la part des Rhodiens, à qui elle portoit un préjudice considerable, et se voiant hors d'état de leur résister, ils eurent recours aux Gaulois leurs protecteurs. Cavarus qui regnoit alors sur ces derniers, et qui étoit un prince [1] recommandable par sa grandeur d'ame et par ses inclinations vraiment roiales, prit la défence des Byzantins ses tributaires, et assura le commerce des marchands qui navigeoient sur la mer du Pont. Il secourut encore ces peuples dans les guerres qu'ils eurent à soûtenir contre les Bithyniens et les Thraces; mais enfin ceux-ci ne pouvant plus supporter le joug de ces Gaulois Tectosages, leur firent la guerre, exterminerent leur nation et abolirent entierement leur roiaume dans la Thrace, sous le regne de Clyarus [2] dernier roy de ces peuples dans ce pays.

XI.
Scordisques peuples Tectosages.

Peu de tems [3] après l'établissement de ces Gaulois, une partie se détacha pour retourner dans ce canton de la Gaule dont ils étoient originaires, c'est-à-dire, dans le pays des Volces Tectosages : mais plusieurs d'entre eux conduits par le general Bathanatus, passant dans la Pannonie au confluent du Danube et de la Save, et trouvant ce pays à leur gré, s'y arrêterent et s'y établirent sous le nom de Scordisques.

Un ancien [4] historien assure que la route que prirent ces Gaulois pour se rendre dans ce pays, s'appelloit encore de son tems le chemin de Bathanatus, et qu'on nomma ces mêmes Gaulois, Bathanates, du nom de ce general. Cet auteur loué beaucoup le mépris que les Scordisques faisoient de l'or ; mais il invective en même tems contre leurs brigandages. Ces peuples étendirent en effet leurs courses dans la Pannonie et dans une partie de la Thrace, et s'étant ensuite mêlez et confondus avec les naturels du pays, ils

---

[1] Polyb. l. 4. p. 313. - Liv. l. 28. - Justin. lib. 32. c. 3.
[2] Polyb. ibid.

[1] Polyb. fragm. apud Vales. p. 27.
[2] Polyb. l. 4. p. 314.
[3] Justin. l. 32. c. 3. - Athen. l. 6. p. 234. - Livii Epitom. 63. - Strab. l. 7. vid. Freinshem. ad lib. 63. Livii n. 1 et 3.
[4] Athen. ibid.

porterent leurs armes chez les peuples voisins, et firent des courses dans l'Illyrie, et jusques vers l'Istre ou l'embouchure du Danube dans le pont Euxin.

Dans la suite les Scordisques aiant fait une nouvelle irruption dans la Macedoine, dans le tems que les Romains en étoient les maîtres, ces derniers prirent occasion de porter la guerre dans leur pays, tant pour arrêter leurs entreprises, que pour punir leur inhumanité à l'égard des prisonniers de guerre, qu'ils avoient la cruauté de sacrifier à Mars et à Bellone. Cette guerre ne réussit cependant ni à l'avantage des Romains qui furent battus, ni à la gloire du consul Porcius Cato leur general qui l'entreprit l'an de Rome 640. et qui y périt avec toute son armée. Cet échec des Romains anima les Scordisques à continuer leurs incursions et leurs ravages dans les terres de la République : mais deux ans après M. Drusus, autre consul Romain, plus heureux que le precedent, les aiant attaquez, les repoussa et les força de se contenir dans les bornes de leur demeure, c'est-à-dire, au-delà et à la gauche du Danube.[1] C'est tout ce que les anciens historiens nous apprennent de cette partie des Tectosages connus sous le nom de Scordisques, que l'empereur Tibere [2] réduisit enfin sous la domination de l'empire Romain avec le reste de la Pannonie.

XII.
Retour des Tectosages à Toulouse.

L'autre partie des Gaulois Tectosages qui quitta la Thrace avec les Scordisques, continua sa route vers les Gaules. A leur arrivée à Toulouse leur patrie, se voyant attaquez d'une maladie contagieuse, ils eurent [3] recours aux Aruspices, qui répondirent qu'ils ne devoient esperer de guérison, qu'après avoir jetté dans le lac de cette ville l'or et l'argent qu'ils avoient acquis par des guerres injustes, par le pillage et par des sacriléges. C'est, selon Justin, ce même or de Toulouse qu'enleva le consul Cepion, et dont l'enlevement fut si funeste.

[1] Florus l. 3. c. 4.
[2] Velleius Paterc. l. 2. c. 39.
[3] Justin. ibid.

XIII.
Etablissement des Tectosages en Asie.

De toutes les colonies que nos Tectosages établirent à l'occasion de l'expédition de Brennus, la plus célèbre fut celle qu'une partie d'entre eux alla fonder en [1] Asie, l'année d'après la défaite de ce general devant Delphes, et dans le tems que Democles étoit archonte d'Athenes. D'abord après cette défaite, selon Pausanias [2], ou quelque tems auparavant, au rapport de Tite-Live [3], et lorsque l'armée de Brennus étoit en marche pour l'expedition de Delphes, une partie de ses troupes s'étant soulevée dans la Dardanie, vingt mille hommes se détacherent, sous la conduite de Leonorius et de Lutarius, pour aller vers la Thrace qu'ils mirent sous contribution [4] (NOTE III). Ces Gaulois s'étendirent ensuite jusques à Byzance, et sur la côte de la Propontide dont ils s'emparerent. De là sur le récit qu'on leur fit des beautez et de la fertilité de l'Asie, ils résolurent d'y porter leurs armes, et d'y fixer leur demeure malgré l'opposition des Byzantins qui traversoient leur dessein. Pour faciliter leur trajet dans ce pays, ils s'emparerent d'abord de Lysimachie, ville située au milieu de l'Isthme, d'où l'on passe dans la Chersonese. Ces Gaulois étant descendus ensuite vers la côte de l'Hellespont ou le détroit des Dardanelles, la facilité du passage d'Europe en Asie, augmenta le desir qu'ils avoient d'aller s'établir dans cette partie du monde : mais cette entreprise ne pouvant s'exécuter qu'avec les secours des vaisseaux dont ils manquoient, ils en firent demander par leurs ambassadeurs à Antipater, qui commandoit alors sur cette côte pour les Macedoniens.

Sur ces entrefaites il s'éleva une dispute entre Leonorius et Lutarius qui causa une sédition dans l'armée, et la partagea entre ces deux chefs. Le premier suivi d'une partie des troupes, reprit la route de Byzance : l'autre crut devoir attendre la réponse d'Antipater, qui sous prétexte de lui faire honneur,

[1] Pausan. in Phocic. p. 633.
[2] Pausan. in Attic. p. 8.
[3] Liv. l. 38. c. 16.
[4] Memn. apud Phot. p. 719.

mais en effet pour observer sa conduite, lui renvoia les ambassadeurs Gaulois avec deux des siens, sur deux vaisseaux escortez de trois barques. Lutarius les reçut avec honneur ; mais plus rusé qu'Antipater, il se servit de ces mêmes bâtimens pour le trajet de ses troupes, qu'il fit passer a diverses reprises sur la côte d'Asie.

Après ce passage, Lutarius [1] voulant en habile capitaine assurer ses courses et se ménager une retraite en cas de besoin, son premier soin fut de s'emparer de quelque place forte. Il prit d'abord celle d'*Ilium* ou ancienne Troye qu'il crut favorable à ses desseins ; mais il l'abandonna bientôt après, parce qu'il la trouva sans défense : ce qui ne l'empêcha pas de continuer d'infester les côtes par ses incursions [2], en attendant l'occasion de faire quelque entreprise plus importante.

Nicomede roi de Bithynie lui en fournit [3] une dans la guerre qu'il soûtenoit alors contre Zibée, qui avoit usurpé une partie de ses états. Ce prince ne se trouvant pas en état de réduire cet usurpateur, et informé qu'il y avoit des Gaulois dans son voisinage, eut d'abord recours aux Tectosages qui étoient du côté de Byzance, et traita avec Leonorius qu'il fit passer en Asie : mais ne se croiant pas sans doute encore assez fort, il s'adressa à Lutarius, avec lequel il traita aussi pour obtenir du secours. Les principaux articles de leur traité [4] furent que les Gaulois contracteroient avec lui et avec ses successeurs une amitié perpétuelle ; que ses amis et ses ennemis seroient aussi les leurs, et enfin qu'ils ne donneroient du secours à personne sans sa participation. A ces conditions Nicomede reçut dans ses états les Gaulois Tectosages commandez par dix-sept de leurs chefs ou capitaines, dont Leonorius et Lutarius étoient les principaux ; ce qui prouve que ces deux generaux devoient s'être déja réconciliez, pour agir de concert contre Zibée en faveur de Nicomede. Le succès de leurs armes fut si heureux, que l'usurpateur aiant enfin été entièrement défait, ce prince demeura maitre absolu du roiaume de Bithynie.

Nicomede aiant été ainsi rétabli dans la partie de ses états dont Zibée s'étoit emparé, les Tectosages chargez du butin qu'ils avoient fait pendant cette guerre, et que ce prince leur ceda en reconnoissance de leur secours, continuerent leurs courses ; et quoique leur armée ne fût que d'environ vingt mille hommes, dont à peine la moitié étoient armez, elle répandit cependant une si grande terreur chez tous les peuples de l'Asie mineure en deçà du mont Taurus, qu'ils les rendirent leurs tributaires de gré ou de force. Enfin après diverses incursions, ces Tectosages s'étant emparez du milieu du pays, résolurent d'y fixer pour toujours leur demeure : ils y fonderent en effet le roiaume de Galatie ou Gallogrece qui devint très-célèbre dans la suite. Tel fut l'établissement de la colonie de ces Gaulois dans l'Asie.

Cette colonie étoit [1] composée des peuples Trocmes ou Trocmiens, des Tolistoboges, et des Tectosages. Ces derniers étoient les seuls qui eussent conservé le nom de cette partie de la Gaule dont ils étoient originaires : les deux autres, comme on l'a déja dit, tiroient le leur de leurs chefs, selon le témoignage de Strabon et de Pline : témoignage préférable sans doute au sentiment de quelques modernes [2] qui font dériver le nom de Tolistoboges de ceux de Toulousain et de Boïe ou Boïen, autre peuple Gaulois qui s'établit, ainsi que les Tectosages, aux environs de la forêt Hercynie.

Quoiqu'il en soit, ces trois peuples Gaulois partagerent entre eux le pays conquis, qui depuis ce tems là prit le nom de Galatie, et comprenoit une partie de la grande Phrygie, de la Mæonie, de la Paphlagonie, et de la Cappadoce, entre les rivieres de Sangari et d'Halys. Après ce partage chacun de ces trois peuples alla occuper le pays que le sort lui avoit donné. Les Tolistoboges s'étendirent vers la Bithynie et la Phrygie appellée Epictete ;

---

[1] Strab. l. 13. p. 594.
[2] Pausan. in Attic. p. 8.
[3] Liv. ibid.
[4] Memn. ibid.

[1] Liv. ibid. - Plin. l. 5 c. 42. - Strab. l. 4 p. 187 et seqq. et l. 12. p. 566. et seqq. - Memn. ibid.
[2] Doujat in lib. 38. Liv. cap. 16. - Cellar. l. 3. c. 4 V. note II. n. 13. et seqq

les Tectosages habiterent une partie de la Cappadoce depuis le nord et le couchant jusques dans la grande Phrygie vers Pessinunte au midi des Tolistoboges; enfin les Trocmes s'établirent au levant des deux autres peuples dans une partie de la Mæonie et de la Paphlagonie le long de la riviere d'Halys et sur les frontieres du Pont et de la Cappadoce; ces derniers furent mieux partagez que les autres, parce qu'ils eurent le meilleur pays de la Galatie.

XIV.

Gouvernement des Gaulois en Asie

Ces peuples parloient tous la langue Gauloise, dont l'usage, selon saint Jerôme, subsistoit encore parmi eux dans le cinquième siécle de l'ere Chrétienne : ce saint docteur [1] ajoûte que la langue des Galates avoit beaucoup de ressemblance avec celle des peuples de Treves. Cette uniformité de langue parmi ces trois peuples Gaulois, jointe à celle de leur gouvernement, a donné lieu à Strabon [2] de juger qu'ils étoient tous anciennement ou originaires, ou du moins voisins du pays des Tectosages dans les Gaules, les seuls dont on connoisse la véritable origine.

Chacun de ces trois peuples fut subdivisé en quatre tetrarchies, dont chacune étoit gouvernée par un tetrarque qui avoit sous lui un juge, un general d'armée, et deux lieutenans. On établit outre cela, pour les douze tetrarchies, un senat commun composé de trois cens Gaulois, qu'on tira indifféremment de toute la nation, et dont l'assemblée se tenoit dans un lieu appellé *Drynæmetum*. Ce conseil étoit souverain, mais il ne connoissoit que des homicides : les autres causes étoient portées au tribunal de chaque tetrarchie, et étoient décidées par les tetrarques mêmes et par leurs juges. Tel étoit le gouvernement et la police des Galates, chez qui l'autorité du senat et du peuple subsistoit encore [3] après la réduction de leur roiaume en province, et leur soûmission à l'empire romain.

[1] Hier. præf. lib. 2. epist. ad Galat.
[2] Strab. lib. 4. ibid.
[3] Inscrip. d'Ancyr. Tournef. voyag. tom. 2. p. 444.

Nous devons à Pline [1] la connoissance de quelques peuples particuliers qui faisoient partie de chacun des trois principaux d'entr'eux, et composoient une tetrarchie : tels étoient les Votures et les *Ambitui* parmi les Tolistoboges, et les Teutobodiaques parmi les Tectosages. Plutarque [2] fait encore mention des Tosiopes. On croit que tous ces petits peuples, ainsi que les Trocmes et les Tolistoboges tiroient moins leur nom des pays dont ils étoient originaires, que de quelqu'un de leurs anciens capitaines [4].

XV.

Description de la Galatie.

Ces Gaulois après avoir fondé le roiaume de Galatie, établirent Ancyre pour la capitale de leur empire en Asie. Ce roiaume, du tems de Pline, comprenoit en tout cent quatre-vingt-quinze villes ou bourgs soûmis aux trois peuples dont on vient de parler. Ancyre fut encore la ville principale du pays que les Tectosages eurent en partage. Quelques auteurs, [4] à qui l'ancienneté de cette ville n'étoit pas sans doute bien connuë, ont fait honneur à nos Gaulois de sa fondation, mais dans la vérité ils n'en ont été que les restaurateurs. Etienne [5] de Byzance prétend qu'elle tire son nom des ancres (ἄγχυρα) des vaisseaux, que les Gaulois soûtenus de Mithridate et d'Ariobarzane enleverent à Ptolemée roy d'Egypte, après avoir défait ses troupes et les avoir poussées jusqu'à la mer; mais cette conjecture ne paroît pas vraisemblable, puisque, comme on a déja dit, cette ville subsistoit avant le passage des Gaulois en Asie. Ancyre est située sur une montagne, environ à soixante milles de la mer Noire. L'empereur Auguste après avoir réduit la Galatie en province Romaine, charmé de l'heureuse situation de cette ville autant que de la fidelité de ses habitans, l'honora de son affection, et prit plaisir à l'embellir et à l'orner d'un

[1] Plin. ibid.
[2] Plut. de virt. mulier. p. 239.
[3] V. Harduin. in lib. 5. Plin. c. 42.
[4] Memn. apud Phot. p. 721.
[5] Steph. de urb. p. 13.

grand nombre [1] de monumens dont on voit encore des restes magnifiques. Les Turcs l'occupent aujourd'hui sous le nom d'Angoury; elle a été autrefois l'une des plus considerables et des plus fameuses d'Orient.

Pessinunte ou Pessine, bâtie au pied de la montagne d'Agdistis, fut la capitale du pays des Tolistoboges. Cette ville se rendit dans la suite très-célèbre par le tombeau et le culte d'Atys, et par la statuë et le temple de Cybele dont les prêtres, si connus dans l'antiquité sous le nom de *Galles*, étoient considerez comme de grands seigneurs [2], à cause du respect qu'on avoit pour cette Déesse, qui passoit pour la mere des Dieux: mais du tems de Strabon, ces prêtres n'étoient plus si honorez. Les deux châteaux, dont l'un portoit le nom de *Bloukion*, et l'autre de *Peium*, appartenoient aussi aux Gaulois Tolistoboges. Dejotarus roy des Galates faisoit son sejour ordinaire dans le premier, et conservoit ses trésors dans l'autre.

Les Trocmes qui s'étendoient le long du fleuve Halys, eurent pour leur capitale *Tavium*, ville célèbre par un colosse de Jupiter. Leurs principales forteresses ou châteaux étoient *Mithridatium* et *Danola*. Memnon [3] prétend que les Trocmes ou Trocmiens furent les fondateurs d'Ancyre, les Tolistoboges de Tavie, et les Tectosages de Pessinunte; mais ou cet auteur se trompe, ou son texte a été corrompu.

XVI.
Puissance des Gaulois en Asie.

On a déjà dit que ces Gaulois rendirent tributaires [4] tous les peuples de l'Asie mineure. On vit en effet sur le bruit de leurs conquêtes les rois d'Orient rechercher leur amitié, et n'oser rien entreprendre sans le secours de leurs troupes auxiliaires; les peuples libres d'Asie demander leur protection contre la tyrannie des princes qui vouloient opprimer leur liberté, ou troubler leur gouvernement; et les princes déthrônez implorer leur secours pour remonter sur le thrône. Ces mêmes Gaulois partagerent entr'eux tous les pays de l'Asie mineure qu'ils avoient rendus tributaires, ou qu'ils mirent ensuite sous contribution: la côte de l'Hellespont échut aux Trocmiens, l'Æolie et l'Ionie aux Tolistoboges, et le milieu du pays aux Tectosages. Ces trois peuples, dont la puissance et le nombre augmentoient de jour en jour, devinrent enfin si formidables à tous les princes voisins, que les rois de Syrie aimerent mieux devenir leurs tributaires que leurs ennemis, tandis que leurs compatriotes, qui étoient demeurez auprès de la forêt Hercynie, firent de leur côté de nouvelles entreprises.

XVII.
Nouvelles expeditions des Gaulois.

Brennus avant son départ pour l'expedition de Delphes avoit laissé à la garde du pays où il étoit établi, et qui est vraisemblablement le même que celui que les Gaulois occupoient sur les frontieres de la Germanie et de la Pannonie, un corps de troupes [1] des mieux aguerries et des plus capables de le défendre. Ce corps composé de quinze mille fantassins et de trois mille chevaux, entreprit quelque tems après la conquête de la Macedoine, où Antigonus regnoit depuis la défaite et la mort de Sosthene, vers l'an de Rome 477. Ce prince venoit alors de soûtenir la guerre contre Antiochus Soter roy de Syrie qui lui disputoit le roiaume dont il étoit enfin demeuré paisible possesseur par un traité de paix. Ces troupes Gauloises après avoir défait les Getes et les Tryballiens, qui, à leur exemple, vouloient pénétrer dans la Macedoine, envoierent d'abord à Antigonus des députez sous le specieux prétexte de lui offrir la paix moiennant une somme d'argent; mais dans la verité pour observer la disposition de son camp et la contenance de ses troupes, afin de l'attaquer ensuite avec avantage. Ce prince qui se doutoit du dessein des Gaulois, affecta de recevoir leurs députez avec honneur, et d'étaler à leurs yeux ses forces et ses richesses; ce qui ne servit qu'à augmenter le désir qu'avoient ces peuples de s'en rendre maîtres. En effet sur le rapport de leurs envoiez, les Gaulois ani-

---
[1] V. Tournefort. ibid.
[2] Dynastæ.
[3] Mem. ibid.
[4] T. Liv. ibid. - Justin. l. 25. - Memn. ibid.

[1] Justin. l. 25.

mez par l'espérance du butin, marcherent avec confiance contre ce prince ; et se flattant de le surprendre dans son camp, l'attaquerent pendant la nuit ; mais ils furent surpris eux-mêmes dans une embuscade qu'Antigonus leur avoit dressée dans une forêt voisine, après avoir abandonné son camp et en avoir fait retirer les meilleurs effets. Les Gaulois ne trouvant aucune résistance, soupçonnerent d'abord quelque ruse de guerre : ils entrerent cependant dans le camp, dans la persuasion que les Macedoniens avoient pris la fuite ; et aiant enlevé tout ce que ces derniers avoient laissé pour les attirer, ils tournerent ensuite vers le rivage de la mer dans le dessein de piller aussi les vaisseaux de la flotte d'Antigonus. Ils commençoient le pillage, lorsque ce prince étant sorti de son embuscade, et s'étant joint avec les matelots de sa flotte, les attaqua avec tant de vigueur, qu'il les défit entierement ; ce qui lui acquit beaucoup de réputation, et lui procura la paix avec ses voisins.

XVIII.
Guerres des Tectosages en Europe et en Asie.

Il paroit que la défaite de ces Gaulois ne fut pas generale, puisque trois ou quatre ans après nous les voions servir en même tems, en qualité d'auxiliaires, dans l'armée du même Antigonus, avec qui ils firent sans doute la paix, et dans celle de Pyrrus roy d'Epire son ennemi. Il peut se faire aussi que ces deux princes firent venir de la Pannonie ou de la Thrace les Gaulois qu'ils appellerent à leur secours, ce qui est plus vraisemblable ; car il ne paroit pas que les Gallogrecs fussent alors assez puissans pour envoier des troupes auxiliaires d'Asie en Europe (an de Rome 479).

Quoi qu'il en soit, Pyrrus après avoir été défait à la bataille de Benevent, et avoir quitté l'Italie, où il faisoit la guerre depuis six ans [1] contre les Romains, la déclara à Antigonus, et fut soûtenu des Gaulois, qui lui donnerent un renfort considerable. Ce prince comptant sur la valeur de ces peuples, se mit en marche contre Antigonus, l'attaqua dans des défilez, et mit son armée en déroute, (an de Rome 480). On vit alors les Gaulois combattre contre d'autres Gaulois ; car Antigonus en avoit aussi un grand nombre à son service, qui faisoient l'arriere-garde et la principale force de son armée. Ces derniers aiant été attaquez, firent ferme d'abord et se défendirent avec beaucoup de valeur contre les troupes de Pyrrus ; mais obligés enfin de plier, après un rude combat sous les efforts redoublez de leurs ennemis, la plûpart furent taillez en pieces, ce qui fut cause de la perte de la bataille. Les éléphans d'Antigonus furent enveloppez bientôt après, et ceux qui les conduisoient, forcez de se rendre. L'infanterie macedonienne mit alors les armes bas, et ce prince aiant abandonné le champ de bataille, se trouva trop heureux de trouver son salut dans la fuite.

Pyrrus enflé de ce succès, et surtout de la défaite des Gaulois, dont la valeur et la réputation relevoient beaucoup sa victoire, voulut en laisser un monument public à la postérité : il fit choisir parmi leurs dépoüilles ce qu'il y avoit de plus riche, et en particulier leurs boucliers qu'il consacra à Minerve dans un temple de cette Déesse avec une inscription qui marquoit sa victoire sur ces peuples. Ce prince s'étant ensuite rendu maître de la plûpart des villes de Macedoine, laissa en garnison dans celle d'Egues qui en étoit la capitale, une partie de ses Gaulois auxiliaires ; mais ces peuples naturellement avides de pillage se virent à peine maîtres de cette ville, qu'ils foüillerent dans les tombeaux des rois de Macedoine, et en enleverent les richesses qu'on avoit coûtume d'ensevelir avec eux : ils pousserent même leur sacrilége jusqu'à jetter aux vents les ossemens de ces princes. Pyrrus qui ne pouvoit se passer du secours des Gaulois, fut obligé de dissimuler cet attentat, et n'osa le punir, malgré le murmure et l'indignation des peuples.

Ce prince emploia ces Gaulois l'année suivante au siége de Sparte ou de Lacedemone, qu'il entreprit dans le dessein de mettre Cleonyme sur le thrône [1] de ce roiaume. Les Spartiates quoique surpris de se voir assiegez,

---

[1] Plut. in Pyrr. - Pausan. in Attic. p. 12. - Diod. ragm apud Vales. p 266.

[1] Plut. ibid.

ne se découragerent pas : ils fortifierent en une nuit les dehors de leur ville par des retranchemens parallèles au camp de Pyrrus, et enfoncerent des charriots aux deux extremitez jusqu'au moyeu des roués, pour empêcher le passage des éléphans. Nonobstant ces retranchemens Pyrrus s'étant mis à la tête de son infanterie, donna l'assaut dès le lendemain, mais sans succès, tant à cause de la vigoureuse défense des Spartiates, que de la difficulté que trouverent ses troupes à se soûtenir sur un terrain nouvellement remué. Ptolemée fils de ce prince se mit alors à la tête de deux mille Gaulois, et de quelques autres troupes; et s'étant coulé le long des retranchemens, tâcha de s'ouvrir un passage à l'endroit où on avoit enfoncé les chariots, et ordonna aux Gaulois de travailler à en dégager les roües et de les traîner ensuite dans la riviere voisine : mais trois cens Spartiates étant survenus dans le même tems, et aiant pris les troupes de Ptolemée en queuë, l'obligerent enfin de ceder, et de prendre la fuite après un long et rude combat.

Nonobstant le mauvais succès de cette attaque, Pyrrus en tenta le jour suivant une nouvelle qui auroit infailliblement réussi, sans le secours qu'Areus roy de Crete amena en même temps aux Spartiates; ce qui obligea Pyrrus de lever le siége, et de marcher vers Argos, où il étoit appellé par Aristeas l'un des principaux citoiens, qui avoit imploré sa protection contre un autre citoien de la même ville son concurrent. A peine l'armée de Pyrrus eut levé le camp devant Sparte, qu'Areus le suivit, et tomba sur l'arriere-garde composée des Gaulois auxiliaires et des Molosses qu'il tailla en piéces, malgré les efforts du jeune Ptolemée, que le roy Pyrrus son pere avoit envoié à leur secours, et qui fut tué dans l'action.

Il paroît cependant qu'une partie de ces Gaulois échapa de cette défaite, puisque c'est avec leur secours que Pyrrus s'empara ensuite d'Argos durant la nuit : comme ils entrerent les premiers dans la ville, ils se virent d'abord obligez de se défendre contre un détachement de l'armée d'Antigonus que ce prince, qui étoit campé au voisinage, avoit envoié promtement au secours des Argiens; et ensuite contre le roy Areus qui entra aussi dans Argos avec un corps considerable de troupes. Ces Gaulois étant attaquez de toutes parts plierent enfin, mais Pyrrus qui n'étoit pas éloigné, et qu'ils appellerent à leur secours par des cris réiterez, étant survenu avec sa cavalerie, le combat cessa, et ils demeurerent dans leur poste jusqu'à la pointe du jour. Pyrrus desesperant alors du succès de son entreprise, prit le parti de se retirer avec ses troupes; mais dans le tems que ce prince hâtoit sa sortie, il fut malheureusement écrasé d'une tuile qu'une femme lui jetta du haut du toit. Après sa mort, Antigonus son ennemi se rendit aisément maître de son armée, qu'il traita cependant avec beaucoup d'humanité.

Les historiens nous laissent ignorer [1] le sujet de la guerre qu'eut ensuite le même Antigonus contre les Gaulois d'Asie dans le tems qu'il la faisoit à Ptolemée roy d'Egypte, et aux habitans de Sparte (an de Rome 483). Sur le bruit de l'approche de ces peuples, ce roy après avoir laissé dans son camp un corps de troupes capable de le défendre en cas de besoin contre ses autres ennemis, se mit en marche à la tête du reste de ses troupes pour aller à la rencontre des Gaulois. Les deux armées étoient en présence et se disposoient au combat quand celle des Gaulois ou Gallogrecs voulut s'assurer auparavant du succès par l'immolation des victimes et l'inspection de leurs entrailles. Mais se voiant menacez par les aruspices d'une entiere défaite, leur crainte, dit Justin, se tourna en fureur; et soit qu'ils crussent se rendre les Dieux plus propices, et obtenir d'eux un meilleur sort par le sacrifice de leurs femmes et de leurs enfans, ils les égorgerent tous sans misericorde. Cela fait, ces peuples étant allez hardiment au combat, furent battus et entierement défaits; ce qui fut sans doute la juste punition de leur inhumanité. Sur le bruit de cette victoire, Ptolemée et les Spartiates n'osant attaquer les troupes victorieuses d'Antigonus, prirent le parti de se retirer. La perte des Gallogrecs dans cette occasion, et celles qu'ils firent peu de temps après, donnent lieu de croire ou qu'ils s'étoient déja extrêmement multipliez depuis leur établissement en Asie, ou plûtôt qu'ils avoient reçû des renforts

---

[1] Justin. l. 26 cap 2.

considérables de leurs compatriotes d'Europe.

Ils perdirent en effet encore beaucoup de troupes dans la guerre de Nicomede roy de Bithynie contre Antiochus Soter roy de Syrie, second prince de la race des Seleucides, et l'un des successeurs d'Alexandre, vers l'an de Rome 490. Le premier qui, comme on a déja vû, avait eu la politique de s'allier avec les Gaulois d'abord après leur arrivée en Asie, et qui en avoit reçu de grands secours dans toutes les guerres qu'il avoit euës à soutenir contre ses voisins, les appella à son service dans cette occasion. Les Gallogrecs toûjours prêts à prendre les armes ou pour eux-mêmes ou pour leurs alliez, marcherent au secours de ce prince, et le bruit seul de leur marche et de leur entrée dans la Syrie y jetta la terreur et la consternation. Antiochus de son côté s'étant mis à la tête de tout ce qu'il avoit pû rassembler de troupes, alla au-devant d'eux et se mit en état de les combattre ; mais frappé de leur superiorité et de leur contenance, il étoit résolu de leur demander la paix et de s'abandonner à leur discrétion, lorsque Theodotas natif de Rhodes et l'un des generaux de l'armée Syrienne, homme de tête et d'experience, fit tant par ses discours, qu'il ranima le courage de ce prince et le détermina au combat.

L'armée des Gaulois étoit rangée de la maniere suivante. Toute leur infanterie pesamment armée ne formoit qu'une grande phalange fort serrée et rangée sur vingt-quatre de hauteur. Le centre de cette phalange étoit occupé par deux cens quarante chariots, dont le tiers étoit armé de faulx et prêt à se mettre en mouvement au premier signal. Les deux ailes étoient soûtenuës de vingt mille hommes de cavalerie de la même nation, dix mille de chaque côté.

Les troupes d'Antiochus fort inferieures en nombre à celles des Gaulois, étoient la plûpart armées à la legere, plusieurs mêmes étoient presque sans armes ; mais l'experience, la valeur et l'habileté de Theodotas suppléerent à ces défauts. Comme ce general comptoit beaucoup sur l'adresse et la force de onze éléphans qui étoient dans l'armée d'Antiochus, son premier soin avant le combat, fut de défendre aux conducteurs de ces animaux inconnus jusqu'alors aux Gaulois, de les exposer à leur vuë que dans le tems qu'il leur marqueroit.

Les deux armées étant ainsi disposées, la Gauloise commença l'action, et aiant ouvert sa phalange, elle mit d'abord en mouvement quatre-vingt chariots armez de faulx ; tandis que la cavalerie des deux ailes alla fondre sur l'armée Syrienne. Theodotas de son côté aiant fait sortir ses éléphans dans le même instant, en opposa d'abord quatre à la cavalerie Gauloise, et les sept autres attachez à des chars furent lâchez par leurs conducteurs pour faire front aux chariots de la même nation. A la vuë de ces animaux et au bruit de leurs cris effraians, les cavaliers Gaulois aiant pris l'épouvante, et emportez par leurs chevaux effarouchez, prennent la fuite sans avoir encore tiré les fléches de leurs carquois, se renversent sur la phalange et sur les chariots, et sont enfin démontez par leurs chevaux qu'ils ne peuvent plus retenir. Les chariots se renversent à leur tour, et écrasent par leur chûte, ou écharpent par le tranchant des faulx dont ils étoient armez, une partie de la phalange. Enfin les éléphans des ennemis étant survenus achevent la défaite de ces troupes, foulent les uns sous leurs pieds, enlevent les autres avec leurs trompes, ou les déchirent à coups de dents : tel fut le triste sort des Gaulois dans cette action, où ils furent presque tous tuez ou faits prisonniers. Cette victoire qui, à ce qu'on prétend, fit donner à Antiochus le surnom de *Soter*, qui signifie sauveur, n'enfla point le cœur de ce prince : il en usa au contraire avec moderation, et loin d'accepter les marques d'honneur qu'il meritoit, il dit en pleurant à ses soldats : *Pourquoi chanter victoire, comme si nous la devions à notre valeur ? Nous devrions plûtôt rougir d'en être redevables à onze éléphans. Car où en serions-nous, si la vuë de ces animaux n'avoit effraié nos ennemis et jetté la terreur dans leur camp.* Ce prince pour marque de sa sincerité, se contenta de faire representer la figure de ses éléphans sur le trophée qu'il fit ériger en mémoire de cette importante victoire.

---

[1] Lucian. Zeuxis, seu Antioch. p. 335. et seqq. - Appian. in Syriac. p. 130.

La perte que firent les Gaulois dans cette action ne diminua ni leur courage ni la terreur de leurs ennemis ; et leurs voisins continuerent également d'être leurs tributaires. Le roiaume de Bithynie éprouva [1] quelques années après leur valeur lorsque Zeilas fils du roy Nicomede les appella à son secours, vers l'an de Rome 494. Ce prince qui du vivant du roy son pere s'étoit retiré à la cour du roy d'Armenie, pour éviter les mauvais traitemens de la reine Etazete sa belle-mere, aiant appris qu'il étoit mort, et qu'il l'avoit desherité dans le dessein de faire passer la couronne sur la tête des enfans du second lit, revint aussitôt dans la Bithynie, où soûtenu des Tolistoboges il déclara la guerre à ses competiteurs. Il la termina enfin après divers succès de part et d'autre par un traité avantageux, dont il fut redevable à la protection des Gaulois. Ceux-ci pour soûtenir ce prince s'étoient emparez d'Heraclée et l'avoient mise sous contribution, pour avoir embrassé le parti de ses concurrens : dès que ce traité eut été conclu, ils se retirerent chez eux chargez des dépoüilles de cette ville et du butin qu'ils avoient fait dans le cours de cette expedition.

Les Gaulois renouvellerent dans la suite leurs hostilitez contre la ville d'Heraclée, vers l'an de Rome 510 : voici à quelle occasion. Ariobarzane [2] roy de Pont étant mort, et le jeune roy Mithridate son fils aiant eu differens démêlez avec ces peuples, ceux-ci lui déclarerent la guerre ; et profitant de sa jeunesse, firent de si grands ravages dans ses états, qu'ils réduisirent ses sujets à une extrême disette. Les Heracleotes touchez de leur misere leur envoierent des vivres par le fleuve Amise. Les Gaulois choquez de cet acte de generosité, déclarerent la guerre aux Heracleotes et ravagerent les environs de leur ville, en sorte que les habitans se voiant sans ressource, furent obligez de demander la paix par une ambassade solemnelle, dont l'historien Nymphis fut le chef. Cet ambassadeur sçut si bien gagner les Gallogrecs par ses manieres insinuantes, qu'il leur persuada de mettre les armes bas et de se retirer chez eux, moiennant une somme de cinq mille écus d'or qu'il leur donna à partager entr'eux, outre celle de deux cens dont il gratifia les generaux en particulier. On pourroit peut-être rapporter cette expedition des Gaulois à la minorité du fameux Mithridate roy de Pont ; mais comme il [1] paroit que l'historien Nymphis vivoit cent ans auparavant, cela donne lieu de la mettre sous le regne d'un autre Mithridate.

Quoi qu'il en soit, ce ne fut pas la derniere tentative que les Gaulois firent contre la ville d'Heraclée. Ils tâcherent [2] des'en emparer quelque tems avant l'entrée des Romains en Asie, dans le dessein de se rendre maîtres de la mer du Pont. Cette entreprise leur parut d'autant plus aisée, que cette ville avoit alors beaucoup perdu de son ancienne réputation. Ils l'assiegerent en effet, et pousserent le siége avec beaucoup de vigueur : mais comme la défense opiniâtre des assiegez le rendit plus long qu'ils n'avoient esperé, et que les vivres commençoient à leur manquer, une grande partie de leur armée se vit obligée d'abandonner le camp pour se répandre dans la campagne afin d'y chercher de quoi subsister. Les Heracleotes profitant de ce moment favorable, firent une sortie si à propos et avec tant de succès, que s'étant rendus maîtres du camp des Gaulois, ils passerent au fil de l'épée une partie de ceux qu'on avoit laissez pour le garder, et firent ensuite prisonniers la plûpart des autres qui s'étoient répandus dans les champs. La perte que firent alors les Gallogrecs fut si considerable, qu'il n'y eut que la troisième partie de leur armée qui se retira saine et sauve dans la Galatie.

Antiochus surnommé Hierax se servit utilement dans la suite de nos Tectosages dans la guerre qu'il entreprit contre son frere Seleucus Callinicus roy de Syrie, dont voici le sujet. Ces deux freres avoient joint leurs armes pour être plus en état de se défendre contre Ptolemée Evergetes roy [3] d'Egypte, quand celui-ci craignant leur bonne intelligence, trouva le secret de les diviser par une paix de dix ans qu'il conclut avec le dernier.

---

[1] Memn. p. 723.
[2] Memn. apud. Phoc. cap 25 p 723.

[1] Voss. de hist. Græc. l. 1. cap 16.
[2] Memn. ibid. cap 30 p 727.
[3] Justin l 27. cap. 2

Antiochus irrité de ce que son frere Seleucus avoit fait cette paix sans sa participation, et même à son préjudice, lui fit la guerre et remporta sur lui une victoire des plus completes, dont il fut redevable à la valeur des Gaulois qu'il avoit appelez à son secours; (an de Rome 511). Ces peuples voulant tirer avantage pour eux-mêmes de cette victoire, et croiant que Seleucus avoit été tué sur le champ de bataille, résolurent aussitôt de tourner leurs armes contre Antiochus pour exterminer en sa personne toute la race des rois de Syrie, et devenir par là plus aisément les maitres de toute l'Asie mineure. Antiochus voiant le danger où cette guerre alloit l'exposer, fit tous ses efforts pour la prévenir, et gagna si bien les Gaulois à force d'argent, qu'il les engagea non seulement à abandonner le dessein qu'ils avoient de l'attaquer, mais à continuer à lui fournir le secours de leurs troupes dont il eut besoin bientôt après.

Attale [1] premier, roy de Pergame, (ou selon d'autres Eumenes [2] roy de Bithynie), voiant le roiaume de Syrie extrêmement affoibli par la guerre qu'Antiochus et Seleucus venoient de faire entr'eux, résolut de s'emparer de ce roiaume, et de déclarer la guerre au premier et aux Gaulois ses protecteurs, vers l'an de Rome 511. Il fut d'abord le premier prince qui osa refuser de paier à ces derniers le tribut qu'ils avoient imposé sur tous les peuples de l'Asie mineure. Attale profitant ensuite de la foiblesse où avoit réduit les Gaulois la guerre qu'ils venoient de soûtenir contre le roy Seleucus, les attaqua, et contre toute esperance les défit entierement; et pour apprendre à la posterité que ces peuples avoient pû enfin être vaincus, il fit ériger à Pergame un trophée [3] de leurs dépoüilles.

Cet échec imprévû ne rallentit pas le courage des Gaulois: ils continuerent à faire des courses dans l'Asie et à exiger le tribut des peuples. Ils eurent à combattre bientôt après contre le roy Seleucus Callinicus, qui se flattant de remporter sur eux le même avantage que le roy Attale, leur déclara la guerre et la porta jusques dans le sein de la Galatie. Ce prince à son arrivée auprès d'Ancyre leur livra bataille, (an de Rome 512): mais ces peuples le reçurent avec tant de bravoure, qu'ils le défirent entierement, et firent prisonniere la reine Pysta son épouse. Cette princesse pour se délivrer de leurs mains, et se dérober à leur connoissance, quitta secretement ses habits roiaux, prit ceux d'une esclave, et fut ainsi vendue avec les autres captifs aux Rhodiens : ceux-ci à qui elle se fit connoître la renvoierent ensuite au roy son époux.

Cette victoire rendit les Gallogrecs si formidables, que les princes ne cesserent d'avoir recours à leur protection et de se servir de leurs troupes auxiliaires. Antigonus [1] surnommé *Doson* roi de Macedoine en avoit mille dans son armée, lorsqu'il vainquit Cleomene roy de Sparte et l'obligea de fuir en Egypte. Ptolemée [2] Philopator roy d'Egypte en appella quatre mille dans ses états dans le dessein de s'en servir dans la guerre qu'il vouloit entreprendre contre Magas son frere uterin qui s'etoit revolté. Ptolemée étoit sur le point de se mettre en marche pour le combat, lorsque aiant pénétré le dessein qu'avoient ces Gaulois auxiliaires de s'emparer de l'Egypte et de la soûmettre à leur domination, il tâcha de les prévenir en les faisant embarquer sur le Nil, sous prétexte de quelque expedition : il les fit débarquer ensuite dans une Isle déserte, d'où aiant fait retirer les vaisseaux qui les avoient transportez, ils périrent tous de faim ou de desespoir, vers l'an de Rome 532. La conduite des Gaulois à l'égard de Ptolemée, ni celle de ce prince envers eux ne l'empêcherent pas cependant de demander dans la suite leur secours, ni ceux-ci de lui fournir des troupes auxiliaires de leur nation, comme nous verrons ailleurs. Telle étoit dans l'Asie la puissance des Gaulois, dans laquelle ils se maintinrent jusques à la guerre qu'ils eurent contre les Romains dont nous parlerons dans la suite.

XIX.

Gesates du Rhône.

Dans le tems que les Volces Tectosages se distinguoient en Asie par leurs conquêtes, les

---

[1] Polyæn. stratag. l. 4. c. 19. et l. 8. c. 61.
[2] Justin ibid. c. 3.
[3] Pausan in Attic p. 13. - Plin. l. 34 c. 8.

[1] Polyb. l 2 p 130.
[2] Pausan in Attic. p 12 et seqq.

Gaulois[1] qui s'étoient établis en Italie se rendoient célèbres par leurs expéditions contre les Romains, avec le secours de plusieurs autres Gaulois Transalpins des environs des Alpes et du Rhône nommez Gesates du nom d'une espece de javelot, appellé *Gæsum* en Latin, dont ils étoient armez (ans de Rome 528-532). Ils servoient ordinairement en qualité de stipendiaires, et se mettoient indifféremment au service de ceux qui vouloient les prendre à leur solde. La réputation qu'ils avoient d'être bons soldats étoit si bien établie, que tous les princes tâchoient à l'envi de les attirer dans leur parti. Les Carthaginois entr'autres s'en servirent utilement dans leurs guerres contre les Romains.

XX.

Ambassade des Romains et des Carthaginois aux Volces.

Ces deux peuples ne rechercherent pas moins l'amitié des Volces à l'occasion de la seconde guerre Punique (an de Rome 535)[2]. Les Romains piquez de ce qu'Annibal general des Carthaginois s'étoit rendu maître de Sagunte, ville d'Espagne alliée à leur République, envoierent à Carthage Q. Fabius, M. Livius, L. Æmilius, C. Licinius et Q. Bæbius pour lui déclarer la guerre, si elle ne désavouoit l'entreprise de son general. Les Carthaginois étoient trop superbes pour faire ce désaveu, et les ambassadeurs Romains trop fiers pour en supporter patiemment le refus (an de Rome 535). Ainsi ces derniers déclarerent la guerre à la Republique de Carthage, et passerent aussitôt en Espagne pour tâcher d'en gagner les peuples et les detourner de joindre leurs armes à celles des Carthaginois : mais voyant leurs démarches inutiles, ils se rendirent chez les Volces et les autres peuples Gaulois qui s'étendoient depuis les Pyrénées jusqu'aux Alpes par où ils sçavoient qu'Annibal avoit résolu de porter la guerre en Italie. A leur arrivée chez les Volces, les ambassadeurs Romains ne furent pas peu surpris de trouver ces peuples en armes, selon l'usage de la nation, dans le lieu de l'assemblée générale où ils s'étoient rendus pour écouter leurs propositions.

Ces ambassadeurs commencerent leur discours par relever extrêmement la gloire, les forces et l'étenduë du pouvoir de leur République, et le terminerent en priant les Volces de vouloir non seulement ne pas accorder aux Carthaginois le passage pour l'Italie, mais aussi de le leur disputer. Cette proposition faite par des personnes que les Gaulois regardoient avec beaucoup d'indifférence, leur parut si extraordinaire, qu'elle excita la risée et ensuite l'indignation de l'assemblée, et particulièrement des jeunes gens, dont le murmure alla si loin, qu'il fallut toute l'autorité des anciens ou des chefs[1] pour les contenir et leur imposer silence. Les Volces répondirent ensuite aux ambassadeurs, que n'aiant jamais reçû aucun service des Romains, ni aucune injure des Carthaginois, ils ne croioient pas devoir se déclarer plûtot pour les uns que pour les autres ; qu'au reste s'ils avoient quelque parti à prendre, ce seroit moins contre les Carthaginois que contre les Romains, dont le dessein étoit de chasser d'Italie les Gaulois leurs compatriotes qui y étoient établis, ou du moins de les rendre leurs tributaires.

Cette réponse ne plut pas aux ambassadeurs Romains: ils n'en reçurent pas de plus favorable des autres Gaulois qu'ils trouverent et qu'ils sollicitèrent inutilement sur leur route depuis l'entrée des Gaules jusqu'à Marseille. A leur arrivée dans cette ville les Marseillois, alliez de la République Romaine, leur apprirent qu'Annibal avoit prévenu les Gaulois, qu'il avoit gagné leur amitié à force d'argent et de présens, et qu'ils ne devoient esperer de réussir que par la même voie. En effet le general Carthaginois, qui connoissoit le foible de la nation Gauloise, aiant envoyé des députez pour reconnoître le passage des Alpes, les avoit chargez de grosses sommes pour se concilier les esprits fiers et impolis des peuples des Gaules, chez qui il avoit dessein de passer ; ce qui avoit très-bien réussi. Les ambassadeurs Romains de retour à Rome rendirent compte au Senat du mauvais succès de leurs négo-

---

[1] Polib. l. 2. p. 109. l. 3 p. 201. - Plut. in Marcell. tom 1 p. 300 - Oros. l. 4. c. 13. - Frontin. stratag. l. 2 c. 3. l. 3 c. 6
[2] Liv. lib. 21.

[1] *Reguli.*

ciations, tant auprès des Espagnols que des Gaulois; (an de Rome 536.) On y apprit bientôt après, qu'Annibal avoit passé l'Ebre pour entrer dans les Gaules, et venir ensuite en Italie.

XXI.

Passage d'Annibal par les Pyrenées et le pays des Volces ou le Languedoc.

Ce général se mit en effet en campagne au commencement du printems, après s'être assuré du secours [1] des Gaulois Cisalpins, * par l'étroite alliance qu'il contracta avec eux contre les Romains leurs ennemis communs. Etant ensuite passé en Espagne, il y laissa pour commander en son absence son frère Asdrubal, et partit avec son armée composée de quatre-vingt-dix mille hommes d'infanterie et de douze mille de cavalerie, tant Africains et Celtiberiens que de plusieurs autres nations. Il la partagea en trois corps, et lui fit passer l'Ebre sans que personne se presentât pour s'y opposer. Aiant soumis ensuite tous les peuples qu'il rencontra sur sa route entre cette riviere et les Pyrenées, pour se conserver le passage libre de ces montagnes, il en confia la garde au general Hannon, qu'il y laissa avec un détachement de dix mille fantassins et de mille chevaux de son armée.

Annibal étoit actuellement occupé à passer les Pyrenées, lorsque les Celtiberiens ou Espagnols auxiliaires, rebutez de la difficulté des chemins, perdirent courage et demanderent leur congé. Quoique leur retraite dût affoiblir considerablement son armée, cependant ce general leur accorda leur demande; en sorte qu'après leur départ, il ne lui resta que cinquante mille hommes de pied, neuf mille chevaux et trente-sept élephans. Annibal aiant ensuite continué sa marche, arriva enfin à Illiberis dans les Gaules sans aucune opposition de la part des Volces qu'il avoit tout sujet de craindre, parce qu'en effet il leur étoit aisé de lui disputer le passage des Pyrenées, à cause de l'avantage des lieux : mais soit que ces peuples eussent été avertis trop tard de sa marche, ou qu'ils fussent résolus de défendre seulement leur pays, et d'empêcher que ce general ne le mît sous contribution, comme il avoit fait les peuples d'Espagne qu'il avoit rencontrez sur sa route, ils se contenterent de se rendre à la hâte à Ruscino, qu'on nomme à présent la tour de Roussillon, près de Perpignan. C'est là que s'étant assemblez en armes ils résolurent de se défendre et de vendre cherement leur vie, si les Carthaginois vouloient forcer le passage sur leurs terres. Annibal aiant interet de ménager ces peuples, qui par leur opposition pouvoient du moins retarder sa marche et son entrée en Italie, prit le parti d'envoyer des députez à leurs principaux [1] chefs pour les adoucir, et leur demander une conference dans l'une des villes ou d'Illiberis, ou de Ruscino à leur choix; ajoûtant qu'il se rendroit volontiers lui-même dans leur camp, ou qu'il les recevroit avec plaisir dans le sien; qu'au reste il les prioit de ne pas le regarder comme un ennemi qui en vouloit à leurs biens ou à leur liberté, mais comme un étranger qui ne leur demandoit que le passage libre pour l'Italie, où il avoit dessein de porter la guerre ; qu'en un mot il ne tiendroit qu'à eux d'empêcher qu'il ne fît aucun acte d'hostilité avant son arrivée au-delà des Alpes. Sur cette proposition les Gaulois s'étant extrèmement radoucis, envoierent les principaux d'entr'eux conferer avec Annibal à Illiberis, où ce general les aiant gagnez par ses caresses autant que par ses liberalitez, obtint d'eux le passage libre sur leurs terres. Annibal dirigea ensuite sa marche vers le Rhône et traversa le pays des Volces ou le Languedoc, aiant à sa droite la mer Sardique ou Mediterranée; mais ce ne fut pas sans obstacle de la part d'une partie de ces mêmes peuples, qui moins faciles que ceux qui habitoient du côté des Pyrenées, oserent lui disputer le passage. Annibal contraint d'en venir aux mains avec eux, perdit beaucoup de troupes en differens

---

[1] Polyb. l. 3. p. 189. et seqq. - Liv. ibid. - Appian de bello Annibal. p. 313.

* Ici et ailleurs on entend par les Gaulois Cisalpins, ceux qui habitoient au-delà des Alpes, par rapport à nous, et en deçà des Alpes par rapport aux Romains ; et par Transalpins, ceux qui habitaient la Gaule proment dite.

[1] *Réguli.*

combats qu'il fut obligé de leur livrer : mais il en coûta aussi aux mêmes Gaulois le ravage de leurs terres. Ce general[1] après avoir gagné par ses presens le reste des Volces, et intimidé les autres par la crainte de ses armes, arriva enfin aux bords du Rhône sur les frontieres de ces peuples [2] qui s'étendoient pour lors des deux côtez de cette riviere, selon le témoignage de Tite-Live.

XXII.

Campement de Scipion sur le bord du Rhône.

Les Romains de leur côté informez par[3] leurs ambassadeurs du mauvais succès de leurs négociations tant en Espagne que dans les Gaules, et par les Marseillois leurs alliez des préparatifs d'Annibal et de ses desseins sur l'Italie, donnerent le commandement d'une flotte considerable au consul Tiberius Sempronius, avec ordre d'aller faire diversion en Afrique, tandis que son collegue Publius Cornelius Scipion avec soixante longs vaisseaux et plusieurs troupes de débarquement feroit voile vers l'Espagne pour aller combattre Annibal, et s'opposer en tout cas à son passage du Rhône et des Alpes, dont ils le croioient encore fort éloigné. Scipion étant arrivé de Pise à Marseille en cinq jours, prit le parti de s'arrêter dans les Gaules et de remonter le Rhône avec sa flotte par l'embouchure la plus voisine de cette derniere ville. Il débarqua ensuite ses troupes et forma un camp le long de cette riviere pour en disputer le passage à Annibal qu'il croioit alors occupé au passage des Pyrenées. Mais à son débarquement, il fut bien surpris d'apprendre que ce general étoit déja arrivé sur les bords du Rhône à quatre journées de la mer, et qu'il se disposoit à passer ce fleuve avec son armée. Sur cet avis Scipion donna trois cens cavaliers aux Marseillois et à quelques Gaulois auxiliaires, qui s'offrirent d'aller reconnoître le camp des Carthaginois tandis qu'il feroit rafraîchir ses troupes que la navigation avoit extrêmement fatiguées. Il délibera ensuite dans le conseil de guerre des moiens de s'opposer au passage d'Annibal.

XXIII.

Annibal passe le Rhône.

Au bruit des approches de ce general la plûpart des Volces qui habitoient sur la droite du Rhône et du côté de Languedoc, avoient pris l'allarme, et persuadez qu'il en vouloit à leur liberté, avoient passé ce fleuve pour se cantonner sur l'autre bord qui leur servoit comme de rempart ; mais ceux qui étoient demeurez dans le pays, gagnez par les presens et l'argent qu'Annibal leur fit distribuer, et souhaitant d'ailleurs de se voir bientôt délivrez du séjour de ses troupes, s'empresserent de lui fournir tout ce qui pouvoit faciliter son passage. Ils lui vendirent toutes leurs barques grandes et petites, dont ils avoient un grand nombre à cause de leur commerce auquel ils s'adonnoient beaucoup : mais comme toutes ces barques ne suffisoient pas pour le transport de l'armée Carthaginoise, ils fournirent encore à Annibal le bois nécessaire pour en fabriquer de nouvelles, ils aiderent même ses troupes à les construire. Ces barques, qui n'étoient que des troncs d'arbres creusez, furent construites avec tant de diligence, que dans l'espace de deux jours Annibal se vit en état de tenter le passage du Rhône ; cependant comme il prévoioit que les Volces qui s'étoient retirez de l'autre coté de ce fleuve, et qui s'étoient joints aux autres peuples du pays lui disputeroient le passage, il usa du stratagême suivant. Il donna un détachement à Hannon fils de Bomilcar, avec ordre de remonter le long du Rhône, de le passer à l'endroit qu'il jugeroit le plus commode, et de descendre ensuite le long du rivage opposé, pour prendre, quand il seroit temps, les ennemis en queue. Hannon, s'étant mis à la tête de ce détachement composé de troupes, la plûpart Iberiennes ou Espagnoles, et conduit par les Gaulois du pays, partit du camp à la première veille de la troisième nuit depuis l'arrivée des Carthaginois au bord du Rhône, et fit vingt-cinq milles de chemin pour se rendre à un endroit où cette riviere s'étendoit beaucoup, et où se partageant en deux

---

[1] Sil Ital. l. 3. p. 139.
[2] Ad fines Volcarum.
[3] Liv ibid.

bras, elle formoit une isle, ce qui la rendoit plus guéable. Une forêt voisine lui aiant fourni de quoi construire assez de radeaux pour le passage de la cavalerie et le transport des bagages, il fit passer les Espagnols à la nage couchez sur leurs boucliers ou cetres, et tirant après eux leurs habits qu'ils avoient mis sur des outres. Hannon après avoir fait passer ainsi le Rhône à tout son détachement sans aucune opposition, campa le reste du jour sur le bord de la même riviere pour y faire rafraichir ses troupes, et se délasser des fatigues de la nuit précédente.

Le lendemain ce général, conformement à ses ordres, descendit le long du rivage avec ses troupes; et lorsqu'il fut au voisinage du camp d'Annibal aiant donné le signal dont il étoit convenu, qui étoit de faire de la fumée, ce dernier qui avait déjà tout disposé de son côté pour le passage, fit d'abord mettre les cavaliers armez sur les plus grosses barques, et les fantassins sur les plus légeres qui étoient rangées au-dessous des autres, celles-ci étant plus propres pour rompre l'impetuosité de l'eau. On avoit mis à la poupe de chacune de ces dernieres un cavalier pour tenir les rênes de trois ou quatre chevaux qui devoient passer à la nage; il y avoit dans les mêmes batteaux d'autres chevaux sellez et bridez, dont on avoit fait entrer un nombre suffisant pour faciliter le débarquement du reste des troupes. Tout étant ainsi disposé, Annibal donne le signal du départ, et les barques étant parties dès l'instant, les troupes qui les conduisoient tâchent par des efforts redoublez de rompre la rapidité de l'eau pour arriver à l'autre bord, les soldats s'animant les uns les autres par des cris mutuels avec ceux qui étoient demeurez sur le rivage.

A la vuë du passage des Carthaginois et au bruit de leurs cris, les Gaulois sortent en foule, s'attroupent sur le rivage chantant à leur maniere et frappant sur leurs boucliers, et font une décharge de flèches sur la flotte ennemie. Dans l'incertitude de l'évenement, la terreur saisit également ces deux peuples. Les Gaulois effraiez du nombre prodigieux de batteaux qui couvroient la riviere, furent encore bien plus surpris lors qu'entendant de grands cris derriere eux, ils virent qu'Hannon, après s'être emparé de leur camp et y avoir mis le feu, venoit fondre sur eux avec une vivacité extrême. Cette attaque imprévûë les obligea alors de diviser leurs forces et d'envoier une partie de leurs troupes à la défense de leur camp, pour éteindre le feu, tandis que le reste se presenta pour soûtenir l'effort du détachement d'Hannon. Annibal profitant d'une diversion si favorable, arriva sans opposition à l'autre bord du Rhône avec une partie de ses soldats qu'il rangeoit en bataille à mesure qu'ils débarquoient. Ce general les animant ensuite au combat, les mene contre les Gaulois qui accablez par la multitude, sont enfin obligez de ceder et de chercher une retraite dans les villages voisins où ils se dispersent. Ainsi Annibal fit passer librement le Rhône au reste de son armée, et campa la nuit suivante sur les bords de ce fleuve.

Le lendemain sur l'avis qu'il eut que la flotte Romaine étoit arrivée vers l'embouchure de ce même fleuve, il détacha pour la reconnoître cinq cens Numides, tandis qu'il fit disposer toutes choses pour le passage des élephans qui étoient encore sur l'autre bord du Rhône. Ces Numides ne furent pas long-tems sans rencontrer le détachement que Scipion avoit fait partir de son côté pour reconnoître les Carthaginois; et ces deux corps en étant venus aux mains, le choc fut très-vif de part et d'autre; mais enfin après une perte presque égale des deux côtez, les Numides ne pouvant plus soûtenir l'effort des Romains, prirent le parti de la retraite et porterent à Annibal la nouvelle de leur défaite avec celle de l'approche des Romains. Ce general fut d'abord en suspens s'il iroit au-devant de ces derniers pour les combattre, ou s'il continueroit son chemin vers les Alpes pour ne pas retarder son entrée en Italie: il prit ce dernier parti de l'avis des députez des Gaulois Cisalpins qui étoient venus le joindre pour s'offrir de lui servir de guides. Annibal fit donc décamper son armée et la fit marcher le long du Rhône en remontant cette riviere vers sa source, tandis qu'il demeura encore dans le camp pour faire passer ses élephans, ce qu'il fit de la maniere suivante.

On joignit plusieurs radeaux ensemble depuis le rivage jusques bien avant dans le Rhône, et dans l'espace de deux cens pieds de long et cinquante de large. A ces radeaux liez les uns avec les autres et attachez au rivage, on en joignit encore un ou deux plus avant dans la riviere : ces derniers sur lesquels les éléphans devoient passer avoient la même largeur que les précédens ; mais ils n'avoient que cent pieds de long, et ne tenoient aux autres que par des cables faciles à couper. On couvrit les uns et les autres de terre pour faire entrer plus aisément ces animaux, qui craignant naturellement l'eau ne s'y laissent pas conduire facilement. Pour remorquer les radeaux qui devoient en être chargez, on prit plusieurs barques qu'on attacha sur le rivage avec des cordes qui tenoient à des poulies, et qui empêchoient qu'elles ne fussent emportées par le courant de l'eau. Tout étant ainsi disposé, on fit passer d'abord une femelle jusqu'au dernier radeau, où les autres éléphans l'aiant suivie, on coupa les cables et on partit. Tous les éléphans traverserent ainsi heureusement la riviere et arriverent à l'autre bord à l'exception de quelques-uns, qui effraiez de se voir environnez d'eau, se jetterent dans le Rhône, d'où ils se sauverent cependant à la faveur de leurs trompes : il en coûta seulement la vie à quelques-uns de leurs conducteurs qui périrent dans ce passage.

Après que les éléphans eurent passé, Annibal[1] partit aussitôt pour aller joindre le reste de son armée qui avoit déjà pris les devants, et qui se trouva affoiblie dans sa route depuis les Pyrenées jusqu'au Rhône, de douze mille fantassins et de mille chevaux, étant réduite à trente-huit mille hommes de pied et huit mille chevaux, ce qui prouve que les Carthaginois avoient eû divers combats à soûtenir contre les Volces qui occupoient toute cette étendué de pays. Annibal continua ensuite sa marche, et depuis l'endroit de son passage, il arriva en quatre jours au confluent du Rhône et de l'Isere : ce qui nous donne lieu de croire qu'il passa la premiere de ces rivieres un peu au-dessous du Pont saint Esprit, qui se trouve à une distance presqu'égale de la mer et de l'embouchure de l'Isere. (NOTE V.)

Scipion informé par le retour de son détachement du voisinage des Carthaginois, fit promptement décharger ses bagages sur ses vaisseaux, décampa et remonta avec ses troupes le long du Rhône pour aller à la rencontre d'Annibal : il fut bientôt averti du départ de ce general et de la maniere dont il avoit passé le Rhône ; ainsi désesperant de pouvoir l'atteindre, parce qu'il avoit trois journées de marche sur lui, il prit le parti de remonter sur sa flotte et d'aller l'attendre à la descente des Alpes du côté de l'Italie. Annibal y entra enfin après cinq mois de marche depuis son départ d'Espagne, malgré tous les efforts des Romains, et il remporta plusieurs victoires contre eux, qui ne sont pas de notre sujet. Nous remarquerons seulement que son frere [1] Asdrubal passa aussi les Pyrenées onze ans après pour aller le joindre en Italie ; qu'il prit la route de l'Auvergne, d'où il marcha vers les Alpes ; et que les peuples de ce pays, ainsi que les autres Gaulois qu'il rencontra sur son chemin, favoriserent son passage, et lui donnerent même des troupes auxiliaires de leur nation qui eurent part à son expedition. On[2] croit qu'Asdrubal s'écarta du droit chemin qui naturellement devoit le conduire aux Alpes, et qu'il évita de traverser le pays des Volces, crainte de rencontrer dans son passage les mêmes difficultés qu'Annibal son frere avoit éprouvées : il paroît du moins que ce general dut passer dans une partie du pays des Volces Tectosages pour arriver des Pyrenées en Auvergne.

XXIV.

Secours des Tectosages de Thrace en faveur du roy de Pergame, et des Tectosages d'Asie en faveur d'Antiochus roy de Syrie et de Ptolemée roy d'Egypte.

Dans le tems que les Volces des Gaules s'opposoient au passage d'Annibal, leurs anciens compatriotes établis dans la Thrace combattoient en faveur d'Attale roy de Pergame, ce qu'il faut reprendre de plus haut.

---

[1] Polyb. l. 3. p. 212. - Æmil. Prob. in Annib. p. 265.

[1] Liv. l. 27. c. 39.
[2] Douj. in Liv. ibid.

Après que Seleucus Ceraunus roy de Syrie eut été massacré[1] par ses propres sujets, et que son frere Antiochus le grand, quoique dans un âge fort tendre, lui eut succédé, la plûpart des gouverneurs des provinces abusant de l'extrême jeunesse de ce prince, se rendirent maîtres de leurs gouvernemens et prirent les armes contre lui. Achæus son proche parent aiant pris sa défense, vengea en même tems la mort de Seleucus frere de ce prince, et l'aida à reprendre une partie de son roiaume sur ces usurpateurs. Le principal de ces rebelles étoit Molon gouverneur de la Medie qu'Antiochus défit entièrement avec le secours des Tectosages d'Asie qu'il avoit rappelez à son service, et qui combattirent à la droite de son armée; (an de Rome 530). Achæus flatté de l'heureux succès de cette expédition, manqua à son tour à la fidelité qu'il devoit à Antiochus, et choisit le tems que ce prince étoit occupé à une guerre étrangere pour devenir lui-même l'usurpateur de son roiaume. Il prit le titre de Roy (an de Rome 533), s'unit avec Ptolemée Philopator roy d'Egypte ennemi d'Antiochus, et se rendit formidable à tous les princes d'Asie d'en deça du mont Taurus. Attale roy de Pergame qu'il attaqua d'abord, se voiant hors d'état de lui résister, eut recours aux Tectosages de la Thrace [2] dont il connoissoit la valeur, et dont il fit passer un grand nombre d'Europe en Asie; (an de Rome 536.) Ces Gaulois s'acquirent d'abord beaucoup de gloire dans toutes les expeditions qu'ils entreprirent en faveur de ce prince : ils le servirent avec autant de zele que de fidelité, jusqu'à ce qu'un accident extraordinaire les détacha de ses interêts. Ils étoient campez sur les bords du fleuve Mégiste, lorsque voiant une éclipse de Lune, ils prirent ce phénomene pour un mauvais augure : étant d'ailleurs extrêmement fatiguez d'une marche également longue et incommode par l'embarras des chariots chargez, selon l'usage de la nation, de leurs femmes et de leurs enfans, ils s'arrêterent et refuserent d'aller plus avant. Ce refus imprévu fit beaucoup de peine à Attale, non pas tant pour le secours considérable dont il se voioit privé par leur retraite, que par la crainte que ces Gaulois ne passassent à l'armée d'Achæus, et que ce prince ne s'en servît pour lui enlever la couronne. Car ces peuples, comme le remarque Polybe, se conduisoient dans leurs exploits militaires suivant leur caprice et leur fantaisie ; et campoient toûjours à part pour être en état d'embrasser le parti qu'ils voudroient. Attale embarrassé sur celui qu'il avoit à prendre dans cette conjoncture, ou de leur accorder, ou de leur refuser leur congé, étoit prêt à les faire envelopper par ses troupes qui les auroient taillez en pièces dans leur camp : mais arrêté par l'amour de sa propre gloire et par la parole qu'il leur avoit donnée, en les appelant de si loin à son secours, il aima mieux leur offrir à leur choix, ou de leur donner des terres pour s'y établir et les cultiver, ou de les faire conduire sûrement sur la côte de l'Hellespont. Ils prirent ce dernier parti, et s'étant retirez, Attale décampa lui-même et retourna à Pergame.

La guerre que le roy Antiochus[1] avoit entreprise contre Ptolemée Philopator roy d'Egypte au sujet de la province de Cœlo-Syrie, l'empêcha d'agir contre Achæus et de le punir de sa rebellion. Ces deux rois voulant enfin terminer la guerre qu'ils se faisoient depuis quelques années, mirent sur pied des armées formidables. Celle de Ptolemée étoit composée entre autres de six mille hommes tant Gaulois que Thraces auxiliaires, dont quatre mille étoient déja enrolez depuis long-tems à son service : les autres deux mille étoient de nouvelle levée. Ces deux princes aiant résolu d'en venir à une action décisive, se rencontrerent (an de Rome 537) auprès de Raphias dans la Phenicie, lieu fameux par la célèbre bataille qui s'y donna entre ces deux rois. L'aile gauche de Ptolemée plia d'abord sous les efforts de la droite des Syriens; mais aiant été relevée et soûtenuë à propos par la droite de ce prince où étoient les Gaulois auxiliaires, l'armée d'Antiochus fut entierement défaite.

D'un autre côté les Gaulois Tectosages de la Thrace, qui après avoir abandonné le ser-

---

[1] Polyb. l. 4. p. 271. et 314. l. 5. p. 397. et seqq.
[2] Polyb. l. 5 p. 420. et seqq.

[1] Polyb. ibid. p. 409. 421 et seq.

vice du roy Attale, s'étoient retirez sur la côte de l'Hellespont, désoloient impitoiablement ce pays : ils ravagerent les campagnes et pillerent les villes pendant deux années de suite. Celle d'Ilium ou de Troye qu'ils assiegerent[1] fut assez heureuse pour échapper à leur fureur à la faveur du secours de quatre mille habitans d'Alexandrie de Troade commandez par Themistus, qui, après leur avoir coupé les vivres, les obligerent non seulement de lever le siége dans le tems qu'ils le poussoient avec plus de vigueur, mais aussi d'abandonner la Troade; (an de Rome 538.)

Ces mêmes Tectosages effacèrent bientôt après cette tache, par la gloire qu'ils eurent de se rendre maîtres de la ville d'Arisba dans l'Abydene, d'où ils firent une cruelle guerre aux autres villes voisines. Prusias roy de Bithynie averti des désordres et des excez qu'ils commettoient, marcha contre eux à la tête de son armée, et les aiant rencontrez leur livra bataille et les fit passer au fil de l'épée; ensuite s'étant rendu maître du camp il égorgea sans misericorde leurs femmes et leurs enfans. Par cette victoire, dit Polybe, Prusias délivra les habitans de l'Hellespont des Gaulois qu'ils craignoient extrêmement, et du péril où les peuples d'Asie s'étoient exposez, en appelant temerairement chez eux les *Barbares d'Europe*, car c'est ainsi que cet historien les appelle.

XXV.

Les Tectosages d'Asie secourent Antiochus contre les Romains.

Le secours que les Tectosages de Galatie donnerent dans la suite à Antiochus le Grand roy de Syrie contre les Romains qui vouloient soumettre ce prince à leur domination, fut[2] la source en partie des maux que ces derniers leur causerent. Antiochus devenu supérieur à ses ennemis avait non seulement recouvré son roiaume ; il avait encore porté ses armes victorieuses dans les états de ses voisins. Dans la suite, sa trop grande puissance devint suspecte aux Romains, surtout après qu'il eut donné retraite dans ses états au fameux Annibal que ses malheurs y avoient conduit. Antiochus prévoiant qu'il aurait la guerre à soûtenir contre la République Romaine, crut devoir s'assurer du secours des Gallogrecs, sçachant combien leur réputation étoit bien établie. Il les engagea donc partie à force d'argent, partie par la crainte qu'il leur donna de ses propres armes, à faire alliance avec lui. Annibal qui cherchoit une occasion de se venger des Romains, le pressant extrêmement de les prévenir et de leur déclarer la guerre, il s'y détermina enfin, (ans de Rome 563-564.) Cette guerre dura trois ans : mais Antiochus eut bientôt lieu de s'en repentir, aiant été battu en differentes batailles, et obligé enfin de ceder une partie de ses états aux Romains. Les Gallogrecs auxiliaires combattirent plusieurs fois dans le cours de cette guerre en faveur de ce prince. Les anciens historiens[1] font mention de quatre mille d'entr'eux qui faisoient la principale force de son armée dans le tems qu'il assiégea le roy Attale dans sa capitale de Pergame; (an de Rome 564.) Ces peuples firent pour lors de si grands ravages dans la campagne, et jetterent une si grande terreur dans cette ville, qu'Eumène fut obligé de venir au secours du roy Attale son frere. Dans une autre occasion[2] qui se presenta quelques jours avant la bataille de Magnesie, l'armée Romaine étant campée à quatre milles de celle d'Antiochus, mille archers Gaulois aiant passé la riviere de Phrygie qui séparoit les deux armées, furent insulter le consul Romain jusques dans son camp, et après y avoir mis le désordre, et combattu assez long-tems, ils se retirerent et repasserent la riviere, sans avoir perdu que fort peu de monde. Mais si les Gaulois eurent la gloire de vaincre dans cette occasion, ils eurent bientôt après le malheur d'être défaits avec Antiochus. Ce prince étoit campé sur les[3] confins de la Phrygie, près de la ville de Magnesie et de la montagne de Sipylus, quand le consul L.

---

[1] Polyb. ibid. p. 447.
[2] Liv. l. 37. Suid. in verb. Γαλάτια. - Appian. in Syriac.

[1] Liv. ibid. c. 18.
[2] Ibid. c. 28.
[3] Liv. ibid. c. 39. et seq. - Appian. ibid.

Cornelius Scipion l'attaqua avec une armée de trente mille hommes. Antiochus avoit dans la sienne, qu'on fait monter à soixante-dix mille combattans, un corps considérable d'infanterie et de cavalerie de Gallogrecs Tectosages, Trocmes, et Tolistoboges : il mit quinze cents cavaliers de cette nation, soûtenus de trois mille autres pesamment armez, *loricati et cataphracti*, à la droite de la phalange Macédonienne qui faisoit la principale force de son armée, et en occupoit le centre ; il plaça quinze cents autres cavaliers Gaulois à la gauche de cette phalange, appuiés de deux mille cinq cens chevaux de la même nation, ce qui faisoit en tout un corps de huit mille hommes de cavalerie Gauloise. Appien fait encore mention d'un corps d'infanterie de la même nation posté à la gauche de l'armée d'Antiochus. Ce prince fut battu cependant malgré la superiorité de ses troupes sur celles des Romains, et sa defaite fut une suite du peu d'étenduë qu'il avoit donné à sa phalange, qui par là fut mise hors d'état de combattre : d'ailleurs un nuage épais qui s'éleva et qui l'empêcha d'observer les mouvemens des ennemis lui nuisit beaucoup. Ses Gaulois auxiliaires qui soûtinrent le premier choc des Romains furent les premiers défaits. Antiochus perdit cinquante mille hommes tuez ou faits prisonniers, tandis que les Romains n'eurent que vingt-quatre cavaliers, et trois cens fantassins de tuez.

XXVI.
Les Romains déclarent la guerre aux Gaulois d'Asie.

Le dévoüement des Gaulois pour Antiochus[1] et les secours considérables qu'ils lui donnerent durant cette guerre, déplurent extrêmement aux Romains. Le consul Cn. Manlius se servit du moins de ce prétexte pour déclarer la guerre à ces peuples : il assembla son armée à Ephese au commencement du printems de l'an de Rome 565. Et pour animer le courage de ses soldats, il leur representa que le moien le plus sûr pour réduire entierement Antiochus qu'ils venoient de vaincre, et pour l'empêcher de remuer à l'avenir, étoit d'attaquer les Gallogrecs ses alliez et sa principale ressource. Il les assura qu'ils seroient bientôt soûtenus dans cette guerre par Eumene roy de Pergame, allié de la République, qui connoissoit parfaitement le pays de ces peuples, et leur maniere de combattre, et que ce prince, qui étoit autant interessé qu'eux à les soûmettre, devoit revenir incessamment de Rome. Manlius aiant disposé ses troupes à entreprendre cette guerre, fut joint par celles de Pergame commandées par Attale frere puisné d'Eumene ; et après une longue marche, il arriva sur les frontieres du pays des Tolistoboges. Ces peuples qui depuis leur établissement en Asie jusqu'à la défaite d'Antiochus par les Romains, avoient joüi d'une prosperité presque continuelle, furent d'autant plus surpris de voir les Romains à leurs portes, qu'ils croioent que cette nation n'oseroit jamais hazarder une telle entreprise, ni porter ses armes dans un pays si éloigné de la mer.

Manlius avant que de commencer aucune hostilité, crut qu'il étoit de la prudence d'instruire ses soldats du génie et du caractère de la nation contre laquelle ils avoient à combattre[1]. Voici le portrait qu'il en fit dans un discours que Tite-Live lui prête. « Je » sçai, dit-il à ses soldats, que de tous les » peuples qui habitent l'Asie, les Gaulois ont » la réputation d'être les plus belliqueux et » les plus experimentez dans l'art militaire. » C'est une nation qui après avoir porté ses » armes victorieuses dans presque toutes les » parties de l'univers, a fixé sa demeure au » milieu du peuple du monde le plus doux » et le plus paisible. Les Gaulois affectent » de se rendre redoutables à ceux qui ne les » connoissent pas. Il est vrai que tout inspire en eux la terreur ; leur mine, leur » taille, leur longue chevelure blonde, la » grandeur de leurs boucliers, la longueur » de leurs épées, leur chant au commencement du combat, le bruit qu'ils ont coûtume de faire pour lors soit sur leurs » boucliers, soit avec leurs armes, les cris, » les hurlemens et les danses qu'ils y joignent, enfin un certain air de fierté que

[1] Liv. l. 38. c. 12. et seqq. - Polyb. Excerpt. legat. p. 834. et seqq. - Appian. in Syriac. p. 115 et seqq.

[1] Ibid. c. 17.

» leur donne leur figure gigantesque. Que
» les Grecs, ajoûta-t-il, les Phrygiens, et
» les Cariens les craignent et en soient épou-
» vantez, eux qui ne sont pas faits à leurs
» manieres, à la bonne heure : pour nous
» qui sommes accoûtumez à leur bruit, et
» parfaitement instruits de leur vanité, nous
» devons les mépriser, à l'exemple de nos
» peres qui les ont battus dans plusieurs oc-
» casions, et en ont plus souvent triomphé
» que d'aucune autre nation du monde.
» Nous avons déja éprouvé que quand on est
» assez brave pour soutenir le premier feu
» qui les emporte et les met dans une espece
» de fureur, la sueur et la lassitude leur font
» tomber bientôt après les armes des mains;
» et que sans employer le fer comme eux, le
» soleil, la poussiere et la soif les accablent
» et les découragent, tant ils sont mols et
» effeminez lorsque ce premier feu les aban-
» donne. Ce n'est pas seulement dans les actions
» générales entre nos légions et les leurs, mais
» dans des combats singuliers d'un Romain
» avec un Gaulois, que nous avons connu la
» différence des deux nations. Avec quelle
» valeur M. Manlius ne chassa-t-il point du
» Capitole ces anciens et véritables Gaulois
» qui l'avoient assiegé ? Ceux que vous avez
» à combattre ont dégénéré de leurs ancê-
» tres, ils se sont mêlez avec les Grecs, dont
» ils ont pris le nom, et ont participé à leur
» mollesse ; ce n'est donc pas sans fondement
» qu'on les appelle Gallogrecs; en un mot en
» changeant de climat ils ont, à l'exemple de
» bien d'autres peuples étrangers, changé de
» mœurs et de génie. Vous les avez déja bat-
» tus dans l'armée d'Antiochus, ces Phrygiens
» revêtus d'armes Gauloises ; vainqueurs de
» diverses autres nations, vous soûmettrez
» d'autant plus aisément celle-ci, qu'elle est
» déja vaincuë ; et votre victoire sera d'au-
» tant plus glorieuse, que ces Gaulois ont
» encore toute la réputation de leur ancienne
» valeur. »

XXVII.

Défaite des Tolistoboges sur le mont Olympe.

Après ce discours, Manlius se mit en marche, et envoia en même tems des ambassadeurs à Epossognat le seul tetrarque de la Galatie, qui pour ne pas violer l'alliance qu'il avoit contractée avec le roy Eumene, avoit refusé de joindre ses armes à celles d'Antiochus contre les Romains. Ces ambassadeurs accompagnez de ceux de ce tetrarque étant venus rejoindre le consul peu de tems après, ces derniers le supplierent de la part de leur maître de ne pas faire la guerre aux Tolistoboges ni aux autres Gaulois, jusqu'à ce qu'il eût reçu réponse de ce tetrarque, qui devoit aller trouver ses compatriotes dans l'esperance de leur faire accepter les conditions raisonnables qu'il devoit leur proposer, pour leur procurer l'amitié des Romains. Manlius consentit à la demande d'Epossognat; et aiant décampé, il se rendit à *Cuballum* château de Gallogrece.

Il y fut à peine arrivé, qu'un gros de cavalerie Gauloise vint attaquer ses gardes avancées, ce qui causa d'abord dans son camp quelque désordre qui aurait pû avoir des suites, si la cavalerie Romaine, qui se trouva bientôt en état d'agir et de se défendre, n'eût repoussé et mis en fuite celle des Gaulois, après quelque perte de part et d'autre. Cette surprise rendit Manlius plus vigilant et plus attentif dans sa marche vers la riviere de Sangary. A son arrivée[1] au bord de ce fleuve que sa profondeur ne permettait pas de passer à gué, il s'arrêta et campa sur le rivage, jusqu'à ce qu'il eût fait construire un pont. C'est là qu'il reçut les prêtres de Cybele qu'on appelloit Galles, que les deux grands pontifes Attis et Battacus qui déservoient le fameux temple de Pessinunte consacré à cette déesse, lui envoioient pour assurer de sa part les Romains qu'ils seroient victorieux. Manlius reçut avec honneur ces envoiez, quoique Gaulois; et aiant sur cette assurance fait passer le Sangary à toute son armée sur le pont qu'il avoit fait construire, il alla camper auprès de[2] Gordium, et s'empara aisément de cette ville : car les habitans l'avoient déja abandonnée au bruit de ses approches.

Le tetrarque Epossognat lui fit sçavoir dans cet endroit, que les Gaulois, qu'il n'avoit

---

[1] Suidas ex Polyb. verbo Γάλλοι
[2] Liv. ibid c. 18. et seqq.

pû porter à la paix, avoient pris la resolution de se retirer avec leurs femmes, leurs enfans et tous leurs effets sur le mont Olympe, où ils croioient être entierement à l'abri des armes Romaines. Le consul apprit en effet bientôt après la retraite des Tolistoboges sur cette montagne, de même que celle des Tectosages sur le mont Magaba près d'Ancyre, et que les Trocmes avoient joint les premiers, après avoir confié leurs femmes et leurs enfans aux autres.

Ce fut de l'avis de trois de leurs tetrarques, Ortiagon, Combolomar, et Gaulot, que ces peuples abandonnerent leurs villes pour se retirer sur ces montagnes; persuadez qu'étant munis de provisions et d'une grande quantité de pierres au défaut de javelots, les Romains n'oseroient les attaquer dans des lieux aussi avantageux et presque inaccessibles, qu'ils avoient eu soin d'ailleurs de fortifier par de bons fossez; et que les Romains étant obligez de camper au bas de la montagne, la disette des vivres ou la rigueur du froid les obligeroit bientôt à abandonner leur entreprise.

Manlius voiant que de la maniere que les Gaulois étoient postez il ne pouvoit les combattre que de loin, fit provision de son côté d'une grande quantité de fléches, de javelots, de piques à lancer, et de pierres pour les frondeurs, et vint se camper à cinq milles du mont Olympe. Il s'avança ensuite, et après avoir bien examiné le terrain par lui-même, il fit camper son armée au bas de ce mont. Le lendemain après avoir sacrifié aux Dieux, il partagea ses troupes en trois corps pour attaquer les Gaulois par les trois sentiers qui paroissoient praticables. Il se mit à la tête du principal, et donna le commandement des deux autres, l'un à L. Manlius son frere, et l'autre à C. Helvius, avec ordre à ce dernier de faire le tour de la montagne pour gagner le sentier qui étoit au couchant d'été; tandis qu'il attaqueroit celui du midi ou du milieu qui lui paroissoit le plus aisé, et son frere celui du levant d'hyver. Celui-ci avoit ordre de venir le joindre avec ses troupes, s'il trouvoit l'attaque trop difficile. Manlius partagea de même les troupes auxiliaires d'Attale, et laissa la cavalerie avec les éléphans dans la plaine.

Les Gaulois persuadez que les chemins des deux côtez de la montagne étoient impraticables, et que celui du milieu étoit le seul qui pouvoit être attaqué, firent tous leurs efforts pour mettre ce dernier en état de défense, et détachèrent quatre mille hommes pour aller s'emparer d'une élévation ou tertre, qui étoit éloigné de mille pas de leur camp, et qui dominoit sur ce chemin. Manlius de son côté se prépara à l'attaquer : il fit d'abord marcher à la tête et un peu avant les légions les soldats armez à la legere, les archers Crétois, et les frondeurs d'Attale, suivis des Tryballiens et des Thraces. L'action commença par une décharge de traits de part et d'autre. Le combat fut d'abord assez égal des deux côtez, les Tolistoboges aiant l'avantage du poste, et les Romains qui étoient beaucoup mieux munis de dards et de fléches, celui des armes : mais enfin les Gaulois manquant entierement de traits, les Romains eurent bientôt la supériorité sur eux. Les Tolistoboges n'aiant plus en effet pour leur défense que leurs boucliers applattis et leurs épées qui leur furent également inutiles, les premiers par leur peu de proportion à la grandeur de leurs corps qu'ils ne pouvoient couvrir, et les autres par l'éloignement des ennemis qu'ils ne pouvoient atteindre, eurent recours aux pierres au défaut de dards et de javelots; mais ce secours leur devint encore inutile, n'étant pas faits à cette manière de combattre, et leur principale force consistant à manier adroitement leurs épées dans une mêlée. Se voiant donc accablez d'une grêle de fléches qu'ils ne pouvoient ni parer ni arracher de leurs corps, parce que le fer étant fort pointu, s'insinuoit plus avant dans la chair, ils entrerent dans une espece de désespoir et de rage de se voir périr par des blessures qui paroissoient peu considerables. C'étoit un spectacle affreux de voir ruisseler le sang des Gaulois, dont les blessures paroissoient d'autant plus qu'ils combattoient nuds jusqu'à la ceinture, suivant leur coûtume, et qu'outre qu'ils étoient naturellement fort blancs, ils ne se dépouilloient jamais que pour le combat : quelques-uns d'entr'eux aiant voulu se jetter sur les ennemis, furent aussitôt taillez en piéces par les soldats Romains armés à la legere. Enfin ce combat leur fut si funeste, que le petit nombre qui échappa aux traits des Romains, se vit forcé, avant même l'arrivée des légions Romaines, d'abandonner le poste et de se retirer dans le camp.

Le consul après s'être rendu maitre de cet endroit fut joint par C. Helvius et L. Manlius ses lieutenans qui n'avaient pu forcer les deux autres sentiers. Il fit d'abord reposer ses légions, et se mit ensuite en marche vers le camp des Gaulois avec toutes ses troupes. Sur l'avis de son approche, ces peuples sortent de leurs retranchemens et l'attendent en bonne contenance ; mais accablez d'un nombre infini de traits, ils sont obligez de rentrer dans leur camp. Les légions Romaines les suivirent de près, et Manlius jugeant du désordre que causoit la prodigieuse quantité de dards que ses troupes jettoient dans le camp des Gaulois par les cris des femmes et des enfans, résolut de le forcer, ce qu'il executa avec tant de valeur, que les Gaulois ne pouvant plus résister, se débanderent de toutes parts, sans que l'horreur des précipices et des rochers où la plûpart périrent, fût capable de les arrêter.

Manlius étant maitre du camp des Tolistoboges, et voulant profiter de sa victoire, défendit le pillage et marcha aussitôt avec son frere L. Manlius à la poursuite des fuiards, après avoir mis les prisonniers sous la garde des tribuns militaires : mais ses ordres ne furent pas executez ; car à peine étoit-il parti que C. Helvius étant arrivé avec l'arriere-garde, ne put empêcher ses soldats d'entrer dans le camp et de le piller. La cavalerie Romaine, qui durant le combat avoit demeuré au bas de la montagne sans pouvoir combattre, se jetta de son [1] côté sur les fuiards qu'elle trouva dispersez aux environs de ce mont, les tailla en piéces, ou les fit prisonniers. Ainsi Manlius remporta une entiere victoire sur les Tolistoboges. On ne peut compter le nombre de leurs morts, suivant quelques auteurs, [2] à cause de la multitude des cadavres entassez les uns sur les autres ;

on fait cependant monter leur perte à quarante mille tant hommes que femmes ou enfans, dont la plupart périrent dans les cavernes et le creux des rochers. Il y eut autant de prisonniers que le consul fit vendre aussitôt aux peuples voisins, pour se dispenser d'emmener avec lui un si grand nombre de captifs. La perte totale des Gaulois fut donc de quatre-vingt mille personnes. Un ancien auteur [1] remarque que les Gaulois prisonniers aimerent mieux se donner la mort eux-mêmes, que de survivre à leur captivité.

Le consul Manlius se fit apporter les armes de ces peuples avec le butin que ses soldats avoient fait ; il ordonna ensuite de faire un monceau de toutes les armes, auxquelles on mit le feu, et après avoir fait vendre la partie du butin dont le prix devoit être mis en commun, il distribua le reste aux soldats, donnant à un chacun les loüanges qu'il méritoit ; mais sur-tout au jeune Attale, qui de l'aveu de toute l'armée s'étoit le plus distingué dans les differens périls où il s'étoit exposé.

XXVIII.

Action mémorable de Chiomare, femme d'un tetrarque Gaulois, et prisonnière de guerre.

Quelque considerable que fût la défaite des Gaulois sur le mont Olympe, Manlius résolu d'exterminer entierement leur nation, se rendit avec son armée vers Ancyre, où il arriva en trois jours dans le dessein d'aller ensuite attaquer les Tectosages, qui étoient campez à dix milles de cette ville. Dans [2] le même tems Chiomare femme d'Ortiagon l'un des tetrarques des Tectosages, que la prudence autant que la grandeur d'ame rendoient recommandable, eut le malheur de devenir prisonniere d'un centurion Romain. Cet officier dont le déreglement des mœurs égaloit l'avarice, touché de la beauté de cette princesse, eut la témérité d'attenter à sa pudeur : mais ne pouvant la gagner par ses caresses qu'il mit inutilement en usage, il eut recours à la violence. Ce centurion égale-

---

[1] Appian. ibid.
[2] Liv. ibid.

[1] Flor. l. 2. c. 11.
[2] Liv. ibid. - Plut. opusc. de virtut. mulier. p. 258. - Valer. Max. l. 6 c. 1 - Suid. in verbo Ὀρτιάγων.

ment avare et débauché, pour consoler sa captive de l'injure qu'il venoit de lui faire, offrit ensuite de lui rendre la liberté moienant une somme considérable, dont il convint avec elle, et lui permit d'en faire donner avis en secret au roy son époux. En conséquence, deux Gaulois s'étant rendus la nuit suivante près d'une riviere où ils devoient recevoir Chiomare, le centurion l'amena avec lui au lieu du rendez-vous, comptant y recevoir la rançon qu'elle lui avoit promise. On la lui comptoit en effet, lorsque Chiomare le voiant tout occupé à peser l'or qu'on avoit apporté, et dont la valeur pouvoit être d'un talent Attique, ordonna en sa langue aux deux Gaulois chargez de la ramener, de tirer leur épée et de couper la tête à ce capitaine, ce qui fut executé sur le champ. Chiomare prit cette tête qu'elle enveloppa, la porta elle-même au roy son époux, et en l'abordant la jetta à ses pieds avant que de l'embrasser. Ortiagon surpris de ce spectacle en demanda la raison à son épouse. *C'est*, répondit Chiomare, *la tête d'un indigne officier Romain qui a attenté à mon honneur, et dont j'ai crû devoir tirer vengeance.* Ce tetrarque charmé d'une action si généreuse s'écria : *O femme, que la fidélité est une belle chose!* Oüi, répliqua Chiomare, *mais c'est encore quelque chose de plus beau pour moi de voir en vie le seul à qui je dois être fidelle.* Cette Princesse fit voir par cette réponse, autant que par la générosité de son action, qu'elle étoit aussi digne d'Ortiagon, que ce prince étoit digne d'elle. La nature avoit répandu [1] en effet sur ce dernier des talens que l'éducation avoit perfectionnez. Sa liberalité et son affabilité à l'égard de tous ceux qui l'approchoient, sa politesse dans les manieres, sa prudence dans les discours, sa sagesse dans la conduite, sa valeur dans les combats et son habileté dans l'art militaire le rendoient un prince accompli. Il surpassoit tous les autres rois de la Galatie en force et en puissance, et son plaisir autant que son ambition étoit de dominer sur eux. Il s'étoit trouvé à la bataille du mont Olympe, et avoit eu le bonheur d'échapper à la défaite de ses compatriotes.

[1] Polyb. fragm. apud Vales. p. 114.

XXIX.

Les Tectosages vaincus par les Romains.

Le consul fut à peine arrivé à Ancyre, que les Tectosages lui envoierent des ambassadeurs pour [1] le supplier de ne rien entreprendre contre eux, qu'après avoir conféré avec leurs chefs qu'il trouveroit plus disposez à la paix qu'à la guerre. Manlius aiant écouté volontiers cette proposition, et assigné la conférence pour le lendemain dans un lieu également éloigné d'Ancyre et du camp des Tectosages, se trouva au rendez-vous accompagné de cinq cens chevaux; mais les Gaulois ne s'y rendirent pas, ils envoierent seulement des députez à ce consul pour s'excuser sur une cérémonie de Religion dont ils n'avoient pû se dispenser, et promirent d'envoyer le jour suivant les principaux de leur nation pour négocier la paix. Manlius envoia ce jour-là Attale à sa place au lieu de la conference, où on se rendit exactement de part et d'autre, et où on convint des articles de la paix: mais les Gaulois, qui avoient dessein d'en éluder la conclusion, ne voulurent rien terminer faute de pouvoirs suffisans, et demanderent pour le lendemain une nouvelle conference, où leurs rois se trouveroient en personne pour arrêter les articles avec le consul même, ce qui leur fut accordé. La vuë des Gaulois dans cette demande étoit de gagner du tems pour faire passer la riviere d'Halys à leurs femmes et à leurs enfans, et les mettre en sûreté avec leurs meilleurs effets, résolus de dresser le lendemain une embuscade à Manlius, et de l'attaquer avec mille cavaliers d'élite, au lieu de cinq cens qu'ils devoient amener seulement dans l'endroit de la conference. Les Tectosages firent en effet l'un et l'autre.

Manlius qui ne pensoit à rien moins qu'à la mauvaise foi des Gaulois, partit le jour suivant avec son escorte ordinaire de cinq cens chevaux; mais il fut bien surpris de voir après cinq milles de marche, et à son arrivée au lieu du rendez-vous, un gros de cavalerie Gauloise venir à toute bride sur lui. Il soûtint d'abord l'attaque de ces troupes avec

[1] Liv. et Appian. ibid.

toute la valeur possible et sans se déconcerter : mais enfin accablé par le nombre, il céda et tâcha de se retirer en bon ordre. Les Tectosages fiers de cet avantage, le poursuivirent vivement, et firent main basse sur la plûpart des fuiards. Le consul lui-même auroit infailliblement péri, si les fourrageurs de son armée, qui étoient soûtenus de six cens cavaliers, et que les tribuns avoient envoyez heureusement ce jour-là du côté du rendez-vous dont on a parlé, ne fussent accourus à son secours, au bruit et aux cris des fuiards de son escorte. Ces derniers se voiant secourus par ces troupes, se rallient, raniment leur courage, et repoussent les Gaulois à leur tour ; en sorte qu'après en avoir passé un grand nombre au fil de l'épée, ils forcent le reste à prendre la fuite.

Manlius indigné de la conduite des Tectosages, et résolu d'en tirer vengeance, se mit en marche dès le lendemain pour les aller attaquer sur le mont Magaba où ils s'étoient retirez. Il emploia deux jours à reconnoître leur camp, la situation de la montagne, le nombre et la contenance de leurs troupes. Le troisième jour, après avoir consulté les augures et immolé des victimes à ses Dieux, il divisa ses troupes en quatre corps, se mit à la tête de deux qu'il mena aux ennemis par le milieu de la montagne, et posta les deux autres sur les côtez qui répondoient aux deux ailes de l'armée des Tectosages, lesquels s'étoient deja campez hors de leurs retranchemens. Leur armée étoit composée de cinquante mille hommes d'infanterie tant Trocmes que Tectosages, qui formoient le centre, et faisoient leur principale force. Leur cavalerie, à qui l'inégalité du terrain ne permettoit pas de combattre sur la hauteur, étoit campée au bas de la montagne, et consistoit en dix mille hommes sur la droite et quatre mille sur la gauche. Ces derniers étoient des troupes auxiliaires qu'Ariarathe roi de Cappadoce et gendre du roi Anthiocus, et Morzez roi de Paphlagonie avoient amenées à leur secours.

Manlius garda le même ordre pour l'attaque du mont Magaba, qu'il avoit observé pour celle du mont Olympe : il posta ses légions derriere les soldats armez à la legere, qui munis de toute sorte de dards, en déchargerent une quantité prodigieuse sur les Gaulois. Ceux-ci craignant de se découvrir, souffroient ces décharges sans s'ébranler ; mais plus ils se serroient, plus les flèches causoient de désordre parmi eux. Le consul voiant qu'ils en étoient accablez, et que s'il faisoit paroître ses légions, ils prendroient infailliblement la fuite, ordonna aux vélites, ou soldats armez à la legere, de reprendre leurs rangs, et fit avancer ensuite le corps de bataille. Les Tectosages, ainsi que Manlius l'avoit prévû, également frappez du mouvement des légions Romaines et du souvenir encore récent de la défaite des Tolistoboges sur le mont Olympe, fatiguez d'ailleurs de leurs blessures, prirent alors le parti de la fuite. La moindre partie se retira dans le camp, et l'autre se dispersa à droite et à gauche. Manlius aiant ensuite attaqué le camp des Tectosages, s'en rendit aisément le maître : mais ses soldats s'amuserent au pillage au lieu de poursuivre les fuiards, ce qui sauva la vie à la plûpart de ces derniers.

A l'exemple de l'infanterie Gauloise, les deux ailes de la cavalerie de la même nation qui n'avoient pas eu occasion de combattre, parce qu'elles n'avoient pas été attaquées, prirent le parti de la retraite : elle se fit d'abord en assez bon ordre, jusqu'à ce que le consul voiant qu'il ne pouvoit détourner ses soldats du pillage du camp des Gaulois, commanda aux deux ailes de son armée qui n'avoient pas encore combattu, de marcher en diligence à la poursuite de cette cavalerie ; mais ce fut sans beaucoup de succès, ce qui rendit la perte des Gaulois moins considerable. Elle ne fut en effet [1] que de huit mille hommes, quoique d'autres [2] prétendent qu'ils eurent jusqu'à vingt mille soldats de tués : le reste passa la riviere d'Halys, et se retira au-delà sans obstacle. Le jour suivant Manlius fit compter les prisonniers, et apporter le butin qui se trouva très-riche ; c'étoit le même que celui que les Gaulois avoient fait dans leurs précedentes conquêtes, et surtout dans la partie de l'Asie qu'ils avoient conquise en deçà du mont Taurus.

[1] Liv. et Appian. ibid.
[2] Suid. in verbo Γαλάται.

XXX.

Manlius fait la paix avec les Gaulois. Son triomphe à Rome.

Les Gaulois que la fuite avoit dispersez en divers endroits s'étant enfin tous ralliez au-delà du fleuve Halys, et se voiant pour la plûpart couverts de blessures, sans armes, et sans ressource, envoierent d'un commun accord des députez à Manlius, pour lui demander la paix. Ce general écouta volontiers leurs propositions : mais voiant que la saison étoit déja avancée, et craignant de se trouver en hyver au voisinage du mont Taurus, où le froid est extrêmement rigoureux ; il ordonna aux Gaulois de venir le joindre à Ephese, où il devoit se rendre incessamment pour y passer l'hyver, et leur promit d'y régler avec eux les articles de la paix.

Quoique le commandement que Manlius avoit en Asie dût expirer à son arrivée à Ephese avec son consulat, le senat[1] le continua cependant dans le premier avec l'autorité de proconsul, (an de Rome 566). Après qu'il fut arrivé dans cette ville, il reçut les envoiez du roi Antiochus qui venoient traiter de la paix, et ceux des peuples de l'Asie mineure, qui selon l'usage lui presenterent des couronnes d'or pour honorer sa victoire sur les Gaulois, victoire qui ne fit pas moins de plaisir à tous ces peuples, que celle que Manlius avoit remportée sur Antiochus, tant ce prince et les Gaulois leur paroissoient redoutables. Ce general reçut en même tems les députez des Galates qui venoient pour regler les conditions de paix; mais il leur répondit qu'il falloit attendre le retour d'Eumene roy de Pergame, pour convenir avec ce prince, allié des Romains, des loix qu'il devoit leur imposer.

Manlius aiant conclu la paix l'été suivant avec les ambassadeurs d'Antiochus dans la ville d'Apamée, prit la route de l'Hellespont, où il avoit mandé les tetrarques des Galates ou Gallogrecs, et où il leur déclara les loix et les conditions de paix sous lesquelles ils devoient vivre à l'avenir. Les principales étoient qu'ils se contiendroient[2] dans les bornes de leur domination; qu'ils n'auroient plus d'autorité sur les peuples qu'ils avoient soumis auparavant, et qu'ils avoient rendus leurs tributaires; qu'ils ne feroient aucune incursion dans le pays de leurs voisins ; et enfin qu'ils vivroient en paix avec le roi Eumene. Ainsi finit cette sanglante guerre, qui quoique fatale pour les Gaulois, qui se virent obligez de faire une paix désavantageuse avec les Romains, n'altera pourtant en rien la forme de leur gouvernement, et ne donna aucune atteinte à leur ancienne liberté, qu'ils conserverent jusqu'à la réduction de leur pays en province Romaine sous l'empire d'Auguste : il paroît cependant par un passage des Maccabées[1], que Manlius ou les Romains rendirent les Gaulois leurs tributaires.

Ce proconsul après avoir pacifié l'Asie[2] étant repassé en Europe, demanda à son retour à Rome les honneurs du triomphe en récompense des services qu'il avoit rendus à la République, et des victoires qu'il avoit remportées sur les Gaulois. Sa demande ne fut pas également bien reçue dans le senat: L. Furius et L. Æmilius, deux de ses lieutenans, s'y opposerent fortement, par la raison que la guerre qu'il avoit entreprise contre les Gaulois avoit été faite sans un sujet légitime; que n'aiant en cela consulté que sa passion, il avoit moins cherché l'avantage de la République que sa propre gloire; et que contre l'usage des Romains, la République n'avoit envoié ni ambassadeurs ni feciales aux peuples qu'il avoit attaquez avant que de leur déclarer la guerre. Manlius, dont l'éloquence égaloit la valeur, justifia de son côté sa conduite par la nécessité où il s'étoit trouvé de soûtenir les alliez des Romains contre les violences et les ravages des Gaulois en Asie; et de combattre une nation qui portoit la cruauté jusqu'à immoler des victimes humaines à ses Dieux. Il ajoûta à cela le récit de l'heureux succès de ses armes, et des victoires qu'il avoit remportées en divers combats contre cent mille Gaulois, dont il avoit ou tué ou pris plus de quarante mille. Enfin après divers délais le senat accorda[3] l'année

---

[1] Liv. l. 38. c. 37. et seqq. - Polyb. Excerpt. legat. p. 338. et seqq
[2] Suid. ibid.

[1] Machab. l. 1 c. 8 vers 2.
[2] Liv. ibid.
[3] Liv. l. 39. cap 6.

suivante (an de Rome 567) à ce general les honneurs du triomphe, dont cinquante deux chefs ou generaux prisonniers qui précedoient son char, firent la principale gloire, et les riches dépouilles des peuples vaincus le plus bel ornement. Ces dépouilles furent funestes à Rome, car elles donnerent occasion d'introduire parmi les Romains le luxe et la mollesse des peuples Asiatiques, dont Manlius fut le premier imitateur.

XXXI.

Les Tectosages d'Asie au service des Romains dans la Macedoine, et ceux d'Europe au service de Persée contre les Romains.

On a lieu de croire que les Tectosages d'Asie, aux conditions de paix que le consul Manlius leur avoit imposées, vécurent depuis en bonne intelligence avec le roi Eumene allié de la République, puisque plusieurs années après nous voions ces peuples se joindre aux troupes que ce prince conduisit au secours des Romains dans la Grece contre Persée roi de Macedoine. La guerre que ce prince s'étoit attirée, lui fut très-fatale, car il eut le malheur de perdre son roiaume, et le déplaisir de le voir réduire en province Romaine. Cette guerre durant laquelle les Gaulois d'Asie et d'Europe servirent comme troupes auxiliaires, et dans l'armée des Romains, et dans celle de Persée, dura pendant quatre ans : mais ce ne fut que sur la fin que les Gaulois Transalpins offrirent leur secours aux Romains [1]. Ceux d'Asie étant passez dans la Grece à la suite du roi Eumene, marcherent d'abord au service du consul P. Licinius [2] qui ouvrit la première campagne dans la Macedoine, (an de Rome 583). Les troupes de ces Gaulois consistoient en deux escadrons de cavalerie commandez par Cassignat. Ce general eut occasion de signaler sa valeur, lorsque l'armée de Persée n'étant qu'à mille pas de celle des Romains, et le consul voiant que ce prince s'étoit avancé jusqu'à cinq cens pas de son camp, le détacha avec ses deux escadrons Gaulois et cent cinquante soldats armez à la legere, pour aller reconnoître les ennemis. Persée de son côté s'étant arrêté à l'approche de Cassignat, l'envoia reconnoître à son tour par deux escadrons de Thraces et autant de Macedoniens, qu'il fit soûtenir de deux cohortes de Crétois et de Thraces. Ces deux détachemens se trouvant également forts, combattirent long-tems avec un égal avantage en presence des deux armées, qui ne firent aucun mouvement pour les soûtenir. Le combat finit par la mort de Cassignat et de trente de ses soldats, sans qu'aucun des deux partis pût s'attribuer la victoire. Le roi Persée avoit aussi alors dans son camp deux mille Gaulois auxiliaires. Il est incertain si ces derniers étoient venus ou d'Asie ou d'Europe : il paroît cependant plus vraisemblable que ce prince les avoit appellez de la Thrace ou de la Pannonie ; car ceux d'Asie n'auroient osé sans doute servir contre les Romains. Quoi qu'il en soit, il est certain que c'est avec ces Gaulois qui se jetterent dans la ville de Cassandre dans le tems que les Romains en faisoient le siege, que Persée obligea ceux-ci de le lever. On croit [1] même qu'il auroit pû éviter sa défaite et la perte de son roiaume, si son avarice lui eût permis d'appeller à son secours un plus grand nombre de Gaulois.

Clondic, l'un des chefs ou rois de ces peuples, étoit alors (an de Rome 586), dans l'Illyrie avec un corps de vingt mille hommes de sa nation, moitié cavalerie, moitié infanterie. Persée étant convenu avec eux qu'ils le serviroient dans ses guerres, moiennant une certaine somme par tête, crut les contenter par de simples promesses, et les pressa de venir le joindre sans leur envoier l'argent dont ils étoient convenus : mais les Gaulois las d'attendre inutilement à Desubada dans la Mœsie l'execution des promesses de ce prince, refuserent de marcher à son secours ; et prenant la route de l'Istre ou bas Danube, ils se retirerent chez eux après avoir ravagé la Thrace, province qui appartenoit à Persée.

Les Romains [2] de leur côté se virent abandonnez des Gaulois auxiliaires, qu'Eumene,

---

[1] Liv. l. 44. c. 14.
[2] Liv. l. 42. c. 51. 57. et seq.

[1] Liv. l. 44. c. 26. et seq. - Diod. fragm. apud. Vales. p 319.
[2] Liv. ibid. c. 13 et 28.

qui repassa en Asie, ramena avec lui, et qu'il refusa, en partant, de laisser au consul Q. Marcius. Ce refus joint aux conferences secretes que ce prince eut ensuite avec les envoiez du roi Persée, le rendirent suspect à la République ; ce qui ne l'empêcha pourtant pas d'envoier un secours de mille chevaux Gaulois à son frere Attale, qui étoit demeuré dans la Macedoine au service des Romains. Ce secours ne put joindre l'armée Romaine ; car ces troupes s'étant embarquées au port d'Elée, eurent à peine fait voile et commencé de doubler le promontoire de Phanas dans l'île de Chio, qu'elles apperçurent la flotte Macedonienne de beaucoup superieure à la leur, soit pour le nombre, soit pour la qualité des vaisseaux. Ces Gaulois déja fatiguez de la mer, n'osant s'exposer au combat, prirent le parti, les uns de gagner à la nage le rivage voisin, et les autres de se faire échoüer sur la côte, dans le dessein d'aller se réfugier dans la ville de Chio : ils ne purent cependant se sauver ; car étant vivement poursuivis d'un côté par les Macedoniens, et de l'autre par les habitans de Chio qui ne connoissoient ni ceux qui poursuivoient, ni ceux qui étoient poursuivis, aiant fermé les portes de leur ville, huit cens d'entr'eux furent tuez sur la place, et les autres faits prisonniers : ce qui fut suivi de la perte de tous les chevaux qu'ils avoient laissez dans les vaisseaux.

XXXII.

Guerre des Tectosages d'Asie contre Eumene roi de Pergame, et Ariarathe roi de Cappadoce.

Peu de tems après les Gaulois d'Asie rompirent avec Eumene roi de Pergame, et lui firent une cruelle guerre. Ce prince envoia [1] aussitôt à Rome Attale son frere pour en porter ses plaintes. Quoique le senat ne fût pas fâché que les Gaulois eussent entrepris cette guerre contre Eumene dont il se défioit, il écouta cependant Attale assez favorablement, et le renvoia en Asie avec des députez pour rétablir la bonne intelligence entre les Gaulois et le roi son frere. Attale et les envoiez des Romains arriverent, pendant l'hyver, dans le tems que ces peuples et le roi de Pergame étoient dans une espece de trêve ; mais au printems suivant, (an de Rome 587), les Gaulois se mirent de bonne heure en campagne. Leurs troupes étoient deja campées à Synnade, et le roi Eumene assembloit les siennes à Sardes pour marcher contre eux, lorsqu'Attale voulant prévenir les hostilitez, partit en diligence avec les envoiez du senat pour aller conferer avec Solovettius roi ou general de ces peuples. A leur arrivée à Synnade les députez de la République jugerent à propos de ne pas laisser entrer Attale dans le camp des Gaulois, crainte que sa vivacité naturelle ne fît naître dans la conference quelque dispute qui auroit pû aigrir les esprits au lieu de les appaiser. P. Licinius, le premier d'entre les Romains, porta la parole, mais sans succès, aiant trouvé les Gaulois disposez à soûtenir la guerre qu'ils avoient entreprise. Il paroît pourtant que leur fierté ne dura pas long-tems, puisqu'au rapport des historiens [1] ils envoierent peu de tems après des ambassadeurs à Rome pour y justifier leur conduite contre le roi Eumene. Le senat reçut volontiers leurs excuses, et leur permit de vivre selon leurs loix, conformément aux conditions de la paix faite avec Manlius, suivant lesquelles il leur étoit défendu de passer les bornes de leur pays, et de porter les armes dans celui de leurs voisins.

Les Romains [2] témoignerent encore l'envie qu'ils avoient de vivre en paix avec les Gaulois d'Asie, quand Prusias roi de Bithynie étant à Rome, et aiant demandé certaines terres confisquées sur le roi Antiochus, dont ces peuples étoient en possession, le senat lui répondit qu'il envoieroit des commissaires sur les lieux, pour examiner s'il étoit vrai que la République les leur avoit accordées ; car son intention étoit de les laisser joüir paisiblement des liberalitez des Romains.

Nous n'avons qu'une connoissance fort imparfaite de la guerre [3] que les Gaulois d'Asie entreprirent contre Ariarathe roi de Cappadoce, qui étoit auparavant leur allié ; nous sçavons seulement que le senat qui s'in-

---

[1] Liv. l. 45. c. 34 - Polyb. legat. 97. p 929.

[1] Polyb. Excerpt. legat. p 931.
[2] Liv. lib. 45. c. 44.
[3] Polyb. legat. fragm. 104. 107. et 108. - Strab. l. 12 p 539.

terrassoit dans la querelle de ces peuples avec ce prince, envoia des députez en Asie pour la terminer, et qu'il condamna ce dernier à trois cens talens de dédommagement envers les Gaulois.

XXXIII.
Richesses des Gaulois d'Asie. Fidélité de Camma femme d'un Tétrarque.

Il paroît que ces peuples vécurent en paix dans la suite avec leurs voisins, et qu'ils joüirent tranquillement des richesses qu'ils avoient acquises, ou pour mieux dire, dont ils avoient dépouillé les peuples qu'ils avoient vaincus. Ils étoient en effet devenus si riches, qu'au rapport[1] d'Athénée, un de leurs tetrarques appellé Ariamne traita pendant un an toute sa nation avec une magnificence, un ordre, et une abondance incroiables. Il avoit divisé son canton en divers quartiers, dans chacun desquels il avoit fait dresser sous des tentes et le long des chemins, des tables couvertes de tout ce qui pouvoit flatter le goût : ceux qui vouloient y venir, soit nationnaux, soit étrangers, étoient également bien reçus, et magnifiquement régalez. Ces festins étoient accompagnez tous les jours de l'immolation d'un grand nombre de victimes.

Plutarque[2] fait mention de deux autres tetrarques très-puissans de la même nation, et très-proches parens, l'un appellé Sinatus, et l'autre Sinorix. Celui-ci touché de la rare beauté de Camma femme de l'autre, porta sa passion pour cette princesse, jusqu'au point de se défaire de son mari. Camma inconsolable de la mort de son époux, résolut de la venger, et pour mieux réussir elle feignit de vouloir répondre à la passion de ce tetrarque: elle l'engagea à sacrifier avec elle à l'autel de la déesse Diane à qui les Gaulois rendoient un culte particulier, et dont elle étoit prêtresse. Camma fit les libations ordinaires et présenta à Sinorix une coupe empoisonnée, dont ce tetrarque but le premier et elle ensuite, contente de mourir ainsi avec le meurtrier de son époux, mais plus encore de se donner en mourant le plaisir de venger la mort de ce dernier, et de se délivrer du chagrin de survivre à sa perte.

XXXIV.
Les Romains commencent la conquête de la province Narbonnoise.

On ne doit pas être surpris si dans la suite les anciens historiens parlent moins des guerres et des expeditions de nos Gaulois Tectosages d'Asie : le commerce qu'ils eurent avec les peuples au milieu desquels ils vivoient, leur fit perdre peu à peu cette noble inclination qu'ils avoient pour la guerre avec l'austerité des mœurs et la rigueur de la discipline militaire; en sorte que le luxe, l'abondance et les commoditez de la vie, jointes à la douceur et à la beauté du climat, les rendirent méconnoissables dans l'intervalle de moins d'un siecle. Aussi Manlius en parlant d'eux à ses soldats, assuroit-il que ces peuples avoient alors entierement dégénéré de la valeur et de la vertu de leurs ancêtres. Ils n'étoient en[1] cela que les imitateurs de leurs anciens compatriotes des provinces meridionales des Gaules, que la communication avec les Marseillois leurs voisins, et avec les étrangers qui commerçoient sur la côte de la Mediterranée, avoit rendus également mols et effeminez, en introduisant chez eux les richesses et l'abondance; tandis que les autres peuples des Gaules plus septentrionaux, et qui n'avoient point le même commerce, conserverent toute l'ancienne austerité de leurs mœurs avec la réputation de leurs armes. C'est en effet au luxe et à la mollesse des premiers que César attribué la perte qu'ils firent de leur liberté[2]. Les Romains qui méditoient depuis long-tems d'étendre leur domination en deçà des Alpes s'étant apperçus du changement de mœurs de ces derniers, chercherent l'occasion de les subjuguer : ils la trouverent dans les frequentes guerres que les Liguriens et les Salluviens ou Salyens faisoient aux Marseillois alliez de leur république.

---

[1] Athen. Deipnos. l. 4. p. 150.
[2] Plut. de virt. mulier. p 257. et seq - Polyæn. stratag l 3 c 39.

[1] Strab l. 4. p. 187.
[2] Cæs. de bell Gall. l. 1 c. 1. l 6 c. 23 et seqq.

XXXV.

La côte de Languedoc appellée anciennement Ligurie.

Les Liguriens, dont on ignore la véritable origine, étoient déja établis sur la côte de la Mediterranée lorsque les Gaulois passerent en Italie sous la conduite de Bellovese. Ils donnerent leur nom à une grande partie de cette côte, (NOTE XII), sur laquelle ils occupoient un assez grand terrain tant en deçà qu'au-delà des Alpes; car ils s'étendoient sur la côte de la Gaule Transalpine depuis la riviere de Var jusqu'à Marseille et au Rhône, et même jusques en Espagne. Plusieurs auteurs[1] assurent en effet que toute la côte de Languedoc portoit anciennement le nom de Ligurie; ce qui donna lieu à la division des Liguriens en Cisalpins et Transalpins. On mettoit[2] parmi ces derniers les Vocontiens, les Salluviens ou Salyens, les Oxubiens, et les Deccates: tous ces peuples habitoient une grande partie de la Provence. Les Liguriens Cisalpins furent subjuguez par les Romains, et leur pays fut réduit en province Romaine dès l'an 563. de Rome: ils n'en furent gueres plus soûmis à la République: ils s'unirent souvent avec les Transalpins dans les frequentes guerres que ces derniers faisoient aux Marseillois alliez des Romains[3]. Les Deccates entr'autres et les Oxubiens aiant entrepris vers l'an 600. de Rome le siege des villes de Nice et d'Antibe qui appartenoient à la république de Marseille, le consul Q. Opimius leur déclara la guerre, les défit et donna une partie de leurs terres aux habitans de cette ville: mais cette expedition n'aiant été que passagere, les Romains ne s'établirent pas alors dans les Gaules, (an de Rome 600). Ils ne fixerent leur demeure en deçà des Alpes que dans la suite, à l'occasion des nouvelles guerres que les Salyens entreprirent contre les Marseillois, et dont ils profiterent pour s'emparer du pays de ces Gaulois.

[1] Strab l. 4. p. 185. et 203. - Plin. l. 3. n. 5. - Scylax. p. 2. - Plut. in Mario. - Voss. in Mel. - V. Catel. mem. p 70 et seqq.
[2] Plin. l 3. n. 7.
[3] V. Liv. l. 40. et Epist. 47. - Polyb. Excerpt. Legat. p 964.

XXXVI.

Fulvius soûmet les Salyens et les Vocontiens.

Les Romains attentifs à tout ce qui pouvoit favoriser leur entrée dans les Gaules, sur[1] les plaintes que leur firent les Marseillois leurs alliez des courses et des ravages continuels que les Salyens faisoient sur leurs terres, résolurent d'envoyer un puissant secours à Marseille. Le senat, (an de Rome 629), en defera le commandement au consul M. Fulvius, et on lui fit d'autant plus volontiers cet honneur, qu'on avoit envie de l'eloigner de Rome où sa presence ne servoit qu'à exciter des troubles par l'appui qu'il donnoit aux peuples d'Italie qui demandoient qu'on leur accordât le droit de bourgeoisie Romaine. Fulvius eut à peine passé les Alpes, qu'il réprima les entreprises des Salyens, et mit les Marseillois à couvert de leurs insultes. L'heureux succès de cette expedition mérita à ce consul d'être continué l'année suivante, 630. de Rome, dans sa charge de commandant dans la Gaule Transalpine avec l'autorité de proconsul, quoique ce commandement eût été destiné cette même année au consul C. Sextius Calvinus, qui fut ensuite son[2] successeur. Fulvius remporta encore cette année divers avantages sur les Liguriens Transalpins, les Salyens et les Voconces. Quoiqu'on puisse comprendre parmi les Liguriens, vaincus par Fulvius, les peuples de la côte de Languedoc, ainsi qu'on l'a déja remarqué, (NOTE VI), il paroît cependant que ce general ne passa pas en deçà du Rhône, et qu'il fut seulement le premier des Romains qui commença la conquête de la Gaule Narbonnoise. Les victoires qu'il remporta sur ces trois peuples d'en deçà des Alpes et sur un quatrième[3] dont le nom est effacé dans l'inscription des marbres du Capitole, lui méritérent à Rome l'année * suivante l'honneur du triomphe.

[1] Liv. Epit. 60. - Pigh. Annal. tom. 3. p. 38. 44. et 48.
[2] Liv. Epist. 61. - Flor. l. 3. c. 2. - Marm. Capitol.
[3] V. Pigh. ibid. p. 56.

* Nous suivons ici et ailleurs, à l'exemple du P. Petau, la chronologie de Varron, qui retarde toûjours d'une année la date des Consulats telle qu'elle est marquée dans les Fastes Capitolins.

XXXVII.
C. Sextius défait Teutomal roi des Salyens, et fonde la ville d'Aix en Provence.

Tandis que ce general recevoit les honneurs dûs à ses victoires, C. Sextius Calvinus son [1] successeur dans le commandement de la Gaule Transalpine, sous le titre de Proconsul, continua la guerre contre les Salyens, et défit ces peuples en divers combats. Il auroit même fait prisonnier leur roi Teutomal dans une de ces actions, si ce prince n'eût eû l'adresse de se dérober à ses poursuites, et le bonheur de trouver un azile chez les Allobroges ses voisins. Sextius après avoir entierement soûmis les Salyens, voulant accoutumer ces peuples à la domination Romaine, et s'assurer de leur fidelité, fit fortifier son camp situé au milieu du pays, qu'il nomma *Aquæ Sextiæ*, autant pour immortaliser son nom que pour marquer l'abondance des eaux qu'on voioit dans cet endroit : c'est aujourd'hui la ville d'Aix capitale de la Provence, dont C. Sextius est le premier fondateur. On remarque que pendant cette guerre ce general s'étant rendu maître d'une [2] ville des Salyens, aiant fait mettre à l'enchere tous les prisonniers de guerre, il accorda la liberté à un d'entre eux nommé Craton, sur l'exposé que celui-ci lui fit des maux que son attachement au parti des Romains lui avoit attirez de la part de ses compatriotes. Sextius accorda la même grace à tous ses parens, et leur fit rendre tout ce que le soldat leur avoit enlevé. Il donna de plus au même Craton le pouvoir de délivrer, à son choix, neuf cens de ses concitoiens, voulant par cet exemple de reconnoissance exciter la fidelité de ces peuples.

Sextius après avoir soumis les Salyens à l'obéissance de la République, continua la guerre contre les Liguriens et les Voconces, qu'il réduisit enfin sous la domination des Romains. Ce proconsul aiant cedé ensuite le commandement de la Gaule Transalpine au consul Cn. Domitius Ahenobarbus, [3] que la République avoit nommé pour lui succeder, et pour aller appaiser les troubles qui s'étoient élevez parmi ces peuples nouvellement soûmis qui avoient de la peine à s'accoûtumer à la dépendance, il alla recevoir à Rome les honneurs dûs à ses victoires et à ses services.

XXXVIII.
Victoire de Domitius sur Bituit roi des Auvergnats.

Il s'étoit élevé en effet divers troubles dans la Gaule Transalpine, qui donnerent occasion à Domitius de signaler sa valeur. Les Allobroges qui avoient accordé chez eux un azile à Teutomal roy des Salyens, se mirent en état de secourir puissamment ce prince, pour le rétablir dans ses états, et pour chasser en même tems les Romains des Gaules, dont ils supportoient très-impatiemment le voisinage. Bituit ou Betuld roy ou chef des Auvergnats, qui étoient l'un des plus puissans peuples [1] des Gaules, se déclara encore ouvertement pour ce prince, qu'il avoit un interêt particulier de proteger ; car les Auvergnats étendoient alors leur domination depuis Narbonne jusques aux confins de Marseille, et depuis les Pyrenées jusques à l'Ocean et au Rhin : les Salyens étoient par consequent soûmis à leur autorité. Bituit s'adressa d'abord à Domitius, et lui demanda grace [2] pour Teutomal : mais ce consul ne jugea pas à propos de la lui accorder.

Ce prince voiant que la voie de la négociation lui étoit inutile, eut recours à celle des armes, et se mit en état de passer bientôt le Rhône avec une puissante armée pour s'unir aux Allobroges, et déclarer conjointement la guerre aux Romains. Le senat (an de Rome 633) informé de leurs préparatifs et de l'importance de la guerre qu'ils alloient entreprendre, jugea à propos d'envoier le consul Q. Fabius Maximus dans la Gaule Transalpine pour partager le commandement avec Domitius, dont l'année du consulat étoit expirée, et donner par là plus de poids à leur autorité, mais Domitius ne croiant pas devoir attendre l'arrivée de ce consul, porta d'abord la guerre dans le pays des Allobroges, sous prétexte de venger les

---

[1] Liv. epit. 61. Marmor. Capitol. Apud Pigh. ibid. p. 58.

[2] Diod. fragm apud. Vales. p. 376.

[3] Liv. ibid. Florus. l. 3. c. 2. - Velleius Paterc. l. 2. c 10.

[1] Strab. l 4. p. 190 et seq.

[2] Liv et Flor. ibid. - Oros. l 5 c. 13. - Eutrop l 4 - V. Freinsh ad Epit 61 Liv.

Autunois alliez des Romains, des incursions qu'ils avoient souffertes de la part de ces peuples et de celle des Auvergnats. A peine Domitius avoit pénétré dans le pays des Allobroges, qu'il apprit que Bituit s'avançoit avec toutes ses forces vers le même pays pour le combattre. Le général Romain jugea à propos de ne pas attendre les Auvergnats et d'empêcher leur jonction avec les Allobroges; ainsi il décampa aussitôt et se mit en marche pour aller au-devant des premiers, afin de leur livrer bataille. Les deux armées s'étant rencontrées dans un lieu situé au confluent de la rivière de Sorgue dans le Rhône, et qu'on appelloit *Vindalium*, en vinrent aux mains. La victoire ne fut pas long-tems douteuse; elle se déclara entièrement pour les Romains, qui taillèrent en pièces vingt mille hommes des troupes de Bituit, et firent trois mille prisonniers : la fraieur que causa aux Gaulois la vue des éléphans qu'ils n'avoient jamais vûs, contribua beaucoup à leur défaite.

XXXIX.

Défaite des Auvergnats et des Allobroges par Q. Fabius Maximus.

Peu de tems après le consul Q. Fabius Maximus, à qui quelques auteurs donnent mal-à-propos le surnom d'*Æmilianus*, qui selon les inscriptions ou marbres du Capitole étoit celui de son père, arriva[1] dans les Gaules dont il partagea le commandement avec Domitius. Il apprit bientôt après les nouveaux préparatifs de Bituit et des Allobroges, qui avoient dessein d'en venir à un nouveau combat, tant pour effacer la honte de leur dernière défaite, que pour tâcher de chasser des Gaules les Romains, dont ils avoient tout à craindre pour leur liberté, tandis que ces peuples auroient des établissemens en deçà des Alpes. Bituit fit en effet des efforts extraordinaires pour assembler une armée des plus nombreuses parmi tous les peuples de sa domination, dont chacun fournit son contingent. Il y a lieu de croire que les Volces qui, à ce qu'il paroît, dépendoient des Auvergnats en tout ou en partie, leur fournirent le leur pour les aider à se défaire de leurs ennemis communs. Quoi qu'il en soit, Bituit se vit bientôt à la tête de deux cens mille combattans, dont les [1] Auvergnats, les Rouergats et les Allobroges fournirent le plus grand nombre. Avec une armée si formidable, ce prince Gaulois se flattoit de pouvoir tout entreprendre; et impatient d'en venir aux mains avec les Romains, il alla chercher Fabius au-delà du Rhône dans le pays des Allobroges. Pour faire passer ce fleuve à son armée, il fit d'abord construire un pont, et voiant qu'il ne suffisoit pas, il en fit faire un second de batteaux, sur lequel il fit mettre un plancher qu'on attacha avec de grosses chaînes de fer. Cela fait, il fit défiler ses troupes, et marcha contre le consul Fabius qui venoit lui-même à sa rencontre.

L'armée de ce dernier n'étoit que de trente mille hommes, mais tous soldats et bien aguerris; ce qui donna occasion à Bituit de dire par raillerie que l'armée Romaine suffiroit à peine pour un repas des chiens qui étoient dans la sienne. Les deux armées s'étant enfin rencontrées vers le confluent de l'Isère dans le Rhône, le 8 du mois d'Août de l'an 633. de Rome, on en vint à une action générale. Elle fut d'abord très-vive de part et d'autre, mais enfin très-sanglante pour les Gaulois, qui furent entièrement défaits ou mis en déroute. Leur grand nombre fut cause de leur perte; car le terrain où la bataille se donna étant extrêmement resserré par les montagnes voisines, il ne fut pas possible à Bituit de bien ranger ni d'étendre ses troupes qui s'embarrassoient les unes les autres. D'ailleurs la chaleur excessive du jour abbattit beaucoup le courage de ses soldats qui lâchèrent le pied au premier choc et prirent la fuite. Une partie voulut alors se sauver à la faveur du pont que ce général avoit fait construire sur le Rhône : mais la multitude des fuiards aiant fait couler à fond les batteaux qui le supportoient, et les chaînes qui en lioient les planches s'étant rompues, ceux qui voulurent passer furent presque tous submergez : la plûpart des autres périrent par le glaive des Romains qui les poursuivoient. Les auteurs sont partagez sur la perte des Gau-

---

[1] Liv. et Oros. ibid.

[1] Cas. de bell. Gall. l. 1. n 45. – Strab. et Oros. ibid. – Appian. de bell. Gall. p. 755. – Plin. l. 7. c. 50. – Florus. l. 3. c. 2.

lois dans cette action, ou pour mieux dire dans cette déroute : les uns font [1] monter le nombre de leurs morts à cent vingt mille hommes, et les autres [2] à cent trente, ou même à cent cinquante mille, tandis qu'ils ne mettent du côté des Romains que quinze soldats tuez, ce qui paroît incroiable : le roi Bituit fut assez heureux pour se sauver dans le pays des Allobroges.

XL.

Domitius passe le Rhône et soumet le pays des Volces.

Cette victoire qui fut des plus signalées acquit à Fabius le surnom d'*Allobrogique* [3], et lui fit d'autant plus d'honneur, que nonobstant la fièvre quarte dont il étoit attaqué, et malgré les blessures qu'il reçut durant le combat, il soûtint tous les efforts des Gaulois avec une grande presence d'esprit et beaucoup de valeur, allant et venant selon les besoins, tantôt à pied soûtenu de ses [4] soldats, tantôt en litiere. Le fruit qu'il tira de cette victoire fut, à ce qu'il paroît, la réduction du reste de la Gaule appellée *Braccata*, à l'obéissance de la république Romaine, c'est-à-dire, de ce qu'on appelle aujourd'hui la Savoie, le Dauphiné, la Provence et le Languedoc; toutes provinces des Gaules voisines de l'Italie, et qui formerent ensuite ce qu'on appella la Gaule Narbonnoise. On a tout lieu en effet de croire que le proconsul Cn. Domitius, collegue de Fabius dans le gouvernement de la Gaule Transalpine, passa le Rhône après cette victoire, pour aller recevoir les soûmissions volontaires des peuples qui habitoient entre cette riviere et les Pyrenées, et dont une partie paroît avoir été de la dépendance du roi Bituit, comme on l'a déja remarqué (NOTE VI). La plûpart des villes de ce canton se soûmirent d'autant plus volontiers à la République, que Domitius les reçut à des conditions raisonnables; car nous voyons qu'un grand nombre de peuples d'en deçà du Rhône, furent conservez dans leurs loix et dans leurs libertez. (NOTE VII.)

[1] Liv. et Appian. ibid.
[2] Plin. et Oros. ibid.
[3] Vellei. Paterc. l. 2. c. 10. - Val. Max. l. 6. c. 9. n. 4. - V. Freinsh. ibid. - Am. Marcell. l. 15. p. 107.
[4] Appian. ibid.

XLI.

Soûmission de Bituit et des Allobroges à Fabius.

Pour ce qui est de Bituit, ce prince se voiant sans ressource après sa défaite, et sans esperance de pouvoir se relever, prit avec les Auvergnats et les Allobroges la résolution de demander la paix aux Romains [1] et de s'abandonner à leur discrétion. Il s'adressa pour cela à Fabius. Domitius qui ne pouvoit voir sans chagrin rejaillir sur son collegue toute la gloire de la défaite de ces peuples ; (car il ne paroît pas qu'il se soit trouvé à la bataille de l'Isere :) en fut jaloux, et ne put souffrir que ce general s'acquit encore la gloire d'accorder la paix aux vaincus, avec le rétablissement de Bituit dans son ancienne authorité. Résolu de l'empêcher, il fit appeller ce prince Auvergnat, sous prétexte d'une conference qu'il souhaitoit avoir avec lui au sujet de la paix qu'il proposoit. Bituit comptant sur la probité et la bonne foi du proconsul, se rendit à ses ordres : Domitius le reçut d'abord avec des marques d'honneur et de distinction ; mais emporté par le desir de se venger de Fabius, et de lui faire du chagrin, voulant d'ailleurs se faire un mérite auprès du senat, il fit arrêter ce prince contre sa parole et le droit des gens, et l'envoia par mer à Rome pour y rendre compte de sa conduite.

XLII.

Réduction des Gaules en province Romaine.

Cette perfidie deshonora Domitius : elle déplut même au senat, qui ne renvoia pas cependant Bituit dans les Gaules, crainte qu'il ne remuât et ne renouvellât la guerre ; mais il l'exila à Albe en Italie. Ce fut pour la même raison que le senat fit venir aussi à Rome Congentiac fils de ce prince qu'il fit élever avec un soin particulier. Quant aux Auvergnats et aux Roüergats, le peuple Romain leur accorda la paix avec la liberté de vivre selon leurs [2] loix, sans réduire leur pays en province, et sans leur imposer aucun tribut. Il n'en fut pas de même des Allobroges qui furent assujettis à la domination de la Ré-

[1] Val. Max l. 9. c. 6. n. 3.
[2] Cæs. de bell. Gall. l. 1. n. 45.

publique : [1] leur pays fut joint à celui que les Romains avoient déja conquis dans la Gaule Transalpine, pour former ensemble une province Romaine qui subit les loix de ses vainqueurs.

XLIII.
Trophées de Domitius et Fabius.

Fabius, et Domitius son collegue dans le commandement de cette province, après avoir vaincu les Auvergnats et les Allobroges, voulurent éterniser leur victoire [2] par deux tours ou monumens de pierre blanche que chacun d'eux fit élever dans l'endroit où il avoit défait les Gaulois, et qu'ils ornerent des armes de ces peuples; ce qu'on n'avoit pas encore vû : car jusqu'alors les Romains n'avoient pas reproché aux peuples vaincus leur défaite par des trophées publics. Fabius fit ériger le sien à l'endroit où il avoit défait le roi Bituit. Quelques geographes modernes [3] pretendent que ce fut à la droite du Rhône vers le Vivarais ou le Forez; mais quoiqu'il paroisse que le pays des Allobroges, où il est constant [4] que cette action se passa, s'étendoit dans la partie du Vivarais qui dépend encore aujourd'hui du diocèse de Vienne; il est cependant certain que Bituit ne fut vaincu qu'après avoir passé le Rhône et vers le confluent de l'Isere dans ce fleuve. Fabius fit construire aussi deux temples auprès de ce trophée, l'un à l'honneur de Mars, et l'autre à celui d'Hercule.

Domitius qui de son côté n'avoit pas moins d'orgüeil que Fabius (car on remarque qu'il se faisoit porter comme en triomphe sur un élephant dans toute la province Romaine,) fit dresser un autre trophée au confluent de la Sorgue dans le Rhône et à la gauche de cette derniere riviere où il avoit battu les Allobroges. Quelques-uns [5] prétendent que ce fut dans la ville même de Carpentras, où on voit encore aujourd'hui une tour quarrée ou ancien monument, sur les flancs duquel paroissent des captifs enchainez au pied d'un trophée avec plusieurs autres marques qui peuvent faire croire que c'est celui de Domitius : mais nous sçavons que ce general [1] le fit construire dans le lieu même du combat, au lieu que la ville de Carpentras est éloignée de deux lieues et demi de l'embouchure de la Sorgue dans le Rhône. D'autres veulent réduire les [2] deux trophées de Fabius et de Domitius à un seul qu'ils croient être l'arc de triomphe qu'on montre à Orange : ce sentiment nous paroît encore moins soûtenable, puisqu'il est contredit par les anciens historiens qui distinguent ces deux trophées : ils furent d'ailleurs construits dans le lieu même où les Gaulois furent défaits, et par consequent à une distance assez considerable de la ville d'Orange. Domitius fit encore construire, à ce qu'on croit, un grand chemin qui traversoit entierement la nouvelle province Romaine, qu'on appela de son nom la *Voie Domitienne (Via Domitia).* On attribuë aussi à ce proconsul la fondation d'une ancienne ville du même pays appellée *Forum Domitii* : elle étoit située en deçà du Rhône entre Cessero ou S. Tiberi et Substantion. On prétend [3] que c'est aujourd'hui le lieu de Frontignan au diocèse de Montpellier.

Fabius, dont le consulat venoit d'expirer, et qui n'avoit plus que l'autorité de proconsul, et son collegue Domitius, après avoir entierement pacifié la Province, retournerent [4] à Rome (an de Rome 634), pour y demander les récompenses dûes au service, qu'ils venoient de rendre à la République, et aux victoires qu'ils avoient remportées sur les Gaulois. Le senat eut égard à leur demande, et leur décerna les honneurs du triomphe ; à Fabius pour avoir vaincu les Allobroges et le roi Bituit ; et à Domitius pour avoir défait les Auvergnats. Pour relever la pompe de cette cérémonie le senat ordonna que Bituit, dont le véritable nom Celte ou Gaulois étoit Betultich, y paroîtroit assis sur le *Carpentum,*

---

[1] Liv. Epist. ibid.
[2] Flor. l. 3. c. 2. - Strab. l. 4. p. 185. et seq.
[3] Ortel. Briet. Cellarius. ibid.
[4] Oros. ibid.
[5] V. Mem. de Trev. Avril. 1724. art. 30.

[1] Flor. ibid.
[2] Biblioth. Franc. ou hist. litt. de la France. tom. 2.
[3] V. Vales. Not. Gall.
[4] Marm. Capitol. apud Pigh. tom. 3. p. 74. et 78. - Vellei. Patere. l. 2. n. 10. - Flor. ibid.

char d'argent sur lequel il avoit combattu, et qu'il seroit revêtu des mêmes armes qu'il portoit le jour de sa défaite, et qui étoient de diverses couleurs. Telle fut la récompense de ces deux generaux Romains, pour avoir réduit une partie des Gaules en province Romaine. Elle fut ainsi appellée pendant tout le temps que la République n'en posseda point d'autre dans les Gaules : mais elle changea son nom dans la suite en celui de province Narbonnoise, comme nous verrons dans le Livre suivant, après que nous aurons donné une idée succinte des mœurs et du gouvernement des Volces avant leur soûmission aux Romains.

XLIV.

Mœurs des Gaulois Tectosages et Arecomiques.

Quoique les mœurs, les loix et la religion de tous les Gaulois fussent assez uniformes, ainsi qu'on peut voir dans les auteurs qui en ont traité, cependant comme la plûpart des anciens, et entre autres Diodore de Sicile semblent avoir eu principalement en vuë ceux de la Gaule Narbonnoise ou *Gallia Braccata*, qui leur étoit beaucoup plus connuë, nous ne ferons pas difficulté de rapporter en particulier à ces peuples, ce que ces [1] auteurs disent des mœurs des Gaulois en général, à quoi nous joindrons ce que nous sçavons d'ailleurs touchant les Volces.

XLV.

Leur Theologie, leur Religion, et leur Divinitez.

Les Gaulois, à l'exemple des Grecs et des Romains, adoroient sous differens noms diverses Divinitez qui leur étoient particulieres. Ils en adopterent dans la suite plusieurs étrangeres avec une partie du culte qu'on leur rendoit. Ainsi Apollon et Minerve furent révérez par les Toulousains [2] ; Bacchus, Junon, Silvain, Nehalenia, Nemausus, etc. par les habitans [3] de Nismes, qui faisoient

[1] Diod. l. 5. p. 303 et seqq. - Cæs. de bell. Gall. l. 6. c. 12. et seqq. - Athen. l. 4. et 13. - Strab. l. 4 etc.
[2] Oros. l. 5. c. 15.
[3] Gronov. antiq. Græc. tom. 3. litt. C. p. 10. tom. 7 p. 242. 255. et 256.

descendre ce dernier d'Hercule, et le regardoient comme le fondateur de leur ville. Ces peuples persuadez que les Dieux étoient les maîtres des [1] évenemens, et de la destinée des hommes, tâchoient de se les rendre propices par leur culte et leurs sacrifices, sur-tout en faisant élever des temples à leur honneur. Celui que les Toulousains avoient dédié à Apollon étoit un des plus fameux ; il étoit enrichi de tout l'or que les Tectosages avoient eu soin de ramasser, et qu'ils avoient consacré à cette fausse Divinité ; les mines du pays ou les paillettes qu'on recüeilloit dans les rivieres, leur en fournissoient assez pour satisfaire à cette superstition ; on remarque qu'on conservoit si religieusement ces thrésors dans les temples de Toulouse, que malgré l'avarice des peuples du pays, personne n'auroit osé y toucher.

Les Tectosages d'Asie s'abstenoient, par une semblable superstition, de la chair de pourceau : [2] ils la regardoient comme une viande impure, par respect pour Atys à qui ils rendoient un culte particulier. Tous [3] ces Gaulois étoient curieux de connoître les choses futures, et s'appliquoient beaucoup dans cette vuë à l'art des augures et des aruspices, et aux pronostics qu'on tiroit du vol des oiseaux et des entrailles des animaux, et quelquefois même des victimes humaines, où ils s'imaginoient lire distinctement leur destinée et le succès heureux ou malheureux de leurs entreprises. Ils croioient l'immortalité de l'ame, et la metempsycose, et se faisoient des prêts mutuels avec promesse de les restituer [4] dans les enfers. On croit que c'est des philosophes Gaulois ou druïdes, que Pythagore apprit la transmigration des ames, qui étoit un des principaux articles de sa secte.

Ces druïdes étoient parmi les Gaulois les docteurs et les ministres de la religion, les juges de la nation, et les arbitres des differends entre les particuliers. Leurs jugemens étoient si respectez, qu'il étoit défendu aux réfrac-

[1] Ælian. l. 2. c. 3.
[2] Pausan. Achaic. p. 430.
[3] Justin. l. 24. c. 4. - Cicer. de Divinit.
[4] Val. Max. l. 6. c. 10.

taires d'assister aux sacrifices, ce qui étoit parmi eux une peine très-rigoureuse, une note d'infamie, et une marque d'impiété ou d'un crime très-considerable.

Parmi les druides il y en avoit un qui étoit regardé comme le souverain prêtre de la nation, et dont l'autorité s'étendoit sur tous les autres. Ils étoient tous également exemts de toute sorte de tributs, et de service militaire. Une de leurs principales études étoit d'apprendre par cœur un grand nombre de vers qu'ils récitoient dans les assemblées, et qu'il ne mettoient jamais par écrit. Egalement inhumains et superstitieux ils immoloient[1] des victimes humaines dans les sacrifices publics : l'empereur Claude tenta l'abolition de ce cruel usage; mais ce fut inutilement, puisqu'il subsistoit encore sous l'empire d'Adrien[2].

XLVI.
Gouvernement et assemblée des Volces.

La description que Strabon nous a laissée du gouvernement des Volces Tectosages d'Asie, et ce qu'il dit de celui des Arecomiques des Gaules, nous en donnent une juste idée. Ces peuples étoient, ainsi que les autres Gaulois, partagez par cantons ou pays, à qui les Romains donnaient le nom de Cité, et les Gaulois d'Asie celui de Tetrarchie. La forme de leur gouvernement étoit aristocratique, et le chef de leur république un souverain magistrat ou petit roi, *regulus*, qu'on élisoit tous les ans, et qui avoit sous lui des officiers subalternes. On ne traitoit jamais des affaires publiques que dans l'assemblée generale de chaque cité, où chacun se rendoit et assistoit en armes[3]. Personne n'osoit y manquer, ni parler hors de son rang, sans s'exposer à se voir ou puni de son absence, ou taxé de son indiscretion. Les femmes dont, au rapport des historiens, la blancheur et la beauté égaloient la fidelité et la grandeur d'ame, étoient admises dans ces assemblées; et on n'y prenoit aucune résolution soit pour la paix, soit pour la guerre et les autres affaires publiques, sans leur avis; tant on avoit de déference pour elles depuis la marque éclatante qu'elles avoient donnée de leur courage et de leur habileté, en appaisant les divisions intestines qui s'étoient autrefois élevées parmi eux[1].

Chaque canton ou cité étoit dans une espece de dépendance de l'une ou l'autre des deux factions generales qui partageoient toute la nation Gauloise, dont les principaux peuples avoient tour à tour l'autorité et le commandement sur tous les autres. On a déja vû que les Volces étoient de la faction de Bituit ou des Auvergnats, lorsque les Romains firent la conquête de la Province Romaine : les Æduens étoient alors chefs de l'autre. Ces deux peuples avec les Sequanois et les Remois furent les principaux qui conserverent alternativement la principale autorité dans les Gaules jusqu'à l'entiere conquête de ces provinces par les Romains. Ce partage des Gaulois en deux factions faisoit très-souvent parmi eux un sujet de guerre, et l'esprit de faction étoit si naturel à ces peuples, qu'on le voioit regner non seulement dans toute la nation, mais encore dans chaque peuple ou cité, dans chaque canton particulier, et presque dans chaque famille. Chaque faction tenoit ses assemblées generales composées de même que les particulieres des principaux Gaulois. Le commun du peuple en étoit exclu, parce qu'il vivoit dans une espece de servitude sous la dépendance et l'autorité des Grands, ausquels chaque particulier se devoüoit, ou lorsqu'il n'étoit plus en état de payer ses créanciers et les tributs publics, ou quand il vouloit éviter la tyrannie des personnes puissantes. Ces Grands étoient les Druides et les chevaliers. Les derniers s'occupoient uniquement de ce qui concernoit la guerre; ils s'y faisoient suivre par leurs vassaux ou clients ausquels ils commandoient, et dont le nombre étoit plus ou moins considerable suivant l'étendüe de leur autorité et la grandeur de leurs richesses.

---

[1] Cæs. ibid. - Cic. pro Fonteio. - Liv. l. 38. Plin. etc.
[2] Euseb. præpar. Evang. l. 4. p. 160.
[3] Liv. l. 21. - Fragm. Nic. Damasc. apud Vales. p. 513 et seq.

[1] Plut. de virt. mulier. tom. 2 p. 246. - Polyæn stratag. l. 7. c. 50.

XLVII.
Justice.

Les autres donnoient tout leur soin à la religion et à l'administration de la justice civile et criminelle; c'étoient eux qui décernoient les peines et les récompenses. De tous les crimes, le larcin étoit le plus sévèrement puni. Ceux qui en étoient atteints étoient immolez ordinairement dans les sacrifices publics : à leur défaut on immoloit d'autres criminels, souvent même des personnes innocentes. L'homicide d'un étranger étoit puni avec plus de rigueur que celui d'un citoien : l'exil étoit la peine de ce dernier crime, et la mort le supplice ordinaire de l'autre.

XLVIII.
Inclinations et armes des Gaulois.

Les deux grandes passions des Gaulois étoient la chasse et la guerre : celle-ci fut presque toûjours continuelle entre eux avant leur réduction sous l'obéïssance des Romains; on sçait la réputation de valeur qu'ils s'acquirent par leurs expeditions dans les pays étrangers. Ils étoient ordinairement beaucoup plus forts en cavalerie qu'en infanterie; aussi étoient-ils fort [1] adroits aux combats à cheval : de là vient que les princes ou les peuples qui les appelloient à leur secours, tâchoient d'obtenir d'eux quelque corps de cavalerie de la nation, qui faisoit très-souvent la principale force de leurs armées.

Leurs armes défensives étoient des écus ou boucliers presque de la hauteur d'un homme. Chacun distinguoit le sien par quelque figure ou marque particuliere. Ils se servoient aussi quelquefois de cuirasses de fer, et de casques d'acier embellis de divers ornemens et de diverses figures d'animaux. Leurs armes offensives étoient des épées extrêmement longues, qui ne donnoient que de taille, et qu'ils portoient obliquement pendues [2] à leur côté droit, et attachées avec des chaines de fer. Leur principale force consistait, selon [3] Plutarque, à se bien servir de ces épées, qu'ils manioient à la manière des barbares et sans aucun art, donnant de grands coups à tort et à travers. La trempe de ces épées étoit cependant très-mauvaise : car elles se faussoient ou se courboient aisément. Leurs piques étaient armées d'une lame de fer, longue d'une coudée, et large de près de deux palmes *. Les Gaulois ajoûtoient à cette armure le son épouvantable de leurs trompettes, un aspect terrible, une voix grave et menaçante, une taille extraordinaire et une mine fiere. Nous ne répétons pas ici ce que nous avons déja dit sur la manière dont les Volces avoient coûtume de combattre, ni sur l'usage où ils étoient de se dépoüiller jusqu'à la ceinture avant le combat pour se rendre plus formidables; nous ajoûterons seulement qu'ils combattoient souvent sur des chariots attelez à deux chevaux, d'où ils décochoient leurs fléches sur les ennemis; qu'ils étoient intrépides, et qu'ils ne connoissoient pas le [1] danger. Ils alloient au combat en dansant, et en chantant les vertus et les victoires de leurs ancêtres : après la bataille ils honoroient leurs morts d'hymnes et de cantiques, et dressoient des trophées à ceux d'entre eux qui s'étoient le plus signalez. Semblables aux Suisses de nos jours, ils se mettoient indifféremment à la solde de ceux qui avoient besoin de leur secours, et qui leur faisoient les meilleures conditions : on les voioit souvent servir dans deux différentes armées prêtes à combattre l'une contre l'autre : fideles au service de ceux qui les appelloient, ils vouloient qu'on le fût aussi à leur égard, et ils cessoient de servir dès qu'on cessoit de les satisfaire. Attachez par un culte particulier au dieu Mars, ils avoient soin de lui offrir religieusement en sacrifice les dépoüilles des ennemis qu'ils avoient vaincus, et à qui ils se faisoient souvent un plaisir de couper la tête qu'ils promenoient ensuite dans le camp au bout d'une pique, ou qu'ils cloüoient aux portes des villes.

---

[1] Plut. in Marcell.
[2] Liv. l. 38.
[3] Plut in Camillo.

[1] Ælian. Var. Hist. l. 12. c. 23.

* Voyez, sur les armes attribuées dans les derniers temps aux Gaulois, les *Additions et Notes*, placées à la fin de ce livre. Là aussi se trouve, tout ce qui a paru susceptible d'explication, ou d'être ajouté à cette partie de notre histoire.

XLIX.

Vie civile, habits, maisons.

Les Gaulois étoient ordinairement d'une taille fort avantageuse, ils avoient le teint vif, et les yeux pers : leur chevelure étoit blonde et fort longue. Les uns [1] rasoient leur barbe, les autres la conservoient en partie : les plus qualifiez ne gardoient que la moustache. La taille des femmes égaloit celle des hommes, et elles ne leur cedoient point en courage, comme nous avons déja dit. Ces peuples [2], sur-tout ceux qui habitoient les provinces méridionales, étoient toujours très-propres dans leurs meubles, mais plus particulièrement dans leurs habits qu'ils ne portoient jamais déchirez. Ils se paroient de même que leurs femmes, de colliers, de brasselets, d'anneaux et de chaînes d'or. Leurs habits consistoient dans des tuniques, χιτῶνας, peintes de diverses couleurs, qu'ils ceignoient avec des baudriers garnis d'or et d'argent; ils portoient avec cela des hauts de chausses qu'on appelloit ϐρακὰς, brayes [3]. Les sayes, σάγους, ou hoquetons à manches, qui leur descendoient jusqu'aux cuisses et leur servoient de surtout, étoient d'une étoffe grosse ou legere selon la saison ; ils les attachoient avec une boucle. Leurs maisons simples et de figure ronde pour la plupart, étoient bâties de bois et de cannes, et couvertes de chaume ou de roseaux.

L.

Mariages, enfans, repas, etc.

Les Gaulois, à ce qu'il paroit, n'avoient qu'une femme : avant la célébration des nôces le mari lui assignoit pour doüaire autant qu'elle apportoit en dot ; tout étoit mis en commun et appartenoit au dernier survivant avec les revenus qui en provenoient. Les maris avoient pouvoir de vie et de mort sur leurs femmes aussi bien que sur leurs enfans. Ces derniers ne paraissoient en public devant leurs peres, que lorsqu'ils étoient en âge et en état de porter les armes. Ces mêmes enfans servoient leurs peres à table dans les repas qu'ils prenoient à terre sur des peaux, et auprès d'un foyer où ils faisoient cuire de gros morceaux de viande. Les Gaulois invitoient volontiers les étrangers à leurs repas qui étoient souvent suivis de quelque dispute ou de quelque combat particulier. Ils couchoient à terre sur des peaux.

LI.

Esprit, sciences, vertus, vices.

L'esprit de ces peuples étoit délié et propre aux sciences; aussi avoient-ils soin de les cultiver et en particulier la langue [1] Grecque. Elle étoit si commune parmi eux, qu'au rapport de César et de Strabon, ils écrivoient les actes et les contrats publics en cette langue. Il nous reste encore une main symbolique trouvée dans les Gaules, et sur laquelle on lit cette inscription Grecque σύμβολον προς Ουελ συνιους : ce qui marque sans doute l'union des peuples du Velai avec les Auvergnats [2] leurs voisins.

L'un des devoirs des drüides, qu'on accusoit d'usure et d'avarice, étoit d'instruire la jeunesse dans la théologie, la philosophie, la physique, l'astronomie : les druides s'appliquoient aussi à la médecine [3]. On sait la vénération que ces prêtres Gaulois et le reste de la nation avoient pour le chêne. Il y avoit encore des drüidesses qui s'appliquoient à l'art des augures comme les druides, et se mêloient de prédire l'avenir. Les Gaulois avoient leurs poëtes qu'ils appelloient bardes, et qu'ils recevoient avec honneur dans toutes les compagnies: on cessoit même de parler, pour avoir le plaisir de leur entendre réciter les vers qu'ils avoient composez.

Au rapport de César, les Gaulois se servoient de caracteres Grecs, et selon Pline [4] ils regloient leur tems, non par le cours du soleil, mais par celui de la lune. Ils en marquoient la durée par les nuits, et non par les jours, parce qu'ils se prétendoient descendus

---

[1] Diod. Cæs. - Strab. ibid. - Amm. Marc. l. 15. p. 106.
[2] Amm. Marcell. ibid.
[3] Diod. ibid.

[1] Strab. l. 4 p. 180. et seq C. s. l. 6. c. 14.
[2] Monfauc. antiq tom. 3. part. 2. p. 361.
[3] Val. Max. l. 6. c. 11.
[4] Plin. l. 16. n. 95.

du dieu Pluton. Les Gaulois étoient francs et ennemis du déguisement : leurs discours étoient laconiques, mais obscurs, parce qu'ils abondoient en figures et en hyperboles. Ils joignoient à de grandes vertus des vices grossiers dont on les accuse, tels que l'ivrognerie et d'autres encore plus infâmes ; on leur reproche aussi l'amour déréglé de l'argent et du pillage dont ils donnerent effectivement de grandes marques. Naturellement curieux, ils étoient amateurs des nouveautez, et n'aimoient pas moins à se loüer eux-mêmes, qu'à parler des autres avec mépris.

LII.
Exercices, commerce.

La chasse étoit un des exercices auquel ces peuples s'appliquoient le plus. Un [1] ancien monument de Narbonne represente deux chasseurs Gaulois aux prises avec un sanglier ; ils lui présentent chacun de la main gauche un drap ou espèce de serviette, tandis qu'ils tiennent de la droite un javelot élevé, et prêt à darder cet animal. Les peuples qui habitoient sur les côtes s'occupoient de la pêche. Pline [2] rapporte la manière extraordinaire dont les habitans de Nismes faisoient tous les ans celle des poissons appelez mulets, dans l'étang de Lates, avec le secours des dauphins : la description qu'il en fait est si singuliere, que nous croyons devoir la rapporter, quoiqu'elle paroisse incroyable.

« Il y a, dit cet auteur, dans la province » Narbonnoise et dans le territoire de Nis- » mes un étang appellé Lates, où les hom- » mes entrent en société avec les dauphins » pour la pêche. Un très-grand nombre de » poissons qu'on appelle mulets s'efforcent à » certain tems d'entrer dans la mer par les » embouchures fort étroites de l'étang, à la » faveur d'une espece de reflus : mais avec » tant d'impétuosité, que les pêcheurs ne peu- » vent alors tendre leurs filets sans s'exposer » à les voir rompre par la seule force de ces » poissons, quand celle des flots de la mer » ne leur seroit pas contraire. C'est de cette » même manière que ces poissons s'élancent » dans la mer par les embouchures voisines, » et qu'ils s'empressent d'éviter le seul endroit » propre à tendre les filets ; ce que les pê- » cheurs n'ont pas plûtôt apperçû, que con- » jointement avec une foule de peuple qui » sçait le temps de la pêche, et que la curio- » sité du spectacle attire, ils crient de toute » leur force sur le rivage : *Simon, Simon*. A » cette voix que les dauphins entendent, à la » faveur du vent du nord qui la porte vers » eux, ils s'approchent aussitôt et viennent au » secours. On les voit venir comme une armée, et se ranger dans l'endroit où doit se » faire la pêche. Là ils font une espece de » barriere pour s'opposer à la sortie des mu- » lets, qui saisis de crainte sont forcés de se » tenir renfermez dans l'étang. Les pêcheurs » jettent alors leurs filets qu'ils ont soin » d'appuier sur des fourches : mais les mulets » qui sont extrêmement agiles sautent par- » dessus et sont pris par les dauphins qui » contens de les tuer, different de les manger » jusqu'à la fin de la pêche. Cependant l'ac- » tion s'anime, et les dauphins qui combat- » tent avec ardeur, prennent plaisir à voir » renfermer les mulets dans les filets ; et » pour les empêcher de prendre la fuite, ils » se glissent insensiblement et avec tant d'a- » dresse entre les batteaux, les filets et les » nageurs, qu'ils leur ferment toute sorte » d'issuë ; en sorte que les mulets, qui ai- » ment naturellement à sauter, n'osent plus » faire aucun mouvement, à moins qu'on ne » leur jette les filets ; s'ils viennent à s'é- » chapper, ils sont aussitôt pris par les dau- » phins qui les attendent devant la barriere. » La pêche finie, ceux-ci prennent et man- » gent une partie des poissons qu'ils ont tuez, » et réservent l'autre pour le lendemain ; » sentant fort bien que la part qu'ils ont eüe » à la pêche, mérite quelque chose de plus » que la récompense d'un jour. Aussi les » pêcheurs, outre ces poissons qu'ils leur » abandonnent, ont soin de leur jetter une » pâte composée avec du pain et du vin dont » ils se rassasient. »

Les peuples des environs du Rhône et de Narbonne s'adonnoient au commerce ; celui de cette derniere ville avec l'Espagne et les autres pays étrangers étoit très-considé-

---
[1] Monfauc. ibid p. 324.
[2] Plin l. 4. c. 8.

rable et très-aisé à cause de la commodité de son port. Aussi Diodore [1] nous représente cette ville comme une des plus riches des Gaules. Les Gaulois voiageoient par terre sur des chariots attelez à deux chevaux.

LIII.
Monnoyes. Funerailles.

Il nous reste un grand nombre de médailles ou monnoies Gauloises : les plus anciennes sont d'un goût très-barbare et d'un fort mauvais métal, qui paroît être un alliage de cuivre, d'étain et de plomb.

Les funerailles des Gaulois étoient magnifiques. Ils brûloient les corps morts, et avec eux les meubles les plus précieux, les esclaves, les clients, et les animaux même pour lesquels ils avoient témoigné plus d'inclination et d'attachement pendant leur vie.

[1] Diodor. ibid. p. 314.

FIN DU LIVRE PREMIER.

ADDITIONS ET NOTES

DU LIVRE PREMIER DE L'HISTOIRE DE LANGUEDOC,

PAR M. DU MÈGE.

En acceptant l'honorable tâche d'écrire l'histoire de l'une des plus belles provinces de la France, Dom de Vic et Dom Vaissette sentirent toute la grandeur de la mission que les États-Généraux du Languedoc confiaient à leur érudition et à leur zèle, et si l'on peut ajouter quelques pages au livre composé par ces savans religieux, si l'on peut faire quelques remarques sur les faits qu'ils ont avancés, il ne faut l'attribuer qu'aux immenses progrès des sciences historiques, à la découverte d'un grand nombre de monumens, à une étude plus approfondie de ceux qui déjà étaient connus, et à la publication d'une foule de documens dont on ne soupçonnait pas même l'existence. Les lumières inatendues jetées sur une foule de sujets, entrevus ou seulement indiqués, dans le *Premier livre de l'Histoire de Languedoc*, auraient fourni une nombreuse série d'*Additions* et de *Notes* détachées ; mais on a désiré qu'elles fussent réunies en un seul corps, présentant un tableau, souvent historique, quelquefois géographique et descriptif, des divers cantons de cette province et de ses colonies lointaines, avant et pendant les premiers temps de la domination des Romains. Pour ajouter à l'intérêt que ces détails peuvent offrir, on a indiqué les pages auxquelles ils doivent particulièrement se rapporter. Les *Additions* font connaître des faits que nos savans Bénédictins avaient ignorés ou négligés ; les *Notes* critiques, rectifient les erreurs qui, en très-petit nombre, se sont introduites dans ce grand et bel ouvrage, fruit des études les plus consciencieuses, et qui honorera toujours la mémoire de ses auteurs.

L'un des plus importans problèmes historiques, dont la solution, cherchée pendant long-temps, n'a pas encore été trouvée, est, sans aucun doute, la détermination précise de l'origine de la grande famille Celtique. On a beaucoup écrit, beaucoup conjecturé à cet égard, et cependant, malgré la perfection toujours croissante des études linguistiques, malgré toutes les recherches de l'érudition, on n'a encore rien obtenu de satisfaisant sur cette question importante.

Un auteur recommandable, M. Amédée Thierry (*Histoire des Gaulois*, I. Introduction, XXVII, XXVIII), croit que le nom de *Volces* ou *Volkes*, donné aux peuples de la contrée qui est désignée aujourd'hui sous le nom de Languedoc, indique que ces peuples étaient *Belges* ; il trouve des preuves de cette assertion, que j'ai déjà combattue, (*Archéologie Pyrénéenne*, I. 18, 19. *et seq*.) dans Cicéron (*Pro Font.*), qui les aurait appelé *Belges ;* dans Ausone, qui (*Clar. Urb. Narb.*) selon quelques éditions, aurait dit,

...*Tectosagos primœvo nomine* Bolcas ;

et dans Saint-Hiéronyme qui, (*Epist. ad Gal.*),

assurait que le langage des Galates de l'Asie-Mineure ressemblait beaucoup à celui des habitans de Trèves, ville de la Gaule Belgique.

Mais Cicéron, en supposant même que des copistes n'ont pas altéré son texte, parle de tous les peuples de la Province Romaine, et les erreurs historiques entassées dans son plaidoyer pour Fontéius ôtent d'ailleurs à son témoignage toute l'autorité qu'aurait pu y attacher son grand nom. M. Thierry dit aussi que les manuscrits de César portent indifféremment *Volcæ* et *Volgæ*. Mais ces manuscrits ne remontent pas à une époque très reculée, et qui ne sait d'ailleurs que les Latins se sont servis indifféremment du C et du G ? Chez les Grecs même on trouve le C pour le Γ ; ainsi, sur quelques médailles de la Sicile, et en particulier sur celles de Géla, on lit ΣΕΛΩΙΩΝ pour ΓΕΛΩΙΩΝ et ϹΕΛΑΣ pour ΓΕΛΑΣ. Les Romains écrivaient sur la colonne rostrale de Duilius MACISTRATVS, LECIONES, PVCNANDO, pour MAGISTRATVS, LEGIONES et PVGNANDO. — Plutarque (*Quæst. Rom.* 54) dit que ce fut Spurius Calvinus qui inventa le C, et Ausone dit formellement (*Eidyl. de litteris* II, 21) que le C faisait jadis la fonction du Γ grec. *gamma ruc prius functam.* Diomede (*lib II, cap. de littera.*) appelle le G une lettre nouvelle. Les inscriptions nous montrent, jusques dans les temps les plus bas, l'emploi indifférent du G et du C. On ne saurait donc mettre, au nombre des Belges les peuples du Languedoc, par cela seul que dans des manuscrits de Cicéron et de César, on lisait le mot *Volgæ*, puisque, selon M. Thierry lui-même, on trouve dans ceux de César, tantôt *Volgæ*, tantôt *Volcæ*. Ces deux différentes manières d'écrire ce nom, prouvent seulement l'habitude d'employer le G au lieu du C, et cette dernière lettre au lieu de la première.

Ausone qui, ainsi qu'on vient de le voir, dit que le C faisait jadis la fonction du Γ des grecs, n'offre rien qui prouve que les *Tectosages* et les *Arécomiques* descendaient des Belges. Cet écrivain parle souvent de la ville de Tolosa, dans laquelle il fut élevé et à laquelle il a consacré un éloge (*Clar. Urb.*), et jamais il ne fait allusion à cette prétendue descendance. Il donne à cette métropole des *Tectosages* les épithètes les plus honorables : c'est la *Cité Palladienne*, l'*Opulente*, la *Quintuple Tolosa*, ce n'est jamais pour lui la *Cité Belgique*. D'ailleurs, faut-il lire *Bolgas* dans cet auteur ? On a déjà vu que le G a pu y être mis pour un C. Des manuscrits portent *Volgas* et quelques anciennes éditions *Belcas* et *Bolcas* ; dans de plus modernes, on lit *Volcas*. Ainsi il y a une assez grande incertitude sur la vraie leçon. Mais plusieurs considérations doivent d'ailleurs porter à tirer des inductions différentes du passage d'Ausone. Il paraît assuré que la lettre initiale du mot *Bolgæ* a dû être primitivement un V : et qui ne sait qu'à Rome même cette lettre a été très souvent remplacée par le B, tandis que celle-ci le fut aussi par le V ? Des manuscrits et des monuments nombreux sont encore là pour le prouver. Ne lit-on pas encore sur les marbres *Bivius* pour *Vibius*, *Abita* pour *Avita*, *Bictorius* pour *Victorius* ? La permutation de ces deux lettres n'a-t-elle pas donné lieu anciennement à quelques jeux de mots et entr'autres à celui de l'empereur Aurélien, au sujet de l'usurpateur Bonosus, qui passait sa vie à boire : *natus est non ut Vivat, sed ut Bibat?* Les peuples de l'Europe latine et surtout ceux de l'Aquitaine, patrie du poète Ausone, avaient et ont encore l'habitude de changer dans la prononciation le V en B et réciproquement, et c'est à cette transposition de lettres, qu'au XVIe siècle, Scaliger faisait allusion, en disant :

Felices populi, quibus Vivere est Bibere!

Saint Hiéronyme dit en effet, comme M Thierry le rapporte, que le langage des Galates, (descendans en grande partie des *Volkes Tectosages*), est le même que celui de Trèves, capitale de la Belgique. Mais cette langue n'était qu'un dialecte de la langue celtique, commune à tous les Gaulois ; et d'ailleurs, comme le remarque judicieusement M de Colbery (*la Gaule avant César*, Mss.), les Trévirois ne faisaient point partie de l'armée Gauloise, conquérante de l'Asie-Mineure. Si saint Hiéronyme désigne en particulier les Trévirois, c'est qu'il avait long-temps habité leur ville. Il aurait pu dire, avec autant, et peut-être plus de vérité, que la langue des Galates était la même que celle des possesseurs de *Tolosa*, et l'on sait qu'on retrouve encore dans l'idiome usité par le peuple de la Métropole Gauloise des *Volkes Tectosages*, beaucoup de mots indiqués comme Celtiques par les anciens écrivains et d'autres qui font encore partie du Celto-Breton.

Les historiens du Languedoc n'avaient pas apparemment songé à ce qu'on croirait pouvoir trouver un jour, sur l'origine des *Volcæ*, dans le nom de ces peuples, écrit de différentes manières ; sans cela ils s'en seraient occupés (page 2 et seq.) et ils auraient sans doute combattu avec avantage, dans une savante note, l'opinion qui fait descendre des *Belges* les anciens possesseurs de notre province.

Si on a cru pouvoir formuler quelques doutes relativement à l'origine des *Volkes*, on est plus fondé encore à ne rien décider sur l'origine de quelques-unes des villes de notre Province. Les Bénédictins disent (*Hist. de Langued.*, 5.) que l'on conjecture que c'est sur les ruines de Rhoda que la ville actuelle de Saint-Gilles a été bâtie.

Il est certain que cette ville, dont je m'occuperai plus tard, offre quelques monuments, qui semblent indiquer une origine antique. M. Mérimée (*Notes d'un voyage dans le midi de la France*, 333) assure, que « l'ancien nom de Saint-Gilles, était *Rhode*. » Il ne parle point des tombeaux Romains, ni des inscriptions antiques que j'ai retrouvées dans cette ville, et qui, sans prouver que Saint-Gilles a été bâtie sur les ruines de Rhoda, qui, de même qu'Héraclée, n'existaient plus, même avant l'époque où Pline écrivait, montrent cependant que, sous la domination Romaine, ce lieu, quel que fût alors son nom, avait des habitans. Voyez mon *Mémoire sur Saint-Gilles* (*Histoire et Mémoires de l'Académie Royale des sciences, inscriptions et belles-lettres de Toulouse*, IV. 2e partie, 117 et seq.), et *Preuves*, 2e Série. Inscript.

En parlant des colonies établies sur la côte du pays des *Volkes*, par les Phocéens de Massalie, les auteurs de l'*Histoire de Languedoc* (I, 5), mentionnent l'une d'entr'elles qu'ils nomment *Roen-Agatha*, confondant en une seule deux villes différentes, *Rhoda* et *Agatha*. Strabon (*Geogr.*, lib. IV) en parlant des villes où les Phocéens bâtirent dans la Caule, et nommées *Rhoda* et *Agatha*, ajoute qu'elles étaient destinées à contenir les barbares qui habitaient dans les lieux voisins du Rhône. Le savant géographe donne à la première de ces villes le nom de *Roé* ; mais c'est évidemment la même que Pline (lib. III, c. 4) appelle *Rhoda*. La traduction latine porte : *ut Rhoen Agatham adversus barbaros Rhodanum accolentes*, et l'absence d'une virgule entre les deux noms a fait croire à nos historiens, qu'il n'était question que d'une seule ville, et ils ont écrit *Roen-Agatha*. Cette erreur, qui a été répétée jadis sur la foi de Dom de Vic et de Dom Vaissette, devait cesser d'être une autorité pour ceux qui n'étudient pas le texte grec de Strabon. Casaubon (*in lib. IV, Strabon*. 83) en corrigeant la leçon fautive du texte grec, et en prouvant qu'au lieu de *Roé*, il faut lire *Rhoda*, montre aussi qu'on ne saurait confondre *Rhoda* avec *Agatha*, ou Agde.

Les expéditions militaires des Gaulois que les savans historiens de notre province décrivent avec beaucoup de soin, (*Suprà*, pages 2, 3, 4, 6, 7 *et seq.*), ont eu un grand retentissement dans l'antiquité. Les Celtes traversèrent en vainqueurs la Germanie, l'Illyrie, la Pannonie, la Grèce, la Thrace, l'Asie-Mineure. Ils couvrirent de leurs colonies, l'Italie et l'Espagne. Selon Diodore de Sicile (*Lib. V*) et Silius Italicus (*Lib. III*), il n'y avait presqu'aucune contrée où les Celtes n'eussent laissé quelques traces de leur séjour, à en juger d'après les noms des villes, des rivières, des lacs, des montagnes, des promontoires. Partout où les Phéniciens et les Nomades purent pénétrer, disent ces auteurs, ils trouvèrent des Celtes ou Gaulois déjà établis.
Mais parmi les nombreuses tribus de cette grande nation, il faut surtout distinguer celle des *Volkes-Tectosages* : c'est cette tribu qui a le plus occupé les auteurs de l'antiquité ; c'est celle qui a formé les plus solides établissemens, et qui a conservé son nom primitif dans les lieux où elle a envoyé des colonies. Ainsi César parle des Tectosages établis en corps de nation près de la forêt Hercynie, et leur donne des louanges, sans doute méritées. *Ac fuit anteà tempus*, dit le célèbre écrivain, (*de Bell. Gall. lib. IV*, c 24) *cùm Germanos Galli virtute superarent, et ultrò bella inferrent, ac propter hominum multitudinem agrique inopiam, trans Rhenum colonias mitterent. Itaque ea quæ fertilissima sunt Germaniæ loca....* Volcæ Tectosages *occupârunt, atque ibi consederunt*.
Le chef qui conduisit les Gaulois jusques aux pieds du Capitole, est désigné sous le nom de *Brennus* par les historiens. Celui qui commanda la grande expédition dirigée contre Delphes porte le même nom. Le premier se rendit maître de Rome, l'an 364 de l'ère de cette ville ; l'autre est celui dont parlent Dom de Vic et Dom Vaissette (*Suprà*, 8.). Suivant M. Amédée Thierry (*Histoire des Gaulois*, I. 136), on ignorait le nom de ce dernier, et les Grecs en cette occasion, comme les Romains, cent-dix ans auparavant, avaient pris le titre de dignité du chef suprême des Sénons, pour le nom propre de ce chef, car, dit-il, *Bren, Brenn*, en langue Kimrique, signifie Roi (Ibid. 57). Ainsi, au lieu de dire *Brennus*, comme les Latins, il faudrait dire *le Brenn* Depuis long-temps, Cambden et Bochart avaient rapporté cette étymologie. Le dernier dit à ce sujet :

(*Géog. Sacr.* 739.) *Brenni duo celebres fuere apud Gallos, unus qui Romam, alter junior qui Delphicum Templum expilavit. Ille pro Brenno, Bρεν Bren appellatur apud Suidam. Sunt qui imperatorum tum temporibus putant commune fuisse nomen, quia Cambri hodie Regem Brennun appellant, teste Camdeno* (p 24.) *sedet apud nostrates Barner judicem, et Barn est judicare. Accedit Syrum* פרנס *Parnas pro Principe et Gubernatore. Sic Es.* 3, 4, *in Chald. Paraphr constituam pueros* פרנסיהון (Parnaschon), *principes ipsorum. Prov.* 14. 28. *In multitudine populi dignitas regis, et in paucitate plebis atteritur* פרנסיה (Parnasch) *princeps ejus, etc.*, en tudesque, *Brennus*, veut dire le *Brûleur*

Strabon (*Géogr* Lib. IV.) parle du second Brennus, à l'occasion des *Troemi* et des *Tolistoboji*, tribus qui avaient suivi les *Volkes Tectosages* dans la Phrygie, mais il ne dit point que le nom de ce chef fût un titre de dignité. « Je n'ai point appris, dit-il, qu'il existe actuellement, soit en deçà, soit au-delà des Alpes, quelque peuple appelé du nom de *Troemi* ou de *Tolistoboji*. Il est probable que leur race s'est éteinte, même dans la Gaule, pour avoir, tous à la fois, quitté leur pays natal, ce qui est également arrivé à beaucoup d'autres peuples. Ainsi, l'on a dit de *Brennus*, qui fit une expédition contre Delphes, qu'il était de la nation des *Prausi* ; cependant nous ne saurions pas non plus dire en quel endroit de la terre habitaient ces *Prausi* avant cette expédition. » Ainsi, le célèbre géographe ne dit rien qui puisse faire soupçonner que le nom du chef des Gaulois, lors de l'expédition contre Delphes fût inconnu, que le mot *Brenn* fût un titre de dignité et qu'il signifiât *Roi de la Guerre*, comme on l'a avancé dans ces derniers temps. D'ailleurs, serait-ce donc spécialement dans la langue Kimrique qu'il faudrait chercher la signification de ce mot, ou dans les dialectes de la langue Celtique parlée en Gaule? Or, dans la Basse-Bretagne, où cette langue est encore en partie conservée, et dans le Languedoc où l'on en retrouve des restes très-remarquables, le mot *Brenn*, encore en usage, et ayant un sens identique, selon Grégoire de Rostrenen, le Pelletier, M. Legonidec (*Dictionnaire de la langue Celto-Bretonne*, 54.), Doujat (*Diciounari Moundi*); Sauvage (*Dictionnaire Languedocien*), bien loin d'exprimer le titre imposant de *Roi de la Guerre*, sert à désigner la partie la plus grossière de la farine. On nomme aussi *Brenn-Hesken*, en Celto-Breton, la sciure de bois, ou la poudre de bois scié. Suivant M. Amédée Thierry, le chef des Gaulois qui attaquèrent Delphes, était de la tribu des *Praus*, ou *hommes terribles*, car, dit-il, *Braw*, en langue Gauloise, signifie *terreur*, et *Bras*, en Gaélic, *terrible*. Mais les traducteurs de Strabon remarquent (tom. II. 33) qu'il faut apparemment lire *Trausi* au lieu de *Prausi*, et ils ajoutent que ces *Trausi*, suivant Hérodote, (lib. V, c 3), et Tite-Live, étaient un peuple de la Thrace, dont l'origine peut être rapportée aux Gaulois.

Les détails dans lesquels les savans auteurs de l'*Histoire de Languedoc* sont entrés (*suprà*, pag. 17, 18, et seq.) sur les Gaulois établis dans l'Asie-Mineure, et particulièrement sur la ville d'Ancyre, métropole de la Galatie, m'ont paru trop peu étendus, et j'ai cru devoir ajouter à ces notions, resserrées dans un cercle extrêmement borné. La Galatie fut d'ailleurs la colonie la plus éloignée et la plus importante de toutes celles que nos ancêtres fondèrent.

La ville d'Ancyre devint la capitale des Gaulois asiatiques ; son origine remontait à une époque très-reculée, puisqu'on en attribuait la fondation à Midas fils de Gordius. (*Pausan. in Attic.*) Elle nous a légué un grand nombre de monumens, et néanmoins une foule d'érudits se sont partagés, comme le dit l'abbé Belley (*Académie des Belles-Lettres* XXXII, 392), sur sa position géographique. Vandale (*Dissert.* III, 238), remarquant sur les médailles et les inscriptions une ville de *Sebaste*, la distingue de celle d'Ancyre. Le P. Hardouin a, dans ses notes sur Pline, fait la même distinction, il ne sait (*Opera Selecta*) où placer cette ville de *Sebaste*; c'est, selon lui, dans la Phrygie ou dans la Palestine. Cellarius (II, 177) après avoir cité une inscription de Gruter, (*Inscrip.* CCCXXVII, 8) dans laquelle il est parlé du conseil et du peuple de la ville de Sebaste des Tectosages Η ΒΟΥΛΗ ΚΑΙ Ο ΔΗΜΟΣ ΣΕΒΑΣΤΗΝΩΝ ΤΕΚΤΟΣΑΓΩΝ, ajoute qu'il n'en sait pas davantage. Spanheim (*Orbis Romanus*) croit que cette Sebaste ne diffère pas d'Ancyre, *Sebaste Ancyra*. Mais il la confond ensuite avec la Sebaste d'Arménie. Haym, (*Tes Britannico*, II, 198) est porté à croire que c'est la ville d'Ancyre, mais il ne l'affirme pas. Chishull (*Antiquitates Asiaticæ*, 167) dit formellement que Sébaste et Ancyre ne forment qu'une même ville. M. Pellerin n'émet aucun doute à cet égard (*Recueil de med*, 11, 12; III, 209). M. l'abbé Belley a prouvé cette vérité dans ses *Observations sur l'histoire et sur les monumens de la ville d'Ancyre en Galatie*. On sait d'ailleurs que toutes les inscriptions qui font mention du Conseil et du Peuple des Tectosages ont été découvertes à Ancyre même. Qui ne connaît d'ailleurs cette inscription, venant du même lieu et donnée par Muratori (DL, 21), et Montfaucon (*Palæogr.* 158, 4), et qui fut gravée en l'honneur de Calpurnius Proclus, par ordre de la Métropole de la Galatie, Ancyre Sébaste des Tectosages, Η ΜΗΤΡΟΠΟΛΙΣ ΤΗΣ ΓΑΛΑΤΙΑΣ ΣΕΒΑΣΤΗ ΤΕΚΤΟΣΑΓΩΝ ΑΓΚΥΡΑ?

La Galatie ayant été réduite en province par Auguste, Ancyre fut ornée et agrandie par ce prince qui l'éleva à la dignité de Capitale des Galates, et lui donna le titre de Métropole que les auteurs lui conservent et qu'elle prend sur ses monumens. On croit que ce fut alors qu'elle ajouta par reconnaissance, à son nom, celui d'*Augusta*, ou de *Sébaste*. Dans la portion de la Gaule qui appartenait aux *Tectosages*, on éleva, de son vivant, un autel à Auguste, et ce monument existe encore à Narbonne : dans l'Asie mineure, les Tectosages consacrèrent aussi un temple à ce prince,
et la *Cella* en subsiste encore. On voit d'ailleurs ce temple sur le revers d'une médaille, dont le côté principal représente l'empereur, décoré des attributs du dieu Lunus (M. Pellerin, *Med.* 11, 12). Après la mort d'Auguste, l'histoire de sa vie, telle qu'il avait ordonné de la graver sur des tables de bronze, fut placée devant son mausolée, *Indicem rerum a se gestarum, quem vellet incidi in æneis tabulis quæ ante mausoleum statuerentur*, dit Suetone, (*in August.*, n° 101). Cette biographie fut reproduite sur des tables de marbre et mises dans le temple d'Ancyre, où on en voit encore des restes ; en tête on lit ce titre en majuscules romaines : *Rerum gestarum Divi Augusti quibus orbem terrarum imperio Populi Rom. subjecit et impensarum quas in Rempublicam Populumque Romanum fecit, incisarum in duabus Aheneis pilis quæ sunt Romæ positæ, exemplum subjectum*. Nous avons encore, et je le rapporte dans les *Preuves* (2ᵉ *Série*), à la fin de ce volume, une inscription grecque dans laquelle le détail de la fête de la consécration du temple d'Auguste est conservé ; elle commence par ces mots : ΓΑΛΑΤΩΝ Ο ΔΗΜΟΣ (ΙΕ) ΡΑΣΑΜΕΝΟΣ (ΚΑΙΣΑΡΙ) ΣΕΒΑΣΤΩ (ΑΝΕΘΗΚΕΝ) *Galatorum Populus sacerdotio functus Cæsari Augusto dedicavit*. La Galatie, réduite en province, était comprise dans le département de l'empereur, et administrée par un Propréteur. Eutrope dit à ce sujet (lib. VII.) *Galatia, sub Augusto provincia facta est cum anteà regnum fuisset ; primusque eam M. Lollius pro Prætore administravit*. Nous avons sur les médailles et les marbres les noms de quelques-uns des successeurs de Marcus Lollius. Sous les règnes de Nerva et de Trajan, Pomponius Bassus fut Propréteur en Galatie. Des inscriptions données par Muratori (CCCXLV, 3) Reinesius (270) Gruter (M, XIII, 4) Tournefort (*Voyage du Levant*, II, 449) Montfaucon (169, 19), nous font connaître L. Fabius Silo, qui gouverna la Galatie sous le règne de Septime Sévère. On n'a rien de certain sur le temps exact où Publius Potius, Lucius Fabius Valerianus, Lucius Fulvius Rusticus Æmilianus, P. Pomponius Secundianus, furent Propréteurs de Galatie. M. l'abbé Belley, croit avec beaucoup de raison que cette forme de gouvernement dura jusqu'aux règnes de Dioclétien et de Constantin.

Après avoir eu ses Tétrarques et ses Rois particuliers, Ancyre et les autres districts de la Galatie furent soumis à des formes républicaines. Le gouvernement était entre les mains d'un conseil ou sénat, et du peuple. Il en est fait mention plusieurs fois dans les inscriptions, je ne citerai ici que la suivante :

Η ΒΟΥΛΗ ΚΑΙ Ο ΔΗΜΟΣ
ΣΕΒΑΣΤΗΝΩΝ ΤΕΚΤΟΣΑΓΩΝ
ΤΗΣ ΜΗΤΡΟΠΟΛΕΩΣ ΑΓΚΥΡΑΣ.

Ce conseil était surnommé *sacré*, ΙΕΡΑ ΒΟΥΛΗ, et *très-illustre* ΛΑΜΠΡΟΤΑΤΗ ΒΟΥΛΗ, (*Monfaucon. Palæog*, 158) Le peuple s'assemblait sur la place publique pour les affaires générales, et ces réunions étaient nommées ΕΚΚΛΗΣΙΑΙ, comme à Athènes. Des Archontes étaient placés à sa tête ; le chef du sénat était le premier Archonte: la ville était partagée en tribus ; leur chef avait le titre de Phylarque. Suivant une inscription rapportée par Muratori (DCXXX, 3) Aurélius Agésilaus Secundus était Phylarque, Φυλάρχοντος, d'Ancyre.

Les Gaulois *Tectosages*, *Trocmi* et *Tolistoboju* apportèrent le Culte Druidique dans l'Orient, et l'on voit par Strabon (*Géogr.* XII) que les Tétrarques s'assemblaient dans le temple des Druides, Δρυναίμετον. Plus tard, ils adoptèrent les croyances helléniques et asiatiques, et ils les mêlèrent aux Mythes, aux saintes traditions de leur antique patrie. Le culte de Jupiter les avait précédés à Ancyre. Cérès y avait un temple; une inscription mentionne un magistrat qui y avait été deux fois prêtre de la déesse Cérès ou *Demeter*, ΙΕΡΑΣΑΜΕΝΟΝ ΔΙΣ ΘΕΑΣ ΔΗΜΗΤΡΟΣ ; Gruter en rapporte (CCCCXLVIII, 1) une autre relative à un magistrat qui avait été prêtre de Bacchus, ΙΕΡΑ ΔΙΟΝΥΣΟΥ. Une médaille de Caracalla nous apprend qu'Ancyre adorait Pallas. Une autre de Septime-Sévère indique que Cybèle, cette ancienne divinité de la Phrygie, avait un temple dans cette ville ; le dieu Lunus y était révéré ; Esculape, la déesse Salus, Sérapis, les Dioscures y recevaient des hommages. Ce ne fut pas même assez pour cette Métropole. Après avoir consacré un temple à Auguste, elle en dédia d'autres à ses successeurs : ainsi une médaille de Julia Domna nous en montre un qui a huit colonnes au frontispice et dix sur les côtés. On remarque aussi sur les médailles de Caracalla, des temples de six ou huit colonnes au frontispice, et l'on doit peut-être y voir l'image de ceux que la *Ville sainte* d'Ancyre lui érigea. Cette épithète de *Sainte* ou de *Ville sacrée*, ιερά, était due au grand nombre de monuments religieux qu'elle renfermait. L'un des soutiens du Polythéisme expirant, Libanius, lui donnait cette épithète, et lorsqu'en 362 l'empereur Julien vint en Orient, les pontifes d'Ancyre furent le recevoir en portant avec eux les idoles, ne croyant pas pouvoir honorer mieux le restaurateur de l'hellénisme. Ce fut alors sans doute que la ville fit graver en son honneur cette inscription :

DOMINO TOTIVS ORBIS
IVLIANO AVGVSTO
EX OCEANO BRI
TANNICO VIIS PER
BARBARAS GENTES
STRAGE RESISTENTI
VM PATEFACTIS .....

La ville d'Ancyre obtint, des Empereurs, le titre de *Neocore*. C'était l'expression d'une sorte de privilége de bâtir des temples pour ces monarques, l'obligation d'offrir des sacrifices solennels et de célébrer en même temps des fêtes et des jeux publics en leur honneur. Elle prend ce titre sur les médailles qu'elle a frappées pour Valérien et Salonine ΜΗΤΡΟΠ. Β. Νεώχορον. Elle prit aussi, après avoir reçu sous Auguste, le titre de *Sébaste*, celui d'*Antoninienne*, sous Antonin Caracalla ; les médailles nous apprennent cette circonstance. On y lit : ΑΝΤΩΝΕΙΝΙΑΝΗΣ. Elle avait plusieurs officiers chargés de sa police intérieure; l'*Astynome* dont il est fait mention sur un marbre, ΑΣΤΥΝΟΜΟΣ, s'occupait de la propreté des rues et des édifices : son *Irénarque* veillait à la tranquillité publique. Cette charge avait une haute importance. Dans une inscription de cette ville on voit Papirius Alexander, grand-prêtre, et pour la seconde fois premier Archonte et *Irénarque* de la Métropole d'Ancyre :

ΑΡΧΙΕΡΕΑ. ΚΑΙ
ΤΟ. Β. ΠΡΩΤΟΝ
ΑΡΧΟΝΤΑ. ΚΑΙ ΤΟΝ
ΕΙΡΗΝΑΡΧΗΝ ΤΗΣ
ΜΗΤΡΟΠΟΛΕΟΣ
ΑΝΚΥΡΑΣ

Il y avait encore à Ancyre un magistrat, ou Censeur urbain, Πολειτογραφήσαντα, chargé de faire le dénombrement des personnes et de leurs biens.

« Cette ville, fit célébrer, sous le règne de Néron, dit M l'abbé Belley, les Jeux Pythiques. On voit aussi qu'Ancyre fit célébrer les Jeux Actiaques, ΑΚΤΙΑ, sous le règne de Gallien. Sous celui de Caracalla, elle fit donner des jeux magnifiques pour la santé de cet empereur, comme on le voit sur ses médailles. Un des revers représente deux urnes de jeux, qui portent chacune une branche de palmier ; au dessus on lit : ΜΗΤΡΟΠΟΛ ΑΓΚΥΡΑC, et sur les urnes ΑCΚΛΗΠΙΑ CΩΤΗΡΕΙΑ, et en-dessous ΙCΘ. ΠΥΘΙΑ. Le revers d'une autre médaille représente trois vases ; celui du milieu est à deux anses, avec deux branches de palmier ; les deux urnes qui l'environnent ont chacune une palme et on lit au-dessus : ΑCΚΛΗΠΙΑ CΩΤΗΡΕΙΑ ΙCΘ. ΠΥΘΙΑ et en-dessous ΜΗΤΡΟΠΟΛΕ ΑΝΚΥΡΑC .... On frappa encore, sous le règne du même prince, d'autres médailles relatives à ces jeux.

« La ville d'Ancyre fit célébrer encore, pour la conservation de l'empereur Caracalla, les Jeux Isthmiques et Pythiques et les consacra à Esculape, dieu de la santé, ΑCΚΛΗΠΙΑ, CΩΤΗΡΕΙΑ, ΙCΘ, ΠΥΘΙΑ, *Asclepia, Soteria, Isthmica, Pythia*. Ils furent accompagnés de sacrifices très-solennels ; on les appela *Isthmiques, Pythiques*, parce qu'ils furent célébrés sur le modèle de ces jeux sacrés de la Grèce. On y donna tous les prix qui étaient d'usage dans les uns et les autres, quoiqu'on n'en fit qu'une seule et même solennité. La magnificence avec laquelle ils furent célébrés leur fit donner le nom de *Grands Jeux Asclépiens*. Il en est parlé dans une inscription d'Ancyre . ΤΩΝ ΙΕΡΩΝ ΑΓΩΝΩΝ ΤΩΝ ΜΕΓΑΛΩ ΑCΚΛΗΠΙΩΝ ΤΕ ΚΑΙ ΠΥΘΙΩΝ. »

Parmi les titres de gloire de la ville d'*Ancyre des Tectosages*, il faut surtout compter celui de son église, placée au nombre des églises apostoliques. Saint Paul prêcha l'évangile dans la Galatie, dont Ancyre était la Métropole. « Il y fut reçu comme l'ange de Dieu et il régla que tous les jours d'assemblée on ferait une quête en faveur des pauvres. » Après son départ, les Galates oublièrent en partie ses préceptes : ils crurent devoir, pour être justifiés, s'asservir aux œuvres de la loi mosaïque, et ce fut alors que l'apôtre leur adressa cette belle épître qui fait partie du Nouveau Testament. Dans la première moitié du IVe siècle, le pape saint Jules éleva l'église d'Ancyre, au nombre des églises apostoliques, ou fondées par les apôtres; c'est pourquoi les évêques d'Ancyre tenaient un des premiers rangs dans les assemblées ecclésiastiques... Plusieurs conciles y furent assemblés.

Sous le règne de Constantin, l'empire fut divisé en grands départemens, qui eurent, en Orient, le nom de *Diocèses*. Celui du Pont, *Diœcesis Pontica*, renfermait onze provinces; la Galatie était la seconde en ordre. Sous Théodose le grand, elle fut partagée en deux provinces. La première, dont le gouvernement était donné à un Consulaire, comprenait sept villes, suivant Hiéroclès, et dix, suivant le P. le Quien (*Oriens Christ.* I, 455). Ancyre en était la capitale. La seconde Galatie était gouvernée par un *Præses*; elle avait neuf villes, et Pessinunte en était la capitale. La Galatie fut ravagée lors de l'invasion de Chosroës. En 625, Ancyre fut prise par les Persans qui s'avancèrent jusqu'à Chalcédoine; à la fin du septième et au commencement du huitième siècle, cette ville fut saccagée par les Arabes : le khalife Haroun Raschid la pilla et fit emporter à Bagdad (*Elmacin. Hist. Sarac.*), une inscription grecque qui était placée sur une des portes. Plus tard, un autre khalife, Al Mamoun, s'empara aussi de la métropole de la Galatie. Vers l'an 1085, les Turcs Selgioucides l'enlevèrent pour toujours à la domination des Césars de Constantinople; mais elle allait bientôt voir flotter sur ses murs les étendards des *Tectosages* de l'occident. Après avoir parcouru en vainqueurs les campagnes de la Galatie, les Croisés du Languedoc, les habitans de la cité de Toulouse, délivrèrent l'église apostolique de leurs vieux frères d'Orient. Raymond de Saint-Gilles entra à leur tête dans la métropole Asiatique des Gaulois, dans cette célèbre ville d'Ancyre, où tous les marbres étaient encore empreints du nom de ces mêmes *Tectosages* dont il guidait les fils vers de plus lointaines conquêtes.

Les croisés l'occupèrent, vers la fin de 1101, ou au commencement de l'année suivante. Ancyre portait alors, dans les chroniques du temps, le nom de *Castellum Ancras* (Albert d'Aix. *Gesta Dei*, 328.) Maîtres de l'Asie-Mineure, en 1239, les Tatares s'emparèrent d'Ancyre.

Amurat I prit Ancyre en 1359.

Timour, ce fléau de Dieu, cet heureux guerrier que nous nommons Tamerlan, combattit et vainquit Bajazet dans la campagne d'Ancyre, le 27 Zilkadé, de l'an 804 de l'hégire, ou le vendredi 28 juillet de l'an 1402 de J.-C. La ville se rendit au vainqueur. L'un des fils de Bajazet, Mahomet Ier, reprit Ancyre en 1415, et depuis cette époque elle est demeurée, jusqu'à nos jours, soumise au sceptre des Ottomans.

On a vu que les *Tectosages* avaient été suivis en Asie par deux autres tribus, les *Trocmi* et les *Tolistobojii*. On croit généralement que leurs noms provenaient de ceux de leurs chefs; mais il est possible que ces Gaulois fussent eux-mêmes *Tectosages*. Il faut remarquer d'abord que Florus écrit toujours (*édit. Lugd. Batav.*, ann. 1655) *Tolostobojii*, et que Saumaise, dans ses commentaires sur cet auteur, adopte cette manière d'écrire ce nom de tribu, d'après les anciens manuscrits. « L'ancien nom de Toulouse, dit Roudil de Berriac, est clairement exprimé dans cette leçon. » Mais on trouve encore d'autres probabilités sur l'identité des *Tolistobojii* et des *Tectosages*, dans l'antiquité. La Table Théodosienne, ou la Carte de Peutinger, montre qu'il existait, dans le pays des premiers, une ville ou un canton appelé *Tolosocorium*, ou *Pays de Toulouse*. Ce lieu est mentionné sur la Carte, touchant à une route à l'est d'Amurium, et de cette manière : *Amurio* XI; *Abrostola* XXIV; *Tolosocorio* VII. (*Ptol. de Bertius, Amsteld.* 1619. Voyez les cartes placées à la suite de cet ouvrage.) Ptolomée mentionne un lieu, ou plutôt un *pagus*, ou un canton, nommé Τολαταχόρα, dans la portion de la Galatie qui appartenait aux *Tolistobojii*. « Ainsi, dit M. de Berriac, l'existence d'une ville ou d'une contrée appelée *Tolosocorium* ou Τολασαχόρα, dans le pays des *Tolistoboges*, nous fait conjecturer, car on ne peut former que des conjectures sur un sujet si obscur, que les *Tolistoboges* étaient eux-mêmes *Tectosages*, et sortis des environs de Toulouse, et que pour transmettre à leurs descendans le souvenir de leur ancienne patrie, ils en donnèrent le nom à un lieu qui faisait partie de leurs conquêtes. » Les *Tolistoboji* seraient alors les mêmes que les *Tolosates*, que plusieurs géographes, tout en les comptant parmi les *Tectosages*, ont cru devoir distinguer du reste de la nation.

Je viens d'offrir quelques probabilités sur les *Tolistoboges*; mais je ne les ai présentées que sous la forme du doute. Les hommes célèbres peuvent seuls donner à leurs conjectures une grande autorité. C'est ainsi que les historiens du Languedoc ont souvent, et avec raison, repoussé les opinions absurdes des écrivains qui les avaient précédés, et leur critique, judicieuse et sévère, excite encore notre admiration. Ainsi ces savans n'ont pu (*suprà* 16) adopter les idées des antiquaires sur l'arc de triomphe de Carpentras.

Cet arc mutilé, en 1640, par l'architecte du cardinal de Bichi, évêque de cette ville, fut enclavé dans les murs d'une cuisine. On doit, comme le dit avec beaucoup de raison, le savant Millin (*Voyage dans*

ADDITIONS ET NOTES DU LIV. I.

les départemens du Midi, IV, 127 et seq.), abandonner les conjectures frivoles de ceux qui ont voulu désigner le général pour lequel cet arc a été fait; elles ne pourraient rien nous apprendre; en vain M. Ménard, (*Académie des inscriptions* XXXII, 752) a voulu qu'il ait servi à consacrer la victoire de Septime Sévère sur Albinus; on peut croire seulement que les arcs d'Orange, de Cavaillon et de Carpentras, la porte de Saint-Chamas et les monumens de Saint-Remy doivent être à peu près du même temps. » « Maintenant, la démolition récente des bâtimens de l'évêché, permet de circuler autour du monument et de le voir de tous les côtés, dit M. Mérimée (*Notes d'un voyage dans le midi de la France*, 201); il n'en reste qu'une voûte assez élevée, dont l'archivolte extérieure est soutenue par des pilastres cannelés, et des impostes d'ordre composite, plus riches qu'élégans. Aux quatre angles extérieurs des massifs, on remarque des tronçons de colonnes cannelées dont la base s'élève à peu près à moitié des pilastres, et repose sur un soubassement lisse. Les deux faces latérales de l'arc offrent chacune un bas relief représentant deux captifs attachés les mains derrière le dos à un trophée. Tout l'amortissement de l'arc, à partir du sommet de l'archivolte, est détruit..... On observe sur chaque face de l'arc de triomphe, deux costumes très-différens : l'un des captifs, sans barbe, est vêtu d'une tunique courte, à manches, boutonnée par devant et serrée par une ceinture; un grand manteau couvre ses épaules et tombe jusqu'à terre; sa tête est couverte d'un bonnet phrygien, et ses pantalons sont serrés autour des jambes par des courroies croisées. A côté de lui est un homme barbu, les bras et les jambes nues, n'ayant pour tout vêtement qu'une peau à longs poils, qui tombe jusqu'aux genoux par derrière et par devant, comme le *tabard* d'un héraut d'armes.... Auprès de chaque captif est une arme qui, je le présume, caractérise la tribu à laquelle il appartient; l'une est une hache à deux tranchans, l'autre un poignard courbe... Parmi les pièces des trophées, formées de carquois, de javelots, d'épées, on distingue deux cors semblables aux oliphants du moyen âge. »

Les savans Bénédictins, auteurs de notre histoire, mentionnent (*Supra*, 46.) la *Voie Domitienne* et le *Forum Domitii*. La voie romaine qui traverse le département de l'Hérault, dans toute sa largeur, est considérée comme ayant fait partie de la *Via Domitia*. Elle porte d'abord le nom de *Cami de la Mounédo* (*Via munita*); plus loin, ce nom s'altère et devient *lou cami Moularés* ou *Mounarés*; elle traverse le Coulagou sur un pont tombant en ruines, nommé *Pont-de-Bordelat*; elle se prolonge ensuite sur les territoires de Cournon-Terral et Cournonsec, et parvient sous les murs de Montbazin. L'Itinéraire d'Antonin et celui de Bordeaux à Jérusalem, placent sur cette voie, entre *Substantio* et *Cessero*, un lieu nommé *Forum Domitii*, à dix-huit mille romains de *Cessero*. » Cette distance conduit à Montbazin où passait, comme on l'a vu, la voie romaine et où, de plus, des vestiges d'antiquités que l'on rencontre fréquemment, confirment l'opinion émise à ce sujet par M. Thomas, (*Annuaire du département de l'Hérault*, 1820). Ainsi c'est à Montbazin qu'il faut fixer à l'avenir le point occupé autrefois par le *Forum Domitii*.

La Religion Druidique, dont les savans auteurs de l'*Histoire de Languedoc*, font mention (*Supra*, 47, 48, et seq.) fut celle des *Volkes Tectosages et Arécomiques*. Elle a dû subir de grandes modifications, surtout par le mélange des Celtes avec les Ibères. Ces changemens paraissent être indiqués encore par les monumens que j'ai découverts dans les Pyrénées. Des divinités dont le nom paraît attester une origine étrangère y reçurent les hommages et les vœux des Gaulois qui, sans abandonner encore entièrement leurs vieilles croyances, avaient cependant adopté et mélangé aux mythes de la Celtique, ceux de l'Espagne, de la Grèce et de Rome.

Les *Druides* furent les prêtres des Celtes; on leur a attribué une science étendue en morale, en physique, en astronomie, en médecine. Ils n'écrivirent point sur la religion dont ils étaient les ministres. Les auteurs grecs et latins ont recueilli quelques notions sur les Druides, mais elles sont très imparfaites. George Frich a fait, en 1744, le catalogue des nombreux volumes écrits sur eux, par les modernes, et l'on pourrait ajouter aujourd'hui beaucoup à cette liste. Néanmoins, pour les connaître, il faut avoir recours encore aux Grecs et aux Latins.

Diodore de Sicile (lib. v. 212.), a traduit le mot *Druides*, Δρυΐδαι, par celui de *Saronides*, sans doute, dit Fréret (*Academ. des Bel.-Lett* XXIV, 400, 401.), d'après d'autres écrivains grecs qui, croyant le nom des *Druides* dérivé, comme il paraît l'être, du culte du chêne, Δρῦς, ont pensé qu'on pourrait se servir de celui de Σάρων qui, dans quelques dialectes, avait le même sens. Quand au titre de *Semnothées*, que leur donne Aristote (*In Magic. ap. Diog. Laert, in Proemio*, 1.), il indique leur profession d'honorer les dieux. Suivant Strabon (*Géogr.* IV.), il paraîtrait que les hommes les plus honorés en Gaule, et qu'il divise en trois classes, appartenaient tous à l'association Druidique. Les premiers étaient les *Druides* proprement dits, qui en outre de la connaissance de la nature étudiaient la philosophie morale, πρὸς τῇ φυσιολογίᾳ καὶ τὴν ἠθικὴν φιλοσοφίαν ἀσκοῦσι; les seconds, étaient les *Vates*, qui unissaient à l'étude de la nature, la pratique des choses saintes, ἱεροποιοὶ καὶ φυσιολόγοι; enfin les Bardes, à la fois chantres et poètes. Pline (lib. IV) fait venir le nom des *Druides* du mot grec Δρῦς, un chêne. D'autres, et sans doute avec plus de raison, ont cherché, dans la langue celtique, l'étymologie de ce nom, et spécialement dans les mots *dar*, *derou*, qui signifient un chêne, dit Fréret. Ici il y a une identité parfaite entre l'origine de ce mot, soit qu'on la tire de la langue des Hellènes, soit qu'on la trouve dans celle des Gaulois. Mais Fréret abandonne ces deux étymologies. Il lui semble que le nom des *Druides* doit venir de la principale fonction de ces prêtres qui étaient considérés comme les seuls interprètes des Dieux, comme les seuls mortels dont ils écoutaient la voix, et à qui ils déclaraient leurs volontés, ainsi que Diodore l'annonce, leur donnant même l'épithète de *théologiens*. « Dans les monuments gaulois du ve et vi[e] siècles, cités par Davies, le nom des *Druides* est *Derouyd* au singulier, et *Derouyden* au pluriel. Ce nom est formé sur deux racines celtiques, *Dé* ou *Di*, (*Deus*) et *Roud* ou *Rhouidd*, (*loquens*), participe du verbe *Raidim* ou *Rhouiddim*, parler, converser. *Derouyd* signifierait donc *celui qui parle avec les Dieux*, qui est leur interprète, et Θεολόγος, *théologien*, en serait la traduction littérale. »

La morale enseignée par les Druides, aux Gaulois, fut basée sur trois articles principaux : — *Honorer les Dieux* ; — *Ne point faire de mal* ; — *S'exercer à acquérir la bravoure*. Ces prêtres ajoutaient aux trois préceptes qui viennent d'être rapportés, et qui sont fertiles en conséquences, le dogme de l'immortalité de l'ame. Diodore de Sicile (lib. v.), assure que les Gaulois étaient peu attachés à la vie, parce que, dit-il, ils ont embrassé l'opinion de Pythagore qui croit que les ames sont immortelles, et qu'après un certain nombre d'années, elles entrent dans de nouveaux corps. De là vient que lorsqu'ils brûlent leurs morts, ils adressent à leurs parens et à leurs amis qui ne sont plus, des lettres qu'ils jettent dans les flammes du bûcher, comme s'ils devaient les recevoir et les lire. « Les Druides, dit Ammien Marcellin, unis, ainsi que Pythagore l'ordonne, par les liens d'une union fraternelle, s'élevèrent jusqu'aux connaissances les plus sublimes, et regardant avec mépris les choses humaines, annoncèrent l'immortalité de l'ame. »

Les écrivains de l'antiquité ont confondu les dieux des Gaulois, avec ceux des Grecs et des Latins. Ils leur ont donné les mêmes noms, les mêmes attributs. Cependant la théogonie gauloise dut être bien différente de celle des peuples de l'Hellade et du Latium. César dit, il est vrai, qu'ils honorent, par-dessus tout, le dieu Mercure, et ensuite Apollon, Mars, Jupiter, Minerve, et qu'ils croient descendre de Pluton. Mais César donne aux divinités des Gaulois, les noms de celles de la Grèce et de Rome, sans doute parce qu'il avait remarqué, dans quelques-unes des attributs ou des symboles, pareils à ceux des divinités de sa patrie. Les dieux des Gaulois devaient d'ailleurs être bien inconnus chez les autres peuples, puisque Lucien, dans un de ses dialogues, fait dire à Mercure qu'il ne sait comment s'y prendre pour inviter ces dieux à se trouver à l'assemblée des autres, car ne sachant pas leur langue, il ne peut ni les entendre ni se faire entendre d'eux. Les auteurs et les monumens nous ont fait connaître une partie des dieux des Gaulois ; tels sont Abellion, Belenus, Cailarus, Cernunnos, Dolichenius, Esus, etc., et mes recherches dans les Pyrénées ont beaucoup ajouté à cette série.... Suivant César, les Gaulois étaient extrêmement superstitieux : ceux qui étaient dangereusement malades et ceux qui se trouvaient exposés à des périls, immolaient des victimes humaines, ou promettaient de les immoler, et pour cela ils se servaient du ministère des Druides. Ils croyaient qu'on ne pouvait obtenir des dieux la conservation de la vie d'un homme, qu'en sacrifiant un autre homme à sa place.... Ils étaient persuadés que le supplice des brigands et des assassins était agréable aux dieux, et c'étaient ceux-là qu'ils faisaient mourir ; mais lorsqu'ils n'avaient pas de coupables à immoler, ils versaient le sang des innocens.....

Ces sacrifices sont sans doute horribles : mais il est peu de nations antiques où l'on ne retrouve des traces de superstitions pareilles. Les Phéniciens, ainsi que toutes les colonies de Tyr et de Carthage, les Grecs et les Romains, répandirent aussi le sang des hommes en l'honneur de la Divinité.

De nos jours, on a cru retrouver partout les autels sur lesquels les Gaulois offraient des sacrifices ; mais les *Dolmen*, désignés vulgairement sous le nom d'*Autels Druidiques*, ne sont apparemment que des tombeaux. Dans plus de cinquante qui ont été ouverts devant moi en Quercy, dans l'Albigeois, le haut Languedoc, etc., on a toujours trouvé des ossemens humains, quelques vases grossiers façonnés en terre cuite, des haches en cailloux, et des dards en silex.

Les *Dolmen* où l'on retrouve le plus souvent ces armes, ne sont, apparemment, comme je l'ai dit, que des tombeaux. Ils forment une chambre sépulcrale qui a été quelquefois recouverte d'un amas de terres rapportées ; quelquefois encore, comme dans la forêt du Bretou, près de Montricoux en Quercy, les *Dolmen* occupent le sommet des *Tumuli* ou buttes funéraires. Ceux qu'on a retrouvés dans les Pyrénées ne paraissent pas avoir été élevés pour un usage religieux.

Plusieurs nations, différentes d'origine, de mœurs et de langage, se sont rencontrées dans les Pyrénées, et ont porté dans ces montagnes leurs croyances diverses.

Peuplé sans doute par des colonies parties des bords méditerranéens, et surtout par des tribus Africaines, le midi de la Péninsule eut, à une époque très-reculée, des habitans qui se sont étendus, non seulement sur ses côtes, mais de proche en proche, jusqu'à cette longue chaine qui couvre l'Isthme Gaulois et que pressent les deux mers. Bientôt les descendans des navigateurs de Tyr s'établirent sur toutes les côtes méridionales ; le détroit de Cadès ouvrit pour eux l'Atlantique, et les trirèmes Phéniciennes, se hasardant dans la grande mer, abordèrent dans les ports de la Cantabrie, avant de reconnaitre les terres des Venètes, d'aller en Albion, et de pousser jusqu'à Thulé leurs courses aventureuses.

Des Grecs s'établirent aussi sur les côtes des deux Sinus Gaulois : et peut être faut-il rapporter à cette époque lointaine, et le nom que portent encore nos montagnes et l'hellénisme du langage vulgaire, et les homonymies géographiques qui nous étonnent aujourd'hui et qui sont trop nombreuses pour être l'effet du hasard ; monumens précieux, dont la date ne peut être déterminée, et qui remontent à des temps sur lesquels les sciences historiques n'ont pas encore étendu leurs conquêtes.

On a dit, dans des temps modernes, que les Ibères avaient traversé les Pyrénées et fondé des villes jusque dans nos plaines. Mais il est probable que les habitans de l'Espagne, après avoir franchi ces monts, ne durent pas se hasarder au loin dans une contrée traversée par de grands fleuves, et couverte d'épaisses forêts. Ils occupèrent une portion du revers septentrional et pénétrèrent dans les vallées en suivant le cours des fleuves qui s'échappent de la grande chaîne. Suivant quelques écrivains, ils y rencontrèrent les Celtes déjà établis ; selon d'autres, ils en furent chassés par les nations du Nord.

Le nom des Celtes se mêle aux plus anciennes notions historiques, aux mythes religieux même et aux souvenirs d'Alcide, de cet Alcide qui avait planté de ses puissantes mains, à l'extrémité de la Péninsule, les colonnes célèbres auxquelles on donna son nom.

Diodore montre Hercule construisant dans la Gaule les murs d'Alesia, et cédant à la beauté de la fille d'un roi des Celtes.

Une autre tradition place aussi Alcide aux premiers temps de la Gaule, et le fait chef de ces colonies helléniques qui ont porté leur langage dans nos contrées. Selon Ammien, les Doriens ayant suivi l'ancien Hercule, vinrent habiter les lieux voisins de l'Océan, et c'est dans ces lieux, c'est dans l'Aquitaine que nous retrouvons encore aujourd'hui et *Sestos* et *Abydos*, et *Scyros* et *Samos*, et de nombreuses familles de mots, purement grecs, ou évidemment dérivés de la langue des Hellènes.

On a remarqué depuis long-temps le grand nombre de mots grecs, ou dérivés du grec, qui existent dans les divers dialectes en usage dans les contrées situées entre la Garonne et les Alpes. L'historiographe Dupleix, né dans la Novempopulanie, en avait formé un lexique qui contenait, disait-il, près de douze cents mots. J'ai pu en former un autre qui est inséré dans les notes du tome Ier de l'*Archéologie Pyrénéenne*. Dans toute la Gascogne, en exceptant néanmoins l'arrondissement de Bayonne, peuplé presqu'entièrement de *Basques*, ou plutôt d'*Escualdanac*, dans le Languedoc et la Provence, on s'aperçoit très-facilement de ce que j'ai nommé l'*hellénisme du langage*, et souvent les formes grammaticales de l'idiome vulgaire, ont avec les formes grammaticales des Grecs une sorte de ressemblance qui ne paraît pas fortuite. J'en ai donné (*Statistique Générale des départemens Pyrénéens*, II, 295) un exemple que je crois devoir rapporter ici :

« Dans le dialecte du Béarn, le parfait du verbe *être*, paraît entièrement d'origine grecque et pris de l'aoriste deuxième du verbe ἵστημι, et du verbe εἰμί,

Que estei *fui*   ἔστην ⎫ Ces temps s'emploient souvent
Que estès *fuisti* ἔστης ⎬ dans le sens de *steti*, *stetisti*,
Que estè *fuit*   ἔστη ⎭ *stetit*.

Que estem *fuimus* ἔστημεν
Que estets *fuistis* ἔστητε
Que esten *fuerunt* ἔστησαν

« Ces deux dernières personnes rappellent entièrement la seconde du pluriel de l'impératif du verbe εἶμι, ἧτε, et la troisième du duel ἔστην — *Ei*, en béarnais, *il est*, rappelle la seconde personne εἶ, *Eièm*, y sommes-nous ? — ε-ι-ἐτς, seconde personne. — ε-ι-εν, *Iti*, vas-y. — ἴθι, vas. »

« Les Gaulois, dit Plutarque, (*in vit. Camil.*) étaient une nation celtique. Leur trop grande multitude les obligea de quitter leur pays qui ne pouvait plus les nourrir, et ils cherchèrent des terres plus fertiles. On comptait parmi eux plusieurs millions d'hommes armés. Les uns allèrent du côté de l'Océan septentrional, passèrent les monts Riphéens et occupèrent les extrémités de l'Europe. Les autres s'établirent entre les Alpes et les Pyrénées. »

Ces derniers se trouvèrent en présence des peuples de la Péninsule.

Là aussi se rencontrèrent les divers systèmes religieux créés dans le Midi, et ceux qui étaient originaires des contrées lointaines d'où les Celtes étaient venus jusques dans nos montagnes. Les poètes placèrent souvent dans le midi de l'Espagne, dans la Bétique et la Turdétanie, où sans doute les premières colonies Africaines abordèrent, ces champs fortunés où les ames des héros et des sages allaient jouir d'une éternelle félicité. De cette contrée si fertile furent apportés jusqu'à nos Pyrénées des mythes dont l'origine n'a pas encore été reconnue. Les génies de l'Anas et du Tage reçurent des adorations jusqu'en-deçà de l'Ebre, et le culte des dieux de l'Atlas vint se mêler au culte qu'obtinrent bientôt nos montagnes. Endovellic et beaucoup d'autres déités locales furent vénérées jusques aux confins des Pyrénées. Vêtus d'un *sagum* noir et velu, la tête couverte d'un casque de fer que surmontaient des panaches d'une couleur éclatante, armés de courtes épées, d'un poignard, de dards à crochets, et couverts de boucliers, les uns longs et légers, les autres courts et arrondis comme ceux des Africains, les jambes ornées de kremides tissues de poil, les Ibères rendirent des hommages à leurs dieux, exécutèrent, même en Aquitaine, des danses sacrées autour de leurs autels, et leur offrirent des victimes. C'est là qu'ils faisaient ce vœu, que les plus braves des Gaulois observaient aussi, de mourir avec le chef qui les avait guidés sur les champs de bataille.

Tyr avait jeté des comptoirs sur toutes les côtes

d'Espagne, où ses navigateurs venaient échanger, contre de l'argent et de l'or, du fer et du cuivre, métaux plus utiles. Elle forma par elle-même, ou par ses colonies, des établissemens durables dans la Péninsule. Ces Phéniciens qui les premiers, selon un poète, fixèrent par des signes durables les accens fugitifs de la parole, influèrent puissamment sur le culte des Espagnols, et introduisirent peut-être dans l'Ibérie, leur vénération pour ces *Bethels*, ces pierres brutes, élevées en monumens, que l'Orient révérait et que les Gaulois aussi environnèrent d'hommages. Ils y portèrent les statues de leurs divinités aux longues ailes, de Jupiter Ammon, d'Isis et des Déesses Mères, ainsi que celle de leur Hercule, plus ancien que l'Alcide des Grecs. Ainsi, par les colonies de Sidon et de Tyr, les Celtes, parvenus jusqu'aux Pyrénées, se trouvèrent en rapport, eux encore à demi barbares, avec la plus antique civilisation, avec les auteurs des créations les plus nobles, avec ces hommes qu'Homère a salués du titre de *grands artistes*, et que le fils du Roi-prophète chargea du soin de bâtir le temple de Jéhovah.

Carthage, en fondant une ville de son nom dans la Péninsule, y assura le triomphe de ces rites sanglans dans lesquels elle immolait des enfans à Saturne. La victoire de Gélon abolit cette coutume barbare à Carthage; mais les colonies se conformèrent-elles en cela aux nouvelles lois de la métropole? Les Celtes aussi offraient comme je l'ai dit, la vie des hommes à la divinité, et ce ne ne fut pas sur ce point qu'il y eut un combat entre les deux systèmes religieux; peut-être même les Gaulois empruntèrent ils aux Phéniciens cette coutume barbare.

La mythologie des Grecs établis sur les côtes de l'Espagne et de la Gaule ne différait pas sans doute de celle de leurs compatriotes. Elle commençait à l'union d'Uranus ou du Ciel avec la Terre, et finissait au retour d'Ulysse à Ithaque. Elle formait un ensemble complet. Homère et les travaux de la statuaire et de la glyptique ont montré combien ces mythes gracieux et sublimes étaient favorables aux arts dépendant de l'imagination et du dessin.

Venus des terres lointaines, les Celtes apportèrent un culte qui n'avait que de faibles rapports avec ceux des peuples établis dans la Péninsule et sur le revers septentrional des monts. Possesseurs de ce sol que recouvraient des bois immenses, de vastes lacs, de larges fleuves, que couronnaient au loin les cimes glacées des rochers pyrénéens, ils retrouvèrent dans le chêne de nos forêts le symbole d'Esus; dans la voix de l'orage, celle de Taranis. Les amas d'eau, à la bleuâtre transparence et réfletant les feux du ciel, furent pour eux le séjour sacré de divinités protectrices; dans la première ferveur de ce culte, l'or fut offert aux lacs sacrés; et si on ne leur en fit pas toujours hommage, c'est qu'il devait briller sur les casques et les boucliers, sur les chars de guerre et sur le front des rois.

La religion druidique fut l'une des plus sublimes créations de l'enfance des sociétés. Fondée sur la nature, sur les propriétés des élémens, sur le sentiment admiratif qu'inspire la vue des merveilles de l'univers, elle reconnut un Grand Être, supérieur à tout ce qui existe, dispensateur de la vie et de la fécondité. Elle adopta, ou elle fit naître ce principe brillant qui n'admet dans le monde aucune combinaison, aucun assemblage qui ne soit dirigé par une intelligence. Elle annonça l'immortalité de l'âme, et, après une vie passagère, de longues tortures pour les méchans, et une immortelle félicité pour ceux qui auraient toujours honoré les dieux, évité le crime, et combattu avec vaillance.

A l'époque où les Celtes apparurent dans nos contrées, il s'opérait une de ces migrations qui ont quelquefois changé l'aspect de la terre. Une grande armée, formée de tribus diverses, allait conquérir au loin de nouvelles demeures. A l'avant-garde paraissaient les Celtes, et surtout ceux que l'on distinguait par le nom de Volces; à leur droite étaient les Aquitains: derrière eux marchaient les Belges qui s'habituèrent dans les régions situées entre la Marne et le Rhin. Les petites peuplades Ibériennes qui avaient franchi les Pyrénées, ou qui s'étaient établies dans les vallées septentrionales, furent refoulées au-delà des monts ou se soumirent à leurs vainqueurs, et l'on vit bientôt le culte Druidique porté par la victoire jusqu'au Promontoire sacré, jusqu'aux extrémités de la Péninsule. Devenus par la force des armes les maîtres du territoire, les Celtes s'unirent avec les anciens habitans, et du mélange des deux peuples se forma la nation des *Celtibères*, qui, de ce côté, couvrit d'une puissante ligne de défense les grandes associations des Volces et des Aquitains.

Cette pensée si grande, si poétique, qui donnait à chaque objet, à chaque partie de la matière une intelligence, peupla de déités le pays gaulois. Les hauts lieux, les forêts, les amas d'eau, furent surtout l'objet d'une vénération particulière. Les Celtes, voisins des Pyrénées et des rochers du Cebennus, contemplèrent avec respect les masses imposantes que présentent ces montagnes, les épaisses forêts qui en couvrent les déclivités, les fleuves qui y prennent naissance, les sources salutaires qui en découlent et les métaux que leurs flancs recèlent. Ils divinisèrent ces vastes soulèvemens des couches supérieures du globe, honorant ainsi, dans quelques-unes de ses parties les plus remarquables, la Nature, cette déesse antique, qui, par la bouche de ses prêtres, disait: *Je suis tout ce qui est, tout ce qui a été, tout ce qui sera, et nul mortel n'a pu lever le voile qui me couvre;* vierge myrionime qui, suivant un de ses adorateurs, *était une et toutes choses*.

Au centre de la grande chaîne des Pyrénées règne une sommité qui n'est égalée par aucune autre; les peuples modernes lui ont donné le nom de *Maladetta*. Des monts entassés sur sa base sort le plus beau fleuve de l'Aquitaine; sur sa cime, resplendissante de glaciers éternels, se dresse, en obélisque immense, le granit du Pic de Nethon : nul homme n'a pu gravir ses parois et s'asseoir à son extrémité tranchante, qui déchire les nuages rapides et qui brave la foudre. Là, les pâtres du voisinage croient voir quelquefois le Génie du mal appelant la tempête et versant sur nos plaines les longs torrens d'une grêle dévastatrice. Les Gaulois adorèrent le Pic de Nethon, et des bords du Sinus Cantabrique aux rivages voisins d'Iliberris, ils consacrèrent un culte aux Génies des montagnes. *Averanus*, *Dunsion*, *Ageion*, *Boccus* et un grand nombre d'autres furent révérés. Le temps n'a pu nous ravir la mémoire des hommages offerts à toutes ces déités pyrénéennes, et c'est aux pieds des monts d'*Averan*, de *Boucou*, de *Bassioue*, que la science a, de nos jours retrouvé une partie des autels qui leur furent élevés.

C'est non loin de ces monts, au fond d'une vallée pittoresque qui porte le tribut des eaux qui la fécondent dans cette autre vallée qu'arrose le grand fleuve pyrénéen, que s'élève la colline de *Peyros-marmès*. Sur la partie la plus haute on a creusé une enceinte carrée : des autels y furent jadis placés, et le respect des peuples voisins les environne encore. Consacrés autrefois aux Dieux des monts, ils obtiennent les hommages des descendans de ceux qui les élevèrent. En passant devant eux, il faut encore couper une branche d'arbre, il faut encore prononcer une prière et jeter en offrande la religieuse branche sur les vieux monumens. Cette branche est celle des *supplians* que Thésée, à la tête des enfans que le sort avait choisis pour aller en Crète avec lui, vint offrir à Apollon; c'est la branche que portaient les Juifs infidèles lorsque, tournant leurs regards vers l'Orient, ils adoraient le soleil; c'est le même rameau que les Egyptiens et les Perses tenaient dans leurs mains en s'approchant des temples. Ainsi, dans les parties les plus ignorées de nos montagnes, existaient, et existent même encore, des pratiques religieuses que l'Asie et la Grèce ont connues dans ces temps reculés dont près de trente siècles nous séparent.

Le culte des arbres ne fut pas moins célèbre que celui des hauts lieux. Esus, le grand Être, le dieu suprême des Gaulois, était révéré sous la forme d'un chêne aux rameaux élancés. Un seul arbre suffisait pour représenter à la fois cent divinités adorées par les Celtes.

Dans les Pyrénées, et dans les montagnes que le Pic de Nore domine, et sur les flancs du Cebennus, de vastes forêts furent consacrées, ainsi que l'était celle de Marseille. Dans nos plaines, les bois étaient un objet de vénération et de culte. Les Druides les habitaient, et, dans leurs vastes solitudes, ils étudiaient les phénomènes de la nature, ils initiaient les jeunes hommes aux mystères d'une merveilleuse théogonie, ils y appelaient enfin la population tout entière alors qu'il fallait recueillir le Gui de chêne, ce rameau d'or des Gaulois.

Dans les antiques forêts qui couvraient les bords de la Save et du Tarn, on a souvent répété la cérémonie durant laquelle le Gui de chêne, coupé avec une serpe d'or et recueilli dans un *sagum* d'une éclatante blancheur, était distribué à la foule pieuse qui se pressait dans ces lieux reculés. Mais elle dut être non moins imposante la pompe sacrée destinée à offrir aux Dieux de la Celtique l'or recueilli dans le lit des torrens, et celui que les Tectosages vainqueurs rapportèrent dans l'antique *Tolosa*, leur patrie.

Près de cette métropole des Volces existait un lac, un palus sacré. C'est là que toutes les tribus du voisinage venaient présenter aux immortels le sacrifice des métaux les plus précieux. Fiers de leurs exploits, des Celtes Tectosages étaient revenus dans la contrée qui les avait vu naître. Les trésors des nations subjuguées paraissaient parmi les trophées de ces héros. Oubliant l'un des préceptes de la religion de leurs pères, ils n'en firent pas hommage à Belenus, et bientôt une cruelle maladie vint moissonner leur courageuse élite. Interprètes des volontés du ciel, les Druides s'assemblent, ils prescrivent l'abandon de ces richesses perfides; l'or des vainqueurs est précipité dans le Lac de Toulouse; une expiation solennelle a lieu, et Belenus rend bientôt la santé au peuple qui l'avait offensé.

Confiés aux profondeurs du palus sacré, ces monceaux d'or n'excitaient ni l'envie ni la cupidité des Gaulois; ils y ajoutaient même chaque année par de nouveaux dons. Long-temps après, Rome étendit au loin ses conquêtes et *Tolosa* fut comptée au nombre des villes alliées de la République. Bientôt les Cimbres accoururent, et Cépion, chef des Romains, crut devoir profiter des divisions excitées par l'approche de l'ennemi. Maître de *Tolosa*, il en profana les temples, et il fit retirer du lac de cette ville les trésors qui y avaient été offerts à Belenus. Mais une horrible fatalité était attachée à ces richesses : Cépion fut vaincu, et de ses légions si nombreuses, à peine resta-t-il dix soldats pour aller raconter dans Rome une si grande infortune. Lui-même, poursuivi comme sacrilége, mourut pauvre et délaissé. Dans la suite, pour désigner un homme infâme et malheureux, les Gaulois comme les Romains s'écrièrent : *Il a de l'or de Toulouse!!*

Nous avons indiqué la présence des Romains dans nos contrées. Après de longs combats, ils en devinrent les maîtres, et la mythologie gauloise dut céder à la théogonie des vainqueurs, ou s'identifier en quelque sorte avec elle. Dans les *Peulvan*, dans les *Kromlech* de Belinac, chez les *Cadurci*; de Vieux, d'Alban, de Malves, chez les *Albienses* et les *Volces*, les vainqueurs virent de *grands simulacres* des dieux de la Celtique. Ces dieux, ils les confondirent avec ceux qu'ils adoraient, et sur les rapports les plus futiles, ils proclamèrent l'identité des deux systèmes religieux.

Cependant Cicéron dit que le culte des Gaulois

était différent de celui de tous les peuples ; il avance même que leur religion consistait dans l'obligation de combattre celle des autres nations et de faire la guerre à tous les dieux immortels. « On a vu les Gaulois, dit-il, quitter autrefois leur patrie et traverser d'immenses contrées pour aller attaquer Apollon Pythien jusques dans son temple de Delphes. C'est cette nation si sainte, qui osant mettre le siège devant le Capitole, entreprit d'assiéger Jupiter lui-même.... »

Mais, il faut l'avouer cependant, dans nos contrées méridionales, sur les côtes des deux Sinus, les dieux de la Grèce et de Rome n'étaient pas inconnus. Alors que César entreprit la conquête de la plus grande partie de la Gaule, les colonies Helléniques y avaient depuis long-temps apporté leurs mythes, leur théogonie ; les Romains, que le commerce attirait, s'étaient occupés déjà de l'introduction de leur culte, comme un moyen de rendre plus traitables les hommes avec lesquels ils entretenaient des relations avantageuses. Ainsi, dans les régions que traverse l'immense chaîne des Pyrénées et que bornent les deux mers, les dieux de la Grèce et du Latium avaient des autels, et à leur adoration se mêlait peut-être celle des déités de la Phénicie et de Carthage, et sans aucun doute, celle des génies protecteurs des *Vettons*, des *Arebaci*, et des *Celtibères*.

La fortune avait secondé les efforts du grand Pompée ; les restes fugitifs des légions de Sertorius cherchaient un asile dans les lieux les plus sauvages, sur les monts les plus escarpés. Ces soldats occupaient les cîmes des Pyrénées, les vallées glacées de l'Asto, les arides déserts que domine le Pic de Nethon. De ces positions formidables, ils s'élançaient sur la Gaule et y portaient le ravage et l'effroi. Pompée traita avec eux ; il les fit descendre dans les plaines que féconde le fleuve qui sépare les Celtes des Aquitains ; il leur assigna des demeures ; il les réunit en corps de tribu, et, de proche en proche, les *Vettons*, les *Arebaci*, les *Celtibères*, et d'autres, peut-être, s'étendirent jusques à une médiocre distance de *Tolosa*. Ils adoptèrent les mœurs romaines ; mais ils n'abandonnèrent pas le culte de leurs dieux protecteurs, et peut-être doit-on compter parmi ces derniers, et *Aherbelste*, et *Xuban*, et *Illumber* et *Alcas*, et un grand nombre d'autres dont nous avons retrouvé les monuments.

Tandis que, dans plusieurs portions de la Gaule, le Druidisme cédait à l'influence des vainqueurs, les vastes contrées sur lesquelles *Tolosa* exerçait encore une haute influence, voyaient s'établir une autre religion, incohérent mélange des systèmes pieux, des cultes de vingt peuples divers. Esus eut encore des adorateurs ; les lacs, les bois furent toujours révérés ; *Divona* fut encore vénérée par les *Bituriges Vivisci* ; de la réunion de six arbres on fit un Dieu qui reçut de nombreux sacrifices *. Le hêtre, qui pare de sa verdure les déclivités des monts, eut des autels. Les marbres antiques que nous possédons encore rappellent le culte rendu, en même temps, dans nos villes, à Jupiter, à Mercure, à Diane, à Silvain, à Hercule, à la *Grande Mère*, à Minerve, qui, dit-on, eut un temple à Toulouse, cité que son amour pour les lettres, plus encore que le culte qu'elle rendait à cette fille de Jupiter, fit saluer du titre de *Palladienne* par les poètes de l'antiquité. Mais à ces déités étrangères on associa les Dieux de nos montagnes, et les Génies de nos fleuves, et cette innombrable série de Déités locales dont les autels, retrouvés depuis peu d'années, existent encore dans nos vallées, ou décorent les longues galeries de ce Musée que Toulouse consacre aux glorieux souvenirs de son antique existence.

Qui nous dira les mythes d'*Andli* et de *Barsa*, de *Sirona* et de *Lahe*, déesses adorées dans notre vieille Aquitaine ? Les cantiques sacrés que l'on entendait répéter autour de leurs autels, sont-ils oubliés pour toujours, ou les avons-nous retrouvés dans ces ballades, dans ces chants encore conservés par les vieillards ? Nous le croyons ; toute espérance n'est pas encore éteinte, et l'*Hymne des Borouch* nous révèle peut-être l'une des plus précieuses traditions galliques et pyrénéennes.

Plusieurs déités présidaient aux sources salutaires de la sauvage vallée de Luchon ; *Astoilhunus*, dont le nom est incontestablement étranger, fut peut-être le dieu de notre Val de l'*Asto*. L'origine de *Baicorrix* est-elle gauloise, ainsi que l'indique la dernière syllabe de son nom ? *Eteioi*, *Edelat*, *Expercen*, *Avardus* doivent-ils être comptés parmi ces *Dei locales* qui peuplaient le monde romain, ou plutôt ne devons-nous voir en eux que ces anciens génies adorés par les Celtes et par les Aquitains, et qui présidaient à chaque portion du monde physique ? Intelligences que l'on retrouvait à chaque pas, que l'on invoquait à tout instant.

Leherennus fut l'*Arès*, le Mars de l'Aquitaine. *Helougmouni* réunissait en lui les attributs du dieu Soleil, et de Diane, ou de la Lune. *Iscitus* n'est connu que par les monuments sur lesquels, dans la haute vallée de Larboust, on inscrivit son nom. *Gar* est peut-être ce mont escarpé situé à l'extrémité septentrionale de l'étroite vallée d'où s'échappe la Garonne, et que l'on déifia, comme l'*Averan*, la *Serre de Bouc*, et le *Col de Bassioue*. *Teotani*, *Acreda*, ont une origine gauloise ; *Baesert* a laissé son nom aux lieux où il fut adoré, et où nous avons retrouvé l'un des marbres qu'on lui consacra ; mais *Abellion* ne doit pas être compté au nombre des déités topiques : ce fut, sans doute, l'un des plus puissants génies vénérés par l'association des peuples venus dans nos contrées. Ses autels, conservés encore, apparaissent, non seulement sur les montagnes et dans les vallées voisines des *Thermes Onesiens*, mais on les retrouve jusqu'au pied des côteaux voisins de *Calagorris* ; ainsi, son culte embrassait presque tout ce vaste espace qu'occupèrent, en Gaule, les *Vettons*, les *Arebaci* et les *Celtibères*.

---

* *Sex Arbori Deo.*

ADDITIONS ET NOTES DU LIV. I.

Les *Maîtresses* ou les *Dames des Auscitains*, et les *Déesses Maires*, furent adorées dans la Novempopulanie et dans la Province romaine.

Tutele eut un temple à Bordeaux et des autels en cent lieux différens : son culte fut uni à celui d'*Ussubius*, génie local d'une station romaine.

Les Déités *tutélaires* que nous avons retrouvées à chaque pas, n'étaient point, sans doute, différentes des divinités *indigètes* ou *topiques* : tantôt elles avaient un sexe, tantôt un autre, et les inscriptions leur donnent quelquefois le titre de *dieu*, quelquefois celui de *déesse*; mais le plus souvent elles gardent à ce sujet le secret des sanctuaires; et sans doute il y avait quelque chose de mystérieux dans cette qualité qui n'était point indiquée sur les monumens.

Parmi les divinités étrangères dont le culte fut le plus célèbre au pied de nos montagnes, il faut compter celui de Vénus. Son temple s'élevait sur les bords de la Méditerrannée ; les navigateurs le saluaient alors qu'ils l'apercevaient se détachant du groupe des hautes montagnes qui dominent les champs de *Ruscino* ; ils appendaient des offrandes à ses hautes colonnes, alors qu'échappés aux dangers des mers, ils abordaient sur les rivages fertiles possédés par les petites tribus soumises, dit-on, à la puissante association des *Volcæ Tectosages*.

Dans le midi des Gaules, malgré le mélange des traditions religieuses de tant de tribus diverses qui y étaient accourues de différentes contrées, on n'offrait, vers les derniers temps de la République, un culte et des hommages, qu'aux déités, aux génies que l'on supposait en-dehors de la matière ou présidant aux destinées de chacune de ses parties. Le spiritualisme des Gaulois et le panthéisme de quelques autres peuples, partageaient les croyances des habitans des monts pyrénéens et des contrées voisines. La flatterie vint, comme je l'ai dit, leur donner un dieu nouveau, et ce dieu ce fut le plus heureux des Triumvirs, Octave, non moins coupable que ceux qui avaient d'abord partagé sa puissance, mais qui, resté seul, était devenu l'arbitre et le maître du monde romain.

Ce fut dans l'une de ces villes que quelques géographes donnent aux *Volcæ Tectosages*, ce fut dans Narbonne, la première des colonies fondées par le sénat, le boulevard de la République dans nos contrées, que l'on vit un autel s'élever pour Auguste : des prêtres y furent attachés, des sacrifices solennels y eurent lieu chaque année, et pendant long-temps cet autel, qui existe encore, fut environné d'hommages et rougi par le sang des victimes.

Bitteris imita l'exemple de Narbonne, et eut comme elle ses *Sevirs Augustales*, son collège de prêtres attaché au culte de celui qui avait livré Cicéron à l'implacable vengeance d'Antoine.

Les *Bituriges Vivisci* élevèrent de même un autel à Auguste, mais ce monument fut consacré aussi au *Génie de la cité* [*], et ils unirent le culte du fondateur de l'empire à celui du dieu particulier de *Burdigala*.

Suivant l'exemple des régions voisines, les habitans du *Vicus Aquensis* [*] consacrèrent un monument à la *Divinité d'Auguste*. Dans quelques autres localités on joignit, comme à Bordeaux, l'adoration du génie de la contrée à celle de l'empereur.

Le culte des génies était très-répandu : chaque lieu, chaque particulier avait le sien. Nos vieux marbres, les autels que nous avons retrouvés, en ont fait connaître un grand nombre; ils formaient une classe à part, parmi les dieux indigètes ou topiques. On connaît, par une inscription encore conservée, celui de l'un des cantons de la contrée qu'occupent aujourd'hui les *Escualdunac*, peuple antique sur l'origine duquel on a publié tant de systèmes absurdes, tant de conjectures hasardées.

En élevant des autels à Auguste, encore vivant, on avait atteint le dernier degré de la bassesse et de la flatterie ; on avait frappé de mort la vieille foi des peuples. Bientôt on poussa plus loin encore l'oubli de ce sentiment religieux qui avait créé les cultes, inspirés quelques fois par la crainte, mais le plus souvent par la reconnaissance et l'amour. Il passa en coutume que chaque empereur devait jouir après sa mort des honneurs de l'apothéose, et on se rappelle ce mot de l'un d'entr'eux, qui voyant l'heure fatale s'approcher, dit à ceux qui l'entouraient : *Je sens que je deviens dieu !....*

L'Egypte et la Perse avaient d'ailleurs, dans la Gaule, uni leurs superstitions à celles des Grecs, des Latins, des Ibères et des peuples venus du Nord ; et, malgré une résistance assez forte, Isis et Serapis, Mythra et le système du dualisme, ayant trouvé des partisans zélés dans les différentes parties de l'empire, bientôt des autels furent consacrés à Isis, dans les Pyrénées ; Mythra eut des adorateurs chez les *Elusates* et les *Ausci*, et de cette époque lointaine date peut-être dans nos provinces le culte du mauvais génie, du dieu des ténèbres, de l'Ahrimane impur, qui, sous divers noms, sous diverses formes, paraissait s'opposer à toutes les actions du dieu de la lumière et du bien. Il établit alors son séjour dans les lieux les plus déserts, et c'est dans ces solitudes, qu'aujourd'hui, comme au deuxième siècle, comme au seizième, on croit encore à sa présence.

De l'introduction des cultes de l'Orient dans les Pyrénées, date pour ces contrées l'entière décadence du polythéisme.

Les *Dolmen* que les savans de nos jours, croient être des autels druidiques, des monumens religieux, et qui, d'après les objets qu'on retrouve dans leur *cella*, ou sous leurs larges dalles, ne sont, suivant nous, que des tombeaux, nous ont souvent fourni des haches en pierre, des flèches en silex, des poignards formés de

---

[*] *Augusto sacrum et Genio Civitatis Bit. Viv.*

[*] Aujourd'hui Bagnères-de-Bigorre.

la même matière. Ces armes sont attribuées aujourd'hui aux Gaulois; mais ont-elles vraiment appartenu aux Celtes, ainsi qu'on le croit à présent, ou bien à un peuple inconnu, qui aurait précédé les Celtes, les Belges et les Aquitains dans cette vaste partie de l'Europe qui ne reconnaît pour limites que le Rhin et l'Océan, les Alpes, les Pyrénées et la mer intérieure? Il est certain qu'on retrouve des haches en pierre, parmi lesquelles il en est d'une grande dimension, dans toute la Gaule, et dans tout le nord de l'Europe. J'en ai même recueilli un bon nombre au-delà des Pyrénées, et l'on peut croire, à cause de certaines circonstances locales, qu'on fabriquait des armes de ce genre sur plusieurs points de la Gaule, et entr'autres à Vésone, (Périgueux), et particulièrement dans cette portion du territoire antique de cette ville, que l'on nomme le côteau d'Écorne-Bœuf et la *Vieille cité*. (Wlgrin de Taillefer, *Antiquités de Vésone*. I. 135 et seq.) On ne trouve rien sur ces armes, dans les ouvrages des écrivains qui se sont occupés des monumens de l'antiquité, et même rien ne prouve que ces armes aient été celles des Gaulois, puisqu'aucun ancien auteur ne mentionne ces haches en pierre, ces poignards et ces flèches en silex (de Caumont, *Cours d'antiquités monumentales*, première partie, Atlas, Pl. vii.). Ces objets proviennent de peuples qui ont possédé ou qui ont parcouru les diverses portions de l'Europe où on retrouve encore ces restes précieux. Or, en suivant les idées généralement adoptées, si l'on excepte une partie de l'Aquitaine de César, et le revers des monts Pyrénéens, où des colonies Ibériennes ont pénétré, les plus anciennes peuplades que les auteurs anciens aient placées dans cette partie de l'Europe, sont, sur les bords de la Méditerranée, les Iberes et les Liguriens, et les tribus désignées sous les noms de *Belges* et de *Celtes*; ces armes auraient donc appartenu à ces tribus. Mais si le silence des écrivains de l'antiquité, acquiert pour nous toute l'autorité qu'il semble mériter, si l'on croit que l'étrangeté de ces armes en jade et en silex, aurait été remarquée par les auteurs Grecs et Latins, puisqu'ils parlent des épées Gauloises, dont la trempe était si défectueuse, et des piques que portaient les Celtes et dont le fer était long d'une coudée, peut-être faudrait-il conjecturer qu'un peuple qui ignorait encore l'art de travailler les métaux et qui aurait précédé les Celtes dans nos contrées, nous a seul légué ces monumens.

FIN DES ADDITIONS ET NOTES DU LIVRE PREMIER.

LIVRE SECOND.

I.

Gouvernement de la province, après qu'elle eut été soûmise par les Romains.

Après que les Romains eurent soumis les peuples de la nouvelle province des Gaules, leur premier soin fut de leur inspirer la politesse des mœurs et l'usage de la langue Latine[1]. C'est dans cette vûe, et pour les accoûtumer à une domination, qu'ils souffroient impatiemment, que la République leur envoia tous les ans dans ces commencemens l'un de ses deux consuls pour les gouverner, avec une armée capable de les contenir. Le commerce que ces Gaulois eurent avec les Romains, les humanisa enfin, et on les vit prendre un air de douceur et de politesse, qui les distingua autant des autres peuples Gaulois, qu'ils l'étoient auparavant de leurs vainqueurs; en sorte qu'en peu de tems les peuples de cette partie des Gaules furent si bien civilisez, qu'aucune autre province Romaine ne la surpassa, soit pour les mœurs et la politesse des habitants, soit pour la richesse et la culture du pays. Celui des deux consuls que la République envoia d'abord pour gouverner la Gaule Transalpine ou Province Romaine, étoit en même-tems gouverneur de la Gaule Cisalpine; car ces deux provinces ne firent qu'un seul gouvernement, jusques à ce qu'après la fondation de la colonie de Narbonne, la Gaule Transalpine étant devenuë province ordinaire et soûmise à l'administration d'un proconsul ou d'un préteur, le gouvernement des deux Gaules fut partagé (an de Rome 634). On[2] croit que le consul P. Manlius fut gouverneur de la Transalpine l'an de Rome 634, et que L. Aurelius Cotta lui succéda l'année suivante. Le gouvernement de cette province étoit alors d'autant plus difficile, que ses peuples nouvellement soumis paroissoient fort disposez à secouer le joug des Romains.

Selon la loi *Sempronia*, qui avoit[1] été promulguée depuis quelques années, le senat devoit désigner avant les comices les deux provinces consulaires dont les deux consuls qui devoient être élus auroient le gouvernement durant l'année de leur consulat; et celles qu'on devoit donner aux deux autres consuls qui sortoient de charge, et qu'on appelloit ensuite Proconsuls : on désignoit ensuite les provinces qui devoient tomber en partage aux préteurs. Tous ces gouverneurs tiroient au sort leurs gouvernemens. Les provinces consulaires étoient ordinairement celles qui étoient frontieres, ou qui par les troubles qui pouvoient s'y élever, étoient exposées à des guerres domestiques ou étrangeres; c'est pourquoi on y envoioit un consul pour les gouverner. Ainsi la nouvelle province Romaine des Gaules étant dans l'un et l'autre cas, le gouvernement en fut confié l'an 636 de Rome au consul Q. Marcius Rex.

II.

Fondation de la colonie Romaine de Narbonne.

Avant son départ, on délibéra dans le senat sur les moiens qu'on prendroit pour contenir les peuples de cette province dont on avoit tout à craindre. Celui d'établir une colonie Romaine dans Narbonne[2], ville des mieux situées du pays, parut le plus propre; on proposa cet établissement dans le senat, tant pour servir de retraite et de boulevart contre les entreprises des peuples nouvelle-

---

[1] Cæs. de bell. Gall. l. 1. n. 1. - Strab. l. 4. p. 186. - Plin. l. 3. n. 5.
[2] V. Pich. tom. 3. p. 74. 78. et 80.

[1] V. Pigh. ibid p 58.
[2] Cic. de clar. orat n. 43. de orat. l. 2. n 55. pro Cluentio. n. 51. - Vellei. Patere. l. 1 c. 15. - V. Pith. ibid. p. 85. et Freins. ad lib. 62. Liv.

ment assujettis, que pour faciliter le passage des troupes en Espagne. Cet avis qui fut suivi de la plûpart des senateurs, trouva cependant quelque contradiction : mais enfin il fut généralement approuvé, après un discours que prononça Lucius Crassus, célèbre orateur pour l'appuier et en faire voir l'utilité. Crassus, quoiqu'encore jeune, parla dans cette occasion, au rapport de Ciceron, avec toute la force et la sagesse d'un vieillard consommé; aussi outre la gloire qu'il eut d'avoir entraîné tout le senat dans son sentiment, on lui défera l'honneur de conduire lui-même cette colonie en qualité de chef des triumvirs, dont la fonction étoit de faire le partage des terres entre les nouveaux colons. Crassus accepta d'autant plus volontiers cette commission, qu'il l'avoit déja briguée.

L'établissement de cette colonie suivit de près la nomination de ce fameux orateur pour en faire la conduite. Elle fut la première de celles que les Romains établirent dans les Gaules, et la seconde hors de l'Italie; la colonie de Carthage aiant été établie trois ans auparavant : car pour celle d'Aix en Provence, dont on a deja parlé, elle ne fut d'abord proprement qu'une simple *station* ou camp, que les troupes Romaines fortifierent et entourerent de murailles, et ce fut seulement dans la suite qu'elle fut érigée en véritable colonie. Celle de Narbonne fut appellée *Narbo-Martius*, nom qu'elle emprunta non pas de *Marcius Rex* sous le gouvernement duquel elle fut établie, comme quelques-uns l'ont crû mal à propos, mais plûtôt du dieu Mars, ou des veterans de la légion *Martia* qui peuvent y avoir été envoiez dans la suite pour l'augmenter : car il est constant par les auteurs et les anciennes inscriptions, qu'elle fut appellée *Narbo-Martius*[1], et non pas *Marcius*. Elle portoit déja ce nom long-tems[2] avant l'entrée de César dans les Gaules, ce qui détruit l'opinion d'un moderne[3], qui prétend faire dériver ce nom des veterans que ce conquerant envoia pour renouveller cette colonie soixante-dix ans après son établisse-

ment. C'est seulement depuis ce renouvellement qu'on joignit à son ancien nom de *Narbo-Martius* celui de *Colonia Julia Paterna*, parce que Jules César pere adoptif d'Auguste la fit renouveller; et qu'on l'appella aussi *Narbo Decumanorum* à cause des *Decumans* ou soldats de la dixième légion qui la repeuplerent; on en a des preuves dans plusieurs anciennes inscriptions qui nous restent *. Cette colonie fut établie par un decret du senat : avantage qu'elle partagea avec peu d'autres colonies des Gaules, puisque la plûpart de celles-ci furent des colonies militaires, uniquement établies pour récompenser les soldats veterans, au lieu que la colonie de Narbonne fut d'abord peuplée de citoiens Romains pris de Rome même.

III.
Droit des colonies de la province.

Narbonne fut la première colonie Romaine établie dans l'étenduë de la province de Languedoc, mais elle ne fut pas la seule; quelques autres villes du même pays eurent dans la suite le même honneur. C'est ce qui nous détermine à faire connoître ici en peu de mots les prérogatives de ces colonies et à y joindre celles dont joüissoient les villes qui participoient à leurs privileges, et qui avoient l'usage du droit latin. Ces dernieres étoient en grand nombre [1] dans la partie de la province Romaine qui est en deçà du Rhône, ce qui nous donnera occasion de parler aussi de l'état de cette partie de la province sous les Romains.

Ces Républiquains voulant s'assûrer de la fidelité des peuples qu'ils avoient soûmis, et les accoûtumer à leurs mœurs et à leurs usages, établirent au milieu d'eux, et dans quelques-unes de leurs villes qu'ils vouloient distinguer des autres, des colonies composées ou de citoiens Romains dont ils vouloient se décharger, ou de veterans des légions dont ils étoient bien-aises de récompenser les services; les uns et les autres conservant toûjours leur ancien droit de bourgeoisie Ro-

---

[1] Sid. Apoll. carm. 22. et Vales. notit. Gall. - Pr. p 1. et 10. inscript. 1. et 55.
[2] Cicer. pro Fontei.
[3] Not. in Vell. Paterc. ad us. Delph. l. c. 15.

[1] Plin. l. 3. n. 5.

* *Voyez* Additions et Notes du Livre II, n° 1.

maine, n'en étoient que plus vigilans et plus zelez pour les interets de l'Etat. Les loix que les Romains imposerent aux autres villes des provinces nouvellement assujetties, furent plus ou moins favorables, selon les conditions et les traitez qu'elles firent en se soumettant, ou en s'alliant seulement avec la République. C'est là l'origine des differents privileges dont chaque ville joüissoit dans la même province, les unes étant colonies, et les autres aiant l'usage du droit Latin, ou du droit Italique, ou enfin du droit provincial. Le droit des habitans des colonies étoit presque le même que celui des citoiens Romains, puisqu'ils étoient regardez en effet comme tels. On croit cependant qu'ils n'en joüissoient pas entierement, ou du moins qu'ils n'avoient le droit de suffrage à Rome que comme les habitans des villes qui étoient dans l'usage du droit Latin, dont on parlera dans la suite.

Les colonies qu'on établissoit étoient composées de vrais citoiens Romains, ou de veterans des légions, ou enfin des uns et des autres. Celles qui furent ordonnées sous la République par l'autorité du senat, telle que la colonie de Narbonne, étoient uniquement composées des premiers : mais celles qu'on établit depuis Sylla ne furent ordinairement formées que des seuls veterans, et quelquefois, mais plus rarement, des uns et des autres; ce qui fit donner à ces dernieres colonies le nom de Colonies militaires. Dans toutes ces colonies on partageoit les terres entre les colons ou les nouveaux habitans, et les anciens qui participoient au privilege de la colonie. Ce partage se faisoit par l'autorité des triumvirs ou de trois personnes qu'on députoit pour cela, et qui avoient soin de conduire et d'établir la colonie, et de lui prescrire les loix de son gouvernement.

Pour adoucir la peine que pouvoit causer aux colons l'éloignement de leur patrie, et leur donner lieu de conserver le souvenir de leur origine, ces triumvirs avoient soin de faire construire dans les nouvelles colonies les mêmes édifices publics que l'on voioit à Rome, c'est-à-dire un capitole, un amphithéâtre, des temples, des cirques, un palais ou une cour, un marché, etc. Ainsi les colonies representoient en abrégé par leurs monumens la ville de Rome, comme on voit par ceux qui nous restent des colonies Romaines de Narbonne, de Nismes et de Toulouse. Chaque colonie se gouvernoit par elle-même, c'est-à-dire par ses propres magistrats et suivant les loix qui lui étoient propres, et qu'elle avoit reçûes dans le tems de sa fondation, soit immédiatement du peuple Romain, soit seulement des triumvirs qui l'avoient établie. Ceux-ci y formoient un conseil composé du senat et du peuple de la colonie qui avoient le pouvoir de faire des loix et d'élire leurs magistrats. Les mêmes triumvirs fixoient dans chaque colonie le nombre de senateurs qu'elle devoit avoir, et à qui on donnoit par-tout le nom de decurions, de même que celui de cour, *Curia*, au senat des colonies, et celui de decret des décurions aux senatusconsultes de ces magistrats. C'est du nombre de ces derniers, qui avoient droit de suffrage dans les élections des magistrats de Rome, qu'on tiroit tous les ans les duumvirs des colonies, dont les fonctions répondoient à peu près à celles des deux consuls Romains, et à qui appartenoit la principale administration dans le gouvernement de la colonie. Ces duumvirs qui devoient avoir atteint l'âge de quarante-trois ans avant que d'entrer en charge, étoient désignez trois mois auparavant. Ils ne pouvoient exercer de nouveau la même charge de duumvir que dix ans après. On voioit quelquefois dans les colonies des triumvirs et des quartumvirs au lieu de duumvirs. On [1] prétend qu'outre les duumvirs, celle de Nismes étoit encore gouvernée par des sevirs ou six magistrats intérieurs qui étoient différens des sevirs Augustales, prêtres établis dans la même ville et ailleurs pour le culte qu'on rendoit à Auguste.

Outre ces magistrats il y avoit dans les colonies des édiles, des questeurs, des préteurs, et des censeurs comme à Rome : ils portoient tous la prétexte. On nommoit ces derniers *Duumvirs Quinquennales*, parce que l'exercice de leur charge duroit cinq années. Dans les colonies qui avoient le privilege de faire battre monnoie, c'étoient ces censeurs ou *duum-*

---

[1] Grasser. antiq Nemaus.

virs quinquennales qui en avoient la direction, conjointement avec les duumvirs de la colonie.

A l'exemple de Rome, les colonies avoient aussi des augures, des prêtres, des pontifes, des flamines et autres ministres destinez pour le culte des dieux. On [1] prétend même sur l'autorité d'une inscription attribuée à l'empereur Antonin Pie, mais dont nous ne voudrions pas garantir la vérité, que la colonie de Nismes avoit des vestales. En un mot les colonies s'étudioient d'imiter, autant qu'elles pouvoient, la religion, la police et le gouvernement de Rome.

Chaque colonie avoit soin de se faire dans cette capitale un patron capable de défendre sa liberté et ses privileges. Aucune, du moins hors de l'Italie, n'étoit entierement exemte de tribut et d'imposition, et elles étoient ordinairement stipendiaires : ainsi leurs censeurs faisoient chez elles les mêmes fonctions que ceux de Rome, c'est-à-dire, qu'ils exigeoient et envoioient dans cette capitale de la République le cens qu'ils levoient sur les colonies. Telles étoient les colonies Romaines de Narbonne, de Nismes, de Toulouse et de Beziers, les seules que nous connoissions dans la partie de la Narbonnoise qui étoient en deçà du Rhône, c'est-à-dire, dans l'étenduë de la province de Languedoc, auxquelles on doit joindre celle de Ruscino qui a donné son nom au Roussillon ; on en comptoit une vingtaine d'autres dans le reste de la Province Romaine ou Narbonnoise, au-delà du Rhône. Ainsi cette province eut elle seule un plus grand nombre de colonies Romaines, que toutes les autres provinces des Gaules ensemble.

IV.

Droit Latin.

Outre les colonies Romaines il y en avoit d'autres qu'on appelloit Latines, parce qu'elles étoient composées des peuples du *Latium* que la République envoioit quelquefois pour peupler les villes conquises, au défaut de citoiens Romains. Ces villes Latines qui avoient l'usage du droit Latin, ont le nom de villes municipales, *municipia*, dans les auteurs, de même que les colonies ; parce que les unes et les autres se gouvernoient par elles-mêmes, c'est-à-dire, par leurs loix et leurs magistrats. Il y a apparence que parmi ce grand nombre de villes de la Narbonnoise, à qui l'usage du droit Latin fut accordé, quelques-unes du moins en furent redevables à des colonies de Latins qui s'établirent chez elles : mais il paroît que la plûpart furent associées à ce droit par un privilege singulier. Un sçavant prélat [1] du dernier siécle attribuë ce privilege à la soûmission volontaire des peuples de la province, et surtout des Volces Arecomiques, à la domination des Romains. La difference du droit des colonies Romaines d'avec celui des villes Latines, étoit que le privilege des dernieres avoit été accordé à leurs anciens habitans par une faveur particulière, au lieu que les colonies Romaines jouissoient originairement de leurs prérogatives, comme étant composées de vrais citoiens Romains, en quoi les colonies Romaines avoient quelque prééminence sur les Latines. A cela près elles differoient si peu, que Pline [2] appelle *oppida latina*, villes Latines, quelques colonies Romaines de la province, et que plusieurs auteurs ne mettent point de distinction entre les unes et les autres. Le droit Latin tiroit sa premiere origine des traitez ou conventions que les Romains firent d'abord avec les peuples du *Latium*, et dont ils firent part dans la suite à quelques peuples des provinces qu'ils voulurent favoriser.

Comme les loix des villes Latines differoient peu de celles des colonies Romaines, les magistrats et les ministres sacrez étoient les mêmes dans les unes et dans les autres, et elles n'étoient proprement distinguées que parce que les habitans des colonies Romaines étoient censez citoiens Romains, ce que n'étoient pas ceux des villes Latines : les peuples du *Latium* obtinrent cependant ensuite le droit de bourgeoisie Romaine ; mais les villes Latines situées hors de l'Italie ne participerent à ce droit que pour ceux de leurs citoiens seulement qui avoient exercé des charges de magistrature dans leurs villes, comme par

---

[1] Gariel cer præs. Magal. p. 20.

[1] Flechier. Dissert. sur la ville de Nismes mss. d'Aubays.
[2] Plin. L. 3. n. 5.

exemple dans celle de Nismes [1] celle d'Edile et de Questeur, avant que cette ville ne fût colonie Romaine. Ces magistrats étoient alors censez citoiens Romains, et avoient droit de suffrage à Rome, avec celui d'aspirer aux charges de la République. Les villes qui jouissoient du droit Latin étoient sujettes aux tributs, aux impôts, et aux contributions qu'on levoit pour la milice, dont elles fournissoient leur contingent, conformément au traité particulier de leur association au droit latin : mais leurs troupes ne servoient que comme auxiliaires, et n'étoient pas enrôlées dans les légions Romaines. Parmi les peuples et les villes à qui les Romains accorderent l'usage du droit latin dans la partie de la Province Romaine qui étoit en deçà du Rhône, Pline [2] fait mention d'Albe ou Alps dans le Vivarais, de Carcassonne, de Cessero ou saint Tiberi, de Lodeve, de Nismes, de Pezenas, des peuples Toulousains en general, et des Umbraniciens ; sans parler de plusieurs autres peuples du reste de la Narbonnoise au-delà de la même riviere qui jouissoient du même privilege.

V.
Droit italique.

Le droit italique, quoique moins favorable que le latin, avoit assés de rapport avec ce dernier. Les Romains en accorderent l'usage à tous les peuples d'Italie, dont le pays ne fut pas réduit en province. Ils l'étendirent ensuite, et le communiquerent à quelques villes des provinces, comme à celles de Vienne dans la Narbonnoise et de Lyon.

VI.
Droit provincial.

Le droit provincial étoit celui dont usoient les peuples des pays réduits en province, conformément à leurs traitez avec les Romains dans le tems de leur soûmission, et à la maniere dont ils avoient été assujettis. Ce droit étoit plus onéreux que l'Italique, en ce que les peuples d'Italie qui joüissoient de ce dernier, se gouvernoient librement, quoique

stipendiaires ; et que les autres n'avoient d'autres loix, ni d'autres magistrats, que ceux que leur donnoient leurs vainqueurs ; et qu'ils étoient, soit pour l'administration de la justice, soit pour le gouvernement politique, entierement soûmis aux ordres des proconsuls ou des préteurs qui étoient envoiez pour les gouverner. Ils obéissoient aussi pour les finances aux questeurs ou surintendans de la recepte des tributs qui furent assis dans la Narbonnoise sur les terres, comme l'on verra ailleurs.

L'empereur Antonin Caracalla abolit tous ces differens droits par une constitution, qui donnoit à tous les ingenus ou personnes nées de parens libres, le privilege et le droit de citoiens Romains. Ce droit de bourgeoisie Romaine fut encore étendu dans la suite indifferemment à toute sorte de personnes libres, ce qui rendit l'usage du droit Romain presque universel dans l'empire. Il y en a même qui font cette constitution plus ancienne, et qui l'attribuent à l'empereur Marc [1] Aurele. Quoi qu'il en soit, ce droit devoit être déja auparavant fort commun dans la province Narbonnoise, à cause du grand nombre de colonies Romaines qui y furent établies, ou des villes qui avoient le privilege du droit latin avant le regne de ces princes.

VII.
Assemblées ou *Conventus* de la province Romaine

Le proconsul ou préteur que les Romains envoioient pour gouverner la Province Romaine présidoit aux assemblées qu'on appelloit *Conventus*. Il les tenoit tous les ans dans chacun des cantons ou districts, suivant lesquels elle étoit partagée, ainsi que toutes les autres provinces qui étoient sous l'obéissance des Romains. Ce gouverneur convoquoit l'assemblée de chaque canton dans la ville qui en étoit la plus considerable : il en fixoit le jour, et c'étoit ordinairement en hiver comme la saison la plus tranquille et la plus commode, les troupes étant alors en repos. On décidoit dans ces assemblées les affaires et les differents des particuliers : les principaux du pays y assistoient, soit pour y servir d'avocats dans les causes civiles et criminelles, soit pour y

---
[1] Strab. l. 4. p. 186. et seq.
[2] Plin. ibid.

[1] V. Tillem. art. 28. sur Marc Aurele.

prendre soin des affaires de leur pays, soit enfin pour y recevoir les ordres des magistrats provinciaux. L'administration de la justice faisoit le principal objet de ces assemblées, où les sentences des magistrats Romains étoient sans appel. Le proconsul ou préteur partageoit ordinairement les séances, et marquoit certains jours tant pour répondre les requêtes des particuliers, que pour le jugement des procez, pour la publication des decrets ou ordonnances faites pour le bien de la province, pour les manumissions, etc. Autant que nous en pouvons juger par les anciens auteurs, la partie de la Narbonnoise qui est en deçà du Rhône étoit partagée en trois cantons, où on tenoit ces assemblées ou *conventus* : c'étoient ceux de Narbonne, de Toulouse, et de Nismes.

Après avoir donné une idée de la forme du gouvernement de la province Romaine ou Narbonnoise, il est à propos de faire connoître l'état de cette partie qui est comprise aujourd'hui dans le Languedoc.

VIII.
Description ou état de la province Romaine.

La Province Romaine des Gaules, ou Gaule Narbonnoise, anciennement appellée *Braccata*, étoit bornée au levant par les montagnes des [1] Alpes depuis celle d'Adula aux sources du Rhin jusqu'à l'embouchure du Var dans la Méditerranée ; au nord par le Rhône jusqu'au dessous de Lyon, et ensuite par les montagnes des Cevenes ; au couchant par les deux côtez de la Garonne, en remontant ce fleuve depuis l'embouchure du Tarn jusqu'à celle du Salat vers les Pyrenées, (NOTE VIII); enfin au midi par ces montagnes, par les sources de cette derniere riviere jusques à Cervera sur la Méditerranée, laquelle sert ensuite de limites jusques au Var. Cette province étoit partagée par le Rhône au-dessous de Lyon jusqu'à l'embouchure de cette riviere dans la mer en deux grandes parties, sçavoir en orientale et occidentale. La premiere étoit occupée par divers peuples dont les Liguriens Transalpins et les Allobroges

[1] Strab. l. 4 Plin l 3 n. 5 - Mela. Ptol. - Auson clar. urb 18 etc.

étoient les principaux. On comprenoit [1] sous le nom des premiers les Salyens, les Deccates, les Oxubiens, et autres peuples de Provence entre le Var et le Rhône. Les Allobroges habitoient la plus grande partie des pays que nous appellons aujourd'hui Savoie et Dauphiné, entre le Rhône et l'Isere : mais comme tous ces peuples ne sont pas de notre sujet, nous nous contenterons de remarquer qu'il paroit que les Allobroges avoient des habitations en deçà du Rhône [2], puisque une partie des diocèses de Vienne et de Valence en Dauphiné qui appartenoient à ces peuples, s'étendent dans le Vivarais à la droite de la même riviere.

IX.
Pays des Volces appellé aujourd'hui Languedoc.

La partie occidentale de la Province Romaine comprenoit tout le pays habité par les Volces, *Volcæ*, et renfermoit la plus grande partie du Languedoc avec le Roussillon, le pays de Foix, et cette portion de l'ancien diocèse de Toulouse qui est comprise aujourd'hui dans la Gascogne *. Cette partie occidentale étoit séparée de l'autre par le Rhône qui se déchargeoit alors dans la mer interieure ou Méditerranée par trois bouches : la premiere à l'orient et du côté de Marseille s'appelloit *Massaliotique* ; la seconde qui étoit au couchant et qui regardoit l'Espagne, se nommoit *Hispaniense* ; et celle du milieu *Metapinum*. On donnoit aux deux dernieres le nom de Lybiques [3], parce qu'au rapport d'un auteur, cette côte étoit appellée autrefois Ligustique.

Le pays des Volces étoit donc borné au levant par le Rhône, au midi par la Méditerranée, et au couchant par les Pyrenées et les deux bords de la Garonne jusqu'à la jonction de ce fleuve avec le Tarn : les bornes du même pays du côté du Septentrion sont moins connües ; (NOTE VIII). On sçait en general que les Cevennes lui servoient de limites de ce côté-là : mais comme ces montagnes n'occupoient pas

[1] V. Freinsh. ad Epist. 47. - Liv. n. 29. seqq.
[2] V. Cæs. de bell. Gall. l. 1.
[3] Plin. ibid. V. Not. Hard. ibid.

* V. Additions et Notes du Livre II, n° 2.

tout l'espace qui est entre le Rhône et la Garonne, on ne sçauroit marquer au juste les bornes qui séparoient les Volces des Celtes ou des Aquitains du côté du nord-oüest; on peut pourtant supposer avec assez de fondement que c'étoit la riviere d'Agout, en remontant depuis le lieu où elle se jette dans le Tarn à la pointe de saint Sulpice, jusqu'à l'endroit où elle reçoit celle de Tore ; et celle-ci depuis son embouchure jusqu'à sa source dans les montagnes du diocése de saint Pons. Ces deux rivieres séparent en effet l'ancien diocése de Toulouse, qui faisoit partie du pays des Tectosages, de l'Albigeois compris dans la Celtique du tems de César, et avant qu'Auguste l'eût incorporé dans l'Aquitaine.

X.

Volces Tectosages.

Les Volces étoient divisez en Tectosages et en Arecomiques. Il paroît que ceux-là occupoient au midi toute la côte depuis Cervera et le promontoire de Venus en Roussillon jusqu'au cap de Cette et aux confins du diocése de Montpellier, et qu'ils s'étendoient depuis les Pyrenées jusqu'au nord et au midi des Cevennes. Ainsi leur pays comprenoit la plus grande partie du haut Languedoc, et une partie du bas avec le Roussillon et le comté de Foix, ou bien tout le pays qui formoit avant le quatorzième siécle les anciens diocéses de Toulouse et de Narbonne avec ceux de Beziers, d'Agde, de Lodeve, de Carcassonne, et d'Elne ou de Perpignan *.

XI.

Les Tectosages subdivisez en diverses peuples. Les Sardons, *Ruscino*, *Illiberis*.

Les Volces Tectosages, *Volcæ Tectosages* ou *Tectosagi*, étoient subdivisez en plusieurs peuples dont les principaux, que nous connoissions, étoient les Sardons, les *Consuarani*, les Bebryces, les Toulousains et les Lutevains. Les Sardons, *Sardones*, s'étendoient sur toute la côte du Roussillon depuis Cervera jusqu'à Salses dans l'espace de soixante-quatre milles. La ville principale de ces peuples étoit *Ruscino*, qu'on appelle à présent la Tour de

* *V*. Additions et Notes du Livre II, n° 3.

Roussillon située à demie lieuë de Perpignan. Elle étoit proche d'une riviere de même [1] nom qu'on appelloit aussi Vernodubre, et qu'on nomme aujourd'hui Tet. Polybe fait mention de cette ville et de la riviere de même nom au sujet du passage d'Annibal. Ruscino devint colonie Romaine, comme il paroît par les médailles qui [2] nous restent. Du tems de Pline, cette ville n'avoit que l'usage du droit latin [3] : c'est d'elle que le comté de Roussillon a emprunté son nom. Elle fut détruite par les Sarrasins, et ruinée une seconde fois par les Normands, en sorte que de tous ses édifices il ne reste plus aujourd'hui qu'une tour.

La ville de Perpignan qui s'est accruë des ruines de Ruscino, est une ancienne ville municipale [4] située à deux milles de cette derniere : le nom de Perpignan qu'elle porte depuis environ le commencement du dixiéme siécle a succédé à celui de *Flavius Ebusus* qu'elle avoit anciennement *.

Illiberis [5], autre ville des Sardons, dont Polybe fait mention, et à laquelle Pline, et après lui Ptolemée, donnent le rang au-dessus de *Ruscino*, étoit autrefois très-considerable : mais elle étoit si fort déchuë de son ancienne splendeur vers le milieu du premier siécle de l'Ere chrétienne [6], qu'à peine trouvoit-on quelque vestige de ce qu'elle avait été auparavant. Elle étoit située, suivant Polybe, sur une riviere de même nom, qu'on appella dans la suite Tech, *Tecum*. On attribuë a Constantin ou aux empereurs ses enfans [7] le rétablissement de cette ville sous le nom d'Helene ou Elne, *Helena*, en mémoire de l'imperatrice de ce nom mere du même Constantin. Saint Jerôme, Eutrope, et Orose sont les plus anciens auteurs qui en fassent mention sous ce dernier nom. L'itineraire de l'empereur Theodose et les tables de Peutinger lui donnent cependant encore celui d'Illiberis, ce qui peut donner lieu de

[1] V. Marc. Hisp. p. 18. 303. et 328.
[2] Vaill. num. colon.
[3] Plin. ibid.
[4] V. Marc. Hisp. p. 21. et 458.
[5] Marc. Hisp. p. 22. et seq.
[6] Mela et Plin. ibid.
[7] Marca. ibid.

* *V*. Additions et Notes du Livre II, n° 4.

croire qu'elle conserva son ancien nom après son rétablissement, du moins durant quelque tems. Quelques auteurs[1] confondent mal-à-propos cette ville avec celle de Collioure, *Caucoliberis* dans le même pays, qui est beaucoup plus moderne. On prétend qu'elle étoit colonie ou ville municipale sous l'empire d'Antonin Pie et sous ses successeurs, ce qui n'est pas bien certain, (NOTE IX). Elle n'est pas moins différente de la ville d'Elvire, *Illiberis*, dans la Betique, fameuse par le concile qui y fut tenu au commencement du quatriéme siécle. La ville d'Illiberis ou d'Elne en Roussillon est aujourd'hui très-peu considerable, sur-tout depuis la translation de son siege épiscopal à Perpignan.

La fontaine et l'étang de Salses, *Fons Salsulæ*, qu'on voit sur la même côte, et que ses salines ont rendus fameux, étoient connus des anciens. Cet étang communique avec celui de Leucate; et c'est de la petite riviere de *Sordus*, qui prenoit sa source dans le même étang, que les Sordons ou Sardons ont tiré leur nom[2]. On a bâti dans la suite près de la fontaine de Salses un château avec une ville qui portent le même nom. Les anciens itineraires font mention de *Combusta*, *Ad Centuriones*, et *Ad Stabulum*, qui peut-être faisoient partie du pays des Sardons. M. de Marca[3] croit que le premier est Rives-altes, le second Ceret, et le troisième Boulou dans le Roussillon [*]. Pour ce qui regarde la ville de Collioure, *Caucoliberis*, elle n'est connue que depuis le septiéme siécle.

XII.
Promontoire de Venus, trophées de Pompée.

Le pays des Sardons étoit séparé de l'Espagne, dont il étoit frontiere, par le promontoire, le temple, et le port de Venus, et par les trophées de Pompée dressez sur le sommet des Pyrenées dans l'endroit appelé *le Col de Pertus* [**], environ à cinq lieuës de Cervera, et autant de Ceret dans le Valespir. Le célèbre promontoire de Venus qui divisoit les Gaules d'avec l'Espagne depuis Cervera, avoit deux caps, entre lesquels étoit le port. Le temple de cette déesse étoit bâti dans l'endroit[1] où on voit aujourd'hui le monastere de saint Pierre de Rodes.

XIII.
Les Consuarani.

Les *Consuarani*, que quelques auteurs confondent mal-à-propos avec les *Consoranni*, dont ils étoient fort differens, habitoient[2] dans la partie du Roussillon qu'on appelle aujourd'hui le Valespir et dans le comté de Conflant, (NOTE VIII.) Ces peuples s'étendoient jusqu'à la source de la riviere d'Aude dans le Capsir et non au-delà. Leurs anciennes villes nous sont inconnuës[3]. Si le lieu anciennement appellé *Ad Centuriones*, et dont il est fait mention dans les itineraires, est le même que Ceret dans le Valespir, comme on croit, il devoit appartenir à ces peuples.

XIV.
Les Bebryces, Narbonne.

S'il faut s'en rapporter à quelques anciens, on appelloit Bebryces, *Bebryces*, dans les tems les plus reculez, les peuples des environs de Narbonne: mais il paroit que ces auteurs se sont trompez, et qu'il n'y a jamais eu véritablement dans les Gaules aux environs de Narbonne et des Pyrenées, des peuples de ce nom, (NOTE X); il est du moins[4] certain que le pays de Narbonne qu'ils occupoient, à ce qu'on prétend, faisoit partie de celui des Volces Tectosages. Il est vrai que Strabon[5] paroit mettre les peuples de Narbonne au nombre des Volces Arecomiques: mais il se contredit, puisqu'il[6] avoué que les Tectosages s'étendoient d'un côté jusqu'aux Cevenes, dont ils habitoient une partie vers le nord; qu'ils habitoient aussi le pays qui est au midi de ces montagnes, en tirant jusques aux promon-

---

[1] Hard. in Plin. tom. 1. p. 309.
[2] Fest. Avien. descr. oræ. marit.
[3] Marc. Hisp. p. 52. et seq.

[*] *V.* Additions et Notes du Livre II, n° 5.
[**] *V.* Additions et Notes du Livre II, n° 6.

[1] Marca ibid.
[2] Marc. Hisp. p. 17. 27. et 212.
[3] Marc. ibid.
[4] Ptol. ibid.
[5] Strab l. 4 p. 186.
[6] Ibid. p. 187.

toires, c'est-à-dire, jusques à la mer Méditerranée et aux extrêmitez du Roussillon, et enfin qu'ils s'étendoient d'un autre côté jusqu'aux Pyrenées. Ainsi tout le pays de Narbonne devoit être renfermé dans les limites de ces derniers peuples.

Quoi qu'il en soit, le pays des Bebryces [1] formoit anciennement, à ce qu'on prétend, un roiaume dont Narbonne fut la capitale : mais sans avoir recours à ces fables, il suffit de sçavoir que cette ville est une des plus anciennes des Gaules, qu'elle étoit déja très-célébre [2] plus de deux cens ans avant la naissance de J. C. et qu'elle passoit alors pour une des trois principales des Gaules. Elle devint encore plus célébre dans la suite par la colonie que les Romains y établirent, et qu'ils regardoient comme un boulevard et une place d'armes qui leur assûroit les conquêtes qu'ils avoient faites en deçà des Alpes. Elle disputa long-tems pour la dignité avec toutes les autres villes des Gaules. Celle de Lyon lui cedoit encore du tems de Strabon, sur-tout pour le nombre des habitans. Elle eut la gloire de donner son nom à la Gaule Narbonnoise, et d'être le séjour ordinaire [3] des proconsuls, préteurs, ou présidens que la république Romaine envoioit pour gouverner cette province. Sa situation sur un bras de la riviere d'Aude, *Atax* en latin, lui fit donner le nom de *Colonia Atacinorum* : on l'appelloit aussi *Narbo-Martius* ou *Colonia Decumanorum*, comme nous l'avons déja dit ; enfin les anciennes notices [4] lui donnent le nom de Chef et de Mere des villes, *caput et mater urbium*, et on doit la regarder en effet comme la premiere et la plus ancienne de toutes les villes métropoles des Gaules *.

Les Romains qui eurent soin de l'orner des mêmes édifices qu'on voioit dans Rome, y firent bâtir [5] des temples, un capitole, un theatre, un marché, des thermes ou bains publics, et y établirent une monnoie avec une école célébre et une teinturerie, dont l'intendance étoit une des dignitez de l'empire, selon les anciennes notices, *Procurator baphii Narbonensis*. Ils y firent construire entre autres un pont sur la riviere d'Aude [1], à cause des ruisseaux et des étangs du pays, qui étant fort bas, étoit sujet à être souvent inondé. On conduisit ce pont dans l'espace de quatre milles depuis Narbonne jusqu'à Cabestang, *Caput Stagni*, dont il traversoit le lac durant un mille. On donna à ce pont le nom de Septiéme, *Pons septimus*, nom qu'il tira, non pas de l'empereur Septime Severe, à qui quelques-uns en ont attribué mal-à-propos la construction, mais des sept parties qui le composoient et qui formoient autant de ponts separez. Ce monument qui étoit digne de la magnificence Romaine, ne subsiste plus depuis près de deux siécles. L'endroit où il étoit autrefois s'appelle encore aujourd'hui par corruption le *Pont Serme* de son ancien nom.

Le grand nombre d'inscriptions Romaines qui restent encore à Narbonne, sont des preuves de son ancienne splendeur. Il y en auroit de plus considerables, si on pouvoit faire quelque fonds sur les conjectures ingénieuses, mais trop hazardées, d'un auteur moderne [2] qui attribue à cette ville ou à la Narbonnoise la fabrication de presque toutes les médailles du bas empire. La commodité du port de Narbonne contribua beaucoup à la réputation et à l'étenduë de son commerce. Ce port qu'on regardoit du temps de Polybe comme le port de toute la Gaule, étoit selon Strabon le plus grand et le plus considerable de la Narbonnoise. Il étoit [3] formé par un bras de la riviere d'Aude qui avoit été détourné de son lit, par une grande jettée de pierre, depuis le village de Salleles jusques à Narbonne dans l'espace de sept milles : cette branche de l'Aude, devenue navigable dans cette ville, va se jetter de là dans un étang, qui anciennement, de même que la riviere, portoit le nom de Narbonne : on lui donna dans la suite

---

[1] Fest. Avien. descr. or. marit. - Zonar. annal. l. 8. p. 406.
[2] Polyb. l. 3. p. 191. Fragm. 987. et 994. - Strab. ibid p. 196.
[3] Capitolin. p. 167.
[4] V. Vales. notit. Gall.
[5] Sid. Apoll. carm 23. - Auson. clar urb.

* *V.* Additions et Notes du Livre II, n° 7.

[1] V. Marc. Hisp p 38 et seq.
[2] Hard oper p 112 et seqq. 435. et seqq
[3] V Marc. Hisp. p. 28. et seqq. p 33.

celui de *Rubresus*. On l'appelle aujourd'hui l'étang de Bages, de Peyriac et de Sigean. L'Aude coule dans un canal au milieu de cet étang dans l'espace de deux milles, et va se jetter dans la mer au * grau appellé la Nouvelle, à douze milles de Narbonne. On attribuë à l'empereur Antonin Pie la construction de ce canal, comme nous verrons ailleurs. C'est par ce même canal que les vaisseaux entroient dans l'étang, et remontoient ensuite par la riviere jusqu'à Narbonne.

La côte de Leucate est au midi et à vingt milles ou environ de cette ville. On [1] prétend que les Grecs ou Marseillois l'appellerent *Leucata*, à cause de la blancheur des rochers qui sont sur ce rivage. Les anciens ne connoissoient que le nom de cette côte : Leucate est aujourd'hui le nom d'un cap, d'un étang, et d'une forteresse bâtie sur un rocher. Nous devons à Festus Avienus et à Sidonius Apollinaris la connoissance des isles voisines de Narbonne, situées entre la mer et les étangs qui regnent sur cette côte. Le premier qui les appelle *Piplas*, y comprend la presqu'isle de Leucate. Ces isles sont celles de Gruissan, de Cauchenne ou Cauquenne, qu'on appelle aujourd'hui sainte Lucie, et de Lec, *Licciou Lecci*. Il y a dans la derniere une église sous l'invocation de saint Pierre, bâtie, à ce qu'on croit [2], sur les ruines d'un ancien temple de Jupiter.

On peut comprendre dans le pays des Bebryces ou des environs de Narbonne quelques lieux dont il est fait mention dans les anciens itineraires, tels que *Ad vigesimum* situé à vingt milles de cette ville, et *Hosuerbas* ou *Userva*. M. de Marca place le premier aux cabanes de Fitou dans le diocèse de Narbonne sur la route du Roussillon; on peut conjecturer suivant la distance marquée dans les mêmes itineraires, que la situation de l'autre étoit du côté de Homs sur l'Aude, à quinze milles au nord-oüest de Narbonne *. Saint [1] Jerôme fait encore mention d'un village qu'il appelle *vicus Atacis*, dont on ignore la véritable situation; on sçait seulement qu'il devoit être voisin de Narbonne, et que le célébre poëte Terentius Varro en étoit natif.

Outre les lieux dont nous venons de parler, le pays des Bebryces ou de Narbonne comprenoit encore tout le Razés, *Pagus Redensis*, dont il n'est fait mention que dans les tems posterieurs aux Romains. On peut y ajoûter le Carcassez avec Carcassonne sa capitale, qui avant son érection en évêché sous le regne des Gots, se trouvoit, à ce qu'on prétend [2], ainsi que le Roussillon, dans les limites de la *Cité* ou diocèse de Narbonne.

XV.

Carcassonne.

Il paroit que Carcassonne, *Carcasso* ou *Carcassum Tectosagum*, étoit déja une ville considerable du tems de César, puisqu'elle fournit à ce general des troupes auxiliaires dans les guerres qu'il eut à soûtenir pour la conquête des Gaules. Pline la met en effet au nombre des villes qui joüissoient du droit latin, c'est-à-dire, qui se gouvernoient par elles-mêmes. L'itineraire de Bourdeaux ne lui donne cependant que le nom de château, parce qu'elle n'étoit pas sans doute encore élevée à la dignité de cité ou de ville épiscopale : honneur qu'elle ne reçut que sous les rois Visigots au sixiéme siécle, comme l'on verra dans la suite. Nous trouvons dans les itineraires deux autres lieux qui paroissent avoir été de son district, sçavoir *Cedros* qui en étoit, à huit milles vers Toulouse, à peu près vers le village qu'on appelle aujourd'hui Caux ; et *Livinia* entre Narbonne et Carcassone, à onze milles de celle-ci et à vingt-sept de l'autre : ainsi ce dernier lieu ne devoit pas être éloigné de la baronnie de Campendut **.

---

* On appelle *Grau* en Languedoc, du mot Latin *gradus*, les bayes, rades, golphes ou ports qui sont le long de la côte de la mer. De là vient aussi le nom d'échelles du Levant.

[1] Vales. ibid.
[2] Marc. Hisp. p 38.

[1] Hier. in chron.
[2] Marc. Hisp. p. 81. et seq.

* *V*. Additions et Notes du Livre II, n° 8.
** *V*. Additions et Notes du Livre II, n° 9.

XVI.

Les Toulousains. Toulouse.

De tous les Volces Tectosages les Toulousains étoient les plus célèbres. Ces peuples que les anciens Latins appellent *Tolosates*, *Tolosati* et *Tolosenses*, étoient limitrophes de l'Aquitaine, et occupoient tout le pays qui compose aujourd'hui la métropole ecclésiastique de Toulouse, et qui renferme le diocèse de cette ville avec ceux de Montauban, de Lavaur, de saint Papoul, de Mirepoix, de Pamiers, de Rieux et de Lombez. Ces peuples joüissoient du droit latin [1], et par conséquent leur gouvernement étoit libre.

Toulouse, *Tolosa Tectosagum*, étoit leur capitale. Sa situation sur la riviere de Garonne, au milieu d'un pays très-fertile, étoit des plus avantageuses, soit pour le commerce, soit pour l'agriculture, ce qui lui procuroit l'abondance; sur-tout depuis que ses habitans, après avoir abandonné l'exercice des armes, ne s'adonnoient plus qu'à la culture des terres et au gouvernement [2] politique. Il n'est pas aisé de fixer l'époque de sa fondation. Il paroît seulement, sur le témoignage de Justin, qu'elle subsistoit au cinquième siécle de la fondation de Rome, et dans le tems de l'expédition des Tectosages dans la Grece. Les Romains après avoir conquis le pays des Volces la mirent d'abord au nombre des villes alliées à leur République: ils y établirent dans la suite une colonie Romaine, qui devint riche et puissante. Elle étoit déja célèbre avant la conquête des Romains par deux temples d'Apollon et de Minerve, et c'est peut-être ce dernier qui lui fit donner le nom de Palladienne, *Palladia* [3], autant que les belles lettres qu'on y cultivoit avec soin. Plusieurs fameux rhéteurs enseignerent en effet dans les écoles de cette ville, et entre autres Arborius, Exsupere, Sedatus, Statius-Ursulus, etc. Les Romains eurent soin de l'embellir d'un capitole [4], d'un palais, d'un amphithéatre, et de plusieurs autres édifices publics: on voit encore des vestiges de ce dernier du côté du château qu'on appelle saint Michel. Ses murs étoient de brique, et son étenduë du tems d'Ausone étoit si grande, qu'elle formoit comme cinq differentes villes. Elle cedoit pourtant à Narbonne, à qui le même auteur donne le douzieme rang parmi les villes célèbres des Gaules de son tems, tandis qu'il ne donne à Toulouse que le quinzième. Dans toutes les anciennes notices, elle précede, après la métropole, les autres citez de la Narbonnoise premiere. Les médailles [1] qui nous restent de cette ancienne colonie prouvent qu'il y avoit une monnoie du tems des Romains *.

Les anciens itinéraires nous ont conservé les noms de quelques lieux du pays Toulousain: mais nous ne pouvons en connoître les differentes situations que par les distances marquées sur les grandes routes, et par un reste de leurs anciens noms. Le lieu [2] appellé anciennement *Vernosolem* et situé à quinze milles de Toulouse sur la route du pays de Comminge, est vraisemblablement le village qu'on appelle encore aujourd'hui la Vernose, situé en effet à quinze milles de cette capitale du Languedoc vers les frontieres du diocèse de Rieux et sur la petite riviere de Louge, à une lieuë au-dessus de Muret et au sud-oüest de cette derniere ville. *Aquæ siccæ* marqué dans le même itinéraire à quinze milles de *Vernosolem*, en tirant vers le même pays de Comminge, devoit être aux environs de la ville de saint Julien située sur la Garonne et dans l'ancien Toulousain. A vingt-six milles d'*Aquas siccas*, en allant dans le Comminge toûjours au sud-oüest de Toulouse étoit, suivant l'itinéraire d'Antonin, le lieu de *Calagurgis*, qu'on prétend être la patrie de l'hérétique Vigilance natif du pays de Comminge. Un [3] moderne conjecture que la ville de Ca seres sur la Garonne est ce même *Calagurgis*; mais outre que les distances ne convien-

---

[1] Plin. ibid.
[2] Strab. ibid.
[3] Martial. l. 9. Epigr. 101. - Auson. Prof. 16. 17. 19. parent. 3. - Sidon. carm. 7.
[4] Act. S. Saturn. apud. - Ruin. act. sinc. V. Catel. mem. p. 112.

[1] Goltzius thes. rei antiq. p. 241.
[2] Itin. Antonin. p. 29.
[3] V. Descr. hist. de la Fran. part. 1. p. 199.

* *V.* Additions et Notes du Livre II, n° 10.

nent pas tout-à-fait, puisque *Calagurgis* ou *Calagurra* étoit à quarante-six milles de Toulouse, et que Caseres n'en est éloigné que d'environ quarante milles ; il est constant d'ailleurs que la ville de Caseres a toûjours dépendu du Toulousain, et non pas du Comminge, et qu'elle est encore aujourd'hui du diocése de Rieux ancien membre du diocése de Toulouse. Il est donc plus vraisemblable que l'ancien *Calagurris* est le village de Hour ou Houra au diocése de Comminge. Ce lieu est situé à l'embouchure de la riviere de Salat dans la Garonne sur les frontieres de l'ancien Toulousain, et se trouve dans les distances marquées dans les itinéraires à quarante-six milles de Toulouse, et à vingt-six de l'ancien *Lugdunum Convenarum*, capitale du pays : il paroît d'ailleurs que le nom de ce village est formé des deux dernieres syllabes du mot *Calagurris* ou *Calagurra*, dont on aura supprimé les premieres *. Les autres lieux du pays Toulousain marquez dans les itinéraires, sont les stations *Ad nonum* et *Ad vicesimum* sur la route de Toulouse à Narbonne, dans la même distance à peu près, où sont situez aujourd'hui les lieux de Montgiscard et de Ville-franche de Lauragais ; *Badera*, qui est peut-être le lieu de Barrelles, ou bien selon Catel celui de Basiege ; *Bucconis* dont le nom répond à celui de la forêt de Bouccone dans le comté de Lille-Jourdain, à la gauche de la Garonne ; et la station *Ad Jovem* qui étoit à sept milles de Toulouse. Le nom de ce dernier lieu nous fait conjecturer qu'il y avoit un temple de Jupiter.

Il seroit beaucoup plus difficile de déterminer la situation de *Crodunum*, de *Vulchalo* et de *Cobiomagus*, dont Cicéron fait mention [1] dans une de ses oraisons : ces lieux étoient compris dans le pays des Volces, ou dans la partie de la Narbonnoise située en deçà du Rhône ; mais nous ne sçavons pas s'ils étoient situez dans l'étendue du pays des Toulousains. Le dernier étoit entre Narbonne et Toulouse ; il paroît que les deux autres n'étoient pas éloignez de la mer, et qu'ils avoient même des ports.

[1] Cicer. pro Fontei.

* *V.* Additions et Notes du Livre II, n. 11.

On connoît encore par les itineraires trois autres lieux qui, suivant leur distance, devoient appartenir aux peuples Toulousains. Le premier est *Hebromago* ou *Eburomagi* sur la grande route, à quatorze milles de Carcassonne vers Toulouse ; le second *Sostomago* entre ces deux villes ; et *Elusione*. La situation du premier convient à Bram, baronnie voisine du canal de Languedoc, et dont le nom a quelque rapport avec *Ebromagus* ; le second pouvoit être situé aux environs de Castelnaudari ; et le troisiéme est, à ce qu'on prétend, l'endroit appelé Luz [1] dans le comté de Carmaing au diocése de Toulouse, ce qui est assez vraisemblable *.

XVII.

Les Lutevains.

Les Lutevains ou peuples de Lodeve, *Lutevani* ou *Foro Neronienses*, étoient du nombre des Volces Tectosages. Lodeve que les Gaulois appelloient indifferemment *Luteva*, *Loteva* ou *Lodeva*, et les Romains *Forum Neronis*, étoit la principale ville [2] de ces peuples, à laquelle les anciens donnoient tantôt le nom de château et tantôt celui de cité. L'usage qu'elle avoit du droit Latin est une preuve de la liberté de son gouvernement**.

XVIII.

Béziers.

Il y avoit encore quelques villes dans le pays des Tectosages dont les anciens ont négligé de nous faire connoître les peuples particuliers qui les occupoient. Celle de Beziers est de ce nombre : elle devoit être une des plus considerables des Tectosages, par l'avantage et l'agrément de sa situation sur la riviere d'Orb. Les Romains y établirent dans la suite une colonie qui est appelée dans les notices *Civitas Bitterensium*, *Bœterra* ou *Bliterra Septimanorum* : c'est de cette colonie, composée des veterans de la septiéme légion, qu'elle

[1] Vales. not. p. 188.
[2] Plin. l. 3. c. 4.

* *V.* Additions et Notes du Livre II, n° 12.
** *V.* Additions et Notes du Livre II, n° 13.

tiroit ce surnom. Une médaille Grecque frappée, à ce qu'on [1] prétend, dans cette ville prouveroit en même tems qu'elle avoit droit de faire battre monnoie, et qu'on y cultivoit les lettres Grecques, s'il étoit bien certain que cette médaille a été fabriquée à Beziers dans la Gaule Narbonnoise, et non pas dans une ville de Grece de même nom. Les vins de Beziers étoient très-estimez du tems de Pline.

XIX.

Agde, Cessero ou S. Tiberi, Pezenas.

Agde, *Agatha* ou *Agathe*, du mot Grec ἀγαθή, qui veut dire *bonne*, étoit une ancienne ville située vers l'embouchure de la riviere d'Eraut, *Arauris*, dans la mer : elle donnoit son nom à un étang voisin. Ptolemée qui la place dans une isle du même nom l'appelle Ἀγάθηπόλις, qui signifie *bonne ville*; ce qui a donné lieu à quelques geographes modernes [2] d'en faire deux villes, l'une appelée *Agatha* et l'autre *Agathepolis*. Son nom désigne assez son origine Grecque. Les Phocéens ou Marseillois furent en effet ses fondateurs: son territoire étoit compris dans le pays des Volces Tectosages. La colonie que les Marseillois y établirent demeura sous leur obeïssance, jusqu'à ce que cette ville passa sous celle des Romains; ceux-ci en étoient déjà les maîtres du temps de Pline: elle étoit pour lors comprise dans la Province Romaine. Les plus anciennes notices des citez des Gaules n'en font cependant aucune mention.

C'est sur la côte d'Agde qu'étoient situées l'isle de *Blasconis*, Brescou, la montagne et le cap de *Mons Setius*, Cette, et la colline de *Mesua*, Meze qui étoit dans une presqu'isle jointe au continent par un isthme fort étroit *. *Cessero Tectosagum*, aujourd'hui S. Tiberi, étoit dans le continent; on l'appelloit aussi *Araura*, à cause de la riviere d'Eraut qui passe au voisinage. Pezenas, *Piscenæ*, que la bonté de ses laines rendoient célèbre, n'en étoit pas éloignée. Ces deux villes avoient l'usage du droit Latin.

1 Hard. oper. p. 33.
2 Briet. Gall. antiq. l. 6. c. 4.

* *V.* Additions et Notes du Livre II, n° 14.

XX.

Volces Arecomiques.

Les Volces, comme nous l'avons déja dit, étoient divisez en Tectosages et en Arecomiques. Il nous reste à parler à present des derniers, qui s'étendirent d'abord des deux côtez [1] du Rhône. On comprenoit en effet parmi eux une partie des peuples situez à la gauche de cette riviere, dans la Provence et le Dauphiné : mais sous le gouvernement de Mn. Fonteius, Pompée aiant dépouillé les Arecomiques et les Helviens d'une partie de leurs terres qui furent données aux Marseillois, les premiers ne s'étendirent plus qu'à la droite du Rhône vers la côte [2] de la mer Méditerranée, et dans le pays qui comprend aujourd'hui les dioceses de Nismes, d'Alais, d'Usez et de Montpellier, ce qui fait une partie considerable du bas Languedoc, (NOTE XI.) Cette côte étoit dégarnie de villes et de bourgs, parce que, comme remarquent les anciens geographes, elle étoit entrecoupée d'un grand nombre d'étangs qu'on appelloit anciennement les étangs des Volces, *Stagna Volcarum:* les principaux sont à present ceux de Frontignan, de Maguelonne et de Perols. Quant à l'étymologie du nom d'Arecomiques, un moderne [3] la tire, avec assez de vraisemblance, de deux mots Grecs ἄρης et κώμη, qui signifient le pays de Mars, *Martis regio*. On pourroit aussi la faire dériver du mot Gaulois *ar* qui signifie *mer*, et du mot Grec κώμη, qui veut dire habitation : ainsi le nom d'Arecomiques signifieroit habitans d'une côte de mer *. Ces peuples habitoient en effet sur une partie des côtes de la Méditerranée.

XXI.

Nismes.

Nismes, *Nemausus Arecomicorum*, étoit la ville principale de ces peuples, et l'une des plus célèbres des Gaules. Elle étoit située à cent stades du Rhône et à sept cens vingt de

1 Liv. l. 21. c. 26.
2 Strab. l. 4. p. 186.
3 Spon. Recher. p. 163.

* *V.* Additions et Notes du Livre II, n° 15.

Narbonne, sur la grande route d'Italie et d'Espagne, près d'une fontaine ou gros ruisseau de même [1] nom, que quelques-uns ont [2] confondu avec la petite rivière de Vistre qui en est éloignée de plus d'une demie lieuë. La fondation de cette ville est si ancienne, qu'on n'en sçauroit rien dire de certain. Quelques anciens [3] et la plûpart des modernes lui donnent pour fondateur un des enfans ou descendans d'Hercule, qu'ils appellent *Nemausus:* mais leur autorité ne paroît pas assez grave pour établir la verité d'un fait d'une antiquité si reculée: on pourroit croire plus vraisemblablement avec un illustre et sçavant évêque de la [4] même ville, qu'elle fut redevable de ses commencemens à celle de Marseille, et que les Phocéens s'étant établis dans celle-ci, Nismes devint par leur moien une espece de colonie Grecque; car elle eut même langage, même religion, mêmes coûtumes, mêmes armes, et même forme de gouvernement que les Grecs ou les Marseillois. Ses habitans qui prirent le nom d'Arecomiques, dont l'étymologie est Grecque, le donnerent en mêmetems à vingt-quatre bourgs ou villages de leur dépendance, qui composoient une petite République, dont Nismes étoit le chef.

Cette ville que les anciens nous représentent comme extrêmement propre en été, et fort sale en hyver à cause de plusieurs ruisseaux dont elle étoit arrosée, et sur lesquels on avoit construit divers ponts de bois et de pierre, étoit divisée, à ce qu'il paroît, en cinq décuries [5]. Elle devint Colonie Romaine et porta le nom d'Auguste, *Colonia Augusta Nemausensis.* Elle eut avec l'usage du droit Latin, le privilege de faire battre monnoie et d'avoir un intendant des thrésors, *præpositus thesaurorum Nemausensium*, dont il est fait mention dans la notice des dignitez de l'empire: privilege qu'elle ne partagea qu'avec quatre autres villes des Gaules. Il paroît par [6] les inscriptions, qu'elle avoit quatre magistrats, ou quartumvirs préposez pour la garde et la régie de ses finances; d'autres inscriptions en marquent six. Elle étoit indépendante [1] du gouverneur de la Province de même que les vingt-quatre villes κώμας ou bourgs qui lui étoient soûmis, qui jouissoient comme elle du droit Latin, et avec lesquels elle ne formoit qu'une même cité, un même gouvernement, et un même peuple recommandable pas sa valeur: de là venoit que ce peuple étant fort nombreux, il y avoit aussi plus de citoiens, qui après avoir exercé à Nismes les charges de la magistrature, avoient droit d'aspirer aux principales dignitez de la république Romaine. Outre les duumvirs qui avaient la principale administration du gouvernement politique, il est fait mention dans les anciennes inscriptions de [2] Nismes, d'un college de six magistrats ou sevirs préposez pour l'administration de la justice, et des décurions ou senateurs de la même ville. On a peut-être voulu representer un de ces duumvirs ou sevirs de Nismes dans une médaille [3] fort singuliere des Volces Arecomiques, où d'un côté on voit une tête ornée d'un diadême avec ce mot, VOLCÆ; et au revers un senateur revêtu de la toge avec ces lettres AREC*. Outre les sevirs dont nous venons de parler, il y avoit dans Nismes un college de sevirs Augustales et plusieurs autres colleges de pontifes [4] destinez pour le culte sacré. En un mot cette ville, de même que les autres colonies, avoit [5] les mêmes officiers que Rome, des questeurs, des édiles, etc. et plusieurs corporations: elle étoit ornée des mêmes édifices publics, d'un amphitéatre qu'on appelle encore aujourd'hui les *Arenes,* l'un des plus entiers de l'Europe, de temples, de basiliques, de thermes et autres monumens. Sidoine Apollinaire fait mention de deux maisons de campagne, appellées *Prusianus* et *Voroangus* situées sur les bords du Gardon, et par consequent peu éloignées

---

[1] Auson. clar. urb. 14.
[2] Vales. not. Gall. p. 618.
[3] Steph. de urb. Grut. Inscript. p. 423. n. 5. et 6. V. Spon. miscell. p. 159. et seqq. Guiran. Grasser, eté.
[4] Flechier disser. miss. sur Nismes.
[5] Pr. p. 10. inscript. 52.
[6] Pr. p. 12. inscrip. 67. et seqq.

[1] Sstrab. ibid.
[2] Pr. p. 11.
[3] Hard. oper. p. 176.
[4] Pr. ibid. insc. 42. 43. 68.
[5] V. Pr. p. 9. et seqq.

* *V.* Additions et Notes du Livre II, n° 16.

de Nismes. Un moderne [1] conjecture que ces deux maisons de plaisance étoient les mêmes que les lieux de Brosis et de Brocen situez au territoire d'Alais; mais c'est sans fondement qu'il lit *Vorocingus* dans le texte de Sidoine au lieu de [2] *Voroangus*.

XXII.

Vindomagus et autres villes des Arecomiques. Les *Umbranici*. Les Anatiliens, etc.

Vindomagus, situé au milieu du pays des Volces Arecomiques, tenoit le second rang parmi les villes de ces peuples. On [3] conjecture que c'est la même que la ville d'Usez: d'autres prétendent cependant que le Vigan, situé dans l'ancien diocèse de Nismes, et aujourd'hui dans celui d'Alais, est l'ancien Vindomagus; on y trouve en effet en creusant, d'anciens monumens. Quoiqu'il en soit, la ville d'Usez ne nous est connuë que par les anciennes notices qui lui donnent le nom d'*Ucecia* et de *Castrum Uceciense*. Elle avoit sous les Romains un college de sevirs [4] Augustales.

Les lieux suivans, dont nous allons parler, se trouvant compris dans le pays des Volces Arecomiques, étoient sans doute du nombre des vingt-quatre villes ou bourgs qui dépendoient de la république de Nismes.

Le premier est *Ugernum*. Ce que Strabon rapporte de ce lieu, joint aux distances marquées dans les itinéraires, fait conjecturer [5] que c'est la ville de Beaucaire, ou plutôt l'isle de *Gernica*, la Vergne, que formoit autrefois le Rhône entre Beaucaire et Tarascon. On peut ajoûter que Gregoire de Tours n'appelle sans doute ce lieu *Ugernum Arelatense Castrum*, qu'à cause de sa situation dans le diocèse d'Arles, d'où dépend encore aujourd'hui Beaucaire: mais [6] d'autres prétendent que la situation de cette derniere ville, ni celle de l'isle de *Gernica* ou *Gervica* ne peuvent convenir à celle d'*Ugernum*, qui, suivant la table de Peu-

---

[1] Hist. de l'Acad. des insc. tom. 3. p. 282.
[2] Sid. edit. Sirm. tom. 1. oper. p. 893.
[3] Vales. not. Gall.
[4] Grass. antiq. Nemaus.
[5] Vales. not. Gall. p. 601.
[6] Pagi critiq. ad an. 584 n. 4.

---

tinger, étoit éloignée de quelques milles du Rhône, et que tout ce qu'il y a de certain, c'est que ce château étoit situé à la droite de ce fleuve, entre les villes de Nismes et d'Arles.

Ambrussum est sans doute le lieu d'Ambroix qui subsiste encore aujourd'hui entre Nismes et Substantion, dans la distance marquée par les anciens itinéraires. Les Romains y avoient construit un pont sur le Vidourle, que César appelle *Pons Ambrussi*. Ce pont subsiste encore à un quart de lieuë de Galargues: de cinq arcades qui le soûtenoient, il en reste encore quatre du côté du nord qui ont échappé aux injures du temps; la cinquième du côté de Montpellier est abattuë.

Lates, *Castellum Latara*, étoit un château situé dans une isle formée par la petite riviere de Lez, *Ledum flumen* vers son embouchure dans l'étang de Tau, qu'un ancien [1] auteur appelle *Tacrum*, et qu'on nomme aujourd'hui l'étang de Pérols. Ce château éloigné d'un peu plus d'une lieuë au midi de Montpellier, prit dans la suite le nom de *Palude*, la Palu, à cause de sa situation. Il est à présent ruiné *.

Substantion, *Sextantio* ou *Sestantio*, dont tous les itinéraires font mention, étoit autrefois une ville considerable, comme il paroît par les anciens monumens [2] qu'on y découvre. Ce n'est plus aujourd'hui qu'un village ruiné, qui n'a rien d'agréable que sa situation sur une colline voisine de la riviere de Lez. Ce lieu situé à une lieuë ou environ au nord de Montpellier a été honoré du siege épiscopal de Maguelone pendant trois cens ans, et a donné son nom à des seigneurs qui prirent ensuite le titre de comtes de Melgueil ou Mauguio **.

Forum Domitii, dont on a lieu de croire que Cn. Domitius Ahenobarbus fut le fondateur, nous paroît après M. de Valois [3], et conformément aux distances marquées dans les itinéraires, avoir été situé dans l'endroit qu'on appelle aujourd'hui Frontignan, et non pas

---

[1] Fest. Avien.
[2] Gariel Ser. p. 6 et Seq.
[3] Vales. not. Gall.

* *V.* Additions et Notes du Livre II, n° 17.
** *V.* Additions et Notes du Livre II, n° 18.

dans celui de Fabregues, comme le prétend Gariel [1] *.

Maguelonne, *Magalona* ou *Civitas Magalonensium*, étoit autrefois une ville épiscopale située dans une isle entourée d'un étang qui porte son nom, et non pas, comme veut M. de Valois [2], dans une presqu'isle environnée de la mer. Ce n'est que dans les notices les moins anciennes qu'il en est fait mention. On pourroit la mettre au nombre des colonies Phocéennes, si, comme l'insinue le même M. de Valois, Etienne de Bysance en avoit fait mention sous le nom d'Alone; mais cela n'est pas certain. Charles Martel après en avoir chassé les Sarazins, la fit raser, parce qu'elle favorisait les courses de ces infideles; ce qui occasionna la translation du siege épiscopal à Substantion **. Le diocèse de Maguelonne ou de Montpellier étoit peut-être anciennement occupé par les peuples dont il est fait mention dans Pline et dans les tables de Peutinger sous le nom d'*Umbranici*, lesquels avoient l'usage du droit Latin. (NOTE XII.)

On peut joindre aux Arecomiques les Anatiliens leurs voisins, qu'on conjecture avec assez de vraisemblance avoir habité le pays situé entre les embouchures du Rhône jusques vers Aiguemortes en deçà de ce fleuve; ainsi la ville d'Arles pouvoit être comprise parmi ces peuples ***. La ville d'*Anatilia* dont il est parlé dans Pline [3], prit peut-être son nom de ces peuples. On croit que cette ancienne ville est la même que le château de Mornas situé sur le Rhône entre le Pont Saint-Esprit et Orange. Quant aux anciennes villes de Rhodes et d'Heraclée, dont nous avons déjà fait mention en parlant des colonies Phocéennes de la Province, comme elles étoient situées, à ce qu'il paroit, sur le bord occidental du Rhône et vers son embouchure, on peut les placer dans l'étendue du pays des Anatiliens, ou peut-être des Volces Arecomiques. Pline, au temps duquel on ne voioit aucun vestige de ces deux villes, met en effet celle d'Heraclée vers l'embouchure du Rhône. (V. Note 46.) Quelques-uns ont prétendu sur l'autorité d'une inscription supposée, qu'elle étoit située à l'endroit où l'on voit aujourd'hui la ville de saint Gilles.

XXIII.
Les Helviens, Alps, Viviers.

Les Helviens, *Helvi* ou *Helvii*, s'étendoient dans le pays qui porte aujourd'hui le nom de Vivarais. Les Cevennes, suivant le témoignage de [1] César, séparoient ces peuples des Auvergnats, c'est-à-dire, du Velai et du Gevaudan, qui étoient anciennement de la dépendance de l'Auvergne. Les Helviens étoient compris dans l'étendue de la Province Romaine du tems de ce general; mais par un privilège particulier ils étoient soumis à un prince de leur nation. Après la division de la Narbonnoise en deux provinces, ces peuples, quoique situez en deçà du Rhône, furent compris dans la Viennoise, dont ils dépendent encore aujourd'hui pour le spirituel. Un ancien [2] geographe met mal-à-propos ces peuples dans l'Aquitaine, dont certainement ils n'ont jamais fait partie.

La ville principale des Helviens étoit *Alba Helvorum* ou *Helviorum*, ou *Alba Helvia*, et *Alba Augusta*, qu'on croit être la ville d'Alps située à deux lieues au nord-oüest de Viviers. Cette ville qui jouissait du droit Latin [3] étoit autrefois fameuse par la quantité et la qualité des vins que produisoit son terroir, mais surtout par un plan de vigne, qui, au rapport de Pline, [4] fleurissoit en un jour, et dont on se servit ensuite dans le reste de la province. Le siege épiscopal fut d'abord établi dans cette ville et y subsista jusqu'à ce qu'aiant été entierement ruinée par Crocus roi des Allemans ou des Vandales, il fut transferé à Viviers. Les plus anciennes [5] notices des citez des Gaules ne font mention que de la ville d'Alps ou Albe sous le nom de *Civitas Albensium*.

---

[1] Gariel. ibid.
[2] Vales. ibid.
[3] Plin. ibid. p. 313.

* *V.* Additions et Notes du Livre II, n° 19.
** *V.* Additions et Notes du Livre II, n° 20.
*** *V.* Additions et Notes du Livre II, n° 21.

[1] Cæs. l. 7. de bell. Gall.
[2] Strab. l. 4. p. 190. - V. Vales. not. Gall.. p. 244.
[3] Plin. l. 3. n. 5.
[4] Plin. l. 14. c. 3. p. 124.
[5] V. not. apud Duch. tom. 1. hist. Franc.

Les notices posterieures ajoûtent ces mots *nunc Vivarium* ou *Vivaria:* ce qui prouve que Viviers, qu'on ne connoît que par ces notices, ne devint capitale du pays qu'après la destruction d'Albe, c'est-à-dire après le commencement du cinquième siécle *.

La ville du Bourg saint Andeol portoit, suivant le martyrologe d'Adon, le nom de *Gentibus* dans le temps que ce saint y fut martyrisé au second siécle de l'ére chrétienne: d'autres prétendent avec plus de vraisemblance que la ville du Bourg n'est point differente du lieu appellé *Borgagiates, Burgagiates*, et *Bergoitas* dans les anciens titres de l'église de Viviers. Tous les pays dont on vient de parler faisoient partie de l'ancienne province Narbonnoise, et étoient situez en deça du Rhône **.

XXIV.

Peuples du Velai.

Pour n'obmettre aucun des anciens peuples qui sont compris aujourd'hui dans l'étenduë de la province de Languedoc, il nous reste à parler de ceux du Velai, du Gevaudan et de l'Albigeois qui dépendoient anciennement de l'Aquitaine. Ces trois peuples de même que ceux du Querci et du Roüergue, vivaient du tems de César [1] sous la dépendance et le gouvernement des Auvergnats, ce qui changea dans la suite; car du vivant de Strabon [2], les Velaunes ou peuples du Velai se gouvernoient par eux-mêmes. Ils sont compris dans le gouvernement de Languedoc depuis le treiziéme siécle, et ils en dépendent encore aujourd'hui, quoiqu'en dise M. de Valois [3].

Ces peuples appellez *Vellavi* ou *Velauni* par les anciens, étoient séparez des Helviens par les montagnes des Cevennes: ils furent, ainsi que ceux du Gévaudan, du nombre des quatorze peuples qu'Auguste démembra de l'ancienne Celtique pour les joindre à l'Aquitaine, qui par cette union devint une des plus grandes parties des Gaules.

[1] Cæs. l. 7. de bell Gall.
[2] Strab. ibid.
[3] Val. not. Gall. p. 589.

* *V*. Additions et Notes du Livre II, n° 22.
** *V*. Additions et Notes du Livre II, n° 23.

La principale ville des peuples Velaunes ou du Velai, dont les anciens nous aient laissé quelque connaissance, est *Revessio* ou *Ruessio*, qui fut appellé ensuite *Vallava, Civitas Vellavorum*. ou *Civitas Vetula*. On ne doute pas[1] que cette ville ne fût située au lieu où est aujourd'hui saint Paulhan sur les frontieres du Velai et de l'Auvergne, environ à trois lieuës du Puy: les distances de l'itineraire de Theodose, mais plus encore les inscriptions et autres antiquitez qu'on y découvre tous les jours, ne laissent aucun lieu d'en douter. Le siege épiscopal du pays, établi d'abord à Ruessio, fut transferé depuis à *Anicium*, Anis, dont Gregoire de Tours est le premier qui fasse mention: du temps de cet historien ce n'étoit qu'une montagne où on bâtit ensuite la ville qu'on appelle aujourd'hui le Puy.

C'est par le même itineraire de Theodose, que nous connoissons dans le pays de Velai le lieu d'*Aquis Segete*, situé à huit milles de Feurs en Forez du côté de saint Didier, et sur les frontieres de ce dernier pays; celui de *Icidmago* à vingt-cinq milles de Feurs; et à quatorze de *saint Paulhan* ou *Revessione*, et que nous croyons être le même que la petite ville d'Issingeaux ou Ensingeaux, et enfin le lieu de *Condate*, à douze milles de Revessio, du côté à peu près où est à present le lieu de saint Privat *.

XXV.

Le Gevaudan ou les Gabales.

Le Gevaudan, *Gabali, Gabales* et *pagus Gabalicus*, que les montagnes des Cevennes séparoient de la Narbonnoise, étoit, ainsi que le Roüergue, un pays qui abondoit en mines d'argent du tems de Strabon. Pline vante beaucoup l'excellence des fromages de ce pays, et en particulier de ceux de la montagne de Lozere appellée *Mons Lezuræ*, laquelle fait partie de celles des Cevennes.

La capitale du Gévaudan portoit anciennement le nom d'*Anderidum*, et prit dans la suite celui de *Gabalum*; ce qui pourrait peut-être nous donner lieu de croire que ce sont

[5] V. Mab. Act. SS. Ord. S. B. n. sæc. 4. part. 1. p. 758.

* *V*. Additions et Notes du Livre II, n° 24.

les Gabales, que la notice des dignitez de l'empire a voulu désigner sous le nom des soldats *Anderitiens* dont elle fait mention. La ville d'*Anderidum* ou de *Gabalum* n'est plus ce qu'elle a été autrefois : elle est réduite à un village appellé Javoulx et situé à quatre lieues de Mende. C'est ce qui paroît par les distances marquées dans l'itinéraire de Theodose depuis saint Paulhan ou *Ruessio* jusqu'à *Anderidum*, et de cette ville à Rhodés, ce qui ne convient nullement à Mende. Le siege épiscopal de *Gabalum*, qui subsistoit encore au commencement du quatrième [1] siècle, fut transferé dans la suite à Mende, *Mimate* et *Mimatensis Mons*, dont Gregoire de Tours fait mention.

Les anciens itineraires parlent d'un lieu appellé *Ad Silanum*, sur la route d'*Anderitum* à *Segedunum*, aujourd'hui Rhodez, à dix-huit milles de celui-là, et à trente de celui-ci : ainsi sa situation devoit être aux environs de Treslans en Gevaudan sur la frontiere du Rouergue. Gregoire de Tours fait mention du château de Grezes, *Castellum Gredonense* en Gevaudan [*].

XXVI.

Pays d'Albigeois.

Nous avons très-peu de memoires sur l'ancien état de l'Albigeois, quoique ce pays soit également considerable par son étendue et par sa fertilité. Les anciens geographes contens de nous avoir dit que le Tarn, qui le traverse, prend sa source dans les Cevennes, ont négligé de nous apprendre le nom des peuples situez sur cette riviere depuis le Rouergue jusques à son embouchure dans la Garonne. Quelques modernes ont crû que les Eleutheriens dont il est parlé dans les commentaires de César, habitoient le pays d'Albigeois, et que ces peuples faisoient anciennement partie de ceux du Querci, sous le nom de Cadurces *eleutheriens* ou libres : sur quoi il n'y a rien de certain. Ce n'est donc qu'aux notices des citez des Gaules que nous sommes redevables de la premiere connaissance que nous avons de la ville capitale du pays d'Albigeois : les plus anciennes de ces notices l'appellent *Civitas Albiensium*, et les suivantes, *Albia* et *Albiga*. Quelques auteurs prétendent que les peuples de ce pays sont désignez dans la notice des dignitez de l'empire sous le nom d'*Equites Cataphractarii Albigenses*. On trouve souvent en fouillant à Montans, lieu situé dans ce pays à la gauche et proche le Tarn, à un quart de lieuë au-dessous de Gaillac, des médailles, des urnes et d'autres anciens monumens [*].

XXVII.

Défaite des Liguriens Stænes. Gouverneurs de la Province.

Tel fut à peu près l'état de la Narbonnoise en deçà du Rhône après que les Romains en eurent fait la conquête. Le consul Marcius qui gouvernoit cette province l'an 636 de Rome, eut à [1] combattre pendant son administration les Liguriens Stænes, peuples Gaulois qui habitoient les Alpes, et qui par leurs courses et leurs brigandages désoloient tout le plat pays. Ce consul marcha contre eux à la tête de ses troupes, et malgré leur situation avantageuse, il les assiegea de toutes parts dans leurs montagnes, les serra de près, et les réduisit enfin à ce point d'extrémité et de desespoir, qu'ils aimerent mieux s'entretuer les uns les autres, que de tomber entre les mains des Romains, ce qu'ils craignoient plus que la mort. Cette victoire [2] qui mérita à Marcius, sur la fin de l'année 636. de Rome, l'honneur du triomphe, n'assûra pas tout-à-fait le repos de la province. Les autres Liguriens des Alpes voulant sans doute venger la mort de leurs compatriotes, continuerent de la désoler par leurs courses; ce qui donne lieu à un moderne [3] de croire que cette province fut consulaire les trois années suivantes, c'est-à-dire, qu'elle fut gouvernée successivement, et conjointement avec la Cisalpine, par les consuls Q. Mucius, C. Geta, et M. Scaurus :

---

[1] Concil. Arelat. 1. tom. 1. concil. p. 1430.

[*] *V.* Additions et Notes du Livre II, n° 25.

[1] Oros. l. 5. c. 14.
[2] Marm. Capitol. apud Pigh. tom. 3. p. 85.
[3] Pigh. ibid. p. 90. 94. 100. 103. 105.

[*] *V.* Additions et Notes du Livre II, n° 26.

le second défit les peuples des Alpes Grecques, et le troisième aiant vaincu les Liguriens et les Gantisques, mérita les honneurs du triomphe (ans de Rome 637-638-639.) Ces victoires procurerent enfin la tranquillité à la Province, et assûrerent aux Romains la liberté des passages des Alpes pour entrer dans la Gaule Transalpine. Ce fut alors (an de Rome 640) que la Province cessa sans doute d'être consulaire, et qu'elle commença d'être gouvernée par un préteur, c'est-à-dire de devenir province ordinaire.

XXVIII.

Mouvemens des Cimbres. Leur origine

Si la Province fut en paix, à ce qu'il paroît, après la victoire de M. Scaurus sur les Liguriens, elle se vit exposée quelques années après à de grands troubles par l'inondation des Cimbres, des Teutons et autres barbares. Les auteurs [1] ne sont pas d'accord sur l'origine des premiers de ces peuples : ils conviennent tous cependant qu'ils étoient originairement Celtes, c'est-à-dire Germains selon les uns, ou Gaulois selon les autres. Suivant ce dernier sentiment, qui est le plus commun, ils descendoient peut-être de ces anciens Gaulois, qui après avoir subjugué la Grece, se répandirent dans la Thrace, et s'étendirent jusqu'aux embouchures du [2] Danube. Ce qu'il y a de vrai, c'est que les Cimbres avoient déja occupé la Scythie, et s'étoient étendus jusques vers les côtes Septentrionales de l'Ocean, où ils étoient connus sous le nom commun de Celto-Scythes, quoique divisez en plusieurs peuples particuliers, lorsque se voiant extrêmement multipliez, ou que, selon d'autres [3], leur pays, qui avoit été inondé par les eaux de la mer, ne leur fournissoit presque plus de quoi subsister, une partie se détacha pour chercher ailleurs de nouveaux établissemens.

C'est dans ce dessein que ces Cimmeriens [4],
d'où on a formé le nom de Cimbres, sortirent de la Scythie au nombre de trois cens mille combattans, sans compter les femmes et les enfans. Ces peuples, qui suivant le portrait que les historiens en ont laissé, étoient d'une taille très-avantageuse et avoient les yeux pers, s'avancerent peu à peu tous les ans au printems vers le couchant de l'Europe : voleurs de profession, selon la signification de leur nom en langue Germanique, ils mirent au pillage tous les pays qu'ils trouverent sur leur passage. Quelque formidable et nombreuse que fût leur armée par la jonction de divers autres peuples barbares qu'ils avoient rencontrez sur leur route, elle n'intimida pas les Boiens, peuples originaires des Gaules, qui habitoient alors une partie de la forêt Hercynie aux environs de la Boheme, et qui résisterent vigoureusement aux efforts que firent ces barbares pour s'emparer de leur pays. Ils les obligerent en effet de retourner sur leurs pas et de remonter le long du Danube vers le pays des Gaulois Scordisques, d'où les Cimbres firent des incursions dans l'Illyrie et dans le Norique.

XXIX.

Défaite du Consul Papirius Carbo par ces barbares.

Sur l'avis des approches de cette multitude de barbares des frontières de la domination romaine, la République qui en craignoit les suites et pour ses alliez et pour elle-même, fit partir aussitôt le consul Papirius Carbo avec une puissante armée pour s'opposer à leurs courses. Ce consul alla au-devant d'eux et les rencontra dans le pays des Taurisques qui habitoient les Alpes Noriques du côté de la mer Adriatique (an de Rome 641). Il étoit sur le point de les combattre, quand ces barbares craignant la valeur des troupes Romaines, quoique beaucoup inferieures en nombre, prirent le parti de s'excuser auprès du consul de s'être trop étendus, sans le sçavoir, sur les terres des alliez de la République. Papirius parut satisfait de cette excuse : il ne laissa pas cependant de chercher l'occasion de les surprendre et les attaqua lorsqu'ils y pensoient le moins. Malgré cette surprise les Cimbres soûtinrent le premier

---

[1] Plut. in Mar. Appian. de bell. Celtic. p. 755. et de bell. Illyr. p. 758. Cicer. de prov. consul. - Sallust de bell. fug. Tacit. de mor. Germ.

[2] Dup. mem. des Gaul. liv. 2. ch. 30.

[3] Flor. l. 3. c. 3.

[4] Plut. ibid. - V. Freinsh. ad lib. 63. et 65 Liv.

choc des Romains avec beaucoup de fermeté, et se défendirent avec tant de bravoure, qu'ils battirent l'armée du consul, et l'obligerent à se retirer ; ce qui les anima à continuer leurs courses et à former de nouveaux desseins.

XXX.
Défaite du Consul Junius Silanus.

Le principal étoit de s'étendre dans la Germanie [1], ce qu'ils tenterent quelque tems après : mais aiant été vivement repoussez de nouveau par les peuples du pays, ils abandonnerent cette entreprise. Ces barbares se flattant de trouver moins de résistance dans les peuples des Gaules, résolurent alors de porter leurs armes en deçà des Alpes, et de pénétrer dans la Province Romaine par le pays des Helvetiens. Ils étoient sur le point d'executer ce projet, quand le senat qui en fut averti, déclara cette province consulaire, et y envoia le consul M. Junius Silanus pour la gouverner et leur en défendre l'entrée, (an de Rome 645).

Ce consul arriva dans la Province Romaine lorsque les Cimbres après avoir déja fait quelques efforts pour y pénétrer, aiant été repoussez, étoient résolus de tourner vers l'Italie. Avant que de s'engager dans cette nouvelle entreprise, ils envoierent des députez à Silanus pour lui offrir de se mettre au service de la République, si elle vouloit leur accorder des terres pour leur établissement. A cette proposition ce consul répondit avec mépris, que la République étoit en état de se passer du secours des Cimbres, et qu'elle n'avait pas de terres à leur donner. Ces barbares piquez de la fierté de cette réponse se mirent alors en état d'acquerir par la voie des armes ce qu'ils n'avoient pû obtenir par leurs prieres, attaquerent l'armée du consul, et agirent avec tant de conduite et de valeur, qu'aiant mis ses troupes en fuite, ils demeurerent maîtres du champ de bataille.

XXXI.
Défaite de M. Aurelius Scaurus.

Après cet heureux succès les Cimbres se flattant d'obtenir plus aisément du senat ce que Silanus leur avoit refusé, envoierent de nouveaux députez à Rome pour y faire les mêmes demandes qu'ils avoient faites au consul ; on leur fit la même réponse. Le senat renvoia même absous ce general qui avoit été accusé d'avoir attaqué ces barbares mal-à-propos et sans ordre. Les Cimbres n'aiant plus de ménagement à garder avec la République, firent de nouveaux efforts pour pénétrer dans la Province Romaine, (an de Rome 646). Le consul M. Aurelius Scaurus qui en étoit alors gouverneur, voulant leur en disputer l'entrée leur livra bataille ; mais il fut battu et son armée mise en déroute. Ces barbares n'aiant plus alors d'ennemis à craindre, ni d'obstacles à surmonter, se répandirent dans la Gaule Transalpine, où également animez par la prosperité de leurs armes et par leur ferocité naturelle, ils porterent partout la désolation, pillerent les villes, et menacerent d'aller venger sur Rome même et sur le reste de l'Italie, le mépris que le consul et le senat avoient fait de leurs demandes.

XXXII.
Défaite du consul Cassius Longinus par les Tigurins.

Les Cimbres n'eurent pas plutôt pénétré en deçà des Alpes, que les Tigurins, peuples auparavant vagabonds et voleurs de profession, qui avoient fixé alors leur demeure dans le pays des Helvetiens, animez par l'exemple de ces barbares, et plus encore par l'esperance du butin, se mirent en marche pour les aller joindre et partager avec eux les dépüilles de la Province Romaine [1]. Ils s'avançoient vers le pays des Allobroges, après avoir abandonné leurs anciennes demeures, lorsqu'aiant été rencontrez (an de Rome 647) par le consul L. Cassius Longinus, nouveau gouverneur de la Province, ils se virent forcez d'en venir à un combat. Ce consul les attaqua en effet avec beaucoup de vigueur, et eut même d'abord quelque avantage sur eux ; mais étant malheureusement tombé dans une embuscade, il y périt avec L. Calpurnius Pison personnage consulaire et son lieutenant. La mort de ces deux capitaines fut bien-

---

[1] Liv. Epit. 65 - Hor. l 3 c. 3

[1] Liv. Epit. 65. - Oros. l. 3 c. 15.

tôt suivie de la défaite entiere de l'armée Romaine, en sorte que C. Popilius autre lieutenant du consul fut presque le seul Romain de consideration qui échappa de cette défaite avec un petit nombre de soldats. Ceux-ci se retirerent dans leur camp; mais ils y furent aussitôt assiegez et pressez si vivement par les Tigurins, que ce lieutenant fut obligé de composer avec ces peuples, de leur donner des ôtages et de leur abandonner le bagage pour sauver sa vie et celle des soldats qui lui restoient. Cette composition, quoique nécessaire, parut cependant honteuse à la République, et C. Popilius, à qui on en fit un crime et qu'on accusa en plein senat d'avoir trahi la patrie, aurait été infailliblement puni, si par sa fuite il ne se fût condamné lui-même à un exil volontaire. Après cette victoire les Tigurins se joignirent sans obstacle aux Cimbres, et ravagerent avec eux la Province Romaine des Gaules.

XXXIII.
Les Toulousains arrêtent la garnison Romaine de leur ville à la sollicitation des Cimbres.

Les Romains se trouvant, après cette défaite, hors d'état de tenir la campagne, abandonnerent entierement cette province à la discrétion de leurs vainqueurs pour se renfermer dans les villes et veiller à la conservation de celles qui étoient les plus fortes. Toulouse [1] étoit alors dans l'alliance de la République, et avoit par consequent conservé toute son ancienne liberté, quoique située dans l'étendue de la Province Romaine. Elle avoit reçu dans son enceinte des troupes Romaines autant pour sa propre défense que pour celle de la Province dont elle étoit frontiere de ce côté-là. Les Cimbres prévoiant que les Toulousains, soûtenus par une garnison Romaine, traverseroient leurs courses et l'exécution de leurs projets, n'obmirent rien pour gagner ces peuples. Ils leur firent representer qu'aiant déja vaincu les Romains, ils devoient s'attendre d'éprouver le même sort, et de paier cherement l'alliance qu'ils avoient contractée avec la République, s'ils persistoient à la favoriser; que leur intérêt commun étoit de s'unir avec eux pour éloigner des Gaules une nation dont le dessein étoit de soûmettre toutes les autres, et de dominer sur elles; qu'en un mot l'occasion de recouvrer leur entiere liberté étoit des plus favorables, et que s'ils la manquoient, ils s'exposoient ou à devenir tôt ou tard les esclaves des Romains, qui ne cherchoient qu'un prétexte pour les subjuguer, ou à éprouver bientôt toute l'indignation des Cimbres. Ce discours fit impression sur les Toulousains, et soit qu'ils craignissent ces barbares, ou qu'ils crussent les Romains hors d'état de se relever et de punir leur infidelité, ils prirent le parti d'arrêter prisonniere la garnison romaine qui étoit dans leur ville.

XXXIV.
Toulouse prise et abandonnée au pillage par Cepion. Or de Toulouse.

Plusieurs d'entre les Toulousains craignant cependant avec raison le juste ressentiment des Romains, si ceux-ci venoient à reprendre leur premiere superiorité, demeurerent fideles [1] à l'alliance que leur ville avoit contractée avec la République, et désapprouverent la défection de leurs concitoiens : mais comme ils n'étoient pas les plus forts, ils n'oserent se déclarer ouvertement, et se contenterent de faire sçavoir leurs dispositions au consul Q. Servilius Cepion que la République avoit envoié depuis peu pour gouverner la Province. Ils lui firent offrir d'introduire de concert ses troupes dans la ville, et de l'aider à delivrer les Romains que leurs autres compatriotes avoient fait prisonniers. L'occasion de reprendre une des plus importantes places de la Province, parut trop favorable à Cepion pour la laisser échapper : il se mit aussitôt en état d'en profiter, et s'étant approché de Toulouse à la faveur de la nuit et d'une intelligence bien ménagée, il se rendit maître de cette ville sans coup ferir, dans le temps que les factieux s'y attendoient le moins.

Ce consul moins occupé de la gloire d'avoir repris Toulouse, que du desir de satisfaire

---

[1] Dion. fragm. apud Vales. p. 630. - Plut. in Sertor. et in Sylla.

[1] Dio. ibid. - Aul. Gel. l. 3. c 9. - Strab. l. 4. p. 188. et Seqq. - Oros. l. 5. c. 15.

son avarice, sous prétexte de se venger de la trahison des Toulousains, abandonna alors leur ville, extrèmement opulente, au pillage de ses soldats qui n'épargnerent pas même les temples les plus respectables : ils firent entr'autres un butin très-considerable dans celui d'Apollon alors très-riche par les dons et les offrandes des peuples ; car telle étoit dans ce tems-là la superstition des Toulousains de consacrer aux temples de leurs Dieux tout l'or et l'argent en masse qu'ils tiroient des mines de leur pays, et qu'ils jettoient, apparemment pour plus grande sûreté, dans des lacs voisins de ces lieux sacrez, quoy'que d'ailleurs personne n'eût osé par respect s'emparer de ces offrandes. Il paroit que les thrésors que les Toulousains conservoient dans les lacs voisins du temple d'Apollon, ne furent pas entierement pillez dans cette occasion ; car ces lacs aiant été vendus ensuite par les Romains, les acheteurs eurent encore de quoi s'enrichir de l'argent [1] en masse qu'ils y trouverent.

Les anciens [2] historiens sont fort partagez sur la quantité d'or et d'argent que Cepion emporta de Toulouse. Justin, dont le sentiment est le plus [3] suivi, en fait monter la somme à cent dix mille livres pesant d'or, et à quinze cens mille pesant d'argent, ce qui revient environ à cent trente millions de notre monnoie. On n'est pas moins partagé sur l'origine de cet or et de cet argent : les uns le font venir du fameux temple de Delphes qu'ils prétendent avoir été pillé par nos Tectosages, et les autres avec plus de fondement [4], comme on vient de dire, des offrandes que les Toulousains superstitieux faisoient au dieu Apollon, et qu'ils tiroient des mines du pays, qui étoient assez abondantes. Ces peuples vivant d'ailleurs dans une grande frugalité, pouvoient plus aisément accumuler des richesses et les consacrer aux temples de leurs dieux. Il est cependant vraisemblable qu'une partie de ces thrésors provenoit du pillage, que les anciens Tectosages qui avoient autrefois fait des courses dans la Grece, avoient apporté dans leur patrie.

XXXV.

L'or de Toulouse enlevé par Cepion. Suites funestes de cet enlevement.

Quoi qu'il en soit, Cepion après avoir rétabli la garnison Romaine dans Toulouse, et s'être assûré de la fidelité des habitans, songea [1] à sa fortune particuliere et à s'enrichir des dépouilles des Toulousains et des thrésors de leurs temples. Dans cette vuë il les fit voiturer à Marseille, sous prétexte que cette ville étoit une place sûre, et que ses habitans étoient alliez de la République : on assûre que ce consul donna en même-tems un ordre secret à quelques personnes affidées d'attaquer en chemin l'escorte qui devoit conduire ces thrésors à Marseille, et de les enlever. Ce qu'il y a de certain, c'est que les conducteurs aiant été attaquez sur leur route, toutes ces richesses furent dissipées, en sorte qu'il n'en revint aucun avantage à la République, et que cet enlevement donna lieu d'accuser dans la suite Cepion de peculat, et tous ceux qu'on crut avoir été ses complices. On prétend même qu'ils périrent tous miserablement, et que c'est leur malheur qui donna lieu de dire en proverbe d'un homme à qui rien ne réüssit, *qu'il a de l'or de Toulouse*, *Habet aurum Tolosanum*. Et en effet comme depuis ce tems-là Cepion fut toujours malheureux, les Romains ne manquerent pas d'attribuer toute la suite de ses mauvais succès au pillage sacrilege qu'il avoit fait des temples de Toulouse ★.

XXXVI.

Mesintelligence de Mallius et de Cepion commandants dans la province.

Cependant le senat et le peuple Romain, jugerent à propos de le continuer encore l'année suivante [2] dans le gouvernement de la Province avec l'autorité de proconsul, et

---

[1] Strab. ibid. p 180.
[2] Strab. et Oros. ibid. – Justin. l 32. c. 3.
[3] V. Petav. rat temp l. 4. c. 14 – Lagni diss. tom 1. la Faille.
[4] V Note IV, n 12.

[1] Strab. Aul-Gell. Oros. ibid.
[2] Dio. ibid. p. 618. et 630. – Liv. Epit. 67. Oros. l. 5. c. 16.

★ V. Additions et Notes du Livre II, n° 27.

de lui donner pour collegue dans cet emploi le consul C. Mallius ou Manilius. Ce dernier partit de Rome avec une puissante armée dans l'esperance de terminer la guerre contre les Cimbres dont la République craignoit extrêmement les suites : mais ce partage égal d'autorité entre deux generaux dont la dignité n'étoit pas égale, fit naître entr'eux bientôt après la jalousie et la mésintelligence qui leur furent très-fatales, et plus encore à la République. Cepion qui se croioit superieur à Mallius, soit pour la naissance et le mérite, soit pour l'experience dans les armes, soit enfin pour la connoissance qu'il avoit des affaires de la Province et des ennemis qu'on avoit à combattre, vouloit commander et l'emporter sur le consul pour lequel il avoit un parfait mépris. Mallius dont le génie étoit aussi médiocre, que son extraction étoit obscure, et que la seule brigue avoit élevé au consulat, ne croioit pas de son côté qu'il fût de sa dignité de ceder à un proconsul : ces deux generaux ne pouvant s'accorder sur le commandement principal, convinrent enfin pour un bien de paix de partager entr'eux le gouvernement de la province, dont le Rhône feroit la séparation. Par ce partage l'un commanda avec une pleine autorité dans la partie de cette province qui est en deçà de cette riviere, et qu'on appelle aujourd'hui Languedoc; et l'autre dans celle qui est au-delà, et qui comprend la Provence, le Dauphiné et la Savoye. Nous ne sçavons pas cependant laquelle de ces deux parties échut plûtôt à l'un qu'à l'autre.

XXXVII.

Aurelius Scaurus vaincu et pris prisonnier par les Cimbres.

La mésintelligence de Mallius et de Cepion fit d'autant plus de plaisir aux Cimbres, qu'ils craignoient de se voir chassez de la province dont ils commençoient d'aimer le séjour, si ces deux generaux venoient à se réconcilier et à se réunir. Ils crurent avec raison que les troupes Romaines étant divisées, il leur seroit bien plus aisé de les battre. L'occasion se présenta bientôt, ils attaquerent vivement un corps de troupes commandé par M. Aurelius Scaurus lieutenant de Mallius qu'ils avoient déja vaincu trois ans auparavant dans le tems qu'il étoit consul et gouverneur de la province; et après l'avoir entierement défait [1] ils le firent prisonnier.

Ces barbares enflez de cet heureux succès menaçoient de passer les Alpes, et de porter leurs armes victorieuses jusques dans le cœur de l'Italie; la plûpart même vouloient tenter incessamment cette entreprise : mais les avis se trouvant partagez dans un conseil de guerre qui fut tenu sur ce sujet, on conclut que M. Aurelius Scaurus leur prisonnier seroit consulté, et qu'on s'en rapporteroit à sa décision. Cet illustre Romain fut ensuite appellé dans l'assemblée, et se voiant pressé par les principaux officiers Cimbres de dire son avis sur le dessein qu'ils avoient de porter la guerre en Italie, il n'omit rien pour les détourner de cette entreprise dont il craignoit les suites pour sa patrie; et répondit, quoique prisonnier, avec tout le courage d'un homme libre qu'il croioit cette entreprise téméraire et sans esperance de succès, par la raison que les Romains étoient invincibles chez eux, et que le destin de Rome étoit de ne pouvoir être jamais assujettie. Bolus ou Biorix l'un des chefs ou rois des Cimbres piqué de la liberté de cette réponse, tira alors son poignard et l'enfonça avec fureur dans le sein de ce brave Romain, qui sacrifia ainsi sa vie pour la défense et le salut de sa patrie.

XXXVIII.

Entiere défaite de Cepion et de Mallius par les Cimbres

Mallius averti de la défaite et de la mort tragique de M. Aurelius Scaurus son lieutenant, et craignant des suites encore plus funestes de sa mésintelligence avec Cepion, fit representer à ce dernier la nécessité où ils se trouvoient de se réunir et d'agir de concert contre des ennemis communs qui méditoient leur ruine et celle de la République : mais Cepion plus occupé de sa passion et des sentimens d'une basse jalousie, que de l'interêt de l'Etat, lui fit répondre qu'il n'avoit qu'à défendre son département, et que de son

---

[1] Quintil declam 3.

côté il sçaurait bien prendre la défense du sien. Faisant cependant ensuite refléxion sur sa réponse et sur la gloire que Mallius pourroit acquerir s'il battoit sans son secours les ennemis de la République, il changea d'avis, passa le Rhône avec ses troupes, et vint se poster auprès de l'armée du consul, sans vouloir pourtant camper ni rien concerter avec lui; et pour lui ravir la gloire de combattre le premier contre les Cimbres, il planta son camp entre ceux de ces barbares et du consul au voisinage de la même riviere.

La réconciliation apparente des deux generaux fit impression sur les Cimbres, qui craignant ne pouvoir résister aux deux armées réünies des Romains, prirent le parti d'envoier des députez à Mallius pour lui faire des propositions de paix, persuadez que les Romains aiant deja éprouvé les suites funestes du mépris qu'ils en avoient fait, seroient plus traitables dans cette occasion. Ces députez passerent ensuite au camp de Cepion pour lui faire les mêmes propositions; mais ce general choqué de ce qu'ils s'étoient adressez auparavant à son collegue, refusa de les écouter, et s'abandonnant à son ressentiment, menaça même des les massacrer. Ses soldats indignez d'un tel procedé, coururent en foule à sa tente; et joignant à des reproches sanglans des remontrances très-vives sur sa conduite, ils furent sur le point de venger sur lui l'affront qu'il venoit de faire aux députez des Cimbres, et le droit des gens violé en leurs personnes. Cepion pour ne pas s'exposer à la fureur de ses soldats, feignant alors de se rendre à leurs avis et de ceder à leurs instances, alla joindre Mallius son collegue, et fit semblant de vouloir se réconcilier avec lui et de prendre de concert de justes mesures contre les barbares. Ces deux generaux entrerent en effet en conference; mais l'animosité qu'ils conservoient l'un contre l'autre ne leur aiant pas permis de rien conclure sur ce qu'ils devaient entreprendre, ils se séparerent plus ennemis qu'auparavant, après en être venus aux paroles les plus piquantes et aux injures les plus grossieres. Leur mésintelligence fut fatale à la République, et lui attira enfin la perte la plus considerable qu'elle eût encore faite depuis sa fondation, comme nous allons voir.

Les Cimbres outrez de l'injure faite à leurs envoiez; animez d'ailleurs par l'esperance de la victoire que la désunion des deux generaux sembloit leur promettre, fondirent avec fureur et dans le même instant sur les deux armées Romaines, les défirent entierement, et demeurerent maîtres des deux champs de bataille. Leur victoire fut si complette, et la perte de l'armée Romaine si considerable, qu'il resta à peine dix soldats pour porter à Rome la nouvelle de cette sanglante bataille. Il y a lieu de croire que Mallius eut le malheur d'y périr; car il n'est plus parlé de lui dans la suite : on trouva ses deux fils parmi les morts dont on fait monter le nombre à quatre-vingt mille tant Romains qu'alliez de la République, sans compter quarante mille vivandiers, goujats ou valets qui étoient à la suite de cette armée, et qui périrent tous. Le jeune Q. Sertorius[1], que ses expéditions en Espagne rendirent depuis si célèbre, et qui faisoit alors ses premieres campagnes sous Cepion, fut presque le seul Romain de consideration avec ce proconsul qui échappa à la fureur des barbares : il eut son cheval tué dans l'action, et ne fut redevable de sa vie et de son salut qu'au courage et à la force qu'il eut de passer le Rhône à la nage, quoique couvert de blessures et chargé du poids de sa cuirasse et de son bouclier. Les Ambrons[2] peuples Gaulois qui s'étoient joints aux Cimbres, firent dans cette occasion des prodiges de valeur, et ne contribuerent pas peu à la victoire de ces barbares.

Les Cimbres fideles à accomplir le vœu qu'ils avoient fait à leurs dieux avant le combat, leur offrirent en sacrifice toutes les dépouilles de leurs ennemis, mirent en piéces les habits et les armes, jetterent l'or et l'argent dans le Rhône, y noïerent les chevaux des vaincus, et firent pendre ensuite tous les prisonniers; témoignant par là qu'ils avoient moins combattu pour le butin que pour la gloire. Ces barbares se voiant alors en état de porter par-tout leurs armes victorieuses, se répandirent sans opposition dans toute la Province Romaine entre[3] le Rhône et les Pyre-

---

[1] Plut. in Sertor.
[2] Plut. in Mario.
[3] Liv. Epit. 67.

nées, qu'ils désolerent entierement, jusqu'à ce qu'enfin ils prirent la route d'Espagne dans le dessein de s'y établir.

XXXIX.

Punition de Cepion. Marius lui succede dans le commandement de la province.

Sur l'avis qu'on eut à Rome de la perte totale des deux armées Romaines, et de la victoire des barbares que rien n'empêchoit d'executer le projet qu'ils avoient formé d'entrer en Italie, cette capitale se trouble et la terreur se répand parmi ses citoiens les plus intrépides : chacun pleure le malheur de la République [1] comme le sien propre, et se couvre de deuil. Le senat rend deux decrets, par l'un desquels il ordonne de marquer au nombre des jours malheureux le sixième jour d'Octobre qui étoit celui de cette funeste bataille ; et par l'autre il ôte ignominieusement à Cepion le commandement de l'armée et le gouvernement de la province, dont il avoit causé la ruine par sa mauvaise conduite. On confisqua ensuite tous les biens de ce general qu'on emprisonna, et on prononça contre lui une sentence de mort qui auroit été executée, si Rheginus son ami, alors tribun du peuple, n'eût favorisé son évasion [2] et sa fuite à Smyrne où il mourut quelque tems après accablé de malheurs et du chagrin de se voir deshonoré par ses deux filles. Tel est le récit que Valere Maxime fait de la mort de Cepion : cet auteur [3] paroît cependant se contredire en assûrant ailleurs que cet ancien gouverneur de la province Romaine mourut en prison par la main du bourreau ce qui paroît peu vraisemblable à un habile critique [4]. Quoiqu'il en soit, les Romains attribuerent [5] tous les malheurs de Cepion, et ceux de la République qui en furent les suites, à l'impieté qu'il avoit eûe de piller les temples de Toulouse.

[1] Cic. in Brut. c. 3. et de orat. l. 1. c. 53. - Sallust. Bell. Jug. c. 114.
[2] Cic. pro L. Balbo. - Strab. l. 4. p. 188. - Val. Max. l. 4. c. 7. n. 3.
[3] Val. Max. l. 6. c. 9. n 13.
[4] V. Cellar. dissert. de Cimbr. n. 20.
[5] Justin. l. 32. c. 3.

Rome consternée [1] de la perte qu'elle venoit de faire et du péril dont elle étoit menacée, fît les derniers efforts pour apporter un promt remede à tant de maux. Le consul P. Rutilius, collegue de Mallius, fut d'abord chargé de lever une nouvelle armée pour l'opposer aux Cimbres. On chercha ensuite un general capable de commander et d'arrêter les progrès de ces barbares ; et comme entre tous les Romains, on ne voioit que le seul C. Marius digne de cet emploi, tant pour sa valeur et son experience dans l'art militaire, que pour la réputation que lui avoient déja acquise les victoires qu'il venoit de remporter en Afrique sur Jugurtha roi de Numidie, on lui défera le commandement. Le péril extrême où se trouvoit alors la république Romaine, fit que dans la nécessité d'envoier au plûtôt Marius contre les Cimbres, le peuple le désigna consul pour l'année suivante, quoiqu'il fût absent de Rome, et que le terme marqué par la loi ne fût pas encore expiré depuis son dernier consulat : on crut devoir passer en sa faveur par-dessus ces formalitez nonobstant l'opposition de quelques-uns qui vouloient s'en tenir à la rigueur de la loi. Marius informé de la nouvelle de son élection, partit aussitôt d'Afrique avec son armée pour se rendre à Rome, où après avoir pris possession de son second consulat le premier de Janvier de l'an 650. de Rome, il reçut le même jour les honneurs du triomphe que sa victoire sur le roi Jugurtha qu'il emmenoit captif, lui avoit merité : on lui decerna ensuite le commandement de la Province Romaine, sans l'assujettir à l'usage de tirer cette province au sort, et on lui permit de choisir celle des deux armées qu'il jugeroit la plus propre pour l'execution de ses projets. Il prit [2] celle que P. Rutilius venoit d'assembler, et qui quoique moins nombreuse, étoit mieux disciplinée.

XL.

Stratagème de Marius pour éprouver la fidélité des peuples de la province.

Marius qu'on nous represente comme un homme, dont l'extrême severité pour le

[1] Plut. in Mario.
[2] Frontin. Stratag. Pich. tom. 3 p. 154.

maintien de la discipline militaire [1] égaloit l'exactitude pour l'administration de la justice, et qui joignait à l'experience d'un grand capitaine toute la bravoure d'un bon soldat, se mit aussitôt en marche avec ses troupes. A son arrivée dans la Province son premier soin fut de faire reposer ses soldats et de les bien exercer avant que d'aller à la rencontre des barbares. Il ne fut pas moins soigneux de rétablir le bon ordre dans le pays où l'absence de l'armée Romaine avoit causé quelques mouvemens. En effet, soit que l'entiere défaite des Romains eût flaté les peuples de la province de l'esperance de secouer le joug de la République, ou que la crainte des barbares les eût obligez de favoriser ces derniers, et de s'unir à eux, Marius trouva à son arrivée que les esprits des Provinciaux n'étoient pas bien disposez en faveur des Romains, et que les Tectosages entr'autres remuoient ouvertement. Pour s'assurer donc de la fidelité des peuples de la province, il usa d'un stratagême qui lui réussit. Il fit porter de sa part des lettres à chaque peuple particulier, avec défense d'ouvrir celle qui étoit sous une enveloppe, que le jour qu'il leur marqua. Le consul aiant prévenu ensuite le terme indiqué et fait demander toutes ces lettres, il vit que la plûpart les avoient ouvertes; ce qui le confirma dans la défiance où il étoit déja, et lui fit connoître la disposition des peuples à la révolte.

XLI.

Révolte des Tectosages punie. Copillus leur roi fait prisonnier.

Les Tectosages qui furent les premiers à la faire éclater, furent aussi les premiers punis. Ils s'étoient mis en campagne sous la conduite de Copillus leur chef ou leur roi. Celui-ci se flatoit d'entraîner par son exemple le reste de la province, quand Sylla [2] auparavant questeur de Marius dans la guerre d'Afrique, et alors son lieutenant, aiant reçû ordre de s'avancer vers le pays des Tectosages, attaqua ces peuples, les défit entierement, après avoir fait prisonnier Copillus leur roi, ἡγέμων, ou general. Sylla aiant reçû leur soûmission, pacifia sans peine le reste de la province, dont les peuples particuliers étoient déja prêts à suivre l'exemple des Tectosages, et à se révolter comme eux. Il tourna ensuite ses armes contre quelques peuples de la Germanie qui s'étoient répandus dans la province avec dessein de se joindre au Cimbres, et les battit en quelques rencontres.

XLII.

Marius consul pour la troisiéme et quatriéme fois.

Pendant ce tems-là Marius profita de l'absence des Cimbres qui étoient passez en Espagne, pour exercer ses troupes [1] et les mettre en état de ne pas craindre ces barbares à leur retour. Sa bonne conduite lui mérita d'être continué l'année suivante dans le consulat et dans le gouvernement de la Province Romaine, quoiqu'il fût absent de Rome dans le tems de son élection pour l'une et l'autre de ces deux charges. La crainte qu'on avoit dans cette capitale de la République que les barbares ne repassassent les Pyrenées au printems suivant, ne contribua pas peu à faire obtenir à Marius son troisième consulat (an de Rome 651). On le lui accorda d'autant plus volontiers, que les soldats de son armée déja accoûtumez à la rigueur de sa discipline, étoient si prévenus en sa faveur, qu'ils déclaroient hautement qu'ils refuseroient de combattre sous tout autre general des ennemis aussi terribles que les Cimbres. Ces barbares n'aiant osé paroître dans la province pendant le troisième consulat de Marius, ce general résolut de passer les Alpes à la fin de l'an 651 de Rome. Il pourvut avant son départ à la sûreté des peuples de son gouvernement, et substitua à sa place pendant son absence Manius Aquilius, après quoi il se rendit à Rome pour assister à l'election des nouveaux consuls. Quoique Marius eût déja pris des mesures secretes pour parvenir de nouveau au consulat, il feignit pourtant de ne vouloir plus exercer cette dignité; mais le besoin qu'on avoit de

---

[1] Plut. in Mario Frontin. stratag l. 1 c. 2 n 6.
[2] Plut. in Syll - Vell Paterc l 2 c. 17. - Aurel. Vict. de vir. illust. n. 75.

[1] Plut. in Mario. - Liv. Epit 67.

lui, fit que tous les suffrages se réunirent en sa faveur, et qu'on lui défera cet honneur pour la quatriéme fois avec le gouvernement de la Province Romaine pour la troisiéme année (an de Rome 652).

XLIII.

Retour des Cimbres d'Espagne, leur jonction avec les Teutons.

Marius eut à peine commencé l'exercice de son quatriéme consulat, qu'on apprit dans Rome que les Cimbres n'aiant pû s'établir en Espagne à cause de la vigoureuse résistance de M. Fulvius et des Celtiberiens, s'étoient déja mis en marche pour repasser les Pyrenées; et que s'étant joints avec les Teutons et divers autres peuples Celtes, c'est-à-dire Gaulois ou Germains d'origine, ils avoient dessein d'entrer tous ensemble en Italie par differentes routes.

XLIV.

Fossé de Marius.

Sur l'avis de la marche de cette nüée de barbares, Marius part en diligence pour aller reprendre le commandement de l'armée dans la Province Romaine, et s'opposer du côté du Rhône au passage de ces peuples, tandis que Catulus son collegue part en même tems pour leur disputer l'entrée des Alpes du côté de la Gaule Cisalpine. Le principal soin du premier, après son arrivée sur les bords du Rhône, fut d'étendre et de faire camper son armée le long de ce fleuve, depuis l'embouchure qu'on appeloit alors Massaliotique, parce qu'elle étoit la plus voisine de Marseille, en remontant vers sa source. Marius fit élever ensuite de ce côté-là un ouvrage qui servoit de retranchement à son camp et lui assuroit la liberté de la navigation dont il avoit besoin pour le transport des vivres. Comme l'entrée du Rhône étoit également difficile et dangereuse pour les vaisseaux, à cause de la grande quantité de vaze et de gravier que les courants de la mer y entraînoient, ce consul trouva le secret d'y remedier par le moien d'un fossé ou canal large t profond qu'il fit tirer, et dans lequel il détourna une partie de cette riviere. Ce canal, que les anciens appelloient *Fossæ Marianæ* [1], du nom de Marius qui l'avoit fait construire, étoit, à ce qu'on [2] prétend, entre les Martigues et l'embouchure du Rhône, dans l'endroit qui porte aujourd'hui le nom de *Fos*; ce qui détruit le sentiment de ceux qui prétendent que l'isle de la Camargue, environnée de la riviere du Rhône et de la mer, fut ainsi appellée à cause du camp de Marius.

Il paroît par ce que nous venons de dire, que la situation du camp de ce general étoit des plus avantageuses et des plus commodes, aiant le Rhône en face, et derriere lui le canal dont nous venons de parler [3]. C'est là qu'enfermé comme dans une isle, et pourvû abondamment de toute sorte de munitions de guerre et de bouche, dont il eut soin de fournir son camp, il attendit les Cimbres de pied ferme.

XLV.

Efforts inutiles des barbares pour attirer Marius au combat. Leur passage sous ses retranchemens.

Ces barbares, de concert avec les Ambrons et les Teutons, prirent d'abord leur route le long des côtes de la mer Mediterranée; et après avoir traversé le pays appellé anciennement *Ligurie* (NOTE XIII), et à présent *Languedoc*, ils arriverent aux bords du Rhône à la vuë du camp de Marius qu'ils investirent comme s'ils avoient eu dessein d'en former le siege. L'ardeur que ces barbares témoignoient d'en venir aux mains et d'attirer Marius à une action generale, étoit si grande, qu'un des plus considerables et des plus braves d'entre eux ne pouvant supporter le refus que ce consul faisoit de combattre, fut assez hardi pour l'appeler à un combat singulier: mais Marius, à qui l'expérience avoit appris de ne pas exposer des troupes avant que d'avoir éprouvé leur bravoure, n'eut garde de sortir de ses retranchemens et de répondre au défi de ce barbare. Il se contenta de per-

---

[1] Mela. Plin. l. 5. etc.
[2] V. Bouche. Prov. t.) n. 1. p. 161. et Seq. – Tournef. voyag. tom. 2 p. 284.
[3] Plut. et Oros. ibid. – Vell. Paterc. l. 2. c. 12. – Flor. l. 3. c. 3.

mettre [1] à Q. Sertorius, qui servoit sous lui, de sortir du camp pour aller observer celui des ennemis. Sertorius pour s'acquitter plus sûrement de sa commission, prit un habit Celtique, et comme il avoit déja appris quelques termes de la langue des Teutons, il se mêla parmi eux et leur parla. Le récit que fit à son retour cet illustre Romain de tout ce qu'il avoit vû et entendu; mais sur-tout le portrait désavantageux qu'il fit des barbares, diminua la fraieur des soldats Romains, et leur inspira tant de courage, que les plus braves presserent vivement Marius de les mener au combat. Ce consul loüa leur ardeur; mais en habile capitaine, jugeant à propos d'en suspendre l'activité, il leur representa que de sortir des retranchemens dans les circonstances presentes, c'étoit exposer le salut de la République; qu'il ne s'agissoit pas de remporter des victoires prématurées, mais de dissiper par leur sage conduite cette nüée de barbares, prête à inonder l'Italie.

Cette [2] réponse modera un peu l'ardeur des soldats de Marius; mais pour ne pas la laisser rallentir et les accoûtumer à l'aspect horrible, à la voix effraiante et à l'armure des ennemis, ce general les faisoit monter tour à tour sur les retranchemens, pour considerer à loisir l'armée des barbares. Cette conduite de Marius diminüa si fort de jour en jour la crainte des troupes Romaines, que les soldats s'étant comme familiarisez avec les Cimbres et les Teutons, et ne pouvant plus supporter de se voir tous les jours insultez par ces barbares jusques sous leurs retranchemens, demandoient avec instance d'en venir aux mains; et que sur le refus que fit Marius de les mener au combat, ils se plaignoient hautement de ce que ce general, au lieu de les emploier pour le salut et la liberté de leur patrie, les tenoit renfermez comme des femmes, et ne les occupoit qu'à creuser des fossez ou à détourner des rivieres. Est-ce, disoient-ils, que Marius craint le sort malheureux de Carbon et de Cepion que ces barbares ont battus? Ne sçait-il pas que ces deux generaux n'avoient ni sa valeur ni sa conduite, ni d'aussi bonnes troupes? Veut-il que nous soions tranquilles spectateurs des ravages affreux que les Cimbres font sous nos yeux dans les terres de nos alliez?

Quoique Marius écoutât avec complaisance les plaintes de ses soldats, il crut cependant devoir encore arrêter leur ardeur. Il leur fit entendre qu'une fameuse prophetesse appellée Marthe, qu'il menoit toûjours avec lui dans son armée, lui promettoit la victoire de la part des oracles, qui en avoient marqué l'heure et le lieu; qu'ainsi il étoit de la prudence d'attendre cet heureux moment, et de ne pas le prévenir par une précipitation qui pourroit empêcher l'accomplissement de la prophétie, et leur attirer l'indignation des dieux. Une promesse si flatteuse augmenta le courage des soldats, et modera leur impatience.

Les Cimbres voiant qu'ils ne pouvoient attirer les Romains au combat, prirent le parti de se retirer après avoir saccagé avec les autres barbares tous les environs du Rhône, et remonterent le long de ce fleuve (NOTE XIII) pour aller tenter le passage des Alpes vers le Norique. D'un autre côté les Teutons et les Ambrons qui étoient demeurez dans le camp, résolus de forcer celui des Romains, et de s'ouvrir un passage en Italie par la Provence et la Ligurie, attaquerent Marius dans ses retranchemens. Leur attaque dura trois jours et fut des plus vives; mais la résistance des Romains fut si opiniâtre, que ces barbares accablez d'une grêle de traits que ces derniers leur tiroient de leurs retranchemens, se voiant toûjours repoussez avec perte et desesperant de pouvoir forcer le camp de Marius, abandonnerent cette entreprise après avoir perdu beaucoup de monde. Ces barbares s'étant partagez ensuite en trois corps, se mirent en marche pour continuer leur route vers les Alpes, persuadez que Marius n'oseroit les poursuivre. Aiant donc plié bagage, ils défilerent sous les yeux des Romains qui furent témoins du nombre effroiable de leurs troupes: leur passage dura en effet six jours de suite. En passant sous les retranchemens des Romains ils leur demandoient par raillerie *s'ils n'avoient rien à man-*

---

[1] Plut. in Sertor.
[2] Plut. Oros. Vell. Paterc. et Florus ibid.

der à leurs femmes, parce qu'ils espéroient de les voir bientôt.

XLVI.

Victoire signalée de Marius sur les Ambrons et les Teutons à Aix en Provence.

Dès que ces barbares eurent passé, et qu'ils furent un peu avancez, Marius sortit de ses retranchemens avec ses troupes, les suivit, et prit soin tous les soirs de se bien camper et de retrancher son camp pour éviter toute surprise pendant la nuit. L'armée Romaine suivit ainsi de près celle des barbares jusqu'à Aix en Provence, où Marius s'appercevant que les Teutons n'avoient que très-peu de chemin à faire pour arriver jusqu'aux Alpes, crut ne devoir pas differer plus long-tems à leur livrer bataille. Il se campa pour cela très-avantageusement sur un lieu élevé, mais que le manque d'eau rendoit très-incommode. On prétend que ce general choisit exprès cet endroit dans la vuë de profiter de cette incommodité pour engager le combat. En effet les troupes Romaines se sentant fort pressées de la soif, murmuroient hautement de ne pas trouver de l'eau pour l'éteindre, quand Marius leur montrant de la main une rivière qui couloit dans un vallon le long du camp des barbares, leur dit qu'ils pouvoient y aller boire aux dépens de leur propre sang. *Hé! que ne nous y menez-vous*, répondirent-ils, *tandis qu'il nous en reste encore dans les veines*. Je vous y menerai aussi, mais il faut plutôt nous fortifier, repliqua le consul avec beaucoup de douceur, ce qui fit cesser le murmure.

Marius se disposoit à l'attaque de ces barbares, quand, sans y penser, le combat s'engagea de la maniere suivante. Une troupe de valets et de goujats de l'armée qui manquoient d'eau pour eux et pour leurs équipages, soûtenus de quelques troupes commandées par Marcellus, résolurent après avoir pris les armes d'une main et des cruches de l'autre, d'aller puiser à la rivière voisine du camp des ennemis. La plûpart de ces derniers étant alors occupez les uns à dîner, après avoir pris le bain, les autres à se baigner encore dans des sources d'eaux chaudes dont ces lieux abondoient, et presque tous ou à se reposer ou à faire bonne chere, ne pensoient à rien moins qu'à se voir attaquez par les Romains, qui jusqu'alors avoient toûjours évité le combat. Quelques Teutons s'étant cependant apperçus que les ennemis étoient descendus au bord de la riviere pour y puiser, coururent aussitôt en armes pour s'y opposer. Les valets de l'armée Romaine se voyant attaquez, firent ferme et se défendirent avec beaucoup de valeur, en attendant du secours. Leurs cris redoublez se firent entendre jusqu'au camp de Marius, qui ne pouvant plus retenir ses soldats, se vit d'ailleurs obligé de se mettre à leur tête pour aller au-devant de trente mille Ambrons qui aiant d'abord pris les armes, étoient en marche pour venir l'attaquer. Ces Ambrons qui étoient les meilleures troupes des ennemis, et qui avoient le plus contribué à la défaite de Mallius et de Cepion, quoique pleins de vin s'avançoient cependant en bon ordre et avec une contenance fiere, frappant sur leurs armes à la maniere des Gaulois, marchant en cadence, et repetant continuellement leur cri de guerre *Ambrons, Ambrons*, autant pour intimider les Romains, que pour s'animer les uns les autres.

Les premieres troupes que Marius détacha pour aller au-devant de ces barbares furent les Liguriens, qui entendant le cri des Ambrons, le repetoient à leur tour, parce que ce nom d'Ambrons, qui en langue Celtique signifie voleurs[1]*, leur étoit anciennement commun avec ces barbares. Ces deux peuples ne furent pas long tems sans en venir aux mains. Les Liguriens soutenus des Romains tomberent si rudement sur les Ambrons à mesure qu'ils se rangeoient en bataille après avoir passé la riviere qui les séparoit, qu'après un carnage horrible la plûpart demeurerent morts sur la place le long du rivage : les autres s'étant retirez dans leur camp, y furent attaquez par les Romains, qui forcerent les chariots dont ils s'étoient fait une espece de retranchement. Dans cette extrémité les femmes des Ambrons prennent les armes, se

---

[1] Freinsh. ad lib. 68. Liv. n. 17.

* *V.* Additions et Notes du Livre II, n° 28.

mettent de la partie et combattent avec autant de fureur que de courage : mais enfin la nuit qui approchoit aiant fait cesser le combat, les Romains se retirerent après avoir taillé en pièces la plus grande partie de ces barbares.

Les Romains quoique victorieux passerent la nuit dans de grandes alarmes, soit parce qu'ils craignoient d'être accablez par la multitude de ces peuples dont ils étoient environnez, soit parce qu'ils n'avoient pas eu le loisir de se retrancher, et qu'ils s'attendoient d'être attaquez au milieu de l'obscurité : les barbares ne firent cependant alors aucun mouvement non plus que le jour suivant qu'ils employerent à se préparer à un nouveau combat. Marius de son côté détacha sur le soir Claude Marcellus avec trois mille hommes d'infanterie pour dresser une embuscade dans des bois qui étoient au-dessus du camp des barbares, afin que quand le combat seroit engagé, il pût les charger en queuë. Pour les vaincre [1] plus aisément le lendemain, il eut soin de les tenir alertes et de les fatiguer durant toute la nuit par de fausses alarmes qu'il leur fit donner de tems en tems. Le matin à la pointe du jour Marius aiant rangé son armée en bataille sur la colline où il étoit campé, étendit toute sa cavalerie dans la plaine.

Les Teutons témoins de tous ces mouvemens n'attendirent pas pour attaquer Marius, qu'il fût descendu avec son armée ; ils marcherent à lui sur la hauteur avec toute la furie dont ils étoient capables. Ce general sans se déconcerter soûtint avec toute la bravoure possible les premiers efforts de ces barbares, et les attaqua ensuite avec tant de courage, que les aiant repoussez jusques dans leur camp, ses troupes y entrerent pêle-mêle avec eux. Malgré cet avantage, les Teutons s'étant ralliez le combat fut assez douteux jusques vers midi que la victoire commença à se déclarer en faveur des Romains. Marcellus sortant alors de son embuscade, prit les Teutons en queuë, les tailla en pièces, et fit mainbasse sur tout ce qui se presenta devant lui. Ces barbares se voiant investis de tous côtez par les troupes Romaines, le désordre et la confusion se met parmi eux, et chacun cherche son salut dans la fuite. Les Romains qui les poursuivirent jusqu'à la nuit firent périr la plûpart de ceux qui leur avoient échappé dans le combat : enfin la défaite de ces barbares fut si complette, que d'une armée aussi nombreuse que la leur, il se sauva à peine trois mille hommes, et qu'ils eurent, à ce qu'on [1] prétend, deux cens mille hommes de tuez sur le champ de bataille, sans compter quatre-vingt-six milles prisonniers. Le plus distingué parmi ces derniers fut Teutobodus l'un des rois Teutons qui fut pris dans sa fuite, et réservé pour le triomphe du vainqueur avec plusieurs autres petits rois de la même nation, qui s'étant échappez de cette défaite, furent arrêtez vers les Alpes par les Sequanois qui les firent conduire ensuite à Rome. Quelques auteurs font [2] monter seulement la perte des barbares dans cette occasion à cent cinquante mille hommes tuez sur la place dans les deux journées. Il est certain que le carnage fut épouvantable ; car au rapport d'un [3] ancien, les Romains qui voulurent étancher leur soif dans la riviere qui couloit entre les deux camps, furent moins abbreuvez d'eau, que du sang dont elle avoit été grossie.

Les soldats Romains voulant après leur victoire reconnoître le service important que Marius venoit de rendre à la République, lui cederent genereusement toutes les dépouilles des vaincus : mais ce general plus avide de gloire que de butin, n'accepta que ce qu'il crut devoir donner du relief à son triomphe, et ordonna que tout le reste fût brûlé et offert aux dieux en sacrifice. Il étoit occupé à cet acte de religion, et partageoit avec son armée la joie de la défaite des barbares, lorsqu'un messager lui apporta la nouvelle de son élection pour le cinquième consulat qu'on lui avoit déféré à Rome, nonobstant son absence, avec la [4] continuation dans le gouvernement de la Province Romaine pour la quatrième année, ce qui fut un surcroît de joie pour ses soldats.

[1] Frontin. Stratag. l. 2. c. 9.

[1] Liv. Epit. 68. – Oros. ibid.
[2] Vell. Paterc. l. 2. c. 12.
[3] Flor. l. 3. c. 3.
[4] V. Pigh. tom. p. 166.

XLVII.

Défaite des Cimbres.

Les Cimbres [1] après s'être séparez des Teutons sur les bords du Rhône, et s'être joints avec les Tigurins pour aller tenter le passage des Alpes du côté du pays des Noriciens ou du Trentin, se mirent en marche plus tard que les Teutons et firent quelque séjour dans les Gaules à leur retour d'Espagne. Ils s'avancerent enfin vers ces montagnes et les traverserent malgré l'abondance des neiges, la rigueur du froid, et la résistance de Q. Catulus alors seulement proconsul, dont ils surprirent la vigilance. Ils avoient déjà passé la riviere de l'Adige, et commençoient à s'étendre vers les rives du Pô, quand Marius fut appelé à Rome pour secourir la République dans cette extrêmité. Ce general aiant rassuré par sa présence les esprits des citoiens alarmez, refusa de s'arrêter dans cette capitale pour y recevoir les honneurs du triomphe qu'on lui avoit décernez, voulant sans doute les partager avec ses soldats qu'il avoit laissés dans la Province Romaine: il manda à cette armée de venir le joindre incessamment en Italie, et partit incontinent pour aller au secours de Catulus. Ces deux generaux après leur jonction passerent le Pô, et marcherent au-devant des barbares qu'ils rencontrerent dans la plaine de Verceil auprès de Verone le 30 de juillet. Ils les attaquerent aussitôt, et remporterent sur eux une victoire si complette, que ces peuples eurent cent quarante mille morts sur la place, outre soixante mille prisonniers; ce qui mérita à Marius l'honneur d'un double triomphe qu'il reçut enfin à Rome en un même jour.

XLVIII.

Mouvemens dans la Province. Ses gouverneurs.

Après l'entière défaite des Teutons et des Cimbres, la Province Romaine demeura paisible, à quelques mouvemens près qui s'y éleverent dans la suite, et dont nous ignorons le détail. Ces troubles [2] donnent lieu de croire que pour les appaiser et contenir les peuples dans leur devoir, la République y envoia successivement les consuls C. Cassius Longinus et Q. Mucius Scevola, en qualité de gouverneurs. (An de Rome 638-639.) Ce dernier étoit collegue de L. Licinius Crassus fameux orateur et gouverneur de la Gaule Cisalpine [1], et non pas de la Transalpine ou Province Romaine, comme l'ont crû quelques auteurs. Nous avons parlé ailleurs de celui-ci qui est le même qui vingt-trois ans auparavant, et dans un âge peu avancé, avoit été le chef des triumvirs qui établirent la colonie de Narbonne.

La rebellion des Salyens ou Salluviens, peuples de Provence, est un peu plus connuë que les mouvemens dont nous venons de parler; elle arriva après la mort de M. Portius Caton Licinianus qui fut gouverneur de la Province Romaine avec l'autorité de préteur vers l'an 663 de Rome; c'est peut-être le même que M. Portius Caton, personnage consulaire dont on voit à Usez [2] la pierre sepulchrale avec l'inscription suivante.

D. M.
MARCI PORTII CATONIS
CONSULARIS.

Quoiqu'il en soit, Marc Caton gouverneur de la Province étoit [3] arriere-petit-fils de Caton le Censeur, et cousin issu de germain de Caton d'Utique. Ce gouverneur étant mort dans la même province dans l'année de l'administration de sa charge, sa mort et la guerre sociale qui troubloit [4] alors l'Italie, parurent aux Salyens une occasion favorable pour l'execution du dessein qu'ils avoient projetté de secouer le joug de la domination Romaine. Ils formerent une conjuration qu'ils auroient sans doute executée, si C. Cæcilius Metellus préteur et successeur de Caton, qui fut envoié en diligence dans le pays, ne l'eût entierement dissipée par sa présence, (an de Rome 664-665.). Ce nouveau gouverneur se comporta avec tant de prudence et de moderation durant les deux années de son gouvernement, qu'après avoir

---

1 Flor et Liv. Epit. ibid. - Plut. ibid.
2 Pigh. ibid. p. 192. et seq.

1 Cic. Rhetor. l. 2.
2 Marten. prem. voyag. lit. p. 300.
3 Aul. Gell. l. 13. c. 19. - V. Pigh. ibid. p. 217. et 229.
4 Liv. Epit. 73. Freinsh ad hunc lib. Liv. n. 65.

étouffé toutes les semences de révolte dans la province, il eut la gloire de la laisser tranquille, du moins en apparence; car il n'est pas aisé de pacifier entierement des peuples qui cherchent à recouvrer leur ancienne liberté.

XLIX.
Les Tectosages d'Asie soumis par Mithridate.

L'ambition de Mithridate roi de Pont causa alors des révolutions plus considerables parmi les Tectosages d'Asie. Ce prince [1] si célébre par les diverses guerres qu'il entreprit, et en particulier par celle qu'il fit aux Romains pendant quarante-six ans, n'omit rien pour détacher une partie des Gallogrecs de l'alliance de la République Romaine et pour les attacher à son service. Il réussit enfin à force d'argent, et il en fut si satisfait, qu'il s'applaudit beaucoup d'avoir gagné ces peuples, dans une harangue qu'il fit à ses soldats et que Trogue Pompée lui prête, parce qu'il regardoit leurs troupes comme la principale force de ses armées. Les autres Gaulois d'Asie, fideles à l'alliance de la République, servirent dans l'armée Romaine contre ce prince; et c'est avec leur secours que les generaux Romains rétablirent Ariobarzane sur le throne de Cappadoce, et Nicomede sur celui de Bithynie, d'où ce roi de Pont avoit chassé ces princes. Peut-être que les Gallogrecs craignant également Mithridate et les Romains, et voulant prévenir le danger de se voir quelque jour la victime du parti victorieux, se partagerent entre ces deux puissances pour ménager l'une et l'autre. Cette guerre leur fut cependant également fatale par les divers succès que les deux partis eurent tour à tour. Les Gallogrecs qui s'attacherent au service du roi de Pont eurent d'abord part à ses victoires sur Manius Aquilius, Q. Oppius et Maltinus; et ceux qui étoient au service de la République, partagerent en même-temps la défaite de ces generaux Romains. (An de Rome 666.)

Mithridate aiant perdu ensuite à son tour plusieurs batailles consécutives, et sur-tout celle de Cheronée, où son general Archelaüs fut entierement défait avec son armée composée de cent dix mille hommes, ordonna de nouvelles levées pour continuer la guerre contre les Romains. (An de Rome 668.) Comme il appréhendoit alors que ses malheurs ne détachassent les Gallogrecs de ses interêts, et que ces peuples ne se declarassent entierement pour la république, il résolut de les empêcher de rien entreprendre contre lui, et de s'assurer de leur fidelité. Pour mieux réussir, il fit, sous prétexte d'amitié et de consideration, appeler à Pergame, où il tenoit alors sa cour, soixante des plus qualifiez d'entre eux qu'il garda ensuite comme autant d'ôtages, et qu'il traita avec aussi [1] peu de ménagement, que s'ils eussent été ses prisonniers. Les Gallogrecs ne pouvant supporter un traitement si injurieux, résolurent de s'en venger sur la personne de ce prince, et conjurerent sa perte. Toredorix l'un des tetrarques de la nation et des peuples qu'on appeloit Tosiopores, homme également hardi, entreprenant, et d'une force extraordinaire, se mit à la tête des conjurez et leur persuada de se saisir de la personne du roi Mithridate dans le temps qu'il iroit, selon sa coûtume, rendre la justice à son tribunal; et de le jeter ensuite dans un précipice. Ce dessein fut applaudi; mais ce prince ne s'étant pas rendu ce jour-là à son tribunal, l'execution manqua. Toredorix loin de se décourager ou d'abandonner son dessein, aiant été appelé au palais avec les autres Gaulois, ranima leur courage, et leur persuada de se servir de cette occasion pour executer leur projet; car enfin, leur dit-il, si Mithridate vient à le découvrir, nous sommes perdus sans ressource, et après les démarches que nous avons faites, je ne vois que sa mort qui puisse assurer notre vie. Cela dit, il va au palais avec les conjurez qui en abordant le roi, se jettent sur lui, se saisissent de sa personne, et après l'avoir maltraité se retirent sans avoir pourtant achevé de le tuer. Cet attentat ne demeura pas long-tems impuni: Mithridate fit mourir d'abord tous les Gaulois qu'il tenoit à Pergame, à la réserve d'un jeune homme appellé Bepolitan qu'il aimoit, et qu'un sentiment de ten-

---

[1] Appian. de bello Mithrid. - Justin. l. 37. et seq.

[1] Appian. ibid. - Plut. de virt. mulier.

dresse lui fit épargner. Ce fut par un pareil sentiment qu'une femme de Pergame maîtresse de Toredorix voiant jetter son corps à la voirie avec ceux de ses autres complices, eut assez de courage pour l'enlever et lui rendre les devoirs de la sépulture. Cet acte de generosité et d'affection toucha Mithridate, qui loin de le punir ou de le désapprouver, ne put s'empêcher de le loüer.

Ce prince ne borna pas là sa vengeance; il l'étendit sur toute la nation, persuadé que les Gaulois se joindroient infailliblement contre lui avec Sylla et les Romains, et qu'il ne devoit plus esperer aucun secours de ces peuples. Mithridate voulant donc rendre la punition generale, fit mourir tous ceux qui restoient de la race des princes ou tetrarques de la Galatie, avec leurs femmes et leurs enfans, soit par différens pieges qu'il leur tendit, soit dans le tems d'un festin qu'il leur donna. Il confisqua ensuite leurs biens, et soûmit toute la Gallogrece à son empire; et pour retenir les Galates dans l'obéïssance, et les empêcher de remüer, il pourvut de bonnes garnisons toutes les places fortes du pays. Il y eut cependant trois princes ou tetraques Gaulois, dont le principal fut le fameux Dejotarus, qui échaperent de ce massacre general, et qui soûtenus par les peuples, secoüerent bientôt après le joug de ce prince, de même que celui d'Eumaque qu'il leur avoit donné pour gouverneur, en sorte qu'il ne conserva que leurs thrésors et les dépoüilles du pays, dont il s'étoit emparé.

L.

Guerres civiles de Sylla et de Sertorius fatales à la Province. Flaccus commandant de la même Province.

La guerre de ce roi contre les Romains ne contribua pas peu à fomenter et à faire éclater la mésintelligence de Marius et de Sylla, personnages alors les plus considerables de la République. Leur division [1] partagea la plûpart des Romains, et fit naître une guerre civile, dont le premier fut enfin la victime; car aiant été vaincu par Sylla son compétiteur, il fut obligé de prendre la fuite et de s'éloigner de Rome pour se dérober à la fureur de son ennemi. La mort de Marius n'éteignit point sa faction; Sertorius l'un de ses principaux partisans s'étant retiré en Espagne après en avoir été nommé gouverneur, son premier soin à son arrivée au-delà des Pyrénées, fut de relever son parti affoibli depuis sa mort. (An de Rome 671). Le ressentiment de Sertorius contre Sylla et son parti éclata encore bien davantage lorsqu'il apprit dans la suite qu'il l'avait fait mettre au nombre des proscrits. Ce general ne gardant plus alors aucun ménagement, prit publiquement les armes tant pour soutenir ses propres intérêts, que pour venger la querelle de ceux qui avaient eu le même sort que lui (V. NOTE XVI, *n*. 1).

La Province Romaine avoit trop de liaison avec Rome, pour ne pas partager avec elle les suites funestes de cette guerre civile. C. Valerius Flaccus la gouvernait avec l'autorité de préteur, quand Sertorius se retira en Espagne : le titre de général (*Imperator*), que [1] Ciceron lui donne a fait croire aux commentateurs de cet orateur, que cette province s'était partagée de même que Rome entre Marius et Sylla, et que Valerius Flaccus commandoit en faveur du dernier les troupes Romaines contre les Gaulois et les Romains du pays qui avoient embrassé le parti de l'autre. On conjecture [2] même que Flaccus remporta sur ceux-ci une victoire considerable, par la médaille que le senat fit frapper à son honneur : cette médaille represente d'un côté un aigle de la quatrième légion entre deux autres signes militaires, et de l'autre une victoire Gauloise avec ces mots, *Ex S. C.* * Nous sçavons d'ailleurs que la guerre que Sertorius suscita en Espagne après la mort de Marius, causa de grands maux et de grandes dépenses à la Province, soit par le passage frequent des troupes Romaines que la République envoia au-delà des Pyrénées contre ce general; soit par les grands secours d'hommes, de vivres et d'argent, que les préteurs ou proconsuls qui la gouvernerent du-

---

[1] Flor. l. 3. c. 21. - Liv. Epit. 86. - V. Freinsh ad hunc. lib.

[1] Cicer. pro Quint et Grav. tom. 1. p. 14.
[2] Vid. Pigh. tom. 3. p 219.

* *V.* Additions et Notes du Livre II, n° 29.

rant tout ce tems-là, furent obligez de fournir aux generaux Romains, à qui l'experience et la valeur de Sertorius donnerent souvent de l'exercice, et dont les succez ne furent pas toûjours heureux ; soit enfin par les divisions funestes et la guerre qu'elle alluma dans le pays.

LI.
Les gouverneurs de la Province Romaine donnent du secours a Metellus contre Sertorius

Sylla après avoir dissipé ses ennemis, s'être rendu maître absolu de Rome, et avoir pris le titre de dictateur, commença par faire executer la fameuse proscription [1] dans laquelle Sertorius fut compris, et médita la perte de ce gouverneur d'Espagne, qui par son habileté et la douceur de son gouvernement s'y étoit déja fait un grand nombre de créatures. Pour réduire la faction de ce general, Sylla envoia une puissante armée sous le commandement de C. Annius, contre lequel Sertorius de son côté en leva une autre pour lui disputer l'entrée en Espagne. (An de Rome 672.) Annius qui s'était flatté qu'elle lui serait aisée du côté des Pyrénées, en trouva tous les passages fermés, parce que Sertorius avoit eu soin d'y envoier six mille hommes pour les garder, sous la conduite de Salius Salinator. Annius voiant l'impossibilité de forcer ces passages, prit le parti de s'arrêter en deçà de ces montagnes, et sans doute du côté du Roussillon, jusqu'à ce qu'aiant eu avis que Salinator avait été tué par un des siens dans une embuscade, et que les troupes de ce lieutenant de Sertorius s'étaient débandées, il revint sur ses pas, entra sans aucune opposition en Espagne, et y remporta divers avantages contre Sertorius, qui fut enfin obligé de se réfugier dans la Mauritanie. Heureusement pour ce dernier les Lusitaniens qui s'étoient révoltés contre les Romains, l'appelerent à leur secours peu de temps après, et lui donnerent le commandement de leurs troupes, ce qui lui donna occasion de rétablir ses affaires en Espagne, et de se rendre redoutable à Sylla.

Ce dictateur craignant que Sertorius ne ranimât son parti et qu'il ne prit enfin le dessus, envoia contre lui Q. Metellus Pius, homme de tête et d'expérience ; mais Sertorius qui n'étoit pas moins habile, le vit venir sans se déconcerter, et rendit tous ses efforts inutiles par sa conduite autant que par sa valeur (NOTE XIV.) ; en sorte que Metellus se vit obligé d'implorer le secours de L. Lollius qui gouvernait alors la Province Romaine : les troupes que ce gouverneur lui amena lui-même de Narbonne en Espagne, ne le mirent pas en état d'arrêter [1] les progrez de Sertorius : il fut encore obligé d'avoir recours peu de tems après à L. Manilius Nepos [2] nouveau gouverneur de la même Province sous le nom de propréteur ou de proconsul ; car depuis la loi *Cornelia*, donnée au sujet des provinces, on donnait indifféremment l'un ou l'autre titre à ceux qui les gouvernoient, soit qu'ils eussent exercé ou non le consulat. (An de Rome 675-676.)

Manilius venait de faire la guerre aux peuples d'Aquitaine voisins de la Province Romaine, qui avoient sans doute fait quelque mouvement, quand il fut appelé par Metellus : mais le succès de cette guerre contre les Aquitains ne fut favorable ni à ce gouverneur ni à son lieutenant L. Valerius Præconinus. En effet ce dernier s'étant avancé dans le pays, fut battu et obligé de prendre la fuite ; et Manilius qui le suivoit avec le reste de l'armée, et qui eut le même sort, perdit tout son bagage. Ce gouverneur ne fut pas plus heureux en Espagne contre Sertorius : il partit de la Province avec trois legions et quinze cens chevaux, et remporta à la vérité au commencement quelque avantage sur les troupes de ce général ; mais dans la suite, Hirtuleius lieutenant de ce dernier l'aiant joint, lui livra bataille et le battit, ce qui l'obligea, après avoir perdu L. Valerius Præconinus son lieutenant et toutes les places qu'il avoit prises sur le parti de Sertorius, de se retirer à Lerida.

---

[1] Plut. in Sert. - V. Freinsh. ad lib. 83. Liv. n. 21. et ad. lib. 90. n. 27. et 29.

[1] Plut. in Sertor. p. 574.
[2] V. Pigh. tom. 3. p. 229. 281. et seqq.

LII.

Révolte de M. Æmilius gouverneur de la Province Romaine

Le mauvais succès de Metellus et des gouverneurs de la Province Romaine qui allerent à son secours en Espagne, furent suivis des nouveaux troubles que fit naitre dans la même province la division qui se mit après la mort de Sylla entre les consuls [1] M. Æmilius Lepidus, et Q. Lutatius Catulus. Celui-là qui n'avoit pas été favorable à ce dictateur, et qui avoit été témoin de l'extrême sévérité dont il avoit usé à l'égard de ses ennemis, proposa d'abord de rappeler les proscrits et d'abroger tout ce que Sylla avoit fait pendant son gouvernement: mais Catulus rejetta fortement la proposition de son collegue, et l'obligea même de prendre la fuite. Lepidus prit alors le parti de se retirer dans l'Etrurie; il passa ensuite dans la Province Romaine dont il venoit d'obtenir par sort le gouvernement pour l'année suivante, et où il arriva avant la fin de son consulat.

La retraite de Lepidus causa du tumulte dans Rome, mais bien plus encore la hardiesse qu'il eut, après avoir repassé les Alpes, de se présenter aux comices à la tête d'une armée rassemblée de toutes parts, et composée d'un grand nombre de proscrits, comme s'il eût voulu forcer la République, les armes à la main, à lui faire raison. Il fit d'abord quelque mouvement: mais il fut vivement repoussé par Catulus et Pompée, qui le forcerent de prendre la fuite une seconde fois. Ce désavantage n'abattit pas son courage : il forma d'autres desseins ; et pour en faciliter l'exécution, il leva une nouvelle armée pendant l'année de son proconsulat, inspira la révolte aux peuples de la Province dont il avoit le gouvernement ; et s'étant mis à la tête de ses troupes, il partit de nouveau pour Rome, resolu de forcer les comices à lui deferer l'honneur d'un second consulat. (An de Rome 677). Sur le bruit de sa marche le senat qui craignoit de nouveaux troubles, et qui vouloit les prévenir, le déclara ennemi de la patrie, et envoia Catulus et Pompée avec ordre de le combattre partout où ils le trouveroient. Ils le rencontrerent dans l'Etrurie, où aiant été entierement défait, il fut obligé de se retirer avec le débris de son armée en Sardaigne où il mourut peu de tems après. Perpenna son ami et son partisan, qui l'avoit suivi, passa ensuite en Espagne avec le reste de ses troupes qu'il amena au secours de Sertorius.

C'est a cette annee du proconsulat de Lepidus qu'on doit rapporter la révolte de la plus grande partie de la Province dont il étoit gouverneur, et dont il gagna les peuples à son parti et à celui de Sertorius. (NOTE XV). Les Volces Arecomiques, les Helviens, et les Vocontiens qui furent du nombre des rebelles, paierent cherement bientôt après l'imprudence qu'ils eurent d'entrer dans la défection de ce gouverneur, ou plutôt dans les divisions qui déchiroient alors la République.

LIII.

Pompée punit les rebelles de la Province.

Pour remédier aux désordres que la révolte avoit causez parmi ces peuples, on nomma à Rome Manius Fonteius pour gouverner la Province Romaine avec l'autorité de préteur, et on ordonna à Pompée qui devoit conduire une armée en Espagne [1] contre Sertorius, d'y pacifier les troubles à son passage et d'y réduire les rebelles. Pompée [2] étoit encore fort jeune ; mais il s'etoit distingué par sa valeur dans les campagnes qu'il avoit déja faites en qualité de questeur, en Afrique, en Italie, et dans la Gaule Cisalpine. Fonteius plus âgé que ce dernier avoit servi aussi avec distinction d'abord comme questeur et ensuite avec l'autorité de lieutenant dans les provinces de Macedoine et d'Espagne. Il étoit également redevable de ces honneurs à son propre merite et à sa naissance qui étoit des plus considerables.

Pompée, à qui le senat avoit donné le commandement d'une armée, quoiqu'il ne fût encore que questeur, emploia quarante jours à la rassembler. Cela fait, il prit la route des

---

[1] Pigh. tom. 3. p. 279. - Freinsh. ibid n. 9. et seq.

[1] V. Pith. ibid pag 287
[2] Liv. Epit. 89 90 91. - Cicer pro Fontei.

Alpes sur la fin de l'année [1], mais les partisans de Sertorius qui s'étoient saisis de ces montagnes, lui en disputerent l'entrée, en sorte qu'il fut contraint de s'ouvrir un passage vers les sources du Pô et du Rhône par la force de ses armes, après avoir obligé les ennemis de se retirer et de se réfugier en Espagne. Le premier soin de Pompée, après son arrivée dans la Gaule Transalpine, fut de soûmettre les rebelles conjointement avec Fonteius qui en étoit gouverneur, et de s'emparer des villes qui tenoient le parti de Sertorius, (an de Rome 678). Enfin après avoir vaincu les rebelles qui pouvoient retarder sa marche ou s'y opposer, n'aiant plus d'ennemis à combattre dans la Province, il punit les peuples du pays qui avoient pris part à la revolte, et qui s'étoient déclarez pour Sertorius. Il priva par un decret public les Volces Arecomiques [2] et les Helviens d'une partie de leurs terres, qu'il adjugea aux Marseillois en recompense de leur constante fidelité et de leur attachement inviolable aux interêts de la République : les peuples de Marseille sensibles à ce bienfait, en conserverent une vive reconnoissance envers Pompée, comme nous verrons dans la suite.

Ce general après avoir donné cet exemple de severité contre quelques peuples de la Province, en partit bientôt après pour l'Espagne, où il arriva enfin malgré les difficultez qu'il rencontra, et la résistance des troupes de Sertorius, qu'il défit entierement au passage des Pyrenées. A son départ de la Province pour cette expédition, (NOTE XV), il laissa à Fonteius le soin d'en appaiser entierement les troubles et de faire executer le decret qu'il avoit donné pour la confiscation d'une partie des terres des rebelles.

LIV.

Conduite de Fonteius dans la Province Romaine

Fonteius fidele aux ordres de Pompée n'oublia [3] rien pour gagner les esprits et pour porter les peuples à la soûmission ; mais enfin ne pouvant les réduire par la douceur, il fut obligé d'employer la force. Il en vint en effet aux mains avec quelques-uns d'entr'eux, principalement avec les Vocontiens qui lui donnerent bien de l'exercice. Ce furent sans doute les rebelles de la Province qui firent alors le siege de Narbonne ; nous sçavons du moins que ceux qui l'entreprirent, n'omirent rien pour se rendre maîtres de cette capitale et de ce boulevard de toutes les Gaules pour les Romains. Il y a lieu de croire que les assiegeans furent soûtenus dans cette entreprise par un détachement des troupes de Sertorius sous les ordres de Perpenna, qui s'empara dans [1] ce tems-là de Cale, ville des Gaules dont nous ignorons la veritable situation. Fonteius marcha au secours de Narbonne dont il fit lever le siege, après avoir battu ceux qui l'avoient entrepris ; il empêcha encore celui de Marseille que ces mêmes troupes avoient résolu de tenter : ainsi il eut la satisfaction d'avoir pacifié la Province, mais ce ne fut qu'en apparence. Après cette expedition ce proconsul fit executer à la rigueur le decret de Pompée pour la confiscation des terres des peuples rebelles, dont il disposa suivant les ordres qu'il avoit reçûs. C'est au tems de l'execution de ce decret qu'on pourroit peut-être rapporter l'origine de quelques colonies Romaines de la Province, telles que celles de Toulouse, de Beziers et de *Ruscino*, dont on ignore le tems de la fondation ; car il paroît assez vraisemblable que la République aiant privé, *Mulctati* [2], alors de leurs terres plusieurs peuples rebelles du pays, elle voulut établir des colonies au milieu d'eux, tant pour les contenir dans le devoir, que pour récompenser en même-tems les veterans légionnaires. On sçait que ces sortes de colonies militaires commencerent du tems de Sylla.

LV.

Fonteius s'attire la haine des peuples par ses vexations.

La rigueur dont usa Fonteius envers les peuples de la Province dans l'execution du decret de Pompée, et bien plus encore les

---

[1] Sallus. hist. p. 1159 Cic. pro lege Manil. et pro Fontei. - V. Freinsh. ad lib. 91. Liv. n. 1. et seq.
[2] Ces. de bell. civ l 1.
[3] Cic. pro Fontei.

---

[1] Fragm. Sallust. apud. Serv. in 7. Æneid.
[2] Cic. ibid.

impôts inusitez dont il les chargea, les indisposerent extrêmement contre lui. Il imita en cela la conduite des autres gouverneurs des provinces Romaines, qui depuis que Sylla[1] se fut emparé de toute l'autorité, accablerent d'un grand nombre de nouveaux impôts non seulement les peuples qui leur étoient soûmis, mais les alliez même de la République; et sans aucune consideration pour les villes qui avoient le mieux mérité d'être maintenuës dans leurs anciennes immunitez, les assujettirent à des tributs excessifs, et leur ôterent les terres qui leur appartenoient en propre, contre les droits qu'elles s'étoient reservez par les traitez qu'elles avoient faits avec la République en se soûmettant à son autorité.

Fonteius non content de marcher sur les traces de ces gouverneurs impitoiables[2], eut encore la dureté d'ordonner dans la Province, malgré la sterilité des deux années de son gouvernement, des traittes considerables de bled, ce qui fit monter les denrées à un prix extraordinaire. Il ordonna outre cela une levée de troupes, sur-tout de cavalerie qu'il envoia en Espagne au secours de Metellus et de Pompée, ou dans les autres provinces de la République; et cela aux dépens des peuples qu'il rançonna pour fournir à la subsistance de ces troupes. Il livra d'un autre côté la Province à toute l'avidité des publicains ou financiers.

A ces vexations il en ajoûta encore une nouvelle par l'obligation qu'il imposa aux proprietaires des terres voisines des chemins publics, par où passoient frequemment les troupes Romaines, d'en faire les réparations à leurs dépens, et sur-tout de celui qu'on appelloit la voie *Domitia* qui traversoit la Province, et qui conduisoit jusqu'en Espagne. Il donna l'inspection sur ces réparations à C. Annius Bellienus et à C. Fonteius ses lieutenans, qui aussi avides d'argent que ce gouverneur et ne cherchant qu'à satisfaire leur avarice, n'approuverent, ou n'alloüerent les travaux des ouvriers qu'à force d'argent, ce qui engagea les peuples dans des dépenses excessives et des dettes considerables qu'ils furent obligez de contracter à cette occasion. Enfin on accuse Fonteius d'avoir introduit dans la Province l'usage des impôts sur le vin, et principalement dans Toulouse où l'on paioit quatre deniers par *amphore*, c'est-à-dire par pot, avec d'autres impôts sur la traitte, *Portorium vini*, des vins dans les ports de *Crodunum*, dans celui de *Vulchalone*, et dans le lieu de *Cobiomachum*, situé entre Narbonne et Toulouse.

LVI.

Pompée passe l'hiver dans la Province.

C'est par toutes ces vexations que ce gouverneur se trouva en état de fournir aux frais de la guerre d'Espagne contre Sertorius, et d'envoier à Metellus et à Pompée des secours considerables d'hommes, d'argent et de vivres, dont Pompée fait honneur à la province Romaine des Gaules dans une de ses lettres[1], où il assure le senat que l'armée de Metellus n'avoit subsisté durant toute l'année que par les secours qu'elle en avoit reçûs. Ce general en eut besoin lui-même, quand après avoir levé le siege de Calahorra[2] avec Metellus, et ne pouvant plus se soûtenir contre Sertorius, ils se virent obligez de se séparer et de se retirer l'un dans la Province Romaine des Gaules, et l'autre dans l'Espagne Ulterieure. Ce fut sur la fin de l'année 680. de Rome que Pompée accablé de misere arriva en deçà des Pyrenées, après avoir exposé par une lettre qu'il écrivit au senat, la triste situation de sa personne et de ses troupes, avec celle des affaires de la République par le défaut de secours suffisans. Il faisoit voir en même-tems dans cette lettre la nécessité pressante d'en envoier et l'impossibilité d'en tirer de nouveaux de la Province Romaine des Gaules, deja épuisée par ceux qu'elle avoit donnez, et par la disette où les sterilitez précedentes l'avoient réduite. (NOTE XVI. n. 1).

Quoique Fonteius ne commandât plus en chef dans la province à l'arrivée de Pompée,

---

[1] V. Freinsh. ad. l. 89. Liv. n. 35.
[2] Cicer. ibid. - Sallust. hist. l. 3. et Epist. Pomp. ibid. p. 1139.

[1] Apud. Sallust. ibid.
[2] Cicer. ibid. Liv. Epit. 93. et Freinsh. in hunc. lib. n. 20. et seqq. Pigh. ibid. p 303. et seqq.

il ne laissa pourtant pas[1], en qualité sans doute de lieutenant du proconsul C. Aurelius Cotta son successeur dans ce gouvernement, de lui faire rendre tous les honneurs dûs à sa naissance et à ses services; il tâcha sur-tout par le bon accueil qu'il lui fit, de lui faire oublier toutes ses disgraces passées. Pompée passa l'hiver dans la Province, où Fonteius fut encore plus en état au commencement de l'année suivante de lui faire rendre les honneurs qu'il méritoit, car il en fut nommé gouverneur pour la troisième fois au mois de Janvier de l'année suivante 681. de Rome. Le consul L. Licinius Lucullus avoit eu par sort ce gouvernement pour l'année d'après son consulat; mais la guerre de Mithridate aiant fait changer[2] la disposition des Provinces, il obtint celle de Cilicie, et Fonteius fut mis à sa place dans la Province Romaine des Gaules.

LVII.

Fin de la guerre de Sertorius Trophées de Pompée

Pompée après avoir hiverné dans cette derniere Province, rassembla ses troupes et se mit en marche pour rentrer en Espagne dans dans le dessein de continuer la guerre contre Sertorius. La République lui aiant fourni à propos les secours qu'il lui avoit demandez, il eut le bonheur de terminer enfin en deux campagnes cette guerre qui duroit depuis environ dix ans, et qui finit la huitiéme année après que les Lusitaniens eurent élû ce dernier pour leur general (NOTE XVI). Ainsi la paix fut rétablie en Espagne et la tranquillité dans la Province Romaine, (an de Rome 682-683). Pompée étant ensuite rappellé à Rome, voulut à son passage par les Pyrenées laisser un monument public de ses victoires. Il fit[3] ériger pour cela un trophée, qui porte encore aujourd'hui son nom, sur le sommet d'une de ces montagnes qui separe la Gaule de l'Espagne au Col de Pertus, et située entre le Roussillon et la Catalogne. L'inscription qu'il y fit graver portoit que depuis les Alpes jusqu'à l'extremité de l'Espagne Ulterieure, il avoit réduit sous son obeissance et celle de la République huit cents soixante-seize villes: preuve incontestable qu'une partie de la Province Romaine ou Gaule Narbonnoise fut du nombre de ses conquêtes, et qu'il soûmit les peuples de cette Province qui avoient pris les armes en faveur de Sertorius (NOTE XV). On admira dans cette occasion la grandeur d'ame et la moderation de Pompée de n'avoir pas souffert que dans cette inscription on fît mention de ce general, dont le nom et la valeur relevoient beaucoup l'éclat de sa victoire; mais on lui reprocha la vanité[1] d'avoir fait placer sa statuë sur ce trophée *.

LVIII.

Fonteius est accusé à Rome. Ciceron prend sa défense.

La Province Romaine mécontente du gouvernement de Fonteius[2], et indignée des vexations qu'il avoit exercées pendant les trois années de son administration, résolut d'en tirer raison et d'en porter ses plaintes au senat. Les peuples étoient principalement sensibles à la perte de leurs anciens privileges, et des terres qui leur avoient été confisquées. Deux des principaux d'entr'eux sçavoir les Volces et les Allobroges, sous les noms desquels Ciceron paroît comprendre tous les autres de cette Province, envoierent des députez à Rome pour exposer leurs griefs au senat contre cet ancien gouverneur (an de Rome 684). Induciomare qui étoit le principal magistrat de la république des Allobroges, fut le chef de leur députation; ce qui marque que ces peuples s'étoient maintenus jusqu'alors dans une espece de liberté. Il paroît même qu'ils en étoient fort jaloux. Ciceron qui prit la défense de Fonteius convient que c'étoit le violement de leurs immunitez qui faisoit recourir ces peuples à la justice du senat: mais il prétend que l'accusation qu'ils avoient intentée contre ce gouverneur, d'être l'auteur de cette infraction, n'étoit qu'un prétexte qu'ils avoient cherché pour le perdre.

---

[1] Cicer. pro Fontei.
[2] V. Freinsh. et Pigh. ibid.
[3] Marc. hist. p. 49. et seq.

[1] V. Plin. l 3. c. 4. l. 7. c. 27.
[2] Cic. pro Fontei.

* V. Additions et Notes du Livre ii, n° 30.

Ces députez furent assez bien reçûs à Rome : ils y trouverent un accès d'autant plus facile auprès de quelques-uns des principaux de la République, et entr'autres de M. Pletorius et de M. Fabius, que ceux-ci jaloux et ennemis secrets de Fonteius souhaitoient trouver une occasion de le supplanter et de lui couper chemin aux premieres dignitez de la République où ses services lui donnoient droit d'aspirer. Ces deux Romains de concert avec les députez de la Province presenterent au senat les chefs d'accusation contre cet ancien magistrat. Les principaux crimes dont on l'accusoit, étoient de concussion et de peculat durant les trois années de son gouvernement, et sur-tout d'avoir opprimé la Province Romaine par les dettes qu'il l'avoit obligée de contracter pour satisfaire son avarice ; d'avoir dispensé pour de l'argent les particuliers des contributions communes pour la réparation des chemins publics, et de n'avoir donné qu'à prix d'argent son approbation aux travaux de ceux qui en étoient chargez : d'avoir mis sur les peuples quantité d'impôts onereux et jusques alors inouïs, et de les avoir livrez aux vexations des partisans ou financiers. On l'accusoit encore d'avoir entrepris mal-à-propos la guerre contre les Vocontiens, peuples de Provence ; de s'être mal comporté dans la disposition des quartiers d'hiver, et de quelques autres griefs que nous ignorons.

Fonteius touché du nombre et de la gravité de ces accusations, eut recours à Ciceron, le plus celebre orateur de son tems, qui voulut bien se charger du soin de prendre sa défense, et de plaider sa cause devant le senat. Cet orateur parla deux fois en sa faveur avec toute la force et la vivacité de son éloquence. Nous n'avons plus son premier plaidoier, et ce n'est que par un fragment considerable du second, qui nous reste, que nous apprenons presque tout ce que nous venons de rapporter de Fonteius. Il paroît par ce dernier plaidoier que la plûpart des Romains, qui demeuroient alors dans la Province Romaine, porterent témoignage en faveur de cet ancien gouverneur du pays ; et qu'outre les habitans de la colonie de Narbonne qui se déclarerent pour lui, les négocians et les publicains Romains qui s'étoient établis dans la Province, prirent aussi sa défense. Nous apprenons [1] encore tant par ce plaidoier, que par une autre oraison de Ciceron, qu'il y avoit alors plusieurs autres Romains qui avoient fixé leur demeure dans le même pays, et en particulier des bergers et des laboureurs pour prendre soin de la culture des terres qui appartenoient à la République, et dont elle tiroit la dixme. C'étoit sans doute les terres dont les anciens habitans avoient été dépouillez dans le tems de la conquête de la Province, ou peut-être seulement depuis les derniers troubles dont on a déja parlé. Nous ignorons si tous ces Romains se declarerent en faveur de Fonteius ; mais il est certain que la ville de Marseille, que Ciceron semble mettre au nombre des villes de la Province Romaine, prit aussi son parti ; et qu'à l'exemple de Narbonne, elle envoia des députez à Rome pour rendre au senat un témoignage avantageux de la conduite de ce gouverneur durant tout le tems de son administration. Au reste quoique nous ignorions le succès et les suites de toute cette affaire, nous avons lieu cependant de croire que les plaintes des peuples de la Province furent favorablement écoutées, puisque dans la suite nous les voions jouir de leur ancienne liberté, et vivre suivant l'usage du droit [2] Latin. Il est vraisemblable que les accusateurs de Fonteius, malgré la barbarie de leur langue que Ciceron leur reproche, et les efforts de cet orateur pour détruire leurs accusations, ne laisserent pas de faire comprendre au senat les suites fâcheuses que pourroit avoir dans la Province l'impunité de ce gouverneur, capable, à ce qu'ils disoient, d'y exciter une révolte generale.

LIX.
Pison et Muræna successivement gouverneurs de la Province.

Il paroît cependant que les Allobroges eurent lieu d'être aussi mécontens des successeurs de Fonteius, qu'ils l'avoient été de Fonteius même, par la nouvelle députation que ces peuples firent au senat, pour l'informer

---
[1] Cic. ibid. et pro Muræna.
[2] Plin l. 3 n 5.

des sujets de plainte qu'ils avoient contre C. Calpurnius[1] Pison, à qui la République avoit donné le gouvernement de la province l'année d'après son consulat. Ce gouverneur qui le fut deux années de suite étant retourné à Rome y fut accusé de concussion par les Allobroges, et d'avoir vexé les peuples. Pison eut recours à Ciceron qui avoit si bien défendu Fonteius dans une accusation semblable. Cet orateur se chargea volontiers de sa cause, et la plaida durant l'année de son consulat avec tant de force, que ce magistrat fut renvoié absous, (ans de Rome 688-689-690).

Ce fut sans doute pour prévenir de semblables plaintes que le senat envoia à la place de Calpurnius Pison le préteur L. Licinius Murena[2], lequel par sa moderation et son équité ramena bientôt les esprits aigris des peuples de la Province, s'attira leur affection et leur estime, et les gouverna durant deux ans à leur gré et à celui de la République; en sorte qu'il n'eut pas besoin de se faire suivre par les troupes que le senat lui avoit permis de lever avant son départ d'Italie pour soûtenir son autorité dans le pays. Il gagna tellement tous les peuples par sa politesse, ses bonnes manieres, et par les voies de douceur, qu'il facilita par là aux publicains non seulement la levée des impôts dont l'établissement avoit rendu ses prédécesseurs si odieux, mais aussi de tous les arrerages qu'on regardoit déja à Rome comme perdus : sa conduite en un mot fut generalement applaudie. On se plaignit cependant de celle de P. Clodius son questeur qui fut en exécration à toute la province par ses violences, ses injustices et son avarice insatiable.

Murena après avoir gouverné la Province pendant deux ans avec l'autorité de préteur, au gré de tous les peuples, crut être en droit d'aspirer aux premieres charges de la République. (An de Rome 691.) Dans cette vûe, après avoir confié à C. Murena son frere et son lieutenant, le soin de la Province, il partit avant la fin de la deuxième année de son gouvernement, pour se rendre aux comices de Rome, et y briguer le consulat. On eut égard à sa demande, et il fut désigné consul pour l'année suivante : mais ses compétiteurs voulant lui ravir cet honneur, l'accuserent de l'avoir obtenu à prix d'argent. Ciceron avocat ordinaire des gouverneurs de la Province Romaine des Gaules, et alors consul, fit son apologie, et ferma si bien la bouche à ses ennemis, que Murena fut renvoié absous et confirmé dans le consulat pour l'année suivante.

LX.

Efforts de Catilina pour engager les Allobroges dans sa conjuration, et inspirer la révolte a la Province.

Catilina qui étoit un de ses principaux compétiteurs, comme il l'avoit été de Ciceron protecteur de Murena, confus du mauvais succès de cette accusation, et voulant se rendre maître de la République dans le dessein de l'opprimer, avoit déja formé une conjuration[1] contre les principaux et les meilleurs citoyens de Rome. Pour la faire réussir, il employa ses grandes qualitez et ses défauts encore plus grands, dont l'orateur Romain nous a laissé une si vive peinture. Il s'associa avec tous les plus mauvais citoyens de Rome : mais Ciceron qui par sa vigilance découvrit sa conjuration, l'obligea bientôt après de sortir de cette capitale. Ce scelerat chargea à son départ ses complices du soin de faire de nouveaux partisans, tandis qu'il alla debaucher en Etrurie les soldats de l'armée Romaine : avant que de mettre son entreprise à exécution, il crut devoir s'assûrer de quelque province qui pût lui fournir du secours et lui donner une retraite assûrée en cas de malheur.

La Province Romaine des Gaules lui parut la plus propre et la mieux disposée à favoriser ses desseins, parce qu'elle étoit alors fort mécontente de la plûpart de ses gouverneurs qui l'avoient extrêmement opprimée; il sçavoit d'ailleurs combien l'absolution de Calpurnius Pison avoit indisposé les Allobroges ses accusateurs, qui par la n'esperoient plus de soulagement à leurs maux. Avant sa sortie de

---

[1] Cic. pro Flacco. Pigh. ibid p. 322.
[2] Cic. pro Muræna et de harusp. resp. - V. Pigh. ibid. p. 326.

[1] Sallust. de bell. Catil. p. 290. et seqq. et p. 300. - Cic. in Catil. Flor l. 4 c. 11.

Rome il s'adressa aux députez de ces peuples qui étoient encore alors dans cette ville, et n'omit rien pour les porter à engager leurs compatriotes à se joindre à lui, et à lui fournir un corps considerable de cavalerie dont il avoit besoin pour se soûtenir: mais n'aiant pû finir sa négociation avec eux, il laissa à Lentulus, un des principaux conjurez, le soin de la terminer, et envoia lui-même des émissaires dans la province pour la faire soûlever.

Lentulus instruit par Umbrenus, l'un des conjurez, à qui la levée des tributs de la province dont il avoit été chargé autrefois, et ses affaires particulieres, avoient donné occasion de connoître la disposition des peuples, et d'avoir des liaisons dans le pays, termina enfin cette négociation avec les députez des Allobroges au gré de Catilina. Il leur persuada non seulement d'entrer dans la conjuration, mais aussi de partir incessamment de Rome pour aller faire déclarer la Province Romaine en faveur des conjurez, sous l'esperance flateuse de recouvrer son ancienne liberté après laquelle elle soupiroit avec tant d'ardeur: ces députez ne furent pas long-tems sans s'appercevoir du danger où ils exposoient la Province et leurs propres personnes par l'engagement qu'ils venoient de prendre avec les conjurez: prévoiant en effet les suites funestes que pourroit avoir leur complot, s'il venoit ou à être découvert, ou à ne pas réussir, ils prirent le parti de le communiquer à Q. Fabius Sanga protecteur de leur nation.

Fabius surpris d'apprendre cette conjuration demanda du tems à ces envoiez pour déliberer sur le conseil qu'il avoit à leur donner, et sur la réponse qu'il devoit leur faire; et fut aussitôt informer secretement le consul Ciceron de tout ce qui se tramoit contre la République, et conclut avec lui qu'ils iroient ensemble trouver ces députez; ce qu'ils firent. Ils leur representerent d'une maniere pathétique, d'un côté les suites fâcheuses et les dangers de leur traité avec les conjurez, et de l'autre les récompenses qu'ils devoient attendre de la République tant pour eux-mêmes que pour toute leur nation, s'ils vouloient faire ce qu'ils leur diroient. Les députez consentirent à tout ce que Ciceron et Fabius demanderent d'eux: et suivant leurs instructions, furent trouver les conjurez, pour les presser d'executer le traité qu'ils avoient conclu ensemble, leur faisant entendre qu'ils n'attendoient plus que leurs ordres pour aller dans la province faire ratifier cet accord par leurs compatriotes, et y disposer toutes choses en faveur de Catilina.

Les conjurez qui ne pensoient à rien moins qu'à la perfidie de ces députez, convinrent que ceux-ci partiroient le troisiéme jour de Décembre, et leur donnerent Vultureius, l'un de leurs complices, pour les accompagner et les conduire en passant à Catilina, de qui ils devoient recevoir la ratification du traité. Ces envoiez furent à peine arrivez au pont Milvius, que les préteurs Valerius Flaccus et C. Pontinius sortant d'une embuscade, où Ciceron les avait postez avec des troupes, se jetterent sur eux et sur Vultureius leur conducteur, et se saisirent de leurs personnes, de l'original du traité, et des lettres dont ils étoient chargez tant pour Catilina que pour le senat et le peuple des Allobroges. Ciceron aiant été parfaitement instruit par toutes ces piéces de toute la conjuration, des noms et des desseins des conjurez, en fit un rapport exact au senat, lequel fit mourir les principaux coupables, et prit soin de récompenser les envoiez des Allobroges du service qu'ils venoient de rendre à l'Etat.

Catilina informé de la découverte de sa conjuration et de la punition de la plûpart de ses complices, ne se croiant pas en sûreté en Italie, l'abandonna au plutôt pour aller chercher un azile dans la Province Romaine, sur le secours de laquelle il croioit avoir lieu de compter. Il prit la route de Marseille avec la plus grande partie de ses partisans qu'il avoit rassemblez: mais aiant été surpris et attaqué en chemin par le consul C. Antoine collegue de Ciceron, il fut tué sur le champ de bataille avec trois mille hommes de ses troupes, et le reste de son armée fut entierement dissipé.

Ce chef des conjurez avoit quelque raison de compter sur le dévoûment de la Province et sur ses favorables dispositions à son égard.

Ses émissaires avoient en effet si bien gagné les Allobroges à son parti par leurs intrigues et par l'espérance qu'ils leur avoient donnée d'une prochaine et parfaite liberté, que ces peuples qui conservoient toujours un vif ressentiment des vexations qu'ils avoient souffertes, et un desir extrême de s'affranchir de la domination des Romains, étoient déja sur le point de faire éclater leur révolte, si C. Murena qui y commandoit ne l'eût prévenué par sa vigilance, et n'eût dissipé leurs mauvais desseins (NOTE XVII).

LXI.
Victoires de Pontinius et de ses lieutenans sur les Allobroges rebelles. La Province pacifiée par les soins de ce gouverneur.

Les frequens mouvemens des Allobroges pour secouer le joug Romain firent comprendre au senat la nécessité d'envoyer dans la province un gouverneur qui sçût [1] se faire craindre et se faire aimer des peuples. On nomma dans cette vûe pour la gouverner avec l'autorité de préteur C. Pontinius, homme courageux et fort experimenté, qui avoit déja donné des marques de sa prudence et de sa sagesse durant la conjuration de Catilina. La réputation de probité et de moderation de ce gouverneur prévint d'abord les peuples en sa faveur, et sa presence calma les esprits pour un tems; mais ce calme fut troublé bientôt après par la révolte des Allobroges, qui éclata enfin ouvertement. Ces peuples dont les dispositions à se soulever avoient été plutôt assoupies qu'entierement éteintes, animez par Catugnat leur chef, qui avoit des liaisons secretes avec les conjurez, se mirent en armes et désolerent la province par leurs courses.

Sur l'avis de ces nouveaux mouvemens, Pontinius détacha Manlius Lentinus l'un de ses lieutenans avec un corps de troupes pour l'opposer aux rebelles et arrêter leurs incursions. Il le suivit même de près avec le reste de son armée et se campa de manière à pouvoir lui fournir du secours dans le besoin. Lentinus s'étant avancé dans le pays des Allobroges, alla attaquer une de leurs villes appellée *Ventia*, Ουεντια, par Dion, qu'on [1] croit être le château de Vinai sur l'Isère dans le diocèse de Grenoble. Au bruit des approches de ce general Romain il se répandit une si grande terreur parmi les Allobroges, que Catugnat qui s'étoit avancé avec une partie des révoltez, prit le parti de s'éloigner et de prendre la fuite; ce qui obligea les autres à demander la paix.

Lentinus ne fut pas long-tems sans s'apercevoir que la demande que ces derniers faisoient de la paix étoit moins une marque de leur soûmission que de leur faiblesse, et de la nécessité de gagner du tems pour recevoir du secours. En effet peu de temps après les peuples de la campagne s'étant rassemblez vinrent en foule au château de *Ventia* dont ils s'emparerent. Lentinus après avoir été forcé d'abandonner ce poste, et avoir fait cependant le dégât dans tout le pays, alla camper sur les bords de l'Isere (an de Rome 693.). D'un autre côté Catugnat averti de la retraite des troupes Romaines, s'approcha de cette riviere, et fit si bien par ses intrigues et ses discours, qu'aiant persuadé aux peuples voisins de joindre leurs armes aux siennes, il entreprit de la passer. Lentinus n'osa s'y opposer ouvertement, parce qu'il voioit d'un côté que la partie n'étoit pas égale, l'armée des Allobroges étant beaucoup plus nombreuse que la sienne, et que de l'autre il craignoit qu'en abandonnant son camp les peuples du pays ne s'en emparassent, et qu'ils ne le prissent en queuë, tandis qu'il combattroit de front les troupes qui passeroient l'Isère : il se contenta de se mettre en embuscade dans une forêt voisine d'où il harcela ces troupes à mesure qu'elles passoient. Celles-ci lui dresserent des embûches à leur tour; et aiant feint de prendre la fuite, l'attirerent insensiblement du côté de Catugnat, qui fondit alors brusquement sur lui, et l'auroit entierement défait, si un orage qui s'éleva tout à coup n'eût fait cesser le combat, et n'eût enfin dérobé les Romains à ses poursuites.

Catugnat après avoir passé l'Isere s'étendit à son gré dans le pays des Allobroges; il s'éloi-

---

[1] Sallust. ibid. - Cic. de prov. consular. - Dio. l. 37. p. 50. et seqq. - Liv. Epit. 103.

[1] Vales. notit. Gall. p 529.

gna cependant du camp de Lentinus, ce qui donna lieu à ce dernier de s'avancer dans le pays, et de désoler la campagne; il assiegea même la ville de *Ventia* qu'il emporta de force (an de Rome 694.). Pontinius qui en fut averti, se voyant maître de ce poste important, se mit en état de terminer au plutôt cette guerre et les troubles qu'elle causoit dans la province. Dans cette vûe il fit passer le Rhône à L. Marius et à Sergius Galba ses lieutenans, avec ordre de se rendre dans le pays des Allobroges et de joindre Lentinus. Ces deux generaux à leur arrivée dans ce pays commencerent d'abord par faire le dégât et assiegerent ensuite le château de *Solonium* situé sur les bords de l'Isere, qu'ils emporterent malgré les efforts des Gaulois qui s'étoient assemblez en grand nombre pour s'y opposer, et qui furent entierement défaits. Ils tenterent ensuite de s'emparer de la ville qui portoit le même nom; et comme elle n'étoit bâtie que de bois, ainsi que les autres villes des Gaules, ils y mirent le feu pour s'en rendre plus aisément les maîtres : mais Catugnat qui survint dans le même tems avec un **ren** fort considérable de troupes, fit arrêter l'incendie et empêcha les troupes romaines de s'en emparer.

Sur ces entrefaites, Pontinius étant arrivé avec toute son armée pour soûtenir ses lieutenans, attaqua brusquement Catugnat dans son camp, et le serra de si près que celui-ci se voyant hors d'état de résister, l'abandonna à la discrétion de ce general qui fit prisonniers de guerre tous les Allobroges qu'il y trouva. Par cette victoire ce gouverneur de la Province termina enfin [1], la troisième année de son gouvernement, une guerre qui pouvoit avoir des suites fâcheuses, et rassura la République contre les inquiétudes qu'elle commençoit de lui causer. Pontinius pacifia ensuite aisément le reste du pays; et content d'avoir puni les rebelles, il tint une conduite très-sage et très-moderée à l'égard de tous les autres, en sorte que la douceur de son gouvernement ne contribua pas peu à maintenir la paix et le bon ordre dans le pays. Le tems de son gouvernement étant expiré, il se rendit à Rome, où pour récompense de ses victoires il demanda les honneurs du triomphe : sa demande, quoique juste, fut cependant traversée, et ce ne fut que cinq ans après, au mois de décembre de l'an 699. de Rome, qu'il obtint enfin ce qu'il souhaitoit, malgré l'opposition de ses ennemis.

LXII.

Efforts des Helvetiens pour pénétrer dans la Province.

*Le consul Q. Cæcilius Metellus Celer fut nommé à sa place gouverneur de la province Romaine ou Gaule Transalpine, et L. Afranius son collegue obtint en même tems le gouvernement de la Gaule Cisalpine. La République décerna ces provinces à ces deux consuls à cause des mouvemens de quelques peuples voisins [1] et de l'appréhension où on étoit à Rome qu'il ne s'y élevât enfin une guerre ouverte. En effet outre la révolte des Allobroges et les mauvaises dispositions des peuples, les Helvetiens voisins de ces provinces menaçoient d'y faire une irruption, et particulierement dans la Gaule Transalpine, et d'attaquer les Eduens alliez des Romains conjointement avec quelques autres peuples des Gaules. Le senat pour prévenir ces troubles ordonna que le consul qui auroit le gouvernement de la Gaule Transalpine prendroit la défense des Eduens et de leurs autres alliez, s'ils étoient inquiétez par les Gaulois, et qu'on leveroit incessamment pour cela des troupes. Pour détourner cependant les peuples des Gaules de s'unir avec les Helvétiens, il leur envoia en ambassade C. Metellus Creticus, L. Flaccus et Lentulus: ces envoiez aiant trouvé que les Gaulois étoient assez disposez à la paix, et que d'ailleurs les victoires de Pontinius avoient remis le calme dans la Province, et jetté la terreur chez tous les peuples voisins, Metellus Celer ne se rendit dans son gouvernement qu'après la fin de l'année de son Consulat, et ce ne fut par conséquent qu'avec l'autorité de proconsul, (an de Rome 695.).

Cesar qui étoit alors consul avec Bibulus,

---

[1] V. Pigh. tom. 3. p. 346. et 351. — Marmont. Capit. apud eund. p. 401. et secq.

[1] Cicer. l. 1. ad Attic. ep. 19. — Cæs. de bell. Gall. l. 1. n. 35. — Sallust. ibid. Plin. l. 2. c. 67. — V. Pigh. tom. 3. p. 352. et 356.

s'empara de la principale autorité dans la République, ce qui fit qu'il obtint aisément[1] du peuple Romain le gouvernement de la Gaule et de l'Illyrie, avec le commandement de trois legions pour cinq années qui ne devoient commencer qu'après celle de son consulat. Il se fit donner ensuite par le senat une quatrieme legion avec le gouvernement de la Gaule Transalpine ou Province Romaine, où les nouveaux mouvemens des Helvetiens lui donnerent occasion bientôt après de signaler sa valeur.

Ces derniers peuples sollicitez depuis trois ans par Orgetorix un des principaux d'entr'eux, résolurent[2] enfin de quitter leur pays et d'aller s'établir dans l'intérieur des Gaules, (an de Rome 696). Pour s'ôter toute esperance de retour, ils mirent le feu à leurs habitations, persuadez qu'il leur seroit d'autant plus aisé de s'ouvrir un chemin par la Province Romaine, qu'ils comptoient que les Allobroges leurs voisins, mécontens des Romains, leur laisseroient la liberté du passage. Ils avoient déja fixé le jour de leur départ au 26. de Mars de l'an 696. de Rome, quand Cesar qui avoit déja obtenu le gouvernement de la Province Romaine, averti de leur dessein, partit incessamment de Rome, et arriva en huit jours à Geneve ville frontiere de la même province de ce côté-là. A son arrivée il fit rompre le pont qui étoit sur le Rhône, et appela auprès de lui la seule legion qui étoit dans le pays, en attendant que les nouvelles troupes, dont il ordonna la levée dans la province, fussent en état de le joindre. Les Helvetiens surpris de la diligence de César et des préparatifs qu'il faisoit contre eux, lui envoierent d'abord des députez pour lui demander la liberté du passage : mais ce general qui vouloit les amuser pour avoir le loisir d'assembler une armée, remit à leur faire réponse au treize d'Avril suivant.

Pendant ce tems-là il fit élever depuis le lac Leman ou de Geneve jusqu'au Mont-Jura un mur de dix-neuf milles de long, qu'il fit fortifier d'un fossé et de plusieurs autres ouvrages,

[1] Suet. l. 1. p. 4. - Plut. in Pom.
[2] Cæsar de bell. Gall. l. 1. Liv. Epit. 103. - Dio. - l. 38. p. 79.

et où il mit de bonnes troupes pour disputer le passage aux Helvetiens, en cas qu'ils voulussent le forcer. Il leur fit dire ensuite au jour marqué, qu'il ne pouvoit leur permettre le passage qu'ils demandoient. Sur ce refus ces peuples tenterent de passer le Rhône partie à gué et partie sur des batteaux qu'ils avoient rassemblez : mais aiant été vivement repoussez par les troupes Romaines, il se retirerent et prirent leur route par le pays des Sequanois et des Eduens dans le dessein de se rendre dans celui des Santons ou Saintongeois où ils avoient résolu de s'établir.

La proximité du pays des Saintongeois de celui des Toulousains fit appréhender à César que si les Helvetiens naturellement belliqueux et qui ne cherchoient qu'à s'étendre, devenoient une fois maitres de la Saintonge, ils ne portassent ensuite leurs armes dans la Province dont l'entrée étoit d'autant plus aisée de ce côté-là, que le pays étoit entierement découvert. La crainte qu'il eut que ces peuples ne s'emparassent un jour de la ville de Toulouse, lui fit prendre la résolution de s'opposer de toutes ses forces à leur marche. Pour se mettre en état de les attaquer avec succès, il alla aussitôt chercher du secours en Italie, d'où il amena cinq légions. Il passa ensuite le Rhône avec son armée, entra dans le pays des Segusiens qu'on appelle aujourd'hui le Forets, et marcha avec tant de diligence, qu'après avoir atteint les Helvetiens vers la Saône, et les avoir battus en deux differens combats, il les obligea enfin, après des pertes considérables, de retourner dans leurs anciennes demeures.

LXIII.

Peuples de la Province au service de César. Valerius Procillus prince des Helviens.

L'armée victorieuse de Cesar étoit composée non seulement des cinq legions dont nous venons de parler, mais aussi de plusieurs troupes auxiliaires des Gaules, et surtout d'un corps de cavalerie du même pays. Entre[1] ces Gaulois un des plus illustres étoit C. Valerius Procillus l'un des chefs ou princes des peuples du Vivarais ou Helviens. Il étoit fils

[1] Cæs. ibid. n. 19. et 49.

de C. Valerius Caburus prince de la même nation, a qui C. Valerius Flaccus avoit donné son nom avec le droit de bourgeoisie Romaine, en récompense de sa fidelité et de son attachement à la République. Valerius Procillus étoit un jeune homme dont les rares qualités donnoient de grandes esperances; sa sagesse, sa valeur, son zele et son attachement à la République lui méritèrent l'estime et la confiance de Cesar, à qui il servoit de conseil dans les affaires importantes, et d'interprete dans ses negociations avec les différens peuples des Gaules : il avoit un frère qui portoit le nom de Valerius Donataurus[1], dont nous aurons accasion de parler dans la suite.

Cesar après avoir obligé les Helvetiens de reprendre le chemin de leurs anciennes demeures, tourna ses armes contre Arioviste prince Germain qui avoit envahi le pays des Sequanois, et qui donnoit de l'inquiétude aux Eduens alliez de la République. Cesar signala[2] les deux premieres années de son gouvernement dans les Gaules par la victoire qu'il remporta sur ce prince, et par l'entiere réduction des peuples de la Belgique. Il employa ensuite la troisiéme à soûmettre les Celtes qui s'étendaient depuis la Garonne jusqu'à la Seine, et parmi lesquels on comprenait les peuples de Querci, de Roüergue, d'Albigeois, de Gevaudan et de Velai, (an de Rome 698). Pour vaincre plus aisément ces peuples, et empêcher les Aquitains, dont les Romains avoient autrefois éprouvé la valeur, de se joindre à eux, il détacha P. Crassus avec douze cohortes et un gros de cavalerie, avec ordre d'aller faire diversion en Aquitaine, renfermée dans ce tems-là entre la Garonne, les Pyrenées et l'Océan.

Le premier soin de Crassus fut de pourvoir à la subsistance de ce détachement; ne se voiant pas encore assez fort contre des peuples aussi formidables que les Aquitains, il demanda un renfort de troupes auxiliaires aux principales villes de la Province. Celles de Narbonne, de Toulouse et de Carcassonne signalerent dans cette occasion leur zele pour le service de la République, et donnerent à Crassus leurs plus braves citoiens, *Multis viris fortibus*. Ce fut avec ce secours, qui consistoit la plûpart en cavalerie, que ce lieutenant de Cesar alla attaquer les Sotiates, et les soûmit enfin avec Adcantuan leur prince. On place differemment le pays où habitoient ces peuples, parce qu'il y a plusieurs lieux en Gascogne qui portent le nom de Sots, nom qui peut avoir quelque analogie avec celui des Sotiates. Selon l'opinion la plus commune ces peuples habitoient la partie du diocèse d'Auch qui est limitrophe du Bazadois : on pourroit aussi l'entendre de ceux du Conserans, parce qu'en effet le lieu qu'on appelle Vic de Soz dans le comté de Foix et sur les limites du Toulousain et du Conserans vers l'Espagne, peut ou avoir tiré son nom de ces peuples Sotiates, ou le leur avoir donné*. Quoi qu'il en soit, leur soûmission fut suivie de celle de la plûpart des autres peuples d'Aquitaine, en sorte que par cette expédition Crassus facilita à Cesar la conquête de la Celtique, et le mit en état de porter sans obstacle ses armes victorieuses jusqu'au delà du Rhin et dans l'isle de Bretagne.

A la fin de sa quatrième campagne dans les Gaules, Cesar alla passer l'hiver en Italie selon sa coûtume, et obtint à Rome la prorogation de sa charge de gouverneur des Gaules pour les cinq années suivantes. Il fit lever[1] alors à ses dépens dans la Gaule Transalpine une legion composée de seuls Gaulois, à laquelle il donna le nom d'*Alauda* qui en langue Celtique signifiait Aloüete. Il forma cette legion suivant la discipline militaire des Romains; car les Gaulois, qui jusqu'alors avoient toûjours servi dans les armées Romaines comme troupes auxiliaires, combattoient d'une maniere particuliere. Pour distinguer cette legion des autres et l'attacher plus fortement au service de la République, Cesar la favorisa beaucoup dans toutes les occasions, et fit donner à tous les soldats ou *Alaudes*, qui la composaient, le droit de bourgeoisie Romaine**. Marc Antoine se servit utilement dans la suite de cette légion d'où il tira un

---

[1] Cæs. ibid. l. 7.
[2] Cæs. ibid. l. 1. 2. 3.

[1] Suet. in Cæs. p. 4. et 3.

* *V*. Additions et Notes du Livre II, n° 31.
** *V*. Additions et Notes du Livre II, n° 32.

nombre de soldats pour former une décurie de juges.

César à son retour d'Italie dans les Gaules au commencement de la campagne suivante, employa le reste de l'année 700. de Rome à achever de soûmettre l'isle de Bretagne et à réduire quelques peuples de la Belgique qui s'étoient révoltez. L'année d'après il tourna ses armes contre ceux de la Gaule et de la Germanie qu'Ambiorix avoit fait soulever; et après avoir enfin rétabli la tranquillité par ses soins autant que par la prospérité de ses armes, il tint à Reims l'assemblée generale des Gaules qu'il avoit coûtume de convoquer tous les ans, et partit ensuite pour l'Italie.

LXIV.

Ligue des Gaulois, pour attaquer la Province Romaine.

Il eut à peine passé les Alpes, que les Gaulois informez des mouvemens qui s'étoient élevez dans Rome [1] à son occasion, et persuadez que ces troubles qui interessoient ce general l'obligeroient de s'arrêter en Italie, et le mettroient hors d'état de retourner dans les Gaules, se liguent ensemble pour secouer le joug des Romains. Les peuples du pays Chartrain et ceux d'Auvergne levent les premiers l'étendard de la révolte, et mettent à leur tête le fameux Vercingetorix, Auvergnat de nation. Celui-ci dans le dessein de tenter une irruption dans la Province Romaine, fait lever aussitôt des troupes de toutes parts et envoie Lucterius natif du Querci, homme hardi et entreprenant, dans le Rouergue, l'Agenois * et le Gevaudan pour engager les peuples de ces pays dans leur ligue, et les porter à faire les premiers actes d'hostilité contre la Province, (an de Rome 702.).

Au bruit de ces mouvemens, Cesar partit incessamment, repassa les Alpes, et arriva dans la Province : mais il ne fut pas peu embarrassé de rejoindre les légions qu'il avoit laissées en quartier d'hiver du côté de Treves, de Langres et de Sens; car il étoit éga-

[1] Cæs. l. 7. de bell. Gall. - Dio. l. 40. p. 140. et seqq.

* *V*. Additions et Notes du Livre II, n° 33.

lement dangereux pour lui de les faire venir dans la Province, à cause qu'elles risquaient d'être attaquées sur leur route; et de se confier aux peuples dont il devoit traverser le pays pour aller se mettre à la tête de ces troupes. Cesar étoit dans l'incertitude du parti qu'il devoit prendre là-dessus, lorsqu'aiant eu avis que Lucterius, après avoir gagné les peuples de Rouergue, d'Agenois et de Gevaudan dont il avoit reçu des ôtages, faisoit tous ses efforts pour pénétrer dans la Province Romaine du côté de Narbonne, il crut qu'il étoit de la derniere importance pour lui de se jetter dans cette place, tant pour la mettre en état de defense, que pour relever le courage des peuples que son absence avoit un peu abattus, ce qu'il fit. Il établit ensuite de bonnes garnisons dans les places voisines, sur-tout dans la partie du Rouergue qui étoit déja réduite en province, et dans le pays des Volces Arecomiques et des Toulousains qui étoient les plus exposez aux insultes des ennemis. Il rassembla après cela chez les Helviens, limitrophes des Auvergnats, une partie des troupes qui étoient dans la Province, et les joignit à celles qu'il avoit amenées d'Italie.

Par cette disposition, César aiant mis Lucterius hors d'état de rien entreprendre, se met à la tête de son armée, part du pays des Helviens, et malgré la rigueur de la saison s'ouvre un chemin à travers les neiges qui couvroient les montagnes des Cevennes. Son arrivée sur les frontieres d'Auvergne surprit d'autant plus les habitans de ce pays, qu'ils avoient les passages de ces montagnes impraticables dans cette saison. Cesar ne s'y arrêta pas cependant : content d'avoir répandu la terreur parmi les Auvergnats, il laissa le jeune Brutus pour contenir ces peuples et commander dans le pays en son absence, partit aussitôt pour Vienne, joignit sa cavalerie dans cette ville, se rendit ensuite à Langres, où il assembla ses legions, et continua ses expéditions. Il prit Château-Landon, Orleans et Bourges, et assiegea Gergovie : mais la révolte des Eduens lui fit manquer la prise de cette place dont il fut obligé de lever le siege.

LXV.

Vains efforts de Vercingetorix contre la Province Romaine. Défaite de ce général Gaulois.

Sur le bruit de cette révolte Vercingetorix, que la prospérité des armes de Cesar avoit fort abattu, reprit courage ; et pour ranimer celui des Gaulois, il ordonna de nouvelles levées et détacha le frere d'Eporedorix avec un corps de dix mille hommes de pied et huit cens chevaux pour aller faire diversion dans le pays des Allobroges. Il avoit déja fait solliciter secrétement ces peuples de se joindre à lui, à quoi il les croioit d'autant plus disposez, qu'il étoit persuadé qu'ils conservoient un vif ressentiment des malheurs que les guerres des Romains leur avoient attirez par le passé. Pour les engager encore plus fortement à prendre son parti, il les flatta de l'esperance d'une prochaine liberté, et leur promit d'enrichir les principaux d'entr'eux, et de déferer à leur nation le principal commandement sur tous les peuples de la Province Romaine.

Vercingetorix ordonna en même-tems à ceux de Gevaudan et d'Auvergne d'aller faire des courses dans le pays des Helviens ou le Vivarais; et à ceux de Rouergue et de Quercy des ravages dans le pays des Volces Arecomiques : ainsi les habitans de la Province Romaine se virent attaquez tout à coup presque de toutes parts. L. Cesar frere et lieutenant de Jules Cesar qui commandoit dans ce pays en son absence, n'avoit en tout que vingt-deux cohortes à opposer aux ennemis ; ce qui obligea les peuples de la Province de prendre eux-mêmes leur defense. Les Helviens ou peuples du Vivarais plus hardis que les autres entreprirent même de porter la guerre chez leurs voisins qu'ils attaquerent ; mais ils furent obligez de ceder, d'abandonner la campagne, et de se retirer dans leurs places fortes, après avoir perdu dans le combat plusieurs personnages distinguez de leur nation, et entr'autres C. Valerius Donataurus leur chef ou prince (*Princeps*), fils de Valerius Caburus dont on a déja parlé. Les Allobroges plus heureux repousserent les Gaulois rebelles de leurs frontieres, et se mirent à couvert de leurs incursions par le moien des garnisons qu'ils établirent le long du Rhône.

Les affaires étoient dans cette situation, lorsque Cesar informé que sa présence étoit extrêmement nécessaire dans la Province, partit en diligence avec un corps de cavalerie Germaine qu'il avoit prise à son service : il fut à peine arrivé sur les frontieres des Lingonois et des Sequanois, que Vercingetorix lui présenta la bataille. Cesar qui ne demandoit pas mieux se battit avec sa valeur ordinaire, défit entierement ce general Gaulois, et le poursuivit jusqu'à Alise. Il assiegea ensuite cette ville, et la prit enfin malgré les efforts de Vercingetorix pour la defendre, et le secours qu'il reçut durant le siège, de deux cens quarante mille hommes de pied et de huit mille chevaux qui lui furent envoiez de toutes les parties des Gaules. Les Auvergnats avec les Eleutheriens Cadurces *, les Gabales et les Velaunes ou peuples de Gevaudan et de Velai, qui étoient alors soûmis aux Auvergnats, fournirent ensemble trente-cinq mille hommes de leurs troupes pour la défense de cette place : mais nonobstant les efforts de ces peuples et du reste des Gaules pour la secourir, Cesar la força de se rendre, et termina la campagne par cette importante conquête.

LXVI.

Cesar finit la guerre des Gaules, et récompense la fidélité des peuples de la Province.

Ce general [1] fit hiverner ses troupes en diferens quartiers, et passa lui-même le quartier d'hiver à Beuvrai (*Bibracte*), dans les Gaules, contre sa coûtume, pour dissiper par sa présence le reste des rebelles. Il acheva de les dompter la campagne suivante par la prise d'*Uxellodunum* en Querci, qui fut la derniere place des Gaules qui lui résista, et qu'il emporta malgré la vigoureuse défense de Luctérius qu'il défit entierement **. Cesar se rendit ensuite en personne pour la premiere fois dans l'Aquitaine pour y recevoir les soûmis-

---

[1] Hirt. de bell. Gall. l. 8.

* *V*. Additions et Notes du Livre II, n° 34.
** *V*. Additions et Notes du Livre II, n° 35.

sions des peuples; et après avoir entierement pacifié les Gaules, il partit avec un détachement de cavalerie pour Narbonne, d'où il distribua ses legions en differens quartiers d'hiver. Ce fut alors qu'il divisa les Gaules en deux provinces; l'une [1] fut formée des pays qu'il avait conquis, c'est-à-dire de tous les peuples de la Belgique, de la Celtique et de l'Aquitanique: la Narbonnoise ou Province Romaine forma l'autre province. Le tribut [2] qui fut imposé dans la premiere fut personnel, au lieu que celui de la Province Romaine étoit réel ou attaché au fonds. Cette division des Gaules en deux Provinces Romaines subsista de cette maniere, jusqu'à ce qu'Auguste les partagea en quatre.

Cesar durant son séjour dans la Province [3] eut soin d'y tenir exactement les assemblées ordinaires qu'on appelloit *Conventus*, où il décida, suivant l'usage, les affaires publiques, et termina les differends des particuliers. Ce general fut sur-tout très-attentif à récompenser le zele et la fidelité des peuples du même pays qui l'avoient si utilement secouru dans les conjonctures périlleuses où il s'étoit trouvé pendant la défection generale des Gaules. Il leur marqua sa reconnoissance par des bienfaits proportionnez à leurs services, il [4] récompensa entr'autres Roscillus et Ægus deux freres de la nation des Allobroges que leur propre mérite autant que celui de leur pere Abducillus, qui avoit été long-temps chef ou prince de sa nation, rendoient également recommandables. Cesar après avoir obtenu pour ceux-ci la principale magistrature dans leur pays, leur procura encore l'honneur d'être mis au rang des senateurs Romains surnumeraires, et leur donna des terres considerables dans la partie des Gaules qu'il venoit de conquerir: la reconnoissance de ces deux seigneurs ne répondit pas à la generosité de leur bienfaiteur; car étant dans la suite au service de Cesar dans un corps de cavalerie Gauloise qui étoit à la suite de ce general, ils deserterent lâchement son camp pour passer dans celui de Pompée durant la guerre civile que firent naître dans la République la jalousie et l'ambition de ces deux fameux competiteurs.

Cesar donna encore des marques de son affection pour la Province Romaine par la douceur de son gouvernement [1] et par le soin qu'il prit non seulement de ne pas la charger par de nouvelles impositions, mais aussi de l'orner et de l'embellir de divers édifices publics. Ce gouverneur se portoit d'ailleurs d'autant plus volontiers à ménager les Gaulois en general, qu'outre qu'il étoit naturellement bienfaisant, il étoit de son interêt particulier de laisser les Gaules en paix à son départ, et de gagner les peuples dans la situation où il se trouvoit d'avoir besoin de leur secours pour se soûtenir contre ses ennemis.

XLVII.
Commencement de la guerre civile entre Cesar et Pompée. Le premier est conservé dans le gouvernement des Gaules.

Ces derniers faisoient en effet alors à Rome de fortes brigues contre lui; il tâcha de les dissiper pendant le voiage qu'il fit au-delà des Alpes sur la fin de l'hiver. Après son retour dans les Gaules au printems suivant pour se mettre à la tête des troupes, ses adversaires se donnerent à Rome de grands mouvemens pendant son absence pour lui faire ôter le gouvernement de ces provinces. Il y fut cependant continué malgré eux durant un an qu'il passa dans la Belgique: enfin sur l'avis qu'il eut que ses ennemis ne cessoient d'indisposer le senat contre lui pour le porter à le dépouiller du commandement des troupes, il partit pour l'Italie après avoir mis ses legions en quartier d'hiver (an de Rome 704), et pourvû à la sûreté des Gaules qu'il laissa fort paisibles.

Il fut à peine arrivé à Rome [2], que ses differends avec Pompée y allumerent le feu d'une guerre civile qui partagea le peuple

---

[1] Cic. l. 10. Epistolar. ad familiar. - Suet. in Cæs. p. 4. et 5. - Sext. Ruf. V. Freinsh. ad lib. 109. Liv.
[2] Liv. Epit. 134.
[3] Cæs. l. 7. de bell. Gall.
[4] Cæs. l. 3. de bell. Civ. n. 59.

[1] Cæs. l. 7. de bell. Gall. - Suet. ibid. V. Pigh. tom. 3. p. 416. et 423.
[2] Cæs. l. 1. de bell. Civ. - Cicer. Familiar. l. 16. ep. 12. V. Pigh. p. 437. et seqq.

Romain en deux factions. Ces deux illustres competiteurs s'étoient acquis une égale autorité dans le senat, et l'égalité de leur crédit fut la source de leur jalousie et de tous les troubles qui en furent la suite, (an de Rome 705). Pompée soûtenu d'un puissant parti, vouloit qu'on obligeât Cesar à licencier ses troupes, et qu'on lui ôtât son gouvernement des Gaules à cause de la trop grande autorité qu'il s'étoit acquise et dont il pouvoit abuser. Cesar qui craignoit d'un autre côté les desseins de Pompée s'excusoit sous divers prétextes. Le parti de ce dernier aiant enfin prévalu, le senat ordonna à l'autre de désarmer dans le tems marqué dans son decret, avec menace de l'y forcer s'il n'obëissoit. Il disposa en même-tems du gouvernement de la Gaule Transalpine en faveur du proconsul Domitius Ahenobarbus, à qui on donna quatre mille hommes de nouvelle levée pour l'aider à se soûtenir contre Cesar. Celui-ci piqué de cet affront, après avoir tenté inutilement de faire sa paix avec le senat, et offert de laisser à Domitius le gouvernement de la Gaule Transalpine, se crut obligé de prendre les armes, et força enfin Pompée avec ceux de sa faction d'abandonner l'Italie et de se retirer dans la Grece.

Cesar devenu par là maître absolu de Rome, disposa à son gré de la République, et se maintint contre les loix et l'autorité du senat dans le gouvernement des Gaules, dont il donna l'administration à des lieutenans qui lui étoient entierement dévoüez. Résolu de pousser à bout la faction de Pompée, il prit la route de la Province Romaine dans le dessein d'aller combattre en Espagne les lieutenans de ce general. Il étoit à peine arrivé en deçà des Alpes, qu'il apprit que Domitius, à qui le senat avoit donné le gouvernement de la Gaule Transalpine ou de la Province Romaine, étoit en marche pour se jetter dans Marseille et empêcher que cette ville ne se déclarât en sa faveur. Les choses y étoient très-bien disposées pour Pompée: ce general y avoit déja envoié de Rome de jeunes Marseillois pour gagner leurs concitoiens à son parti par le souvenir de ses bienfaits, et pour les détourner de se déclarer en faveur de Cesar.

LXVIII.

Marseille assiegée par César. Agde uni à la Province Romaine. Gaulois de la Province au service de César en Espagne.

Toutes ces démarches des partisans de Pompée n'empêcherent pas Cesar de se presenter devant Marseille, mais il en trouva les portes fermées, et les habitans résolus de lui refuser l'entrée de leur ville en cas qu'il voulût la demander. Cesar surpris de cette conduite, demanda du moins à conferer avec les quinzevirs qui avoient le gouvernement de cette république, ce qui lui fut accordé. Dans cette conference, ce general emploia son éloquence naturelle pour persuader à ces magistrats de lui ouvrir les portes de leur ville, et de ne pas l'obliger de commencer par eux le premier acte d'hostilité dans la guerre qu'il alloit entreprendre: ils répondirent que Rome étant partagée entre lui et Pompée, ce n'étoit pas à eux à décider lequel des deux avoit raison; qu'au reste ils les reconnoissoient également pour leurs protecteurs et leurs bienfaiteurs, puisqu'ils étoient redevables à l'un des terres qu'ils possedoient dans le pays des Volces Arecomiques et des Helviens (NOTE XVIII); et à l'autre de la possession des mêmes terres dans laquelle il les avoit maintenus après la conquête des Gaules, et d'avoir même augmenté le tribut qu'ils en retiroient; que ne pouvant enfin se déclarer sans ingratitude en faveur de l'un au préjudice de l'autre, ils étoient résolus d'observer une exacte neutralité, et de ne recevoir dans leur ville aucun des deux partis.

Une réponse si sage auroit sans doute contenté Cesar, si elle n'eût été démentie par l'entrée que les Marseillois donnerent en même-tems dans leur ville à Domitius partisan de Pompée, qui se mit en état de soûtenir le siege en cas que Cesar voulût l'entreprendre. Celui-ci offensé de la partialité des Marseillois, les assiegea aussitôt avec trois legions, et fit équiper une flotte à Arles, dont il donna le commandement à Decimus Brutus: comme cependant la longueur de ce siege pouvoit retarder l'execution de ses projets, il en confia la continuation à C. Trebonius son lieutenant, et se mit ensuite en marche vers l'Espagne. Avant son départ il avoit déja commandé à trois autres legions qui avoient hiverné aux environs de Narbonne de prendre les devants sous la conduite de C. Fabius son autre lieutenant, avec ordre de s'emparer des passages des Pyrenées ; ce que celui-ci fit malgré la résistance d'Afranius lieutenant de Pompée qu'il contraignit de se retirer. Cesar le suivit de près avec les autres legions qu'il avoit rassemblées de divers endroits des Gaules, et un corps de cavalerie de ces provinces composé des plus nobles et des plus braves du pays que chaque cité lui avoit fournis, sans compter les Aquitains et les montagnards voisins de la Province Romaine, et entra sans difficulté en Espagne.

Cesar s'étant avancé se posta à la vûë du camp d'Afranius aux environs de Lerida, entre la riviere de Segre et celle de Cinca, où il fut obligé de combattre contre ce general. Ces deux rivieres déborderent deux jours après, et son armée qu'il ne pouvoit étendre se trouvoit actuellement dans une extrême disette de vivres, lorsqu'il lui arriva un renfort des Gaules suivi d'un grand convoi, et composé d'archers levez dans le Roüergue ; d'un corps de cavalerie Gauloise, accompagné selon la coûtume de la nation, de nombreux équipages et de plusieurs chariots ; d'environ six mille hommes qui n'étoient qu'un ramas de toutes sortes de gens, la plûpart esclaves ou affranchis ; et enfin d'un grand nombre de jeunes gens de qualité, fils de senateurs ou de chevaliers avec les députez des citez ou peuples des Gaules. Un auteur moderne [1] prétend que ces fils de senateurs et de chevaliers étoient de jeunes Gaulois dont Cesar avoit élevé les peres à ces dignitez, et que les six mille hommes de troupes dont nous venons de parler étoient à leur suite, et du nombre de leurs esclaves et de leurs clients ; ce qui prouveroit que ce corps d'armée avoit été levé dans la Province Romaine, la seule alors des Gaules dont les habitans fussent admis dans le senat. Il est en effet assez vraisemblable que ce renfort avoit été levé dans cette province comme la plus voisine de Lerida et la plus à à portée de donner du secours à Cesar. Quoi qu'il en soit, ces troupes étant arrivées aux bords de la Segre, ne purent la passer, à cause de son debordement, pour aller joindre le camp de ce general. Afranius averti de leur embarras, se mit en marche pendant la nuit pour les aller attaquer, et détacha ensuite contr'eux toute sa cavalerie. Les Gaulois en soûtinrent l'effort avec beaucoup de valeur : mais voyant paroitre les signes militaires de trois legions qui suivoient de près, ils furent obligez d'abandonner le champ de bataille et de se retirer dans les montagnes voisines, après avoir perdu deux cents archers, fort peu de cavaliers, quelques valets et quelques chariots. Ils joignirent cependant Cesar quelque tems après avec leur convoi, et ravitaillerent son camp qui avoit un extrême besoin de vivres ; ils suivirent ensuite ce general, et eurent part à la conquête qu'il fit de toute l'Espagne sur les lieutenans de Pompée.

Cesar après avoir terminé heureusement cette expedition dans l'espace d'une année, revint par Narbonne à Marseille (an de Rome 706)[1]. Lorsqu'il fut à l'endroit des Pyrenées qui separe la Gaule de l'Espagne, où Pompée avoit fait ériger auparavant un trophée, il voulut, à l'exemple de ce general, laisser un monument des victoires qu'il venoit de remporter en Espagne ; mais pour éviter le blâme que celui-ci s'étoit attiré par cette marque de vanité, et mieux cacher la sienne sous une apparence de religion et de simplicité, il se contenta de faire dresser un autel de pierre fort grand sur le sommet de ces montagnes et auprès du trophée de son competiteur. A son arrivée à Marseille il apprit que le senat venoit de le nommer dictateur, et vit avec plaisir le progrès du siege de cette place à la faveur des secours d'hommes et des chevaux que la Province avoit fournis : il poussa lui-même les assiegez avec tant de vigueur, qu'étant réduits à la derniere extrêmité, ils furent enfin obligez de se rendre après une longue défense et la fuite de Domitius par mer. Cesar usa de clemence à l'égard des Marseillois ; il les maintint dans leur liberté : mais il leur ôta leurs

---

[1] Hist. du prem. Triumv. ch. 25.

[1] Cæs. de bell. Civ. l. 2. - Flor. l. 4. c. 2. - Oros. l. 6. c. 13. - Dio. l. 41. p. 165.

privileges. Peu de tems après avoir réduit cette ville, où il mit deux legions en garnison, il prit la route d'Italie, résolu de continüer la guerre contre Pompée, qu'il termina enfin par la fameuse bataille de Pharsale.

La perte que les Marseillois firent de leurs privilèges, après la prise de leur ville par Cesar, fut sans doute suivie de celle des terres qui leur avoient été données dans les pays des Volces Arecomiques et des Helviens. Nous [1] sçavons du moins que leur république cessa dès-lors d'exercer sur leurs anciennes colonies l'autorité dans laquelle elle s'étoit maintenue jusqu'alors. On peut donc rapporter à cette époque l'incorporation de la ville d'Agde à la Province Romaine; car il ne paroît pas que Marseille en ait recouvré le domaine, quand le senat lui rendit ensuite ses anciens privileges; et en effet du tems de [2] Pline la ville d'Agde n'étoit plus sous la dépendance des Marseillois. C'est à cette même époque qu'on peut rapporter aussi une inscription de Nismes qui marque [3] la victoire de Cesar sur les Gaulois, les Allobroges et les Arecomiques *, ce qui peut nous donner lieu de croire que ces peuples avoient peut-être pris les armes contre lui en faveur des Marseillois et de Pompée, et qu'il fut obligé de les combattre après la prise de Marseille.

LXIX.
Rétablissement de la colonie de Narbonne. Fondation de celle de Beziers. Terentius Varo célèbre poete

Ce general voulant récompenser les services importants que Decimus Junius Brutus son lieutenant et commandant de sa flotte lui avoit rendus pendant le siege de cette ville, lui donna pour un an le gouvernement de la nouvelle province des Gaules [4] qu'il avoit formée de ses conquêtes : ce dernier en fut nommé gouverneur deux ans après pour la seconde fois; il est incertain si Cesar lui donna aussi le gouvernement de la Province Romaine, et si toutes les Gaules étoient alors soûmises à un seul et même gouverneur.

Il y a quelque lieu de croire que l'année suivante Claude Tibere Neron pere de l'empereur Tibere, fut pourvû du gouvernement de cette derniere province. Il est du moins certain [1] que Cesar le chargea de conduire alors dans ce pays deux colonies dont l'une fut destinée pour la ville d'Arles, et l'autre pour repeupler l'ancienne colonie de Narbonne. Il parait cependant plus probable que Tibere ne fut envoié dans les Gaules que comme chef des triumvirs, pour assigner des terres aux soldats veterans qui furent établis dans ces deux colonies. Celle de Narbonne ajoûta alors à son ancien nom de *Narbo-Martius* celui de *Julia Paterna* et de *Colonia Decumanorum*, à cause qu'elle fut renouvellée par Jules Cesar pere adoptif d'Auguste, et que ces nouveaux colons étoient des veterans de la dixième légion. Il parait par le fragment d'une ancienne inscription trouvée dans le Roussillon, que les citoiens de Narbonne porterent encore long-tems après le nom de Decumans *.

La colonie de Beziers qu'on croit [2] avoir été établie dans le même temps, fut appellée *Biterræ Septimanorum* et *Julia Biterra* du nom de Jules Cesar et de celui des veterans de la septieme legion dont elle fut formée. Cette colonie fut renouvellée dans la suite sous l'empire de Tibere; elle avoit alors deux temples, l'un dédié à l'honneur d'Auguste, et l'autre à celui de Julie sa femme.

Le frequent commerce des Romains avec les anciens habitans de la Province Romaine, fit naitre parmi ces derniers l'amour des belles lettres. Un des plus distinguez fut Terentius [3] Varro, âgé de trente-cinq ans l'an 707. de Rome. Il portoit le surnom d'*Atacinus*, soit parce qu'il étoit natif de quelque ville située sur l'Aude en Languedoc, appelé *Atax* en Latin, ou peut-être de quelque lieu de même

---

[1] Cic. Philip. 8. Dio. ibid. - Valer. Max. l. 2. c. 6. n. 7. et seqq.
[2] Plin. l 3. n. 5.
[3] Pr. inscr. 15.
[4] V. Pigh. tom. 3. p. 446 et seqq.

* *V.* Additions et Notes du Livre II, n° 36.

[2] Suet. in Tiber. p. 40. - V. Beroald. in Suet. p 360.
[4] Lacarr. colon. l 4. c. 7.
[5] Hier. in chron - V. Voss. de poet. Lat. c. 2 et de hist. Lat. l 1 t. c. 46

* *V.* Additions et Notes du Livre II, n° 37.

nom sur cette rivière. Il fut envoié à Rome dès sa jeunesse pour y faire ses études, et il eut la gloire de briller dans cette capitale du monde au milieu des plus sçavans hommes de son siecle. Ses premiers ouvrages furent des satyres; mais s'étant apperçu que ce genre d'écrire n'étoit pas du goût du public, il s'appliqua à un autre plus conforme à son inclination. Il composa un poëme heroïque sur la guerre des Romains dans le pays des Sequanois, qui lui acquit beaucoup de réputation. L'applaudissement que lui attira ce dernier ouvrage, l'anima à traduire du Grec en vers Latins les quatre livres des Argonautiques d'Apollonius. Pour le faire avec succès, il s'appliqua avec soin à l'étude des lettres Grecques. Cette traduction lui fit d'autant plus d'honneur qu'elle effaça celle de plusieurs autres poëtes qui l'avoient tentée avant lui. Terentius fit paraître dans cet ouvrage toute la finesse et l'élevation de son esprit. Il n'étoit pas seulement poëte, il étoit encore guerrier et l'un des meilleurs officiers de son temps. Pompée chargé par le sénat de purger la mer des corsaires qui ravageoient les côtes, et connoissant la valeur et la capacité de Térentius lui donna la commission d'aller se rendre maître sur la côte de la mer Egée des endroits qui servoient de retraite aux pirates. L'heureux succès de son expédition justifia le choix que Pompée avoit fait de ce Gaulois. Quintilien faisoit beaucoup de cas de ses ouvrages, et les poëtes Properce, Ovide et Stace parlent de lui avec éloge. Quelques anciens [1] citent comme de lui un ouvrage sur l'Europe. Il ne nous reste de ce poëte que quelques vers qui se sont conservez en d'autres [2] ouvrages. Quelques auteurs le confondent mal-à-propos avec le grand Varron, célébre Romain.

LXX.

Les habitans de la Province Romaine admis dans le senat.

Cesar pour reconnoître d'une manière éclatante la constante fidélité et l'attachement inviolable de la Province Romaine à sa personne et à la République, fit admettre plusieurs de ses habitans dans le senat, lorsqu'il l'augmenta de neuf cens senateurs : ce qui donna [1] lieu aux citoyens Romains, jaloux de cette marque de distinction, de dire en raillant, que ce dictateur avoit changé les *brayes* des Gaulois contre le *latus clavus* ou les robbes senatoriales ; et que tantôt il attachoit ces peuples comme captifs à son char de triomphe, tantôt il les mettoit au rang des senateurs ou les élevoit aux charges les plus considerables de la République. Les Gaulois à qui on défera ces honneurs firent voir cependant par leur probité et leur sagesse, qu'ils n'en étoient pas indignes. Il paroit qu'il dût y avoir d'abord un grand nombre de senateurs natifs de cette province, par les plaintes que fit Ciceron, que leur association et leur mélange avec les autres senateurs Romains avoient alteré la pureté de la langue Latine.

LXXI.

Cesar passe à Narbonne à son retour d'Espagne.

La Province Romaine eut occasion (an de Rome 708.) de témoigner sa reconnoissance à Cesar dans le tems que ce dictateur la traversa pour aller en Espagne continuer la guerre contre Cn. et Sextus Pompeius fils du grand Pompée qu'il vainquit et obligea [2] de prendre la fuite. Le dernier se réfugia dans l'Espagne Ulterieure, et l'autre passa les Pyrenées et arriva à Narbonne, d'où il écrivit à ses amis de Rome le 18. du mois d'Avril de l'an 709.

Cesar après avoir terminé heureusement cette guerre, prit la route des Pyrenées. A son arrivée à Narbonne il rencontra [3] M. Antoine general de la cavalerie qui s'y étoit arrêté sous prétexte de n'avoir pû passer en Espagne pour lui amener du secours selon le devoir de sa charge, et qui s'occupoit moins des affaires de la République que de ses plaisirs (an de Rome 709). Ciceron reproche en effet à ce dernier dans ses Philippiques d'avoir

---

[1] Festus in voce Tutum. - Servius in l. 10. Æneid.
[2] Priscian. l. 1. - Senec. controv. 16. - V. Append. Virgil. ed. Scalig. p. 191. et 246.

[1] Liv. Epit. 114. - Cicer. ad Familiar. l. 9. ep. 15. Suet. in Cæs. p. 14. - V. Tacit. annal. l. 11. c. 24.
[2] Cicer. ad Attic. l. 12. ep. 27.
[3] Cic. Philip 2.

passé son tems en cette ville dans la débauche, et d'y avoir formé avec Trebonius le dessein d'assassiner Cesar à son retour d'Espagne. La verité est que Trebonius sollicita Antoine d'entrer dans cette conjuration, ce que celui-ci refusa : mais s'il fut assez genereux pour ne vouloir pas entrer dans ce complot, il ne fut pas assez ami de Cesar pour lui en donner avis.

LXXII.
Lepidus gouverneur de la Province Romaine. Sa retraite a Narbonne

Ce dictateur fut à peine de retour à Rome, qu'il y reçut les honneurs du triomphe pour les victoires qu'il avoit remportées en Espagne. Il donna [1] ensuite le gouvernement de la Province Romaine et de l'Espagne Citerieure à M. Lepidus avec le commandement de quatre legions : mais comme Lepidus étoit alors general de la cavalerie Romaine, et que cette charge ne lui permettoit pas d'aller exercer par lui-même celle de gouverneur, il envoia dans ces provinces des lieutenans à sa place. Cesar voulant cependant qu'il se rendît sur les lieux, lui ôta la charge de general de la cavalerie, et la donna à Octave.

Ce dernier se disposoit à partir incessamment pour la Province, lorsque Cesar aiant été tué en plein senat le 15. de Mars de l'an 710. de Rome, il crut devoir differer son départ dans des conjonctures si favorables à son avancement. En effet, outre la charge de general de la cavalerie qu'il n'avoit pas encore abdiquée et qu'il garda, il s'empara de la dignité de grand Pontife. Son sejour dans Rome ne fut pas inutile à la République : il négocia la réconciliation du senat avec Sextus Pompeius, qui profitant de la mort de Cesar, avoit déja ranimé ses partisans, et rallumé le feu de la guerre en Espagne. Le succès de cette negociation merita à Lepidus l'honneur d'une statue équestre que le senat lui fit élever dans le marché de Rome comme un monument public des services qu'il avoit rendus à l'Etat.

Lepidus se détermina à la fin de l'année à son départ pour la Province Romaine. Il se rendit à Narbonne où il fit son [1] sejour ordinaire, tandis que Cesar Octave et M. Antoine mettoient le trouble et la division dans Rome par l'ambition qu'ils avoient de s'emparer à l'envi de toute l'autorité, le premier comme fils adoptif et heritier de Jules Cesar, et l'autre en qualité de consul. Le senat favorisa, ou du moins parut favoriser Octave au préjudice de M. Antoine ; ce qui engagea ce dernier à quitter Rome et à se mettre en marche pour aller prendre possession du gouvernement de la Gaule Cisalpine qu'il avoit obtenu du peuple Romain. Decimus Brutus qui commandoit alors dans cette Province lui en refusa l'entrée et se jetta dans Modene avec un corps de troupes pour la lui disputer. M. Antoine se vit forcé par là d'entreprendre le siege de cette ville ; mais il fut contraint de le lever après deux actions des plus sanglantes, où il fut défait par Octave, qui y perdit de son côté les deux nouveaux consuls qui étoient dans son armée. M. Antoine après sa défaite fut obligé d'abandonner l'Italie et d'aller chercher ailleurs un azile (an de Rome 711).

LXXIII.
Retraite de M. Antoine dans la Province Romaine.

Les deux Provinces des Gaules, sçavoir la nouvelle formée des conquêtes de Jules Cesar, et l'ancienne ou Province Romaine, étoient alors gouvernées, celle-là par Munacius Plancus, et celle-ci par Lepidus. Le senat avoit d'abord résolu d'appeller ces deux generaux en Italie au secours de Cesar ; mais sur le soupçon de leur fidelité, il les laissa dans les Gaules, et leur ordonna de fonder une ville au confluent du Rhône et de la Saône dans un lieu appellé *Lugudunum*, lequel prit alors le nom de *Lugdunum* ou de Lyon. Plancus [2] executa seul cette commission par le moien de plusieurs citoiens de Vienne dans la Province Romaine, qui chassez de leur ville par les Allobroges, s'étoient réfugiez dans cet endroit. Ce gouverneur y établit ensuite une colonie Romaine.

---

[1] Flor. l. 4. c. 2. - Dio. l. 43. p. 240. - Cicer. phil. 5. - V. Pigh. tom. 3. p. 463. et seqq.

[1] Dio. l. 46. p. 323. et seqq. - Vell. Paterc. l. 2 c. 63. - Appian de bell. civ. l. 3. p. 579. et seqq.
[2] V. Pigh. tom. 3. p. 480.

M. Antoine obligé d'abandonner l'Italie, et comptant sur l'amitié de Lepidus, se flata de trouver chez lui une retraite assûrée. Ce dernier penchait en effet entierement de son côté contre Cesar, quoiqu'il eût affecté de paroître neutre, et que pour marque de sa neutralité, dans une lettre fort équivoque qu'il avoit écrite au senat au sujet de ces deux fameux competiteurs, il eût offert sa médiation pour tâcher de les concilier; mais le senat étoit informé de ses veritables sentimens. Lepidus ne les avoit pas dissimulez dans divers discours qu'il avoit tenus publiquement à Narbonne en faveur d'Antoine. D'ailleurs sa conduite avoit parfaitement répondu à ses paroles; car il avoit fait partir M. Silanus pour l'Italie avec un corps de troupes pendant le siege de Modene, sous prétexte d'aller au secours de la République; et quoiqu'il ne lui eût pas marqué en particulier, en faveur duquel des deux partis il devoit se déclarer, Silanus connoissant cependant ses favorables dispositions pour Antoine, avoit été joindre celui-ci. Le senat n'ignoroit pas non plus que quoique Lepidus lui donnât toûjours des assûrances de sa fidelité, il avoit sollicité secretement Asinius Pollio gouverneur d'Espagne en faveur d'Antoine, qu'il avoit tâché de débaucher les troupes de ce gouverneur, qu'il avoit fait fouiller ou retarder les couriers qui allant de Rome en Espagne passoient par Narbonne, et qu'enfin il avoit fait garder exactement les passages de son gouvernement pour dérober aux provinces d'Espagne la connoissance de la défaite de M. Antoine devant Modene.

Ce dernier qui étoit presqu'assûré des [1] dispositions favorables de Lepidus à son égard, ne comptoit pas moins sur la plupart des legions qui étoient sous les ordres de ce gouverneur, et surtout de la dixiéme qu'il sçavoit lui être entierement dévoüée. Pour s'assûrer du reste des Gaules, il y envoia des émissaires, et tâcha de les gagner à son parti; mais Plancus qui en avoit le gouvernement, rompit par sa vigilance toutes ses mesures; et quoiqu'il se fût déja rendu suspect au senat pour lui avoir écrit conjointement avec Lepidus d'accorder la paix à M. Antoine, il se comporta, du moins au dehors, dans cette occasion en bon et fidele républiquain. Il avoit assemblé en effet une armée dans le dessein de la conduire en Italie au secours d'Octave, et après la bataille de Modene, il alla se camper dans le pays des Allobroges; pour y attendre des nouvelles d'Antoine, et lui défendre l'entrée des Gaules.

Plancus fit encore quelque chose de plus: car quoique brouillé avec Lepidus[1], il voulut bien sacrifier son ressentiment particulier aux interêts de la République. Il emploïa Laterensis lieutenant de ce gouverneur de la Province pour le presser de joindre ses troupes aux siennes, d'entrer dans les vues du senat, et d'agir de concert avec lui contre les entreprises d'Antoine. Lepidus fit semblant d'être gagné par les sollicitations de Plancus, et promit à Laterensis d'aller joindre ce general; mais c'etoit pour mieux couvrir son jeu et cacher ses veritables desseins. Plancus comptant sur ses promesses, passa l'Isere le 12. de Mai, et campa sur les bords de cette riviere. Il avoit dessein de s'avancer pour aller à la rencontre de Lepidus, lorsqu'il apprit que L. Antonius frere de M. Antoine avoit passé les Alpes avec un corps de cavalerie, et qu'il étoit déja arrivé du côté de Frejus le 15. du même mois. Il prit alors d'autres mesures, et détacha, sous la conduite de son frere, quatre mille chevaux pour le combattre, tandis qu'il se disposa lui-même à suivre dans peu ce detachement avec quatre legions dont son armée étoit composée; et le reste de la cavalerie.

Lepidus[2] qui de son côté s'étoit mis en marche s'arrêta auprès du Rhône, en attendant, disoit-il, des nouvelles d'Antoine; mais son veritable dessein n'étoit ni de le combattre, ni de lui disputer le passage des Alpes. En effet Culeo son lieutenant qu'il avoit commis à la garde des passages de ces montagnes, ne fit aucune résistance, et laissa passer librement les deux Antoines. Pour sauver cependant les apparences, sur l'avis

---

[1] Cicer. ad familiar. l. 9. ep. 4. 6. 8. 9 et 11 lib. 11. ep 11 lib. 11.

[1] Cicer. ibid. l. 10. ep. 15.
[2] Cicer. ibid ep. 17. 18. 21. et 34. - Appian. ibid.

qu'il eut de l'arrivée de L. Antonius à Frejus, et des approches de Marc Antoine, il décampa, et aiant passé le Rhône, feignit de vouloir attaquer ces deux freres; il s'avança même vers eux et alla camper à *Forum Voconii* sur la riviere d'Argens [1], à vingt-quatre milles de Frejus, que les uns croient être la ville de Draguignan, les autres le lieu de Luc.

Marc Antoine, après son passage que Culeo lui avoit permis, avoit grossi son armée, non seulement des troupes de ce general qui s'étoit rangé sous ses enseignes, mais aussi de trois legions que Ventidius son lieutenant avoit levées, de toute la deuxiéme legion, de plusieurs soldats de deux autres, et d'un grand corps de cavalerie qu'il avoit amené d'Italie. En arrivant dans la Province Romaine il écrivit d'abord à Lepidus pour le faire ressouvenir de leur ancienne amitié, et alla ensuite planter son camp auprès du sien, en sorte que leurs armées n'étoient séparées que par la riviere d'Argens. Antoine ne prit aucun soin de se retrancher, et fit assez connoître par cette conduite, qu'il étoit persuadé que Lepidus n'avoit aucun dessein de le combattre, et que s'il s'étoit approché de lui, c'étoit plutôt pour se joindre à un ami, que pour s'opposer à un adversaire. En effet le commerce presque continuel que ces deux generaux eurent ensemble par divers messagers, et le peu de précaution qu'ils prenoient de se mettre en garde l'un contre l'autre, faisoient assez voir leur intelligence; et que si l'un ne craignoit pas d'être surpris, l'autre n'avoit aucun dessein de le surprendre. M. Antoine rappelloit souvent à Lepidus, par le moien de ses émissaires, le souvenir de leur ancienne amitié, et lui représentoit qu'il étoit de leur interêt de s'unir, sans quoi la perte des amis et des partisans de Jules Cesar étoit inévitable. Lepidus, qui souhaitoit autant que lui cette jonction, garda quelques mesures au dehors, fit semblant de s'excuser sur les ordres du senat, et offrit de consentir à la paix, pourvû que le senat y consentît aussi: mais malgré ces excuses il souffroit que ses soldats, qui n'ignoroient pas la disposition des deux generaux, se mélassent avec ceux d'Antoine, et qu'ils eussent d'abord ensemble un commerce secret, et ensuite public, nonobstant les défenses des tribuns. Enfin ce commerce alla si loin, que pour se voir plus souvent et plus commodément, les soldats des deux camps firent un pont de batteaux sur la riviere qui les separoit, ce qui donna occasion aux troupes de M. Antoine de debaucher et de gagner au parti de leur general celles de Lepidus, en sorte que les Décumans qui servoient dans l'armée de ce dernier, et qui étoient entierement dévouëz à Antoine, briguoient hautement en sa faveur.

LXXIV.
Jonction de Lepidus avec M. Antoine.

Une telle conduite, quoique désapprouvée en apparence par [1] Lepidus, donna lieu aux principaux officiers de le soupçonner d'une intelligence secrete avec M. Antoine. Ils se confirmerent d'autant plus dans ce soupçon, que dans une harangue que Lepidus fit quelques jours après à ses soldats, ceux-ci aiant crié publiquement qu'il y avoit assez de sang Romain répandu, et qu'ils vouloient la paix, ils virent que ce general ne se donna aucun soin de réprimer l'audace de ses troupes, et de punir cette espèce de révolte.

Cependant Plancus, conformément aux mesures prises avec Lepidus et Laterensis, leva son camp des bords de l'Isere le 22. du mois de Mai, et se mit en marche pour les aller joindre, ce qu'il comptoit pouvoir faire en huit jours. Quoiqu'il eût conçu de violens soupçons sur la conduite du premier, il se flattoit néanmoins que sa présence détourneroit les troupes de se déclarer en faveur d'Antoine : mais à peine eut-il décampé, qu'il reçut une lettre de Lepidus qui lui marquoit, que se trouvant assez fort pour se soûtenir seul contre Antoine, ou en état de négocier avec lui toutes les affaires de la République, il le prioit de demeurer dans son camp sur les bords de l'Isere. Plancus crut d'abord, ou fit semblant de croire que Lepidus ne refusoit son secours que pour ne pas partager la gloire de combattre et de vaincre Antoine ; il réso-

---

[1] V. Plin l 3 n. 5.

[1] Cic. ibid ep 18 et 21.

lut pourtant de continuer sa marche pour se mettre du moins à portée de lui donner du secours : mais il apprit bientôt par une lettre de Laterensis, le jugement qu'il devoit porter de celle de Lepidus, les soupçons violens qu'on avoit de son intelligence avec Antoine, et la disposition prochaine de ses troupes à se joindre avec celles de ce general. Sur cet avis Plancus crut qu'il étoit de sa prudence de ne pas s'exposer à la merci de deux armées beaucoup superieures à la sienne. Il se contenta donc de camper dans un lieu avantageux, et de mettre la Province à couvert, en attendant les évenemens qui pourroient arriver et le secours qui devoit lui venir d'Italie. Cette conduite de Plancus, quoique très-sage, donna lieu à ceux qui ignoroient les veritables motifs de son retardement, et de la lenteur de sa marche vers Lepidus, de le soupçonner d'avoir voulu favoriser Antoine; mais il tâcha de se justifier par une lettre qu'il écrivit là-dessus à Ciceron.

Les soupçons qu'on avoit formez sur la conduite de Lepidus étoient beaucoup mieux fondez, malgré[1] les assurances réiterées qu'il affectoit de donner de sa fidelité pour le senat et de son éloignement pour M. Antoine. Sa lettre à Ciceron en date du 21. de Mai du camp du Pont d'Argens, dans laquelle il le qualifie empereur et grand pontife, est une preuve de ces bonnes dispositions pour ce general; aussi ne differa-t-il pas long-tems à se déclarer ouvertement en sa faveur.

Le senateur Juvencus Laterensis son lieutenant, homme très-zelé pour la République, voiant les fortes brigues des soldats de ce general en faveur d'Antoine, ne cessoit de l'exhorter d'y apporter un promt remède et de réprimer leurs intrigues. Lepidus qui jusqu'alors avoit fait semblant de ne rien croire de tout ce qu'on lui rapportoit de ses troupes, feignit de se rendre à ses sollicitations, et consentit enfin de s'assurer de la fidelité de ses soldats; il partagea son armée en trois corps la nuit du 29. au 30. de Mai, et les fit mettre sous les armes, comme s'il eût eu dessein de décamper : mais dès la quatriéme veille ces troupes s'emparent des retranchemens du camp, y introduisent Antoine, qui en aiant été averti avoit déja passé la rivière, et le conduisent au prétoire, en criant à Lepidus d'accorder à de pauvres citoiens la paix qu'ils demandoient depuis long-temps. Au bruit que faisoient ses soldats, Lepidus qui étoit encore dans son lit, se leve, et sans se donner le loisir de prendre sa ceinture, va au-devant d'eux; et se voiant environné de toutes parts, il accorde tout ce qu'on lui demande, comme s'il y avoit été forcé. Il joint ensuite Antoine, l'embrasse et lui fait excuse sur la nécessité où il s'étoit trouvé de n'avoir pû plûtôt se déclarer publiquement en sa faveur. Lepidus, homme paresseux et timide, eut même la bassesse, selon quelques auteurs, de se jetter aux pieds de ce general, et de lui demander la vie. Laterensis son lieutenant informé de sa lâcheté et de la défection de ses troupes, prit alors un poignard, et se le plongea dans le sein, pour ne pas survivre à une action si indigne d'un romain, et si préjudiciable à la République.

Plutarque[1] raconte un peu differemment l'entrevue d'Antoine et de Lepidus : il dit que le premier s'étant campé auprès de l'autre, et ne recevant aucune marque d'amitié de sa part, il résolut de l'aller trouver lui-même; qu'il se revêtit d'une robe noire, et qu'avec des cheveux négligez et une longue barbe, il s'approcha des retranchemens de Lepidus à qui il commença de parler; que ce dernier craignant les suites de cette démarche, ordonna qu'on sonnât les trompettes pour empêcher qu'Antoine ne fût entendu; que les soldats de Lepidus attendris des discours d'Antoine et touchez de compassion de le voir en cet état, lui envoierent alors secretement Lelius et Clodius déguisez en courtisanes, pour l'assurer qu'il pouvait attaquer leur camp avec confiance, la plûpart étant disposez à le recevoir et à se défaire même de Lepidus, s'il l'ordonnoit; qu'Antoine leur défendit de toucher à la personne de ce general, et qu'aiant marché le lendemain à la tête de toutes ses troupes, il passa à gué la riviere qui separoit les deux camps, tandis que la

---

[1] Cic. ibid. ep. 23. 24. et 34. -Appian. ibid. Vell. Paterc. c. 2. n. 68.

[1] Plut. in Anton.

plûpart des soldats de Lepidus lui tendoient les mains, et arrachoient les palissades pour le recevoir; qu'Antoine s'étant ainsi rendu maître du camp, traita Lepidus avec beaucoup de douceur, qu'il l'embrassa, l'appella son pere, et lui laissa le titre et les honneurs de general, quoiqu'il lui fût aisé de s'emparer de toute l'autorité. C'est ainsi que Plutarque rapporte cette entrevûë, ce qui est un peu different de ce que nous en apprennent les Epîtres de Ciceron. Quoi qu'il en soit, il est certain que ces deux generaux s'unirent parfaitement.

Le lendemain trentieme de Mai, Lepidus écrivit [1] au senat pour tâcher de justifier sa conduite, qu'il excusa sur les circonstances presentes et sur la révolte de ses troupes qui l'avoient forcé malgré lui de ceder au tems, et de faire la paix avec Antoine; priant le senat de ne lui en pas faire un crime : mais le senat, qui n'avoit deja que trop de preuves de ses veritables desseins, loin d'avoir égard à son apologie, le déclara ennemi de la patrie, et fit abbattre la statuë équestre qu'on lui avoit élevée dans un des marchez de Rome appellé *Forum ad Rostra*, pour avoir procuré la paix entre la République et Sextus Pompeius.

LXXV.

Narbonne se déclare pour M. Antoine.

La Province Romaine suivit de près l'exemple de Lepidus [2] son gouverneur, et la ville de Narbonne fut une des premieres qui se declarerent en faveur d'Antoine, à la sollicitation sans doute des soldats de la dixième legion qui lui étoient entierement dévoüez, et dont les veterans avoient renouvellé depuis peu l'ancienne colonie. Furnius l'un des principaux officiers de l'armée de Plancus fut chargé dans la suite, et à ce qu'il paroit par l'ordre du senat, d'aller réduire cette ville; mais effraïé par les difficultez et le danger de cette entreprise, il s'en excusa par une lettre qu'il écrivit à Ciceron, dans laquelle il tâcha de lui persuader qu'il valoit mieux dissimuler la défection de Narbonne, que d'en tenter le siege, dont la levée pourroit avoir des suites fâcheuses. Ciceron approuva les raisons de Furnius, et celui-ci se contenta de maintenir dans la fidelité les autres peuples des Gaules qui n'avoient pas encore pris le même parti.

LXXXI.

Lepidus et Antoine vont en Italie, et forment le Triumvirat avec Octave.

Antoine et Lepidus, devenus par leur jonction formidables à la République, décamperent ensemble [1] peu de tems après, et s'avancerent à vingt milles de l'armée de Plancus, comme s'ils eussent eu dessein de la combattre. Celui-ci s'étoit posté avantageusement à quarante milles du camp d'Argens, en sorte qu'il avoit mis une riviere derriere lui, et s'étoit conservé l'entrée libre dans le pays des Vocontiens ou de Venaissin; mais sur l'avis de la marche d'Antoine et de Lepidus, n'osant s'exposer au combat contre deux armées beaucoup plus fortes que la sienne, il abandonna son camp le 4. de Juin, passa l'Isere, et après en avoir fait rompre les ponts, alla planter son camp à Cularo, aujourd'hui Grenoble, sur les frontieres des Allobroges, en attendant d'y grossir son armée par de nouvelles levées, et par la jonction des troupes que D. Brutus devoit lui amener d'Italie.

L'armée d'Antoine et de Lepidus étoit en effet beaucoup plus nombreuse que celle de Plancus, car, outre les troupes que le premier avoit amenées d'Italie, elle étoit composée de dix legions dont trois étoient sous les ordres de Ventidius, et les sept autres sous la conduite de Lepidus, sans compter les troupes auxiliaires des Gaules. L'armée de Plancus consistoit seulement en quatre legions, dont trois étoient composées de veterans, et la quatriéme de soldats nouvellement levez. Ce general fut joint bientôt après par deux legions de veterans et huit de nouvelle levée que D. Brutus lui amena, et avec lesquelles il eût pû attaquer Lepidus et M. Antoine : mais soit qu'il ne se crût pas encore assez fort pour cette entreprise, ou plutôt qu'il favorisât secretement le parti d'Antoine,

---

[1] Cicer. ibid.
[2] Cicer. ibid. epist. 26.

[1] Cicer ibid. ep. 23. - Dio. l. 46. - Appian. ibid. et l. 4. - V. Freinsh. ad liv. 120. Liv.

il résolut avec Brutus de différer l'attaque de l'armée de ces deux generaux, et de solliciter en attendant, Cesar Octave de venir se joindre à eux pour être plus en état de les combattre.

Cesar qui avoit pris d'autres mesures depuis la jonction de Lepidus et d'Antoine, ne crut pas devoir faire cette démarche; il fit au contraire bientôt après sa paix avec ces deux generaux, ce qui détermina enfin Plancus à se joindre à eux avec toutes ses troupes. Ceux-ci passerent ensuite en Italie avec dix-sept legions et dix mille chevaux, après avoir laissé à leurs lieutenans le soin du gouvernement des Gaules et donné celui de la Province Romaine à Varius Cotyla avec six legions qu'ils laisserent sous ses ordres pour se defendre en cas de besoin contre Cesar Octave dont ils se defioient encore. Ils traverserent la Province sans faire aucun acte d'hostilité, mais non pas sans y causer presqu'autant de dégât que s'ils avoient été ennemis, tant leurs troupes étoient mal disciplinées. Enfin ces trois generaux s'étant joints le dix-sept de Novembre dans le territoire de Boulogne en Italie, formerent le fameux Triumvirat qui ruina l'autorité du senat et la liberté du peuple. Un des articles de leur ligue fut qu'ils partageroient entr'eux le gouvernement des Provinces: celui des Espagnes et de la Province Romaine échut à Lepidus qui en confia le soin à ses lieutenans, parce qu'ils étoient convenus qu'il s'arrêteroit en Italie pour veiller à sa conservation. Le reste des Gaules tomba en partage à M. Antoine.

LXXVII.

Sort de la Province Romaine pendant le triumvirat.

Lepidus ne garda pas long-tems le gouvernement de la Province Romaine. Les victoires que Cesar et M. Antoine remporterent l'année suivante sur Brutus et Cassius, leur donnerent lieu de faire un nouveau partage des provinces [1] de la République, sans sa participation, parce qu'ils ne le craignoient plus, et qu'ils ne l'avoient jamais estimé (an de Rome 712). Ils ne lui donnerent que l'Afrique: M. Antoine prit pour lui toutes les Gaules, dont il donna le gouvernement à des confidens qui n'avoient d'autre mérite que celui de lui être entierement dévoüez, et qui n'avoient jamais passé par les degrez ordinaires qui conduisoient à ces charges.

Il paroit cependant qu'on doit excepter Asinius Pollio, homme également recommandable par sa valeur, sa probité et son amour pour les lettres, qui commandoit dans la Province Romaine ou Narbonnoise sous les ordres d'Antoine, lorsque ce triumvir s'amusoit en Egypte avec Cleopatre, et que le consul Lucius son frere se brouilla en Italie avec Cesar (an de Rome 713). Ces deux derniers se réconcilierent ensuite [1] sous certaines conditions, dont l'une fut que Pollio laisseroit le passage libre des Alpes à ceux que Cesar voudroit envoier en Espagne; mais ce traité ne fut executé ni de part ni d'autre, et Lucius et Cesar se brouillerent de nouveau, en sorte que Salvidienus lieutenant de celui-ci aiant trompé la vigilance de ceux qu'Antoine avoit préposez à la garde des Alpes, passa en Espagne malgré eux. Cesar avoit deja [2] tenté auparavant d'envoier des troupes dans cette province: mais Calenus et Ventidius qui commandoient alors pour Antoine dans la Gaule Transalpine, leur avoient refusé le passage de ces montagnes.

Cesar travailloit en même-tems sous main à débaucher les provinces des Gaules, et à les soustraire de l'obéissance d'Antoine, sous prétexte qu'on devoit leur laisser [3] le gouvernement libre conformément aux vûes de Jules Cesar son pere: mais dans la verité pour s'en rendre maître lui-même. En effet, après que Salvidienus son lieutenant eut repassé les Alpes, et lui eut amené six legions, qu'il eut assiégé et pris Lucius dans Perouse, s'étant brouillé entierement avec Antoine, il agit ouvertement pour gagner à son parti les troupes que Calenus lieutenant de ce dernier commandoit dans les Gaules dans le dessein de s'assurer de ces provinces (an de Rome 714). Calenus étant mort sur ces entrefaites,

---

[1] Appian. de bell. Civ. l. 5. - Dio. l. 48. - V. Pigh. tom 3 p 481. et seqq.

[1] Appian. ibid. p. 683. et seqq.
[2] Dio. l. 48. p. 362.
[3] Appian. ibid.

Cesar s'avança vers les Alpes, et vint aisément à bout de Fuffius fils de ce general qui commandoit à sa place en deçà de ces montagnes, et qui se rendit sans coup ferir avec toutes ses troupes : elles consistoient en onze legions qui prirent aussitôt le parti de cet empereur, ce qui lui assura la possession de toute la Gaule et de toute l'Espagne. Ce triumvir destitua ensuite tous les prefets qui gouvernoient ces provinces au nom et sous les ordres d'Antoine, et en substitua d'autres à leur place, qui lui étoient entierement dévouez, après quoi il retourna en Italie.

Il paroît que Cesar donna alors le gouvernement de la Province Romaine à Salvidienus son lieutenant. Nous sçavons du moins que celui-ci y commandoit les troupes [2] au nom de cet empereur, lorsque quelque tems après il se réconcilia avec Antoine. Ce dernier découvrit alors à Cesar le dessein que ce lieutenant avoit eu de le trahir, et les offres qu'il lui avoit faites, par un exprès qu'il lui avoit dépêché, dans le tems qu'il étoit occupé au siege de Brindes, d'embrasser son parti avec toutes les troupes qu'il commandoit aux environs du Rhône. Cesar irrité contre Salvidienus, le manda aussitôt sous prétexte d'avoir besoin de sa presence pour fort peu de tems, avec promesse de le renvoier incessamment dans son camp : mais ce general fut à peine arrivé, qu'il le fit arrêter, lui reprocha sa perfidie, et le fit juger par le senat qui le condamna à la mort. Cet empereur ceda en même-tems à Antoine toutes les troupes qui étoient auparavant sous les ordres de Salvidienus dans la Province Romaine, et dont la fidelité lui étoit suspecte.

Cesar et Antoine convinrent entr'eux, après leur réconciliation, d'un nouveau partage des provinces de la République. Ils ne laisserent encore à Lepidus que l'Afrique, et partagerent tout le reste : le gouvernement de l'Orient échut à Antoine, et celui d'Occident et par consequent les Gaules à Cesar. Celui-ci envoia incontinent après Helenus son affranchi en Sardaigne au secours de Lurius son lieutenant, à qui Menas affranchi de Sextius Pompée faisoit la guerre. Ce dernier qui étoit maître de la Sicile, avoit ranimé son parti, et s'étoit même uni avec Antoine contre Cesar dans le tems de leur broüillerie : mais aiant appris la réconciliation de ces deux triumvirs, il fit partir [1] Menas avec une flotte pour aller ravager les provinces qui leur étoient soûmises. Menas fit d'abord une descente sur la côte d'Etrurie qu'il désola, et vint ensuite sur celle de la Gaule Narbonnoise, où il fit prisonnier M. Titius qu'y y équipoit une flotte et y avoit son quartier. Pompée pardonna à ce dernier tant en consideration de Titius son pere qui servoit auprès de lui en Sicile, qu'à cause que ses soldats avoient le nom de Pompée écrit sur leurs boucliers.

Nous ignorons si Titius, qui fut pris dans la Narbonnoise, y commandoit au nom de Cesar, à qui cette province appartenoit par le nouveau partage dont on vient de parler : nous sçavons du moins que cet empereur fit gouverner par des préteurs celles qui étoient de sa dépendance. De ce nombre fut Vipsanius Agrippa favori de ce prince qui obtint de lui le commandement de la Gaule Transalpine, et qui fit quelques expéditions en Aquitaine et sur le Rhin (an de Rome 717).

LXXVIII.
Fondation de la colonie de Nismes.

C'est à cette époque ou à celle du voiage que fit Agrippa en Espagne quelques années après, pour réduire par ordre de Cesar les peuples de la Biscaye qui s'étoient révoltez, que quelques [2] auteurs rapportent l'établissement de la colonie de Nismes, dont ils attribuent la fondation à l'un et à l'autre sur l'autorité d'une médaille que cette colonie fit frapper à leur honneur. Cette médaille represente [3] d'un côté deux têtes d'empereur, dont l'une qui est celle de Cesar Auguste, est couronnée de laurier ; et l'autre, qui est celle d'Agrippa, est ornée d'une couronne navale ou éperonnée, avec ces mots : IMP. PP. DIVI. F. Le revers represente un crocodile mar

---

5 Appian. ibid. p. 710.

1 Dio. ibid p 375. - Plut. in Anton.
2 Lacarr. colon. l. 4. c. 8. - Guiran. et Grasser. antiq. Nem.
3 Foy Vaill. p. 81. - Hard. oper. p. 704.

chant sur des rameaux de palmier, et attaché par une grosse chaîne à un palmier d'où pendent des bandelettes d'un côté et une couronne civique ou de chêne de l'autre, avec cette inscription : COL. NEM. c'est-à-dire *Colonia Nemausensis*. Le crocodile et le palmier marquent, à ce qu'on croit, ou la réduction de l'Egypte sous l'empire d'Auguste, ou que les veterans qui furent envoiez pour peupler cette colonie avoient servi dans la guerre d'Alexandrie.

On prétend donc, sur l'autorité de cette médaille, qu'Agrippa fonda la colonie de Nismes par ordre de Cesar, avant la bataille d'Actium qui rendit cet empereur maître de l'Egypte et de tout l'empire Romain : mais il nous paroît que ce monument prouve seulement que cette colonie subsistoit après que ce prince eut conquis l'Egypte. Ce qu'il y a de vrai, c'est qu'elle lui fut redevable de sa fondation, sans que nous en sçachions l'époque précise. Elle est appelée en effet dans les anciennes inscriptions [1] *Nemausus Colonia Augusta* : ainsi elle fut colonie Augustale ; et ne fut, ce semble, fondée par conséquent qu'après que Cesar eut pris le titre d'Auguste, ce qui n'arriva que trois ans après la bataille d'Actium. Quoi qu'il en soit, ce fut sans doute par un sentiment de reconnoissance envers Auguste leur fondateur, que les habitans de cette colonie firent élever dans son enceinte un temple à l'honneur de ce prince, qu'ils revererent dans la suite, à ce qu'on [2] prétend, tantôt sous le nom de Jupiter, tantôt sous celui de Mars, et quelquefois sous celui de Minerve ; et qu'ils firent frapper la médaille dont on vient de parler, tant pour éterniser sa mémoire, que pour honorer celle d'Agrippa son favori, qui eut peut-être beaucoup de part à cette fondation.

Cette colonie devint très-célèbre dans la suite, et fut en petit, selon les anciennes inscriptions, ce que Rome étoit en grand : elle eut, comme cette capitale du Monde, sept collines dans son enceinte, les mêmes magistrats et les mêmes pontifes ; des préteurs, des décurions, des senateurs, des édiles, des préfets des troupes et des armes, etc. ; ce qu'elle n'avoit, à ce qu'on ajoûte, qu'à titre de colonie [1] Augustale. Les mêmes inscriptions font mention du culte particulier que ses habitans aussi superstitieux que les Romains, rendoient au dieu Nemausus leur prétendu fondateur, à Mars, à Mercure, à Bacchus, à Sylvain, à Diane, à Hygie, à Isis, à Serapis, à Nehalenie, et à plusieurs autres differentes divinitez *.

Auguste n'eut pas plûtôt fondé cette colonie, qu'un grand nombre d'illustres Romains, attirez par la beauté de son climat et la fertilité de son terroir, vinrent s'y établir, et on la vit ornée de plusieurs édifices magnifiques et de temples somptueux. Elle avoit un amphiteatre, un capitole, un champ de Mars, des ponts, des bains, des colonnes, des statuës, des colosses, des theatres, des aqueducs ; et aux environs, des chemins publics et militaires. On prétend que l'enceinte de cette ville, dont les murs étoient très-forts, fut sous les Romains onze fois [2] plus grande et plus étenduë qu'elle n'est aujourd'hui, que son circuit étoit pour lors de quatre mille cinq cens toises et ses murs fortifiez de quatre-vingt-dix tours avec dix portes, et que cette ville subsista dans cet état jusqu'au tems de Charles Martel. De ce grand nombre de tours il ne reste sur pied qu'une partie de celle qu'on appelle la *Tourmagne*, qui fait encore l'admiration des curieux **.

Parmi plusieurs autres anciens monumens qui se sont conservez dans cette ville, mais dont on ignore le tems de la construction, on voit les restes d'un temple qu'on appelle de Diane, dont la structure étoit très-belle. Ce temple étoit voûté en arcs doubleaux et bâti de gros quartiers de pierre parfaitement liez ensemble sans le secours d'aucune espece de ciment. Il y avoit au dedans douze niches placées dans les intercolonnes pour autant de statuës qui representoient sans doute les douze principales divinitez du Pa-

---

[1] Gruter. p. 423. etc.
[2] Flechier diss. mss. sur Nismes.

[1] Flechier ibid.
[2] Rulman. mem. mss.

* *V*. Additions et Notes du Livre II, n° 38.
** *V*. Additions et Notes du Livre II, n° 39.

ganisme ; ce qui fait croire [1] avec raison que c'étoit un Panthéon plûtôt qu'un temple consacré particulierement à Diane. Six de ces niches subsistent encore en entier *.

On voit à Nismes un autre ancien édifice appelé la maison quarrée, qui s'est conservé dans tout son entier : c'est un quarré long sur douze toises de longueur, six de largeur, et autant de hauteur. Les auteurs ne sont pas d'accord sur l'usage pour lequel il fut construit. Les uns croient que c'étoit la basilique que l'empereur Adrien fit bâtir dans la même ville à l'honneur de Plotine ; les autres un capitole ou maison consulaire où s'assembloient les magistrats de la ville ; et d'autres enfin avec plus de [2] fondement, un temple. Il est orné au dehors de trente colonnes canelées d'ordre Corinthien, dont la sculpture des chapitaux et des frises font encore aujourd'hui l'admiration des plus habiles connoisseurs. Louis XIV. fit réparer en 1689. cet édifice qui sert aujourd'hui d'église aux religieux Augustins **.

L'amphiteatre de la même ville qui subsiste encore est un des plus entiers et des plus précieux monumens qui nous restent de l'antiquité : on ignore le tems de sa construction ; quelques-uns l'attribuent à l'empereur Antonin Pie, qui le fit, dit-on, élever pour orner cette ville dont il étoit originaire ; mais il n'y a rien de certain là-dessus. Sa figure est ovale ainsi que celle de l'amphiteatre de Rome. Deux rangs de soixante arcades chacun, l'un sur l'autre forment tout autour divers portiques. Il y avoit trente rangs de sieges, dont il ne reste aujourd'hui que dix-sept : ils étoient si bien disposez, que plus de vingt mille personnes pouvoient s'y placer commodément. On peut [3] voir ailleurs la description de toutes les parties de ce superbe édifice ainsi que toutes ses dimensions. Il nous suffit de remarquer en passant que cet amphiteatre qu'on appelle les *Arenes*, a servi long-tems de forteresse *.

Un des plus illustres évêques [1] de Nismes prétend qu'un grand nombre de lieux du voisinage de cette ville retiennent encore les anciens noms des familles Romaines qui s'y établirent, ou plûtôt des maisons de campagne qu'ils y firent bâtir ; tels que les lieux d'Aimargues, de Caissargues, de Domessargues, de Fabiargues, et plusieurs autres qui ont une semblable terminaison, qu'il fait dériver d'*Æmilii, Cassii, Domitii, Fabii ager* : mais il paroît que cette étymologie est un peu forcée, et que la terminaison Latine de ces lieux, appelez dans les anciens monumens, *Armasanicæ, Domessanicæ, Cassanicæ*, etc. convient mieux avec le mot *Aquæ* qu'avec celui d'*Ager*. Quoi qu'il en soit, Nismes eut la gloire de fournir à Rome un grand nombre de personnages célèbres, lesquels après avoir passé par les principales charges de la magistrature de cette colonie, monterent ensuite aux premieres dignités de l'empire. Les [2] inscriptions nous ont conservé entr'autres la mémoire d'Agatho secretaire d'un des Cesars, et l'un de ses principaux officiers ; de Solonius Severinus protecteur de l'ancienne ville de Frejus, et tribun militaire de la huitiéme legion ; de Q. Statius qui fut d'abord duumvir de Nismes, et ensuite tribun militaire. On peut enfin juger de l'importance de cette colonie Romaine, non seulement par les anciens monumens et le grand nombre d'inscriptions qui nous restent, mais aussi par celui des médailles qu'on y a découvert en divers tems, et qu'on y découvre encore tous les jours. On en trouva entr'autres tout à la fois jusqu'à cinq mille d'argent dans le tems des révolutions de la province sous le duc de Rohan, en creusant un réservoir voisin d'un ancien tombeau.

LXXIX.

Gouvernement et troubles de la Province.

Cesar aiant soûmis l'Egypte après la bataille d'Actium, se rendit à Rome l'année

---

[1] V. Montfauc. antiq. tom. 2. part. 1. p. 52.
[2] Spon. Rech. p. 139. et seq. - Gautier. Nismes. p. 40. et seq.
[3] Gautier ibid. etc.

* *V.* Additions et Notes du Livre II, n° 40.
** *V.* Additions et Notes du Livre II, n° 41.

[1] Flechier ibid.
[2] Pr. p. 10.

* *V.* Additions et Notes du Livre II, n. 42.

suivante, où il régla les [1] affaires de la République dont il s'attribua toute l'autorité. Il défendit par une loi generale à tous les senateurs, à la réserve de ceux qui avoient des terres dans la Sicile, de sortir d'Italie sans sa permission, ou plûtôt sans celle du senat (an de Rome 725). Dans la suite l'empereur Claude excepta de cette loi les senateurs qui avoient des terres dans la Narbonnoise, tant en consideration des personnes de mérite que cette province avoit données au senat, qu'à cause de son voisinage d'Italie, et de la paix dont elle jouissoit alors. Cette défense subsista jusqu'à l'empire de Theodose et de Valentinien, qui permirent indifferemment à tous les senateurs de passer dans ces deux provinces, et d'y faire leur séjour.

Quelque attention qu'eut Cesar Octave, après avoir envahi l'empire, à faire regner la paix et la justice, il ne put empêcher qu'il ne s'elevât divers mouvemens dans quelques provinces. Celles des Gaules n'en étoient pas exemptes quand M. Valerius Messala Corvinus [2] celebre orateur, après avoir été consul et collegue d'Octave l'an 723. de Rome, fut envoié deux ans après dans la Province Romaine pour la gouverner avec l'autorité de proconsul. On voit en effet par les poësies de Tibulle, qui servoit sous ce gouverneur, que les troubles des Gaules que le consul Vipsanius Agrippa avoit heureusement appaisez neuf ans auparavant, s'étoient renouvellez alors, et qu'ils avoient passé même dans la Province Romaine. Messala aiant été obligé de faire la guerre contre les rebelles, remporta divers avantages sur eux tant aux environs des rivieres d'Aude et de Garonne, que vers le Rhône et les montagnes des Pyrenées. Ce gouverneur porta aussi ses armes contre les Gaulois rebelles du côté de la Loire et de la Saône, dans le pays Chartrain, et dans plusieurs endroits de l'Aquitaine jusques vers l'Ocean, les battit et mérita par là dans la suite les honneurs du triomphe.

Il paroît que ces mouvemens des Gaules, qui donnerent peùt-être occasion à Cesar Octave d'établir la colonie de Nismes pour contenir les peuples dans le devoir, ne finirent [1] pas sitôt. La Province Romaine et celle des Gaules demeurerent sous le gouvernement immediat de ce prince par le partage qu'il fit des provinces de l'Empire avec le peuple Romain, suivant lequel il se réserva celles où on pouvoit craindre quelque soulevement, et où il falloit entretenir des troupes tant pour conserver les conquêtes du pays, que pour s'assûrer de la fidélité des peuples: on voit par là que les provinces des Gaules n'étoient pas alors entierement paisibles (an de Rome 727). Nous sçavons d'ailleurs que C. Albius Carinnas et Nonnius Gallus lieutenans de Cesar dans ces provinces, furent obligez de faire la guerre dans le même tems aux peuples Morins, à ceux de Treves et à plusieurs autres qui s'etoient soulevez.

Cesar fit gouverner la Province Romaine de la même manière que celles qui lui demeurerent soumises immediatement, et dans chacune desquelles il envoia dès-lors un gouverneur pour autant de temps qu'il jugea à propos; au lieu qu'auparavant le même en gouvernoit plusieurs. Ces gouverneurs étoient des senateurs qui n'avoient que le titre de proprêteurs ou de lieutenans de Cesar, quoiqu'ils eussent deja exercé le consulat: ils joignoient au gouvernement politique et à l'administration de la justice le commandement des troupes. On peut mettre [2] parmi les gouverneurs de la Province Romaine sous les ordres de cet empereur, Flavius Ruffus et T. Didius Priscus. Le premier en eut l'administration sous le titre de lieutenant d'Auguste après avoir été prêteur, et l'autre qui étoit natif de Pavie, et qui étoit peut-être de la même famille que T. Didius, consul l'an 656. de Rome, fut pourvû de ce gouvernement, avec l'autorité de proprêteur.

LXXX.

Auguste tient l'assemblée générale des Gaules à Narbonne.

Cesar fit le partage des provinces de l'Empire avec le peuple Romain au commence

---

[1] Dio. l. 52. p. 494. et seqq. - Tacit. annal. l. 12. c. 23.
[2] Fast. triumph. Tibull. eleg. l. 1. - Dio. l. 48.

[1] Dio. l. 53 p 504. et seq2. - Fast. triumph.
[2] Grut. p. 463. n. 4. p. 1093. n. 7.

ment de l'an 727. de Rome, et reçut peu de jours après le titre d'Auguste que le peuple lui défera de concert avec le senat, et qui après lui passa à ses successeurs. Ce prince s'étoit contenté jusqu'alors du titre d'*imperator*, c'est-à-dire de general ou commandant qu'il avait pris lui-même. Il partit [1] ensuite pour les Gaules, et se rendit à Narbonne, où il convoqua l'assemblée generale de ces provinces, afin d'y établir l'ordre et la police, ce que les guerres qui avoient suivi les conquêtes de Jules Cesar dans ce pays n'avoient pas encore permis. Dans cette assemblée, Auguste sans changer la division que le même Cesar fait des Gaules en Belgique Aquitanique, et Celtique, outre la Province Romaine ou Gaule Narbonnoise qui faisoit une quatrième partie, érigea chacune des trois premieres en province, au lieu qu'auparavant elles ne formoient qu'une seule province Romaine. La Belgique et l'Aquitanique conserverent leurs anciens noms; la Celtique prit celui de Lyonnoise de Lyon sa métropole. Cet empereur changea alors les limites de cette derniere, dont il démembra une grande partie qu'il joignit à l'Aquitanique pour donner à celle-ci une étendue proportionnée aux trois autres. Il lui unit quatorze peuples qui habitoient entre la Garonne et la Loire, et qui auparavant étoient de la dépendance de la Celtique. Du nombre de ces peuples furent ceux du Velai, du Gevaudan et de l'Albigeois, renfermez aujourd'hui dans le Languedoc. La Province Romaine qui demeura dans ses anciennes limites et continua de faire une province separée, prit alors le nom de Narbonnoise. Auguste après avoir ainsi disposé du gouvernement des Gaules, donna des gouverneurs particuliers à chacune de ces quatre provinces qui furent subdivisées dans la suite, comme nous le verrons ailleurs.

Cet empereur ordonna dans la même assemblée qu'on feroit le dénombrement des personnes et des biens des peuples des trois provinces des Gaules conquises par Jules Cesar, pour regler le cens et le tribut que chaque particulier devoit paier par mois. La province Narbonnoise fut maintenue dans l'usage où elle étoit depuis sa soumission à la République de ne paier qu'un tribut réel. Ce nouvel assujettissement à un cens personnel parut odieux aux peuples des trois autres provinces, et ils auroient fait éclater dès-lors leurs plaintes et leurs mécontentemens, si Auguste n'eût étouffé leur murmure autant par sa sagesse que par son autorité. Drusus et Germanicus, personnages des plus distinguez de l'Empire, furent chargez du soin de travailler à ce dénombrement.

Seneque [1] fait mention d'un temple qu'Auguste fit vœu d'élever, et qu'il éleva en effet, durant son séjour dans les Gaules, à l'honneur du vent de cers ou de bise, qui, suivant ce même auteur, désole ces provinces. Ce passage donne lieu à un commentateur [2] de ce philosophe de conjecturer qu'Auguste fit bâtir ce temple dans la Narbonnoise, où ce vent est plus violent que partout ailleurs: on peut donc croire que cet empereur fit ce vœu durant son séjour à Narbonne, et qu'il fit construire ce temple, ou dans cette ville même, ou aux environs *.

LXXXI.

La Galatie réduite en province Romaine.

Auguste après avoir reglé les affaires des Gaules, partit de Narbonne le 25 de Septembre, et passa en Espagne pour soûmettre les Cantabres peuples de la Biscaye qui s'étoient révoltez. Sur l'avis qu'il eut durant [3] son séjour au delà des Pyrenées, de la mort d'Amyntas roi de toute la Galatie, il résolut de réduire ce roiaume en province et de subjuguer entierement les Tectosages et les autres Gaulois d'Asie qui se maintenoient encore dans leur liberté, sous l'autorité de ce seul prince de leur nation (an de Rome 729). Pour l'intelligence de ce fait, il faut reprendre la chose de plus haut.

Nous avons dit ailleurs que ces peuples dans le tems qu'ils furent subjuguez par Mi-

---

[1] Dio. l. 53. et seq. - Strab. l. 4. p. 177 et 189. - Liv. Epit. 134. V. Tacit. annal. l. 1. c. 33.

[1] Senec. natural. quæst. lib. 5.
[2] Lips in Senec.
[3] Dio. l. 53. Sext. Ruff. in breviar.

* *Voyez* Additions et Notes du Livre II, n° 43.

thridate roi de Pont, avoient été assez heureux pour dérober à sa vengeance trois de leurs tetrarques, du nombre desquels étoit le célèbre Dejotarus qui aida sa nation à secoüer le joug que ce prince leur avoit imposé. L'éloge que Ciceron [1] nous a laissé de ce tetrarque, quoiqu'un peu contredit par [2] Plutarque, est des plus flatteurs. Il nous le represente comme un prince accompli : il louë extrêmement sa sagesse, sa prudence, sa probité, l'integrité de ses mœurs, son zele pour sa religion et son exactitude scrupuleuse à la pratiquer : on sçait aussi que Dejotarus portoit sa passion pour la science des augures jusqu'à une superstition ridicule. Le besoin qu'eut ce tetrarque du secours et de la protection des Romains, soit pour se soutenir sur le thrône, soit pour arriver à un plus haut degré de puissance, fit qu'il se dévoüa entierement à la République, à laquelle il fut toûjours inviolablement attaché. Les services importans qu'il rendit aux Romains dans toutes leurs guerres d'Asie, lui meriterent diverses marques d'honneur et de distinction de la part du senat. Il marcha entr'autres au secours de Ciceron [3] dans le tems que cet orateur commandoit dans la Cilicie avec l'autorité de proconsul, et lui amena deux mille chevaux avec douze mille hommes d'infanterie de sa nation, dont ce general Romain forma la moitié de son armée, et dont il se servit utilement dans ses expeditions contre les Parthes.

Dejotarus avoit une épouse [4] appellée Stratonice dont il n'avoit pas d'enfans. Cette princesse connoissant la passion du roi son époux pour avoir un successeur de son sang, porta sa complaisance jusqu'au point de lui choisir elle-même parmi ses plus belles esclaves une concubine appellée Electre : il en eut des enfans, que cette reine aima autant que s'ils eussent été les siens propres. Ce tetrarque eut entr'autres une fille qu'il donna en mariage à Brogodiatorus tetrarque des Gaulois Trocmes, à qui Pompée avoit donné la ville de Mithridate en consideration des services qu'il en avoit reçu. Dejotarus en [1] rendit lui-même de signalez à ce general dont il épousa les interêts durant ses démêlez avec Jules Cesar, et combattit en sa faveur à la fameuse bataille de Pharsale, à la tête de six cens cavaliers Gaulois qu'il lui avoit amenez, outre trois cens autres chevaux commandez par Saocondarius son gendre, et par le fils de Donilaüs ; enfin l'attachement de ce tetrarque aux interêts de Pompée fut si constant, qu'il suivit ce general, même après sa défaite.

Dejotarus étoit alors au comble de sa grandeur : il regnoit seul sur presque toute la Galatie, après avoir dépoüillé les deux autres tetrarques de leurs états qu'il avoit unis aux siens. Le senat non content de l'avoir reconnu pour roi de tout ce pays, lui avoit encore donné l'Armenie mineure en récompense des secours qu'il avoit fournis à la République durant les differentes guerres d'Asie : Pompée y avoit ajouté quelques provinces voisines. Après la défaite de ce general à Pharsale, l'attachement extrême que Dejotarus avoit témoigné pour son parti, devoit naturellement lui attirer l'indignation de Cesar. Ce dernier usa cependant de clemence à son égard ; et satisfait de sa soûmission, de ses excuses et de ses offres effectives de service, il se contenta de le dépoüiller d'une partie de la Galatie et de l'Armenie, et lui laissa le reste de ses états avec le titre de Roi pour lui et pour son fils de même nom. La partie de la Galatie dont Cesar priva Dejotarus, comprenoit la tetrarchie des Gaulois Trocmes que ce dernier avoit envahie sur Brogodiatorus son gendre. Cesar, sous prétexte de punir ces Galates de leur alliance avec ceux de Pergame ennemis des Romains, disposa de cette tetrarchie en faveur d'un Grec nommé Mithridate, natif de Pergame, qu'il venoit de placer sur le thrône du Bosphore.

Dejotarus étant rentré en grace avec Cesar, fut aussi fidele et aussi attaché à ce ge-

---

[1] Cic. pro Dejot. pro Sextio, de harusp. resp. et de divinit. l. 1.
[2] Plut. de virtut. mulier. p. 258. et de contrad. Stoicor.
[3] Cicer. Philip. 2. ad Attic. l. 5. ep. 17. et seq. l. 5. ad Familiar. l. 15. ep. 10. — V. Plut in Cic.
[4] Plut. de virt. mulier. ibid.

[1] Cicer. Philip. 2. et pro Dejot. — Hirt. de bell. Alexand. — Cæs. de bell. civil. l. 3. — Plut. in Pomp. — Strab. l. 12. p. 547.

neral, qu'il l'avoit été auparavant à Pompée. Il le secourut d'hommes et d'argent durant ses guerres, et en particulier dans celle qu'il entreprit contre Pharnace roi de Pont, fils de Mithridate, et durant laquelle il marcha à son secours avec toute sa cavalerie et une legion de Gaulois ses sujets, formée suivant la discipline de la milice Romaine. Il logea alors Cesar dans son palais, et n'omit rien pour le convaincre de sa fidelité et de son attachement à ses interêts; cependant cet acte d'hospitalité faillit à le perdre. Castor [1], fils de Saocondarius et d'une fille de Dejotarus, poussé par son pere et par l'ambition qu'il avoit de monter sur le throne du roi de Galatie son aïeul, eut l'audace d'accuser ce dernier d'avoir voulu alors faire assassiner Cesar. Castor forma cette accusation avec d'autant plus de hardiesse et de securité, qu'il se flattoit que Cesar, qu'il croioit extrêmement animé contre Dejotarus, seroit charmé de trouver une occasion de le faire périr.

Ciceron qu'une étroite amitié, contractée en Asie, lioit depuis long-tems avec ce roi des Galates, informé de cette accusation, entreprit la défense de cet ami et de cet ancien hôte, et emploia toute la force de son éloquence pour faire connoître aux juges l'innocence de ce prince. Son discours n'eut pas cependant tout le succès qu'il souhaitoit; car ce ne fut qu'après la mort de Cesar, qui arriva bientôt après, que Dejotarus s'affermit sur le throne de la Galatie. Il reprit même [2] pour lors sur Mithridate roi du Bosphore la tetrarchie des Trocmes, et sur Ariobarzane l'Armenie mineure, où il fut rétabli par un decret solemnel du senat.

Ce fut sans doute l'ambition qu'eut Dejotarus de regner seul sur toute la Galatie, et de n'avoir pour successeur dans son roiaume que son fils de même nom, qui le porta dans la suite à la cruauté dont on [3] l'accuse, d'avoir fait égorger en même-temps tous ses autres enfans et ses gendres. Si ce fait, dont on a lieu de douter [4], étoit vrai, il seroit difficile d'allier les grandes vertus que Ciceron loué dans ce roi des Galates, avec une action si barbare : on sçait cependant que [1] Dejotarus, après s'être emparé de la ville capitale des états de Saocondarius, et en avoir fait démolir les fortifications, le fit massacrer avec sa propre fille qu'il lui avoit donnée en mariage : mais ce fut apparemment pour punir l'un et l'autre de la part qu'ils avoient eue à l'accusation que leur fils Castor avoit formée contre lui. Au reste il paroit que quoique Dejotarus fût parvenu à une extrême vieillesse lorsqu'il mourut l'an 714. de Rome, il n'eut pas cependant la consolation de voir passer sa couronne sur la tête de son fils, pour lequel on croit qu'il sacrifia tous les autres. Ce dernier paroissoit mériter de regner; car, suivant le témoignage de [2] Ciceron, c'étoit un prince qui donnoit de grandes esperances. Il paroit qu'il avoit épousé la fille d'Artavasde roi d'Armenie. Le senat l'avoit honoré du titre de Roi du vivant de son pere, en récompense des services que la République avoit reçûs de tous les deux.

Castor petit-fils de Dejotarus qui s'etoit sans doute soustrait au ressentiment et à la vengeance de son aïeul, trouva moien après sa mort de se faire [3] reconnoître roi de Galatie; mais il ne jouit pas long-tems de la roiauté. Marc Antoine qui avoit toute l'autorité dans l'Asie, l'en dépouilla et lui substitua Amyntas qui avoit été auparavant général et secretaire de Dejotarus, et sur lequel il comptoit comme sur un ami qui avoit toûjours suivi sa fortune, et paru fort attaché à ses interêts. Antoine ajoûta aux états de ce prince une partie de la Lycaonie et de la Pamphilie. Après la bataille d'Actium Amyntas se vit forcé de se soûmettre à Auguste, qui, quoique mécontent de sa conduite et du parti qu'il avoit pris contre lui, eut pourtant la generosité de lui pardonner et de lui conserver son roiaume de Galatie : mais après sa mort cet empereur ne croiant pas devoir user de la même condescendance envers ses [4]

---

[1] Cic. pro Dejot.
[2] Cicer. Phil l. 2.
[3] Plut. de contrad. Stoicor.
[4] V. Bayle dict. art. Dejotarus.

[1] Strab. l. 12. p. 558.
[2] Cic. Phil. 2. et l. 8. ad Attic. ep. 17.
[3] Dio. l. 47. et seq.
[4] Dio. l. 53. p. 514. - Sext. Ruf. in Breviar.

enfans, les priva de la succession au roiaume de leur pere, et envoia M. Lollius pour soûmettre ce roiaume que ce prince réduisit en Province Romaine; en sorte qu'il ne laissa à Pylemene que le vain titre de fils du roi Amyntas *. C'est ainsi que finit le roiaume de nos Gaulois Tectosages en Asie, après avoir duré plus de deux siecles et demi, et s'être rendu célèbre par la valeur et les conquêtes de ces peuples.

Lollius après avoir soûmis cette nouvelle province, fut le premier qui la gouverna avec l'autorité de propréteur ou de lieutenant d'Auguste. Depuis ce tems-là les Galates furent confondus avec les autres peuples de l'Empire : ils conserverent cependant un reste de liberté avec l'usage de la langue Gauloise qu'ils parloient encore du tems de saint [1] Jerôme. On voit dans un grand [2] nombre d'anciennes inscriptions qui nous restent de ce pays, qu'ils conserverent aussi leurs anciens noms Gaulois, tels que ceux d'Albiorix, d'Ateporix, etc. Auguste voulant adoucir le joug qu'il venoit d'imposer à ces peuples, eut une attention particuliere d'orner leurs villes, et sur-tout celle d'Ancyre de plusieurs édifices et autres monumens publics dont les restes font encore l'admiration des voyageurs. Ce même empereur honora cette derniere ville du titre de métropole de toute la Galatie et de celui de colonie Augustale, ausquels elle joignit le nom des Tectosages ses anciens habitans. Elle est appellée en effet dans les mêmes inscriptions et dans les médailles Σεβαστὴ Τεκτοσαγῶν, ou *Augusta Tectosagum*, et son senat et son peuple le senat et le peuple des *Tectosages Augustes*, Σεβαττηνῶν Τεκτοσάγων. Les peuples d'Ancyre pour laisser à la posterité une marque publique de leur reconnoissance envers cet empereur, firent élever à son honneur un superbe monument qui subsiste encore de nos jours. Ils furent des premiers peuples d'Asie qui reçurent dans la suite les lumieres de l'Evangile **.

1 Hier. præf. ad epist. ad Galat.
2 Palæogr. Græc. p. 154. et seq. - Tournef. voyag. du Lev. tom. 2.

* *V*. Additions et Notes du Livre II, n° 44.
** *V*. Additions et Notes du Livre II, n° 45.

LXXXII.

Auguste cede la province Narbonnoise au peuple Romain.

L'amour et la veneration des Tectosages Asiatiques pour Auguste leur furent communs avec tous les autres peuples de l'Empire, dont ce prince gagna l'affection par la douceur de son gouvernement. Ceux de la Narbonnoise en donnerent des marques publiques, comme l'on verra dans la suite. Cette [1] Province étant en paix, et Auguste n'aiant plus enfin rien à craindre des mouvemens des Gaulois qui pouvoient en troubler la tranquillité, la ceda au peuple Romain qui la fit gouverner sous son autorité par des proconsuls (an de Rome 732). On appela ainsi tous les senateurs que ce même peuple envoia au nom du senat pour gouverner pendant un an les provinces de son département, soit qu'auparavant ils eussent exercé la charge de consul, ou seulement celle de préteur. Ces proconsuls avoient des licteurs et d'autres marques de leur dignité, qu'ils prenoient au sortir de Rome, et qu'ils ne quittoient qu'à leur retour dans cette capitale de l'Empire. Ils ne portoient ni l'épée, ni la cotte d'armes, parce qu'ils n'avoient pas droit de vie et de mort sur les troupes, quoiqu'ils l'eussent sur le reste du peuple, et que d'ailleurs ils ne commandoient pas la milice : ainsi quoiqu'ils fussent plus distinguez que les lieutenans qu'Auguste envoioit pour gouverner les provinces qui lui étoient immediatement soûmises, leur autorité étoit cependant beaucoup moins considerable.

On peut mettre au nombre des proconsuls qui gouvernerent la province Narbonnoise sous les ordres du peuple Romain [2], C. Seius-Calpurnius-Quadratus-Silianus; T. Musidius-Polianus, qui avoit été consul et préteur; et C. Serenus dont Q. Cæcilius fut lieutenant. Les anciennes inscriptions qui nous donnent la connoissance de ces gouverneurs, ne marquent pas l'époque de leur gouvernement, non plus que celle de la lieutenance qu'exerça

1 Dio. l. 53. p. 504. l. 54. p. 524. etc.
2 Gruter. p. 9. n. 1. p. 423. n. 4. p. 440. n. 2. p. 457. n. 3. - Fabretti p. 704. n. 250.

dans la même province Q. Maximus dont on voit l'épitaphe à Evora ville de Portugal. Nous avons lieu de croire que Polianus fut du nombre des consuls subrogez, parce qu'on ne trouve pas son nom dans les fastes consulaires. La Narbonnoise eut encore sous les empereurs, de même que sous la République, un protecteur dans le senat pour la défense de ses droits et le soutien de ses intérêts. Tel fut Petronus Sabinus dont les mêmes inscriptions font mention.

LXXXIII.
Grands chemins de la Narbonnoise. Canal dans l'étang de Sigean.

Agrippa ministre et favori d'Auguste contribua [1] à l'embellissement de la Narbonnoise et à la commodité publique, par les grands chemins qu'il y fit construire, ainsi que dans le reste des Gaules. Il est vrai qu'il ne fut pas le premier qui procura cet avantage à la province, et qu'avant la conquête des Romains il est fait mention [2] d'un grand chemin qui conduisoit depuis Ampurias en Espagne jusqu'au Rhône, et qui étoit marqué de huit en huit stades par des colonnes milliaires. Ciceron [3] nous apprend encore qu'avant le tems d'Auguste il y avoit dans la province un grand chemin qui la traversoit, et qu'on appelloit *la Voie Domitienne*; mais c'est proprement à cet empereur et à Agrippa son favori, que la Narbonnoise fut redevable de ses grandes voies ou chemins militaires qui faisoient un des plus beaux et des plus superbes ornemens de l'empire Romain, et qui par le soin des Etats font encore aujourd'hui celui de la province, et même du roiaume.

Agrippa établit Lyon comme le centre de tous ces grands chemins. Il y en avait quatre principaux qui conduisoient depuis la sortie de cette ville jusqu'aux confins des Gaules: l'un se terminoit à l'extrémité de l'Aquitaine; un autre se partageoit en deux routes, dont l'une conduisoit à Marseille, et l'autre à Narbonne. Il y avoit encore une troisième route qui s'étendoit dans la Provence, et qu'on appelloit *la Voie Aurelienne*, du nom sans doute de celui qui l'avoit fait construire. Tous ces chemins étoient pavez de grandes pierres quarrées, dont la taille et le transport coûterent des sommes immenses. Il paroit par les inscriptions [1], qu'outre ces chemins publics, Auguste eut soin d'embellir la Province de plusieurs édifices et de pourvoir à leur entretien.

Les empereurs [2] Tibere, Claude, Adrien, Postume et Antonin furent aussi soigneux d'entretenir et de réparer ces chemins, qu'Auguste et Agrippa l'avoient été de les faire construire. Il y en a [3] qui attribuent à ce dernier la gloire d'avoir fait bâtir le fameux Pont du Gard, par la raison que les ponts et les aqueducs faisoient partie des grands chemins, et en faisoient l'ornement. Il n'est pas en effet hors de vraisemblance qu'Agrippa, qui se donna tant de soins pour la commodité publique, ait fait élever ce superbe édifice : nous n'avons rien cependant de bien certain sur le tems de sa construction. Nous nous réservons d'en parler ailleurs avec plus d'étendue.

On pourroit peut-être aussi attribuer à Agrippa la construction d'un magnifique canal bâti au milieu de l'étang que les anciens appelloient *Rubresus*, et qu'on nomme aujourd'hui l'étang de Sigean, dans la longueur de deux milles. Ce [4] canal qui subsiste encore en son entier, fut construit pour faciliter la navigation du bras de l'Aude qui traverse cet étang. Nous avons déja dit ailleurs que cette riviere se sépare en deux branches au village de Salleles : celle qui passe à Narbonne se jette dans cet étang à deux lieues de cette ville à l'endroit qu'on appelle *la Goule d'Aude*, et ensuite dans la mer après un cours de deux milles ou de demie lieuë, à un autre endroit qu'on nomme le Grau de la Nouvelle. Comme la grande quantité de sable qui s'engorgeoit à l'embouchure du bras de cette riviere dans l'étang, empêchoit la liberté de la navigation, on y construisit des

---

[1] Strab. l. 4. p. 208. - Bergier gr. chem. p. 24 et seqq. 102. 106. 222. 424. et 712.
[2] Polyb. l. 3. p. 192.
[3] Cicer. pro Fontei.

[1] Pr. inscript. 17. et seqq.
[2] Pr. ibid.
[3] Bergier ibid p. 693.
[4] Marc. Hisp p 31 et seq.

deux côtez, dans la longueur de cent pas, une levée de grandes pierres de taille, afin que la riviere en se mêlant avec les eaux salées de l'étang, conservât toute sa force. On creusa ensuite dans toute la longueur et au milieu de cet étang jusqu'à la mer, un canal large de cent pas, et profond de trente-deux pieds, qui fut pavé et revêtu de grands quartiers de pierre de taille pour rendre l'Aude capable de porter les vaisseaux et les galeres depuis la mer jusqu'à Narbonne. Cet ouvrage digne de la magnificence des Romains coûta sans doute des dépenses et des travaux infinis, et rendit pendant long-tems le commerce de Narbonne très-florissant : mais enfin les differentes guerres et les diverses calamitez arrivées dans la province, aiant diminué insensiblement le commerce de cette ville, on a négligé d'entretenir ce canal ; en sorte que par succession de tems, les flots aiant entraîné une grande quantité de sable aux deux emboûchures de l'Aude dans l'étang et dans la mer, les grosses barques ne remontent plus aujourd'hui jusqu'à Narbonne qu'avec beaucoup de difficulté. M. de Marca[1] croit, sur l'autorité de Mela, que la construction de ce canal est posterieure au regne d'Auguste, parce que selon ce geographe, l'Aude après avoir passé à Narbonne et coulé au milieu de l'étang, se jette ensuite dans la mer par une ouverture peu considerable, au lieu que celle de ce canal dans la mer est de cent pas ; ainsi ce sçavant prélat aime mieux attribuer cet ouvrage à Antonin Pie. Il semble cependant que le commerce de Narbonne, qui n'étoit considerable que par le moien de ce canal, étoit très-florissant long-tems avant le regne de ce dernier empereur. Ce qu'il y a de vrai, c'est que quoiqu'il paroisse que les Romains sont les veritables auteurs de ce magnifique ouvrage, on ne sçauroit fixer l'époque précise de sa construction.

LXXXIV.

Expéditions d'Auguste dans les Gaules. Dédicace de l'autel de Lyon, à l'honneur de ce Prince.

Auguste qui connoissoit mieux que personne le mérite d'Agrippa et sa capacité pour les affaires, le chargea d'aller[1] regler celles des Gaules l'an 735. de Rome. Cet empereur s'y rendit lui-même trois ans après, et son principal soin durant deux ans de séjour fut d'éloigner les Sicambres et les Allemans qui ravageoient ces provinces d'un côté, tandis que Licinius son affranchi qui en étoit intendant, les pilloit de l'autre. C'est dans le tems de ce voiage d'Auguste en deçà des Alpes qu'un moderne[2] prétend que cet empereur fonda la colonie de Nismes, ce qui est assez probable. Le même auteur attribué aussi à ce prince la fondation de celle d'Arles et d'Orange dans la Province Romaine durant le voiage. L'année d'après, Auguste réduisit en province les Alpes maritimes qui font aujourd'hui partie de la province ecclesiastique d'Embrun. Les peuples de ces montagnes qu'on comprenoit parmi les anciens Liguriens, s'étoient jusqu'alors maintenus dans une espece d'indépendance. On en démembra dans la suite une partie qu'on joignit à la Narbonnoise.

Après la mort d'Agrippa, Drusus qui avoit été envoié dans les Gaules faillit à troubler leur tranquilité par la severité avec laquelle il continua de faire la recherche des biens des Gaulois pour le payement du cens personnel auquel ceux qui avoient été soûmis par Jules Cesar étoient assujettis, conformément à l'Ordonnance d'Auguste donnée quinze ans auparavant dans l'assemblée de Narbonne (an de Rome 742). Drusus tâcha[3] d'appaiser les murmures des peuples et de les divertir par la fête solemnelle qu'il célébra à Lyon le premier d'Août de l'an 742. de Rome, à l'occasion de la dédicace d'un autel qu'il fit élever à l'honneur de cet empereur. Il fit appeler à cette fête soixante des principaux peuples des Gaules, dont chacun fit dresser une statue, et la consacra à l'honneur de ce prince. On prétend que tous ces divers peuples étoient seulement des trois parties des Gaules conquises par Jules Cesar, et qu'il n'y en avoit aucun de la Narbonnoise ; nous avons cependant lieu de croire que les peu-

---

[1] Marca, ibid.

[1] Dio. l. 54
[2] Larrey hist. d'Aug. p. 543
[3] Suet. in Claud p. 67 - Strab. l. 4. p. 192.

ples de cette province y prirent autant de part que les autres, et que les principaux d'entr'eux assisterent à cette cérémonie, et signalerent dans cette occasion leur amour et leur vénération pour Auguste (NOTE XIX).

LXXXV.

Les peuples de Nismes renversent la statue de Tibere.

Dans la suite cet empereur fit deux voiages consecutifs dans les Gaules accompagné de Tibere fils de Livie sa femme, à qui il donna le titre d'empereur en récompense des avantages qu'il avait remportez sur les Allemans (ans de Rome 744-746). Il y ajoûta quelque tems après [1] la puissance du tribunat : mais Tibere ne répondit pas à cet honneur, car au lieu d'aller prendre le commandement des troupes dans l'Armenie, comme il en étoit chargé, il se retira dans l'Isle de Rhodes où il fit quelque séjour (an de Rome 752). Il s'y comporta si mal, qu'il s'attira la haine et le mépris de toutes les villes de l'Empire qui lui avoient fait le plus d'honneur. Celle de Nismes entr'autres fit abattre les statuës qu'elle lui avoit fait élever. La paix profonde dont l'Empire joüissoit alors étoit un heureux présage de celle que la naissance du Fils de Dieu apporta bientôt après sur la terre, et qui en renouvella toute la face (an de J. C. 1).

[1] Dio. ibid. - Suet. in Tiber. p. 42.

FIN DU LIVRE SECOND.

ADDITIONS ET NOTES

DU LIVRE SECOND DE L'HISTOIRE DE LANGUEDOC,

PAR M. DU MÈGE.

---

1 Plusieurs inscriptions encore conservées à Narbonne, font mention de la colonie des *Décumans*, et ces inscriptions sont rapportées dans les Preuves de cette histoire. Une découverte, faite il y a peu de mois, à Narbonne, a peut-être quelque rapport avec l'établissement des vétérans de la dixième légion dans cette ville.

Des ouvriers, travaillant à une médiocre distance des remparts actuels, entre la Porte neuve et la Porte de Béziers, ont trouvé, à une assez grande profondeur, une amphore qui contenait, dit-on, plus de trente mille pièces d'argent. J'ai vu près de trois mille de ces médailles. Elles sont toutes antérieures à l'empire. Ce sont des *médailles consulaires*. Dans le nombre de celles qui m'ont été présentées, j'ai remarqué 421 revers différens, et environ 77 familles. On sait qu'il existe de nombreuses variétés dans les types des médailles de ce genre. La seule famille *Aelia* en a 24, la famille *Aemilia* 43, la famille *Antonia* 130, la famille *Calpurnia* 150, la famille *Julia* 122..... Le plus grand nombre des médailles découvertes à Narbonne, porte d'un côté le mot CAESAR, et pour type l'éléphant foulant aux pieds un serpent : le revers offre les attributs du pontificat ; elles sont d'ailleurs si bien conservées que leur éclat métallique n'est pas même altéré. Ces diverses circonstances ont pu porter à penser que ce trésor date d'un temps très-voisin de celui où la colonie fut renouvelée par César. On n'a en effet remarqué dans ce dépôt aucune médaille postérieure à celles que je viens de décrire. Le particulier qui l'avait enfoui, mourut apparemment sans avoir fait connaître son secret. Des constructions romaines s'élevèrent plus tard au-dessus du lieu qui renfermait ces médailles, et ce n'est qu'en 1837, que celles-ci ont été retrouvées.

2 Cette dernière assertion peut être contestée. Selon les anciens écrivains, la Garonne séparait le pays habité par les *Volkes Tectosages*, de celui qui était possédé par les Aquitains. C'est ce qu'on doit conclure du témoignage de Strabon (*Géogr.* lib. IV), et de Pomponius Mela (lib. III, c. 2). César dit : (*Bell. Gall.* lib. I). *Gallos ab Aquitanis Garumna flumen dividit : Aquitania à Garumnâ flumine ad Pyrænœos montes, et eam partem Oceani quæ ad Hispaniam pertinet spectat.* On trouve dans Ammien Marcellin (lib. XV, c. 2), la phrase suivante : *et Gallos quidem qui Celtæ sunt, ab Aquitanis Garumna disterminat flumen.* Ce n'est apparemment que dans des temps assez bas, et, peut-être, lors de la formation des diocèses, que les limites du *Toulousain* ont été reculées assez loin de la rive gauche de la Garonne, dans l'ancienne Aquitaine, qui avait pour bornes, l'Océan, les Pyrénées et le fleuve que je viens de nommer.

3 Voyez la note précédente. Malgré les assertions des Bénédictins, il n'est pas démontré que les *Volkes* fussent les maîtres de toute cette partie du diocèse d'Elne qui s'étend des confins du diocèse de Narbonne jusqu'à l'extrême frontière. Les peuples qui habitaient cette contrée ont pu être alliés, ou tributaires des *Volkes*, et, dans ce sens seulement, être considérés comme faisant partie de cette tribu puissante.

4 Il y a quelques erreurs dans ce que les savans Bénédictins viennent de dire sur le Roussillon. Perpignan n'était encore qu'un alleu, durant la seconde moitié du Xe siècle. Raimond I, comte de Rouergue, dans son testament, fait en 961, légua aux églises d'Elne, et de Gironne et à l'abbaye de Saint-Pierre de Rhodes, l'alleu de Perpignan qu'il tenait d'Athon, *alode de Perpiniani quod de Attone adquisivit.* Déjà une vente faite par Walade, évêque d'Elne, en 922, désignait, parmi les confronts de l'immeuble vendu, le hameau de Perpignan, *affrontat... de tertio latere in termino de villa Perpiniani.* L'acte de consécration de l'église Saint-Jean, qui est de l'année 1025, fait mention de cette ville, qui était encore peu de chose. Mais dans la suite, elle s'accrut avec rapidité, et on en vint à oublier ses commencemens et à lui attribuer une origine romaine. On lui donna même un nom antique, celui de *Flavius Ebusus*, et on en fit une cité municipale. Tout cela était fondé sur une inscription latine, ainsi conçue :

L. CORNELIVS. LONGVS ET
M. CORNELIVS. AVITVS. F. ET
L. CORNELIVS. LONGVS ET
C. CORNELIVS. SERVINVS ET
M. CORNELIVS. AVITVS. ET
P. CORNELIVS. CORNELIANVS NEPOS EXL.
CVNC. AQVAM. IN. MVNICIPIVM
FLAVIVM. EBVSVM. S. P. P

Marca fut le premier qui parla du Municipe de *Flavium Ebusum* (*Marc. Hisp.* 20, 458).

L'abbé Xaupi soutint le même système, qui fut victorieusement combattu par Fossa. Il fut alors démontré qu'*Ebusum* est le nom de la ville d'Ivica dans l'île de ce nom, et que le monument avait été porté de cette île par Don Juan Davi, qui en avait été gouverneur et qui avait placé l'inscription dans le mur de sa maison, à Perpignan. Ce Davi mourut dans cette ville, en 1509, et son épitaphe lui donnait le titre de *Gubernator generalis Elusi*; ainsi, c'était sur un monument, venu des îles Baléares, que reposait l'antiquité prétendue de Perpignan.

L'Itinéraire d'Antonin indique évidemment deux routes qui, partant de Narbonne, conduisaient en Espagne. La première est ainsi marquée :

NARBONNE.
AD VIGESIMUM. . . . . M. P. XX
COMBUSTA. . . . . M. P. XIV
RUSCIONE. . . . . M. P. VI
AD CENTURIONEM. . . . . . M. P. XX
SUMMO PYRENEO. . . . . . M. P. V

En totalité 65 milles.

La seconde est tracée ainsi :

NARBONE.
SALSULIS . . . . M. P. XXX
AD STABULUM . . . . . . M. P. XLVIII
AD PYRÆNUM. . . . . . . M. P. XVI

Cette seconde route avait donc 29 milles de plus que la première.

On voit en effet que celle-ci n'avait, en totalité, que soixante-cinq milles de long, tandis que la seconde en avait quatre-vingt-quatorze. En vain M. Henri (*Recherches sur la voie de Rome en Espagne, à travers le Roussillon*, p. 21.), croit, ainsi que Marca, qu'il y a dans la désignation des distances une erreur matérielle. Il est assuré que c'en est une que de penser que le même Itinéraire ait pu répéter la même route, chose tout-à-fait insolite et inutile. Comment, d'ailleurs, aurait-on affecté de ne nommer précisément, en retraçant la même voie, aucune des stations indiquées d'abord? Cette circonstance est très-remarquable, et il ne faut pas oublier non plus que la première voie aboutit à un lieu désigné particulièrement par les mots *Summum Pyrenæum*, tandis que l'autre parvient seulement *ad Pyrenæum*. J'avais déjà exprimé mon opinion sur l'existence de ces deux voies, dans des Mémoires dont l'Académie des Belles-Lettres de l'Institut, a sollicité la publication aux frais de l'état. (*Rapport de la commission des antiquités nationales*, par M. le comte Al. de Laborde, année 1823.) Mon honorable ami, M. Puiggari, a démontré l'existence de ces deux routes dans ses *Études sur la voie Romaine, conduisant de Narbonne en Ibérie, par Vigesimum, Combusta, Ruscino, Centurione et Summum Pyrenæum*.

M. Henri place la station, *Ad Vigesimum*, aux cabanes de la Palme.

M. Puiggari partage cette opinion.

Le premier établit la station de *Combusta* sur la rive gauche de l'Agly, où existait, au XVe siècle, une Bourgade nommée *Toura*. L'auteur suppose qu'elle avait remplacé *Combusta*.

Le second met *Combusta*, au lieu de *Tour* ou de *la Tour*, dans le territoire de Saint-Laurent de la Salanque.

M. Henri fixe à la Chapelle de Saint-Martin le lieu d'*Ad Centurionem*.

M. Puiggari, qui reconnaît l'existence de deux voies antiques, croit que cette position doit se retrouver au hameau de la Vall.

Enfin, M. Henri, qui ne reconnaît qu'une seule route, met au Pertus le *Summum Pyrenæum*, tandis que M. Puiggari l'indique au Col de la Carbassera..... J'ai dit, et je crois encore que l'examen de l'Itinéraire indique évidemment l'existence de deux routes : (voyez l'*Archéologie Pyrénéenne*).

La forme du nom antique de Collioure, *Caucoliberris*, indique évidemment l'origine Ibérienne de de cette ville. C'est à peu près, sauf les premières syllabes, le même nom qu'*Iliberris, Climberris, Elusaberris*, etc. Et cette ville doit être considérée comme très-ancienne, bien que, selon nos savans Bénédictins, il n'en soit fait mention pour la première fois dans l'histoire, qu'au VIIe siècle de notre ère.

5 Voyez la note précédente.

6 En ne voyant qu'une seule route romaine dans le département des Pyrénées-Orientales, on a confondu le *Summum Pyrenæum* avec les *Trophées de Pompée* qu'on place au *Pertus*. En reconnaissant, comme je l'ai fait, deux grandes voies, allant de la Gaule en Ibérie, on pourra, comme M. Puiggari (*Publicateur*, 1832, n° 36, et *Annuaire statistique et historique du département des Pyrénées Orientales*, an 1834, p 197 et seqq), mettre ce Sommet au *Col de la Carbassera*, qui étant, au moins, à 600 mètres au-dessus du niveau de la mer, mérite mieux le nom de *Summum Pyrenæum*, que le *Pertus*, où on voulait le placer et qui n'est guères qu'à 300 mètres au-dessus du même niveau. Si l'on croit, avec d'Anville, pouvoir fixer sur ce dernier col, qui était défendu par les *Forts des Clausures*, les *Tropæa Pompei*, ceux-ci n'auront pas été mis *au sommet des Pyrénées*, de ce côté, mais sur un point bien moins élevé et au pied duquel passait l'autre grande voie qui de la Gaule conduisait en Ibérie.

7 Narbonne n'a pas eu une très-grande influence sur les destinées de la partie méridionale de la Gaule, avant d'avoir été érigée en colonie, à moins que l'on n'y voie la capitale du fabuleux royaume des Bebrikes ; mais durant la domination romaine cette influence n'a pas été douteuse. Ausone, dans ses Eloges des villes

célèbres, l'identifie avec toute la province à laquelle elle donna son nom. Il dit que c'est la première ville des Gaules qui ait vu les faisceaux d'un Proconsul romain. « Qui chantera dignement, ajoute-t-il, tes ports nombreux, tes lacs et tes montagnes ? Qui pourra transmettre la mémoire de tant de peuples qui t'appartiennent et dont les costumes et le langage présentent des différences si marquées ? Qui décrira avec assez de pompe ce fameux temple de marbre de Paros que tu possédais et que Tarquin n'eût pas dédaigné alors qu'il fît bâtir le capitole, ni Catulus lorsqu'il le rétablit, ni César lorsqu'il couvrit d'or son faîte orgueilleux ? Les richesses des mers de l'Orient et de celles de l'Ibérie sont étalées dans tes ports, de même que tout ce qui peut y venir par les fleuves et les détroits divers. Les flottes de la Lybie et de la Sicile ne traversent l'humide empire que pour déposer sur ton rivage les tribus du monde entier :

Nec tu Martie Narbo silebere : nomine cujus,
Fusa per immensum quondam Provincia regnum,
Obtinuit multos dominandi jure colonos ·
Insinuant quâ se Sequanis Allobroges oris ;
Excluduntque Italos Alpina cacumina fines ;
Quâ Pyrenaicis nivibus dirimuntur Iberi ;
Quâ rapitur præceps Rhodanus, genitore Lemano,
Interiusque premunt Aquitania rura Cebennæ
Usque in Tectosagos primævo nomine Volcas ;
Totum Narbo fuit Tu Gallia prima togati
Nominis attollit latio proconsule fasces.
Quis memoret portusque tuos, montesque, lacusque ?
Quis populos vario discrimine vestis et oris ?
Quodque tibi quondam Pario de marmore templum
Tantæ molis erat, quantam non sperneret olim
Tarquinius, Catulusque iterum, postremus et ille,
Aurea qui statuit Capitoli culmina Cæsar ?
Te maris Eoi merces et Iberica ditant
Æquore : te classes Lybici Siculique profundi ;
Et quidquid vario per flumina, per freta cursu
Advehitur, toto tibi navigat orbe κατάπλοῦς.

Martial (*Epigram.*) appelle cette ville antique, *Pulcherrima Narbo.* Prudence (*Hymn.*) lui donne l'épithète de *Speciosa;* Sidonius Apollinaris (*Carmen.* xxiii) lui adresse des vers. « Je te salue, lui dit-il, ô Narbonne ! ô cité que l'air pur qu'on y respire rend si salutaire et dont l'aspect est si digne d'être contemplé ainsi que celui des campagnes qui t'environnent ! célèbre par tes citoyens, par tes remparts, par tes riches magasins, tes ports, ton forum, ton théâtre, tes temples, ton capitole, ta monnaie, tes thermes, les arcs triomphaux qui te décorent, tes îles, tes étangs, tes fontaines, tes prairies, tes salines, le fleuve qui te baigne, ton pont, et ton commerce immense :

Salve Narbo, potens, salubritate,
Urbe et rure simul bonus videri,
Muris, civibus, ambitu, tabernis,
Portis, porticibus, foro, theatro,
Delubris, capitoliis, monetis,
Thermis, arcubus, horreis, macellis,
Pratis, fontibus, insulis, salinis,
Stagnis, flumine, merce, ponte, ponto.....

J'ai dessiné tous les débris des édifices antiques qui existaient à Narbonne et qui annoncent la splendeur de cette ville. Quelques-uns de ces dessins ont déjà été publiés dans l'*Archéologie Pyrénéenne;* ils le seront tous dans ce grand ouvrage.

8 Le premier lieu indiqué dans l'Itinéraire de Bordeaux à Jérusalem au-delà de Carcassonne, est *Tricensimum;* il en était éloigné de 8 milles romains ou de 6,048 toises et il tirait son nom des trente milles qui le séparaient de Narbonne, dont le territoire s'étendait ainsi, au N. O. à 22,680 toises du centre de cette célèbre colonie. Astruc (*Hist. naturel. du Languedoc*), place assez mal *Tricensimum,* à Trèbes, qui n'est pas dans le direction de la voie qui conduisait à Narbonne et qui n'est d'ailleurs, selon la grande carte du Canal du Midi, qu'à 3,160 toises de la Cité de Carcassonne, c'est-à-dire seulement à un peu plus de 4 milles romains Il faut donc placer à 4 milles plus loin le milliaire de *Tricensimum,* et on doit le retrouver dans la direction de la route qu'on nomme *Cami das Roumious,* ou *Vieux chemin de Narbonne;* et à la simple ouverture du compas on voit que ce point doit trouver sa place vers Barbaira, à 272 toises du centre des habitations et à 690 de Floure, où passe encore la Voie Romaine, la distance de 6,048 toises, ou de 8 milles romains, étant prise du milieu de la *Cité* actuelle ou du *Castellum Carcassionne* de l'Itinéraire.

Hosuerbas était, selon le même monument géographique, la première station que l'on rencontrait au delà de *Tricensimum,* à 15 milles de ce lieu et à une pareille distance de Narbonne : mais la Table Théodosienne, indique sur cette même route une position intermédiaire nommée *Liviana;* il faut la fixer avant de s'occuper d'*Hosuerbas,* que la Table nomme *Usuerva.*

Cette Table nous apprend que *Liviana* était à 12 milles de Carcassonne et à 11 d'Usuerva qui est l'Hosuerbas de l'Itinéraire. Les Bénédictins ont fixé cette position à 11 milles de Carcassonne, tandis qu'il faut chercher ce lieu à 12 milles. Catel (*Mémoires de l'histoire du Languedoc*) le place à Lézignan, sans faire attention que la distance de ce lieu à Carcassonne est de plus de 16,200 toises, qui font plus de 21 milles. Astruc, persuadé que la Voie Romaine existait sur la rive gauche de l'Aude, a mis *Liviana* à Marseillette, et M. Trouvé (*Descrip. du département de l'Aude*) a embrassé cette opinion.... En suivant les indications fournies par les anciens cadastres et les traces existantes de la Voie, j'ai fixé à 4 milles de *Tricensimum* ou à 12 milles de Carcassonne la position de *Liviana,* entre Campendu et Douzens, à 900 toises du centre de ce dernier village, lieu où l'on a trouvé beaucoup de médailles antiques. C'est à *Liviana* que fut exilé le célèbre Sidonius Apollinaris, par ordre d'Euric, roi de Toulouse. On croit que le même lieu portait plusieurs siècles après le nom de *Livia*.

L'*Hosuerbas* de l'Itinéraire, est bien assurément l'*Usuerva* de la Table Théodosienne. De *Liviana*, la route se détournait sensiblement à droite, et on la retrouve, tantôt sous le nom de *Cami-Ferrat*, tantôt sous celui de *Vieux chemin de Narbonne*, tendant vers Caumont, Luc et Ornezons ; c'est entre les deux premiers villages qui viennent d'être nommés, qu'existait cette mutation. Voyez *Statistique générale des départemens Pyrénéens*, II, 79, 80 *et seqq.*, et l'*Archéologie Pyrénéenne*.

9 L'Itinéraire de Bordeaux, à Jérusalem, mentionne six positions entre *Tolosa* et Carcassonne.

CIVITAS TOLOSA,	
MVTATIO AD BONVM.	M. P. VIIII
MVTATIO AD VIGESIMVM.	M. P. XI
MANSIO ELVSIONE.	M. P. VIIII
MVTATIO SOSTOMAGO.	M. P. VIIII
VICVS HEBROMAGO.	M. P. X
MVTATIO AD CEDROS.	M. P. VI
CASTELLVM CARCASSONAE.	VIII

La même voie, ou une autre, mais tendant aussi vers Carcassonne, est ainsi tracée dans la Table Théodosienne :

TOLOSA,	
BADERA.	M. P. XV
FINES.	XXIIII
EBVROMAGI.	
CARCASSIONAE.	XIV

Ainsi, par la combinaison de ces deux monumens géographiques, on voit que huit lieux remarquables existaient dans cette partie du territoire des Tectosages.

Le lieu d'*Ad Nonum* tirait son nom de la distance qui le séparait de *Tolosa*. En prenant pour point de départ le centre de la ville antique, on voit que ce point est situé entre les villages de Pechabou et de Pont-Peiluzat, et très-près de ce dernier.

Badera. La Table Théodosienne indique, comme on l'a vu, cette position à 15 milles de *Tolosa*, sur une voie qui tendait vers Narbonne. D'Anville a cru la retrouver à Baziége. Les 15 milles font en effet, selon la valeur qu'il donne au mille romain, 11,350 toises, ce qui, à l'ouverture du compas, marque la distance exacte qui sépare ces deux points. Une colonne milliaire, consacrée à Dioclétien et à Galérius, et que j'ai retrouvée à Baziége, porte d'ailleurs la note numérale xv. Une autre, conservée dans le Musée de Toulouse, et venant aussi de Baziége, porte de même le chiffre xv.

Fines. Ce lieu était à dix-neuf milles au-delà de Badera, c'est-à-dire à 25,714 toises de *Tolosa*. Il indiquait, par son nom, la limite du territoire de la cité de *Tolosa*, du côté de Narbonne. Deux colonnes milliaires, transportées de ce lieu à *Tolosa*, et conservées dans le Musée de cette ville, portent la note numérale XVIIII, précédée des signes C. T. qui signifient sans doute, *Civitatis Tolosæ*.

Ad Vigesimum. Cette mutation fut sans doute ainsi nommée, à cause de la distance qui la séparait de *Tolosa*: *Ad Nonum* VIII, *Ad Vigesimum* XI. Cette distance porte dans le territoire de Saint-Rome, où l'on retrouve encore des traces de l'ancienne route.

Elusio. Ce lieu est indiqué à neuf milles d'*Ad Vigesimum*. Il doit être placé à Montferrand, sur le point où l'on trouve l'église Saint-Pierre d'*Elzonne*, la fontaine d'*Elzonne*, la métairie d'*Elzonne*, noms qui paraissent dériver de celui d'*Elusio*.

Sostomagus prend sa place au-delà de l'ancien lac qui forme le port de Castelnaudary, vers le point où existe le domaine du *Président*.

Hebromagus, à dix milles au-delà de *Sostomagus*, est représenté par le lieu de *Bram*. Il est qualifié de *Vicus* dans l'Itinéraire, et nommé *Eburomagus* dans la Table Théodosienne. On y trouve beaucoup de monumens.

Ad Cedros, mutation négligée dans la Table. C'est à Villesseque basse qu'il faut fixer cette position dont le nom actuel est traduit dans de vieux actes par celui de *Villa Sexta*, qui indique parfaitement sa distance d'*Hebromagus*.

La position de Carcassonne, sur une hauteur escarpée, en faisait une place de difficile accès, et les ouvrages de défense qu'on y remarque encore, annoncent qu'on l'avait fortifiée avec soin. Il faut distinguer cependant deux époques dans la construction de ses remparts : la première enceinte qu'on rencontre, est évidemment du moyen-âge ; mais la seconde, placée au sommet de la montagne, conserve encore onze tours et quelques courtines bâties par les Romains. Personne n'avait encore remarqué avec soin ces précieux monumens du génie militaire romain, avant mes recherches, en 1821. J'ai retrouvé, à la même époque, les restes des tuyaux en poterie qui portaient dans la ville, les eaux d'une source éloignée. Je donne dans l'*Archéologie Pyrénéenne*, le plan, la vue et la coupe de ces monumens.

10 L'origine de *Tolosa*, cité d'où sont sorties tant de tribus guerrières, et où, selon Justin revint une partie des Gaulois qui avaient attaqué Delphes, n'est pas connue.

Des fables nombreuses ont été racontées par les vieux historiens, sur la fondation de cette ville. Etienne de Ganno, dont l'ouvrage manuscrit est encore conservé (Voyez *Preuves*), cite les chroniques de Roderic, suivant lesquelles les fondemens de *Tolosa* auraient été jetés par Lemosin, descendant de Japhet, du temps de la prophétesse Débora. Mais Catel (*Mémoires du Lan-*

guedoc.), affirme que Roderic « n'a escrit aucunes chroniques, ains seulement l'histoire d'Espagne et quelque histoire sommaire des Ostrogoths, Hunnes, Vandales, Sueues, Alains et Silingues, dans lesquelles on ne remarque rien de relatif à ce fondateur. » Ganno écrivait durant la seconde moitié du quinzième siècle, époque où l'on adoptait volontiers des origines fabuleuses; pour appuyer son opinion, il rapporte, comme une autorité, de méchans vers rimés, dans lesquels on voit en effet que, l'an du monde 3,916, la sainte femme Débora, étant juge d'Israel, le savant Lemosin, guerrier né du sang de Tubal, édifia une ville magnifique, digne de toute sa gloire et qui porte le nom de *Tolosa* :

Terno milleno, sub anno jam peragrante,
Noningento deno sextoque, tunc judicante,
Post orbis fabricam, muliere Debora sancta,
Urbem magnificam, dignamque gloriâ tantâ,
Nomine Tolosam, Lemosin construxit edoctus,
Ex Tubal semine miles nobiliter ortus.

Nicolas Bertrand les a publiés dans son livre *De Tolosanorum gestis* (fol. ii, verso); mais il rapporte d'autres fables qui attribuaient la fondation de *Tolosa* à un Troyen fugitif, nommé, selon les uns *Tolosanus*, selon d'autres *Tolossus*. Cependant il parait pencher pour l'opinion qui reconnaissait, dans un héros nommé *Tholus*, le fondateur de *Tolosa*. L'ouvrage de Bertrand fut imprimé en 1515, et on ne voit point que la critique historique eût encore fait de grands progrès relativement à cette question importante. Trente ans après, la solution n'en était pas plus avancée, ou plutôt on n'avait pas la bonne foi d'avouer qu'il n'existait aucun document à ce sujet. Noguier, qui alors donna son *Histoire Tolosaine*, ajouta même de nouvelles fables à celles que ses prédécesseurs avaient recueillies ou inventées, et prenant les vers cités par Ganno et Bertrand, et les arrangeant selon le sentiment qu'il avait adopté, il en fit l'application à *Tolus* :

Terno milleno sub anno jam peragrante,
Noningento deno sextoque, tunc judicante,
Post orbis fabricam, muliere Debora facta,
Tolosam Tolus construxit numine ductus.

En reconnaissant la haute antiquité de cette ville, il eût été sage, sans doute, de renoncer à fixer l'époque de sa fondation. C'est ce qu'on fait les écrivains modernes. Le savant Fréret a cru qu'elle avait été bâtie par les Ibères et conquise, sur ces derniers, par les Volkes-Tectosages. Tout en reconnaissant que les peuplades de la Péninsule ont occupé une partie du revers septentrional des Pyrénées, et en admettant même qu'ils se sont étendus jusques dans les plaines éloignées des monts qu'ils avaient franchis, l'on n'aurait guère, en faveur de l'opinion de Fréret, que le nom de *Tolosa* porté par quelques lieux de l'Espagne, nom qui aurait pu d'ailleurs avoir été imposé à ceux-ci par les Gaulois qui se sont établis en conquérans dans la Péninsule.

Suivant une opinion très-ancienne, *Tolosa* n'a pas toujours occupé le point où elle existe aujourd'hui. Cette opinion place l'ancienne métropole des Tectosages, à plus de quatre kilomètres au midi de la ville actuelle, sur une chaine de côteaux élevés qu'on peut regarder comme une des dernières ramifications des Pyrénées. Cette position était extrêmement forte, et voisine du confluent de l'Ariège dans la Garonne. Beaucoup de médailles Celtibériennes, Grecques, Gauloises, Phéniciennes même, trouvées dans ce lieu, qu'une charte de Philippe-le-Hardi, nomme *Veterem Tolosam*, et qui est encore appelé *Vieille-Toulouse*, indiquent une ville dont le commerce et les relations devaient être très étendues dans les temps antérieurs à la domination romaine. Peut-être faut-il y reconnaitre cette antique patrie des *Volkes-Tectosages*, dans laquelle, suivant Justin (lib. xxiv. 4), ceux d'entr'eux qui avaient suivi Brennus à Delphes, revinrent après cette expédition : *Tectosagi cùm in antiquam patriam Tolosam venissent* J'ai dit ailleurs, (*Monumens religieux des Volces-Tectosages, des Garumni et des Convenæ*, in-8°, Paris, 1814, et, *Statistique générale des départemens Pyrénéens*, 2 vol. in-8°. Paris, 1829), qu'on n'a trouvé à *Vieille-Toulouse* qu'un très-petit nombre de médailles consulaires et impériales, et que leur série s'arrête, à de rares exceptions près, au règne de Néron. Ainsi, ce serait vers cette dernière époque que la métropole des *Tectosages* aurait cessé d'avoir quelque importance. La nouvelle ville, bâtie dans la plaine, ne présente jamais ces médailles Phéniciennes, Celtibériennes, Grecques et Gauloises qu'on trouve à *Vieille-Toulouse*, et l'absence de ces monumens formerait une forte présomption en faveur de l'antiquité du chétif village dont le nom semble encore attester l'origine, et où l'on en trouve en si grande quantité. Le séjour des Romains est attesté, à Toulouse, et par leurs médailles et par les restes des monumens qu'ils y élevèrent. On ne peut leur attribuer, à *Vieille-Toulouse*, que la création d'un poste militaire dont la butte fortifiée, nommée le *Castella*, subsiste encore.

On a émis des opinions diverses sur la condition et sur le rang de *Tolosa* pendant la domination Romaine. Dans plusieurs éditions d'Ausone, et entr'autres dans celle d'Antoine Gryphius, publiée à Lyon, en 1575, *Tolosa* occupe la onzième place parmi les villes les plus célèbres de l'empire, et Narbonne ne vient qu'ensuite. Or, dans ses éloges des villes (*Clar. Urb.*), le poète assigne leur degré d'importance, par l'ordre dans lequel il les place, puisqu'il commence par Rome, Constantinople et Carthage. Les Bénédictins se trompent en nous assurant qu'il existe des médailles de la Colonie de Toulouse. Il n'y en a qu'une, supposée par Goltz, qui, comme tout le monde le sait, a inventé presque tous les monumens qu'il rapporte.

Le géographe Ptolémée, est le seul auteur ancien

qui (Lib. II, c. 20) donne le titre de colonie à Toulouse. La médaille de Goltz étant fausse, il faut avouer que les autres monumens de cette ville peuvent indiquer aussi bien un Municipe qu'une Colonie, et sans rien affirmer, j'ai cru qu'il était probable que Toulouse qui, à l'époque où César soumettait les Gaules, n'était, selon les propres paroles de ce grand capitaine, qu'une Cité de la Province Romaine, n'a pas eu le titre de Colonie, moins précieux, moins recherché que celui de Municipe. Dans l'une des inscriptions de Toulouse, rapportées par Gruter (CCCXCII, 4), cette ville prend le titre de *République*, ce qui annonce qu'elle formait une sorte d'état particulier, une communauté, qui, ainsi que tous les Municipes, se gouvernait par ses propres lois et avait ses magistrats particuliers. Voici cette inscription :

M. CLODIO
M. F. GAL. FLACCO
II VIRO. BIS. FLA
MINI. TRIBVNO
MILITVM. LEG I I I
FLAVIAE. VIRO. PRES
TANTISSIMO. CIVI
OPTIMO. OB. PLVRIMA
ERGA. REM. P. SVAM
MERITA. CIVES. LABI
TOLOSANI. ET. INCOLAE

Voyez à ce sujet l'*Archéologie Pyrénéenne*, tome I.

11 L'Itinéraire d'Antonin place sur la route *Ab Aquis Tarbellicis Tolosam*, une station nommée *Calagorgim* ou *Calagorgis*, et ailleurs *Calagorris*.

BENEHARNVM	M. P. XVIIII
OPPIDVM NOVVM	M. P. XVIII
AQVAS CONVENARVM	M P. VIII
LVGDVNVM	M. P. XVI
CALAGORGIM	M. P. XXVI
AQVAS SICCAS	M. P. XVI
VERNOSOLEM	M. P. XV
TOLOSAM	M. P. XV

On voit que, dans cet Itinéraire, la *Mansio* nommée *Aquas Siccas*, est indiquée avant celle de *Vernosolem*, que l'on croit néanmoins retrouver dans le bourg de *Lavernose*. En effet, de Valois et Wesseling ont avancé que la dernière position tracée sur cette voie, et avant d'arriver à Toulouse, est *Aquae Siccae*, lieu qui, d'après leurs observations n'est pas différent du village de *Seiches* ou *Seysses* ; et, comme le remarque d'Anville (*Notice de la Gaule*, 81, 82.), « le lieu de *Seiches* ou *Seysses*, étant plus près de Toulouse que celui qui, dans son nom de *Lavernose*, conserve celui de *Vernosolem*, il y aura une transposition à corriger dans l'Itinéraire, et il faudra mettre *Aquae Siccae* à la place de *Vernosolem*. » L'aspect des lieux vient à l'appui de l'opinion de Wesseling et de Valois. On y remarque encore quelques restes des travaux entrepris pour dessécher de grands amas d'eau. Je suis donc porté à croire qu'il faut corriger une transposition dans l'Itinéraire, et y mettre *Aquae Siccae* à la place occupée par *Vernosolem*. Cette transposition ne changeant d'ailleurs rien aux nombres, ne peut influer sur la position de *Calagorris*.

Sanson, habile géographe, dit-on, a placé ce lieu à Saint-Lizier, dans le *Conserans*....

On voit que les savans Bénédictins, auteurs de cette histoire, fixent cette position au *Foure*, c'est-à-dire au confluent du Salat avec la Garonne.

D'Anville (*Notice de la Gaule*, 89, 190.), l'a déterminée à Cazères. « Cela est indubitable, dit-il ; la distance marquée XXVI n'a rien d'excessif en mesure itinéraire, à l'égard de la ville capitale des *Convenae* (*Lugdunum*), quoiqu'en ligne droite elle soit moins forte de quelques lieues, parce que le cours de la Garonne fait circuler la voie. »

L'opinion de Sanson ne peut être l'objet d'un examen sérieux. Il suffira de faire remarquer que Saint-Lizier, où il place *Calagorris* des *Convenae*, est précisément sur le sol qu'occupait autrefois la métropole des *Consorrani*, peuple entièrement différent, et qui était compris dans les limites de la province Romaine, tandis que les *Convenae* étaient dans l'Aquitaine primitive, ou dans la Novempopulanie.

Les Bénédictins qui mettaient cette position sur un point nommé, suivant eux, *Hour* ou *Houra*, se sont manifestement trompés. Ils avaient cru apercevoir un rapport éloigné entre ce nom et la fin de celui de *Calagorris*, *Hour* ou *Houra*, pour *Orris* ; mais ce lieu se nomme le *Foure*, ou le *Houre*, selon la prononciation du pays, où la lettre F est remplacée par la lettre H, et cette dénomination vient de la configuration du terrain, de la Fourche, *Furca*, qu'il présente au confluent du Salat, dans la Garonne. Ce lieu est d'ailleurs peu éloigné du point où des mesures exactes placent *Calagorris*.

Mais ces mesures, comment les calculer ? On croit qu'en général, dans l'Aquitaine, on comptait les distances par des lieues gauloises, bien que l'Itinéraire d'Antonin porte bien évidemment l'indication ordinaire des milles (M. P.), sur la voie qui nous occupe. D'ailleurs, si l'on mesure en lieues gauloises, les intervalles qui séparent les différentes stations de cette voie, on introduira dans la géographie de cette portion de la Gaule, un tel désordre, qu'il faudra déplacer toutes les villes, toutes les positions connues, et qu'on ne pourra point accorder les travaux anciens avec les opérations géodésiques faites de notre temps. Pour n'en offrir ici qu'un exemple, que l'on suppose, soit *Aquae Siccae*, en conservant le texte de l'Itinéraire, soit *Vernosolem*, en opérant la correction indiquée, à XVI lieues gauloises de *Calagorris*, et en comptant ensuite XXVI lieues gauloises, de ce point à *Lugdunum*, il en résultera 42 lieues entre la première et la dernière position, ce qui fournira 47,628 toises, et ainsi la ville de *Lugdunum* sera rejetée à 16,876 toises au-delà des champs que ses ruines couvrent encore, c'est-à-dire entre les *Aquæ Convenarum* et *Oppidum novum*.

Il paraît donc que l'on ne doit compter que des milles sur la voie *Ab Aquis Tarbellicis Tolosam*.

D'Anville donne au mille Romain 756 toises ; MM. Valkenaer et Gosselin lui en accordent 760. Il y a trop peu de différence entre l'une et l'autre détermination pour qu'il en résulte de l'incertitude sur la fixation d'un point géographique, surtout alors qu'on ne s'occupe que de médiocres distances.

L'Itinéraire marque xxvi entre *Lugdunum* et *Calagorris*. Je crois avoir montré que ce chiffre exprime des milles Romains ; il y aura donc, suivant d'Anville, 19,656 et selon MM. Valkenaer et Gosselin, 19,760 toises entre les deux points.

En prenant, sur les meilleures cartes, la distance entre le clocher Saint-Bertrand-de-Comminges, qui est sur le sol de l'Acropolis, ou de la citadelle de *Lugdunum*, et le clocher de Martres, on trouvera plus de 20,400 toises, et par conséquent, un espace plus fort que les xxvi milles de l'Itinéraire. Mais ce n'est point entre ces deux signaux qu'il faut mesurer l'intervalle qui sépare *Lugdunum* de *Calagorris* ; c'est du centre des habitations de ces deux villes antiques; pour *Lugdunum*, nous trouverons ce centre à 516 toises au N.-O. du clocher de Saint-Bertrand; pour *Calagorris*, en fixant les points extrêmes de son étendue, d'après les ruines trouvées, d'un côté à la hauteur de la fontaine de Saint-Vidian, de l'autre au ruisseau qui se jette dans la Garonne, après avoir longé l'ancien cimetière, cet espace ayant 1,150 mètres de long, le centre est à 262 toises de la fontaine que je viens de nommer, et dans la section de *Chiragan*, position où l'on a découvert en tous temps des monuments antiques, et où j'ai retrouvé cette longue série de statues, de bustes, de bas-reliefs, qui, rassemblés dans le Musée de Toulouse, ont fait de cet établissement l'un des plus remarquables de la France. Une perpendiculaire tirée de *Chiragan* sur la grande route qui traverse Martres, tombera à plus de 100 toises du clocher de ce bourg. Les xxvi milles romains, donnent en comptant chacun pour 760, 19,760 toises. Il n'y aura donc de différence entre l'Itinéraire ancien et les cartes modernes, qu'une différence de 18 toises qui doit être inaperçue.

D'Anville n'avait sans doute que des cartes extrêmement fautives, puisqu'il affirme que Cazères occupe la place de *Calagorris*. « Cela est indubitable, dit-il, la distance marquée xxvi n'a rien d'excessif en mesure itinéraire, à l'égard de la capitale des *Convenæ*, quoiqu'en ligne droite elle soit moins forte de quelques lieues, parce que le cours de la Garonne fait circuler la voie. » J'ai relevé avec soin toutes les portions de l'ancienne route ; il n'y a que trois points où elle soit très-rapprochée de la Garonne. A Stancarbon, lieu où l'on a découvert beaucoup de monumens, le fleuve a détruit en grande partie la voie. Ce serait d'ailleurs une erreur bien grave que de compter des lieues gauloises sur cette route Il y a en effet de Saint-Bertrand-de-Comminges, ou de *Lugdunum* à *Tolosa*, environ dix-huit lieues Languedociennes de 3,000 toises. Si l'on déterminait cet espace en lieues gauloises, on aurait, en se servant des termes de l'Itinéraire :

Lugdunum. . . . .
Calagorgim. xxvi
Aquas siccas. xvi
Vernosolem. xv
Tolosam. xv

en tout 72 lieues gauloises, ou 81,648 toises; tandis que la véritable distance n'est que d'environ 54,000, ce qui fait presqu'exactement les 72 milles romains de l'Itinéraire ; la fraction de 432 toises, qu'on trouve en sus, devant être entièrement négligée, car elle ne pourrait entrer en ligne de compte qu'en portant la mesure au pied de la tour de la cathédrale de Comminges ; et j'ai déjà dit que la distance ne doit être calculée qu'à 516 toises en deçà de cette tour.

Voyez mes *Monumens religieux des Volces-Tectosages, des Garumni et des Convenæ*, ma *Statistique générale des départemens Pyrénéens*, II, et dans le tome 2, de l'*Histoire et mémoires de l'Académie Royale des sciences, inscriptions et belles-lettres de Toulouse*, 2e partie, mes *Recherches sur Calagorris des Convenæ*, et encore ma *Description du Musée des antiques de Toulouse*.

12 Les Bénédictins, auteurs de cette histoire, placent avec raison, le lieu de *Bucconis* sur le point où l'on voit encore la forêt de *Bouconne* ; mais ils se trompent évidemment en indiquant cette *Mutation*, à sept milles de Tolosa. *Bucconis* était en effet, selon l'Itinéraire de Bordeaux à Jérusalem, sur une route où l'on comptait seulement des lieues gauloises. Cette portion de route est ainsi décrite, d'Auch, ou *Auscius*, jusqu'à *Tolosa* :

Civitas Avscivs.
Mvtatio ad sextvm. . l. vi.
Mvtatio Hvngvnverro. l. vii.
Mvtatio Bvcconis. . . l. vii.
Mvtatio ad iovem. . . l. vii.

Ainsi *Bucconis* n'était point, à un nombre de *milles*, suivant les Bénédictins, ou de lieues, selon l'Itinéraire, déterminé par le chiffre vii, comme ils l'ont voulu, mais à xiv lieues gauloises de Tolosa. C'est à Léguevin, dont le nom vient peut-être de la position qu'il occupait sur la voie et qu'on a cru retrouver dans la ferme nommée, assez mal, par quelques-uns, *Cap de Lovis*, et que plusieurs cartes et quelques habitans nomment *Cap de Jovis*, ce qui rappelle le nom *Ad Jovem* que lui donne l'Itinéraire, c'est à Léguevin, dis-je, qu'il faut placer la dernière mutation.

13 On a formé des doutes sur l'identité de *Luteva* ou Lodève et de *Forum Neronis*. On a dit (M. Hippolyte Creusé de Lesser, *Statistique du département de l'Hérault*, 222, 223) que de ce que Pline, en parlant des *Lutevani*, ajoute : *qui et Foro Neronienses*, on ne doit pas en conclure avec quelques antiquaires, que *Luteva*, capitale des *Lutevani*, ne fut qu'une seule et même ville avec le *Forum Neronis*. Il en résulte seulement, ajoute-t-on, que le *Forum Neronis* était dans le pays des *Lutevani*, et il y a lieu de conjecturer que ce *Forum* étant devenu, dans la suite, plus peuplé que *Luteva*, donna son nom aux *Lutevani*, qui furent appelés *Foro Neronienses*. On ne trouve aucun reste d'antiquités à Lodève, et M. Mazel, savant antiquaire, du département de l'Hérault, croit que l'emplacement de *Forum Neronis* existe à un quart de lieue à l'orient de Clermont-Lodève, dans un vallon d'une étendue considérable, enclavé entre le ruisseau de Rouet, le chemin actuel de Clermont à Brignac, celui de Clermont à Ceyras, et la rivière de l'Ergue. Ce quartier s'appelle *Peyro Plantado*, et des vieillards se rappellent qu'il y avait là une colonne, aujourd'hui détruite. On y découvre journellement des médailles Romaines. Ce sol, converti en champs et en vignes, est jonché de fragmens de terre cuite rougeâtre (*terra campana*), de débris d'amphore et de ces tuiles à rebords, que les Romains employaient, et pour leurs toitures et pour les tombeaux. On y voit encore aujourd'hui plusieurs puits, de construction romaine : des parties assez considérables d'aqueducs souterrains ont été découvertes lors des défrichemens... M. Mazel possède une assez grande quantité de médailles romaines trouvées en ce lieu, et un poids de XLIII livres, découvert avec une médaille de Néron, en or, dans le même emplacement.

14 Presque tous les écrivains modernes sont d'accord pour reconnaître l'île de Blascon, dans celle de *Brescou*. Adrien de Valois, Cellarius, d'Anville sont de cet avis, et la ressemblance des noms a beaucoup contribué à établir cette opinion. Cependant quelques savans, et entr'autres M. Encontre (*Bulletin de la société des sciences de Montpellier*, IV), ont manifesté des doutes à cet égard et ont voulu que l'île de Brescou fût distinguée de celle de Blascon, ou plutôt que ce n'en fût qu'une petite partie ; que la première était beaucoup plus grande, et qu'elle a presque entièrement disparu. Strabon dit dans son quatrième livre : "Ἔστι δ᾽ ὁ κόλπος διπλοῦς, ἐν γὰρ τῇ αὐτῇ περιγραφῇ δύο κόλπους ἀφορίζει ἐπίκειται τὸ Σίγιον ὄρος, προσλαβὼν καὶ τὸν Βλασκῶνα, νῆσον πλησίον ἱδρυμένη.
« Le Golfe gaulois est double, car le mont Sigie s'élevant sur le rivage, est continué par l'île de Blascon qui en est voisine, est divisé en deux parties. » Il paraîtrait donc que l'île de Blascon touche presque au Mont Sigie, qui ne paraît pas différer du cap de Sète, et qu'elle en était en quelque sorte la continuation, et aussi que, selon ce que dit M. Encontre, le cap et l'île, considérés comme ne faisant qu'un seul corps, coupaient en deux le golfe des Gaules. Selon Pline (*Hist. nat.*, *lib.* III, c. 5), l'île de Blascon aurait été peu éloignée des Bouches du Rhône, et comme en allant de celles-ci aux Stœchades, représentées aujourd'hui par les îles d'Hyères, il rencontre Blascon sur sa route, on en a conclu, non seulement que celle-ci ne doit pas être confondue avec Brescou, mais encore que Blascon était de l'autre côté du Rhône, et c'est ce qui a porté d'Alescamp et Ortelius à trouver l'île de Blascon, l'un dans l'île ou presqu'île de Gianca, l'autre dans la petite île de l'Anguilade, qui, ainsi que l'observe M. Encontre, a été oubliée dans la plupart des cartes de nos côtes. Ptolémée (*Geogr.*, *lib.* II, c. 10), s'exprime ainsi dans le texte où il nomme Blascon :

« Les îles que l'on trouve au-dessous de la Gaule Narbonnaise, sont Agatha, près de la ville de même nom, longitude 22° 30', latitude 42° 10' ; ensuite vient celle de Blascon, longitude 22° 30', latitude 42° 20'. »

M. Encontre a judicieusement remarqué que Bertius a mal traduit les mots κατὰ τὴν ὁμώνυμον πόλιν, par, *cum civitate ejusdem nominis*, oubliant que la préposition κατὰ ne peut signifier *cum*, lorsqu'elle est suivie de l'accusatif ; que Cellarius, citant le passage de Ptolémée, en a très-bien exprimé le sens par ces mots, *juxtà cognominem urbem*, et que d'Anville, lui-même, (*Notice de la Gaule*), se fiant un peu trop à la traduction latine, s'est trompé en disant que « Ptolémée place dans l'île qu'il nomme Agatha, une ville de même nom, sans préjudice de la position de celle que l'on connaît dans le continent, et qu'il nomme Agathé-Polis. »

La position que Ptolémée donne à la ville d'Agde et au cap de Sète, qui n'est pas différent du mont Sigie de Strabon, est un élément qu'il ne faut pas négliger, en remarquant que, quelque peu d'exactitude qu'on suppose aux latitudes et aux longitudes de cet écrivain, elles ont presque toujours plus de certitudes que ce que disent et Strabon et Pline.

Si le texte de Ptolémée n'est pas corrompu, la longitude de l'île Agatha serait de 15 minutes plus orientale que celle de la ville du même nom, à moins qu'on ne s'arrête à la probabilité que l'île était plus grande qu'on ne la suppose actuellement, que Ptolémée a cru ne devoir donner que la latitude et la longitude du centre, et que cette île s'étendrait jusqu'au rocher qui porte actuellement le nom de Brescou. S'il en était autrement, l'île Agatha n'aurait été, ni très près, ni vis-à-vis la ville. Remarquons aussi que la longitude du centre de l'île étant la même que celle du cap de Sète et que celle du centre de l'île de Blascon, il est assuré, comme le dit M. Encontre, « que le cap de Sète, Blascon et Agatha se trouvaient sur un même

AMPHITHÉATRE DE NIMES.

méridien, et que l'arc de grand cercle compris entre le cap de Sète et le centre d'Agatha, était de 20 minutes ou d'un tiers de degré, ou d'environ 7 lieues marines. »

Une autre difficulté s'est présentée. — Strabon ne parle pas de l'île Agatha, ce qui a porté Cellarius à supposer qu'Agatha et Blascon n'étaient qu'une même île, que Blascon en était le nom celtique et Agatha le nom grec, et que Ptolémée trouvant dans les auteurs qu'il consultait la même île sous deux noms différens, en avait fait deux îles distinctes. Mais cette opinion n'a pas été adoptée. Le mot celtique qui se rapproche le plus du nom de Blascon (Legonidec, *Dict. de la langue Celto-Bretonne*, 43), *Blazc'hoarch* a un sens qui ne peut convenir à un nom de lieu, et sa racine, *Blaz*, ne saurait non plus être une dénomination géographique. Suivant M. Encontre, « il est plus naturel de penser que les îles de Blascon et d'Agatha étaient réunies, au temps de Strabon, et que la même cause qui les a depuis submergées, les avait déjà séparées à l'époque où Ptolémée écrivait. » Par là le texte de Strabon ne contredirait pas les Tables de Ptolémée; car le cap de Sète se trouvant prolongé.................. ...., devait partager en deux le grand golfe Galatique, surtout lorsque les atterrissemens que nous voyons aujourd'hui à l'embouchure du Rhône n'étaient pas encore formés. Dans cette hypothèse, le texte de Pline (*in Rhodani ostio Metina, mox quæ Blascon vocatur, tres Stœchades à vicinis Massiliensibus dictæ propter ordinem, quas item nominant singulis vocabulis, Proten et Mesen quæ et Pomponiana vocatur, tertia Hypæa*), s'accordait avec ceux de Ptolémée et de Strabon, puisque l'île de Blascon, dont le centre était dans le même méridien que le cap de Sète, comprenait l'île de Brescou et s'étendait probablement un peu au-delà; son autre moitié, mesurée d'occident en orient, en commençant au cap de Sète, devait se trouver à-peu-près vis-à-vis de l'embouchure la plus occidentale du Rhône, de manière qu'en allant de Metina aux Stœchades on rencontrait nécessairement une des pointes de Blascon. D'où il faut conclure qu'il y avait autrefois, en face du cap de Sète, une île, s'étendant d'un côté jusqu'au-delà de Brescou, de l'autre jusques vis-à-vis du petit Rhône, et que cette île a été presqu'entièrement submergée, soit par l'action des volcans voisins, soit par d'autres causes qui nous sont inconnues, et qu'il n'en existe aujourd'hui d'autre reste visible que le rocher de Brescou. »

Je n'ai pas cru devoir laisser dans l'oubli le travail ingénieux de M. Encontre, travail qui tend d'ailleurs à concilier les opinions divisées par les textes de Strabon, de Pline et de Ptolémée. Il paraîtra cependant toujours étonnant que la convulsion physique qui aurait changé cette portion de la côte de la Narbonnaise, et fait disparaître une île assez vaste, convulsion qui aurait eu lieu entre l'époque où Strabon écrivait et celle où Ptolémée dressait ses tables, n'ait été racontée dans aucun des écrits postérieurs à cet événement. C'est d'ailleurs dans l'île de Brescou, que M. Marcel de Serres, (*Bulletin de la Société libre de Montpellier*, IV, *et seq.*, et *Statistique générale du département de l'Hérault*, par M. Creuzé de Lesser, 18 *et seq.*), fait commencer la plus considérable des chaînes volcaniques de cette portion de la France. « Elle se continue, selon ce savant, par le cap d'Agde, comprend ensuite le mont de Saint-Thibery, ou de l'ancienne Cessero, le pic de la tour de Valros, le territoire d'Agde, (l'ancienne *Agatha*), entièrement composé de laves, avance dans la mer en forme de promontoire. et, par un banc de sable, de plus de 24 kilomètres, se trouve lié avec la montagne de Sète, que Strabon nomme, par erreur, ou par une faute de copiste Σηγιον, au lieu de Σιτιον, ce qui serait plus en rapport avec le Σήτιον ὄρος de Ptolémée, qui n'est pas différent du *Setius mons*, d'Avienus (*Ora maritima vers.*, 605). Le volcan d'Agde, ou plutôt de Saint-Loup, est à 6 kilomètres sud de cette ville. Il offre aussi un cratère, qui, dans son état d'affaissement, a au moins 300 toises de diamètre. A partir de ce cratère, on remarque deux courans principaux, l'un au N.-O. de 6 kilomètres de longueur, qui se bifurque principalement en deux parties d'un quart de lieue de large chacune, et sur l'une desquelles est bâtie la ville d'Agde; l'autre, courant du S.-E. et se courbant vers le Sud, a environ 1800 toises de longueur, et son extrémité forme le cap d'Agde, son prolongement sous la mer, ainsi que l'île basaltique de Brescou. Il m'est impossible de dire si ce courant de laves s'étend plus avant dans la mer. »

15 Les recherches les plus exactes prouvent, sans doute, que dans tout ce vaste espace qui, du Rhône s'étend jusqu'aux embouchures de l'Adour, il existe, dans le langage vulgaire, et dans les noms de lieux, des indices de la présence, soit momentanée, soit permanente, de comptoirs Grecs, qui auraient apporté de proche en proche la civilisation hellénique dans une partie du midi des Gaules. Mais doit-on en conclure qu'une aussi puissante tribu que celle des *Volkes Arécomiques* ait pu devoir son nom à ces étrangers ? Les peuples les plus sauvages ont une dénomination qui leur est propre et qu'eux-mêmes se sont donnée. Croire avec Spon, (*Recherch.*, 163) que les *Volkes* qui s'étendaient jusqu'au Rhône n'étaient sans nom, avant que les Grecs en eussent imposé un à leur pays, ce serait peut-être adopter une absurdité. Et d'ailleurs le nom de *Pays d'Arès*, ou de *Mars, Martis Regio*, convenait peut-être peu à cette contrée à l'époque où l'on suppose qu'il lui fut donné, car parmi les *Volkes* l'histoire ne mentionne, alors, comme guerriers célèbres, que les *Volkes Tectosages*, et nous ne voyons point les *Arécomiques* conquérir de nouvelles demeures ou fonder par les armes, de lointaines colonies. Les Bénédictins disent (*Supra*, 79) qu'on pourrait faire dériver le nom des *Arécomiques* du mot

gaulois *ar*, qui signifie *mer*, et du mot grec κώμη qui veut dire *habitatio :* mais peut-on croire à des étymologies qui nous fournissent un nom hybride, tiré de deux langues diverses? et d'ailleurs *ar* ne signifiait point *mer* en Celtique ou Gaulois; *ar* est un article défini qui représente nos monosyllabes *le*, *la*, *les*, et qui se place devant les consonnes, excepté devant *d*, *l*, *n*, *t*, (*Legonidec*, *Diction. de la langue Celto-Bretonne*); c'est *mor* qui, en Celtique, signifie *mer*, et de là est venu le nom de la Province Gauloise *Armorique*, c'est-à-dire, *sur*, ou *près de la mer*. Voyez plus bas, la note 39.

16 Cette médaille des *Volkes Arécomiques* n'est pas très-rare dans le Languedoc. On la trouve assez fréquemment à *Vieille-Toulouse*, position antique où l'on ne rencontre, pas plus qu'ailleurs, de médailles offrant le nom des *Volkes Tectosages*. Mais un grand nombre de pièces, en argent, et de différens types, ayant, d'un côté, une tête inconnue, et sur le revers une croix, suite de l'ancienne manière de fabriquer la monnaie, et dans les angles, des coins et surtout des haches, a été attribuée aux anciens habitans de Toulouse par le savant Barthélemy (*Dissertation sur les origines de Toulouse, par l'abbé Audibert*, 15), qui ajoute que « suivant les apparences, les divers peuples des Gaules caractérisaient leurs monnaies par des symboles que nous ne pouvons pas déterminer encore, parce que les antiquaires ont trop négligé de connaître et d'indiquer les lieux où l'on trouve ces monnaies. » Les médailles attribuées aux *Tectosages* par Barthélemy, abondent dans les environs de Toulouse, et l'on en rencontre souvent plusieurs centaines à la fois. Elles sont du nombre de celles que les paysans désignent, très-mal, par le nom de *Sarrasines*.

17 *Ambrussum* n'existe plus. Cette ville était bâtie au bord du Vidourle, et il y avait là un pont nommé anciennement *Pons Ambrussi*, et aujourd'hui *Pont Ambroix*. (Montfaucon, *Suppl. de l'Antiq. expliq* iv, liv. v, c. 1, et MM. Grangent et Durand, *Antiquités du Midi de la France*, I. pl. XLI), en ont donné la vue. Lorsqu'en 1730, DD. de Vic et Vaissette écrivaient le premier volume de l'*Histoire de Languedoc*, ce pont conservait encore quatre arches des cinq qu'il avait primitivement. Aujourd'hui il n'en reste plus que deux, contiguës l'une à l'autre dans le lit de la rivière, et la culée de l'arche qui touche à la rive droite.

L'ancienne *Latara*, aujourd'hui *Lattes*, offre beaucoup de traces de constructions romaines. En 1820, on a trouvé dans le domaine de Soriech, près du chemin qui conduit à Pérols, beaucoup de matériaux antiques, des fragmens d'anciennes poteries, des lampes, des vases en verre, et des médailles. Quelques années auparavant on avait remarqué dans le même lieu, des vestiges de thermes; en 1822, les fondemens d'un édifice remarquable y ont été mis à découvert : on y a trouvé des restes d'inscriptions, parmi lesquels on a distingué ceux qui offraient encore ce caractères :

| Q. POM. . . O. . . SOMP | MYR |
| DOMITIA. . VX. . O | VARONIS. L. |

Les médailles trouvées dans cet édifice, sont de Claude Ier et d'Antonin Pie.

En 1833, j'ai vu les ruines de Latara, et parmi les objets antiques que j'ai retrouvés au Mas-Coural, l'une des fermes de ce lieu, j'ai surtout distingué un fragment de bas-relief, en marbre blanc, ayant un cadre et représentant un aigle, les ailes éployées, et qui supporte le bout d'une guirlande dont les lemnisques flottent avec grâce. La tête manque; ce morceau est d'un très-bon travail, et a 59 centimètres de haut sur 95 de longueur.

La voie qui aboutit à *Ambrussum*, entre, au-delà, dans la commune de Villetelle, passe à Saturargues et Verargues, puis sur les limites de Valergues et de Saint-Brès, traverse les territoires de Castries, de Vendargues, de Castelnau, et aboutit à *Substantion*. De ce lieu antique où elle passe le Lez, elle entre sur le territoire de Montpellier où elle se perd. Mais on la retrouve vers la rive de la Mosson, et elle entre dans la commune de Juvignac, puis dans celles de Saussan, de Fabrègues, de Cournon-Terral, de Cournonssec, de Montbazin, de Poussan, de Loupian, où j'ai retrouvé en 1833, des traces antiques; puis elle traverse Mèze et entre dans le canton de Florensac. Là existent deux voies romaines; l'une est le *Chemin de la Reine Juliette*, l'autre le *Chemin Romain nouveau*. Le premier sert de limite aux territoires de Pinet et de Castelnau-de-Guers, et parvient dans le territoire de Florensac, après s'être confondu avec le nouveau chemin au lieu de *Fonte-Mingaud*. Le *Chemin Romain nouveau* arrive dans Florensac par le tènement de *Dame Jeanne*, et, vers Fonté-Mingaud, se réunit à celui de la *Reine Juliette*, passant l'Hérault sur le pont de Saint-Thibery, autrefois *Cessero*; du territoire de Saint-Thibery, la voie entre dans celui de Montblanc, et enfin dans celui de Béziers. De cette ville elle se dirigeait vers Narbonne, et traversait l'étang nommé aujourd'hui *Capestany*, sur le *Pons Septimus*, qui porte, de nos jours, le nom de *Pont Serme*.

Béziers offre peu d'objets à la curiosité des archéologues. Cependant lorsque les débris de son amphithéâtre seront déblayés, on les examinera avec intérêt. Des inscriptions, quelques torses d'une grande beauté, des tombeaux en marbre, ornés de bas-reliefs, objets que l'auteur de ces notes publie dans l'*Archéologie Pyrénéenne*, indiquent toute l'ancienne magnificence de cette ville, qui a été souvent ravagée, et où cependant l'amour des lettres et des arts s'est toujours conservé. La *Société Archéologique* de cette ville s'occupe aujourd'hui, avec succès, des monumens de l'antique *Bitteris*, et prouve, par ses publications,

18 Au-dessus de Castelnau, sur une colline voisine du Lez, existe le sol qu'occupait ce lieu aujourd'hui désert. « La forme de la ville antique, dit M. P. de Saint-Paul (*Publications de la Société archéologique de Montpellier*, I, ii et *seqq.*), telle qu'on peut la reconnaître aux vestiges de son enceinte, était, aux jours de sa plus grande étendue, un polygone irrégulier fort alongé. L'un de ses angles s'appuyait sur le rocher que la légende Féérique du moyen-âge a particulièrement doté du nom de *Roc de Substantion*, et qui plonge à pic dans le Lez..... A partir de ce point, l'enceinte de la ville suivait le flanc abrupte et légèrement arrondi de la colline qui forme en cet endroit le vallon de Clapiers, à-peu-près dans la direction de l'ouest au nord; tournant ensuite à l'est par un angle presque droit, elle suivait en ligne droite la crête de la colline sur une longueur d'environ 300 mètres. Là, tournant de nouveau par un angle de 110 degrés environ, elle se dirigeait parallèlement à l'horizon de la mer, sur une longueur d'une centaine de mètres. Les ruines du mur d'enceinte de ces deux côtés sont encore en place, à-peu-près sur toute leur étendue, mais à l'extrémité du mur qui fait face à la mer, leur trace se perd sous un amas de débris; leur direction et la situation des lieux indiquent qu'après avoir fait deux ou trois coudes très-rapprochés l'un de l'autre, l'enceinte de la ville redescendait jusqu'à la rivière, en suivant une ligne un peu rentrante vers son milieu. Le côté qui faisait face à la rivière était long de 200 mètres à-peu-près. Le périmètre entier de la ville, aux jours de sa plus grande étendue, pouvait avoir de 14 à 1,500 mètres... Quand on suit à l'extérieur les restes du mur d'enceinte, là où j'ai dit que ce mur s'était conservé, du côté qui fait face à la mer, en se dirigeant vers la hauteur de la Gardie, on voit le mur à découvert depuis le sol jusqu'à une hauteur de 1 à 2 mètres, et sur une longueur de 30 mètres environ. Son système de construction étonne dès le premier regard; il est formé de grosses pierres qui semblent avoir été mises en œuvre, à-peu-près telles qu'on a pu les tirer de la roche calcaire sur laquelle la ville est assise, en la cassant ou en la faisant éclater. Quelques-unes de ces pierres ont cependant été grossièrement travaillées; mais elles n'ont jamais reçu de la main de l'homme, ni angle régulier, ni arêtes uniformément déterminées; elles sont superposées les unes aux autres dans le sens le plus favorable à leur enchâssement, et ne forment pas, par conséquent, des assises régulières. Les intervalles qui les séparaient ont dû primitivement être remplis par de petits lits de terre et de cailloux mêlés; on n'y trouve aucune trace de véritable ciment..... »

Il est évident que ce mur date des premiers temps de cette ville. On croit retrouver son nom primitif de *Sextant*, dans une inscription conservée dans le musée de Nîmes, inscription où l'on remarque les dénominations d'une partie des lieux qui dépendaient de la métropole des *Volkes Arécomiques*.

ANDVSI.
BRVGETIÆ.
TEDVSIA.
VATRVTI.
VGERNI.
SEXTANT.
BRIGINN.
STATVMÆ.
VIVINN.
VCETIÆ.
SEGVSTON.

On reconnaît dans les noms d'*Ugerni* et d'*Ucetiæ* écrits en plus gros caractères, les villes de Beaucaire et d'Usez: *Andusi* est bien évidemment Anduse. On croit retrouver *Brugetia*, *Briginn*, *Statuma*, dans Brouzet, Brignon et Sumène, ce qui n'est pas aussi certain. Si *Sextant*, comme on n'en saurait guère douter, est le nom ancien de *Substantion*, on en conclura que ce lieu dont le nom manque ici de terminaison, ainsi que *Briginn* et *Verunn*, faisait partie des *Volkes-Arécomiques*. Dans l'Itinéraire d'Antonin, cette ville est nommée *Sextatio*. La Table Théodosienne où les noms sont si souvent corrompus, la désigne sous celui de *Serratio*; l'Itinéraire de Bordeaux à Jérusalem, la nomme *Sostantio*, et plus tard, dans le latin des Chartes, elle a pris le nom de *Substantium*.

M. Delmas, dans sa *Notice sur l'ancienne ville de Substantion et sur ses ruines actuelles* (*Mémoires de la Société Royale des antiquaires*, nouvelle série, I. 145), entre dans d'importans détails. Il rappelle d'abord que l'Itinéraire de Bordeaux à Jérusalem, donne le nom de *Sostantio* à ce lieu, nommé dans la carte Théodosienne *Serratio*, dans l'Itinéraire d'Antonin *Sextatio*, dans l'Anonyme de Ravenne, *Sestantio*, et par Théodulphe, *Sextantio*. Il croit que le nom de ce lieu vient de *Statio*, station, gîte, séjour, et de *Sextatio*, son composé, sixième station, sixième gîte. « Sa position sur la voie *Domitia*, l'usage où étaient les troupes romaines d'y séjourner en allant et en revenant d'Espagne, et sa distance de Toulouse, qui, dit-il, était de six gîtes, ou couchées, viennent à l'appui de cette dénomination. » Ce savant ajoute que les restes du pont de Substantion sur lequel la Voie romaine traversait la rivière du Lez, existent sous les eaux, et que ce pont était construit dans la forme et le goût de celui d'*Ambrussum*.

19 *Voyez* Additions et Notes du Livre I, pag. 59.

20 On avait cru jusqu'à présent que, bien que le nom de Maguelonne ne parût que dans les Notices les plus modernes, néanmoins ce nom était ancien: on allait

même jusqu'à penser que la syllabe *Mag*, qui s'y trouve en composition, comme dans les noms d'une foule d'autres villes des Gaules, et particulièrement dans ceux de *Vindomagus, Hebromagus, Sostomagus, Cobiomagus*, de la Province Romaine, indiquait une origine Celtique. Mais M. E. Thomas, (*Publications de la Société archéologique de Montpellier*, 1) assure que le nom primitif de l'île de Maguelonne fut *Mesua*, tel que l'a donné Pomponius Mela, qui représente cette portion de notre province comme une presqu'île ; qu'ensuite cette île a été nommée *Megale*, grande île, *Magalonèse*, par les Grecs, comme ils disaient de la principale ville de l'Arcadie, *Megalopolis*, selon Pline, et *Megalepolis*, suivant le texte de Polybe ; comme les mêmes Grecs nommaient positivement l'île *Megale*, dans les parages de Smyrne : enfin qu'elle a reçu le nom de *Magalona*, Maguelonne, quand la langue hellénique a cessé d'être usitée dans le pays, dernier nom que les modernes lui ont maintenu et qu'ils doivent aux Romains des premiers siècles du christianisme, qui traduisirent *Megale* par *Magale*. — D'après ce système, M. E. Thomas, trouvant *Mesua* à Maguelonne, il ne faut plus reconnaître une position antique à Mèze, ville située sur le bord de l'étang de Thau, et qui n'a été ainsi confondue avec la véritable *Mesua*, que par une sorte d'homonymie géographique. »

J'ai cru devoir faire connaître cette opinion qui s'écarte entièrement de tout ce qu'on avait écrit sur ce sujet. — Le système de l'auteur est sans doute ingénieux, son érudition est remarquable ; mais ces transformations de noms, de grec en latin, trouveront peut-être encore quelques incrédules.

L'île de Maguelonne n'offre plus aux regards que sa vieille cathédrale, en ruines, qui renferme quelques tombes, naguère encore violées, les bâtimens d'une ferme et un petit édifice nommé Saint-Blaise. Une chaussée, formée de main d'homme, l'unit au continent. On ne conçoit pas, à l'aspect de ce lambeau de la terre d'Occitanie, comment on n'a pas songé à lui rendre sa célébrité du moyen âge, en en faisant encore un lieu de recueillement et de prières. Certainement sur cette plage aucune position ne paraît plus propre à recevoir des cénobites ; c'est le désert dans toute sa nudité ; et, comme pour avertir le voyageur du peu de durée de tout ce que les hommes croient fonder pour l'éternité, des matériaux arrachés à des ruines Romaines, Arabes et Chrétiennes, apparaissent, dispersés sur ce sol aride, où l'agriculteur ne moissonne que de rares épis. Une vingtaine d'arbres, courbés par les vents, un petit nombre de touffes de salicor, quelques plantes maritimes, voilà tout ce qui croît dans les sables de l'île. Au loin la vue des monts des Cevennes, souvent blanchis par les neiges ; du côté opposé, Aigues-Mortes, aux saints et chevaleresques souvenirs ; en face la mer et ses orages, voilà les perspectives de Maguelonne... Mais la consolation et l'espoir pourraient l'habiter encore ; heureux le vrai sage qui y trouverait l'oubli des vaines joies du monde, et des tempêtes de la vie !

21 Parmi les peuples de la Narbonnaise (lib. III, c. 4) dont Pline fait le dénombrement par ordre alphabétique, il en est plusieurs dont la position selon Astruc (*Mémoires pour servir à l'histoire naturelle du Languedoc*, 54), est entièrement inconnue. Tels sont les *Bormanni*, les *Tascoduni*, les *Tarusconienses*, et les *Cenicenses*. Quand aux *Tascoduni* ou plutôt *Tasconi*, car le P. Hardouin ayant, d'après l'autorité de cinq manuscrits, rétabli ainsi ce nom dans le texte de Pline, on ne peut plus adopter une autre leçon, ils habitaient sur les bords d'un petit fleuve qui porta leur nom ; c'est le *Tascon*, en français, le *Tescon* ou *Tescou*, qui après avoir reçu un ruisseau nommé le *Tescounet*, se jette dans le Tarn sous les murs de *Mons Aureolus*, ou Montauban. Dans la vie de saint Théodard, archevêque de Narbonne, on trouve le passage suivant où l'auteur parle de Mons Aureolus, auquel Montauban a succédé : *Ad cujus montis radices fluvius quidam decurrit, quem indigenæ regionis ipsius* Tasconem *vocant ; hic suo decursu confinia Tolosani Caturcensisque ruris, liquido dirimit patenter influxu, qui à prædicto monte recedens, post modicum terræ spatium Tarno immergitur flumini*. D'Anville (*Notice de la Gaule*.), après avoir rapporté ce passage, ajoute que « les *Tasconi* étant renfermés dans la description que Pline fait de la Narbonnaise, et la rivière qui conserve leur nom ayant séparé les *Cadurci*, qui étaient de la première Aquitaine, d'avec les *Tolosani*, le pays des *Tasconi* paraît devoir se borner à la portion du diocèse de Montauban, qui a été prise sur l'extension antérieure de ce qui dépendait de Toulouse, au midi du Tescou. On voit par là que les *Tasconi* sont un de ces peuples du second ordre qui ont été subordonnés à des cités ou peuples plus considérables. »

Relativement aux *Tarusconienses*, ou, selon le P. Hardouin, *Taraconienses*, d'Anville a cru qu'au lieu d'en fixer la position à Tarascon sur le Rhône, qui est nommé *Tarasco* par Strabon, il valait mieux le placer à Tarascon, ville du département de l'Ariége, qui, dans les titres du moyen-âge, est connue sous le nom de *Castrum Tarasco*. « J'avoue, dit-il, que j'aimerais mieux celui-ci que l'autre, pour connaître une position de plus dans notre Gaule. Mais, indépendamment de ces motifs, la position de Tarascon, renfermée dans une vallée au pied des Pyrénées, paraît plus convenable à une communauté de peuple distincte et particulière que le Tarascon du Rhône.

Les *Umbranici* sont nommés aussi par Pline (lib. III, c. 4), au nombre des peuples de la Narbonnaise. Cet illustre écrivain n'ayant pas malheureusement suivi dans sa nomenclature l'ordre géographique, son indication demeure vague et indécise. La Table Théodosienne donne le nom d'*Umbranicia*, comme celui d'une contrée particulière, et d'Anville (*Notice de la Gaule*, 713), dit : « Si l'on considère que le nom d'*Umbranicia* dans la Table, suit immédiatement celui des *Volcæ Tectosages*, on peut conjecturer qu'*Umbranicia* en était limitrophe, et plutôt vers les Cevennes qu'en se tournant vers les Pyrénées. » De Valois (*Not.* 616) voyant dans la Table que les *Umbranici* étaient voisins des *Volcæ Tectosages*, les place dans cette petite contrée qui est connue sous le nom de Comté de Lauragais, qui fait partie aujourd'hui du département de la Haute-Garonne, et qui, à ce qu'on assure, avait autrefois pour capitale le bourg nommé *Laurac-le-Grand*. Mais ce canton a toujours fait partie du territoire des *Tectosages*, et en adoptant l'opinion de d'Anville qui place les *Umbranici* plutôt vers les Cevennes que vers les Pyrénées, on pourrait, en s'attachant à des analogies de noms, cependant toujours bien incertaines, retrouver cette région dans l'ancienne Baronie d'*Ambres*, dont le chef-lieu porte le même nom, et qui est situé sur la rive droite de l'Agoût, chef-lieu que, suivant toute apparence, on peut attribuer aux *Rutheni Provinciales*, sous le nom desquels, selon d'Anville, les *Umbranici* pourraient être cachés. Cette portion actuelle du département du Tarn était enclavée autrefois dans le diocèse de Lavaur, où viennent finir, selon quelques-uns, les derniers prolongemens des Cevennes. C'est là que, corrigeant la dénomination antique, et voulant à tout prix la mettre plus en rapport avec le nom moderne, on a placé la tribu des *Ambracii*.....

Nous avons d'ailleurs peu de notions assurées sur cette portion de la Province Romaine qui s'étendait vers le Tarn. Il est probable, ainsi que l'observe M. de Combettes Labourelie, dans des notes qu'il a bien voulu me communiquer, que le Tarn, de son embouchure jusqu'aux Cevennes, a servi de limites à la Province, en traversant le territoire des *Albigenses*. Cette région, ajoute M. de Combettes, telle qu'elle était limitée avant la révolution de 1789, se composait des deux diocèses d'Albi et de Castres, et avait peut-être renfermé dans son sein plusieurs tribus dont l'agglomération formait la nation des *Albigenses*. C'est sur la rive droite que se trouvaient les *Eleuthériens* ou *libres*. « On remarquait autrefois, dans le haut Albigeois, près de Mirandol, une contrée assez étendue, dont les habitants n'étaient soumis à aucun seigneur et se regardaient comme libres et égaux. Ne pourrait-on pas y reconnaître un reste des *Eleuthères*? la tribu des *Albienses* ou *Albigenses*, proprement dite, et en faisant distraction des peuplades comprises dans le même corps de nation, avait peut-être pour limites le Viaur, les montagnes du Rouergue, le Dadou, l'Agoût, le ruisseau du Passé, près Mezenz, et l'Aveyron. »

L'absence de monumens antiques dans la ville d'Albi, car il faut rejeter ceux que Beaumesnil donne dans ses manuscrits, a pu faire naître l'opinion que cette ville est moderne, ou qu'elle n'a succédé qu'assez tard à la capitale des *Albienses*. Dom Vaissette, qui était né à Gaillac, parle des antiquités qu'on découvrait de son temps sur le territoire d'un village peu éloigné, et qui porte le nom de *Montans*. Ce village, situé près du Tarn, offre, au lieu dit de la Fajole, un vaste tumulus et peut-être quelques restes de retranchemens. Les médailles impériales, les fragmens de poterie, chargés d'ornemens délicats, y abondent. On y trouve quelques restes de constructions antiques, des amphores, des urnes, des tombeaux ; tout indique dans ce lieu la présence des Romains, ainsi que les routes qui y aboutissent et qui portent les noms de *Voie romaine*, et de *Chemin ferré*. Ce lieu avait peut-être quelqu'importance lorsque la Gaule entière était soumise aux Césars. Le nom que porte *Montans*, dans les chartes latines du moyen-âge (*Mons Antiquus*), indiquerait aussi l'origine ancienne de ce lieu, qui serait attestée, d'ailleurs, à défaut même de monumens, s'il était assuré que c'est à lui que se rapporte le nom d'*Alba Julia* qu'on trouve, dit M. de Combettes Labourelie, dans de vieilles chartes. Les moules de vases qu'on a découverts ou qu'on retrouve chaque jour à *Montans*, annoncent qu'il y avait en ce lieu une fabrique de poteries, très-remarquables par leurs formes et par leurs ornemens. Tout ce que j'ai vu à *Montans* appartient aux temps des Romains. Albi ne possède que des monumens du moyen-âge, mais des routes antiques y aboutissent, et le nom de *Milhars* et celui de la *Millarié*, et quelques autres que l'on retrouve sur les mêmes routes, annoncent encore que l'on y comptait les distances par *milles*, ce qui y indique une origine romaine.

Si l'on recherche ce qui est relatif aux *Cenicenses*, mentionnés seulement par Pline, dans son dénombrement alphabétique des peuples de la Narbonnaise, on voit que cette tribu a été inconnue à tous les autres écrivains de l'antiquité : que d'Anville lui-même, qui a eu l'avantage de jeter de si vives clartés sur l'ancienne géographie de la Gaule, n'a pas même, dans un article spécial, rapporté le nom de ce peuple ; qu'Astruc (*Mémoires pour servir à l'histoire naturelle de la province de Languedoc*, 54), se plaint seulement que, dans l'énumération de Pline, il y ait des villes, telles que *Comacina*, qui ne sont point connues, des peuples, tels que les *Bormanni*, les *Cenicenses*, et autres, dont on recherche vainement les traces. Mentelle (*Encyclopédie méthodique, Géographie ancienne*), après avoir nommé ce peuple, ajoute : « Il serait difficile d'en déterminer la position. » Le possesseur inconnu d'un exemplaire de l'*Histoire de Languedoc*, par DD. de Vic et Vaissete, a mis à la marge une note, ainsi conçue : « Il y a plusieurs peuples de la Province qui ont été oubliés dans cette histoire, et d'autres qui peut-être nous ont assez mal à propos été donnés par Pline » ; parmi ceux-ci se trouvent les *Cenicenses* qu'il ne faut pas aller chercher à *Cessenon*, petite ville à quelques lieues de Saint-Chinian, mais vers le mont *Cenis*, dans les Alpes Cottiennes, des-

anciens. » M. Delmas a donné sur les *Cenicenses* une intéressante notice. Il rapporte (*Mémoires de la Société royale des antiquaires de France*, nouvelle série, III, 210) une inscription votive découverte à *Ville-Vieille*, près de Sommieres, dans le département du Gard, et qui paraît consacrée à une de ces déités locales qui portaient le nom de la contrée où elles étaient adorées. Cette inscription est ainsi conçue.

```
        VOTA
    RVTIN. AV
        DEMACES
        MESSINA
        CENICEO
        MESSINI F
        V. S. L. M.
```

« Dans cette inscription, gravée sur un petit monument carré, conservé à Sommieres chez M. Emilien Dumas, membre de plusieurs sociétés savantes, Rutinus Andemax et sa femme Messina, fille de Messinus, expriment, dit M. Delmas, les vœux qu'ils font à *Ceniceus*, au Dieu tutélaire, ou Dieu du pays... Ainsi la ville où l'autel a été élevé, a été l'antique demeure des *Cenicenses*, ou plutôt l'identité du nom du Dieu et du pays, est trop évidente pour pouvoir en douter..... Mais *Ville-Vieille* se nommait-elle *Cenicerum* du nom de son dieu *Ceniceus*, comme la ville du Dieu *Nemausus* portait celui de *Nemausum*? L'opinion générale de la contrée tendrait à insinuer que c'est la même ville que Ptolémée désigne sous le nom de Vindomagus, et qu'il plaça avec celle de Nîmes dans le pays des *Volces-Arécomiques*, sous le 21° 30' de longitude, et le 44° 30' de latitude, et, en effet, cette latitude et cette longitude conviennent assez à *Ville-Vieille*, mais ce qui laisserait encore moins de doute à cet égard, c'est le nom même de *Ville-Vieille*, qui indique une antique cité, l'élévation du lieu où elle est bâtie et la quantité de monumens qu'on y découvre. L'opinion d'Astruc qui place *Vindomagus* à Sauve, est insoutenable aujourd'hui : il n'y a jamais eu là la moindre trace d'antiquité, tandis que *Ville-Vieille* en est plein..... A ce compte *Vindomagus*, aujourd'hui *Ville-Vieille*, aurait été la capitale des *Cenicenses*..... »

22 « On croit communément, dit Millin, (*Voyage dans les départemens du Midi*, II, 113, et seqq.), que Viviers est situé dans l'endroit où était *Alba Helviorum*, appelée aussi *Alba Augusta*, qui était la capitale des *Helvii* (Valois, *Notit. Gall.*, 245); mais d'Auville (*Notice de l'ancienne Gaule*, 45), n'adopte pas cette opinion, et il place, avec M. Lancelot, (*Académie des Belles-Lettres*, VII, hist. 235) *Alba Augusta*, dans le lieu où est aujourd'hui Aps, à trois heures de Viviers. On y rencontre beaucoup de débris d'antiquités »

Le sol de cette ancienne métropole n'est séparé, au midi, du lieu d'Aps, que par le torrent de Scoutaï. Du sommet du roc basaltique, sur lequel est assis le château, la vue erre au Nord sur une petite plaine coupée par quelques monticules, sous lesquels gît la ville romaine. Ils sont presque tous plantés en vignes; quelques arbres poussent péniblement leurs racines dans des ruines infertiles. Si l'on trouve dans le village quelques inscriptions encastrées dans les murs, elles y ont été portées par les propriétaires du sol qui les recélait. Sous cet aspect, Aps ne peut être regardé que comme le musée d'Albe. — L'étendue de cette ville était fort grande, si l'on en juge par les monumens qu'on trouve au Nord et au couchant, dans un rayon de près de deux kilomètres. Un quartier du territoire d'Aps, baigné par le Scoutaï, est connu sous le nom de *Palais*. C'est dans ce quartier qu'on trouve surtout des médailles, des plaques de marbre, quelques statuettes en bronze, des débris de tuiles, des clefs romaines, des morceaux de poterie, des lampes, des vases à parfums, et jusqu'à des tas d'écailles d'huîtres. Pendant l'été de 1810, un propriétaire fouillant dans son champ, aperçut des cellules carrées et régulières, pavées d'une mosaïque grise. On croit que ce local était occupé par des bains où l'eau était portée du village élevé de Saint-Pons, voisin d'Aps, au moyen de tuyaux en plomb. On a trouvé, dans ce dernier lieu, un de ces tuyaux orné d'une inscription romaine et dirigé des bords d'un ruisseau vers *Alba Helviorum*. (Voyez aux *Preuves*, les inscriptions découvertes à Aps, et qui y sont conservées, ou qui ont été portées à Viviers.)

23 Au-dessus du sol de l'esplanade de Saint-Andéol, derrière le second bassin d'une source abondante, qu'on nomme le *Grand-Goul*, est un bas-relief Mithriaque, taillé dans le roc même. Il a plus de deux mètres de long sur 1 mètre 32 cent. de haut. Il représente un jeune homme vêtu d'une chlamyde, ayant des anaxyrides, coiffé d'un bonnet phrygien et sacrifiant un taureau, qu'un scorpion pique au bas-ventre, qu'un chien attaque, et au-dessous duquel rampe un serpent. En haut, sur la gauche, est la tête rayonnante du soleil, à droite est celle de la lune; un corbeau se penche vers la tête du jeune homme; dans le bas, sur les rochers, est figurée une tablette qui contient l'inscription suivante, aujourd'hui presqu'entièrement effacée :

Deo Soli INVIcto MITHRAE MAXSumus
MANNI Filius VISu MONitus ET
T. MVRSIVS MEMinus De Suo Posuerunt.

C'est-à-dire, « *Au Dieu soleil invincible Mithras, Maxumus, fils de Mannus, averti par une vision, et T. Mursius Meminus, ont posé, ou fait faire, ce monument, à leurs dépens.* »

On croit que le nom de *Bourg*, que porte ce lieu, vient de celui de *Borgagiates*, sous lequel on le désignait autrefois. On fixe la mort de Saint-Andéol, qui y souffrit le martyre, sous le règne de Septime-Sévère. L'église de cette petite ville est sous l'invocation de ce Saint. On y montre un tombeau dans lequel ses restes furent, dit-on, ensevelis. Rien ne prouve le contraire; mais ce monument, orné d'un bas-relief qui représente les génies de la mort, a, sur sa face principale, un cartouche qui renferme une consécration aux Dieux Mânes, et quelques lignes qui nous apprennent que ce mausolée a été fait par *Julius Crantor* et par *Terentia Valeria*, pour *Tiberius Julius Valerianus*, leur fils, mort à l'âge de cinq ans sept mois et six jours. (Voyez, *Preuves*.)

24 Le nom des *Velaunii* se retrouverait dans l'inscription d'une main symbolique, découverte dans le Vélai, et sur laquelle on lit : βομεβολ ωτες ουελαυνους, mais ce monument est-il bien authentique ? César (*de Bell. Gall.* VII), nomme ces peuples *Velaunii*; Strabon (*Géogr.* IV), ουελλαιοι. Ptolémée nous apprend que la capitale de ces peuples, que les Romains nommèrent *Vellavi*, était *Ruessium*. Vers le déclin de l'empire, cette ville fit comme beaucoup d'autres : elle prit le nom même du peuple dont elle était la métropole; plus tard elle reçut celui de Saint-Paulien ou Paulian. Long-temps auparavant elle se décora du titre de *Cité libre*, dans ses inscriptions. M. Magon de La Lande (*Mémoires de la Société Royale des Antiquaires de France*, IV, 69), rapporte en effet une inscription qu'il découvrit en 1820 dans la façade méridionale et à l'angle sud-est de la chapelle de Notre-Dame du haut Solier, et dont les dernières lignes sont ainsi conçues :

AVG. N
CIVITAS VELLAVOR
LIBERA

On peut en conclure que *Ruessium* fut placé au nombre des Municipes, cités libres qui se gouvernaient par leurs propres lois et par leurs magistrats particuliers. *Ruessium* prit ce titre dans cette inscription qui a dû faire partie de la base d'un monument élevé à Herennia Etruscilla, femme, non pas de Volusien, comme le dit M. Magon de La Lande (même volume, 528.), mais de Trajan Dèce. On sait que cette princesse n'est connue que par ses médailles et par une inscription publiée par Muratori, Maffei et Eckel, ce qui rend le monument de l'antique *Ruessium* extrêmement précieux. Cette inscription est gravée sur un bloc de grès blanc, ayant 1 mètre 14 cent. de haut sur 65 cent. de large, et est enclavée, presqu'au niveau du sol, dans la façade méridionale de la maison qui a succédé à l'ancienne chapelle du haut Solier. Le premier mot, ou les premiers signes, manquent apparemment, car le nom d'Etruscilla est toujours précédé de celui d'*Herennia*. Voici cette inscription :

ETRVSCILLAE
AVG. CONIVG
AVG. N
CIVITAS VELLAVOR
LIBERA

Ruessium était bâtie au-delà de Saint-Paulien, vers le nord, « ce dont il est facile de juger, non pas seulement par des restes de fondations et de monumens, mais par des vases, des armes et d'autres objets qu'on y retrouve fréquemment.... Elle était adossée à une montagne en hémicycle dont la pente naturelle semble avoir été disposée par la main des hommes et qui l'abritait du vent du Nord.

« La petite ville de Saint-Paulien a profité des débris de *Ruessium*. Il n'est peut-être pas, dans son enceinte, un seul édifice qui n'en fournisse la preuve. On y remarque partout d'énormes pierres qui ont eu d'autres destinations, des fragmens de sculptures et de colonnes, des mosaïques et des inscriptions, objets souvent placés au hasard dans les constructions. »

Je donne dans les *Preuves*, à la fin de ce volume, plusieurs inscriptions qui existent encore à Saint-Paulien ou dans les environs; plusieurs d'entre elles appartenaient à des colonnes milliaires. Sur l'une de ces colonnes, élevée sous l'empire d'Alexandre Sévère, la cité des *Vellavi* ne prend pas le titre de cité libre. On y lit seulement, avant l'indication de la distance, les mots abrégés CIVIT. VEL. Dans deux autres inscriptions du même genre et qui appartiennent au règne de Philippe, la cité des *Vellavi* n'a pas non plus le titre de *Cité Libre* qu'elle n'a peut-être obtenu que sous le règne de Trajan Dèce.

25 Dans ses *Recherches sur l'étendue du pays des Gabali et sur la position de leurs villes anciennes*, (*Mémoires de la Société Royale des Antiquaires de France*, VII, 80 et seq.) M. Cayx, de Marvejols, établit d'une manière bien opposée à celle des Bénédictins, les positions des villes des *Gabali*. C'est dans le lieu nommé, en langage du pays, *Aou Sillan*, qu'il place *Ad Silanum*. Il fixe le point de *Condat*, selon les idées de d'Anville qui pensait que ce lieu ne devait pas être bien loin de Monistrol d'Allier, et il le retrouve dans le village de *Conat*. Il croit que la route romaine qui, de ce lieu conduisait à *Ruessium* des *Velauni*, est encore indiquée sous le nom de l'Estrade, (*Via Strata*). Quant à *Anderitum*, il s'écarte entièrement de l'opinion adoptée par Marca, Baudrand, Sanson, Dom Bouquet, les Bénédictins, auteurs de cette histoire, le P. l'Ouvre-l'Œil et d'Anville. Il n'a jamais pensé que le *Javols* d'aujourd'hui, ou plutôt *Jabous*, comme on nomme ce village en langue vulgaire, dût être le même lieu qu'Anderitum Suivant lui, *Jabous* a eu une existence particulière, et a existé en même temps qu'*Inderitum* Son

nom n'a pas changé, mais seulement la manière de le prononcer. « Cette ville s'appelait *Gavous*, et suivant l'usage de la contrée où elle est située, on a changé le *g* en *j* et le *v* en *b*, et l'on a dit *Jabous* comme on dit *jal* pour *gal* (coq)..... *Gabous* est la ville qu'on a désignée par les mots *Urbs Gabalitana*, *Urbs Gabalum* pour *Gabalorum*; c'était la véritable capitale des *Gabali* dont elle tirait son nom, ou auxquels elle avait donné le sien. C'était à *Gavous* que résidait le gouverneur et que par suite résida l'évêque. C'était la vraie ville romaine; elle se trouvait sur la route militaire, à égale distance de Toulouse à Lyon, de Rodez au Puy... Sans nous arrêter à l'étendue que lui donnent les gens du pays, on peut affirmer que si aujourd'hui on détruisait une ville moderne du 3ᵐᵉ ordre, en France, la postérité ne trouverait pas, dans ses ruines, d'aussi beaux restes d'architecture que ceux qu'on trouve à *Jabous*.... Il suffira, pour le moment, de savoir que le sol qui environne ce village est couvert de débris et qu'on ne peut y ouvrir la terre sans exhumer des antiquités. Ce fut à Jabous que prêcha saint Privat, et que résida l'évêque Anthème.. Ce fut aussi dans cette résidence, qu'en 584, le gouverneur Innocentius et l'évêque Lapertius, eurent des démêlés qui ne finirent que par la mort de ce dernier, qui est qualifié d'abbé de la basilique de Saint-Privat, martyr de la *ville Gabalitaine*; c'était encore de *Javous* que partit le diacre Optimus qui, en 506, souscrivit les actes du concile d'Arles, en qualité d'envoyé de Léonicus, *Episcopus Civitatis Gabalum* (Labbe, Concil. 1.). La décadence de cette ville commença avec le cinquième siècle; puis elle fut totalement détruite par les Hongrois, et ce fut alors que l'évêché fut transféré à Mende »....

Ainsi qu'on vient de le voir, M. Cayx distingue la cité de *Gabali* de la ville d'*Anderitum*, et il croit retrouver celle-ci à Mont-Rodat.... J'ai dû rapporter son opinion, qui pourra ainsi être comparée à celle des auteurs qui l'ont précédé.

²⁶ Voyez sur les antiquités de Montans, *suprà*, nᵒ 21, p. 149.

²⁷ Recherchant tout ce qui a quelque rapport avec les plus anciens souvenirs des provinces méridionales, je disais, en 1814, dans mes *Monumens religieux des Volcæ-Tectosages, des Garumni et des Convenæ*, 175 et seq.

« Les savans qui se sont appliqués à l'étude des antiquités de Toulouse, ne sont point d'accord sur le lieu qu'occupait dans cette ville le Lac sacré de Bélénus ou d'Apollon. — L'abbé Audibert (*Dissertation sur les origines de Toulouse*, 36.), après avoir établi que la capitale des *Tectosages* occupait le territoire connu aujourd'hui sous le nom de *Vieille-Toulouse*, ajoutait, que « c'est au moins dans ce lieu qu'on doit en chercher les traces... Il me semble les apercevoir; 1ᵒ dans les fragmens d'or et d'argent qu'on

trouve à l'extrémité de la plaine où la terre est très-graveleuse; 2ᵒ dans le plomb qui fut trouvé en dessous et qui paraît avoir servi à des tuyaux pour la conduite des eaux d'une fontaine qui est auprès de la ferme de M. Berdoulat; ces eaux pouvaient être détournées à gauche et former un petit réservoir au lieu que j'ai indiqué. Le lac ayant été desséché par ceux qui l'affermèrent, aura servi depuis à renfermer une partie des urnes de *Vieille-Toulouse* »..... J'ai cru devoir faire remarquer, sans prétendre par là infirmer l'opinion de M. Audibert, que les trésors de *Tolosa* étaient considérables, et que peut-être, ils n'auraient pu être renfermés dans la fontaine qu'il a désignée et dont les eaux rassemblées ne pourraient remplir qu'un très-petit réservoir. — Quelques écrivains ont avancé que l'église de Saint-Saturnin avait été bâtie sur le Lac de Toulouse. Bertrand (*de Gest. Tol.*) rapporte que, suivant une ancienne tradition, il y avait jadis un lac dans le lieu où s'élève la Basilique de Saint-Saturnin. Chabanel (*Antiquités de la Daurade*, 54 et seqq.), a cru devoir embrasser ce sentiment; mais sans offrir aucun témoignage en faveur d'une opinion si étrange. Catel (*Histoire des Comtes de Tolose*, liv. II, c. 3), annonce qu'il a vu, dans le cloître de Saint-Saturnin, une porte par laquelle on disait que l'on pouvait descendre sur les bords du lac. Il dit ensuite que l'on pourrait rapporter à cela ce que l'on lit dans un ancien privilége que Charles-le-Chauve étant à Toulouse, accorda aux Goths, et où l'on trouve que cet acte fut fait dans le monastère de Saint-Saturnin sur la rivière, *actum in monasterio Sancti Saturnini prope Tolosam* IN AMNE *feliciter amen*. Francisco Diago (*Hist. de los antigos Condes de Barsalona*, p. 57 et seq) qui a rapporté cet acte, dit en parlant de Charles-le-Chauve qu'il accorda ce privilége, *estando en el monasterio Santo Saturnino cerca de Tolosa* EN LA RIBERA DEL RIO. Catel combat ensuite l'opinion qui place Saint-Saturnin sur un lac, et il affirme que les plus anciens membres du chapitre de cette abbaye, lui ont assuré que la porte du cloître ne conduisait pas à ce prétendu amas d'eau, mais bien *à un puits placé sous la nef*. Catel finit en remarquant que, dans les autres diplômes émanés de Charles-le-Chauve, pendant son séjour dans le monastère de Saint-Saturnin, on ne lit pas les mots IN AMNE. En effet, l'un d'entr'eux porte: *Actum..... in cœnobio S. Saturnini juxta Tolosam*; et un autre, *actum in monasterio S. Saturnini. In Dei nomine feliciter amen*. Cette dernière phrase qui est une sorte de formulaire usité dans les diplômes de ce temps, paraît offrir et la cause de l'erreur et celle de la création du lac de S. Saturnin: il ne faut pas, en effet, lire dans la charte en faveur des Goths, *in amne feliciter amen*, ce qui n'aurait donné aucun sens raisonnable; mais bien, *in Dei feliciter amen*, comme dans beaucoup d'autres du même temps, et même dans l'une de celles données alors à S. Saturnin. M. Maillot, (*Recherches sur les antiquités de Toulouse*, mss.) a prétendu, très-légèrement, que « l'église de S. Saturnin est bâtie sur un lac, ou bien *dans une espèce d'île* placée au milieu du lac, et cependant le même écrivain nous a appris qu'en 1747, M. Leclerc de Fleurigny, abbé de S. Saturnin, fit faire des recherches exactes pour éclaircir ce fait; qu'on ouvrit la porte du cloître, déjà mentionnée par Catel; que l'on descendit par une rampe douce; qu'après s'être avancés d'environ 36 pieds, les ouvriers découvrirent, à droite, une autre rampe dirigée vers l'abbaye; qu'on trouva, sur la gauche, une fontaine, ou un puits, qui n'avait pas 4 pieds de profondeur, et dont le devant était fermé par une margelle d'environ 3 pieds 6 pouces de hauteur. De ce côté un mur s'élevait jusqu'au pavé de la nef, que l'on ouvrit en enlevant une plaque de marbre assez près de l'endroit où était la chaire...... On sonda de toutes parts, dans la nef, dans le chœur et dans les cryptes pour tâcher de découvrir d'autres souterrains, mais toutes les recherches furent inutiles. Cependant la plaque de marbre qui recouvrait le puits n'ayant pas été replacée sur-le-champ, plusieurs particuliers jetèrent de loin quelques pierres dans l'excavation qui existait devant eux, et le bruit que ces pierres firent en tombant dans l'eau accrédita de plus en plus les idées populaires relatives à l'existence du lac.

M. de Montégut (*Recherches sur les antiquités de Toulouse*, dans les *Mémoires de l'académie royale des sciences, inscriptions et belles-lettres de Toulouse*, I), vint ajouter encore aux erreurs publiées à ce sujet. Il se trompa en annonçant que Catel croyait à l'existence de ce lac; il rapporta, sans en connaître toutes les circonstances, l'ouverture du puits de la nef; il annonça qu'il avait vu à l'un des piliers qui soutiennent le clocher, à la droite du maître-autel, un trou par lequel on entendait le bruit d'un torrent, et que les chanoines, fatigués de l'affluence de ceux que la curiosité y attirait, avaient fait boucher ce trou avec une pierre sur laquelle est l'empreinte d'une croix. « A peu près dans le même temps, ajoutait cet auteur, une personne *digne de foi* m'attesta avoir vu le lac qui est sous la nef de l'église de S. Saturnin; un chanoine de cette église la conduisit par une petite porte *qui était* à côté de celle qui conduit aux cryptes, à main droite, et que les chanoines ont depuis fait murer; ils descendirent avec des flambeaux un petit escalier tournant qui conduisit dans une galerie, soutenue par de gros piliers qui sont la continuation de ceux qui soutiennent la voûte de la grande nef. Cette galerie entoure un lac dans lequel on jeta des pierres qui firent des ondulations. La fraîcheur du lieu et un frémissement involontaire, ne leur permirent point de faire le tour de cette enceinte qui leur parut avoir la même étendue que la grande nef. »

Qui aurait pu, après de tels rapports, douter de l'existence, non peut-être du Lac des *Tectosages* d'où Cépion enleva l'or si funeste de *Tolosa*, mais du moins d'un fort amas d'eau sous la nef de l'église de Saint-Saturnin? Il se trouva cependant, plus tard, un ou deux incrédules. En 1808, M. Laupies, ingénieur en chef du département de la Haute-Garonne, proposa à l'Académie des sciences de faire opérer des travaux pour s'assurer de l'existence du lac; l'Académie fournit des fonds pour cette dépense, et, malgré mon extrême jeunesse, je fus adjoint à M. Laupies dans cette recherche. — On venait alors de démolir une partie du chœur; nous fîmes des sondes sur plusieurs points; le sol des cryptes fut interrogé ainsi que celui de la nef et nous ne rencontrâmes nulle part des indications du prétendu lac, vu sous cet édifice. Nous retrouvâmes, il est vrai, la porte ouverte dans le cloître, nous vîmes le col du puits qui s'élève jusques dans le collatéral de gauche, mais nous ne pûmes parcourir les allées voûtées, parce qu'on venait de les obstruer avec les sables provenant de la démolition du chœur. En 1837, un des piliers de la grande nef ayant exigé une prompte réparation, M. Urbain Vitry, architecte de la ville de Toulouse, et membre de la Société Archéologique du midi, chargé des travaux, a profité de l'occasion qui se présentait pour jeter, s'il était possible, de nouvelles lumières sur le fait de l'existence ou de la non existence d'un lac sous la grande nef. La porte du cloître, qui était murée, a été ouverte, les sables enlevés, et, comme l'avait dit Catel, on a trouvé une rampe douce, se bifurquant et jetant l'un de ses rameaux vers le sol où existait jadis l'abbaye, l'autre vers un puits, dont le col s'élevait jusqu'au niveau du pavé et dont l'eau a été utilisée pendant tous les travaux de restauration. De profondes tranchées faites dans la grande nef ont prouvé que la personne, *digne de foi*, dont parle M. de Montégut, l'avait trompé; car les gros piliers qui, suivant elle, entouraient le lac n'étaient pas la continuation de ceux qui soutiennent la voûte de cette nef. Ces derniers sortent d'un fondement composé d'une masse régulière, en maçonnerie très-soignée, et dont les deux lignes parallèles ont une grande profondeur: les terres ayant été enlevées entre ces deux lignes, ont fait évanouir tout espoir d'y retrouver un amas d'eau quelconque. Ainsi se sont dissipées les fables relatives à l'existence du Lac de Toulouse à Saint-Saturnin; existence qui d'ailleurs aurait pu paraître miraculeuse, puisque l'histoire nous apprend que les Romains, maîtres de cette partie de la Gaule, vendirent à l'encan, le Marais ou Palus sacré de *Tolosa*, et que les acquéreurs y trouvèrent de grandes masses d'argent.

Don Martin (*Religion des Gaulois*, I, 146 et seq.) a cru que le lac de Tolosa n'était qu'un regorgement de la Garonne, et qu'il l'avait placé dans ce qu'il nomme le temple d'Apollon, qui serait devenu plus tard, l'église de Sainte-Marie *Fabricata*, ou de la Daurade...

28 Quelle que soit la méchanceté d'un peuple, quel que soit son mépris pour cette pudeur que Dieu a donnée à l'homme, avec la connaissance du bien et du mal, il n'est guère possible que ce peuple prenne

lui-même une épithète ou un nom capable de rappeler son infamie. Il est donc permis de douter que les *Ambrons*, en prenant le nom qui servait à distinguer leur tribu des autres nations accourues alors en Gaule, et en répétant ce nom en marchant aux combats, aient voulu indiquer leur amour pour le pillage ; il vaut mieux adopter à ce sujet les idées de Latour-d'Auvergne (*Origines gauloises*, 191), qui assure que les mots *Ambrones, Ambroni*, signifient littéralement en Breton, des hommes du même pays que nous. Ce cri de guerre, *Ambroni! Ambroni!* qui exprime l'idée de compatriotes, de gens nés dans la même contrée était, pour tous, un encouragement à bien faire, à combattre avec valeur et d'une manière digne d'eux. C'était un cri identique à celui de *France! France!* répété par nos vieux chevaliers, alors qu'ils s'élançaient contre les rangs pressés des soldats de l'Angleterre, et par nos jeunes bataillons alors qu'ils se précipitaient sur les retranchemens ennemis..... En Celto-Breton, *bro*, signifie pays, région, territoire, patrie. *Bró-c'hall*, c'est la Gaule (Legonidec, *Diction. Celto-Breton*, 57). *Mabro*, signifie *mon compatriote*, ou, comme le disent les hommes du peuple, *mon pays*; dans quelques dialectes il signifie, aussi, celui qui est *près de moi*, *mon prochain*. A Toulouse on dit, *damoro té à la bro*, c'est-à-dire, reste près de moi.

29 Cette médaille appartient à la famille *Valeria*, qui, dans le nombre de celles qu'elle a fait frapper, compte 34 variétés ou types différens.

30 Voyez, *suprà*, p. 138.

La partie du Département de la Haute-Garonne qui touche aux Pyrénées, ou qui renferme une partie de ces montagnes, était habitée par plusieurs tribus ; les unes possédaient ces contrées, avant les invasions des Romains dans la Gaule et dans la Péninsule Hispanique ; les autres furent établies par Pompée. Les premières sont celles auxquelles les géographes et les historiens donnent le nom générique de *Garumni*, et qui tiraient sans doute cette dénomination du nom du fleuve sur les bords duquel elles avaient fixé leur demeure. De Valois (*Notit.*, 221) a cru pouvoir les placer dans le pays nommé *Rivière*, qui longe la Garonne, au-dessous de Saint-Bertrand-de-Comminges, et qui s'étend jusqu'aux limites du diocèse de Rieux. Mais, comme je l'ai dit ailleurs (*Monumens religieux des Volces-Tectosages, des Garumni et des Convenæ*, 87), il faut donner un peu plus d'extension aux *Garumni*. Nous ne connaissons, en effet, aucun peuple qui ait rempli l'intervalle qui existe entre les sources de la Garonne et Saint-Bertrand-de-Comminges, ou *Lugdunum*, et il paraît assez naturel de placer dans cet espace et sur les rives du fleuve qui l'arrose, le peuple dont le nom est évidemment dérivé de celui de ce fleuve. Plus tard, les *Garumni* ont dû se mêler et se confondre avec les *Convenæ*.

Plusieurs géographes ont parlé de ces derniers;

mais ils n'ont rien dit sur l'origine de ce peuple. Saint-Hiéronyme (*Advers. Vigil.*, *lib.* II), est le seul qui ait jeté quelques clartés sur cette partie de notre histoire. Il dit, en parlant de Vigilantius, hérésiarque, né à *Calagorris*, ville, ou bourgade, des *Convenæ*, qu'il ne répondait que trop bien à son origine, en se conduisant en homme né d'une race de brigands et de gens rassemblés, que Pompée, après avoir vaincu l'Espagne, fit descendre des cimes des Pyrénées, dans une ville qui prit de là le nom d'*Urbs Convenarum*... et que digne descendant des *Vettons*, des *Arebaci* et des *Celtibériens*, il attaquait les églises des Gaules : *Nimirum respondet generi suo, ut qui de latronum et Convenarum natus est semine, quos Cn. Pompeius edomitâ Hispaniâ, et ad triumphum redire festinans, de Pyrenæi jugis deposuit, in unum oppidum congregavit, unde et Convenarum urbs nomen accepit, hucusque latrocinetur contrà ecclesiam Dei, et de Vettonibus, Arebacis, Celtiberisque descendens, incurset Galliarum ecclesias.....*

Le nom des *Convenæ* vient du verbe latin *convenire* (on sous entendait *gentes*); de Valois, dit, que c'est à ce peuple qu'on peut appliquer ce passage (*de Bell. civil.*, lib. III), *fugitivis ab saltu Pyrenæo, prædonibusque*. Pline (*lib.* IV, c. 19) en fait mention d'une manière qui, selon d'Anville, leur convient particulièrement : *In oppidum contributi Convenæ*. Ce peuple s'étendit bientôt dans les lieux, possédés primitivement par les *Garumni* et jusqu'aux confins des *Tectosages* ; *Lugdunum*, aujourd'hui Saint-Bertrand-de-Comminges et Valcabrère, fut la métropole des *Convenæ*. Il est digne de remarque que le nom de cette ville, habitée par des populations venant d'au-delà des Pyrénées, annonce une origine gauloise. Ce nom est formé en effet de *Loug* ou *Lug*, et de *Dunum*. C'est dans le territoire des *Convenæ* qu'existaient, et les *Aquæ Convenarum* qui occupaient la place où l'on voit aujourd'hui les Eaux de Capvern, et les *Thermes Onésiens*, dont j'ai, le premier, en 1814, (*Monumens religieux*, etc.), fixé la position à Bagnères-de-Luchon, lieu célèbre par ses eaux thermales, que Strabon désigne par ces mots τα' Ονησιων θερμα, mots très-mal corrigés par Valois qui lit : τὰ Κονουρων θερμα. On retrouve dans leur territoire, qui n'était peut-être borné que par le cours de la Louge, du côté de *Tolosa*, plusieurs lieux dont les noms indiquent évidemment que les peuples qui les ont habités venaient d'au-delà des monts. Le bourg d'*Ambax*, pourrait tirer sa dénomination d'Amba, ville de la Turdétanie, qui nous a laissé des médailles sur lesquelles le savant Velasquez (*Ensayo sobra los alphabetos de las letras desconocidas*, etc., 133, 134), lit le mot AIMPHA et AIMPHATS, et qui porte le nom d'*Amba* sur une médaille latine. La bourgade de *Carbonne*, rappelle cette autre ville de la Turdétanie ou de la Bétique, que Strabon nomme *Carmona*, et Appien (*de Bell. Hispan.*) Καρβωνα. *Calagorris*, dont j'ai fixé la position à Martres, dans le quartier nommé

Chiragan, et où naquit Vigilantius, a été sans doute bâtie par des fugitifs de la ville du même nom, qui existait, dit le célèbre d'Anville, (*Notice de la Gaule*, 245), chez les anciens *Vascones* sur la droite du cours de l'Ebre. J'ai peut-être remarqué, le premier, que le nom d'*Arbas*, petite ville bâtie sur les bords d'un ruisseau qui porte le même nom, devait venir de celui des *Arebaci* que S. Hiéronyme met au nombre des peuples dont quelques débris fugitifs furent rassemblés dans ces contrées par Pompée. (Voyez *Monumens religieux des Volces-Tectosages, des Garumni et des Convenœ*, 86, 87, 88, 89 et seqq., et la *Statistique générale des départemens Pyrénéens*, II, 41, 42, 43 et seqq.)

31 « Pendant que César était occupé à soumettre les *Vénètes*, Publius Crassus arriva dans l'Aquitaine, qui par sa population et son étendue peut passer pour le tiers de la Gaule. Sachant qu'il allait faire la guerre dans un pays où, peu d'années auparavant, L. Valérius Preconinus avait été défait et tué, au milieu de de la déroute de son armée, et où le proconsul L. Manilius, avait été forcé de fuir après avoir perdu tous ses bagages, il sentit bien qu'il ne devait agir qu'avec une extrême circonspection, et ce ne fut qu'après s'être pourvu de vivres, avoir rassemblé des auxiliaires et des cavaliers, et avoir appelé près de lui beaucoup de braves, de Toulouse, de Carcassonne et de Narbonne, villes frontières de la Province Romaine, qu'il fit entrer son armée sur les terres des *Sotiates*. » C'est ainsi que s'exprime César lui-même, (*de Bell. Gall.*, lib. III) avant d'entrer dans des détails sur la conquête de l'Aquitaine. On a beaucoup écrit sur la position des *Sotiates*, qui combattirent avec tant de valeur contre les troupes Romaines. Selon une vieille charte, dont l'authenticité est douteuse, (*Marca, Histoire de Béarn*, liv, I, c. 9), il faudrait chercher les *Sotiates*, vers la capitale des *Tarusates*, autre peuple de l'Aquitaine. Sanson (*Remarques sur l'ancienne carte des Gaules*) place la ville des *Sotiates* à Lectoure, et il trouve même des raisons pour appuyer son opinion à cet égard, ignorant apparemment que Lectoure était la capitale d'un peuple particulier, et que le nom de *Lactora*, gravé sur ses monumens, montre toute l'absurdité du sentiment de ceux qui y cherchaient la ville des *Sotiates* : il est vrai que Sanson était sujet à de telles méprises, et l'on sait qu'il a voulu placer *Calagorris* des *Convenœ*, qui était dans les limites de l'Aquitaine, à Saint-Lizier, en Conserans, c'est-à-dire, hors de l'Aquitaine et sur le sol où existait autrefois la capitale des *Consorrani*. M. Lancelot (*Hist. et Mémoires de l'Acad. des Inscrip.*, V) a mis les *Sotiates* dans le pays de Foix, sans doute, parce qu'il existe dans ce pays une bourgade qui porte le nom de *Vic-de-Sos* : mais il suffit de dire, pour montrer que l'on ne peut retrouver les *Sotiates* dans cette contrée, que ce peuple habitait dans l'Aquitaine, et que le Pays de Foix faisait partie de la Province Romaine, ainsi que toutes les contrées situées sur la rive droite de la Garonne. L'abbé de Longuerue (*Description historique de la France*), pour ne pas trop se fatiguer par des recherches d'érudition, auxquelles il aurait dû cependant se livrer, dit que ce peuple n'a été nommé que par César, et qu'il en a été de lui comme de beaucoup d'autres, dont l'existence n'a laissé aucune trace. De Valois (*Notit.*) et d'Anville (*Notice de la Gaule*), ont placé, avec raison, à Sos, petite ville de l'Armagnac, bâtie dans une position très-forte, sur les bords de la Gélise, le site de l'ancienne capitale des *Sotiates*. C'est sans doute le même lieu où l'Itinéraire de Bordeaux à Jérusalem met, à XXI lieues gauloises de Bazas, et à VIII d'*Elusa* ou d'Euse, une *mutation* nommée *Sottio*, et c'est précisément sur le point fixé par ces distances qu'existe aujourd'hui la petite ville de Sos. Durant le moyen âge, les chartes ecclésiastiques de la métropole d'Auch, et de Lescar, lui donnèrent le titre de Cité : *Civitas Sotia, Socia, Socia, Socius* ; plus tard on la nomma *Castrum cum villa de Socia*. (M. de Villeneuve, sous-préfet de Nérac, (*Recherches sur le lieu qu'occupait dans l'Aquitaine le peuple désigné par César sous le nom de Sotiates*, dans le *Second Recueil des travaux de la Société d'agriculture, sciences et arts d'Agen*, 275 et seq.) a discuté tout ce qui était relatif à la position de Sos : on doit à M. le vicomte de Métivier une intéressante *Dissertation sur divers monumens, coutumes, dénominations et usages anciens de la Cité des Sotiates*, inséré dans le tome II des *Mémoires de la Société archéologique du midi de la France*, 339 et seq.

César donne le nom d'*Adcantuan*, au chef ou roi des *Sotiates*, lors du siège de la ville de ce peuple. Pellerin (*Médailles des peuples et des villes*) a publié une médaille gauloise qui offre du côté principal une tête barbare avec la légende REX ADIETANVS, et sur le revers un animal marchant, sur ce revers on voit le mot ΣΟΤΙΟΓΑ, et l'on a, avec beaucoup de vraisemblance, attribué cette médaille à la ville des *Sotiates*, reconnaissant que le nom du chef de ce peuple avait été mal rendu par César, et qu'il fallait à l'avenir le désigner par le nom d'Adietanus. M. le baron Chaudruc de Crazannes, a publié à ce sujet dans le tome I des *Mémoires de la Société archéologique du midi de la France*, page 109 et suiv. une *Dissertation sur une médaille d'un chef des Sotiates d'Aquitaine*. M le marquis de Lagoy a donné aussi la même médaille dans un *Mémoire* très-remarquable.

32 Suivant Latour-d'Auvergne (*Origines gauloises*, 62 et seq.), le mot *Alauda*, devenu le nom de la Légion Gauloise, n'avait pas la signification que quelques auteurs lui ont donnée et que rapportent les historiens de Languedoc. « La légion que César avait levée à ses propres frais dans la Gaule Transalpine, et à laquelle il avait imposé le nom gaulois *Alauda*, était sa légion chérie : après avoir accordé le titre de citoyen romain

à tous les soldats qui la composaient, il fit, dans la suite, élever plusieurs d'entr'eux aux plus grandes dignités. Tout semble favoriser l'idée que César n'avait désigné cette légion sous le nom celtique *Alauda* (*nomine gallico Alauda*), que pour annoncer qu'il l'avait achetée de ses propres deniers; qu'elle n'appartenait pas à la République, mais qu'elle était un de ses acquêts, et sa propriété; ce qui est rendu dans ce sens par le Breton, ou celtique, *malaud*, sive *malod*, id est, *mihi proprium*, ce qui est à moi en propre. De là le français *allode*, *allodial*, biens allodiaux, c'est-à-dire, biens libres, biens en propre; la latin *laudemium*, *allodum*, id est, *proprium cujusque hominis patrimonium*. L'interprétation du mot *Alauda*, telle qu'on la donnée ici, pourrait, ce me semble, ajoute Latour-d'Auvergne, être comptée au nombre de celles qui sont l'évidence même. » Tous les lecteurs ne partageront peut-être pas à ce sujet la confiance de l'auteur. M. Legonidec (*Diction. Celto-Breton*), ne donne, ni le mot *Alauda*, ni celui de *malaud* ou *malode*.

33 Les peuples chez lesquels Vercingetorix envoya Lucterius, avaient conservé, malgré le voisinage de la Province Romaine, une sorte d'indépendance; chez eux, toutes les traces de nationalité n'étaient pas effacées, et ils pouvaient encore résister à la République. Les *Rutheni*, chez lesquels Lucterius fut demander des soldats, pouvaient être divisés en deux grandes fractions, savoir; les *Rutheni Provinciales*, ainsi nommés par César, et que Pline place dans la Narbonnaise, et les *Rutheni Eleutheri*, ou libres : ils formaient originairement une même tribu.

Quelques temps après la prise d'Alesia, César (*de Bell. Gall.*, lib. VII) envoya chez les *Rutheni*, P. Caninius Rubilus avec une légion. Dans la suite le pays des *Rutheni* obtint tous les avantages qui naquirent de la civilisation Romaine. Plusieurs voies y facilitèrent les communications. Une d'entr'elles, qui n'a pas été tracée dans la Table Théodosienne, partait de *Tolosa* et traversait *Albia* ou *Albiga*, aujourd'hui Albi, et parvenait à *Segodunum*, aujourd'hui Rodez. Une seconde voie militaire venait aussi de *Tolosa* et traversait *Divona*, ou Cahors, se dessinait vers *Segodunum*. Une route partant de cette dernière ville se dirigeait vers *Anderitum* (Mont-Rodat ?), et une autre conduisait à *Condate* (peut-être *Conat*). Cette dernière avait deux embranchemens ; l'un menait à Nimes, l'autre à *Forum Neronis*.

Saint Chamant, ou Amant, homme apostolique, né dans la capitale même de cette tribu gauloise, en chassa sans retour le paganisme. Selon quelques légendes, il y détruisit l'idole de *Ruth*, et convertit tous les habitants de cette contrée. Cette idole ne devait être sans doute, quoiqu'on en ait dit, que la personnification de la capitale des *Rutheni*. Qui ne connait les monumens sur lesquels Rome est qualifiée du nom de Déesse? Chaque contrée, chaque ville, chaque lieu, avait un génie, ou une divinité tutélaire. Cette divinité portait même souvent le nom du lieu. C'était ce lieu même qu'on avait déifié. Ainsi le Père Sirmond (*Not. in ep.* II , *lib.* 8 , *Sidon.*) a fait connaître un monument consacré à *Vesunna*, où à la ville de *Vesone* apothéosée. Ainsi on a trouvé à Vaison, (*Voyage litt.*, tom. 2, 1re part., 193), une inscription dans laquelle le culte de *Vaison* est associé au culte de Mars. Je pourrais multiplier ici ces exemples ; mais ils me paraissent suffisans pour démontrer que la déesse *Ruth*, adorée dans l'ancienne *Segodunum* ou Rodez, n'était autre chose que la ville capitale de ce canton, qui tirait sa dénomination des *Rutheni*, peuple qui la possédait. Ainsi *Ruthena* n'est autre chose que la ville même déifiée, comme Vaison, Bibracte, Vesonne, Rome, etc., le furent autrefois. Tout le monde sait que le nom primitif de Rodez était *Segodunum* ; mais, comme dans une foule d'autres lieux des Gaules, le nom primitif de la ville capitale des *Rutheni* se changea en celui de ce peuple. *Segodunum* devint *Ruthena*, et plus tard Rodez, comme *Divona*, chef-lieu des *Cadurci*, fut connue aussi sous le nom même de cette dernière tribu.

Les peuples de l'Agenais, dont parlent ici les historiens du Languedoc et chez lesquels Lucterius fut aussi envoyé par Vercingetorix, sont les *Nitiobriges*, dont la capitale, située sur la rive droite de la Garonne, se nommait *Agennum* ou *Aginnum*. Bien que, dans des temps assez modernes, le diocèse d'Agen, se fût étendu sur la rive gauche du fleuve, il paraît assuré que celui-ci servant, selon César, de limite entre l'Aquitaine et la Celtique, les possessions des *Nitiobriges*, ne devaient pas, très-anciennement, s'étendre sur cette rive. César (*De Bell. Gallic.*, lib. VIII) nous apprend que la forme du gouvernement de ces peuples était monarchique. *Ollovico*, leur roi, avait reçu du sénat le titre d'*Ami et d'Allié* du Peuple Romain. *Teutomat*, son fils et son successeur, se déclara contre ce peuple, ayant cédé aux instances de Lucterius, et se joignit à Vercingetorix. César nous apprend aussi, que le camp des Gaulois ayant été surpris, non loin de Gergovia, *Teutomat* eut à peine le temps de se jeter, demi-nu, sur son cheval qui était blessé. Ce fut apparemment après cette guerre qu'*Agennum* fut, ainsi que tout le pays possédé par les *Nitiobriges*, entièrement soumis aux Romains. Strabon et Ptolémée font une mention expresse de cette tribu gauloise. Le premier leur donne pour voisins, les *Petrocorii* et les *Cadurci*. Le second les place dans le voisinage des *Vasates*. Pline leur donne, sans doute par une faute de copiste, le nom d'*Antobroges*, et la Table Théodosienne, ainsi que Sidonius Apollinaris celui de *Nitiobriges*; dans la Notice de l'Empire, on voit qu'*Aginum* faisait partie de la Seconde Aquitaine, prenant rang immédiatement après *Burdigala*, ou Bordeaux :

PROVINCIA AQVITANICA SECVNDA.
METROPOLIS CIVITAS BVRDIGALENSIVM
CIVITAS AGENNESIVM...

Plusieurs voies conduisaient d'*Aginnum* dans les chefs-lieux des peuples voisins. L'une d'elles, tracée sur la Table Théodosienne, était dirigée sur *Divona*, capitale des *Cadurci* :

AGINNVM.
EXCISVM. . . . (Eysses). . . . . XIII.
DIOLINDVM. . (La Linde). . . . . . XXI.
DIVONA. . . . (Cahors). . . . . XXIIII.

La route d'Aginnum à *Vesunna*, métropole des *Petrocorii*, est aussi indiquée dans l'Itinéraire d'Antonin. Il paraît qu'elle était d'abord la même que celle qui conduisait à *Divona*, mais qu'elle se bifurquait à Excisum :

AGINNVM.
EXCISVM. . . (Eysses). . . . . M. P. XIII.
TRAJECTVS. . (Passage de la Dordogne; on a cru pouvoir fixer ce passage au lieu nommé le Pontou) . . M. P. XII.
VESVNNA. . . . . M. P. XVIII.

Une autre route conduisait d'*Aginnum* à *Burdigala* ; elle est ainsi tracée :

AGINNVM.
FINES. . . . . (Quelques savans ont cru retrouver cette limite à Aiguillon où il existe de belles ruines d'un édifice Romain). M. P. XV.
VSVBIVM. . . (Ce lieu prend sa place, non loin d'Urs ; une inscription annonce une sorte de divinisation de ce lieu, ou qu'il avait pris ce nom d'une Divinité Gauloise *). . M. P. XXIIII.
SIRIONE. . . . Pon.. pouvait provenir de celui de la déesse *Sirona*, qui a eu des autels à Bordeaux). . . . . . . M. P. XX.
BVRDIGALA. . . . . M. P. XV.

* M. le baron Chaudruc de Crazannes a publié (*Mémoires de la Société Archéologique du midi de la France*, I, 254 et seqq.) une inscription ainsi conçue :

TVTELAE. AVG
VSSVBIO. LABRVM
SILVINVS. SCI
PIONIS. F. AN
TISTES. D.

Le chemin qui d'*Aginna* conduisait dans les Pyrénées, ou à *LugdunumConvenarum*, aujourd'hui Saint-Bertrand-de-Comminges, était ainsi dessiné :

AGINNVM.
LACTVDAM. . (Lectoure capitale des Lactorates). . . . . . . M. P. XV.
CLIMBERRVM. (La ville basse d'Auch ou Auscius). . . . . M. P. XV.
BELSINVM. . . (On s'est peut-être trompé en croyant retrouver cette position à Bernet). . . . . M. XV.
LVGDVNVM. . . . . M. XXIII.

D'après les anciens monumens, *Aginnum* n'aurait eu de communication avec Toulouse que par la rive gauche de la Garonne, en passant à *Lactora* (Lectoure). J'ai retrouvé en décrivant, en 1821, les antiquités du département de Tarn-et-Garonne, la route qui de *Tolosa* conduisait à *Aginnum* par la rive droite. Elle commençait à la *Porta Arietis*, de *Tolosa*, se dirigeait presque en ligne droite vers le lieu de *Fenouillet*, aux environs duquel elle subsiste encore, comme près de Toulouse, et allait à Bagnols où l'on a retrouvé des bains antiques et d'autres constructions romaines ; puis elle traversait le Lers vers son embouchure dans la Garonne, sillonnait le territoire d'Ondes, nommé *Unda* dans les vieux titres, où elle prend le nom de *Tolzane ;* elle se rapprochait ensuite de Saint-Rustice, où l'on a retrouvé des mosaïques d'une grande beauté; puis se dessinait au-dessous de Pompignan, parvenait à Finhan, (*Fines*) et continuait de se diriger vers la rive droite du Tarn qu'elle traversait à *Mussiacum*, aujourd'hui Moissac ; puis s'engageait dans les hautes collines qu'on trouve au-delà, passait à Saint-Jean-de-Malauze, où l'on a découvert des monumens, et se prolongeait jusqu'à Agen. J'ai, le premier, retrouvé et décrit cette voie.

Un antiquaire, nommé Beaumesnil, a laissé un manuscrit intitulé : *Antiquités d'Agen*, ouvrage qui a été analysé par M. de Saint-Amans, qui donne à l'auteur le nom de Dumesnil (*Second Recueil des travaux de la Société d'Agriculture, Science et Arts d'Agen*, p. 243 et seqq.). Parmi des choses incontestables rapportées par cet écrivain, il en est plusieurs de douteuses, d'autres sur lesquelles on ne peut adopter ses assertions. Une inscription encore conservée à Agen, et plusieurs fois citée, indique l'existence d'un temple consacré à Jupiter dans cette ville :

DIS MANIBVS
IVVENES A FANO
IOVIS
SIBI ET SVIS

Un petit autel consacré à *Tutele* a été trouvé dans la même ville. On y lit cette inscription :

TVTE
LAE SA
CRVM

31 Les limites du territoire des anciens *Cadurci* ne peuvent être fixées qu'avec difficulté. Strabon (lib. IV, 205) les met au nombre des peuples qui habitaient entre la Garonne et la Loire, et, dans l'ordre qu'il suit, immédiatement après les *Petrocorii* et les *Nitiobriges*. Pline (*Hist. Nat.*, lib. IV, c. 19) leur donne les *Rutheni* pour voisins. Il est évident que leur territoire touchait aussi par le sud à celui des *Tolosates*. C'est vers les frontières de ces derniers que doit prendre place la petite tribu des *Tusconi*.

Le pays des *Cadurci* avait la même étendue qu'avait encore le Quercy avant la révolution. Il comprenait tout le territoire qui forme aujourd'hui le département du Lot, et une partie de celui de Tarn-et-Garonne. On peut croire qu'à l'époque où César entra dans les Gaules, une portion du Quercy, c'est-à-dire celle qui confinait avec les *Tectosages*, et spécialement avec les *Tolosates*, était soumise aux Romains. L'autre était habitée par les *Cadurci Eleutheri*, qui se joignirent à Vercingetorix, et qui ne reçurent entièrement le joug qu'après la prise d'*Uxellodunum*. Dans le moyen-âge on divisait le Quercy en deux parties, le *Quercy Noir* et le *Quercy Blanc*. Suivant Cathala-Coture (*Histoire du Quercy, Discours préliminaire*, I, 24), un vieux titre, relatif au prieuré de Saint-Sernin, s'exprime ainsi : *In territorio Cadurcensi in Parte ejus Nigra* ; et, dans un acte d'affranchissement accordé par un seigneur de Montpezat, la date est conçue en ces termes : *Actum decimo septimo Januarii, anno Domini Incarnationis millesimo ducentesimo, in loco Montispisatis Diœcesis Cadurcensis, in Regione Alba*. Plus tard, on le distingua en *Quercy haut* et en *Quercy bas* : on désigna, sous le premier nom, toute la portion de cette petite province qui est au-delà du Lot, relativement à Toulouse ; et par le second, la portion qui est en deçà de cette rivière, relativement au même point.

Il ne faut pas oublier ici les diverses étymologies du nom de cette partie de la Celtique. Cathala-Coture, a trouvé, dans les écrivains qui l'avaient précédé, que le Quercy était primitivement désigné sous le nom de *Craouci*, et que ce nom vient de *Crau* qui, en langue celtique, signifie, dit-il, *pierre* ou *caillou*. Il remarque « que cette étymologie est d'autant plus naturelle que le terrain du Quercy est en général très-pierreux. Plusieurs ont cru que ce nom venait du mot latin *Quercus*, à cause de la grande quantité de chênes qui y croissent naturellement. Enfin, quelques autres ont imaginé que ce pays tirait son nom de la situation de sa capitale, bâtie dans une presqu'île, et ils disent avec intrépidité, que le nom de *Cadurcum* vient du grec Κερσος-νησος......

Cette capitale porta le nom, bien assurément celtique, de *Divona*, qui lui était commun avec la fontaine de Bordeaux, célébrée avec tant de pompe par Ausone (*Clar. Urb.*),

Salve urbis Genius medico potabilis haustu
Divona, Celtarum linguâ fons addita Divis...

La métropole des *Cadurci* devait peut-être même à une Fontaine sacrée et qui était aussi le Génie tutélaire du lieu, le nom qu'elle portait et que lui donnent les Itinéraires, ainsi que Ptolémée. Plus tard, on trouve dans la Notice de l'empire, la Cité des *Cadurci* dans la Première Aquitaine, y occupant le cinquième rang : *In Aquitaniâ Primâ, civitates sunt octo*.

CIVITAS METROPOLIS BITVRICVM,
CIVITAS ARVAENORVM,
CIVITAS RVTHAENORVM,
CIVITAS ALIESIVM,
CIVITAS CADVRCORVM.....

Il faut rejeter au rang des fables l'établissement d'une colonie à Cahors, ou *Divona*, ainsi que l'exclamation que César aurait fait entendre en apercevant pour la première fois cette ville, exclamation naïvement répétée par Cathala-Coture (*Hist. du Quercy*, I, *Discours préliminaire*, 10), que l'on est fâché de retrouver dans la *Statistique du département du Lot*, couronnée par l'Institut (*Académie des Sciences*), I, 438, et que l'on a traduite ainsi, pour la plus grande gloire de Cahors : *Ah ! je vois une seconde Rome !* comme si un *Oppidum* gaulois pouvait être comparé à la ville qui déjà donnait des lois à une grande partie du monde connu. . Ce n'est que sous la domination Romaine que Cahors a possédé, comme la plupart des métropoles gauloises, une étendue remarquable et des monuments dignes d'elle. On observe encore les restes inform[...] restes de thermes ou bains publics et d'un aqueduc. C'est au père de l'empereur Tibère que des écrivains du pays ont attribué la fondation d'une colonie à *Divona* ; mais comme le remarque fort bien M. le baron Chaudruc de Crazannes, (*Mémoires de la Société Archéologique du Midi de la France*, II, 266) « Strabon, qui vivait sous Auguste et Tibère, ne fait aucune mention de cette colonie romaine, non plus que Ptolémée, qui écrivait à l'époque d'Adrien et des deux Antonins. »

35 Il y a eu beaucoup d'incertitude, parmi les savans, sur la véritable position d'*Uxellodunum*, et Lefranc de Pompignan a dit avec raison (*Sociis academiæ Etruscæ Cortonensis*, Lefranc *ejusd. acad. Soc., Œuvres diverses*, II, 303) qu'il en était de

la position de ce lieu célèbre, comme de celui de la naissance d'Homère, plusieurs villes s'en disputant obstinément l'honneur. M. Champollion-Figeac, prouve (*Recherches sur la ville d'Uxellodunum*), que les opinions émises à cet égard remontent aux premiers essais faits pour retrouver en France les villes nommées dans les *Commentaires* de César. Par une singularité remarquable, la première tentative faite à ce sujet amena, sans effort, à ce qu'on croit aujourd'hui, la vérité. Vascosan, dans l'édition des *Commentaires*, publiée par lui en 1543, place *Uxellodunum*, sur la rive droite du Lot, à Capdenac, dans le pays des *Cadurci*. Cette opinion qui, peut-être alors n'était fondée que sur des traditions populaires, fut embrassée par une partie des éditeurs qui donnèrent depuis les livres de César sur la guerre des Gaules. Ortelius l'adopta (*Index geographicus, verb. Uxellodunum. Antuerpiæ*, 1596); Marlian fut de cet avis (*Vet. Galliæ loc. tabl. alphabet.*); le fameux Blaise de Vigenère traduisit d'abord le nom d'*Uxellodunum* par celui de Capdenac. Mais, dans une seconde édition de sa traduction des Commentaires, publiée en 1603, il rapporte que deux personnes de la maison de Noailles, *gentilshommes d'entendement et de savoir*, l'ont assuré qu'on voyait encore au *Puy d'Issolu* (*lou Puech d'Ussolu*), hauteur située près de la ville de Martel, en Querçy, et sur la Dordogne, toutes les marques du siège d'*Uxellodunum* par Jules César, et la fontaine dont parle le conquérant des Gaules. Mais Vigenère ne paraît pas avoir changé d'opinion. Déjà, il est vrai, Fr. Junius s'était décidé pour le *Puy d'Issolu*. De Malleville, auteur qui écrivait vers la fin du XVIe siècle, et qui serait demeuré inconnu sans les savantes recherches de M. Champollion-Figeac, a, dans un ouvrage inédit, (*Seconde partie des esbats de Maleville sur le pays du Querçy*), avancé que la position d'*Uxellodunum* devait se retrouver à *Luzech*. Sanson donna, vers l'an 1627, une *Carte de l'ancienne Gaule*, dans laquelle il plaça *Uxellodunum* à Cahors, ville qui cependant était à l'époque romaine connue sous le nom de *Divona*. Cette carte fut jointe, avec des remarques, à la traduction des Commentaires de César par d'Ablancourt. Sanson, qui, comme on l'a déjà vu, n'était pas très-heureux dans la solution des problèmes géographiques, défendit son opinion (*Remarques sur la carte de l'ancienne Gaule*), et ainsi que dans sa *Gallia vetus*, il répéta cette erreur. Assez long-temps après, le P. Labbe (*Pharus Galliæ antiquæ*, Molinis 1644, *præf.* 3), appuya, d'après l'autorité d'un magistrat du pays, le sentiment de ceux qui déjà avaient placé *Uxellodunum* à Capdenac, ou sur un autre point qu'au *Puy d'Issolu*. Hadrien de Valois (*Not. Gall.* III) réfuta Sanson, mais ne détermina rien. Lamontre, professeur au collège de Cahors, s'éleva aussi contre le sentiment de Sanson (*Parallèle de la situation de l'ancienne ville d'Uxellodunum avec Cahors*, dans le *Journal des Savans*. Mars 1698). Un nouveau système fut publié 27 ans plus tard; l'abbé Augier annonça (*Lettre de M. Augier sur le mot Uxellodunum, Mercure de France*. Juillet 1725, pag. 1546), que, d'après ses propres recherches, il croyait pouvoir fixer la position d'*Uxellodunum* à Luzech. Peut-être les *Esbatz* de Malleville, ne lui étaient-ils pas entièrement inconnus. Mais il est certain que quelques mois après la publication de la lettre sur Luzech, l'abbé Lafage de Mostolac, archiprêtre de ce lieu même, accusa l'abbé Augier de plagiat, et de lui avoir enlevé le mérite de cette découverte (*Mercure de France*, 1726, p. 308). Dans la suite Lefranc de Pompignan parut croire aussi, que c'était sur ce point qu'il fallait chercher la ville conquise par César. On inséra vers le même temps, dans le *Mercure*, l'extrait d'un opuscule de l'abbé de Vayrac (*Dissertation historique, topographique et critique sur la véritable situation d'Uxellodunum*), dans lequel l'auteur veut démontrer que ce lieu ne diffère pas du *Puy d'Issolu*. D'Anville (*Notice de l'ancienne Gaule*, 728, et *Mémoire sur les cartes de l'ancienne Gaule*), donna au *Puy d'Issolu*, la préférence sur tous les autres lieux où l'on voulait placer la ville gauloise. Enfin, de nos jours, M. Champollion-Figeac (*Recherches sur la ville d'Uxellodunum*), après avoir combattu tous les systèmes opposés à celui qui reconnaît *Uxellodunum* à Capdenac, démontre, par l'examen des lieux, que c'est sur ce point qu'il faut située la ville gauloise. Il examine d'abord l'opinion de ceux qui ont confondu Cahors avec *Uxellodunum*; puis il prouve que l'on ne peut croire à l'existence de ce dernier lieu, à *Luzech*. Il passe ensuite à l'examen du sentiment adopté par d'Anville sur le *Puy d'Issolu*. Il ne dissimule pas que trois chartes de l'abbaye de Tulle, rapportées pas Baluze (*Hist. Tutelensis*, 331, 332), donnent à ce point le nom d'*Exelodunum*, nom presque analogue à celui d'*Uxellodunum*, et qu'une autre charte, attribuée à Raoul, roi de France, et publiée par Justel (*Histoire de la Maison de Turenne*, p. 11 du texte et 16 des preuves), porte qu'il avait autrefois existé, sur le *Puy d'Issolu*, une ville, connue par le siège qu'elle soutint contre les Romains. Mais de ce que ce point aurait porté ce nom pendant le moyen âge, il ne faudrait pas en conclure qu'il représente la ville antique. Ce nom se retrouve en effet dans toute la Gaule: *Issoudun* dans la Marche, *Issoudun* en Berry, sont nommés aussi *Uxellodunum*, *Exoldunum*, *Eisoldunum* et *Essoldunum*. C'est évidemment une dénomination descriptive, tirée de la langue Celtique et qui doit s'appliquer à beaucoup de lieux, et à Capdenac même, selon les chartes anciennes. *Uc'h, Uc'hel*, signifie *haut, élevé*, et il faut remarquer que le *c'h*, en Celto-Breton, forme une aspiration qu'il n'est guère possible de rendre en latin que par le son de l'*x*. *Uc'helded* et *Uch'elen*, signifient hauteur, élévation (*Legodinec, Diction. Celto-Breton*, 282, 283). En joignant ce mot à celui de *Dun*, qui, en celtique, signifie montagne, on a dit *Uc'heldun* ou *Uxeldun*, c'est-à-dire, Montagne élevée; d'où les latins auront fait *Uxellodunum :* et ce qui prouve que cette construction doit être adoptée, c'est qu'en langue Galloise on disait aussi, *Uc'hel-wydd,* arbre élevé, et *Uc'helfa,* haut-lieu (E. Johanneau, *Monumens Celtiques,* 330). Les inductions tirées du texte des chartes, en faveur du *Puy d'Issolu,* ne prouvant rien, on a examiné la topographie de ce lieu et l'on s'est convaincu qu'elle n'avait point de rapport avec le texte des Commentaires. D'ailleurs la fausseté de la charte attribuée à Raoul paraît démontrée. Après avoir ainsi agi par voie d'exclusion, le seul lieu de *Capdenac* reste à examiner et sa vue semble confirmer l'opinion de ceux qui y reconnaissent l'*Uxellodunum* de César. Les travaux de M. Champollion-Figeac ont d'ailleurs démontré, pour le plus grand nombre, qu'on chercherait vainement ailleurs cette position célèbre. Une charte de priviléges et d'immunités accordée aux habitans de Capdenac, par Philippe-le-Long, en 1320, et confirmée, en 1361, par le roi Jean, et en 1393 par Charles VI, considère d'ailleurs ce bourg comme étant l'ancienne *Uxellodunum.* Mais cette preuve serait faible encore, si la topographie locale ne venait pas à son secours.

Dans l'armée de Dumnac, défaite sur les bords de la Loire, par Fabius, l'un des lieutenans de César, se trouvaient Drappes, de la cité de Sens, et Lucter, du pays des *Cadurci.* Ils se retirèrent vers la Province Romaine, avec environ deux mille hommes, et furent vivement poursuivis par Caninius. Alors, désespérant d'entrer dans la Province, ils résolurent de se défendre dans le pays même des *Cadurci,* et ils s'emparèrent d'*Uxellodunum,* place d'un très-difficile accès. Bientôt ils virent les enseignes de Caninius, et pour que la forteresse ne fût pas dépourvue de vivres, ils en sortirent pour en ramasser, y laissant une assez forte garnison. La défaite de Lucter qui fut mis en fuite après avoir perdu tous les siens, la prise de Drappes, vaincu de même, alors qu'il n'était qu'à sept milles de la place, rien ne put abattre le courage des assiégés, et César dut venir en personne pour soumettre *Uxellodunum* et pour détruire ce dernier boulevard de la nationalité Gauloise. Vainqueur, malgré la courageuse résistance des assiégés, il fut cruel après la victoire, et par son ordre, on coupa les mains de tous ceux qui avaient porté les armes durant ces derniers combats. Drappes se laissa mourir de faim. Lucter fut livré à César par un traître.

On croit que, dans la suite, le souvenir du courage de Lucter, devint un titre de gloire pour sa famille, et cette opinion est fondée sur une inscription qui faisait partie d'un monument consacré à Marcus Lucterius Leonus, fils de Lucterius Senicianus, honoré de toutes les fonctions publiques dans sa patrie, et prêtre chargé par sa Cité de desservir l'autel d'Auguste, élevé à Lyon, au confluent de la Saône et du Rhône. Ce monument avait été placé par a Cité même des *Cadurci:*

M. LVCTER
LVCTERII SENI
CIANI. F. LEONI
OMNIBVS. HO
NORIBVS. IN. PA
TRIA. FVNCTO
SACERD. ARAE
AVG. INTER. CON
FLVENT. ARAR
ET RHODANI
CIVITAS. CAD
OB. MERIT. EIVS
PVBL. POSVIT.

36 Cette inscription a paru très-suspecte, et je partage les doutes que l'on a conçus sur l'antiquité de ce monument. Elle aurait rapport à une victoire remportée par Jules César, sur les Gaulois, les Allobroges et les *Arécomiques :*

C. IVLIVS. CAESAR DE GALLEIS ET
ALLOBROGIBVS. ET ARECOMICIS
TRIVMPHAVIT.

Pour justifier en quelque sorte l'inconvenance de placer un pareil monument, à Nîmes, Cité qui demeura fidèle à la cause des Romains, Ménard (*Histoire de la ville de Nismes*, I, 23) dit que cette inscription ne doit s'entendre, à l'égard des *Arécomiques,* que de la portion de ces peuples, qui, depuis la confiscation de Pompée, dépendait de Marseille, et qui était située sur la gauche du Rhône, ou sur la côte voisine de la ville d'Agde, que les Marseillais occupaient encore.

37 Les Bénédictins n'ont pas connu en entier cette inscription qui est encore aujourd'hui conservée dans l'église de Saint-André de Sureda. Elle est ainsi conçue :

IMP. CAESA^{RI}
M. ANTONI^O
GORDIANO
PIO. FELICI
INVICT^O AVG
P. M. TRIBVN
POT. II. COS
P. P.
DECVMANI
NARBONENS

c'est-à-dire : IM*Peratori* CAESARI GORDIANO, PIO, FELICI, INVICTO, AV*Gusto, Pontifici Maximo,* TRIBV*Nitia* POT*estate* II CO*nSuli, Patri Patriæ,* DECVMANI NARBONEN*Ses.*

38 Le culte de la Déesse *Nehalennia,* était répandu dans toutes les Gaules : on a trouvé plusieurs autels qui lui furent consacrés, et où elle est représentée, sur

les côtes de la Zélande, au mois de janvier 1647. Cette Déesse est presque toujours figurée accompagnée d'un chien et tenant un vase, ou un panier, rempli de fruits. Sur un de ces monumens on la voit plaçant son pied gauche sur la proue d'un navire. L'image de Neptune est souvent sculptée sur les autels de cette Divinité. On a cru retrouver à Nîmes une figure de Nehalennia, sur un pavé en mosaïque, décrit d'abord par François Graverol à la fin du *Sorberiana* (*Votum Deæ Nehaleniæ solutum, sive Francisci Graverol Nemausensis ad Joan. Ciampini, Romanum, Epistola, de opere quodam Musivo nuper reperto*). Montfaucon (*Antiquité expliquée*, II) a fait aussi connaître ce monument. Il représente une déesse, debout sur le bord de la mer. Auprès d'elle est un chien, et un peu plus bas on croit remarquer une torche flamboyante. Il est probable que ce n'est autre chose qu'une corne d'abondance que l'on voit aussi sur beaucoup de monumens consacrés à cette déesse.

39 On a attribué à la *Tour-Magne* différentes destinations. En 1548, Guillaume Bigot écrivait que cette tour était un mausolée des Rois du pays. Cette opinion a été adoptée successivement par Grasser, et par quelques autres. Quelques antiquaires ont voulu reconnaître dans la *Tour-Magne* un phare destiné à éclairer les vaisseaux qui s'approchaient de la côte, bien que Nîmes soit bâtie à plusieurs lieues de la mer. Plusieurs ont cru aussi que cette tour était le dépôt du trésor de la Colonie. Rulman y reconnaissait, à cause de sa forme, un cénotaphe construit par Hadrien pour l'apothéose de Plotine : Astruc en fait un temple gaulois. M. Grangent (*Monumens antiques du Midi de la France*) y voit la principale tour de la ville, uniquement destinée à observer tout ce qui se passait au dehors, pour en donner avis, au moyen de signaux, aux vingt-quatre bourgs dépendans de la colonie..... La Tour-Magne dont le nom vient de *Turris magna*, est bâtie sur le côteau élevé qui domine la source de la fontaine. Son plan forme un hexagone irrégulier, tandis que celui des étages supérieurs est un octogone parfait. L'extérieur offre deux ordres. Au-dessus d'un premier soubassement, on en trouve deux autres. Le premier ordre a, sur chaque face, quatre pilastres doriques couronnés d'un entablement au-dessus duquel s'élève un second ordre orné dans le genre toscan. On montait sur la première plateforme par un escalier extérieur : puis on trouvait l'entrée de la tour, un escalier qui par neuf révolutions, et autant de paliers, parvenait à la terrasse supérieure. La tour qui aujourd'hui, selon notre méthode barbare d'employer les anciens monumens à des usages modernes, est couronnée d'un télégraphe, a 33 mètres 80 centimètres en comptant de sa base, du côté de l'est, jusques au couronnement de l'attique, savoir : 12 mètres pour la hauteur du soubassement jusques au niveau des murailles ; 6 mètres 70 centimètres pour les deux soubassemens du premier étage ; 6 mètres 80 centimètres pour le premier ordre ; 6 mètres 10 centimètres pour le second, et 2 mètres 20 centimètres pour l'attique. Sa largeur, hors d'œuvre, est de 20 mètres au niveau du soubassement et au-dessus du dernier socle ; de 15 mètres 60 centimètres, au niveau des deux soubassemens supérieurs formant la base du premier ordre ; de 15 mètres 20 centimètres au niveau de ce premier ordre ; de 14 mètres 20 centimètres au niveau du second ordre, et de 14 mètres 20 centimètres au niveau de l'attique, servant de couronnement. »

M. Auguste Pelet dans son *Essai sur la Tour-Magne* (*Mémoires de la Société royale des Antiquaires de France*, III, 2e série, 104), croit que cette Tour n'a jamais fait partie des fortifications de Nîmes, ce que sa forme et ses ornemens architecturaux indiquent assez ; il croit que sa construction est antérieure aux murs d'enceinte de la ville. Il rapporte l'opinion d'Astruc (*Mémoires pour servir à l'Hist. nat. du Languedoc*, 441), qui voit dans cette tour un ouvrage gaulois fait sous la direction des Grecs de Marseille. Il ne faut pas sans doute adopter cette opinion ; et, selon mes remarques, ce monument serait même postérieur à la construction des murs de Nîmes ; mais on reconnaîtra aisément en lui un mausolée honoraire, un cénotaphe, presque semblable à ceux qu'on voit sur les revers de plusieurs médailles de consécration, et tel qu'Hérodien décrit les mausolées qu'on dressait lors des funérailles des empereurs. « Au-dessus du premier étage il y en a un autre plus petit et qui a des portes ouvertes ; sur celui-là, il y en a un autre, et sur celui-ci un autre encore ; c'est-à-dire jusqu'à trois et quatre dont les plus hauts sont toujours de moindre dimension que les plus bas, de sorte que le plus élevé, est le plus petit de tous, semblables à ces tours qu'on voit sur les ports et qu'on nomme phares, où l'on met des feux pour éclairer les vaisseaux et leur donner moyen de se retirer en lieu sûr. » M. A. Pelet dit, avec raison : « N'est-ce pas là, en quelque sorte la description de notre *Tour-Magne* ? » On peut donc croire que ce monument a été élevé sur le point le plus culminant de la ville, pour honorer un grand personnage. Déjà Rulman y avait vu un cénotaphe dédié à Plotine. Peut-être a-t-il été consacré à Auguste, auquel on doit, comme on va le voir, la construction des murs et des portes de la Colonie de Nîmes.

Plusieurs antiquaires ont voulu jadis déterminer et l'époque de la construction et l'étendue des murs d'enceinte de la ville de Nîmes ; mais leurs recherches n'avaient produit aucun résultat relativement à la date de la construction de ces murs. Une inscription découverte en 1793, au-dessus de l'une des portes de l'enceinte que l'on allait renverser en même temps que l'ancien château dans lequel cette porte était pour ainsi dire renfermée, nous a fait connaître la date de cette construction. Les lettres de cette inscription étaient en bronze, dit M. Grangent (*Des-*

cription *des monuments antiques du Midi de la France*), et se trouvaient en outre engagées dans des rainures pratiquées dans la pierre. Ces lettres de bronze ont disparu, mais les rainures existent encore, ainsi que les trous destinés à recevoir les crampons qui servaient au scellement de chaque caractère. Les lettres onciales de cette inscription sont belles; celles de la première ligne ont 25 centimètres de hauteur et celles de la seconde 16. Elles offrent encore la trace ou l'empreinte des deux lignes suivantes :

IMI:: CAESAR:: IVI. F. AVGV:: TVS. O:: X::
TRIB:- TEST. VIII:. ORTAS. MVROS, CO::: DA::

Que l'on peut restituer ainsi :

IMP. CAESAR. DIVI. F. AVGVSTVS. COS. XI. TRIB. POTEST.
VIII PORTAS. MVROS. COL. DAT.

Le onzième consulat d'Auguste correspond à l'an 730 de Rome; et l'on voit que c'est en cette année que les murs de Nîmes furent bâtis. L'établissement de la Colonie ayant eu lieu vers l'an 727, pendant le séjour qu'Auguste fit dans les Gaules, ou peu de temps après, c'est de là, dit Ménard, que vient le titre de Colonie Auguste, *Colonia Nemausensis Augusta*, qu'elle porte dans les anciennes inscriptions, et qu'elle n'a pu obtenir de César Octave qu'après le commencement de l'an 727, temps où ce Prince reçut lui-même du Sénat le surnom d'Auguste.

J'ai dit que plusieurs écrivains ont voulu déterminer l'étendue de l'enceinte de Nîmes. Poldo d'Albenas (*Discours histor. de la cité de Nismes*, 26), lui donne 9460 toises. Deyron (*Des antiquités de Nismes*, 44) réduit ce nombre à 4640 cannes, et Gautier (*Hist. de Nismes et de ses antiquités*, 29) dit que cette enceinte a 4640 toises de développement. Selon Valette de Travasac (*Abrégé de l'histoire de la ville de Nismes*, 22) ses remparts avaient « une grande lieue horaire de circuit. » Ménard (*Hist. de la ville de Nismes*, 1, 30) assure que cette enceinte n'avait que 2925 toises. Enfin M. Grangent, qu'il faudra toujours citer lorsqu'on s'occupera des monuments de Nîmes, a mesuré cette enceinte avec une exactitude sur laquelle on ne peut élever aucun doute, et, suivant lui, « L'enceinte antique avait un développement total de 6032 mètres, en suivant toutes les sinuosités des murailles. Sa plus grande longueur, de l'est à l'ouest, était de 2220 mètres, et sa plus grande largeur, du nord au sud, de 1716 mètres. — Les murs avaient une hauteur moyenne de 9 mètres 5 décimètres au-dessus du terrain dont ils suivaient toutes les pentes et les divers mouvements. Leur épaisseur n'était pas rigoureusement égale : elle variait de près d'un mètre 66 centimètres, jusqu'à 2 mètres 95 centimètres. Ils étaient parementés, en dehors et en dedans, par des assises régulières de moelons smillés..... Ces murs étaient flanqués de tours placées à des distances très-rapprochées; elles étaient généralement rondes; nous n'en avons trouvé qu'une seule carrée, au-dessous et à l'ouest de la Tour-Magne. Ménard dit que la plupart étaient octogones; nous n'en avons cependant remarqué aucune de cette forme..... La maçonnerie de leurs murs avait, en général, 1 mètre 80 centimètres d'épaisseur. Les murs antiques de Nîmes étaient percés de plusieurs portes correspondant aux diverses voies qui établissaient les communications de la Colonie avec les peuples voisins. Ménard en compte dix. Deux seulement sont encore conservées du côté du midi, et nous n'avons pu reconnaître que les vestiges et l'emplacement de trois autres. »

Nîmes n'a été connue que depuis l'établissement de sa Colonie et c'est en vain que Parthénius, ou Étienne de Byzance, (*Stephan. Bysant. Gentil. in voc.* Νέμαυσος) dit que cette ville avait été fondée par un descendant d'Hercule, appelé *Nemausus*, qui donna aussi son nom au pays voisin : Νέμαυσος, πόλις τῆς Γαλλίας, ἀπὸ τοῦ Νεμαύσου, Ἡρακλείδου, ὡς Παρθένιος : τὸ ἐθνικὸν, Νεμαυσινιῶν καὶ Νεμαυσῶν διὰ τὴν χώραν. En vain Suidas, (*Lexic.*), a donné la même origine à la ville de Nîmes qui, suivant lui, est une ville de la Gaule dont la dénomination vient de *Nemausus*, l'un des descendans d'Hercule : Νέμαυσος, πόλις Γαλλίας ἀπὸ Νεμαύσου Ἡρακλείδου; en vain encore des auteurs modernes, (Poldo d'Albenas, (*Discours historial de la cité de Nismes*, 10. — Grasser, *De antiquitat Nemaus*, 12) — Guiran (*Explicat : duor. vetust. Nemaus*, 48,72), etc. etc., ont adopté cette fabuleuse origine; on croit aujourd'hui, avec Ménard, que le nom de cette ville vient de la langue Celtique ; en effet, selon cet écrivain : « le nom de Nîmes, ne lui est venu ni de sa Fontaine, ni de sa situation au voisinage des bois..... Ce nom est composé, dit-il, du mot *Nemet*, ou *Nemoz*, qui signifie un *Lieu consacré* pour la religion, d'où se forma d'abord le nom de *Nemossus* ou de *Nemosus*. » Il est évident que Ménard, en écrivant ces lignes, aurait pu appuyer son étymologie sur ce que Strabon (*lib*, XII, 721) nous apprend, relativement aux douzes Tetrarques des Galates, ou des *Volkes Tectosages* d'Asie, qui s'assemblaient dans le *Temple* ou le lieu consacré par les Druides, lieu qu'il nomme *Drunemete* Δρυνέμετον, et aussi sur ces vers de Fortunat (*Lib.* 1, C. 7) qui prouvent que le mot *Nemet* est un mot Celtique qui signifie *Temple* :

Nomine Vernemetis voluit vocitare Vetustas,
Quod quasi Fanum ingens Gallica lingua refert.

L'historien de Nîmes aurait pu encore faire remarquer que le mot *Nemet* était la racine du nom de beaucoup de villes Gauloises, telles que NEMETO*cenna*, NEMET*acum*, *Augusto* NEMET*um*, etc.

Ménard ne croit pas à l'établissement d'une colonie grecque à Nîmes, bien que l'on y trouve encore, dans le langage vulgaire, beaucoup de mots grecs, ou évidemment dérivés du grec. Il y reconnaît seulement le lieu consacré où s'assemblaient les chefs des *Volkes Arécomiques*, et il fait venir, assez naturellement, le nom distinctif de ces peuples, de la situation du pays qu'ils possédaient. « Ils voulurent désigner, dit-il, les diverses vallées qu'ils habitaient, et qui descendaient des montagnes des Cévennes jusqu'à la mer. Ils se donnaient pour cela le nom d'*Arecomici*, qui est formé de la préposition *ar*, qui, dans l'ancien Gaulois ou Celtique, signifiait *sur*, ou *dans*, et du mot *comb* ou *Cwmm* qui signifiait une *vallée*; *ar-com*, *ad vallem*. De là se forma le nom d'*Arecomici* que ces peuples joignirent au mot *Volcæ*..... » Il est d'ailleurs certain que la préposition *ar*, contraction de *oar*, qu'on prononce aussi, *var* ou *war*, a encore, en Celto-Breton, le sens que lui donne *Ménard*, *sur*, *dessus*, comme dans le mot *Armorique*, bien que *ar*, considéré comme article défini, représente le plus souvent les monosyllabes français *le*, *la*, *les*, en Celto-Breton. Le mot *Kombant* ou *Koumbant*, sert encore à désigner un espace entre deux côteaux, un vallon. Le même mot est conservé, avec un sens identique, dans différens dialectes du Roman Languedocien, et *Coumbo* y signifie encore une vallée.

40 Ce temple si remarquable par « la richesse de sa décoration intérieure, et la pureté d'exécution de tous ses détails, est situé à l'ouest des bains antiques de Nîmes, dont il était, comme le dit très-bien M. Grangent, une dépendance et un des plus beaux ornemens. » C'est principalement aux découvertes de l'habile ingénieur qui vient d'être nommé, que nous devons la connaissance entière de cet édifice. On a successivement donné le nom de Temple de Diane, de Vesta, d'Apollon à ce monument. On l'a même consacré aux Dieux infernaux, et Palladio a adopté cette opinion singulière. Ménard, (*Histoire de la ville de Nismes*, I, 34) dit que « cet édifice paraît avoir été dédié aux principales divinités, dont le culte venait de s'introduire dans cette ville par le commerce étroit de ses habitans avec les Romains : divinités dont la plus considérable, vraisemblablement Nemausus, qui était devenu le Génie et le Dieu Tutélaire de la Colonie, avait son autel placé au fond du temple, et les autres, leurs statues seulement, dans les douze niches qui sont autour des murs ; en sorte que c'était comme le Panthéon de la Colonie. » Ces excellentes observations ont été entièrement confirmées par M. Grangent. Celui-ci remarque, en outre, qu'à Rome les temples n'étaient pas en général isolés, et que le Panthéon était lié aux Thermes d'Agrippa. « Le Panthéon de Nîmes, ajoute-t-il, était disposé d'après les mêmes principes, et le Temple et les Bains antiques ne formaient qu'un seul tout, dont les parties, régulièrement ordonnées, devaient produire un ensemble majestueux et bien digne de la magnificence Romaine. En effet, nous voyons que le Panthéon et les Bains sont formés par des lignes parallèles et perpendiculaires les unes aux autres. L'axe du Temple est presque dans le centre du Nymphée, au milieu duquel s'élevait la statue de la Nymphe de la Fontaine, ou peut-être celle d'Auguste..... »

En examinant la façade actuelle de ce temple, on est prévenu bien désagréablement contre le système qui, en remplissant l'intérieur des ornemens les plus purs et les plus délicats, aurait créé un frontispice aussi bizarre. La vue des trois portiques inégaux et grossiers qui forment cette façade, a fait présumer à MM. Durant et Grangent que les Romains avaient construit, en avant, un autre frontispice régulier et décoré avec élégance. Les recherches faites à ce sujet par ces savans ingénieurs ont été couronnées de succès ; ils ont reconnu qu'au devant du mur actuel « s'élevait un grand porche, formé par trois portiques, dont les deux latéraux, demi-circulaires, sur le plan, offrent de grandes niches fermées. Celui du milieu, de forme carrée, sert à l'entrée du temple. — Le devant du porche et des niches latérales était orné de deux colonnes d'ordre corinthien, couronnées d'une corniche, qui s'amortissait contre les pieds droits, et c'était seulement au-dessus de la corniche que commençait le cintre de l'entrée principale et des niches. Cette façade était élevée au-dessus d'un perron général sur lequel on montait par quatre marches. En avant du perron et vis-à-vis de chaque trumeau, on trouve un piédestal qui portait vraisemblablement une statue. »

D'autres fouilles faites en 1833, et dont j'ai vu les résultats la même année, ont confirmé les idées de MM. Durant et Grangent, et ont ajouté encore à ce qu'ils avaient découvert. M. Auguste Pelet a rendu compte de ces fouilles, (*Mémoires de la Société royale des antiquaires de France*, nouvelle série I, 15 et seq.) Chacune des deux divisions demi-circulaires de la façade, avait 6 mètres d'ouverture. « Deux massifs en grosses pierres régulières et taillées se trouvaient placés sur leurs diamètres, de manière à les diviser en trois parties égales, ce qui doit faire soupçonner que chacun de ces vides était orné de deux colonnes. A 7 mètres 40 c. de la façade, et parallèlement à son mur, on a trouvé l'axe de 4 colonnes dont le diamètre inférieur est de 0 ^{m} 80 c. et l'entre-colonnement de 6 ^{m} 15 c. ; trois bases sont encore en place. — Sur le milieu de chaque entre-colonnement, excepté celui qui faisait face à la porte principale, il existe des bases ; « il nous paraissait déjà évident, dit M. Pelet, qu'elles n'avaient dû servir qu'à supporter des statues, lorsqu'un tronçon en marbre, trouvé au pied de la base la plus septentrionale, est venu confirmer mon opinion. Ce fragment se compose d'une portion de corps, d'une épaule couverte d'une draperie, et de la partie postérieure d'une tête, à cheveux courts, ceints d'un bandeau. Nous avons jugé que la statue dont ce fragment faisait partie, devait avoir 10 pieds, la longueur du coude à l'épaule étant de 0 m. 65 c. »

« Les opinions étaient depuis long-temps partagées non-seulement sur l'époque de la construction de ce temple, mais encore sur le motif qui l'avait fait élever. Poldo d'Albenas, (*Disc. hist. des antiq. de Nismes* 74) y retrouva le Capitole de la Colonie. Deyron (*Antiq. de Nismes* 95) a cru, d'après Chorier, (*Hist. de Dauph.* 1.7.373), que c'était un prétoire, un palais où l'on rendait la justice. Spartien (*Spart. in Hadr.*, p. 6) nous apprenant qu'Hadrien fit bâtir à Nismes une basilique à l'honneur de Plotine, plusieurs écrivains ont cru la retrouver dans cet édifice nommé, vulgairement, *Maison-Carrée*. Catel (*Mémoires de l'Histoire de Languedoc*, 286) a été de cet avis; Pontanus (*Is. Pontan. It. Gall. Narb.* 10) l'a adopté, ainsi que Sincerus (*Sinc. It. Gall.* p. 211); Bulman (*Plan du 6me volume de ses œuvres mêlées*); de Colonia, (*Hist. de Lyon*, 178); Hekel (*In Not. ad' Introd. Georg. Cluv. verb. Nemausus*), ont suivi, avec différentes modifications, ce dernier sentiment. Ménard (*Hist. de la ville de Nismes*, I, 44, 45) ne retrouve pas dans la *Maison-Carrée*, la Basilique dont parle Spartien, mais un temple qu'Hadrien aurait fait bâtir pour honorer aussi la mémoire de Plotine: il s'appuie du témoignage de Dion (*Lib.* LXIX) qui aurait fixé l'époque de la construction de cet édifice. Sans être d'accord sur la destination de ce beau monument, quelques autres savans, Vigenère, (*Comment. sur Tite-Live*); Casaubon (*Not. in Spartian.* 23); de Thou (*De vitâ suâ, lib. II*); Fléchier (*Descript. des antiq. de Nismes*, Mss.) en attribuaient la construction à Antonin. Maffei (*De gli anfiteatri*) croyait que la Colonie seule avait fait élever ce temple. Plusieurs écrivains, avaient d'ailleurs pensé, avant Ménard, que ce n'était point la Basilique mentionnée par Spartien, et Golnitz dans son Voyage de France (*It. Belg. Gall.* 503) s'était élevé contre l'opinion qui donne à cet édifice le nom de Basilique. Grasser (*Ant. Nem. Dissert.* 39) a dit seulement que la *Maison-Carrée* était un temple, sans l'attribuer à aucune divinité. Gautier (*Antiq. de Nismes*, 40) a suivi le même sentiment; Spon (*Recherches d'Antiq.*) a cru que c'était un temple de Jupiter Capitolin, ou plutôt de Mars. Il n'est pas inutile de remarquer que plusieurs antiquaires ont cru découvrir des preuves de ce qu'ils ont avancé relativement à la *Maison-Carrée*. Poldo d'Albenas, en annonçant que cet édifice était la Basilique dont parle Spartien, ajouta au témoignage de cet écrivain, celui d'une inscription qui aurait été conservée à Aix, dans la maison du premier président du parlement de cette ville. La tourbe des copistes est venue après Albenas, et Grasser, Sincerus, Deyron, Gautier, ont rapporté cette inscription comme authentique, tandis que Casaubon et Gruter la rejetaient comme fausse.

Enfin, toutes les suppositions faites relativement à la destination primitive de la *Maison-Carrée*, ont dû céder à l'ingénieuse opinion de M. Séguier. Ce savant prit d'abord un calque fidèle des trous qui avaient reçu les lettres en bronze de l'inscription placée sur la frise; il s'étudia ensuite à dessiner, d'après ces indications les lettres de l'inscription, et il retrouva les deux lignes suivantes :

C. CAESARI. AVG. F. COS. CAESARI AVGVST. F. COS. DESIGNATO
PRINCIPIS IVVENTVTIS.

Ce monument aurait donc été dédié aux deux fils adoptifs d'Auguste, Caïus et Lucius Cæsar, Princes de la Jeunesse.

Ainsi, d'après la restitution de cette inscription, le Temple, nommé la *Maison-Carrée*, aurait été bâti, ou plutôt consacré, vers l'an de Rome 754.

L'Europe savante a adopté la restitution proposée par M. Séguier.

D'après un examen attentif de la frise, M. Grangent a cru reconnaître que cette inscription avait succédé à une autre plus ancienne.

Quoi qu'il en soit, la Maison-Carrée est, comme le dit le même auteur, le monument le plus pur et le mieux conservé de l'antiquité. On peut croire qu'il a fait partie des décorations d'un *Forum*, ou d'une vaste place.

L'intérieur de cet édifice, la *cella*, qui présente, entre les paremens des murs, un rectangle de 15 mètres 28 centimètres de long, sur 10 mèt, 90 cent. de large, offrait des murs dont les pierres étaient presque brutes. On les a, de nos jours, plâtrées avec soin, et l'on a fait de cette *Cella*, qu'il fallait respecter, un Salon de peinture, un Musée, dans lequel sont appendus quelques tableaux, quelques armures du moyen âge, et où l'on voit quelques débris de sculptures antiques. Mais si je blâme l'emploi de ce monument vénérable, qui devait être respecté, je ne puis qu'applaudir aux soins qu'on a pris pour isoler cet édifice admirable, pour le montrer sous tous ses aspects, pour le conserver aux siècles à venir. L'autorité a bien mérité, par là, des amis des arts et de l'antiquité. Elle a accompli ce que les Etats de la province avaient projeté, et ce que la France demandait depuis long-temps.

J'ai dit que le Temple des fils adoptifs d'Auguste avait pu faire partie des décorations d'un *Forum*. Les fouilles faites en 1821 et 1822, autour de ce monument, viennent à l'appui de cette opinion.

M. Grangent, que nous avons cité si souvent, a donné dans l'*Annuaire du département du Gard pour* 1822, une restauration complète du monument. M. Alphonse de Seynes a publié (*Essai sur les fouilles faites autour de la Maison-Carrée pendant les an-*

nées 1821, 1822), des notions exactes et importantes sur le plan du *Forum*, ou de la place, dont la *Maison-Carrée* était le plus bel ornement, et on trouve des détails, presque identiques, et accompagnés d'un plan à-peu-près semblable à celui de M. de Seynes, dans l'édition donnée, en 1826, de ce petit livre que, sous le titre d'*Histoire des Antiquités de la ville de Nismes, par M. Ménard*, on offre aux voyageurs. Le Temple était porté par un stylobate qui s'élevait sur une plateforme qu'entouraient de trois côtés des portiques ou colonnades : celle qui était au-delà de la partie postérieure de la *Maison-Carrée* était formée de manière à ne pas offrir de parallellisme avec cette partie. Les faces latérales se composaient de portiques dont les colonnes, d'ordre corinthien, formaient deux lignes ; leur longueur était de 110 mètres, ou d'environ 339 pieds. La largeur entre les colonnades latérales était d'à-peu-près 44 mètres 50 centimètres, ou d'un peu plus de 137 pieds. Le tout ensemble devait offrir l'aspect le plus imposant et le plus majestueux.

Dans le plan que nous avons joint à l'*Histoire*, sous le nº 4 :

A, indique le Temple des fils adoptifs d'Auguste, ou la *Maison-Carrée*.
BB, la plateforme sur laquelle le Temple est assis.
CD, les bases des colonnes trouvées en place et qui formaient une partie du portique latéral de droite.
EE, les portiques latéraux.
FF, le mur du milieu des portiques et qui devait être percé par des arcs correspondans aux entre-colonnemens. Ce mur devait servir aussi à supporter la toiture qui était à deux versans, et qui, par suite, devait offrir un fronton triangulaire à chaque extrémité. La largeur de ce double portique prise de l'axe de la colonnade jusqu'à l'angle extérieur de ce mur, était d'environ 7 mètres.
GGG, Escaliers par où l'on parvenait sur la plateforme.
HH, puisards.
II, Enfoncemens quarrés, de chaque côté de la plateforme.
KK, petits aqueducs.
L, aqueduc.
M, aqueduc.
N, mur du fond des portiques, non parallele à la partie postérieure du temple.
O, pavé en mosaïque découvert à 1 mètre 65 centimètres au-dessous du sol de la plateforme et qui, avec un puits et des fondemens de murs, trouvés sur la même place, a dû faire partie d'une habitation détruite pour établir la construction dont nous nous occupons, car on ne peut rattacher cette maison et cette mosaïque à aucune des portions du Forum ou du Temple.
P, place entourée de portiques.
QQQ, amorces de quelques autres constructions antiques qui pouvaient se rattacher aux portiques. Peut-être y en avait-il de pareils de l'autre côté

et M. de Seynes (p. 26), dit à ce sujet. « le nom de *Capitole* donné à ce quartier dans les plus anciennes chartes de Nîmes, le nom de deux rues voisines, celles de *la colonne* et de la *pierre longue*, indiquent assez qu'on a dû y découvrir des restes antiques ; les buttes-rond de la plupart de ces rues sont des tronçons de fûts, dont le modèle n'est pas celui des colonnes de la Maison-Carrée, ni de ses portiques. ,
R, base de colonne, trouvée dans la maison Michel, ainsi qu'un mur antique et un aqueduc.
S, prolongation de la rigole ou aqueduc K,
T, partie des portiques.

Les portions de ce plan, tracées en noir, indiquent des substructions existantes. Les autres, d'une teinte plus claire, marquent les parties qu'on a cru devoir restituer d'après les indications fournies par celles qui subsistent encore.

42 Les *Arènes*, ou l'Amphithéâtre de Nîmes, déblayé jusqu'au sol antique des constructions bizarres qui l'encombraient autrefois, offre sa masse imposante sans que rien en dérobe la vue aux archéologues et aux artistes. Il est bien vrai cependant que l'envie d'utiliser tous les vieux monumens, a quelquefois, étrangement paru dans cet amphithéâtre, et on n'a pas vu sans peine, en 1833, des pièces d'artillerie placées dans l'arène et des chevaux mugir sous les premières galeries... C'est M. le baron d'Alphonse, ancien préfet du Gard, qui est parvenu à dégager cet admirable monument, des échoppes, des constructions grossières qui l'encombraient de toutes parts. Ce que les États de Languedoc avaient entrepris, ce magistrat l'a accompli avec un rare bonheur.

L'Amphithéâtre de Nîmes forme une ellipse, dont le grand axe, pris en dehors des paremens intérieurs des pieds-droits des grandes portes d'entrée de l'est et de l'ouest, a une longueur de 133 mètres 38 centimètres, et le petit axe, pris aussi en dehors des mêmes parement des portes du nord et du sud, a 101 mèt. 40 cent de largeur. Le grand axe de cette même ellipse, pris dans l'intérieur de l'arène, en dedans du parement des moellons smillés, près le mur du Podium, a 69 mèt 14 cent., et le petit axe, 38 mèt. 34 cent. La hauteur totale de l'Amphithéâtre, du socle extérieur au niveau du couronnement de l'attique, est de 21 mèt. 32 cent., savoir : 10 mèt. 0,69 pour la hauteur du premier ordre, 9 mèt. 3,85 pour la hauteur du second et 1 mètre 866 millimètres pour celle de l'attique Soixante portiques forment la division circulaire extérieure de l'amphithéâtre ; trente-cinq rangs de gradins, non compris les quatre marche-pieds servant de division à chaque précinction, sont établis dans l'intérieur du mur d'appui du Podium jusqu'à l'Attique. Ils sont divisés en quatre précinctions, ayant chacune leur séparation et leurs issues ou vomitoires.

La meilleure description qui existe de l'Amphithéâtre de Nîmes, la seule qui puisse être consultée avec fruit, est celle qu'à donnée M. Grangent. *(Monumens du midi de la France, page 37 et seq.)*

43 Parmi les débris architecturaux placés dans les remparts actuels de Narbonne, on voit plusieurs frises sur lesquelles on a sculpté des masques scéniques qui supportent des guirlandes. On aurait dû y reconnaître les restes des ornemens de l'ancien théâtre de cette ville, mentionné par Sidonius Apollinaris. Mais les savans du pays ont cru y retrouver l'image de *Circius*, et ils ont pris les masques dont il vient d'être parlé pour la représentation de ce Dieu..... J'ai donné (*Archéologie Pyrénéenne*, Atlas, I, planche 29) une partie des frises sur lesquelles on voit les masques tragiques et comiques, si étrangement méconnus par les vieux antiquaires Narbonnais.

44 Pylaemenes prit le vain titre de *Fils du Roi Amyntas*, dans l'inscription placée à Ancyre lors des jeux solennels célébrés dans cette métropole antique des *Volkes-Tectosages* :

. . . .
ΕΠΙ Μ ΛΟΛΛΙΟΥ ΠΥΛΑΙ
ΜΕΝΗΣ ΒΑΣΙΛΕΟΣ ΑΜΥΝ
ΤΟΥ ΥΙΟΣ ΔΗΜΟΘΟΙΝΙΑΝ
ΔΙΣ ΕΔΩΚΕΝ ΘΕΑΣ ΔΕ ΤΡΙΣ
ΕΔΩΚΕΝ ΑΓΩΝΑ ΓΥΜΝΙΚΟΝ
ΑΡΜΑΤΩΝ ΚΑΙ ΚΕΛΗΤΩΝ
ΕΔΩΚΕΝ ΟΜΟΙΩΣ ΔΕ ΤΑΥΡΟ

ΜΑΧΙΑΝ ΚΑΙ ΚΥΝΗΓΙΟΝ ΚΑΙ ΠΡΟΣ
ΠΟΛΙΝ ΤΟΠΟΥΣ ΑΝΙΕΡΩΣΕΝ ΟΠΟΥ
ΣΕΒΑΣΤΕΙΟΝ ΕΣΤΙΝ ΚΑΙ Η ΠΑΝΗΓΥ
ΡΙΣ ΓΕΙΝΕΤΑΙ ΚΑΙ Ο ΙΠΠΟΔΡΟΜΟΣ...

Sub M. Lollio, Pylæmenes, Regis Amyntæ filius, publicum epulum bis dedit, spectacula ter dedit, certamen Gymnicum curribus et equis desultoriis dedit, similiterque taurorum Pugnam, et Venationem, et juxta urbem loca consecravit ubi Sebasteum est, et Panegyris cum equorum cursu celebratur.....

ΠΥΛΑΙΜΕΝΗΣ ΒΑΣΙΛΕΩΣ ΑΜΥΝΥΟΥ ΥΙΟΣ
ΔΗΜΟΘΟΙΝΙΑΝ ΕΔΩΚΕΝ.....
ΕΝ ΑΝΚΥΡΗ ΤΕΚΤΟΣΑΓΩΝ
...... ΘΕΑΣ ΚΑΙ ΠΟΜΠΗΝ
ΕΔΙΔΩ ΟΜΟΙΩΣ ΔΕ ΤΑΥΡΟΜΑΧΙΑΝ
ΚΑΙ ΠΥΚΤΑΣ ΚΑΙ ΜΟΝΟΜΑΧΩΝ ΖΕΥΓΗ
ΕΔΩΚΕΝ ΔΙ ΟΛΟΥ ΤΟΥ ΕΝΙΑΥΤΟΥ
ΘΗΡΟΜΑΧΙΑΝ ΕΔΩΚΗΝ
ΔΗΜΟΘΟΙΝΙΑΝ ΕΔΩΚΕΝ ΕΝ ΠΕΣΣΙΝΟΥΝΤΙ, etc.

Pylæmenes, Regis Amyntæ filius, publicum epulum dedit.... in Ancyra Tectosagum, Spectacula et Pompam dedit, similiterque taurorum pugnam, et pugiles et gladiatorum paria exhibuit, per totum annum, ferarum pugnam exhibuit, publicum epulum dedit....

45 Pour des détails plus circonstanciés, voyez *Additions et Notes du livre premier*, pag. 58.

FIN DES ADDITIONS ET NOTES DU LIVRE SECOND.

LIVRE TROISIÈME.

I.

Dédicace d'un autel a Narbonne à l'honneur d'Auguste.

Jamais regne ne fut plus heureux, ni gouvernement plus doux que celui d'Auguste : mais aussi jamais prince ne fut plus chéri ni plus honoré dans les provinces et dans les villes de l'Empire. Tous les peuples s'empressoient à l'envi de lui donner des marques publiques de leur affection et de leur devoüement : ils porterent leur vénération pour sa personne, même avant sa mort, jusqu'à le révérer comme un Dieu, et à élever des temples et des autels à son honneur.

Parmi les villes de l'Empire celle de Narbonne se distingua par l'autel qu'elle dédia à l'honneur de ce prince trois années avant sa mort, sous le consulat de T. Statilius Scaurus et L. Cassius Longinus. Une ancienne [1] inscription trouvée en 1566. dans les vieux fondemens de l'ancienne cité de Narbonne, et placée à un coin de la cour du palais archiepiscopal de la même ville, nous apprend que le peuple de Narbonne après avoir érigé dans le marché public un autel de marbre blanc, sur lequel elle fut gravée, en célébra la dédicace le vingt-deuxième jour de Septembre ; et que pour *honorer la divinité* d'Auguste, le peuple s'y dévoüa, et s'imposa l'obligation de célébrer tous les ans une fête à son honneur en cinq differens jours, sçavoir le 23 de Septembre, jour de la naissance de cet empereur, le 7. janvier, premier jour de son regne, et le 31. de Mai que ce prince *avoit uni* durant cette même année (judicia plebis decurionibus conjunxit) *les jugemens* ou *les juges du peuple de Narbonne aux décurions* ou senateurs *de la même colonie*. Ces termes peuvent donner lieu de croire qu'il y avoit eu quelque differend entre le peuple de Narbonne et les décurions de cette colonie, ce qui les avoit obligez peut-être d'en partager le gouvernement. Quoi qu'il en soit, dans ces trois jours de fête, trois chevaliers Romains et trois affranchis de la même colonie, qui formoient ensemble un college de Sevirs, devoient à l'avenir immoler tous les ans chacun une victime sur cet autel : et distribuer de l'encens et du vin aux citoiens et habitans de Narbonne (*colonis incolisque*) pour en faire des libations à l'honneur d'Auguste. Les deux autres jours de fête marquez dans l'inscription étoient le premier jour de Janvier et le 24. de Septembre : durant ces deux jours, qui devoient être moins solemnels que les trois autres, ces Sevirs devoient seulement distribuer de l'encens et du vin au peuple pour les mêmes libations. On grava de l'autre côté de cet autel les loix suivant lesquelles il fut dédié ; c'étoient les mêmes que celles de la dédicace de l'autel de Diane sur le mont Aventin.

II.

Sevirs Augustales de la province. Temples bâtis à l'honneur d'Auguste et de Julie sa femme dans la même province.

Les six prêtres destinez pour le service de cet autel, et pour les sacrifices qu'on y offroit, formoient, comme on l'a déja dit, un college particulier qu'on nommoit le college des *Sevirs Augustales*, parce qu'ils étoient consacrez au culte d'Auguste. Les anciennes inscriptions [1] qui nous restent ont conservé les noms de plusieurs d'entre ces Sevirs, et en particulier de Q. Fullonius Tolosanus, de Q. Julius Servandus, de L. Æmilius Moschus, de P. Olitius Apolonius, etc. Ce dernier se rendit si recommandable par ses liberalitez

---

[1] Pr. p. 1. inscript. 1.

[1] Pr. p. 2. inscr. 3. [4] p. 3 inscr. [5] p. 4. inscr. 11.

et par ses services, que pour en éterniser la mémoire, ses collegues lui firent dresser une statuë aux dépens de leur thrésor commun, composé des dons et des offrandes que le peuple superstitieux faisoit à l'autel d'Auguste. Nous remarquerons à ce sujet que c'est mal-à-propos que Catel a retranché dans plusieurs inscriptions qu'il a rapportées le premier et le dernier des deux II. numeriques posez de la maniere suivante : IIIIII. ce qui désigne ces Sevirs Augustales: cet auteur aura pris peut-être ces deux II numeriques pour des parentheses, parce qu'en effet ces chiffres sont plus grands que les quatre autres qu'ils renferment.

Les villes [1] de Nismes, de Beziers, d'Usez et plusieurs autres de la province donnerent, à l'exemple de Narbonne, des marques de leur zele et de leur vénération pour Auguste; elles lui dédierent des temples, lui firent dresser des autels, établirent des colleges de Flamines ou de Sevirs Augustales, et firent frapper des médailles à son honneur. La ville de Nismes se distingua entr'autres par l'établissement d'un college de Flaminiques Augustales, outre celui des Sevirs, pour le culte du même empereur. Une ancienne inscription de Beziers fait encore mention [2] d'une Flaminique ou prêtresse de *Julie Auguste*, c'est-à-dire, comme on l'explique, de Livie femme de ce prince, qui quitta ce nom pour prendre celui de Julie suivant le testament de l'empereur son époux. On infere de cette inscription que la colonie de Beziers fit bâtir un temple, et institua des prêtresses pour honorer cette princesse comme une divinité, et on prétend qu'elle en avoit fait construire un autre à l'honneur d'Auguste.

Outre les Sevirs dont on vient de parler, il y en [3] avoit d'autres qui prenoient le titre de Flamines Augustales de la province Narbonnoise. C'étoient ceux des principales villes, comme de Narbonne, de Nismes, de Vienne, etc, dont l'institution venoit sans doute des fêtes et des dédicaces des temples que les provinces célébrerent en corps et instituerent à l'honneur d'Auguste, ou des sacrifices qu'on offroit les jours solemnels au nom de toute la province et des peuples qui s'y rendoient de toutes parts. Ces Sevirs étoient pour l'ordinaire des personnes de mérite et de consideration. Severin qui étoit Flamine ou Sevir de la province Narbonnoise à Nismes, étoit en même tems tribun ou colonel de la huitiéme legion, ce qui prouve que les habitans de la province étoient admis aux principales charges militaires de l'empire. Nous en verrons dans la suite d'autres exemples. La Narbonnoise fournit aussi des gens de lettres qui se rendirent recommandables dans le siécle d'Auguste. Fabius, dont nous devons la connoissance à un ancien [1] commentateur d'Horace, se distingua sous le regne de ce prince par ses écrits sur la secte des Stoïciens. Il étoit natif de Narbonne et avoit été partisan de Pompée. Il paroit par un coup de dent qu'Horace lui donne dans une de ses satyres, que ce poëte, qui le traite de grand parleur, n'étoit pas son ami, et qu'ils avoient eu quelque démêlé.

III.

Etat de la province sous Tibere. Votienus Montanus, natif de Narbonne.

La vénération des Gaulois pour Auguste augmenta beaucoup lorsqu'après sa mort Tibere son fils adoptif et son successeur eut fait faire son apotheose, ce qui servit beaucoup a étendre le culte de cette prétenduë divinité. Tibere succeda aux inclinations bienfaisantes de cet empereur, et la ville de Narbonne lui fut redevable, selon les conjectures d'un [2] moderne, du rétablissement de son capitole et de *ses poids* (an 14). Sous le regne de ce prince, Aulus Vibius Avitus, après avoir été consul, gouverna l'Aquitaine sous le titre de président que lui donne [3] Pline, et qu'on donnoit déja indifferemment aux

---

[1] Grasser et Guiron. antiq. Nemaus. - Andoque Beziers. p. 9. et seqq. Pr. p 8. et seqq. - Hard. oper. p. 704. - Gruter. p. 231. n. 11. et 12. p. 323. n. 11.

[2] Andoq. ibid p. 10.

[3] Gras. et Guir. ibid. - Marca diss. de Primat. - Spon Miscell p. 203. - Pr. p 10. inscript 52.

[1] V. Horac. edit. varior sat. 1. vers. 14.

[2] Harduin. oper. p 112.

[3] Plin. l 34 c. 7.

gouverneurs des provinces, soit qu'ils fussent proconsuls, propréteurs, ou seulement lieutenans de l'empereur. Strabon [1] qui vivoit dans ce tems-là (an 19), donne aussi le titre de generaux (στράτηγους) ou commandans à ceux de la Narbonnoise, en parlant de l'indépendance de la ville de Nismes, avec ses vingt-quatre bourgs, des gouverneurs de la même province.

Il paroît que la Narbonnoise fut florissante sous le regne de [2] Tibere, et qu'elle jouissoit alors d'une paix profonde. Suivant la description que le même Strabon fait de cette province, on y cultivoit les arts et les sciences, et ses habitans étaient aussi polis que les Romains, dont ils parloient communément la langue. Le port de Narbonne étoit le plus considerable du pays, et cette ville qui étoit la métropole de toute la province, surpassoit par son commerce toutes celles des Gaules. Nismes étoit une ville moins considerable que Narbonne : mais son commerce n'étoit gueres moins étendu ; elle étoit d'ailleurs très-recommandable par le gouvernement de sa république. Les habitans de Toulouse, plus pacifiques que leurs ancêtres, donnoient alors tous leurs soins au reglement de leur police ; à l'agriculture et au commerce, que la situation de leur ville au milieu de l'isthme formé par les deux mers, et dont l'étendue étoit d'environ trois mille stades dans l'endroit le plus étroit, favorisoit beaucoup *. Beziers tenoit enfin le quatriéme rang parmi les villes de cette partie de la Narbonnoise qui est en deçà du Rhône. Strabon remarque qu'on voioit moins de villes le long de la mer, à cause de l'exposition de la plage aux vents du midi ou d'Afrique. Telle est la description que ce geographe, contemporain de Tibere, fait de cette partie de la province.

Les mines d'argent qu'on voioit, suivant le même auteur, dans le Gevaudan et le Roüergue, pays de l'Aquitaine voisins de la Narbonnoise, contribuoient à enrichir ces deux provinces : mais ces richesses ne servoient qu'à fomenter la cupidité et l'avarice des gouverneurs. La rigueur avec laquelle ils exigerent la levée des impôts sous le regne de Tibere, excita dans les Gaules une révolte si generale, que soixante-quatre peuples prirent les armes (an 21). Tacite [1] qui fait mention de cette révolte, ne marque pas si ceux de la Narbonnoise furent du nombre des rebelles : peut-être qu'étant soumis au gouvernement du peuple Romain, tandis que les trois autres provinces des Gaules obéissoient aux gouverneurs qui commandoient au nom de l'Empereur, ils furent moins exposez aux vexations des favoris de ce prince qui avoient ordinairement l'administration des provinces de son département. Il paroît du moins qu'Antistius Labeo qui gouverna [2] la Narbonnoise vers ce tems-là, s'attira l'affection des peuples. Il avoit obtenu ce gouvernement sous le titre de proconsul, quoiqu'il n'eut encore exercé que la charge de préteur. Le desir de s'adonner tout entier à l'étude des belles lettres et des beaux arts lui avoit fait refuser les honneurs du consulat sous l'empire d'Auguste : il mourut dans un âge fort avancé. Pline fait mention du goût qu'il avoit pour la peinture. On le fait auteur de plusieurs ouvrages, et entr'autres de quinze livres sur les disciplines Etrusques.

Un [3] des plus célèbres personnages qui illustrerent dans Rome le regne de Tibere, fut Votienus Montanus natif de la ville de Narbonne, homme également recommandable par les qualitez du cœur et de l'esprit. Il se distingua sur-tout par son goût pour l'éloquence et pour la poésie, et passoit, au rapport de Tacite, pour un des plus excellens génies de son tems. Nous apprenons de Seneque qu'il fut accusé devant l'empereur Tibere à la sollicitation de ses propres concitoiens, c'est-à-dire des habitans de la colonie de Narbonne : nous ignorons le sujet de cette accusation, à moins que ce ne soit ce qui le

---

[1] Strab. l. 4. p. 187.
[2] Strab. ibid. p. 186 et seq. - Pomp. Mela de sit. Orb. - Martial. epig. 72. lib. 8.

* V. Additions et Notes du Livre III, n° 1.

[1] Tacit. annal. l. 3. c. 40 et 47.
[2] Plin. l. 33. c. 3. V. Hard. in indice auct. ibid. tom. 1. p. 93.
[3] M. Senec. controv. 5. l 7. - Euseb. chron. Martial. epig. 72. l. 8. - Tacit. annal. l. 4. c. 42. - V. Sepviez hom. illust. de Langued. p. 26.

fit déférer pour avoir parlé en public des désordres de ce prince, dont chacun s'entretenoit en particulier. Tibere fut d'autant plus piqué de cette derniere accusation, qu'il eut le désagrément d'entendre réciter en plein senat d'une maniere fort cruë, par le délateur de Votienus, tous les déreglemens et les infamies que ce dernier lui reprochoit, et dont il ne se sentoit que trop coupable : aussi déchargea-t-il sa colere sur cet illustre Narbonnois qu'il relegua dans les Isles Baleares ou de Majorque, où il mourut environ deux ans après.

Le dépit que Tibere conçut à cette occasion des discours trop libres qu'on tenoit sur sa conduite, contribua beaucoup à la résolution qu'il prit de se retirer dans l'isle de Caprée (an 26), pour y mieux dérober au public la connoissance de ses dissolutions et de ses débauches dans lesquelles il vécut encore plusieurs années. Selon quelques inscriptions [1] ce prince fit réparer les chemins et les édifices publics de la Narbonnoise; il paroit du moins que le chemin d'Arles à Nismes fut refait la trente-deuxiéme année de sa puissance tribunitienne, ou l'an 30 de Jesus-Christ.

IV.

Domitius Afer natif de Nismes fameux orateur.

Sous le regne de l'empereur Caïus Caligula qui lui succeda et qui ne fut ni meilleur ni plus reglé que lui, on vit fleurir Domitius Afer, le plus célèbre des orateurs de son tems, lequel après avoir été préteur, parvint enfin à la dignité consulaire. Cet orateur naquit [2] à Nismes (an 37) de parens dont il releva l'obscurité par l'éclat de ses talens. Le don de la parole qu'il avoit au souverain degré l'eût fait passer pour un autre Ciceron, si comme lui il eût employé son éloquence naturelle, non pas à détruire la réputation des personnes les plus sages et les plus respectables, mais à soutenir la vérité et à défendre l'innocence. Instruit de l'aversion de Tibere contre Agrippine, il crut gagner les bonnes graces de ce prince, et avancer sa fortune en attaquant l'honneur de Claudia Pulchra cousine et favorite de cette princesse. Il l'accusa en plein senat non seulement de plusieurs galanteries dont il faisoit le detail, mais aussi d'avoir fait périr par le poison plusieurs personnes, et d'avoir attenté même à la vie de l'empereur par des malefices et des sortileges. Quelque innocente que fût Claudia, elle succomba pourtant sous le poids de l'éloquence de son délateur, et devint la victime du ressentiment de Tibere et de la lâcheté de ses juges. Le succès de Domitius dans cette cause lui attira les applaudissemens des flateurs, et les éloges du prince qui lui donna la gloire d'être l'homme de tout l'Empire le plus disert et le plus éloquent : mais ce succès fit plus d'honneur à son éloquence qu'à sa réputation, qu'il se mit encore peu en peine de ternir en déférant malicieusement au senat, Verus homme extrêmement sage.

Le métier de délateur acquit à Domitius Afer beaucoup de bien : mais il lui attira en même-tems la haine du public, qui fut d'autant plus attentif à décrier ses mœurs, qu'elles étoient, à ce qu'on prétend, très-déreglées. Son éloquence qui avoit contribué à la perte de tant de personnes, pensa causer la sienne sans ressource sous le regne de Caïus Caligula : ce prince qui se piquoit de passer pour le premier orateur de son tems, fut jaloux de la réputation de Domitius; et comme les crimes ne lui coûtoient rien, il résolut de le perdre. Il prit pour prétexte une inscription que cet orateur avoit composée pour être placée au bas d'une statue qu'il avoit fait ériger à son honneur, et dans laquelle il marquoit que ce prince, quoique âgé seulement de vingt-sept ans, étoit consul pour la deuxiéme fois. Caïus regardant cet éloge comme un reproche fait à sa jeunesse et à l'infraction des loix en sa faveur, en fit un crime à Domitius : il l'accusa en plein senat où il prononça contre lui un grand discours. Cet orateur étoit entierement perdu, si, connoissant le foible de l'empereur, au lieu de répliquer, il n'eût pris le parti de loüer le plaidoyer de ce prince, comme s'il n'en eût été lui-même

---

[1] Bergier p. 45. et seqq. p. 714. - Pr. p. 6.
[2] Tacit. annal. l. 4. c. 52. et 66. l. 14. c. 19. Dio. l. 59. - Dial. de orat. apud Tacit. c. 13 et 15. Plin. ep. 14. lib. 2. ep. 18. lib. 8. - Quintil. instit. l. 5. c. 7. et l. 6. c. 3. - Euseb. in chron.

que le simple auditeur; d'en admirer la force et d'en relever la beauté devant tout le senat: enfin aiant reçû ordre de répondre, il s'avoüa vaincu, eut recours aux supplications et aux larmes, se jetta aux pieds de l'empereur, lui demanda pardon, et reconnut publiquement que ce prince étoit autant au-dessus de lui par son éloquence que par sa dignité.

Caïus flaté de cet aveu, fit grace à Domitius, et lui procura même ensuite les honneurs du consulat, en le subrogeant sans doute à quelqu'autre consul; car on ne trouve pas son nom dans les fastes consulaires. Calliste affranchi et favori de cet empereur, contribua beaucoup à rétablir Domitius, dont il était ami, dans les bonnes graces de ce prince. Il prit la liberté en flatant Caïus sur son plaidoyer, de lui representer le tort qu'il avoit fait à cet orateur par ce discours: *Eusses-tu voulu*, répliqua cet empereur, *que j'eusse supprimé une si belle piece*.

Domitius Afer laissa des fruits de ses études dans un recueil de bons mots qu'on lui attribuë, et dans deux livres *sur les témoins*. Quintilien lié d'amitié avec lui dès sa jeunesse en parle avec estime et en fait un grand éloge. Son crédit auprès de l'empereur ne contribua pas peu à étendre et à soûtenir sa réputation; il eut toujours celle d'un génie supérieur, mais d'un homme livré à ses plaisirs, et surtout à l'intemperance; ce vice lui causa la mort au milieu d'un festin d'une maniere qui ne fait pas honneur à sa mémoire. Il mourut sous l'empire de Neron l'an 59 de l'Ere chrétienne. Au défaut de ses deux enfans que la mort lui enleva de son vivant, il adopta ses deux freres Domitius Afer Lucanus, et Domitius Tullus et les fit ses héritiers: mais ce dernier n'aiant pas eu de posterité, sa succession passa à la fille unique de l'autre.

V.
Les Gaules opprimées sous Caligula.

Les Gaules ne sentirent jamais mieux la perte d'Auguste et de Tibere que sous l'empire de Caïus Caligula leur successeur. Ce prince dur et cruel à l'égard des principaux seigneurs Gaulois que ses prédécesseurs avoient comblez d'honneurs et de biens, en fit périr un grand nombre durant le séjour qu'il fit dans le pays (an 40) [1] sans aucun crime de leur part que d'être riches, ni d'autre motif de la sienne que de s'emparer de leurs richesses. Il périt enfin lui-même aussi cruellement qu'il avoit fait périr les autres: il fut massacré par ses propres officiers qui par ce genre de mort vengerent l'Empire des cruautez qu'il avoit exercées sur tant de personnes. Valerius Asiaticus issu d'une des premieres familles de Vienne dans la Narbonnoise, qui devint ensuite consul, et que ce prince avoit indignement deshonoré, eut beaucoup de part à sa mort.

VI.
L'empereur Claude fait l'éloge des senateurs de la Narbonnoise, et leur accorde un privilege singulier.

Claude oncle et successeur de ce prince fit autant de bien à toutes les provinces des Gaules, que Caligula leur avoit fait de mal. Ce nouvel empereur qui étoit natif de Lyon, fit réparer dès la deuxième année de son consulat les chemins de Narbonne à Nismes, et de Nismes à Arles. Pour [2] marquer son affection et son estime pour les Gaulois des trois provinces *Galliæ Comatæ* conquises par Jules Cesar, il les fit admettre [3] au senat dans lequel ils n'avoient pû jusqu'alors obtenir l'entrée, quoique plusieurs fussent citoiens Romains par privilege ou alliez du peuple Romain, tandis que ceux de la Narbonnoise joüissoient de cet honneur depuis le même Jules Cesar (an 42) qui les y avoit introduits. Claude prit pour prétexte d'accorder cette faveur aux Gaulois de ces trois provinces (an 48), l'extinction de plusieurs familles patriciennes, et la nécessité d'en créer de nouvelles pour augmenter le nombre des senateurs. Ces Gaulois se donnerent de leur côté tous les mouvemens possibles pour se procurer cet honneur et se rendre les senateurs favorables. Les anciens leur furent d'abord fort contraires, et il y eut plusieurs discours prononcez pour et contre sur ce su-

---

[1] Tacit. annal. l. 11. c. 24. - Dio. l. 59. p. 636.
[2] Bergier p. 712. et 714. - Pr. p. 6.
[3] Tacit. ibid. Suet. in Claud.

jet en plein senat. L'empereur aiant enfin pris la parole, parla très-favorablement pour ces Gaulois : il loua surtout leur zele pour la gloire et les interêts du senat, et le mérite personnel des senateurs de la Narbonnoise; tant de ceux qui avoient été introduits dans le senat par Jules Cesar, que de leurs descendans, et fit esperer que les Gaulois de la Gaule Cheveluë rempliroient la même dignité avec autant de fidélité et de distinction. Il ajoûta que comme on n'avoit pas lieu de se repentir d'avoir admis les premiers, on n'en auroit pas non plus d'accorder cet honneur aux autres. Le discours de l'empereur fit tant d'impression sur l'assemblée, qu'elle résolut de recevoir ces derniers dans le senat. Ceux d'Autun y furent admis les premiers, tant parce qu'ils étoient déja citoiens Romains, qu'à cause de leur ancienne alliance avec la République.

Claude voulant s'attacher de plus en plus les senateurs de la Narbonnoise, leur fit accorder le privilege singulier de pouvoir se rendre [1] quand ils voudroient et sans permission dans leur province, pour y demeurer et vaquer à leurs affaires; ce que les autres senateurs qui avoient du bien dans toutes les autres provinces hors de l'Italie, à la réserve de la Sicile, ne pouvoient faire sans le congé de l'empereur. Le senat voulut bien faire cette grace aux senateurs de la Narbonnoise et se relâcher en leur faveur de la rigueur de la loi en consideration du respect et de l'attachement, *ob egregiam in patres reverentiam*, qu'ils avoient pour tous leurs collegues.

VII.

Titus Vinius Rufinus gouverneur de la province. Statius Ursulus rhéteur de Toulouse.

Les premieres années de Neron successeur de Claude firent concevoir de grandes esperances du gouvernement de ce prince qui déchargea d'abord les provinces de l'Empire de divers impôts onereux, et dans lesquelles il établit l'ordre et la police : mais la suite de son regne ne répondit pas à des commencemens si heureux. Quatre ans après son élévation à l'Empire (an 59), la Narbonnoise fut gouvernée par T. Vinius Rufinus [1] avec l'autorité de proconsul, quoiqu'il n'eût été encore que préteur. Tacite dans le portrait qu'il fait de ce gouverneur, l'accuse de fort grands défauts, et en particulier d'une avarice insatiable; il ajoûte cependant qu'il avoit beaucoup d'integrité et de justice, et qu'il étoit d'une extrême severité. Vinius eut ensuite le commandement de la huitiéme legion dans l'Espagne citerieure où il contribua beaucoup à la révolte de Galba [2] et à son élévation à l'Empire : ce service lui mérita la faveur de ce prince qui lui procura la dignité de consul, et lui donna toute sa confiance. L'abus qu'il en fit, fut cause de la perte de l'un et de l'autre.

Du tems de Neron la province Narbonnoise donna à la république des lettres un fameux rhéteur natif de Toulouse appelé Statius Surculus ou plûtôt Ursulus qu'on prétend [3] être le vrai nom de sa famille. Les anciens auteurs [4] contents de nous apprendre qu'il professa l'éloquence dans les Gaules avec beaucoup d'applaudissement, nous laissent ignorer les autres circonstances de sa vie; et c'est mal-à-propos que quelques modernes le confondent avec Statius Popinius poëte et rhéteur qui vivoit sous le regne de Domitien *.

VIII.

La foi chrétienne annoncée dans la Narbonnoise.

Sous celui de Neron qui fut le siecle de la corruption des mœurs, la lumiere de la foi commença à briller dans les Gaules ensevelies jusqu'alors dans les ténèbres du paganisme, et l'Evangile [5] y fut annoncé par le ministere des Apôtres ou de leurs disciples. Il y a lieu de croire que la Narbonnoise fut la premiere de ces provinces qui le reçut, surtout s'il est vrai que l'apôtre saint Paul ait fait

---

[1] Tacit. ibid. l. 12. c. 23.

[1] Tac. hist. l. 1. c. 48.
[2] Plut. et Suet. in Galba.
[3] Hof. in lexic.
[4] Hier. in chron. - Suet. de clar. orat. - V. Voss. de poet. Lat. c. 3.
[5] Ep. Innoc. I. ad decent. - V. Marc. epist. ad Vales. Till. sur S. Paul.

* V. Additions et Notes du Livre III, n° 2.

le voiage d'Espagne, et qu'il ait traversé ce pays en y allant : ce qu'on appuie sur le fondement d'une ancienne tradition. On ajoute qu'il laissa en passant plusieurs de ses disciples, et entr'autres S. Paul qui fut le premier évêque de Narbonne. Nous parlerons ailleurs de ce saint, et des premiers évêques de la province avec plus d'étenduë.

IX.

Révolte de la Narbonnoise et des autres provinces des Gaules.

Les cruautez de Neron, la dureté de son gouvernement, et les vexations continuelles des gouverneurs des provinces rendirent ce prince extrêmement odieux dans tout l'Empire. La Narbonnoise éprouva plus qu'aucune autre sous le regne de ce prince (an 65) [1] l'avarice des officiers qui la gouvernoient, et fut assujettie à de grandes levées de troupes pour recruter les legions d'Illyrie. Il paroit par les monumens que la colonie de Rimini fit élever à M. Vettius [2] Valens, qu'il fut successivement vers ce tems-là préteur ou gouverneur en chef de la Narbonnoise, et lieutenant du préteur ou du proconsul qui administra cette province après lui.

Enfin les provinces des Gaules ne pouvant plus supporter le joug de Neron, leverent l'étendart [3] de la révolte (an 68), et C. Julius Vindex seigneur issu des anciens rois d'Aquitaine, alors gouverneur de l'une de ces provinces, et à ce qu'on croit de la Lyonnoise, fut le premier qui en donna le signal. Il convoqua au mois de Mars de l'an 68 de J. C. les peuples des Gaules, et leur aiant representé la nécessité où ils se trouvoient de s'affranchir de la tyrannie de Neron, il les trouva d'autant plus disposez à prendre les armes et à seconder son dessein, qu'accablez d'impôts ils cherchoient depuis long-tems une occasion de se délivrer de la servitude où ils se voioient réduits. Vindex se trouva bientôt à la tête de cent mille hommes qui le joignirent sous la conduite d'Asiaticus, de Flavius et de Rufinus qui commandoient les troupes Romaines dans ces provinces, *Duces Galliarum*, en sorte que les deux Germaniques furent les seules des six provinces qu'on comptoit alors dans les Gaules avec les villes de Lyon, de Trèves et de Langres, qui demeurerent fideles à Neron. Il est vrai qu'il paroit que l'Aquitaine ne se déclara pas d'abord contre ce prince : mais les autres suivirent l'exemple de Vindex, et toute la Narbonnoise se laissa entraîner à sa révolte avec la Lyonnoise et la Belgique (NOTE XX).

Galba gouverneur de l'Espagne citerieure, sollicité par ce chef des rebelles s'unit aussi avec lui et profita de tous ces troubles. En effet la seule legion qui étoit sous ses ordres et commandée par Titus Vinius, ci-devant gouverneur de la Narbonnoise, le proclama empereur. Le senat et le peuple également fatiguez du regne de Neron, agréerent la proclamation de Galba et la confirmerent, nonobstant la défaite de Vindex devant Besançon par Verginius qui commandoit les troupes des deux provinces de Germanie et celles du reste des Gaules qui etaient du parti de Neron. Celui-ci à la vuë de cette révolution, entra dans un si grand excés de fureur et de désespoir, qu'il s'ôta lui-même la vie : digne punition de la cruauté avec laquelle il l'avoit fait perdre à tant d'autres.

X.

Galba reçoit à Narbonne les députez du senat de Rome.

Galba étoit encore en Espagne, lorsqu'aiant appris au mois de Juin [1] la mort de Neron et la députation que le senat lui envoioit pour le reconnoître empereur, il se rendit en diligence à Narbonne pour recevoir les députez, accompagné d'Othon alors propréteur de la Lusitanie, qui l'avoit reconnu des premiers, et qui fut ensuite son successeur. Vinius qui avoit le plus contribué à son élévation, le suivit aussi avec sa legion. Les envoyez du senat aiant rencontré Galba auprés de Narbonne, lui firent leurs complimens, et lui témoignerent l'empressement du peuple de Rome à le voir bientôt dans la capitale de

---

[1] Tacit. annal. lib. 16. c. 13.
[2] Gruter p. 1102. n. 3. et 4.
[3] Dio. l. 63. Plut. in Galb. Suet. in Neron. - Tacit. hist. l. 1. c. 51 et 65. l. 2. c. 94. l. 4. c. 17.

[1] Plut. et Suet. in Galba. - Tacit. hist. l. 1. c. 8. et 53.

l'Empire. Ce prince leur fit un très-bon accueil, et les régala splendidement : mais il s'abstint par grandeur d'ame de se servir de la vaisselle d'or et d'argent de Neron qu'on lui avoit déja envoiée, et ne se servit que de la sienne dans les festins qu'il donna à ces ambassadeurs.

Galba s'étant rendu ensuite à Narbonne, y prit le titre de [1] Cesar, et y reçût les soumissions des peuples des Gaules qui étoient accourus de toutes parts, avec le serment de fidélité des officiers Romains qui se trouvoient dans les mêmes provinces. Il punit d'un autre côté avec une grande severité ceux de la Gaule et de l'Espagne qui avoient témoigné trop d'attachement pour Neron, et qui ne l'avoient reconnu empereur qu'avec peine. Il dépoüilla quelques-uns d'entr'eux d'une partie de leurs terres, et en particulier les peuples de Treves, de Lyon et de Langres qui lui avoient été les plus opposez.

XI.

Affection de Galba pour la Narbonnoise. Colonie de Toulouse.

Autant ce prince fut severe envers les peuples qui avoient refusé ou négligé de suivre la révolte de Vindex, autant il se montra bienfaisant à l'égard de ceux qui avoient embrassé son parti. Il déchargea ces derniers d'un quart des impositions, leur accorda le droit de bourgeoisie Romaine, et fit mourir les intendans [2] qui par leurs vexations les avoient réduits à la derniere extrêmité. La ville de Vienne dans la Narbonnoise eut entr'autres beaucoup de part à ses faveurs et à son affection, parce qu'elle avoit été une des plus empressées à épouser ses interêts.

On attribue à cet empereur la fondation de la colonie de Toulouse qui fit frapper une médaille [3] à son honneur. C'est en effet le plus ancien monument que nous ayons de cette colonie, dont le geographe Ptolémée [4] fait mention dans le siecle suivant : ainsi si Galba en fut le fondateur, ce fut sans doute en

[1] Zonar. annal.
[2] Tacit. ibid. c. 63.
[3] Goltzius thes. rei antiq. p. 241.
[4] Ptol. geog.

reconnoissance de l'attachement des Toulousains à son parti. Après la fondation de cette colonie, Toulouse fut ornée de divers édifices publics, et entr'autres d'un capitole et d'un amphiteatre *. Une ancienne inscription [1] parle d'un de ses plus illustres citoyens nommé M. Claudius Flaccus qui après avoir été duumvir et flamine dans cette colonie, fut tribun ou colonel de la quatriéme legion, et à qui ses compatriotes firent ériger un monument. La Narbonnoise fut encore redevable à Galba de son aggrandissement par l'union [2] que cet empereur fit à cette province des peuples des Alpes Maritimes appelés *Bodiontios* et *Sentios* ou *Sontientios* : Digne étoit la ville capitale de ces derniers.

XII.

Galba massacré, la Narbonnoise se déclare en faveur d'Othon, et ensuite pour Vitellius.

Ce prince après avoir congédié avec honneur les députez du senat, partit de Narbonne et s'avança vers Rome à petites journées. La suite [3] de son regne ne répondit pas à ses commencemens : les mauvais conseils de ses favoris, et entr'autres de Titus Vinius ancien gouverneur de la Narbonnoise, lui gâterent entièrement l'esprit et le cœur et l'engagerent dans des démarches qui le rendirent également odieux à ses peuples et à ses troupes. Les uns et les autres surpris de ne plus trouver en lui cette modestie et ce caractere de bonté qui les avoit enchantez les premiers jours de son regne, se souleverent contre lui : et les troupes de la Germanie qui avoient été des dernieres à le reconnaître, furent des premieres à l'abandonner. Elles proclamerent à sa place Vitellius qu'il venoit de leur donner pour commandant, et qui moins modeste que Verginius son prédecesseur dans le même gouvernement, souffrit volontiers cette proclamation. Vitellius eut en même tems un compétiteur en la per-

[1] Pr. p 11. inscript. 56.
[2] Plin. l. 3. c. 4. p 314.
[3] Plut. et Suet. ibid. - Tacit. hist. liv. 1. ch. 6. et seq.

* *V.* Additions et Notes du Livre III, n° 3.

sonne d'Othon qui se croiant plus digne de l'empire que Pison adopté par Galba, fit soulever dans Rome les prétoriens. Ceux-ci après avoir massacré ce dernier le 15. de Janvier de l'an 69. de J. C. élurent aussitôt Othon à sa place.

Celui-ci n'eut pas été plûtôt reconnu[1] par le senat, qu'il le fut ensuite par la plûpart des peuples de l'empire, et entr'autres par ceux de la Narbonnoise et de l'Aquitaine qui se déclarerent en sa faveur par les intrigues de Julius Cordus gouverneur de cette derniere province : le reste des Gaules avoit déja pris le parti de Vitellius. Othon subrogea au consulat le premier de Mars suivant, Poppæus Vopiscus natif de Vienne dans la Narbonnoise, en consideration de l'ancienne amitié qui étoit entr'eux. Cette ville étoit une des plus attachées au parti de ce prince, tandis que celle de Lyon sa rivale soûtenoit les interêts de Vitellius : mais elle fut obligée de se soûmettre bientôt après à ce dernier avec le reste de la Narbonnoise et toute l'Aquitaine, par la crainte d'une armée de quarante mille hommes que cet empereur envoia d'Italie sous la conduite de Fabius Valens, pour s'assurer de la partie des Gaules qui s'étoit déclarée en faveur de son compétiteur. Valens s'étant rendu d'abord à Lyon, passa le Rhône dans le dessein de soûmettre la Narbonnoise à Vitellius, et s'avança vers Vienne qu'il étoit résolu d'assiéger. Les habitans ne se voiant pas en état de se défendre, vinrent au-devant de lui, et implorerent sa clémence. Ce general leur pardonna, et se contenta de leur imposer de grosses amendes pecuniaires, sans vouloir écouter les Lyonnois leurs ennemis qui auroient souhaité qu'il eût puni cette ville d'une maniere plus rigoureuse.

XIII.

Succès des armes d'Othon dans la Narbonnoise.

Après la soûmission de Vienne, Valens continua lentement sa marche vers les Alpes, par le pays des Allobroges et des Vocontiens, laissant par-tout de tristes marques de sa cruauté et de son avarice, et s'empara du passage de ces montagnes pour en défendre l'entrée aux troupes d'Othon. Les progrès que Cecinna autre general Vitellien faisoit d'un autre côté en Italie[1], obligerent enfin Othon à se mettre en marche pour s'y opposer. Ce prince envoia en même-tems une armée dans la Narbonnoise pour tâcher de remettre cette province sous son obéïssance : mais comme les Vitelliens occupoient les passages des Alpes, il fit embarquer ses troupes sur une flotte, avec ordre de tenter une descente sur les côtes. Othon fut d'abord assez heureux : il battit en differentes occasions l'armée de Cecinna vers le Pô; et la flotte qu'il avoit envoiée vers les côtes de la Narbonnoise remporta quelques avantages sur ses ennemis. Suedius Clemens, Antonius Novellus et Æmilius Pacensis commandoient les troupes de débarquement, qui firent d'abord une descente sur les côtes de la Ligurie et des Alpes maritimes; et la ville de Vintimille éprouva la premiere toute la fureur du soldat : ces generaux s'avancerent ensuite vers les côtes de la Narbonnoise. Fabius Valens general des troupes de Vitellius qui commandoit dans cette province au nom de ce prince, et qui étoit alors à la garde des passages des Alpes, fut informé des approches de la flotte d'Othon par les députez de diverses colonies de la province, qui vinrent lui demander du secours. Ce general ordonna aussitôt à Julius Classicus, en presence de ces députez, de se mettre en marche pour aller renforcer les garnisons des places maritimes, et en particulier de la colonie de Frejus, avec deux cohortes des troupes de Tongres, toute la milice de Treves, et quatre escadrons de cavalerie. Il fit ensuite marcher du côté de la mer l'élite de ses legionaires avec une cohorte de Liguriens, douze escadrons de cavalerie, et cinq cens Pannoniens qui n'étoient pas encore sous les enseignes. Ce dernier corps fut destiné pour faire front à l'armée d'Othon qui avoit déja débarqué et s'étoit campée de la maniere suivante.

Une partie jointe aux habitans du pays (*Pagani*) qui se déclarerent pour Othon, occupait les collines le long de la côte et faisait

---
[1] Tacit. ibid. c. 61. et seqq. 76. et seqq.

[1] Tacit. ibid. c. 87. et seqq. et l. 2. c. 1. et seqq.

face aux Vitelliens. Elle étoit appuiée des soldats prétoriens qui s'étendoient jusqu'à la mer, et qui étoient soûtenus à leur tour par les vaisseaux de la flotte. Les Vitelliens de leur côté, plus forts en cavalerie qu'en infanterie, posterent les Alpins ou peuples des Alpes sur les hauteurs voisines de l'armée d'Othon, et les legionnaires qui étoient fort serrez derriere leur cavalerie. Telle étoit la disposition des deux armées lorsque la cavalerie de Treves engagea témérairement le combat. Elle fut reçûé avec vigueur par les veterans d'Othon, qui à la faveur d'une grêle de pierres que les paysans mêlez parmi eux jettoient avec beaucoup d'adresse, et soûtenus des vaisseaux de la flotte qui incommodoient extrêmement les Vitelliens, les enveloppèrent, les mirent en désordre, et les auroient entierement défaits, si la nuit qui survint n'eût favorisé leur fuite.

Les Vitelliens revinrent à la charge malgré leur défaite, à la faveur d'un nouveau renfort qui les joignit. Ils surprennent les troupes d'Othon plus occupées à se réjouir de leur victoire qu'à se mettre en garde contre une nouvelle attaque, égorgent les gardes avancées, entrent dans le camp, et portent la terreur jusques dans les vaisseaux des ennemis. Les soldats d'Othon quoique attaquez de toutes parts, raniment leur courage, font ferme sur la colline, et se défendent avec tant de valeur qu'ils battent à leur tour les Vitelliens, et les obligent, après avoir perdu les commandans des cohortes de Tongres, qui vendirent cherement leur vie, d'abandonner le champ de bataille. Les troupes victorieuses se laissant alors emporter à l'ardeur du combat, poursuivent vivement les Vitelliens : mais la cavalerie de ces derniers aiant fait volte face, tombe sur eux et les taille en piéces. Enfin après une action également vive et meurtriere de part et d'autre, les deux armées se séparerent comme si elles fussent convenués d'une tréve. Celle de Vitellius se retira à Antibe ville municipale de la Narbonnoise, et la flotte d'Othon se remit en mer et se rendit à Albenga dans la Ligurie interieure.

XIV.

Mort d'Othon. Passage de Vitellius par la Narbonnoise pour se rendre en Italie.

Valens general de Vitellius étoit alors parti de la province [1] pour se rendre à Pavie dans le dessein de se joindre à Cecinna, et de marcher avec lui contre Othon qui venoit à eux en personne. Ces deux generaux après leur jonction qui se fit à Bedriac, lieu situé entre Crémone et Mantoué, livrerent bataille à cet empereur, qui fut entierement defait, et qui de désespoir se plongea le poignard dans le sein, après un regne de trois mois, ce qui assura l'empire à Vitellius son competiteur. Ce dernier qui étoit encore dans les Gaules, se voiant délivré de son ennemi, partit peu de tems après pour se rendre en Italie, et prit la route de Vienne, où à son passage il rendit lui-même la justice. Son regne ne fut gueres ni plus heureux ni plus long que celui de ses deux predecesseurs : plus occupé du soin de satisfaire ses plaisirs que de celui de gouverner l'empire, il se rendit si méprisable à la plûpart de ses officiers et à ses troupes, que les legions d'Orient proclamerent à sa place Vespasien, pour lors occupé dans la Judée à la guerre contre les Juifs, et l'homme de son tems le plus digne de l'empire et le plus capable de gouverner. Quoique Vespasien méritât cet honneur par ses vertus et par ses services, il eut pourtant besoin du secours de ses amis pour se soûtenir contre Vitellius son competiteur. Il se servit utilement entr'autres des sages conseils de Mucien son favori et de la valeur d'Antonius Primus qui commandoit alors une des meilleures legions de la Pannonie, et qui eut la gloire de le placer en quelque sorte sur le throne de l'empire.

XV.

Antonius Primus general de Vespasien natif de Toulouse.

Antonius Primus étoit né à Toulouse; mais nous ignorons si sa famille étoit originaire de cette ville. Peut-être descendoit-il de Marcus Primus qui fut gouverneur de la Macédoine [2]

---

[1] Tacit. ibid. l. 2. c. 27. et seq. c. 58. et seq. - Suet. et Vitell.
[2] Dio. l. 54. p. 522.

sous l'empire d'Auguste. Quoi qu'il en soit, on lui donna le surnom [1] Gaulois de *Becco*, qui veut dire bec de coq [*] : il vint au monde avec toutes les bonnes et les mauvaises qualitez qui peuvent conduire à une haute fortune. Suivant le portrait que Tacite nous en a laissé, il étoit hardi, entreprenant, intrépide, vigilant, actif; homme d'intrigue et de ressource; fécond en bons et en mauvais expédiens; également propre au repos et à l'action; bon soldat, habile capitaine, nécessaire en tems de guerre, dangereux en tems de paix; d'un tempérament vif et impétueux, d'un naturel inquiet et remüant, cherchant à troubler le repos des autres lors même que personne ne troubloit le sien; toûjours prêt à susciter des querelles ou à les soûtenir; vain jusqu'à l'arrogance; d'une éloquence toûjours victorieuse, en sorte que soit qu'il parlât au peuple, ou qu'il exhortât les troupes, il les persuadoit aisément et gagnoit leur affection quand il vouloit s'en donner la peine: habile à former des projets, plus habile à les exécuter; heureux dans tous les partis qu'il prenoit, parce qu'il n'en prenoit jamais aucun sans réflexion : cruel et sanguinaire dans le combat, hors de là doux et modéré; libéral jusqu'à l'excès, mais perdant le mérite de ses liberalitez par les rapines et les extorsions qu'il faisoit pour se dédommager de ses profusions: jaloux du mérite des autres qu'il ne manquoit jamais de déprimer pour élever le sien; enfin ne pouvant souffrir d'égal, et moins encore de supérieur.

Avec ce mélange de vertus et de vices Primus avoit fait une fortune des plus brillantes. Il étoit parvenu à la dignité de senateur par ses intrigues sous l'empire de Neron; mais il s'étoit déshonoré bientôt après par l'indignité qu'il eut de vendre à prix d'argent son témoignage pour soûtenir un testament supposé, ce qui le fit chasser honteusement du senat. Il aurait porté le reste de ses jours la honte de sa dégradation, si Galba, voulant signaler le commencement de son regne par des actions de clemence, ne l'eût rétabli avec d'autres dans la dignité de senateur. Cet empereur lui donna même le commandement de la septième legion nouvellement levée, et qui fut surnommée Galbienne pour la distinguer d'une autre de même nom. Après la mort de Galba, Primus se trouvant sans protecteur, tâcha de s'en faire un nouveau en la personne d'Othon à qui il offrit ses services; mais voyant que cet empereur faisoit peu de cas de ses offres, il attendoit une occasion plus favorable de se rendre nécessaire, et saisit [1] celle que lui presenta l'élection de Vespasien.

XVI.

Primus porte la guerre en Italie en faveur de Vespasien.

Primus étoit pour lors dans la Pannonie à la tête de sa septieme legion Galbienne, qui de même que la treizieme qui se trouvoit dans la même province, n'étoit nullement disposée à favoriser le parti de Vitellius. Ce general profita de cette disposition, et à l'exemple des trois legions de la Mœsie qui venoient de se déclarer pour Vespasien, il embrassa avec elles les intérêts de cet empereur. Les troupes de la Dalmatie aiant pris bientôt après le même parti, toutes les legions de l'Illyrie, composées [2] la plûpart des recrües que la province Narbonnoise leur avoit fournies quelques années auparavant, se trouverent favorables à ce prince. Primus après les avoir rassemblées se mit à leur tête de sa propre [3] autorité, leur persuada de porter la guerre [4] en Italie contre Vitellius, et s'avança aussitôt vers Aquilée, suivi d'Arrius Varrus avec quelque infanterie et une partie de la cavalerie.

Cette ville lui aiant ouvert ses portes, il s'empara ensuite de diverses places voisines, d'où il pénétra jusqu'à Padoué, faisant relever par tout où il passoit, autant par reconnoissance que par politique, les statuës de Galba son bienfaiteur, que les ennemis de cet empereur avoient fait abattre. Il fut joint peu de tems après par les deux legions de la Pan-

---

[1] Suet. in Vitell. p. 102. - Tacit. 1. 14. c. 4. hist. l. 2. 3 et 4

[*] *V.* Additions et Notes du Livre III, n° 4.

[1] Tacit. hist. l. 2. c. 86.
[2] Tacit. annal. l. 16. c. 13
[3] Dio l 65. p 737.
[4] Tacit. hist. l. 3. c. 6. et seqq.

nonie avec lesquelles il marcha droit à Veronne sans aucun ordre et contre le dessein de Vespasien qui auroit voulu qu'il se fût arrêté à Aquilée jusqu'à l'arrivée de Mucien. Primus vouloit s'assurer de la premiere de ces deux villes et en faire sa place d'armes, tant pour étendre sa cavalerie, qui faisoit sa principale force, dans les vastes campagnes qui sont aux environs, que pour ôter aux generaux de Vitellius le secours qu'ils en tiraient, et pour être plus en état d'empêcher que les troupes de ce prince, qui devoient venir de la Rhetie et de la Germanie, n'allassent le joindre. Cecinna général de cet empereur, qui étoit campé alors du côté de Crémone, s'avança aussitôt à la tête de six legions, de huit qu'il commandait, comme s'il eût voulu combattre Primus. Il songeoit cependant moins à lui livrer bataille, qu'à faire sa paix avec Vespasien, dont il voioit le parti grossir tous les jours; c'est ce qui l'engagea en chemin à faire une tentative pour débaucher ses propres troupes en faveur de cet empereur : mais ses soldats indignez de sa perfidie, se jetterent sur lui, le chargerent de chaînes, se donnerent d'autres generaux, et allerent rejoindre à Crémone le reste de l'armée de Vitellius.

Sur l'avis de cet évenement, Primus qui avoit été joint par deux autres legions, et qui ne souhaitoit rien tant que d'en venir aux mains avec les Vitelliens, avant qu'ils ne reçussent de nouveaux secours, part de Veronne et fait tant de diligence, qu'il arrive en deux jours à Bedriac, lieu déjà fameux par la defaite d'Othon. Le lendemain s'étant avancé à huit milles au-delà avec quatre mille chevaux, et aiant été informé à onze heures du matin de l'approche de la cavalerie Vitellienne qu'on avoit déjà vû paroître, il assemble le conseil de guerre pour déliberer sur le parti qu'il devoit prendre. Sur ces entrefaites Arrius Varrus se laissant emporter à l'ardeur de son courage, sans attendre la fin de la déliberation ni l'ordre du general, s'avance avec quelques chevaux et attaque brusquement les Vitelliens qu'il fait plier : mais ceux-ci se voiant soûtenus, le repoussent et l'obligent de se retirer avec tant de précipitation que sa troupe porte l'allarme dans le camp. Les Vitelliens s'étant apperçus de ce désordre, poursuivent vivement les fuiards, et la défaite de toute la cavalerie de Primus étoit infaillible, si dans cette conjoncture ce general n'eût trouvé sur le champ une ressource dans sa présence d'esprit et dans sa valeur. Voiant donc ses soldats épouvantez de la déroute de Varrus et prêts à se débander, il fait ouvrir ses escadrons pour donner retraite aux fuiards, et fait faire un signal pour avertir ses legions qui étoient demeurées derriere, de marcher en diligence à son secours : il fait ensuite si bien par ses discours, ses promesses et son exemple, qu'il ramene ses troupes au combat ; et comme s'il eût eu le secret de se multiplier, il se trouve à propos dans tous les endroits où le danger est le plus pressant, et où ses troupes ont le plus de besoin de sa presence et de ses ordres. Cependant, malgré son activité, voiant que ses soldats plioient de nouveau sous les efforts des ennemis, et qu'ils se debandoient, entrainez par l'exemple d'un enseigne qui avoit abandonné son poste, il court à cet officier, et l'aiant joint, lui arrache avec fureur le signe militaire des mains, et le perce de son javelot. Il rallie aussitôt cent chevaux et fait tête à l'ennemi, jusqu'à ce que le reste de sa cavalerie, à qui heureusement la situation du terrain ne permettoit pas de s'écarter beaucoup, l'eût rejoint. Primus après des prodiges de valeur, met enfin la cavalerie ennemie en fuite, et la poursuit jusqu'à quatre mille de Crémone, où il rencontre deux legions de Vitellius qui s'étoient avancées sur le faux bruit de la victoire de cette cavalerie. Alors celle de Primus avec quelque infanterie qui venoit de le joindre, chargea ces deux legions si à propos, qu'elles prirent le parti de se retirer dans leur camp, après avoir abandonné le champ de bataille.

Ce combat aiant fini sur le soir, et toutes les legions que Primus avoit laissées à Bedriac étant enfin arrivées dans le même temps, elles demanderent avec instance de poursuivre les Vitelliens et de les aller forcer dans leur camp de Crémone dès le soir même, comptant d'emporter cette place et de s'enrichir de ses dépouilles : mais Primus ne jugeant pas à propos de suivre l'ardeur de ses soldats, et de s'exposer à une si grande entreprise au milieu des ténèbres, fit tout ce qu'il put pour les en détourner et pour leur persuader de différer cette attaque jusqu'au jour suivant. Malgré cela ses troupes vouloient absolument la tenter, mais elles furent obligées d'en abandonner le dessein, sur la nouvelle de l'approche des six legions de l'armée des Vitelliens, commandées auparavant par Cecinna. Ces legions s'étoient mises en marche pour aller à Crémone joindre les deux autres qui venoient d'être battuës; et aiant appris en chemin la défaite de leur cavalerie, elles avoient fait trente milles ce jour-là pour venir à son secours : elles marchoient en ordre dans le dessein d'attaquer l'armée de Primus qui eut à peine le loisir de se mettre en bataille pour leur faire tête. On étoit alors sur la fin du mois d'Octobre, et le combat commença vers les neuf heures du soir. Primus soûtint d'abord les premiers efforts de ces légions avec toute la valeur possible; et malgré les horreurs et la confusion d'un combat donné au millieu d'une nuit obscure, les deux armées se battirent pêle-mêle sans se connaître, avec autant de fureur que d'opiniâtreté : cependant les troupes de Primus commençaient à plier, et la septiéme legion Galbienne, dont il avoit le commandement particulier, avoit déja perdu six de ses principaux centurions et une partie de ses signes militaires, lorsque bien avant dans la nuit la lune s'étant levée, ses rayons qui donnoient dans les yeux des Vitelliens, les empêcherent de voir leurs ennemis et de tirer droit contre eux, ce qui favorisa beaucoup ces derniers, et rétablit le combat. La victoire fut vivement disputée jusqu'au lever du soleil que Primus eut l'adresse de faire courir le bruit que Mucien general de Vespasien venoit d'arriver avec un renfort considérable. Alors ses troupes faisant un dernier effort, comme si elles eussent effectivement reçu ce secours, enfoncerent les Vitelliens qui s'étoient déja ébranlez sur cette nouvelle, et les renverserent sur leurs chariots et sur leurs machines. Primus profitant de ce moment favorable, les poussa si vivement, qu'il les obligea enfin d'abandonner le champ de bataille et de prendre la fuite.

Les premiers fruits de la victoire de ce general furent la prise du [1] camp et le sac de la ville de Crémone, quoique le premier fût fortifié d'un bon rempart et de plusieurs ouvrages, et l'autre défenduë par une forte et nombreuse garnison. On l'accuse d'avoir abandonné cette ville dans cette occasion au pillage de quarante mille soldats ou goujats de son armée, qui après s'être enrichis des dépouilles de cette riche colonie, et y avoir commis une infinité d'excès pendant quatre jours consécutifs, y mirent enfin le feu qui la réduisit en cendres : mais il eût été difficile à Primus de retenir ses soldats quand il l'auroit voulu, tant ils étoient mal disciplinez. Ce fut peut-être pour se justifier là-dessus, qu'il fit crier publiquement qu'on donnât la liberté à tous les prisonniers : mais soit que ses ordres fussent sinceres ou non, ils furent très-mal executez; car les soldats ne voulant pas perdre la rançon de leurs captifs, et ne trouvant pas à les vendre, les massacrerent pour la plûpart. On fait monter la perte des Vitelliens, tant dans le sac de la ville de Crémone, que dans les deux combats qui le précederent, à cinquante mille hommes.

XVII.
Valens pris prisonnier. La Narbonnoise se déclare en faveur de Vespasien.

Valens que Vitellius avoit fait partir de Rome peu de jours après Cecinna, se disposoit, mais lentement, à aller joindre ce dernier, lorsqu'aiant appris la rapidité des victoires de Primus, il prit la résolution [2] de ramasser tous les vaisseaux qu'il pourroit trouver, et de passer par mer dans la Narbonnoise pour y assembler les troupes des Gaules et de la Germanie, et y faire diversion en faveur de cet empereur. Dans ce dessein il s'embarqua au port de Pise : mais les vents contraires l'obligèrent de relâcher à Monaco, où Marcus Maturus intendant (*Procurator*) de la province des Alpes Maritimes vint le joindre. Cet officier confera avec lui sur son dessein qui lui parut téméraire, et tâcha de

---
[1] Tacit. ibid. c. 26. et seqq. – Dio. l. 65.
[2] Tacit. hist. l. 3. c. 40. et seqq.

l'en détourner : il lui representa sur-tout la terreur que la prosperité des armes de Vespasien avoit déja répanduë dans la Narbonnoise, et ajouta que Valerius Paulinus intendant de cette province, ancien ami de Vespasien, et homme de tête et d'expédition, avoit gagné les peuples du pays, au parti de ce nouvel empereur, et les avoit déja fait déclarer en sa faveur ; que cet officier avoit d'ailleurs beaucoup de crédit sur les troupes prétoriennes, dont il étoit aimé et respecté, aiant été autrefois leur tribun ou colonel ; qu'il avoit rassemblé non seulement ceux qui après avoir été dépossedez de leurs charges par Vitellius, avoient pris volontiers les armes contre lui, mais encore les naturels du pays, avec lesquels il avoit mis les côtes et la colonie de Frejus hors d'insulte ; qu'en un mot les peuples de la province étoient d'autant plus dévouez à cet intendant, qu'outre qu'il étoit leur compatriote, ils avoient encore lieu d'esperer qu'étant fort avant dans les bonnes grâces de Vespasien, il leur accorderoit sa protection auprès de ce prince. Valens touché de ces raisons abandonna l'execution de son dessein, et se remit en mer pour s'en retourner : mais une tempête l'aiant jetté sur les côtes des isles d'Hieres, il eut le malheur d'être pris par quelques barques que Paulinus avoit envoiées en course.

Les autres provinces [1] des Gaules avec celles d'Espagne et de Bretagne suivirent bientôt après l'exemple de la Narbonnoise, et se déclarerent pour Vespasien. Primus [2] se vante dans une de ses lettres à ce prince de lui avoir gagné toutes ces provinces : il y a du moins lieu de croire qu'étant sans doute fort accredité à Toulouse sa patrie, il eut beaucoup de part à la déclaration de cette ville et des provinces voisines en faveur de cet empereur. Il est d'ailleurs certain [3] qu'il contribua beaucoup à celle de Civilis chef des Bataves qu'il engagea à prendre les armes contre Vitellius. Enfin le parti de Vespasien grossit si considerablement et en si peu de tems, qu'au mois de Decembre, Primus avoit déja poussé ses conquêtes jusqu'à l'Apennin, et qu'il ne restoit à Vitellius que le pays qui est entre Terracine et Narni.

XVIII.

Prise de Rome par Primus. Mort de Vitellius.

Primus qui méditoit depuis long-tems la prise de Rome, s'étant approché à dix milles de l'armée de Vitellius, campée auprès de la ville de Narni, travailla à débaucher les troupes de cet empereur. Il esperoit réussir d'autant plus aisément, que ce prince s'étoit rendu très-méprisable par sa lâcheté et sa mauvaise conduite. Primus fit tant enfin par ses intrigues et ses intelligences, qu'aiant gagné d'abord une partie des officiers, et ensuite la plûpart des soldats, presque toute cette armée vint se joindre à la sienne. Ce general se vit par là en état de tenter le siege de Rome dont il se rendit le maître vers le vingtième du mois de Decembre, malgré la vigoureuse résistance des Prétoriens. Par cette conquête il assûra l'Empire à Vespasien, et le delivra de Vitellius son compétiteur, à qui on fit souffrir une mort aussi honteuse, que sa vie avoit été indigne d'un empereur Romain.

XIX.

Honneurs déferez à Primus. Son mécontentement, ses disgraces.

Primus [1] entra dans Rome avec Domitien fils de l'empereur Vespasien qui étoit encore en Orient. Domitien prit aussitôt le titre de Cesar, mais il laissa à Primus la principale autorité. Le senat décerna alors à ce dernier les honneurs consulaires (*consularia insignia*) en consideration de ses services : ils étoient en effet si importans, qu'il eût mérité les plus grands éloges, s'il eût eu soin d'arrêter la fureur et l'avarice du soldat qui mit Rome au pillage, et y commit une infinité de désordres sous prétexte de rechercher les partisans de Vitellius. On l'accuse même d'avoir profité des riches dépouilles de cette capitale du Monde, et d'avoir en particulier tourné à son profit celles du palais impérial. On sçait du

---

[1] Ibid. c. 44. et seqq.
[2] Ibid c. 83.
[3] Ibid. l. 4 c. 13. l. 5. c. 26.

[1] Ibid. l. 4. c. 1. et seqq.

moins que son autorité fut si grande dans Rome après la prise de cette ville, que ce fut presque la seule qu'on y reconnut d'abord : ainsi il peut avoir profité de cette occasion pour s'enrichir et ramasser de quoi satisfaire sa prodigalité. Il est vrai aussi que la réputation qu'il s'étoit acquise par ses victoires, et les applaudissemens qu'il recevoit tous les jours, lui firent des jaloux, qui ne manquerent pas de le décrier et de chercher des prétextes pour le noircir. Le plus dangereux de tous [1] fut Mucien favori et général de Vespasien, qui, piqué de ce qu'il lui avoit ravi la gloire de vaincre Vitellius, de prendre Rome, et d'avoir en quelque maniere placé Vespasien sur le thrône de l'Empire, n'oublia rien à son arrivée en cette ville, où il vint bientôt après, pour le décrediter auprès du peuple, des troupes, et de l'empereur même : mais n'osant d'abord l'entreprendre ouvertement, à cause du crédit de Primus sur l'esprit du peuple et des soldats, il prit des mesures secretes pour détruire sa réputation et diminuer son autorité, tandis qu'il affecta en public de joindre ses applaudissemens à ceux du senat et du peuple. Il loüa en effet ses services en plein senat, flatta son ambition des plus grandes esperances, et lui offrit son crédit pour lui faire obtenir le gouvernement de l'Espagne citerieure, que Clunius Rufus venoit de quitter; il combla même de bienfaits ses créatures, et procura des emplois considerables aux officiers qu'il affectionnoit le plus : mais sous ces marques d'estime et d'amitié, Mucien cachoit une haine implacable, et le dessein formé de perdre Primus dans l'esprit du peuple et du prince. Pour faire tomber peu à peu l'autorité de ce general dans Rome, il en fit d'abord sortir ses troupes sous prétexte de désordres qu'elles y commettoient (an 70), et dispersa en divers endroits les legions qui lui étoient les plus attachées, entr'autres la septième appellée Galbienne, comme nous l'avons déja dit, du nom de l'empereur Galba qui lui en avoit donné le commandement. Il lui rendit ensuite de très-mauvais offices auprès de Vespasien, soit par les soupçons qu'il fit naître à ce prince sur sa conduite et ses desseins ambitieux, soit par les tours malins qu'il donna à ses services. Il empêcha enfin que Domitien fils de cet empereur ne le mit au nombre de ses principaux officiers (*inter comites*).

Primus sensible à tous ces coups, prit le parti de sortir de Rome et de se rendre auprès de Vespasien, comptant que sa seule présence dissiperoit tous les mauvais bruits qu'on faisoit courir contre lui : mais cet empereur déja prévenu par les lettres de Mucien, ne lui fit pas tout l'accüeil qu'il croioit être en droit d'attendre de sa part, quoique ce prince, en considération des services qu'il en avoit reçus, et des périls où il s'étoit exposé pour l'affermir sur le thrône, le regardât d'un œil assez favorable : mais le récit continuel de ses exploits et l'éloge qu'il faisoit sans cesse de son propre mérite aux dépens de celui des autres, le rendirent enfin si odieux, qu'il se vit également méprisé de ses amis et de ses ennemis, et de l'empereur même qui le négligea entierement, et le laissa sans emploi, quoiqu'il témoignât toûjours au dehors avoir de la reconnoissance pour ses services.

Martial [1] contemporain et ami de Primus, loüa beaucoup son éloquence, sa politesse, son érudition et son amour pour les lettres ; car [2] on ne doute pas que ce ne soit le même que Marcus Antonius Primus à qui ce poëte adresse plusieurs de ses épigrammes : ce qui fait voir qu'Antoine étoit son veritable nom, Marcus son prénom, et Primus son surnom. Il paroît par une de ces épigrammes [3] que cet illustre Toulousain parvint au moins jusqu'à l'age de soixante ans, qu'il mena une vie privée depuis l'elevation de Vespasien à l'empire, et qu'il soûtint parfaitement bien sa disgrace [*]. Ce general eut de grands défauts, on n'en peut disconvenir : mais il les effaça par l'éclat de ses talens. Il fut accusé surtout de beaucoup de legereté et de vanité, et cette accusation paroît mieux fondée que celle d'avoir ambitionné l'empire, et sollicité

---

[1] Ibid. l. 3. c. 33. et seq l. 4. c. 4. et seqq.

[1] Martial. l. 9. epigr. 101. l. 10. epigr. 23. 32. 73.

[2] V. Rader. in Martial. et Serviez hom. illustr. de Langued. p. 76.

[3] Martial. ibid. l. 10 epigr. 23.

[*] *V.* Additions et Notes du Livre III, n° 5.

Scribonianus [1] Crassus frere de Cesar Pison pour l'engager à exciter une révolte qui pût lui frayer le chemin au thrône. Ce qu'il y a de vrai, c'est que Primus fit un honneur infini à sa patrie autant par l'élevation de son genie, que par l'éclat de ses dignitez; qu'il fut l'un des plus grands capitaines de son tems, et que s'il n'eut pas la gloire de parvenir à l'empire, il eut du moins celle de le procurer au meilleur et au plus digne des empereurs.

XX.

Révolte des Gaules excitée par Civilis. La Narbonnoise fidelle à Vespasien.

Nous avons dejà dit que Primus pour favoriser le parti de Vespasien, avoit beaucoup contribué à la révolte de Civilis general des Bataves contre Vitellius : mais le dessein de Civilis en prenant les armes étoit moins de se déclarer pour un des deux compétiteurs à l'empire, que de profiter de cette occasion pour se soustraire avec tous les Bataves à la domination Romaine. Il continua en effet la guerre contre les Romains après la mort de Vitellius, et tâcha d'entrainer par son exemple tous les Gaulois, qui selon Tacite [2] prirent part à sa révolte contre Vespasien. Comme il n'y eut cependant, suivant le même historien, que la Gaule septentrionale qui fut le théatre de la guerre et de la rebellion, on a lieu de croire que les provinces méridionales, telle que la Narbonnoise, demeurerent fidelles à cet empereur. Nous sçavons du moins que la défaite de Civilis par Cerealis general des troupes Romaines, termina en peu de tems cette guerre, et fit rentrer les Gaulois rebelles dans leur devoir et sous l'obéïssance de ce prince.

XXI.

Hommes illustres de Nismes.

Les mouvemens des Gaulois aiant été appaisez par la valeur et la sage conduite de Cerealis, le regne de Vespasien fut un des plus tranquilles et des plus heureux; les peuples furent d'autant plus sensibles à la douceur de son gouvernement, qu'ils avoient gémi auparavant sous la dureté de celui de ses prédecesseurs. C'est à Tite son fils et son successeur dans l'empire (an 79), que C. Fulvius Volupus Servilianus [1] natif de Nismes, fut redevable de la charge de préteur, dont il fut honoré, après avoir exercé plusieurs autres dignitez tant civiles que militaires. Comme les Aurelius Fulvius étoient alors établis dans la même ville de Nismes, on pourroit croire qu'il appartenoit à cette famille.

Tacite [2] fait mention d'un Fulvius Aurelius lieutenant ou colonel d'une legion (*legatus legionis*) sous l'empire d'Othon, à qui ses services dans la guerre des Sarmates firent décerner les ornemens consulaires. Celui-ci est sans doute le même que T. Aurelius Fulvius citoien de Nismes, aïeul paternel de l'empereur Antonin Pie, qui fut préfet de Rome et deux fois consul [3] sous l'empire de Domitien successeur de Tite. Aurelius Fulvius dans son premier consulat, fut collegue de cet empereur, et quatre ans après il fut honoré de la même dignité pour la seconde fois.

XXII.

Autres personnages illustres de la province.

Nismes ne fut pas la seule ville de la province qui produisit des hommes illustres dans le même siecle; celle de Narbonne eut la gloire de donner la naissance à Artanus ou Arcanus (an 89) personnage célèbre par son amour pour les belles lettres, dont Martial [4] fait mention. Il paroit suivant ce poète, qu'il exerça dans sa colonie quelque charge, peut-être celle de duumvir. Les arts et les sciences florissoient aussi alors à Toulouse, et c'est sans doute le soin qu'on avoit de les cultiver dans cette ville qui lui mérita le nom de *Palladienne* que le même Martial [5] auteur contemporain, lui donne dans ses ouvrages.

---

[1] Tacit. hist. l. 4. c. 39.
[2] Tacit. hist. l. 4 c. 32. 54 et seqq.

[1] Pr. p. 12. inscr. 67. – V. Grass. antiq. Nem.
[2] Tacit. hist. l. 1. c. 79.
[3] Capitol. vit. Anton. Pii. p. 17. Fast. consul.
[4] Martial. l. 8. epig. 72.
[5] Ibid. epigr. 101. l. 9.

XXIII.

Gouvernement de la province sous Trajan

La Narbonnoise auroit été tout-à-fait heureuse sous l'empire de Domitien, si cet empereur eût été aussi attentif a y envoier de bons ministres pour la gouverner, que cette province l'étoit à lui former des hommes capables de servir l'état, et de contribuer à la gloire de son regne : mais ce prince, aussi dur et aussi cruel que Tite son frere avoit été doux et humain, vexa également par sa tyrannie toutes les provinces de l'empire.

La sagesse et la moderation de Nerva et de Trajan (ans 96-98) successeurs de Domitien, qui monterent successivement sur le throne de l'empire, firent oublier la dureté du regne de ce dernier : aussi ces deux empereurs s'attirerent-ils l'amour et la confiance des peuples. Un des sevirs [1] Augustales de Narbonne fit élever à l'honneur de Trajan une statue la seconde année de son consulat qui répond à la premiere de son regne.

On vit fleurir [2] la paix et la justice sous l'empire de ce prince : il soulagea les peuples par la suppression de plusieurs impôts excessifs, et regla la police des villes. Il confirma l'abolition des jeux d'exercice et de lutte instituez depuis peu à Vienne dans la Narbonnoise (an 101) : abolition que Tribonius Rufinus duumvir de cette colonie, homme recommandable par la gravité de ses mœurs et par la force de son éloquence, avoit déja ordonnée. Q. Cœcilius Marcellus [3] fut successivement questeur et lieutenant du proprêteur de la Narbonnoise et ensuite proconsul de la Sicile sous le même empereur. Cæcilius Marcellus est peut-être le même qui fut consul [4] subrogé sous l'empire d'Adrien l'an 129. Nous apprenons par une inscription [5] Grecque que ce fut sous les auspices de Trajan que la ville de Nismes fit élever un monument au dieu *Nemausus* (an 117), à qui elle rendoit un culte particulier, et qu'elle mit ce prince sous la protection de cette divinité imaginaire.

XXIV.

Inscriptions à l'honneur d'Adrien Voiage de ce prince dans la Narbonnoise.

Trajan étant mort après un regne des plus glorieux, Adrien que sa femme Plotine lui avoit fait adopter, à ce qu'on croit, lui succeda. Ce dernier empereur se fit aimer des peuples autant par sa moderation que par ses bienfaits. Selon une ancienne inscription, les nautoniers du Rhône voulant donner une marque publique de leur affection et de leur respect envers ce prince, lui firent élever un monument la troisième année de son consulat et de sa puissance tribunitienne (an 119). On voit [1] encore cette inscription à Tournon ville du Vivarais située sur le rivage du Rhône. L'année suivante fut remarquable par le consulat de T. Aurelius Fulvius qu'on croit être l'empereur Antonin Pie, originaire de Nismes, dont nous aurons bientôt occasion de parler. Adrien passa [2] presque tout le tems de son regne à parcourir les provinces de l'empire : ce qui fut très-avantageux aux peuples dont il s'attira l'affection par ses liberalitez, et sur tout par le soin qu'il prit de regler la police et le gouvernement.

Les provinces des Gaules furent des premieres que ce prince honora de sa presence, et qu'il combla de ses bienfaits : il donna entr'autres à la Narbonnoise des marques particulieres de ses bontez, par le soin qu'il prit d'embellir cette province de divers édifices publics, et sur-tout par la basilique [3] ou le palais superbe qu'il fit construire à Nismes à l'honneur de Plotine veuve de Trajan, monument également digne de la magnificence de cet empereur et de sa reconnoissance envers cette princesse à qui il étoit redevable de l'empire (an 121). Comme Plotine étoit encore en vie [4] lorsque cette basilique lui fut dédiée, nous avons lieu de croire, contre

---

[1] Pr. p. 2. inscript. 2.
[2] Plin. paneg. Traj. et l. 4. epist. 22.
[3] Grut. p. 1025. n. 8.
[4] Onuphr. in Fast.
[5] Spon. miscell. p 111.

[1] Grut. p. 1022. n. 10.
[2] Spartian. vit. Adrian.
[3] Spartian. ibid. p. 6.
[4] V. Till. art. 8. et 10. sur Adr.

le sentiment de quelques[1] modernes, que le temple qu'Adrien lui fit élever, au rapport de Dion[2] est different de cette basilique, puisque selon le même historien, il ne fut bâti qu'après la mort de cette princesse. Le tems a tellement détruit cet édifice de Nismes, qu'il n'en reste aujourd'hui aucun vestige qui puisse nous faire connoître le lieu de son emplacement. Plusieurs modernes ont donné à la verité leurs conjectures là-dessus : mais elles sont si incertaines, qu'on ne peut en adopter aucune. Nous suivrions volontiers une inscription trouvée à Aix, qui marque quelques circonstance de la dédicace de cette basilique, si elle n'étoit[3] soupçonnée de faux par d'habiles critiques.

XXV.
Pont du Gard.

On donne communément à Adrien la gloire d'avoir fait élever l'amphithéâtre de Nismes et plusieurs autres anciens monumens de la province, entr'autres le pont du Gard, qui au jugement des connoisseurs, passe pour un des plus hardis et des plus superbes édifices de l'antiquité. Ce chef d'œuvre, qui fait encore aujourd'hui l'admiration des plus habiles architectes, est situé à trois lieues de Nismes vers son nord-est, entre deux montagnes éloignées l'une de l'autre de cent trente-une toises. La riviere de Gardon, qui descend des montagnes des Cevennes et va se précipiter dans le Rhône un peu au-dessous de Valabregues, coule au milieu de ces deux montagnes.

Les Romains dans le dessein de conduire à Nismes par un aqueduc les eaux de la fontaine d'Eure qui prend sa source un peu au-dessous d'Usez, et ne pouvant l'executer qu'à travers la riviere de Gardon, choisirent cet endroit comme le plus propre, parce que le lit de la riviere, resserré entre les deux montagnes dont on a parlé, y est plus étroit qu'ailleurs. Pour gagner donc la hauteur de ces deux montagnes et mettre l'aqueduc au niveau, ils éleverent dans ce lieu un colosse de maçonnerie à la hauteur d'environ vingt-trois toises. Sa fondation est très-solide et posée sur le vif du rocher, d'où s'élevent trois rangs d'arcades à plein cintre qui forment trois ponts l'un sur l'autre, avec des retraites et des compartimens si bien proportionnez à toute la masse, qu'ils marquent le dessein qu'avoient les Romains d'en éterniser la durée autant que celle de leur nom.

On peut voir toutes les dimensions de ce grand corps d'ouvrage, qui auparavant avoient été données diversement, dans l'estampe que nous en avons fait tirer. Le premier pont sous lequel coule la riviere consiste en six arches dont l'ouverture est inégale : mais à peu près de dix toises chacune avec un peu plus d'élevation ; la riviere ne coule que sous une seule. Les piles de ce premier pont ont vingt-un pieds de largeur et treize pieds et demi d'épaisseur en façade. Le second pont est de onze arches dont les pilliers répondent à ceux du premier qui leur servent de fondement, et dont l'ouverture et la hauteur sont à peu près les mêmes. Le troisieme pont posé sur le second est composé de trente-cinq arches dont chacune a environ trois toises de hauteur et quatorze pieds d'ouverture ; ses pilliers ont six pieds d'épaisseur en façade.

Au-dessus de ce troisieme pont s'éleve l'aqueduc qui fait le couronnement de tout l'édifice. Cet aqueduc est large de quatre pieds et haut de quatre et demi sous couverture, et de neuf dans œuvre. Il est couvert de pierres plates jointes avec du ciment. Il reste encore une suite assez considerable de murs et d'arches, avec d'autres vestiges qui font juger de la magnificence de tout l'ouvrage. Cet aqueduc servoit à la conduite des eaux, ainsi qu'on l'a déja dit, depuis la fontaine d'Eure au-dessous d'Usez jusqu'à Nismes, dans l'espace de plus de quatre lieues de France ou de douze mille toises, à compter du lieu appellé saint Quentin au-delà de la même ville d'Usez jusqu'à Nismes ; tantôt sous des montagnes ou des rochers percez, tantôt sur des ponts tel que celui dont nous parlons, pour conserver le niveau. Cet aqueduc se terminoit enfin à Nismes proche la Tourmagne où étoit le regorgement des eaux et le

---
[1] Catel. mem. p. 286.
[2] Xiphil. epist. Dion p 792.
[3] V. Casaub. not. in Spart. p 23. Catel. ibid.

grand reservoir qui les fournissoit à la ville et à l'amphiteatre pour la representation des naumachies. Les eaux se degorgeoient enfin dans la riviere de Vistre qui coule à une demie lieue de Nismes.

Les Gots et les autres barbares ennemis de la gloire des Romains, après avoir inondé la province dans les siecles suivans, ne purent jamais, malgré tous leurs efforts, venir à bout de ruiner ce superbe édifice, comme s'il leur eût été plus difficile de l'abattre, qu'il ne l'avoit été aux Romains de l'élever. Ces barbares se contenterent de démolir les deux extrêmitez de l'aqueduc qui consistoient en de simples et petites arches beaucoup plus aisées à détruire que le reste. Ils en abattirent une grande partie, soit pour rendre cet aqueduc inutile à la ville de Nismes, soit pour en empêcher le rétablissement.

La ruine entiere de cet édifice que ces peuples n'avoient osé entreprendre, étoit déja fort avancée par la négligence des François. On y avoit pratiqué un passage pour le charrois, au commencement du seizième siècle, en échancrant par encourbement, à la hauteur de neuf à dix pieds, sept piles du second pont sur toute leur largeur, jusqu'au tiers du vif de leur épaisseur. Cet édifice avoit été d'ailleurs endommagé par la démolition de tout le massif de la maçonnerie qui servoit de garniture aux arches du premier pont, et qui couvroit dans toute son étenduë de l'une à l'autre de ses avenuës, sur la largeur d'environ six pieds, dans le dessein d'ouvrir un passage pour le canon que le duc de Rohan fit conduire de son tems de ce côté-là. A la vuë de la prochaine ruine dont un si beau monument paroissoit déja menacé, M. de Bàville intendant de Languedoc, homme également zelé pour le bien public et la gloire de la province, fit proceder l'an 1699. à la vérification et au devis des réparations nécessaires pour la conservation de cet édifice : l'abbé de Laurens et Daviller architecte de la province qu'il chargea de ce soin, en firent leur rapport aux Etats de l'année suivante, et c'est de leur procès-verbal que nous avons tiré les dimensions dont nous venons de parler. Les Etats entrerent volontiers dans les vues de cet illustre magistrat, et ce fut par leurs ordres et aux dépens de la province qu'on travailla à la réparation de ce superbe bâtiment qui alloit dépérir sans leurs soins, et qui depuis ce tems-là est en très-bon état. On y a laissé seulement un chemin sur le second pont par où les gens de pied et de cheval peuvent passer aisément.

On prétend que les grosses pierres qui composent cet édifice furent tirées d'une carriere qui n'en est qu'à une portée de mousquet. La jonction de celles qu'on appelle pierres d'assise est si parfaite, sans mortier ni ciment, qu'il ne seroit pas possible d'y faire passer un cheveu entre deux. Le nom de Veranius qu'on y voit gravé en lettres Romaines donne lieu de conjecturer que c'est celui de l'architecte. On y voit aussi quelques figures, entr'autres celle d'Isis, qui ne nous apprennent rien, non plus que les trois lettres Romaines suivantes, A. E. R. qu'on y lit, et que chacun interprete à sa fantaisie. Il y en a qui prétendent qu'elles signifient, *Antoninus est auctor*; c'est-à-dire que ce pont auroit été construit par les soins et les ordres de l'empereur Antonin originaire de Nismes. D'autres [1] disent que la province est redevable de cet édifice à l'empereur Adrien *. Nous sçavons en effet que ce prince durant son séjour à Nismes y fit élever la superbe basilique dont nous avons déjà parlé, qu'il fit [2] reparer les chemins publics de la Narbonnoise, et orner les provinces et les principales villes de l'empire de plusieurs édifices [3] magnifiques pour lesquels il avoit certainement plus de goût et de passion que n'en [4] eut Antonin son successeur.

XXVI.

Hommes illustres de la Narbonnoise sous l'empire d'Adrien.

Adrien après avoir parcouru la Narbonnoise, passa en Espagne où il fit quelque sejour. Il honora [5] Claudius-Priscus-Licinius-

---

[1] Casaub. ibid.
[2] Bergier. p. 712.
[3] Spart. vit. Adrian.
[4] V. Marc. Aurel. de se ips. l. 1. c. 13.
[5] Gruter. p. 493. n. 1.

* *V.* Additions et Notes du Livre III, n° 6.

Italicus de la charge de son intendant, (*procurator*), sur la levée *du vingtième des héréditez* dans la Narbonnoise et dans l'Aquitaine: imposition établie par Auguste dans toute l'étenduë de l'empire.

L. Æmilius Arcanus natif de Narbonne (NOTE XXI), qui est vraisemblablement le même qu'Arcanus dont on a déja parlé, et dont il est fait mention dans une épigramme de Martial, fut élevé sous le regne du même empereur aux emplois les plus éclatans tant civils que militaires (an 122). Selon l'inscription [1] mise au bas de la statuë, qu'un de ses affranchis lui fit dresser dans la même ville de Narbonne, il avoit déja passé par toutes les charges de sa colonie quand il fut élevé à Rome au rang des senateurs, et des *Sevirs des chevaliers Romains*. Il fut encore honoré des charges de curion, de questeur, et de tribun du peuple, désigné pour la charge de préteur, et successivement tribun militaire ou colonel de la legion onzième, de la premiere, et de la seconde. Le sophiste Favorin [2] natif d'Arles dans la Narbonnoise, auteur de divers ouvrages, et l'un des plus célèbres personnages de son tems, eut beaucoup de part à la faveur et à la confiance d'Antonin.

Cet empereur étant tombé malade sans esperance de guérison, adopta pour le bonheur de l'Empire Tite Antonin le 25. de Fevrier de l'an 138. le declara son successeur, lui fit part de toute son autorité, l'associa à la souveraine puissance du tribunat, et partagea même avec lui le titre d'empereur, ce qui avoit été jusqu'alors sans exemple. Adrien ne survêcut pas long-temps à cette adoption : il mourut le dixième de Juillet suivant. Quelques modernes lui attribuent la division des Gaules en quatorze provinces ; mais nous verrons ailleurs que cette division paraît beaucoup moins ancienne.

XXVII.

Tite Antonin originaire de Nismes.

Titus Aurelius Fulvius (ou selon Casaubon [3] Fulvus) Antonius successeur d'Adrien, étoit issu d'une famille anciennement originaire du pays des Sabins appelée [1] *Aurelia*, et qui, quoique Plebeïenne, étoit déja devenuë fort illustre. Elle se divisa en plusieurs branches : celle qui prit le nom de *Fulvia* ou *Fulva*, vint s'établir à Nismes. C'est d'elle que descendoit T. Aurelius Fulvus, dont on a déja parlé, et qui fut honoré par deux fois de la dignité de consul outre celle de préfet de Rome. Son fils de même nom que lui et pere de l'empereur Tite Antonin fut aussi élevé à la dignité de consul : mais comme on ignore le tems de son consulat, on peut conjecturer qu'il fut du nombre des consuls subrogez, ou qu'il se contenta des honneurs et des ornemens consulaires. Il épousa Arria Fadilla fille et heritiere d'Arrius Antoninus, personnage distingué par sa probité et l'integrité de ses mœurs autant que par sa naissance, et par la dignité de consul qu'il exerça deux fois ; et de Boïonia Procilla : ce qui fit donner à l'empereur leur fils les noms d'Antonin et de Boïonius comme heritier de l'un et de l'autre.

Tite Antonin naquit le 19. de septembre de l'an 86. de J. C. à *Lavinium* ou *Lanuvium* dans le Latium, où son père s'étoit peut-être établi avec sa famille, après avoir quitté le séjour de la ville de Nismes sa patrie. Le jeune T. Antonin fut élevé à Loric (*Laurum*) ville du même pays de Latium. Aria Fadilla sa mere épousa en secondes nôces Julius Lupus, personnage dont elle eut Julia Fadilla sœur uterine de Tite Antonin. Celui-ci avant son élévation à l'empire avoit épousé Annia Galeria Faustina fille d'Annius Verus dont il eut plusieurs enfans, mais dont les mâles moururent tous fort jeunes. Le portrait que les historiens nous ont laissé de ce prince est des plus avantageux. Avant que de parvenir à l'empire, ses rares qualitez d'esprit et de corps lui avoient déja acquis l'amour et l'estime de tout le monde et merité les principales charges de l'état : il avoit été successivement consul, gouverneur d'une quatrième partie de l'Italie, avec l'autorité consulaire, et enfin proconsul d'Asie. Le senat lui donna le nom de *Pius*, qui veut dire bon ou débonnaire, auquel il ajouta lui-

---

[1] Pr. p. 2. inscript. 4.
[2] Spart. ibid. Capitolin. vit. Anton. Pii.
[3] Casaub. not. in Capitolin. p. 47.

[1] Capitolin vit. T. Anton. V. not. salmas. et Casaub. ibid. - Ant. Aug. de fam. Rom. p. 308. et seqq. - Aurel. Vict.

même ceux d'*Ælius* et d'*Adrianus* par reconnaissance pour l'empereur Adrien, qui l'avoit adopté. Suivant une inscription [1] il auroit fait bâtir à Nismes un temple à l'honneur du même Adrien son bienfaiteur ; mais comme cette inscription paroît manifestement supposée, on n'y peut faire aucun fonds.

XXVIII.

Incendie de Narbonne. Cette ville réparée par Antonin.

Sous un prince si bon et si juste on vit regner la paix et la justice dans les villes et dans les provinces de l'empire. Les peuples furent soulagez et trouverent en lui toute la bonté d'un père avec toute l'integrité d'un juge. Les habitans (*Pagani*) d'un [2] canton de Provence, pays qui faisoit encore alors partie de la Narbonnoise, éprouvèrent son équité par la restitution qu'il leur fit faire d'un bain que leurs voisins avoient usurpé sur eux.

Ce prince sensible au malheur de la ville de Narbonne, que le feu avoit entièrement consumée, la fit [3] rebâtir, et y rétablit à ses dépens les thermes, les basiliques, les portiques et les autres édifices qui avoient été brûlez. Deux inscriptions [4] de l'année de son quatrième consulat, qui répond à l'an 145. de J. C. nous ont conservé la mémoire de ce rétablissement et de celui des chemins publics d'Arles à Nismes par ses soins.

XXIX.

Etat de la Narbonnoise sous l'empire de Marc Aurele.

S'il faut s'en rapporter à quelques modernes, ce fut ce même prince qui fit élever la plûpart des anciens édifices dont on voit de si beaux restes dans Nismes, et dont on a déja parlé ailleurs : mais nous n'avons rien de certain là-dessus. Une ancienne inscription [5] nous apprend que cette ville fit dresser un monument public à l'honneur de Faustine sa fille, femme de Cesar Marc Aurele son fils adoptif et son digne successeur. Ce nouvel empereur,

dont le senat confirma l'adoption et la succession à l'empire après la mort d'Antonin qui arriva l'an 161. fut extrêmement sage et reglé. Il effaça la gloire de tous ses prédécesseurs, et son regne fit le bonheur et la consolation des peuples au milieu des guerres, des tremblemens de terre et des autres calamitez dont ils furent affligés de son temps : aussi fut-il également aimé et respecté, comme il paroît par le nom de pere de la patrie qu'on lui donna, et en particulier par l'inscription [1] que ceux de Narbonne firent graver au bas de la statuë, qu'ils lui firent ériger dans leur ville. Il en fit élever une lui-même à Rome (an 165) dans le marché de Trajan, à M. Pontius L. Ælius (ou Lælianus) Larcius-Sabinus, qui avoit [2] exercé le consulat deux ans auparavant, et qui aiant occupé les premieres charges de l'empire après celle de questeur ou thrésorier de la Narbonnoise, avoit gouverné cette province avec l'autorité de préteur, et avoit été en même-temps protecteur (*Curator*) de la colonie d'Orange. Nous devons à une autre inscription [3] la connoissance de L. Aurelius Gallus proconsul de la Narbonnoise, qui est peut-être le même que Gallus qui fut élevé à la dignité consulaire l'an 174. et qui par consequent aura vécu sous l'empire de Marc Aurele.

Cet empereur qu'on propose comme le modele des bons princes effaça en quelque maniere la gloire de son regne par la violente persecution qu'il excita contre l'Eglise (an 177), et durant laquelle plusieurs Chrétiens de Lyon et de Vienne souffrirent le martyre dont nous avons l'histoire. Ce monument nous fournit une preuve du progrès que la religion Chrétienne avoit déja fait alors dans la Narbonnoise (an 180).

On peut rapporter au regne de Marc Aurele une ancienne inscription qui fut découverte l'année dernière 1728. à Frescati près du chemin qui conduit par le haut de la montagne de la vigne Pamphile à *Monte Dracone*. Cette inscription dont nous sommes redeva-

---

[1] Gariel ser. præs. Mag. p. 20.
[2] Span. Miscell. p 63.
[3] Capitolin. ibid. p. 20.
[4] Marc. Hisp p. 37. et seqq. - Bergier. p. 713. - Pr. p 6
[5] Pr. p. 7. inscript. 30.

[1] Pr. p. 3. inscript. 8.
[2] Grut. p. 457. n. 3. V. Til. not. 6. sur Marc Aurel. - Roland. Fast. p. 36.
[3] Grut. p. 1091. n. 8.

bles à D. Joseph Avril collegue du R. P. D. Pierre Maloet procureur general de notre Congrégation à Rome, nous donne la connaissance d'un lieutenant ou gouverneur de la Narbonnoise nommé *M. Gavius* : la voici telle qu'il a eu la bonté de la transcrire et de nous l'envoier.

```
      M. GAVIO T : F. VEL.
       APPALIO MAXIMO
              C. V.
         SODALI HADRIA
        NALI. LEG. PRO.
          NARBONENSIS
            Q̂    AUG.
      GAVIUS. FORTIS. LIB.
       ET PROC. OB MERI
             TA EJUS
```

Ce R. Pere remarque que cette inscription doit être posterieure au regne d'Adrien, et anterieure à celui de Septime Severe, par la raison que *M. Gavius* étoit de la *societé d'Adrien*, qui ne fut instituée que par Antonin Pie son successeur, et qu'après le regne de Septime Severe on ne trouve plus dans les inscriptions des *Sodales Hadrianales*. Il ajoûte que la famille des *Gavius* étoit établie à Veronne où on trouve diverses inscriptions qui la regardent ; et que notre M. Gavius fut *Augure Quinquennale* ; car c'est ainsi qu'il explique ces lettres de l'inscription Q̂. AUG. Il prétend que quoiqu'on puisse les expliquer par *Quæstori Augusti*, il est cependant plus naturel de leur donner la premiere interpretation pour deux raisons ; l'une, parce qu'il n'est pas ordinaire que la lettre Q̂ avec un trait circonflexe marqué dans l'inscription, signifie *Quæstor* ; et l'autre, qui lui paroit beaucoup plus solide, parce qu'il ne convenoit pas à M. Gavius d'exercer la charge de Questeur de l'empereur, après avoir été membre de la societé d'Adrien et gouverneur de la Narbonnoise : dignitez fort au-dessus de celle de Questeur.

XXX.

La Narbonnoise infectée des erreurs des Basilidiens ou Gnostiques.

Sous l'empereur Commode qui en succedant à l'empire après Marc Aurele, ne succeda ni à l'esprit ni aux excellentes qualitez de ce prince, les Gaules eurent le malheur de de se voir désolées (an 187)[1] par la guerre des déserteurs. La Narbonnoise eut en mêmetems celui[2] d'être infectée des erreurs de Marc disciple de Basilide et de Valentin, deux fameux Gnostiques qui admettoient les deux principes des Manichéens, et avoient l'extravagance de se dire parfaits. Marc qui marchoit sur leurs traces répandit par lui-même ou par ses disciples leur pernicieuse doctrine dans les pays situez aux environs du Rhône ; plusieurs femmes se laisserent séduire par l'artifice de ces hérétiques : quelques-unes se convertirent dans la suite, et firent pénitence. Selon saint Jerôme[3] les mêmes erreurs firent du progrès aux environs de la Garonne, où elles regnoient encore à la fin du quatrième siecle et d'où elles passerent en Espagne. On prétend[4] cependant que ce saint docteur parle plûtôt en cet endroit des Priscillianistes, autre espece de Gnostiques, que des Marcionites.

XXXI.

Guerres d'Albin et de Septime Severe. Fidélité de la Narbonnoise à ce dernier.

Ces derniers débiterent leur doctrine corrompuë avec d'autant plus de facilité et de succès sous le regne de Commode, que cet empereur étoit lui-même l'homme de l'empire le plus déreglé et le plus corrompu. Sa mort qui fut des plus tragiques, fut suivie du regne de L. Helvius Pertinax : celui-ci étant décédé peu de tems après, Didius Julien, Pescennius Niger, et Septime Severe se disputerent l'empire (an 192). Ce dernier qui avoit été gouverneur de la Lyonnoise, et qui par la sagesse de sa conduite avoit gagné l'affection des peuples de cette province, eut la satisfaction de voir les Gaules[5] se declarer les premieres en sa faveur (an 193). Il emploia les deux premieres années de son regne à faire la guerre à Pescennius Niger, que l'Orient avoit reconnu : mais comme il crai-

---

[1] Herodian. l. 1. Spartian. p. 75.
[2] Iren. contr. hær. l. 1. c. 8. 9. 13.
[3] Hier. ep 53. noviss. edit.
[4] V. Till. hist. Ecc. tom 2. p 322.
[5] Spartian. p 63

gnoit que pendant cette guerre, Claude Albin gouverneur de l'isle de Bretagne ne prit les armes contre lui, et ne lui disputât l'empire, il l'honora [1] de la dignité de Cesar pour l'amuser (an 195), quoique dans le fonds il eût été très-fâché de l'avoir pour collegue, dans la crainte, que par le crédit et l'autorité qu'il avoit dans le senat et parmi les troupes, il ne vînt enfin à le dépouiller de la pourpre : aussi tourna-t-il d'abord ses armes contre lui, après avoir défait Pescennius Niger.

Albin qui n'ignoroit pas les véritables dispositions de Severe à son égard, étoit passé alors dans les Gaules, les avoit gagnées pour la plûpart à son parti, et y avoit dejà assemblé une armée considérable, malgré la résistance de quelques gouverneurs de province qui refuserent de le reconnoître et de se déclarer pour lui. Il paroît que celui de la Narbonnoise fut de ce nombre, et que cette province demeura toûjours fidelle à Severe. (NOTE XXII.) L'avantage que remporta Albin dans quelques combats contre les troupes du parti de cet empereur (an 197), obligerent enfin ce dernier de se rendre en personne en deçà des Alpes avec une puissante armée pour combattre son compétiteur. Severe étoit dejà en marche lorsqu'il declara Cesar, Bassien son fils, et lui fit prendre le nom de Marc Aurele Antonin, sous lequel il est beaucoup moins connu, que sous celui de Caracalla qu'on lui donna par sobriquet. Severe ne fut pas plutôt arrivé dans les Gaules, qu'il alla chercher Albin pour le combattre : ils se rencontrerent le 19. de Février près de Lyon dont celui-ci étoit le maître. Le jour suivant les deux armées en vinrent aux mains : le combat fut d'autant plus vif et sanglant de part et d'autre, qu'il devait décider du sort de l'empire et de celui des deux compétiteurs. La victoire fut long-temps douteuse : mais elle se declara enfin en faveur de Severe, ce qui jetta Albin dans un si grand désespoir, qu'il se tua lui-même dans Lyon. Severe lui fit couper la tête qu'il envoia à Rome, fit jetter son cadavre dans le Rhône; et pour assouvir entierement sa vengeance, il sacrifia à son ressentiment la femme et les enfans de ce prince, avec un grand nombre de seigneurs des Gaules qui s'étoient malheureusement engagez dans son parti. Il fit ensuite quelque sejour dans ces provinces pour achever d'y réduire la faction d'Albin.

XXXII.

Inscriptions de Narbonne à l'honneur de Septime Severe. Assemblée provinciale dans cette ville.

Peu de tems après ou avant la défaite de ce dernier, les soldats *de la garnison ou du camp* (*Castrorum*) de la colonie de Narbonne firent graver une [1] inscription, apparemment au pied d'une statue qu'ils éleverent, à l'honneur de Julia Domna femme de Septime Severe. Ces soldats l'appellent la mère de Cesar Marc Aurele Antonin, et la leur: ce qui prouve l'affection et la fidelité de cette colonie, et sans doute aussi du reste de la province pour l'empereur Severe son époux. La même province et la colonie de Narbonne donnerent des marques de leur dévoüement pour ce prince, lorsqu'après avoir vaincu les Parthes, il eut donné la puissance du tribunat à son fils aîné Marc Aurele ou Caracalla, avec le titre d'Auguste. C. Batonius [2] qui étoit pour lors premier flamine Augustale de la Narbonnoise (an 108), sacrifia un taureau (*Taurobolium*), au nom de cette province, à l'honneur de Cybele mère des dieux pour la santé des deux Augustes Septime Severe et Marc Aurele Antonin. On celébra [3] sans doute ce taurobole à Narbonne dans une assemblée generale de la province que le proconsul ou président qui avoit l'administration, avoit coûtume de convoquer dans ces sortes d'occasions.

On a parlé ailleurs des fonctions des flamines ou sevirs Augustales de la province ; ainsi nous nous contentons d'ajoûter que les [4] premiers flamines, tels que C. Batonius, étoient présidens ou chefs du collège de ces sevirs; que ceux-ci étoient élûs par les peuples de la province, ou pour toute leur vie ou pour cinq ans seulement, dans les assemblées an-

---

[1] Capitolin. vit. Albin. - Spartian. et Herodian. in Sever. - Dio. l. 75.

[1] Pr. p. 7. inscr. 31.
[2] Pr. p. 7. inscript. 32.
[3] V. Marc. de prim. p. 154. et seqq.
[4] Marca ibid.

nuelles que les proconsuls ou présidens convoquoient dans la métropole, et qu'on appelloit *Conventus juridici*; que les mêmes flamines ou sevirs prenoient le nom de la province qui les avoit élûs; qu'ils présidoient aux spectacles qu'on donnoit pendant l'assemblée provinciale, et que ces spectacles se donnoient sous leur autorité et leur direction. Cet usage subsista jusqu'à Constantin, qui, avec les sacrifices des payens, abolit le nom et les fonctions des flamines ou sevirs Augustales et de leurs colléges.

Il paroît que Fabius Cilo Septimus, qui fut gouverneur [1] de la Narbonnoise avec l'autorité de proconsul, et qui exerça, avant ou après, la charge de lieutenant (*Legatus*) ou assesseur du propréteur qui administroit cette province, parvint à ces dignitez sous l'empire de Severe. Nous sçavons en effet que le mérite de Cilo et son crédit [2] auprès de cet empereur l'éleverent aux premieres dignitez de l'empire. Il parvint à celle de préfet de Rome et fut élû consul pour la seconde fois l'an 204. Il paroît que ce fut aussi sous le regne du même prince que L. Cæsonius Macer Rufinianus exerça [3] dans la Narbonnoise les fonctions de questeur. Ce dernier fut élevé ensuite à d'autres charges plus considerables qui lui méritèrent [4] enfin le consulat.

XXXIII.
Martyre de S. Andeol sous la persecution de Severe.

Severe vint une seconde fois dans les Gaules, à l'occasion des troubles qui s'eleverent dans la Bretagne, auxquels il voulut aller remedier en personne. On croit [5] que ce fut pendant ce voiage que ce prince fit souffrir le martyre à saint Andeol, le premier que nous connaissions qui ait arrosé de son sang la partie de la Narbonnoise qui est en deçà du Rhône, et qu'on appelle aujourd'hui Languedoc : mais la nouveauté des actes [6] de ce saint ne nous permet pas de nous étendre sur les circonstances de son martyre. Selon le martyrologe d'Adon, auteur du neuvieme siecle, qui peut l'avoir appris par la tradition du pays, S. Andeol qui étoit soudiacre, fut envoyé dans les Gaules (an 208) par saint Polycarpe, avec saint Benigne et quelques autres, pour y prêcher l'Evangile, et souffrir le martyre dans le territoire de Viviers à l'endroit qu'on appelloit anciennement *Gentibus*, par ordre et en présence de l'empereur Severe, qui lui fit, à ce qu'on ajoûte, endurer divers tourmens. C'est seulement depuis le neuvième siecle et le regne de l'empereur Lothaire, sous lequel vivoit Adon, que les reliques de S. Andeol aiant [1] été miraculeusement découvertes, furent exposées à la vénération des fideles dans une église qu'on construisit au même endroit en l'honneur de ce saint, et où Dieu opera divers miracles. Leger évêque de Viviers ceda [2] cette église au commencement du douzième siècle à l'abbé et aux chanoines de saint Ruf en dauphiné. Ce lieu s'appelloit alors Burgias ou Burgagiate : ce qui a peut-être donné occasion de l'appeler dans la suite le Bourg saint Andeol. C'est aujourd'hui une petite ville sur le Rhône où l'évêque de Viviers fait ordinairement sa résidence.

Saint Andeol ne fut pas le seul qui souffrit pour J.-C. sous l'empire de Severe; la persecution que cet empereur suscita contre les Chrétiens de l'empire les dernieres années de son regne s'étendit sur plusieurs autres et fut des plus violentes. Elle continua sous les empereurs Caracalla et Geta ses enfans et ses successeurs; et on croit que [3] dans ce temps-là (an 211) plusieurs Chrétiens, et entr'autres les saints Felix, Fortunat et Achillée souffrirent le martyre à Valence dans la Narbonnoise par ordre de Corneille qui y commandoit les troupes : ce qui prouve que la foi étoit déjà répandue dans cette province.

XXXIV.
Droit de Bourgeoisie Romaine donné par Caracalla à toutes les provinces Son voiage dans la Narbonnoise.

Les Chrétiens ne furent pas les seuls qui éprouverent les effets du mauvais naturel de

---

[1] Gruter. p. 407. n. 1. et 2.
[2] Dio. l. 77. Onufr. in Fast.
[3] Gruter. p. 381. n. 1.
[4] Reland. Fast. consul. p. 117.
[5] Boll. 1. maii. p. 35. et seqq. - Bosq. tom. 2.
[6] V. Till. emp. tom. 3. p. 98.

[1] Duch. tom. 2. p. 402.
[2] Columb. de Epis. Vivar. p. 207.
[3] Boll. 23. April. p. 98. - V. Till. sur S. Iren. art. 10.

Caracalla : son frere Geta qu'il assassina pour regner seul, en fut la principale victime. Il accabla d'impôts tous les peuples et les fit gémir sous la dureté de son gouvernement. La seule marque d'affection qu'il donna aux [1] sujets libres de l'empire, fut de leur accorder en general le droit de bourgeoisie Romaine par une ordonnance que saint Augustin loue beaucoup, et qui aurait été en effet fort loüable, si l'intérêt n'y eût eu plus de part que l'inclination de faire du bien dont il la couvroit. Par cette concession le droit Romain devint le droit commun de l'empire (an 212), et il n'y eut plus de différence dans les provinces entre le droit des colonies, celui des villes municipales ou qui joüissoient du droit Latin et Italique, et celui des villes assujetties au droit provincial : on remarque cependant qu'on ne laissa pas d'y mettre encore quelque distinction, puisqu'après la mort de ce prince, et du tems même de Constantin, les citoiens Romains furent distinguez des Latins.

Le voiage que fit cet empereur dans les Gaules (an 213), sous prétexte de visiter les provinces et de regler la police, mais dans la verité pour y jetter le trouble et la confusion fut fatal à la Narbonnoise en particulier, et au proconsul qui en avait alors l'administration, que ce prince [2] fit mourir. On ignore également le nom de ce gouverneur et le sujet de sa mort : on sçait seulement qu'un simple soupçon, bien ou mal fondé de la part de Caracalla, étoit plus que suffisant pour porter ce prince à une semblable cruauté. Il inquieta tous les gouverneurs, vexa les peuples, et viola les droits des villes sans aucun ménagement ; ce qui le rendit odieux à tout l'empire. Son mauvais cœur ne parut jamais mieux que lorsqu'étant rétabli d'une maladie dangereuse (an 214), il traita cruellement avant son départ des Gaules pour la Germanie, les medecins qui lui avoient procuré la guérison. Sa mort (an 217) fut aussi tragique que sa conduite avoit été cruelle et déreglée : il fut assassiné, et il ne paroît pas que l'assassin ait été puni, ni par l'armée qui le découvrit, ni par Macrin qui lui succeda.

XXXV.

Etat de la province sous l'empereur Alexandre Severe.

Ce dernier, dont les historiens loüent assez la conduite et la modération, auroit pû contribuer au rétablissement de l'ordre et de la tranquilité des provinces de l'empire, s'il eût eu soin de leur donner des gouverneurs de mérite et de probité : mais le grand défaut de cet empereur étoit de choisir toujours de mauvais ministres. Heliogabale qui lui succeda, et que l'histoire nous représente comme le plus débordé de tous les hommes, étoit encore moins capable que lui d'en choisir de meilleurs et de plus sages. La gloire en étoit reservée à Alexandre Severe successeur de ce dernier *. Ce prince, dont la sagesse et la pénétration étoient au-dessus de son âge, (an 222) se fit un devoir [1] de ne confier le gouvernement des provinces qu'à des personnes dont il avait déja éprouvé la probité. Il mit de simples presidens dans la plûpart de celles qui étoient à sa disposition, ce qui les fit nommer presidiales : on les appelloit auparavant prétoriennes, parce qu'elles étoient gouvernées par des préteurs. Le pouvoir de ces presidens se bornoit à la seule administration de la justice : le commandement des troupes étoit entre les mains d'un autre officier. La Narbonnoise fut la seule des Gaules qui ne fut pas du nombre des presidiales dont nous venons de parler, parce qu'étant à la disposition du senat, elle demeura toujours proconsulaire. L'empereur en nommoit véritablement le proconsul ou gouverneur, comme dans les provinces presidiales, mais ce n'étoit que de l'avis du senat. Nous apprenons par une loi [2] ou rescrit de cet empereur adressé à Julien, proconsul de la Narbonnoise, que celui-ci la gouverna sous son regne : c'est sans doute le même que Claude Julien qui fut consul l'an 224.

---

1 Fragm. Dion. apud. Vales. p. 745. - V. Till. art. 8. sur Caracalla.
2 Spartian. in Carac. p. 87.

1 Lamprid. in Sever. p. 121. et 129.
2 L. 4. cod. ad leg. Jul. de adult.

* V. Additions et Notes du Livre III, n. 7.

M. Clodius Puppienus Maximus, homme d'un vrai merite, qui avoit été successivement proconsul de la Bithynie et de la Grece, et qui parvint ensuite à l'empire, succeda [1] vers l'an 232. à Julien dans le gouvernement de la Narbonnoise avec la même autorité de proconsul. Cette province étoit en paix sous le regne d'Alexandre Severe, quand ce prince se trouvant dans les Gaules, eut le malheur de tomber dans les embûches de Maximin, Got de nation et general de ses troupes, qui le fit assassiner (an 235). La nouvelle de sa mort affligea également le senat, le peuple Romain, et toutes les provinces de l'Empire.

XXXVI.

Maxime gouverneur de la Narbonnoise, et ensuite empereur. Inscription de Beziers.

La conduite de son assassin, qui usurpa ensuite son thrône, le fit encore plus regretter, et obligea les provinces à chercher l'occasion de secoüer le joug d'un empereur que le crime avoit élevé, et qui ne se soûtenoit que par d'autres crimes. L'Afrique fut la premiere qui se révolta, et qui éleva à sa place les deux Gordiens père et fils, l'un respectable par son âge et la dignité de proconsul de cette derniere province, et l'autre par celle de consul qu'il avait déjà exercée (an 237). Après leur mort, qui suivit de près, le senat defera l'empire à Maxime ci-devant gouverneur de la Narbonnoise, et à Balbin, en faveur desquels cette province [2] et toutes celles des Gaules se déclarérent d'abord. Le regne de ces deux empereurs fut fort court : ils furent massacrez bientôt après par les prétoriens (ans 238-244), et le jeune Gordien fut élu à leur place. Celui-ci fut tué à son tour par la faction de Philippe qui parvint par ce crime à la dignité imperiale.

Philippe prit pour collegue son fils de même nom, âgé de sept ans, et le déclara Cesar. Nous apprenons par l'inscription [3] d'un monument, que la ville de Beziers fit élever à l'honneur de ce dernier, et où il est qualifié *Prince de la jeunesse*, qu'il portoit comme son pere le nom de M. Julius Philippus. Nous devons à une autre inscription [1] la memoire d'un taurobole celebré à Valence, ville de la Narbonnoise, pour la conservation de ce jeune prince, de Philippe son pere, et d'Otacilia Severa sa mere (an 245). On fit cette cérémonie en présence d'un grand nombre de prêtres des villes d'Orange, d'Albe en Vivarais, et de Die, qu'une assemblée provinciale y avoit sans doute attirez : mais ce sacrifice, peu digne d'un prince qu'on croit avoir été Chrétien, fut très-inutile, puisque peu de temps après l'empereur Philippe et son fils furent tuez, celui-ci à Rome dans le camp des prétoriens, et l'autre dans un combat contre Dece que les soldats avoient proclamé empereur*.

XXXVII.

Origine des anciennes églises de la province.

C'est sous l'empire du même Philippe que nos plus habiles critiques [2] fixent l'époque, non pas de la prédication de la foi dans la Narbonnoise, où elle avoit déja été annencée auparavant et scellée même par l'effusion du sang de plusieurs martyrs, mais de la mission de Paul et de Saturnin premiers évêques, l'un de Narbonne, et l'autre de Toulouse; et de l'etablissement des plus anciennes églises de la province. Ils ne croient pas qu'on puisse faire remonter plus haut cette mission, ni produire des preuves bien certaines de la succession des évêques du pays avant ce temps-là. C'est ce qui fait que sans vouloir contredire absolument la tradition de quelques-unes de ces églises, qui prétendent que la succession de leurs évêques est bien plus ancienne, nous fixons à cette époque ce que nous avons à dire touchant leur origine.

---

[1] Spon. miscell. p. 98.
[2] V. Till. sur saint Denis de Paris. tom. 4. hist. Eccl.

* *V*. Additions et Notes du Livre III, n° 8.

---

[1] Capitolin. p 167.
[2] Capitol. ibid - Herodian. l 7.
[3] Gruter. p. 272.

XXXVIII.

Saint Paul premier évêque de Narbonne. Saint Prudent martyr.

Parmi les sept évêques qui, selon Gregoire[1] de Tours, portèrent la lumière de l'Evangile dans les Gaules au troisième siècle, il y en eut trois qui s'arrêtèrent dans la Narbonnoise, et qui établirent leur siege dans trois villes de cette province; savoir saint Paul à Narbonne, saint Trophime à Arles, et saint Saturnin à Toulouse. On croit[2] que ces hommes apostoliques reçurent leur mission à Rome du Pape saint Fabien : ce qu'il y a de certain, c'est qu'ils furent envoiez dans les Gaules avec plusieurs de leurs disciples, soit pour prêcher la foi à ceux qui ne l'avoient pas encore reçûë, soit pour la confirmer et la soûtenir dans ceux qui pouvoient en être déjà éclairez. On prétend[3] que saint Alpinien, dont les reliques furent transferées à Castel-Sarrasin après le douzième siecle, fut un des disciples de saint Martial apôtre du Limousin, et l'un de ces sept évêques.

Il est très-probable que ces missionnaires commencerent[4] d'abord l'exercice de leur ministere à Arles où ils établirent saint Trophime pour évêque *; et que de là s'étant dispersez, chacun passa dans le pays qui lui fut assigné. Paul après avoir passé le Rhône, fixa son siege à Narbonne métropole de toute la province. Selon les actes[5] de ce saint, qui, quoique très-anciens, ne passent pourtant pas pour originaux, il avait dejà beaucoup souffert pour la foi avant son départ de Rome. A son arrivée à Beziers, il fit bâtir une petite église et se seroit fixé pour toujours dans cette ville, si les fideles de Narbonne ne l'eussent engagé par une députation à venir dans la leur pour les soûtenir et achever de former leur église. Paul se rendit à leurs sollicitations, et sa prédication jointe à ses exemples eut tout le succès qu'il pouvoit souhaiter. Il fut cependant traversé dans son ministère par la calomnie de deux de ses diacres qui pour noircir sa réputation, l'accuserent d'un crime honteux. On prétend qu'alors il assembla les autres évêques des Gaules pour se justifier devant eux, et qu'avant l'ouverture de ce concile, Dieu, juste vengeur du crime, prit sa défense, en permettant au démon de s'emparer des corps des deux calomniateurs, dont Paul les délivra après qu'ils eurent avoûé leur crime et son innocence. Ce saint confesseur mourut en paix[1] avec la gloire et le merite de martyr, sans pourtant avoir souffert le martyre. Prudence[2] le loûë cependant comme si véritablement il en avoit remporté la palme, et joint son éloge à ceux qu'il a faits des martyrs les plus illustres. Les reliques de ce premier évêque de Narbonne sont conservées dans une ancienne collegiale de son nom, située autrefois au-dehors de la même ville, et renfermée aujourd'hui dans son enceinte. Le tombeau de ce saint a toujours été célèbre autant par les merveilles que Dieu y a opérées que par la devotion des fideles. Les plus anciens[3] martyrologes font mention de sa mort sous le 12. de Decembre ou le 22. de Mars *.

XXXIX.

Saint Aphrodise de Beziers. Eglises de Nismes, de Lodeve et d'Usez.

Selon les mêmes actes, saint Paul avant que de quitter Beziers, ordonna saint Aphrodise son disciple pour premier évêque de cette ville. Plusieurs martyrologes parlent de ce dernier avec honneur comme d'un confesseur : d'autres le mettent au nombre des martyrs. C'est tout ce qu'on peut dire de plus certain sur saint Aphrodise, à moins que de vouloir ajoûter foi aux fables qu'on a publiées[4] sur son sujet **. Ce saint a donné

---

[1] Greg. Tur. Hist. 1. 1. c. 28.
[2] Till. ibid.
[3] V. Boll. tom. 3. April. p. 480.
[4] Till. ibid. not. 1. et 2.
[5] V. Boll. 22. Mart. p. 373. et seqq. - Bosq. tom. 2. p. 106.

* *V.* Additions et Notes du Livre III, n° 9.

[1] Greg. Tur. ibid.
[2] Prud. de martyr. 4.
[3] Martyrol. S. Hier. Adon. Usuar Breviar. Mozarab. etc.
[4] Andoq Beziers. p 15. et seqq.

* *V.* Additions et Notes du Livre III, n° 10.
** *V.* Additions et Notes du Livre III, n° 11.

son nom à une ancienne abbaye de Beziers, où ses reliques sont conservées. Agritius qui souscrivit au concile d'Arles tenu l'an 314., est le second évêque de Beziers dont nous aions quelque connaissance certaine.

Quoique la ville de Nismes tînt le quatriéme rang parmi celles de la Narbonnoise premiere, suivant la plus ancienne notice des citez des Gaules, faite à ce qu'on croit au commencement de l'empire d'Honorius ; cependant ses plus anciens évêques ne sont connus que depuis le cinquiéme siecle : supposé même que Felix évêque de Nismes (NOTE XXIV) ait été martyrisé pendant l'irruption de Crocus roi des Vandales, comme il est marqué dans un monument qu'on prétend être ancien. Sedatus qui souscrivit l'an 506. au concile d'Agde est ensuite le plus ancien évêque de Nismes que nous connoissions, et le premier dont nous aions des preuves bien certaines.

S'il en falloit croire la legende que Bernard Guidonis nous a donnée de saint Flour premier évêque de Lodeve (NOTE XXV), on devrait rapporter son épiscopat au tems des apôtres : mais comme cette légende n'a été composée qu'à la fin du treiziéme siecle, ou au commencement du suivant, nous ne pouvons rien dire de certain sur ce saint, non plus que sur ses successeurs jusques au commencement du cinquiéme siecle. Il y avoit veritablement alors un évêque à Lodeve, mais son nom nous est inconnu : peut-être étoit-ce S. Flour lui-même. Il paroît que ce saint ne borna pas son zele à prêcher la foi dans la Narbonnoise, et qu'il étendit ses travaux apostoliques dans l'Aquitaine : car il mourut en Auvergne dans l'endroit où on a bâti depuis une ville de son nom, qui est aujourd'hui épiscopale, et qui conserve[1] ses précieuses reliques.

Usez est la derniere ville de la province dont il soit fait mention dans les anciennes notices : mais elle n'est désignée que sous le simple titre de château. Constantius[2] son évêque souscrivit au milieu du cinquiéme siecle à la lettre des évêques des Gaules au pape saint Leon. C'est le plus ancien monument que nous aions de cet évêché.

XL.

Origine des églises d'Agde et de Maguelonne.

Suivant le monument, dont nous avons parlé à l'occasion de Felix évêque de Nismes, Venutus évêque d'Agde fut martyrisé par les Vandales au commencement du cinquiéme siecle : ce qui prouverait que cette ville étoit alors épiscopale ; elle n'est pas comprise cependant dans la plus ancienne notice des citez des Gaules, dressée sous l'empire d'Honoré, mais seulement dans les posterieures : ainsi on ne sçauroit faire remonter l'établissement de cette église plus haut que la fin du quatriéme siecle. Selon les actes de saint Sever abbé d'Agde, Beticus en étoit évêque au milieu du siecle[1] suivant.

Les évêques de Maguelonne (NOTE XXVI) nous sont absolument inconnus jusqu'à Boëtius qui assista et souscrivit au troisiéme concile de Tolede l'an 589. Ainsi comme nous croions d'ailleurs qu'il seroit inutile de chercher l'etablissement de cette église avant le sixiéme siecle, Boëtius doit avoir été un de ses premiers évêques, et peut-être le plus ancien.

XLI.

Eglise de Carcassonne et d'Elne.

L'évêché de Carcassonne (NOTE XXVII) n'est pas plus ancien que celui de Maguelonne : ils furent érigez l'un et l'autre à peu près en même-tems, et vers le milieu du sixiéme siecle sous les rois Visigots. Le premier évêque de Carcassonne dont on puisse fixer l'épiscopat, est Sergius qui assista au troisiéme concile de Tolede l'an 589. Saint Hilaire peut avoir été son prédécesseur, et peut-être aussi le premier évêque de cette ville *.

L'évêché d'Elne (NOTE XXVIII), soûmis à la métropole de Narbonne et transferé dans la suite à Perpignan, fut érigé vers le mê-

---

[1] V. Baill. 2. Novemb.
[2] Gall. Christ. tom. 3. p. 1144.

[1] V. Mabill. annal. t. 1. p. 33.

* V. Additions et Notes du Livre III, n° 12.

me-tems et pour les mêmes motifs que ceux de Maguelonne et de Carcassonne. Domnus qui vivoit en 571. est le plus ancien évêque d'Elne dont nous aions des mémoires certains : ainsi on doit rejetter l'épiscopat d'Appellius et d'Ildesindus que quelques-uns mettent sur le siege de cette église avant ce tems-là.

XLII.

Origine de l'Eglise de Viviers.

Tous les évêchez dont on vient de parler sont dans l'étenduë de la Narbonnoise premiere, aussi bien que celui de Toulouse dont nous parlerons bientôt. Celui de Viviers (NOTE XXIX) qui dépendoit de l'ancienne Narbonnoise, appartint à la Viennoise depuis la division de la premiere en deux ou plusieurs provinces. Le siege épiscopal fut d'abord établi à Albe ou Alps ville capitale des Helviens. Le catalogue des premiers évêques de cette église est très-confus : le Pere Columbi qui en a donné l'histoire, met avant l'irruption de Crocus au cinquième siecle, l'épiscopat de Janvier, de Septimus, de Maspicianus, de Melanus et d'Auxonius, et leur donne le titre de Saint, sans doute sur l'ancienne tradition de l'église de Viviers : car on ne trouve point leurs noms dans les martyrologes. Ils peuvent avoir siegé depuis la fin du troisième siecle jusqu'au commencement du cinquième qu'Avolus ou Aulus, que nous croions posterieur à Auxonius, fut couronné du martyre sous les Vandales, et que sa ville épiscopale fut détruite par ces barbares. Ce siege épiscopal fut transferé alors à Viviers : mais les évêques du pays continuerent encore long-temps après de prendre le titre d'évêques d'Albe. Leur suite depuis ce tems-là jusqu'au sixième siecle est fort incertaine, et nous ne connoissons gueres que leurs noms.

XLIII.

Eglises du Puy, d'Albi, et de Mende.

Le défaut de preuves solides sur les premiers évêques de Velai, d'Albi et de Gevaudan, pays anciennement compris dans l'Aquitaine, et à présent dans le Languedoc, nous met hors d'état de fixer l'époque précise de l'établissement de ces églises. En effet nous ne connoissons [1] presque que le nom des évêques de Velai qui ont siegé avant le sixième siecle. Les deux historiens de cette église [2] rapportent à la verité plusieurs circonstances de leur vie : mais ils ne se fondent que sur des breviaires ou sur des legendes dont l'autorité est trop moderne. C'est sur ce fondement qu'ils donnent à cette église pour premier évêque, saint George, qu'ils font disciple de saint Pierre, et dont l'église collegiale de son nom dans la ville du Puy conserve encore aujourd'hui les reliques. On transfera, à ce qu'on prétend, au neuvième siecle les reliques du premier dans la ville de Monistrol à quatre lieuës du Puy. Le dernier a donné son nom à l'ancienne ville de *Ruesium* ou *civitas Vellavorum*, où l'évêché du pays fut d'abord établi et où ses reliques sont honorées. On veut que saint Evode son successeur, appelé Vosy par le vulgaire, ait transferé le siege épiscopal dans la ville d'*Anicium* ou du Puy (NOTE LXXX) : nous faisons voir ailleurs que cette transaction n'est pas à beaucoup près si ancienne.

Quelques auteurs [3] prétendent que saint Firmin, disciple de saint Saturnin premier évêque de Toulouse, fut un des premiers apôtres qui porta les lumieres de la foi dans l'Albigeois ; que ce pays fut le premier théatre de son zele et de sa prédication ; et qu'il porta ensuite l'Evangile dans les autres provinces des Gaules. Ce sentiment ne s'accorde pas avec la tradition de l'église d'Albi [4] qui reconnoît saint Clair martyr pour son premier évêque. On croit que ce dernier souffrit la mort à Leitoure dans l'exercice actuel de son ministère ; mais on ignore le tems et les circonstances de son martyre. Suivant une ancienne [5] legende de l'église d'Abi, il était Africain de naissance, avoit été ordonné évêque à Rome pour prêcher la foi dans les Gaules, et avoit fait plusieurs con-

---

[1] Gall. Christ. nov. edit. tom. 2. p. 687. et seqq. - V. Boll. tom. 2. Febr. p. 745. et tom. 2. Jun. p. 5.
[2] Gissey et Theodore.
[3] Boll. 16. Febr. p. 860 et seqq.
[4] Gall. Christ. nov. ed. tom. 1. p. 3 et seqq.
[5] Propr. Albiens. 1. Jun.

versions dans la Narbonnoise avant que de fixer son siège à Albi, qu'il quitta après trois années d'épiscopat, pour continuer ses courses apostoliques dans la Novempopulanie. On ajoute qu'en partant de la ville d'Albi, qu'il avoit délivrée de la peste et où il avoit renversé les idoles, il laissa Antime pour son successeur : mais tout cela paroit appuié sur des monumens fort douteux, et nous n'avons rien de bien certain sur les premiers évêques d'Albi avant Diogenien qui vivoit au commencement du cinquième siecle *.

L'église de Mende ville capitale du Gevaudan (NOTE XXX), reconnoit saint Severin[1] pour son premier évêque : mais il paroit qu'on l'a confondu avec Severin de Gabale en Syrie, et que ce fut saint Privat, dont la vie et le martyre nous sont connus, qui fonda cette église. Ce dernier fut martyrisé au commencement du cinquième siecle dans le tems de l'irruption des Vandales, comme nous le prouverons ailleurs. On lui donne pour successeur saint Firmin dont on ne connoît que le nom.

XLIV.

Martyrs de la province sous la persecution de Dece. Saint Amarant martyrisé à Albi

L'établissement des premieres églises de la Narbonnoise fut scellé du sang de leurs premiers apôtres et de celui des peuples qu'ils convertirent à la foi, sous les frequentes persécutions des empereurs. Celle de Dece, successeur des deux Philippes, fut très-violente. C'est sous le regne de cet empereur que quelques auteurs mettent le martyre de saint Saturnin premier évêque de Toulouse (an 249); il est vrai que ce saint martyr gouvernait alors cette église : mais d'autres placent sa mort, avec plus de raison, quelques années après, et sous l'empire d'Aurelien, comme nous le verrons bientôt.

On rapporte[2] le martyre de saint Amarant ou Amaranthe à la même persécution de Dece. La perte des actes de ce saint, citez par Gregoire de Tours, nous prive de la connoissance des circonstances de son martyre : nous sçavons[1] seulement qu'il fut martyrisé ou dans la ville d'Albi ou à Vieux (*Viantium*) lieu éloigné de trois lieues de cette capitale d'Albigeois, où on voioit son tombeau du tems du même évêque de Tours. Ce tombeau qui étoit dans une grotte, et avoit demeuré long-tems caché sous des ronces et des épines fut découvert d'une maniere miraculeuse. La crainte des armes des Vandales, des Gots et autres barbares qui coururent les Gaules au commencement du cinquième siecle, avoit rendu ce lieu désert : ce qui n'empêchoit pas que les fideles, dont ce saint martyr étoit regardé comme l'ange tutelaire, n'allassent visiter fréquemment son sepulchre. Ils y mettoient des cierges, qui, au rapport du même historien, s'allumèrent d'eux-mêmes tant que le lieu demeura sans habitans : mais l'endroit ayant été peuplé, le miracle cessa. Saint Eugene évêque de Carthage, qu'Hunneric roi des Vandales exila à Albi, avoit tant de respect et de vénération pour ce saint martyr, qu'après avoir souvent visité son tombeau pendant le temps de son exil, il voulut avoir la consolation d'y rendre les derniers soupirs. Les reliques de ces deux saints furent transferées dans la cathédrale d'Albi au quinzième siecle.

XLV.

Marcien d'Arles, hérétique Novatien, déposé.

Si la persecution de Dece fit des martyrs, elle fit aussi des prévaricateurs par un jugement impenetrable de Dieu. En effet quelques fideles, foibles dans la foi, succomberent à la tentation, et cederent à la rigueur des tourmens. Cela paroit par[2] une lettre que saint Cyprien écrivit au pape Etienne après cette persecution, au commencement du regne de Valerien successeur de Volusien et d'Æmilien, élus successivement empereurs après la mort de Dece. Valerien avoit été proclamé empereur par les legions des Gaules

---

[1] Gall. Christ. ibid p. 85. et seqq.
[2] Martyrol. Usuar. Adon. et Baronii 7. Novemb. - V. Till. emp. tom. 3. p. 355.

* *V.* Additions et Notes du Livre iii, n° 13.

[1] Greg. Tur. de Glor. mart. l. 1. c. 57. et seqq.
[2] Cypr. ep. 67. - V. Coust tom. 1. epist. 8. P. p. 211.

et de Germanie dans le tems qu'il les menoit au secours de Gallus contre Æmilien. On croit [1] que la lettre de saint Cyprien au pape saint Etienne dont nous venons de parler, est de l'an 254. dans le tems que Valerien, favorable aux chrétiens, rendit la paix à l'église et fit cesser la persécution.

Saint Cyprien se plaint dans cette lettre de la rigueur excessive de Marcien évêque d'Arles à l'égard des Chrétiens tombez (*Lapsi*) dans la persécution, à qui ce prélat refusoit la paix, même à l'article de la mort, quoique repentans de leur faute ; en sorte que plusieurs étoient décedez sans l'avoir reçûë. S. Cyprien exhorte le pape saint Etienne, à qui il adresse cette lettre, d'écrire aux fideles d'Arles et aux évêques de la province Narbonnoise, qui pouvoient être alors en assez [2] grand nombre, de s'assembler, pour déposer cet évêque infecté des erreurs des Novatiens et en nommer un autre à sa place. On croit [3] que cette lettre eut son effet ; et que Marcien fut déposé, non pas par le pape saint Etienne, mais par S. Cyprien même, qui se croyoit en droit de secourir les Chrétiens affligez des Gaules qui demandoient d'être consolez.

XLVI.

Martyre de saint Saturnin, évêque de Toulouse.

Valerien ne fut pas toujours également favorable aux chrétiens : la paix dont ils avoient joüi au commencement du regne de ce prince fut suivie sur la fin d'une très-violente persécution, à la sollicitation de Macrien son favori. Le peuple payen et idolâtre qui fesoit le plus grand nombre, exécuta à l'envi les ordres de cet empereur, et encherit même sur sa severité contre les fideles. On a lieu de croire que Dieu, pour punir les provinces de l'empire d'avoir participé à cette persécution, permit que la plûpart, et entr'autres celles des Gaules, furent ravagées [4] par diverses courses des barbares qui y firent une irruption vers ce tems-là.

Un des plus célébres martyrs qui souffrirent durant cette [1] persécution, fut S. Saturnin premier évêque de Toulouse (an 257). La lumiere [2] de l'evangile n'avoit encore que foiblement éclairé les Gaules, et il n'y avoit que peu d'églises dédiées au vrai Dieu, lorsque ce saint, qui avoit pris sa naissance dans l'Orient, entreprit avec ses disciples de travailler à l'œuvre de Dieu, et de porter dans ces provinces le flambeau de la foi. Après avoir reçû à Rome, comme l'on [3] croit, sa mission du pape saint Fabien, il prit la Narbonnoise pour son partage, et vint annoncer l'évangile à Toulouse vers l'an 245. de J. C. Ses prédications y eurent un si grand succès, que le nombre des fideles s'étant extrêmement accrû, il se vit obligé d'être leur propre évêque, après avoir été leur apôtre ; ce qui arriva sous le consulat de l'empereur Dece et de Gratus ou l'an 250. de J. C. (NOTE XXXI). On prétend que ses travaux apostoliques s'étendirent, soit par son ministere ou par celui de ses disciples, dans les provinces voisines, et même jusques en Espagne, mais ses actes n'en disent rien. Il est [4] du moins certain qu'il bâtit à Toulouse une petite église qu'il desservoit avec toute la sollicitude et la vigilance d'un bon pasteur. C'est tout ce que nous avons pû recueillir de ses travaux apostoliques, et ce n'est proprement que l'histoire de son martyre que ses actes authentiques nous ont conservée.

La situation de l'église que Saturnin avoit bâtie à Toulouse occasionna principalement sa détention et sa mort. Pour se rendre dans ce lieu de prieres où il avoit coûtume de se retirer, il étoit obligé de passer souvent par le capitole, où, de même que dans celui de Rome, il y avoit un temple consacré aux idoles : sa présence rendit les démons muets, et fit cesser leurs oracles. Ce silence étonna les prêtres des payens, lesquels persuadez qu'on ne pouvoit l'attribuer qu'aux Chrétiens et aux fréquents passages de Saturnin, résolurent de l'arrêter. Ils délibéroient sur les moiens d'exe-

---

[1] Till. art. 39. sur S. Cyprien.
[2] V. Marca de Primat. p. 438.
[3] Till. ibid.
[4] Trebell. Poll.

[1] V. Till. hist. eccl. tom. 3.
[2] Act. sinc. Ruin. p. 128. et seqq. - Greg. Tur. hist. l. 1. c. 28. de glor. mart. l. 1. c. 48. - Sid l. 9. ep. 16. - Fortun. 2 carm. 8. et 9 Liturg. Gallic. Mab. l. 3.
[3] Till. ibid.
[4] Act. ibid.

cuter leur dessein, lorsque ce saint évêque passant pour aller à son église, fut pris et conduit au capitole en presence d'une foule de peuple : un prêtre et deux diacres dont il étoit accompagné l'abandonnerent alors et prirent la fuite. Gregoire de Tours[1] ajoûte que ce saint évêque, voiant la désertion de ses disciples, demanda à Dieu de n'avoir jamais un Toulousain pour successeur : mais outre qu'une telle demande eût été peu digne de la charité héroïque d'un martyr, nous verrons, dans les siecles suivans, plusieurs Toulousains élevez sur le siege épiscopal de leur ville. D'ailleurs le silence des actes de ce saint détruit cette circonstance. Grégoire[2] de Tours n'aura pas bien pris sans doute le sens de la priere de saint Saturnin, laquelle regardoit peut-être les disciples dont il fut abandonné plûtôt que les Toulousains.

Quoi qu'il en soit, ce saint évêque aiant[3] été traîné au capitole, les payens le presserent d'offrir des sacrifices à Jupiter et à Diane : mais Saturnin rempli de l'Esprit saint qui l'animoit répondit hautement qu'il n'avoit garde d'honorer ou de craindre ceux qui de leur propre aveu, le respectoient et l'apprehendoient eux-mêmes; qu'il ne reconnoissoit qu'un seul vrai Dieu, et qu'il regardoit les idoles comme des démons. Le peuple irrité d'une réponse si injurieuse à leurs dieux, entra alors en fureur, et le chargea de coups : on l'attacha ensuite par les pieds avec une corde à la queuë d'un taureau indompté qu'on avoit destiné au sacrifice; on piqua ensuite cet animal, qui, devenu furieux, se précipita du haut des degrez du capitole, et brisa la tête du saint martyr, lequel consomma ainsi son sacrifice. Le taureau continuant d'entraîner toujours avec lui le corps du saint, le mit en pieces, et étant arrivé dans la ruë, rompit la corde qui le tenoit attaché; en sorte que ce qui restoit du corps de ce saint, demeura en cet endroit où on a bâti depuis une église qu'on appella du Taur ou du Taureau, *de Tauro*, en mémoire de cet évenement. Deux femmes Chrétiennes, dont l'une étoit servante de l'autre, recüeillirent avec joie les membres dispersez de ce saint martyr, les enfermerent dans un cercueil, et les enterrerent dans une fosse très-profonde pour les dérober à la connoissance des payens, qui selon Tertullien déterroient quelquefois les corps des Chrétiens. On croit[1] que ces deux pieuses femmes sont celles qu'on honore à Toulouse et dans le diocèse sous le nom de *saintes Puelles*: nom que porte encore aujourd'hui une petite ville de Lauraguais située dans l'ancien diocèse de Toulouse, où elles furent peut-être enterrées *. Le corps de S. Saturnin[2] étoit encore dans ce tombeau au commencement du quatrième siecle, lorsque S. Hilaire son successeur et troisième évêque de Toulouse, n'osant par respect toucher à ses ossemens, fit élever une voute au-dessus et y joignit un petit bâtiment pour servir d'oratoire. Le tombeau de ce premier évêque de Toulouse demeura en cet état jusqu'à saint Sylvius l'un de ses successeurs, qui vers la fin du quatrième siecle, fit commencer une église magnifique que saint Exupere, successeur de ce dernier, acheva, et dans laquelle il transfera les reliques du saint.

Le culte de S. Saturnin est aussi étendu que la gloire de son nom et de son martyre : ce saint est également honoré en France et en Espagne. S. Gregoire de Tours témoigne qu'il y avoit de son tems des reliques de ce saint Martyr en d'autres endroits qu'à Toulouse, et que par tout Dieu y operoit des miracles. On verra dans la suite de cette histoire, que Launebonde duc de Toulouse fit bâtir dans cette ville une église à l'honneur du même saint. Fortunat qui a décrit plusieurs particularitez de son martyre, dit que son nom est vénérable par toute la terre. Il y a une messe propre de saint Saturnin dans un ancien missel des Gaules écrit au commencement du huitième siecle, et donné d'abord au public par le pere Thomasi, religieux Theatin et depuis Cardinal; et ensuite

---

[1] Greg. Tur. ibid.
[2] Till. ibid. Note 1. sur saint Saturnin.
[3] Act. ibid.

[1] Catel. mem. p. 821.
[2] Act. ibid.

* *V.* Addition et Notes du Livre III, n° 14.

par le pere Mabillon [1]. La ville de Toulouse est appellée dans cette messe *Rome de la Garonne* (*Roma Garonnæ*). On parlera dans un autre endroit de la prétendue translation des reliques de ce saint, de Toulouse à l'abbaye de saint Denys. C'est tout ce que nous avons pù recüeillir de plus certain de ce premier évêque de Toulouse, qui après les martyrs de Lyon et de Vienne, est sans doute un des plus illustres des Gaules. Ses actes, que l'on croit écrits cinquante ans après son martyre, sont d'autant plus dignes de foi, qu'ils sont appuiez sur l'autorité de saint Gregoire de Tours, de saint Sidoine, et de Fortunat (NOTE XXXI).

XLVII.
SS. Papoul, Honeste et Firmin disciples de S. Saturnin.

Entre plusieurs disciples qu'on donne à saint [2] Saturnin, saint Papoul paroît tenir le premier rang. On prétend qu'il fut martyrisé dans le lieu qui porte aujourd'hui son nom, dans l'ancien diocèse de Toulouse; on y fonda depuis une abbaye de l'ordre de saint Benoît qui fut érigée en évêché au quatorzième siecle sous le pontificat de Jean XXII*. Le chef de saint Papoul y est précieusement conservé : le reste des reliques de ce saint repose dans l'église de saint Sernin de Toulouse. Saint Honeste prêtre, natif de Nismes, qu'on met aussi au nombre des disciples de saint Saturnin, fut envoié, à ce qu'on dit, par ce saint évêque dans la Navarre pour y prêcher la foi. On ajoûte qu'il y convertit saint Firmin, qui, éclairé des lumières de l'évangile, les répandit ensuite dans l'Albigeois et dans plusieurs provinces des Gaules.

Telle fut l'origine de l'église de Toulouse également respectable par le martyre de saint Saturnin son premier évêque et la sainteté d'Honorat, d'Hilaire, de Sylvius et d'Exupere ses successeurs, dont la collegiale de son nom conserve les précieux restes avec une infinité d'autres reliques qui la distinguent de toutes les églises de France.

[1] Mabill. Liturg. Gallic. p. 176. et 219.
[2] Boll. 16. Febr. p. 860. et seqq. - Catel. ibid.

* *V.* Additions et Notes du Livre III, n° 15.

XLVIII.
Martyre des SS. Pons, Antonin, Prudence et Bauzile ou Baudille.

La translation des reliques de saint Pons, ou Ponce dans une célèbre abbaye de son nom en Languedoc, située dans l'ancien diocèse de Narbonne, et érigée en évêché par le pape Jean XXII. nous donne lieu de remarquer ici que ce saint fut martyrisé à Cemele [1] près de Nice dans les Alpes, et à ce qu'on croit, sous la même persecution de Valerien. On peut joindre au martyre de saint Pons ceux des SS. Antonin, Prudence et Baudille; non pas tant sur la foi de leurs actes, qui ne nous apprennent rien de certain, que parce qu'aiant souffert, à ce qu'il paroît, sous les empereurs payens, ils peuvent avoir été martyrisez sous la persecution de Valerien, qui fut une des plus violentes.

On est fort partagé sur la naissance, la mort et le lieu du martyre de S. Antonin. Les uns [2] le font disciple de saint Denys évêque de Paris, et prétendent qu'il étoit originaire de Pamiers (NOTE XXXII) dans l'ancien diocèse de Toulouse, où ils croient qu'il fut martyrisé; d'autres [3] le font descendre des rois Visigots, et ne le font vivre qu'au huitième siecle; d'autres [4] enfin veulent qu'on l'ait confondu avec saint Antonin martyrisé à Apamée en Syrie. Dans cette diversité de sentimens nous nous contentons de dire qu'il est probable qu'il y a eu un saint Antonin martyrisé ou dans un lieu de Roüergue, en Aquitaine, qui porte son nom, ou à Fredelas, qu'on appelle à présent Pamiers, dans la Narbonnoise: mais qu'on ignore le tems et les circonstances de son martyre, et peut-être aussi le jour de sa mort; car il paroît que le saint de même nom, dont les anciens martyrologes marquent la fête au 2. ou au 3. Septembre, est saint Antonin martyr d'Apamée en Syrie.

Les [5] actes que nous avons de saint Pru-

[1] Boll. 14. Maii p. 272. et seqq.
[2] Chiffl. de uno Dyon. p. 146.
[3] Catel. mem. p. 318. et seqq. - Gall. Christ. tom. 2. p. 157. et seqq.
[4] Till. hist. eccl. tom. 4. p. 464. et seqq. - Baill. 2. Sept. - Bolland. 4 Julii.
[5] Lab. bibl. tom. 2. p. 606. et seqq.

dence, natif de Narbonne et archidiacre de la même église, portent qu'il souffrit pour la foi, et qu'il fut martyrisé le 4. du mois de Novembre proche de la même ville, ce qui pourroit nous faire croire qu'il étoit peut-être disciple de saint Paul premier évêque de Narbonne, si ses actes étoient plus authentiques, et qu'on pût y ajoûter foi. Il peut se faire qu'on l'a confondu [1] avec un saint d'Espagne de même nom; il paroît du moins que ses reliques furent conservées dans une église voisine de Narbonne dédiée sous son invocation, d'où un [2] évêque de Langre les enleva au neuviéme siecle, lorsqu'à son retour du pelerinage de saint Jacques en Galice, il passoit par Narbonne.

Nous joignons à ces martyrs saint Baudele ou Baudile (*Baudilius*), à qui sa fermeté dans la foi, et le refus genereux qu'il fit de sacrifier aux idoles[3], méritèrent la couronne du martyre dans la ville de Nismes. Il paroît qu'il fut martyrisé sous les empereurs payens : mais on ignore le véritable tems de son martyre. Ses actes lui donnent une naissance illustre, de grandes richesses, et une épouse d'une pieté distinguée, avec laquelle il voiagea en divers pays, après avoir abandonné le sien. Sa mémoire est également célèbre en Languedoc et en Espagne, surtout en Catalogne. Son tombeau ne le fut pas moins par le grand nombre de miracles que Dieu y operoit du tems de Grégoire de Tours [4], et particulierement par un laurier qui en sortoit, et dont on portoit des feuilles jusques dans l'Orient. On bâtit sur ce tombeau, situé au voisinage de Nismes, une église avec un monastère que le pape Nicolas premier donna aux évêques de cette ville, et que ceux-ci cederent ensuite, sur la fin du onzième siecle, à Seguin abbé de la Chaise-Dieu, qui y établit des religieux de son monastère. Depuis ce tems-là l'ancienne abbaye de saint Bausile n'est plus qu'un prieuré conventuel dépendant de la Chaise-Dieu.

[1] V. Mabill. ad ann. 950. n. 40
[2] Lab. ibid. p. 608. et seqq.
[3] Boll. 20. Maii. - V. Till. hist. eccl. tom. 4. et Florentini. p. 344 et seqq
[4] Greg. Tur. de glor. mart. l 1 c. 78.

XLIX.
Etat de la Narbonnoise sous divers tyrans qui occuperent les Gaules.

Dieu vengea le sang de tant de martyrs sur la personne de Valerien, par la perte que ce prince fit de l'empire, de la liberté, et ensuite de la vie, après qu'il eut été fait prisonnier par les Perses qui le traiterent de la maniere la plus ignominieuse et la plus cruelle. Les peuples avoient lieu cependant, à ce qu'il paroît, de se louer de la douceur de son gouvernement et de son attention à les soulager. Clarus étoit préfet de l'Illyrie et des Gaules sous le regne de cet empereur (an 259); ainsi c'est pour la premiere fois qu'on voit l'empire divisé en préfectures. Gallien fils de Valerien qui étoit déja Auguste, devint par la captivité de son pere seul maître de l'empire Romain : il étoit alors occupé du côté du Rhin contre les Allemans, qui après avoir ravagé les [2] Gaules, se répandirent dans l'Italie. Gallien eut le déplaisir de voir sous son regne l'empire inondé d'une infinité de barbares qui le desolerent de tous côtez, sans que les provinces pussent trouver en lui aucune ressource dans leurs malheurs, ce prince n'étant pas en étant de prendre leur défense. L'église plus heureuse que l'empire, lui fut redevable de la paix dont elle jouït alors. Il auroit pû la donner aussi à l'Etat, s'il eût voulu s'appliquer aux affaires : mais insensible à la désolation des peuples, autant qu'à ses propres malheurs, il laissa [3] usurper le titre d'Auguste à un grand nombre de tyrans.

On en compta cinq ou six dans les Gaules dont le plus redoutable et le plus accredité fut Postume, homme d'une naissance fort basse, mais d'un genie fort élevé. Valerien qui connoissoit sa probité, sa capacité et sa sagesse, lui avoit confié l'éducation de son fils Gallien, l'avoit fait président ou gouverneur des Gaules, et lui avoit donné le commandement des provinces frontieres du Rhin : Gallien lui-même après avoir été son élève,

[1] Trebell. Poll.
[2] Oros. l 5. c. 22. - Hier. in chron.
[3] Treb. Poll p. 184. et seqq. - Aurel. Vict.

l'avoit chargé de l'éducation et de la conduite de son fils Salonin à qui il avoit laissé le commandement des Gaules après son départ de ces provinces.

Postume avoit un fils de même nom que lui, à qui l'empereur Valerien avoit donné le tribunat [1] des Vocontiens, peuples de l'ancienne Narbonnoise, compris aujourd'hui pour la plus grande partie dans le comtat d'Avignon: c'est-à-dire, qu'il lui avoit confié sans doute le commandement des troupes que ces peuples devoient fournir pour l'armée de l'Empire. L'estime et l'affection que Postume s'acquit dans les Gaules pendant son gouvernement, lui fraierent le chemin au thrône, et lui meriterent le titre d'Auguste (an 260) qui lui fut donné par les troupes et les peuples des mêmes provinces, après la [2] mort de Salonin, en haine de Gallien dont la conduite et le gouvernement leur étoient insupportables *.

Postume répondit à l'attente des Gaulois, et gagna de plus en plus leur affection, tant par la douceur de sa conduite, que par le soin qu'il prit durant tout le tems de son regne dans les Gaules, d'en défendre l'entrée aux peuples d'en-delà du Rhin qui avoient ravagé ces provinces; ainsi il y rétablit la paix et la tranquillité autant par sa moderation que par son courage: ce qui lui mérita le surnom de restaurateur des Gaules et de l'Univers. Gallien fit cependant tous ses efforts pour le déposseder (an 262); il vint même en personne en deçà des Alpes et lui fit la guerre, dont le succès fut d'abord fort douteux. Enfin Postume voulant se soûtenir, prit Victorin [3] pour son collegue, et eut recours aux Francs et aux Germains dont il fut puissamment secouru: ce qui le rendit paisible possesseur des Gaules jusqu'à sa mort, qui arriva sous le regne de l'empereur Claude, successeur de Gallien depuis l'année précedente. Postume étoit alors dans la dixième année de son regne; il avoit dejà associé son fils de même nom, et lui avoit donné le titre d'Auguste. Ils furent tuez l'un et l'autre par leurs propres soldats que Lollien ou Lælian fit révolter (an 269) *.

Ce dernier, qui fut ensuite proclamé empereur par l'armée, partagea le gouvernement des Gaules avec Victorin. Il paroît que celui-ci commanda dans les provinces meridionales, puisque son collegue gouvernoit celles qui sont le long du Rhin, qu'il défendit contre les incursions des barbares. Lollien eut bientôt après le même sort que Postume (an 271), ce qui assûra toutes les Gaules à Victorin, lequel deux ans [1] après, fut tué lui-même à Cologne avec son fils de même nom qu'il avoit fait Auguste à la sollicitation et par le conseil de Victoire sa mere. Cette femme qui avoit regné, pour ainsi dire, au nom de l'un et de l'autre, et dont l'ambition n'avoit point de bornes, voulant continuer [2] sa domination après leur mort, emploia son crédit et ses richesses pour donner un nouvel empereur aux provinces des Gaules en la personne de Marius dont le regne fut de peu de jours. Elle le fit remplacer par Tetricus son parent, qui après avoir été consul, avoit dejà gouverné successivement toutes ces mêmes provinces sous le titre de président, et par consequent la Narbonnoise. Il commandoit actuellement dans l'Aquitaine, lorsque Victoire le fit élire empereur par les troupes qui le proclamerent en son absence. Tetricus étoit pour lors à Bourdeaux où il prit la pourpre, et où il déclara Cesar, son fils de même nom, qu'il prit pour collegue, quoiqu'il fût encore enfant.

Quelques auteurs après Gregoire de Tours [3] fixent à environ ce même-tems l'époque de l'irruption de Crocus roi des Allemans en deçà du Rhin et du martyre de saint Privat évêque de Gevaudan. Nous ne disconvenons pas que sous le regne de Valerien ou de Gallien, ou bien après le regne de Postume, il n'ait pû y avoir un Crocus roi des Allemans qui soit venu dans les Gaules et qui en ait

---

[1] Treb. Poll. ibid
[2] V. Pagi ad ann. 260. n. 3. et seqq.
[3] V. Pagi ad ann. 262. n. 3. ad ann. 268. n. et seqq. ad ann. 269. n. 4. et seqq.

* V. Additions et Notes du Livre III, n° 16.

[1] V. Pagi ad ann. 271. n. 13 ad ann. 273. n. 3.
[2] Trebell. Poll. p 196. – Aurel. Vict. – Eutrop.
[3] Greg. Tur. hist. l. 1. c. 30.

* Voyez Additions et Notes du Livre III, n° 17.

désolé les provinces par ses incursions : mais nous ne convenons pas que ce soit le même Crocus sous lequel S. Privat fut martyrisé, puisqu'il paroît que ce saint évêque ne souffrit le martyre qu'au commencement du cinquième siècle, comme on le verra dans la suite (NOTE XLII).

Tetricus jouit d'abord paisiblement de l'autorité qu'il avoit usurpée, et nous ne trouvons que la seule ville d'Autun qui refusa de le reconnoître. Ses troupes se mutinerent dans la suite; ce qui fit que ne pouvant souffrir [1] leur insolence, et effraié peut-être des grandes victoires que l'empereur Aurelien, successeur de Claude depuis la fin de l'an 270. venoit de remporter en Orient; il le fit inviter secretement de venir en deçà des Alpes dans le dessein de lui remettre toute son autorité. Aurelien qui avoit d'ailleurs résolu ce voiage, passa bientôt après ces montagnes (an 273), et aiant attaqué l'armée de Tetricus proche de Châlons-sur-Marne, ce tyran se livra lui-même entre ses mains : Aurelien reprit ensuite les Gaules et les réunit à l'empire, dont elles avoient été démembrées depuis treize ans. Cet empereur après avoir pacifié ces provinces et avoir rétabli l'empire dans ses anciennes limites, partit pour Rome où il fut reçu en triomphe. De nouveaux troubles l'obligerent encore de repasser les Alpes l'an 274. de J. C. : il partit l'année suivante pour l'Orient, et fut tué en chemin par un de ses officiers.

Entre la mort de cet empereur et l'élévation de Tacite son successeur, il y eut un interregne de sept à huit mois pendant lesquels les François, les Bourguignons, les Vandales et autres divers peuples barbares tenterent avec succès une nouvelle irruption dans les Gaules. Après avoir passé le Rhin ils s'emparerent de soixante ou soixante-dix villes des plus considerables du pays qu'ils possederent durant tout le regne de Tacite qui ne fut que de six à sept mois. Probus son successeur après avoir défait, à ce qu'on prétend, en differens combats jusqu'à quatre cens mille de ces barbares, les chassa entierement des provinces dont ils s'étoient emparez en deçà du Rhin, et sans doute de la Narbonnoise où il paroît que ces peuples avoient étendu leurs courses, quoiqu'ils se fussent principalement fixez le long du Rhin. Cette victoire mérita à Probus des couronnes que lui offrirent à l'envi toutes les villes des Gaules.

L.

Division de la Narbonnoise en deux provinces.

Nous avons sujet de croire, que peu de tems après cette heureuse expedition, cet empereur, dont l'histoire loue extrêmement le merite et la sagesse, divisa ces provinces qui étoient alors au nombre de six ou sept, en plusieurs autres, et qu'il separa de la Narbonnoise la Viennoise (an 278), qui auparavant en faisoit partie, afin que leur gouvernement étant moins étendu, la défense en fût plus aisée contre les barbares. Par cette division, qu'on ne sçauroit faire remonter plus haut que l'empire d'Aurelien, la Narbonnoise fut partagée en deux provinces, (NOTE XXXIII) : Narbonne fut la métropole de l'une qui conserva son ancien nom, et Vienne le fut de l'autre, à laquelle cette ville donna le sien. On ne sçauroit dire si le Rhône fit d'abord la séparation de ces deux provinces, quoique cela paroisse assez probable : il est certain cependant que dans la suite le diocèse de Viviers, et la partie de ceux de Vienne, de Valence, d'Arles, et d'Avignon qui sont en deçà de ce fleuve, dépendirent de la Viennoise. Nous ne parlons pas ici des deux provinces des Alpes, parce qu'il ne nous paroit pas qu'elles fissent alors partie des Gaules, ni qu'elles aient jamais appartenu à la Narbonnoise, du moins par rapport à la plus grande partie des peuples qui les composoient (NOTE XXXV).

LI.

La Narbonnoise entre dans la révolte de Proculus.

L'empereur Probus, qui peut avoir été l'auteur de la division de la Narbonnoise en deux parties, ne pensoit qu'à joüir des fruits de sa victoire sur les barbares, lorsqu'informé [1]

---

[1] Vopisc. vit. Aurelian.

[1] Vopisc. p. 240. et seqq. - Victor. epit. - Eutrop.

de la révolte de T. Ælius Proculus (an 280), natif d'Albenga sur la côte de Genes, et de celle de Bonose, originaire de la grande Bretagne, et des troubles qu'ils causoient dans les Gaules, il se vit obligé de reprendre les armes pour réduire ces deux rebelles. La crainte qu'avoit eu Proculus d'avoir offensé Probus, en souffrant qu'on lui eût donné par raillerie le titre d'empereur dans un jeu où il se trouva, et les sollicitations de sa femme jointes à celles du peuple de Lyon avoient eu plus de part à sa révolte que l'ambition de regner. Il prit pourtant la pourpre à Cologne avec le titre d'Auguste. Pour soûtenir sa démarche il attira à son parti [1] *les provinces de la Gaule Narbonnoise (Bracatæ Galliæ provincias)*, les Espagnes et la Bretagne, et sollicita le secours des Germains et des François. Nonobstant toutes ces précautions Probus l'attaqua, le defit, et l'obligea de s'enfuir depuis les Alpes jusques à l'extrêmité de la Gaule, où il fut pris et livré ensuite par les François même ses alliez entre les mains de l'empereur, qui le fit mourir *. Bonose qui avait été aussi déclaré Auguste soûtint plus longtems sa rebellion; et ce ne fut qu'après une longue guerre que vaincu et pris par les troupes de Probus, il finit sa vie sur une potence **. La mort de ces deux tyrans rétablit la tranquillité dans la Narbonnoise qui avoit pris le parti du premier. Probus vécut ensuite en paix tout le tems de son regne qu'il termina vers la fin de l'année 282. de J. C. à Sirmich dans l'Illyrie sa patrie, par une mort qu'il n'avoit pas méritée. Carus son successeur et alors préfet du prétoire, fut soupçonné d'y avoir eu part: mais Vopisque [2] le justifie sur la severité avec laquelle il vengea cette mort.

LII.

Carus et ses deux fils Carin et Numerien empereurs, natifs de Narbonne.

Ce dernier empereur, à qui toutes les médailles et les inscriptions donnent le nom de M. Aurelius Carus, étoit natif de Narbonne où ses ancêtres, originaires de Rome, étoient venus s'établir; quelques auteurs prétendent pourtant mais sans raison, qu'il étoit originaire ou même natif d'Illyrie. La sagesse [1], la probité, la valeur, la capacité, et l'expérience dans le métier de la guerre avoient déjà mérité à Carus toutes les dignitez civiles et militaires. Il avoit été proconsul ou gouverneur de Cilicie, et il avoit eu déjà les honneurs du consulat, aiant été compris sans doute parmi les consuls subrogez; on ne trouve pas du moins son nom dans les fastes [2] consulaires, la premiere fois qu'il exerça cette charge. Il étoit actuellement préfet du prétoire, comme on a déjà dit, lorsqu'il fut élevé à l'empire par la faveur des soldats, qui l'élurent comme le plus digne de gouverner: on lui reproche cependant son humeur triste et severe, et surtout d'avoir nommé Cesar, d'abord après son élection, Carin son fils aîné l'homme de son tems le plus corrompu, quoique d'ailleurs propre pour la guerre et pour les belles lettres qu'il avoit cultivées dans sa jeunesse.

Carus répara l'indignité de ce choix par celui qu'il fit en même tems de Numerien son autre fils, à qui il donna aussi le titre de Cesar. Les historiens donnent à celui-ci des qualitez excellentes et des vertus dignes du thrône. Il étoit entr'autres fort bon poëte et parfait orateur, et s'attira l'estime generale et l'amour des peuples par sa douceur et par sa politesse. Il paroit que ces deux frères dont le caractere d'esprit et de cœur étoit si different, étoient natifs [3] de Narbonne ainsi que leur pere. Numerien n'étoit encore que Cesar, lorsque, suivant une ancienne inscription [4] nouvellement découverte, le peuple de Carcassonne fit élever à son honneur un monument aux dépens du public * (an 283).

L'empereur Carus étoit consul pour la se-

---

[1] Vopisq ibid.
[2] Vopisq p. 237. et 245.

* *V.* Additions et Notes du Livre III, n° 18.
** *V.* Additions et Notes du Livre III, n° 19.

[1] Vopis p. 249. et seqq. V. not. Salmas. et Casaub. ibid. – Eutrop. l. 9. – Aurel. Vict. epit. – Sidon. Apoll. carm. 23. – V. Tillem. sur Carus.
[2] Reland Fast. consul p. 249. et seqq.
[3] V. Sidon. ibid.
[4] Pr. p. 8. inscript 33.

* *V.* Additions et Notes du Livre III, n° 20

conde fois, et avoit pour collègue son fils Carin lorsqu'il partit pour la guerre contre les Perses. Il prit avec lui Numérien son second fils, qui fut subrogé au consulat la même année; et envoia Carin dans les Gaules pour en défendre l'entrée aux barbares et s'opposer à leurs courses : il laissa à ce dernier pendant son absence le gouvernement de tout l'Occident. Ces deux princes furent associez par leur pere, la même [1] année, à la puissance Impériale et déclarez Augustes. Il est incertain si ce fut dès le commencement de l'année ou vers la fin. Carin signala son gouvernement par ses crimes et par ses déreglemens, tandis que Carus son pere et Numérien son frere se signaloient par leurs victoires et leurs conquêtes contre les Perses. Carus mourut durant cette expédition d'un coup de tonnerre sous le second consulat des deux Augustes ses enfans, c'est-à-dire, l'an 284. Sa mort qui dut arriver pendant l'été de cette année fut funeste, mais juste, s'il est vrai qu'il ait eu l'impieté d'usurper le nom de Dieu et de Seigneur, ou plutôt de souffrir qu'on le lui donnât.

Après la mort de ce prince, Carin et Numerien ses fils furent reconnus pour empereurs, mais leur regne fut très-court; le dernier fut tué quelque tems après à son retour de la guerre de Perse par les ordres secrets d'Arius Aper son beau-pere, qui crut par là parvenir à l'empire qu'il ambitionnoit depuis long-tems. Aper eut cependant le chagrin d'y voir élever Dioclétien par la faction des soldats, ce qui arriva au mois de Septembre de la même année 284. Carin disputa le throne à ce dernier pendant quelque tems; mais aiant été tué par ses propres troupes au mois d'Août de l'année suivante, après avoir perdu la bataille de Margue proche du Danube, où Dioclétien l'avoit entièrement défait * celui-ci devint par là paisible possesseur de tout l'empire.

[3] Reland. ibid. - Pagi ad ann. 283. n. 5. et ad ann. 284. n. 4. et 5. ad ann. 285. n. 4.

* *V.* Additions et Notes du Livre III, n° 21.

LIII.

Martyre de saint Sebastien natif de Narbonne.

Les besoins de l'état et les mouvemens qui s'éleverent dans diverses provinces après la mort de Carin, engagerent Dioclétien à prendre pour collegue, au mois d'Avril de l'an 286. Maximien Hercule qu'il avait déjà déclaré Cesar depuis l'année précédente. On croit même qu'il partagea l'empire [1] avec lui et qu'il lui ceda tout l'Occident. Avant cette [2] association Maximien étoit venu dans les Gaules pour y appaiser divers troubles occasionnez tant par les Bagaudes ou Bacaudes, que par les Germains qui avoient fait une irruption en deçà du Rhin. Les premiers étoient des payens qui mécontens des injustices et des vexations de leurs gouverneurs, s'étoient joints avec quelques tyrans, lesquels après avoir usurpé l'autorité souveraine, ravageoient impunément les campagnes, et attaquoient même les villes. Maximien fut occupé pendant quelque temps à réduire les rebelles, ou à repousser les barbares. Il dissipa les uns, reçut les autres à composition, et rétablit enfin la paix dans les Gaules.

Dioclétien fut d'abord assez favorable aux Chrétiens : mais il suscita ensuite contr'eux la persecution la plus violente qu'on eût encore vuë dans l'église *. L'un des plus illustres, soit par sa naissance, soit par ses emplois, qui souffrirent le martyre sous le regne de ce prince, fut saint Sebastien natif de Narbonne et originaire de Milan [3]. L'éducation Chrétienne qu'il avoit reçuë ne l'empêcha pas de prendre des engagemens à la cour de Carus et des princes fils de cet empereur, ses compatriotes; et ensuite dans celle de Dioclétien et de Maximien qui l'honorerent de leur bienveillance. Dieu qui le conduisoit dans toutes ses voies le préserva de la corruption de la cour : sa vertu lui attira même l'amitié des grands et l'estime generale de tous ceux qui le connurent. Il fut élevé aux

[1] V. Till. art. 3. sur Dioclet.
[2] V. Pagi ad ann. 286. n. 3. et seqq
[3] Boll. 20. Jan. Till. tom. 4. hist. eccl

* *V.* Additions et Notes du Livre II, n° 22.

charges militaires, et en particulier par Dioclétien à celle de capitaine de la premiere compagnie des gardes prétoriennes de Rome. Quelque éloignement qu'il eût pour la profession des armes, il accepta cet emploi, parce qu'il lui fournissoit des occasions d'être utile à la religion et aux confesseurs de la foi. Il cachoit en effet sous un habit guerrier, l'esprit d'un humble disciple de J. C. et profitoit avec soin de tous les moyens que lui donnoit sa charge, d'exercer son zele et sa charité envers les Chrétiens persecutez; il soûtenoit le courage des uns, et relevoit par la force de ses discours la foiblesse des autres. Les plus considerables de ceux dont Dieu soûtint la foi dans son ministere, furent Marc et Marcellien deux freres jumeaux, issus d'une des plus illustres familles Romaines. Les conversions qu'il fit, éclaterent enfin : le juge Fabien qui en fut instruit, n'osant, par respect au rang qu'il tenoit à la cour, lui faire son procès, en donna avis à Dioclétien, et lui fit entendre que sous le titre de capitaine de ses gardes, il entretenoit un Chrétien des plus zelez et un grand ennemi des dieux de l'empire. Sur cet avis l'empereur mande Sebastien; et après lui avoir reproché son ingratitude et le mauvais usage qu'il faisoit de sa confiance, il le fit conduire au cirque par une compagnie d'archers, où, lié à un poteau, il fut par son ordre percé d'une grêle de flêches : aucune de ses blessures ne fut cependant mortelle. Sebastien détaché du poteau se retira chez une femme Chrétienne, où il fut guéri en peu de jours. Il se transporta aussitôt au palais de Dioclétien, après s'être armé de force et de courage par la priere, et representa à cet empereur, avec une sainte liberté, ses cruautez, ses injustices, et sur-tout sa facilité à ajoûter foi aux impostures et aux calomnies de ses prêtres. Ce prince aussi surpris de la hardiesse des discours que de la présence de ce genereux martyr (car il le croioit déjà mort de ses blessures) le fit prendre et conduire de nouveau au cirque avec ordre de le faire mourir sous le bâton et de jetter ensuite son corps dans la grande cloaque du cirque; ce qui fut rigoureusement executé. C'est ainsi que termina glorieusement sa vie l'un des plus célèbres martyrs de l'église, après saint Laurent, soit pour le zele, soit pour la charité. On rapporte sa mort à l'an 288. de J. C.

LIV.

Martyrs de la province sous Dioclétien.

Maximien faisoit alors son sejour ordinaire dans les Gaules du côté de Treves pour être à portée de faire la guerre aux barbares et s'opposer à leurs incursions. Les désordres qu'ils causerent dans diverses provinces de l'empire, nonobstant toutes les précautions des deux empereurs, furent si fréquens, que pour se mettre en état de les arrêter avec plus de force et de succès, ces princes jugerent à propos de déclarer Cesars, Constance Chlore pere du grand Constantin, et Maximien Galere : ils partagerent ensuite avec eux le gouvernement de l'empire, qui depuis ce tems-là (an 292) demeura presque toujours divisé entre plusieurs maîtres. Ce partage, qui parut aussi extraordinaire que la bonne intelligence avec laquelle ces quatre princes gouvernerent l'empire, donna occasion à sa division en quatre préfectures.

Les Gaules échurent à Constance Chlore qui se rendit dans ces provinces, et y signala son gouvernement par les victoires qu'il remporta contre les Francs qui s'étoient rendus maîtres du pays qu'on appelle aujourd'hui la Hollande, et contre divers tyrans qui s'étoient emparez de l'isle de Bretagne. Ce prince eut la gloire de reconquerir entierement cette derniere province (an 296). Il fut beaucoup moins cruel que Dioclétien, envers les Chrétiens : il paroit cependant que ceux des Gaules furent compris dans la violente persecution que ce dernier empereur, de concert avec Galere, suscita au commencement du IV. siecle. On met [1] en effet parmi les martyrs qui souffrirent alors, mais qui furent peut-être martyrisez durant les premieres années de Dioclétien, et avant l'association de Constance, les SS. Tiberi, Modeste et Florentie, qu'on fit mourir à Cessero dans la Narbonnoise et le diocèse d'Agde : ce lieu prit le nom du premier de ces martyrs, et on fonda dans

[1] Usuar. et Adon. martyrol.

la suite sur leur tombeau un monastere dont nous parlerons ailleurs.

Les [1] SS. martyrs Amand, Luce, Alexandre et Audald qu'on prétend être natifs de Caunes dans l'ancien diocèse de Narbonne, aujourd'hui dans celui de S. Pons, et dont on fait la fête le sixième de juin, souffrirent aussi peut-être durant la même persecution : car nous n'avons rien de bien certain touchant le lieu, le tems et les circonstances de leur martyre. Il en est de même de saint Vincent, qui suivant les anciens [2] martyrologes, souffrit le martyre à Collioure dans la Septimanie et le diocèse d'Elne. On prétend que celui-ci est le même que S. Vincent qui fut martyrisé en Espagne et aux environs de la ville de Gironne avec ses compagnons sous l'empire de Diocletien : ce qui n'a aucune apparence de vérité, puisque le diocèse d'Elne et de Gironne étoient alors sous des gouvernemens differens.

LV.

Nouvelle subdivision des provinces des Gaules.

La persecution de Diocletien contre les Chrétiens fut suivie, par un juste jugement de Dieu, d'une maladie violente qui lui affoiblit l'esprit. Galere profita de cet accident pour lui persuader de quitter le gouvernement et de lui céder le titre d'Auguste : ce qu'il obtint enfin (an 305) autant par ses menaces que par ses persuasions, après avoir extorqué une pareille démision de Maximien, collegue de Diocletien. Ces deux derniers princes depuis ce tems-là ne vécurent plus que comme de simples particuliers. Galere et Constance étant devenus Augustes, pour suivre le plan du gouvernement que Diocletien avoit formé, associerent Severe et Maximin et les déclarerent Cesars.

On [3] attribue à Diocletien, sur l'autorité de Lactance ou de l'auteur du livre de la mort des persecuteurs, la division des anciennes provinces des Gaules (NOTE XXXIII). Cet auteur [4] dit en effet que ce prince en partageant les provinces et en multipliant leurs officiers occasionna les vexations dont elles furent accablées sous son regne. La revolte de Bagaudes, qui comme nous l'avons dejà dit, donna lieu à cette division, pourroit faire croire que Diocletien la fit peut-être durant les premieres années de son regne et avant que de prendre des collegues, si on ne sçavoit d'ailleurs qu'il conserva toujours la principale autorité sur l'empire. Lactance ajoute, à ce qu'il paroît, que Diocletien établit plusieurs présidens (*Præsides*) pour gouverner une même province : nous verrons cependant que la Narbonnoise fut toujours administrée par un seul proconsul.

LVI.

Constantin succede à Constance son pere; il visite la Narbonnoise et les autres provinces des Gaules.

Constance devenu premier Auguste et maitre absolu de tout l'Occident par le nouveau partage de l'empire, ne jouit pas long-tems du titre d'empereur, étant mort quelque tems après à York dans l'isle de Bretagne, au grand regret des provinces qui avoient éprouvé la moderation et la sagesse de son gouvernement. Les troupes autant par inclination que par estime élûrent aussitôt son fils Constantin à sa place, le proclamerent Auguste, et le revêtirent d'autant plus volontiers de la pourpre, qu'on avait dejà reconnu en lui des vertus dignes du thrône (an 306). Galere, quoique jaloux de ce choix, joignit son suffrage à celui du public ; mais il n'accorda d'abord à Constantin que le titre de Cesar, parce qu'il craignoit son élévation et plus encore l'affection des provinces des Gaules, d'Espagne et de Bretagne dont il devoit avoir le gouvernement. Constantin avait dejà gagné le peuple autant par ses manieres que par ses excellentes qualitez. Galere au contraire s'attiroit de jour en jour leur haine et leur aversion par ses violences et ses vexations qui mirent le trouble et le désordre dans l'empire, et causerent un soulevement dans Rome. On y déclara Auguste, Maxence fils de Maximien qui rendit la pourpre à son pere, de sorte qu'on vit six ou sept empereurs en même-tems.

Constantin paisible possesseur des Gaules,

---

[1] V. Boll. tom. 1. Jun. p 629
[2] Boll tom 2. April. p 620. et tom 2. Jan p 389.
[3] V. Till. art. 21. sur Dioclet.
[4] Lact. de mort. Pers. cap. 7.

de l'Espagne [1] et de la Bretagne, que son pere avoit gouvernées et qui lui demeurerent en partage, s'attira de plus en plus l'affection des peuples par la douceur de son gouvernement. Il visita en particulier toutes les provinces des Gaules [*], et arrêta les courses des François du côté du Rhin. Il parait que pour être plus à portée de s'opposer aux entreprises de ces peuples, cet empereur fixa sa principale résidence à Trèves à l'exemple de l'empereur Constance son pere, en quoi ils furent imitez par leurs successeurs en deçà des Alpes: ce qui rendit cette ville fort célèbre, et la fit regarder pendant long-temps comme la métropole des Gaules. Constantin résidoit aussi quelquefois [2] à Arles dans l'ancienne Narbonnoise où il avoit son palais, ses finances et et une partie de ses troupes. Maximien Hercule son beau-pere après avoir abdiqué l'empire une seconde fois vint se retirer auprès de lui dans cette ville (an 308). Constantin le reçut dans ce palais et lui procura avec les commoditez d'un riche particulier, tous les honneurs dûs à un prince : mais Maximien insensible à tant de bontez profitant ensuite de l'absence de son bienfaiteur, occupé à faire construire un pont sur le Rhin, reprit la pourpre pour la troisième fois, s'empara en même-temps du palais impérial d'Arles et des finances de Constantin, et décria sa conduite. Heureusement ce prince étant arrivé à Arles dans ces circonstances, remit d'abord dans son parti les troupes qui étoient dans le pays, et dont Maximien lui avoit déja débauché une grande partie, le poursuivit jusqu'à Marseille où il l'assiegea, emporta cette ville d'assaut, le fit prisonnier et le dépouilla de la pourpre après lui avoir reproché sa perfidie. Cependant par un trait peu commun de modération il lui accorda non seulement la vie, mais aussi un appartement dans son palais, jusqu'à ce que l'aiant convaincu de nouveaux crimes, et surtout d'avoir voulu attenter à sa vie (an 310), il se vit obligé de le faire mourir et de se délivrer par là de ce monstre d'ingratitude.

[1] Euseb. vit. Constant. l. 1. c. 25.
[2] Lact. ibid. c. 29. et 30. - Veter. paneg. 9.

[*] *V.* Additions et Notes du Livre III, n° 23.

LVII.

Concile d'Arles sous Constantin.

Maxence qui étoit alors maître de l'Italie, sous prétexte de venger la mort de Maximien son pere, entreprit la guerre contre Constantin. Celui-ci emploia d'abord sa modération et sa sagesse pour le détourner de cette entreprise : mais enfin forcé de se mettre en défense, il assembla (an 311) une armée composée la plûpart de Gaulois. Cette armée étoit à la vérité peu considérable par le nombre, mais elle devint invincible par la vertu de la Croix ; c'est par ce signe de notre rédemption que Constantin triompha de l'orgueil et des forces de Maxence, dont la mort délivra Rome et l'Italie de sa tyrannie (an 312).

Constantin et Licinius devenus paisibles possesseurs de tout l'empire, le premier par cette fameuse victoire, et l'autre par celle qu'il remporta l'année suivante sur l'empereur Maximin, partagerent entr'eux les provinces qui le composoient : l'Orient échut à Licinius, et l'Occident à Constantin. Le premier usage que celui-ci fit de son autorité, fut de faire triompher la Croix, à la vertu de laquelle il étoit redevable de sa victoire. Il se mit d'abord sous ses enseignes, embrassa le Christianisme, et se fit un devoir de le proteger dans tout l'empire. Il témoigna plus particulierement son zele pour l'Eglise, par l'attention qu'il eut d'étouffer tous les troubles qui pouvaient en alterer la paix : ce fut pour appaiser ceux que les Donatistes y excitoient, qu'il fit assembler le concile d'Arles, un des premiers et des plus célèbres de l'Eglise. Il y appella tous les évêques d'Occident, parmi lesquels nous trouvons [1] la souscription de Mamertin évêque de Toulouse, et de Genialis diacre député de l'église de Gevaudan. Il est fait mention dans ce concile de la province Viennoise ; et c'est le plus ancien monument que nous aions où il soit parlé de cette nouvelle province comme séparée de la Narbonnoise.

[1] V. Coust. epist. sum. pont. p. 343.

LVIII.

Education des frères Constantin. Æmilius Magnus professeur de Toulouse.

Il ne paroît pas que Constantin, qui faisoit quelquefois sa résidence dans Arles, ait assisté à ce concile : il résida beaucoup plus rarement dans cette ville depuis la défaite de Maxence. Il y revint pour la derniere fois (an 316) dans le temps que Fauste son épouse y accoucha d'un prince qui fut, à ce qu'on [1] croit, le jeune Constantin, lequel regna depuis dans les Gaules.

Cet empereur avait trois freres puisnez que Constance Chlore son pere avoit eûs de l'imperatrice Theodore sa seconde femme, après avoir répudié l'an 292. l'imperatrice Helene sa mere. Ces trois princes passèrent le tems de leur jeunesse à Toulouse [2], où Constantin leur frere les tint comme dans un espece d'exil ; ce prince eut cependant un soin particulier de leur faire donner une éducation digne de leur naissance et de la religion Chretienne qu'il leur avoit apparemment inspirée. Les Modernes [3] ne sont pas d'accord sur les noms de ces trois princes : selon les uns le premier s'appelloit Dalmace ou Delmace, le second Constance, et le troisième Annibalien. D'autres sont persuadez que Dalmace et Annibalien ne sont qu'une même personne ; ils conviennent du nom du second, mais ils ajoûtent que le troisième, qu'ils croient être l'aîné du second lit, se nommait Constantin comme l'empereur son frere. Æmilius Magnus Arborius [4], quoique fort jeune, après avoir professé l'eloquence à Narbonne, l'enseignoit alors à Toulouse avec beaucoup d'applaudissement, et y faisoit aussi, à ce qu'il paroît, la fonction d'avocat. L'amitié dont ces trois princes l'honorerent pendant leur sejour dans la même ville pourrait faire conjecturer qu'il eut quelque part à leur éducation. Ce rhéteur étoit oncle maternel du fameux poëte Ausone, qu'il prit soin d'élever auprès de lui à Toulouse dès sa tendre jeunesse, et de lui enseigner les belles lettres. L'empereur Constantin soit par estime, soit par reconnaissance de ce qu'Arborius avoit peut-être contribué à l'éducation de ses freres, l'appella dans la suite de Toulouse à Constantinople, pour lui confier celle d'un de ses fils, qu'on croit [1] être Constance son successeur. Arborius mourut dans cette derniere ville peu de tems après : Constantin fit transporter son corps à Dax en Gascogne dont il étoit natif, et où il avoit ses parens *.

LIX.

Origine du Vicariat des cinq provinces des Gaules, dont la Narbonnoise faisoit partie.

Les freres de Constantin avoient déjà quitté les Gaules, lorsque cet empereur après ses victoires sur Licinius étant devenu maitre de tout l'empire, en établit le siege à Byzance, à laquelle il donna le nom de Constantinople. Il divisa alors l'empire, ou pour mieux dire renouvella la division qui en étoit déjà faite selon quelques auteurs, en quatre préfectures sous le gouvernement de quatre préfets du prétoire. Cette charge qui auparavant était militaire, devint alors purement [2] civile (an 330), et fut bornée à la seule administration de la justice et des finances. Ces quatre préfets étoient regardez cependant comme les premiers officiers de l'état, et leur autorité égalait presque celle des empereurs. On leur donna d'abord comme aux sénateurs le titre de *Clarissime* et ensuite celui d'*Illustre*. Les quatre préfectures de l'empire furent depuis Constantin, l'Orient, l'Illyrie, l'Italie, et les Gaules. Le préfet des Gaules choisit Treves pour sa [3] résidence, sans doute parce que cette ville avoit été le siege des empereurs qui avoient regné dans les mêmes provinces ; elles le fut aussi de leurs successeurs. Chaque préfet avoit sous ses ordres plusieurs dioceses, et chaque diocese avoit un vicaire du préfet, et comprenoit plusieurs provinces qui étoient gouver-

---

[1] V. Till. art. 40. sur Constantin.
[2] Auson proff. 16.
[3] V. Till. art. 85. et Note 2 sur Constantin. – Valois de la Marre dans les mémoires de l'acad. des inscr. tom 2. p 590 et seqq.
[4] Auson. ibid. et parentel. 3.

[1] Till. ibid. art. 85.
[2] Zosim. l. 2. – Chronol. cod. Theod. p. 26. et seqq.
[3] V. Lacarr. de præf. præt. Gall. – Godof. Top. Cod. Theod. tom. 6. p. 396.

* *V.* Additions et Notes du Livre III, n° 24.

nées par un proconsul ou par un président dont les appellations étoient portées en dernier ressort au préfet : on ne pouvoit appeler des jugemens de ce dernier.

Le prefet des Gaules avoit sous sa jurisdiction quatre diocèses administrez par autant de vicaires, sçavoir l'Espagne, l'isle de Bretagne, les Gaules proprement dites, et les cinq provinces des Gaules. Celles-ci furent augmentées de deux provinces qui furent nouvellement érigées par le partage des anciennes : ce qui forma ce qu'on appella *les Sept provinces*. On a beaucoup disputé quelles étoient ces cinq provinces qui eurent un vicaire particulier (NOTE XXXIV); nous ne doutons pas que ce ne fut la Narbonnoise, la Viennoise, l'Aquitanique, la Novempopulanie et les Alpes Maritimes. La Viennoise et l'Aquitanique aiant été subdivisées dans la suite et sur la fin du IV. siecle, l'une en Viennoise, et en Narbonnoise seconde; et l'autre en Aquitaine premiere et seconde, formerent enfin les sept provinces de la maniere qu'on les trouve sous l'empire d'Honoré. Les [1] auteurs contemporains font mention de ce vicariat tantôt sous le nom de cinq provinces, tantôt sous celui d'Aquitaine prise en general; car on distinguoit alors les Gaules en deux parties, sçavoir en Gaules proprement dites et en Aquitaine. Le vicaire qui eut l'administration des Gaules proprement dites sous l'autorité du préfet, résidoit ordinairement à Lyon, et celui des cinq provinces à Vienne [2], ce qui releva beaucoup cette derniere métropole. La province des Alpes Maritimes, qu'on comprenoit auparavant dans l'Italie, et dont l'empereur Galba avoit separé une partie en deçà de la riviere du Var pour l'unir à la Narbonnoise, commença seulement alors d'appartenir entierement aux Gaules, et elle fut du nombre des cinq provinces qui eurent un vicaire particulier. Pour ce qui est des Alpes Grecques ou Pœnines, il ne paroit pas qu'elles aient fait partie de la Gaule avant la fin du IV. siecle qu'elle furent comprises dans le vicariat des Gaules proprement dites : elles dépendoient auparavant de l'Italie suivant tous les anciens geographes : ainsi elles n'ont jamais été comprises dans la Narbonnoise (NOTE XXXV).

LX.

Origine des ducs et comtes provinciaux, attribuée à Constantin La province gouvernée par un proconsul. Rétablissement de la ville d'Elne.

On attribuë à Constantin l'institution des comtes; mais il paroit [1] que leur origine est beaucoup plus ancienne, et qu'on peut la faire remonter à l'empereur Auguste, qui sur la fin de ses jours choisit plusieurs senateurs pour être ses *comtes* (*Comites Cæsaris*), c'est-à-dire ses compagnons et ses conseillers. Il est vrai que quoique la qualité de comte fût d'abord très-considerable, elle ne fut dans son institution, qu'un titre personnel ou un emploi qui obligeoit d'être toujours à la suite de l'empereur; que ce titre, qui commença d'être employé vers le milieu du III. siecle pour désigner une personne constituée en dignité, devint plus commun sous Constantin; et qu'il fut alors donné aux principaux officiers de l'empire, divisez en trois differentes classes. Quant aux ducs ou comtes provinciaux, on peut en rapporter l'origine aux officiers que les empereurs envoierent commander les troupes dans differentes provinces de l'empire, avec le titre de ducs, de comtes ou de maîtres de la milice, ce qu'on voit deja dès le regne de Diocletien. Cet usage devint encore plus ordinaire sous le regne de Constantin et de ses enfans. Enfin les proconsuls ou préteurs qui avoient le gouvernement politique des provinces aiant été élevez eux-mêmes dans la suite à la dignité de ducs ou de comtes, on leur donna depuis indifferemment ce titre. Les peuples barbares après s'être emparez d'une partie de l'empire, s'étant conformez à la police qu'ils trouverent établie par les Romains, conserverent le même titre de duc ou de comte aux officiers qu'ils proposerent pour avoir l'administration des provinces sous leur autorité.

La Narbonnoise fut gouvernée à l'ordinaire sous l'empire de Constantin par un procon-

---

[1] Sex. Ruf. in Breviar. - Am. Marcell. l. 15. n. 11. - Auson. clar. urb. 8. - Sulp. Sev. hist. l. 2. - Sozom. hist. l. 9. c. 11.
[2] V. Lacarr. ibid.

[1] V. Till. emp. tom. 1. p. 48. et 762. tom. 3. p. 389. tom. 4. p. 285.

sul ; ainsi elle fut toujours proconsulaire, car ce ne fut que long-temps après qu'elle fut changée en province présidiale, et qu'elle n'eut plus qu'un président pour la gouverner. L. Ranius Optatus [1] fut en effet proconsul de la Narbonnoise vers la fin du regne de Constantin : il est qualifié *Clarissime*. On croit [2] que c'est le même qui fut consul l'an 334 : ainsi il peut avoir gouverné cette province l'année suivante. Ce même empereur rétablit l'ancienne ville d'*Illiberis* [3] dans la Narbonnoise, et lui donna le nom d'Elne, *Helena*, en mémoire de l'imperatrice Helene sa mere.

LXI.

Constantin confie l'éducation de ses neveux à Exupere rhéteur de Narbonne.

Constantin qui avoit donné en garde ses freres à la ville de Toulouse, confia l'éducation de ses deux neveux Dalmace et Annibalien, à celle de Narbonne (NOTE XXXVI), où ils étudierent les belles lettres sous le célèbre rhéteur [4] Exupere. Ces deux jeunes princes, qui étoient fils de Dalmace frere de Constantin, furent élevez dans la suite par l'empereur leur oncle, le premier à la dignité de Cesar, et l'autre à celle de roi de Pont, de Cappadoce et de l'Armenie mineure * : ils signalerent leur reconnoissance envers leur professeur, et lui procurerent le gouvernement ou présidence d'une province d'Espagne (an 335).

Exupere méritoit cette marque d'honneur autant par son éloquence que par sa modestie et la gravité de ses mœurs. Il devoit sa naissance à la ville de Bordeaux, et sa réputation à celle de Toulouse où il avoit professé d'abord les belles lettres avant que d'être appelé à Narbonne pour y exercer les mêmes fonctions. Ce professeur après avoir gouverné cette province d'Espagne, se retira à Cahors où il mourut (NOTE *ibid.*). C'est sans fondement que Scaliger [5] lui donne pour collegue dans la charge de professeur de Toulouse un nommé Saturnin, qu'il confond avec le premier évêque de cette ville.

Le partage que Constantin fit de l'empire entre ses trois enfans Constantin, Constance, et Constant, et deux de ses neveux, fut, après sa mort (an 337), la source de bien des troubles et de la perte d'une grande partie de sa famille. Les troupes et le senat n'aiant voulu reconnoître pour empereurs que les trois premiers, tous les autres princes de sa race furent massacrez, à la réserve de Gallus et de Julien, fils de Jules Constance frere de cet empereur, que la maladie de l'un et la tendre jeunesse de l'autre firent épargner. Quelques auteurs graves ont soupçonné Constance d'avoir été la cause de ce massacre. Dans le partage de l'empire qui fut fait ensuite entre les trois freres, les Gaules, l'Espagne et la grande Bretagne échùrent à Constantin l'aîné de tous.

LXII.

Mort de l'empereur Constant à Elne dans la Narbonnoise, après celle de Constantin son frère.

Ce dernier ne posséda pas long-temps cette partie de l'Occident. La guerre qu'il entreprit mal-à-propos contre son frere Constant, alors maître de l'Italie, lui coûta la vie, et donna lieu à celui-ci de s'emparer de tous ses états (an 340) : ainsi Constant regna dans tout l'Occident, tandis que son frere Constance fut maître de tout l'Orient. Le sort de Constant ne fut pas plus heureux [1] que celui de Constantin son frere. Magnence s'étant fait revêtir de la pourpre à Autun, où il fut salué Auguste, entraîna cette ville dans sa révolte avec les premiers officiers de l'armée et les peuples du voisinage. Ce tyran chercha ensuite à se défaire de Constant qui pour se dérober à ses poursuites, résolut de passer les Pyrénées et de se réfugier en Espagne. Cet empereur étoit deja arrivé à Elne dans la Narbonnoise, lorsque Gaïzon un des émissaire de Magnence l'aiant atteint avec l'élite des troupes, lui ôta la vie dans la même ville. C'est ainsi que mourut ce prince (an 350), âgé alors de trente ans, et generalement

---

[1] Grut. p. 463. n. 4.
[2] Till. emp. tom. 4. p. 256.
[3] Zonar. annal. tom. 2. p. 14. - V. Marc. Hisp. p. 24.
[4] Auson. proff. 17.
[5] Scalig. not. in Auson.

* *V*. Additions et Notes du Livre III, n° 25.

[1] Zosim. Vict. epit. Eutrop. - Hier. in chron.

abandonné de toutes ses troupes, excepté d'un François qui lui demeura toujours fidele*.

Quelques auteurs [1] ajoûtent qu'il se retira dans une église où il quitta les marques de sa dignité, et ses assassins l'aiant forcé de sortir de cet asile, ils le massacrerent ensuite: d'autres prétendent [2] que ce prince se voiant entre les mains de ses ennemis, se tua lui-même après avoir fait mourir ses enfans, de la naissance et des noms desquels pas un historien ne fait mention ; ce qui donne lieu de révoquer [3] en doute cette derniere circonstance. On doute également de la précédente.

LXIII.
La province troublée par les erreurs des Ariens. Faux concile d'Arles.

La mort tragique de Constant, dont Magnence récompensa l'assassin Gaïzon par le soin qu'il eut de l'élever à la dignité de consul **, assûra presque tout l'Occident à cet usurpateur. Constance résolu de venger la mort de son frere et de soumettre ce tyran, appella contre lui dans les Gaules les Allemans avec plusieurs autres peuples d'en delà du Rhin, qui pendant cinq à six ans, firent des ravages affreux dans ces provinces, dont il ne fut pas aisé de les chasser dans la suite. Constance après s'être assûré d'un autre côté de l'Espagne et des Pyrenées, se rendit dans les Gaules, où avec le secours des peuples du pays qui se déclarerent en sa faveur, il réduisit enfin Magnence à cet excès de désespoir de se tuer lui-même dans Lyon où il l'avait obligé de se jetter (an 353).

Constance, par la mort de ce redoutable ennemi, se voiant le maitre absolu de l'empire, alla passer l'hiver à Arles, où les [4] légats du pape accompagnez d'un grand nombre d'évêques, furent le trouver pour le supplier de leur permettre, conformément à la promesse qu'il leur avoit faite, de s'assembler à Aquilée, pour y tenir un concile et appaiser les troubles que les Ariens causoient dans l'église d'Orient : car pour celle d'Occident et surtout celle des Gaules, elles n'avoient pas encore été infectées de leurs erreurs. Mais ces hérétiques, qui avoient beaucoup de pouvoir sur l'esprit de ce prince, empêcherent qu'il n'accordât cette permission ; et au lieu de la ville d'Aquilée qu'il avoit déjà indiquée, il ordonna aux évêques de s'assembler à Arles. Il vouloit lui-même se trouver au concile, afin d'intimider ces prélats par sa présence, s'il ne pouvoit les gagner par les intrigues de Valens et d'Ursace deux des plus fameux évêques Ariens, et les obliger à souscrire [1] la condamnation de S. Athanase, conformément à l'édit qu'il avoit déjà fait publier là-dessus. Les funestes desseins des Ariens ne réussirent que trop : les évêques orthodoxes ne résisterent que foiblement à une si injuste demande; et de tous ceux qui assisterent au concile d'Arles, il n'y eut que le seul Paulin évêque de Treves, qui eut le courage de refuser constamment de condamner ce saint Patriarche d'Alexandrie. Ce refus attira l'exil à ce prélat avec la disgrace du prince, et lui mérita la gloire d'être le premier évêque d'Occident qui souffrit pour la défense de la Divinité du Verbe.

LXIV.
Faux concile de Beziers. Exil de Rhodanius, évêque de Toulouse.

Rhodanius ou Rhodanusius évêque de Toulouse eut bientôt après la même gloire dans le concile [2] de Beziers, où Saturnin évêque d'Arles, qui avoit été élû par la faction des Ariens, soutenu de la faveur et de toute l'autorité de Constance, fut le maître absolu. Saturnin avoit eu aussi beaucoup de part aux violences dont on usa pour surprendre la religion des évêques Catholiques assemblez à Arles, et pour les engager à souscrire la condamnation de S. Athanase. Les prélats des Gaules qui n'avoient pas succombé dans ce

---

[1] Zonar. annal. tom. 2. p. 14.
[2] Chrisost. hom. 15. in Philipp.
[3] V. Till. art. 16. sur Constance.
[4] Sulp. Sev. hist. l. 2. - Concil. tom. 2. p. 770.

* *V.* Additions et Notes du Livre III, n° 26.
** *V.* Additions et Notes du Livre III, n° 27.

---

[1] Athan. epist. ad solit. - Hilar. fragm. 2.
[2] Serv. Sulp. ibid. - Vit. S. Hil. nov. edit. p. 94. et seqq. - Till. sur S. Hil. - Gall. chr. nov. ed. tom. 1, p. 524.

concile, et au nom desquels S. Hilaire [1] presenta inutilement une requête à ce prince pour le supplier de rendre la paix à l'église, soûtenus par l'exemple de ce saint évêque de Poitiers, refuserent d'abord non seulement de souscrire la condamnation de S. Athanase, mais même de communiquer avec Saturnin. Celui-ci irrité de leur fermeté, obtint de concert avec Ursace et Valens un ordre de l'empereur pour tenir un concile à Beziers (an 356), ville de la Narbonnoise, où il obligea la plûpart des évêques catholiques des Gaules de se rendre, et entr'autres S. Hilaire de Poitiers. Ce saint [2] prélat fit véritablement tous ses efforts pour défendre dans ce concile l'innocence opprimée, et pour faire connoître aux évêques assemblez les piéges des Ariens; mais il paroît que malgré tous ses soins, tous ces prélats succomberent et souscrivirent la condamnation du saint evêque d'Alexandrie, à la réserve du même S. Hilaire et de Rhodanius de Toulouse que l'exemple et les discours de ce saint évêque [3], plus que son propre courage, soutinrent et empêcherent de commettre la même injustice (NOTE XXXVII). Il paroît que la plûpart des évêques qui assisterent à ce concile de Beziers étoient des provinces voisines de la ville d'Arles; c'est-à-dire de la Narbonnoise, de la Viennoise, de la Sequanoise et des provinces des Alpes. Ces prélats, dont on ne sçauroit dissimuler la chûte, furent surpris par les artifices ou la violence de Saturnin qui présida à ce concile, et qui avoit eu sans doute l'adresse, pour soûtenir son parti, d'y attirer les évêques de sa province ou ceux des autres parties des Gaules qui par foiblesse avoient dejà prévariqué au concile d'Arles.

Ce faux évêque n'oublia pas, dans le récit qu'il fit à Constance de tout ce qui s'etoit passé au concile de Beziers, de donner un mauvais tour à la fermeté d'Hilaire. Il décria si fort sa conduite et rendit sa fidélité si suspecte [4], que cet empereur le relegua en Phrygie de même que Rhodanius qui finit ses jours dans le lieu de son exil. Parmi les autres évêques des Gaules qui n'avoient pas assisté au concile de Beziers, les uns demeurerent fermes dans la foi et dans la communion d'Hilaire, et les autres cederent à la violence et aux mauvais traitemens : mais la plûpart de ces derniers, honteux de leur lâcheté, retournerent bientôt après à la communion de ce saint évêque de Poitiers, et se separerent une seconde fois de celle de Saturnin. Ces évêques Catholiques parurent ensuite si zelez et si attachez à la foi de l'église, que S. Hilaire ne put s'empêcher de leur en témoigner sa joie, et de louer leur courage, dans la réponse qu'il leur fit trois ans après dans son livre des Synodes. Ce saint prélat dans l'énumeration qu'il fait, à la tête de cet ouvrage, des provinces des Gaules, aux évêques desquels il l'adresse, ne fait aucune mention de la Narbonnoise, de la Viennoise et de quelques autres du voisinage : c'est, selon toute apparence, parce que les évêques de ces provinces ne s'étoient pas encore relevez de leur chûte, et qu'ils n'avoient pas révoqué leur souscription contre S. Athanase.

LXV.

Persecution de l'église de Toulouse.

S. Hilaire nomme expressément dans le même endroit l'église de Toulouse; et c'est la seule de toute la Narbonnoise dont il fasse mention. Elle méritoit cette distinction singuliere par l'attachement [1] inviolable de ses peuples pour la foi, et pour la personne de leur saint évêque Rhodanius, malgré son éloignement, et tous les efforts des Ariens pour tâcher de les ébranler. En vain Constance ou ses émissaires employerent-ils toute sorte de violence, jusqu'à se servir de bâtons et de fouets armez de plomb pour obliger les prêtres et les diacres à élire un évêque Arien à la place de leur légitime pasteur; ces ecclésiastiques demeurerent fermes dans l'obéissance qu'ils devoient à Rhodanius; et les profanations sacrileges que les hérétiques commirent dans l'église de Toulouse ne servirent qu'à confirmer les fideles de cette ville dans

---

[1] Hil. l. 1. ad Constant.
[2] Hil l. 1. contr. Constant. n. 2.
[3] Sulp. Scv. ibid.
[4] Hil. contra Constant. n. 2 et 3. et de Synod. n. 2.

[1] Hil. contra Constant. n. 11. p. 1247. V. not. ibid.

la foi orthodoxe, et à leur donner une plus grande horreur de l'impiété Arienne.

LXVI.

Numerius gouverneur de la Narbonnoise accusé de péculat devant Julien l'Apostat

Dans le tems que le concile de Beziers étoit assemblé et pendant les premiers mois de l'an 356., Julien, que l'empereur Constance son oncle avoit déclaré Cesar l'année précédente, faisoit à Vienne des préparatifs pour la campagne suivante, dans le dessein de délivrer des courses des barbares les provinces des Gaules, dont le même Constance lui avoit confié le gouvernement avec celui de l'isle de Bretagne. On croit [1] même que ce prince aiant passé le Rhône, se rendit à Beziers, pour autoriser le conciliabule de cette ville par sa presence, et qu'il fut témoin des violences qu'on y commit. Julien chassa ensuite entierement les Allemans (an 357) des Gaules où ils s'etoient établis depuis quelques années, et après avoir rétabli la tranquillité dans ces provinces, il prit un soin particulier de soulager les peuples.

Ce prince fut encore très-attentif à faire rendre la justice: il se fit un devoir de faire regler les impôts dans une parfaite égalité, et de punir severement les officiers qui pilloient les provinces. Dans le tems qu'il avoit le gouvernement des Gaules, Numerius [2] ou Numerien gouverneur de la Narbonnoise (*Narbonensis rector*) fut accusé devant lui de peculat l'an 358. Julien croiant que cette accusation étoit d'assez grande importance pour la juger lui-même, la fit plaider publiquement en sa présence et entendit les chefs d'accusation qu'on forma contre ce gouverneur: mais celui-ci aiant nié tous les faits qu'on lui objectoit, et n'y aiant point de preuves contre lui, Delphide [3] excellent poete et célèbre avocat qui plaidoit contre l'accusé, s'écria avec sa véhémence ordinaire: *Eh! Cesar, quel coupable ne passera point pour innocent, s'il en est quitte pour nier ses crimes? Et quel innocent*, répliqua fort sagement Julien, *ne passera point pour coupable s'il suffit d'être accusé?* Ainsi Numerien fut renvoié absous.

LXVII.

Retour des évêques de la Narbonnoise et du reste des Gaules à l'unité Catholique.

Tandis que Julien s'occupoit à combattre les ennemis de l'empire, à soulager les peuples et à faire regner la paix et la justice dans les provinces soûmises à son gouvernement, Constance s'appliquoit à ruiner la religion dans l'empire et à opprimer les évêques de qui il exigeoit la signature de la formule de Sirmich. Il envoia aux évêques des Gaules: mais la plûpart refuserent constamment leur souscription, et entr'autres l'illustre Phebade évêque d'Agen, dont le diocèse [1] de Toulouse possede les précieuses reliques. Ces prélats condamnerent même cette formule; et pour marque de leur [2] communion avec S. Hilaire, ils lui écrivirent dans le lieu de son exil, et lui rendirent compte de leur conduite.

Si les évêques de l'ancienne Narbonnoise n'eurent pas le bonheur d'être de ce nombre, ils eurent du moins celui de reconnoitre leur faute avec beaucoup d'autres des provinces voisines (an 359), après le concile de Rimini, où les évêques des Gaules les plus fermes et les plus éclairez se laisserent surprendre, ainsi que la plûpart [3] des autres évêques d'Occident. Ces prelats reprirent peu de tems après leur premier zele et leur ancienne vigueur, sur-tout après le concile de Paris, où Saturnin d'Arles, auteur [4] d'une partie des troubles, fut excommunié de nouveau et déposé avec Paterne de Perigueux autre évêque Arien. On fit grace à plusieurs autres à la recommandation de S. Hilaire, dont le retour dans les Gaules (an 360) contribua beaucoup à la réunion de tous les évêques de ces provinces dans les mêmes sentimens sur la foi et la doctrine de l'église.

La révolte de Julien qui commandoit alors

---

[1] Const. Vit. Hilar. p. 93.
[2] Am. Marcell. l. 18 p. 186. V. Vales. ibid. not. D.
[3] Auson. profess. 5.

[1] Boll. 13. Jan.
[2] Hilar. de Synod.
[3] Sulp. Sev. hist. l. 2.
[4] Hil. fragm. XI p. 1333 et seqq. - Hier. in chron.

dans les Gaules avec le titre d'Auguste qui lui fut donné à Paris, et la mort de Constance (an 361), ne contribuerent pas moins à cette heureuse réünion, et au retour des évêques prévaricateurs à l'unité Catholique. En effet Julien se voyant maître de l'empire après la mort de l'empereur Constance son oncle, commença son regne par rappeller les évêques exilez; non pas tant pour favoriser la religion Catholique, qu'il cherchoit plûtôt à opprimer depuis qu'il l'avoit lâchement abandonnée, que pour décrier la conduite de son prédecesseur, et rendre sa mémoire odieuse. Cet empereur après avoir insulté la Majesté de Dieu par ses impietez, deshonoré la religion par son apostasie, et affligé l'église par la persecution qu'il suscita contre les Chrétiens (an 363), mourut enfin dans la Perse où il s'étoit témérairement engagé avec son armée. Jovien fut élû en sa place et signala son zele et son amour pour la foi : il conclut d'abord la paix avec les Perses, et la rendit ensuite à l'église et à l'empire. L'un et l'autre profiterent trop peu de temps du bonheur de son regne : sa mort, qui suivit de près, fit évanoüir les grandes esperances qu'avoient fait concevoir ses excellentes qualitez et ses dispositions favorables pour la religion et pour les peuples.

LXVIII.

Etat de la Narbonnoise sous Valentinien I. Professeurs illustres de Toulouse et de Narbonne.

Valentinien I. aiant été élû successeur de Jovien à Nicée, soûtint la foi et la doctrine du concile de la même ville avec autant de zele que Valens son frere, qu'il prit pour collegue et à qui il céda l'Orient, favorisa la secte des Ariens. Le premier de ces deux princes, après avoir pris pour lui l'Occident, vint faire sa résidence ordinaire dans les Gaules (an 364), pour être plus à portée de repousser les courses des Allemans et des autres barbares qui habitoient au-delà du Rhin. Ce fut dans ces mêmes provinces des Gaules qu'il déclara Auguste son fils Gratien âgé alors de huit ans (an 367), dont il avoit confié l'éducation à Ausone, homme dont l'esprit et le mérite étoient dejà fort connus.

Nous devons à ce fameux poëte la connoissance de plusieurs illustres professeurs qui enseignoient de son temps les belles lettres avec applaudissement dans les écoles de Narbonne et de Toulouse. Nous avons dejà parlé de quelques-uns : nous ne devons pas oublier Sedatus [1] natif de Bordeaux qui professa long-temps la rhétorique à Toulouse, où il se maria ; ce qui nous donne lieu de croire que ses enfans, qui par leur éloquence se rendirent célèbres à Rome et à Narbonne où ils professerent avec beaucoup de réputation et de succès, étoient natifs de Toulouse. Marcellus fameux grammairien, dont [2] le même Ausone parle avec éloge, se distingua beaucoup à Narbonne tant par son habileté que pas son mérite; ce qui lui attira un grand nombre d'écoliers, parmi lesquels il y en avoit plusieurs d'une naissance très-illustre (*Prætextaque pubes*). Clarentius un des plus nobles et des plus qualifiez de cette ville, ne dédaigna pas de lui donner sa fille en mariage, preuve convaincante du cas qu'on faisoit dans ce tems-là des professeurs, même de grammaire; et du soin que prenoient alors les citoiens de Narbonne de cultiver les belles lettres. Elles florissoient également à Toulouse ville très-considerable par son étenduë, et par le nombre de ses habitans. Ausone qui y fut élevé, et qui en a fait la description, nous assure [3] qu'elle tenoit le quinziéme rang parmi les villes de l'empire, et le troisième parmi celles des Gaules après Treves et Arles. Les murs de Toulouse étoient alors de briques, et son enceinte comprenoit cinq quartiers (*Quintuplicem*) qui formoient comme autant de villes dont le peuple étoit presqu'innombrable *. Ausone joint à la description de Toulouse celle [4] de Narbonne dont il parle avec éloge : ce qui lui donne occasion de marquer les anciennes limites de la Gaule Narbonnoise à laquelle cette derniere ville avoit donné son nom, et dont elle étoit la métropole. Ce poëte fait entendre (*Atollis La-*

---

[1] Auson. proff. 19.

[2] Ibid. 18.

[3] Aus. clar. urb. 12. et epist. 24. V. Catel. mem. p. 118.

[4] Ibid. clar. urb. 13.

* *V.* Additions et Notes du Livre III, n° 28.

tio proconsule fasces) que le gouvernement de cette province étoit encore proconsulaire : il parle ensuite du commerce du pays qui étoit très-étendu, et fait mention d'un magnifique temple bâti de marbre de l'isle de Paros qu'on y voioit autrefois, mais qui ne subsistoit plus de son tems *.

LXIX.

Zele des évêques de la Province. Seconde Narbonnoise jointe au corps des cinq provinces avec l'Aquitaine seconde.

La religion Catholique n'étoit pas moins florissante dans la Narbonnoise que les sciences et les belles lettres ; les évêques y étoient alors également attentifs à faire observer la discipline ecclesiastique, et à maintenir le dépôt de la foi. Nous en avons une preuve dans le concile [1] de Valence, tenu l'an 374., dont on ignore le véritable sujet, mais dont il nous reste plusieurs canons sur la discipline dressez par vingt-cinq ou trente évêques de l'ancienne Narbonnoise qui s'y trouverent. Ces prélats députerent quelques années après deux d'entr'eux pour assister en leur nom au concile [2] tenu à Aquilée en Italie l'an 381.

Il est fait mention dans ce dernier concile, pour la premiere fois, de la seconde Narbonnoise : elle avoit été érigée sans doute peu de tems auparavant, vraisemblablement sur la fin du regne de Valentinien I. de même que l'Aquitaine seconde. Le silence de Rufus [3] Festus au sujet de la premiere de ces deux provinces dans le dénombrement qu'il fait l'an 370., de celles des Gaules, est en effet une preuve qu'elle n'étoit pas encore alors établie : cet auteur est le premier qui ait fait mention de la seconde Aquitaine dont Bordeaux fut la métropole de même qu'Aix de la seconde Narbonnoise ou Gaule appelée *Braccata*, qui est en deçà du Rhône, prit le nom de Narbonnoise premiere, pour la distinguer de la seconde qui étoit entierement au delà de ce fleuve. Il faut cependant en excepter le Vivarais qui continua d'appartenir à la Viennoise. La Narbonnoise seconde et la seconde Aquitaine furent ajoûtées au corps des Cinq provinces dont on a déjà parlé, et aux évêques desquelles les canons du concile de Valence furent adressez de même qu'à ceux des Gaules proprement dites : les premieres formerent ce qu'on appella dans la suite les Sept provinces (NOTE XXXIV), ou l'Aquitaine prise en general. Du reste il n'est pas aisé de décider si la Narbonnoise seconde (NOTE XXXV. n. 9) fut démembrée de la premiere ou de la Viennoise ; les auteurs sont partagés sur ce sujet : il paroit cependant plus probable que cette province fut plûtôt un démembrement de la Viennoise que de la Narbonnoise proprement dite ; et quoique le nom de Narbonnoise seconde semble favoriser le sentiment contraire, l'autre [1] paroit appuié néanmoins sur des fondemens plus solides. L'érection de la seconde Narbonnoise et de la seconde Aquitaine, avec celle de la troisiéme et quatriéme Lyonnoise, dont Valentinien I. fut peut-être aussi l'auteur, multiplia les provinces des Gaules jusqu'au nombre de dix-sept, telles qu'on les voit à la fin du IV. siecle sous l'empire d'Honoré.

Les provinces ainsi multipliées se virent livrées à l'avarice d'un plus grand nombre de gouverneurs et autres officiers ; ce qui joint à la severité de Valentinien devint pour elles un joug très-onereux. Elles furent moins vexées sous le regne de Gratien son fils et son successeur (an 375), qui prit pour collegue Valentinien II. son frere. On croit [2] qu'il partagea avec lui l'empire d'Occident, qu'il prit pour sa part les Gaules, l'Espagne et la Grande-Bretagne, et qu'il laissa le reste à son frere : mais il paroit plus probable que ces deux princes gouvernerent conjointement l'empire d'Occident, et que Gratien eut toute l'autorité pendant le bas âge de Valentinien son frere.

Le premier signala sa reconnoissance envers Ausone son précepteur, par les honneurs dont il le combla, et entr'autres (an 377), par la dignité de préfet du prétoire d'Italie, et ensuite des Gaules qu'il lui confera (NOTE

---

[1] Concil. tom. 2. p. 904. et seqq et 1807. - V. Till. hist. eccl. tom. 8. p. 551. et seqq.
[2] Concil. ibid. p. 992.
[3] Ruf. fest. in Brevi.

* *V.* Additions et Notes du Livre III, n° 29.

---

[1] V. Till hist. eccl. tom. 15 p 53. et 842.
[2] V. Till. art 2 sur Gratien

XXXVIII). Ausone [1] partagea cette derniere préfecture avec son fils Hespere, qui selon les apparences eut sous sa jurisdiction les Cinq provinces, du nombre desquelles étoit la Narbonnoise. Gratien ne borna pas là sa reconnoissance à l'égard d'Ausone; il l'honora encore de la dignité de consul, lorsqu'après la mort de Valens empereur d'Orient son oncle, il associa à l'empire le grand Theodose qui eut le gouvernement de tout l'Occident (an 379).

LXX.

Les Priscillianistes répandent leurs erreurs dans les Cinq provinces.

Les peuples d'Espagne et d'une partie des Gaules se virent malheureusement infectez de l'hérésie des Priscillianistes sous le regne de ce prince. Cette hérésie qui [2] joignoit à l'impieté de ses dogmes toute l'infamie de ceux des Manichéens et des Gnostiques, * prit naissance en Espagne: mais le zele et la vigilance des évêques en arrêterent les progrès. Elle fut proscrite presque dès son berceau et condamnée dans un concile de Saragosse (an 380), auquel assisterent les évêques d'Aquitaine et dont l'empereur Gratien approuva et soûtint les décisions par un de ses édits, qui ordonnoit que ces hérétiques seroient chassez d'Espagne. Cette loi qui fut severement executée dissipa la plûpart de ces sectaires; mais plusieurs s'étant sauvez dans les provinces méridionales des Gaules, ils y répandirent leur pernicieuse doctrine. Priscillien, qui avoit donné le nom à cette secte, voulant se retirer à Rome [3] sous prétexte de se justifier auprès du pape Damase, prit en même-tems la route d'Aquitaine, où, sous une fausse apparence de piété il surprit en passant la simplicité des peuples, et abusa de leur ignorance. Ceux d'Eause, métropole de la Novempopulanie, furent les premiers qu'il séduisit et qu'il infecta de ses erreurs. Lui ou ses disciples les répandirent ensuite avec un succès étonnant dans les Cinq provinces des Gaules

dont la Narbonnoise faisoit partie; car ce sont sans doute ces hérétiques que S. Philastre [1] a voulu désigner sous le nom de Manichéens, et qui de son tems étoient cachez dans les Cinq provinces, c'est-à-dire dans l'ancienne Narbonnoise et l'ancienne Aquitaine. S. Augustin [2] reconnoît aussi qu'il y avoit de son tems beaucoup de Manichéens cachez dans les Gaules. Il est assez vraisemblable que c'est de ces hérétiques, lesquels se perpetuerent peut-être dans le pays, que les Albigeois tirerent leurs erreurs qui devinrent depuis si funestes à toute la Narbonnoise.

Les Priscillianistes chassez d'Espagne aiant trouvé moien de surprendre la religion de Gratien, rentrerent dans ce pays par son autorité: mais leurs affaires changerent de face sous Maxime. Ce tyran après avoir usurpé la pourpre dans la Grande-Bretagne (an 383), avoir passé dans les Gaules, et en avoir fait révolter les provinces contre Gratien, fit assassiner ce prince à Lyon. Maxime devenu ensuite maître des Gaules, de l'Espagne et de l'isle de Bretagne, établit son siege à Treves, associa à l'empire son fils Victor, et obligea enfin Theodose empereur d'Orient de lui ceder par un traité toutes les provinces dont il s'étoit emparé, et de le reconnoître pour collegue: ainsi le jeune Valentinien fut contraint de se contenter d'une partie de l'Occident.

Maxime, quoiqu'usurpateur, avoit du zele pour la religion: ce fut pour la soutenir contre les Priscillianistes qu'il fit assembler un concile à Bordeaux (an 384), dont il autorisa les définitions contre les hérétiques nonobstant leur appel à son tribunal. Il poussa même sa severité à leur égard, jusqu'à faire condamner à mort la plûpart d'entr'eux (an 385), et punir les autres du bannissement, à l'instigation d'Ithace évêque Espagnol, et de quelques autres, qui par un zele outré poursuivoient la mort de ces sectaires. Le pape Syrice [3] à qui Maxime écrivit, tant pour lui rendre compte de sa conduite à l'égard de ces hérétiques, que pour s'offrir de

---

[1] V. Till. ibid. art. 5. et 6.
[2] V. Till. sur les Priscill. hist. eccl. tom. 8.
[3] Sulp. Sev. hist. l. 2.

* V. Additions et Notes du Livre III, n° 30.

[1] Philastr. c. 6. — V. Till. hist. eccl. tom. 1. p. 403. et sur les Prisc.
[2] Aug. de nat. bon c. 47
[3] Coust. ep. S. P. tom. 1. p 641.

faire assembler les évêques des Gaules et des Cinq provinces, pour juger l'affaire du prêtre Agrice, que le même pape prétendoit avoir été mal ordonné, désapprouva la rigueur excessive dont ce prince usoit envers les Priscillianistes. Ce tyran fut également blâmé par S. Martin évêque de Tours, par plusieurs autres saints évêques, et par les conciles mêmes d'une severité si contraire à l'esprit de l'église. La conduite de Maxime contre ces hérétiques ne [1] ruina pas cependant tout-à-fait leur secte : elle subsista encore en Espagne après sa mort. Il étoit en Italie où il avoit usurpé les états de Valentinien, lorsqu'aiant été renfermé dans Aquilée par l'empereur Theodose (an 387), il fut tué dans cette ville par ses propres soldats : Victor son fils éprouva le même sort dans les Gaules (an 388). La mort de l'un et de l'autre rendit le jeune Valentinien paisible possesseur de tout l'Occident, où il s'attira l'amour des peuples par sa bonté et par la sagesse de son gouvernement.

LXXI.

Séjour de Saint Paulin dans la province avant sa retraite

La paix dont l'empire jouissoit alors ne fut pas capable d'attirer une seconde fois Ausone à la cour, qu'il avoit abandonnée depuis la mort de Gratien et l'usurpation de Maxime. Il s'étoit retiré dans ses terres en Aquitaine, où il menoit une vie tranquille et entretenoit un commerce de lettres avec S. Paulin qui lui devoit une partie de son éducation. Nous remarquons ceci d'autant plus volontiers, que si la province n'a pas eu l'avantage de donner la naissance à ce dernier, ce qui n'est pourtant pas hors de vraisemblance, elle peut du moins se glorifier de l'avoir possedé longtems avant sa retraite en Espagne (an 390). S. Paulin avoit en effet des terres du côté de Narbonne, et nous ne doutons pas que le lieu d'*Ebomagus* (NOTE XXXIX) où il faisoit [2] souvent sa demeure, ne soit le lieu de même nom que nous trouvons marqué dans les anciens itinéraires entre Toulouse et Carcas-

1 Sulp Sev. ibid.
2 Paulin ep 5. n. 22

sonne *. Ont croit [1] que ce saint après avoir fait quelque sejour en Espagne, revint de nouveau dans la Narbonnoise avant son établissement à Nole en Italie, dont il devint évêque dans la suite, et où il s'acquit une grande réputation de sainteté, et par son détachement parfait des hommes du siecle, et par le saint usage qu'il fit de ses richesses.

LXXII.

S Sulpice Severe né dans la province, y professe la vie monastique.

S. Paulin étoit fort lié d'amitié avec S. Sulpice Severe qui illustra aussi la Narbonnoise dans le même siecle. On prétend [2] que ce célèbre historien étoit natif de la ville d'Agen ; mais rien n'est moins certain. Il est vrai qu'il étoit Aquitain ; mais ce nom, dans le langage de ce siecle, désigne également un homme né dans la Narbonnoise et dans l'Aquitaine propre ; car on divisait alors les Gaules en deux parties, dont l'une qu'on appeloit les Gaules proprement dites, comprenoit la Belgique et la Celtique de Cesar, et l'autre qu'on nommoit l'Aquitaine ou les Cinq provinces, renfermoit l'ancienne Narbonnoise et l'ancienne Aquitaine. Sulpice Severe pouvoit donc être Aquitain et être né dans la Narbonnoise (NOTE XL). Il est d'ailleurs très-vraisemblable [3] qu'il nâquit à Toulouse ; nous sçavons [4] du moins qu'il passa la plus grande partie de sa vie ou dans cette ville dans laquelle il avoit sa maison et sa famille, ou aux environs.

Quelque recommandable [5] que fût Sulpice par l'éclat de sa naissance, et par ses richesses, il le fut encore bien davantage par la pureté de ses mœurs, l'élévation de son esprit, et la réputation de ses ouvrages. Il fréquenta d'abord le barreau, et quoique fort jeune, il y fit admirer son éloquence. Le mariage qu'il contracta ensuite avec une personne dont la famille étoit consulaire et qui lui apporta de

1 V. Till art. 14. sur S. Paulin. tom. 14. hist. eccl.
2 Voss. hist. Lat. l. 2. c. 12.
3 V. Gisel. vit. Sulp. Sev. p. 10.
4 Sulp. Sev. ep. 3.
5 Sulp. vit. ibid. Gennad. c. 19.

* V. Additions et Notes du Livre III, n° 34.

grands biens, ajoûta un nouvel éclat à la sienne : on [1] croit que cette dame étoit de Toulouse et de la maison patricienne des Basses, parce que sa mère, femme d'une rare piété, s'appeloit Bassule. La perte que Sulpice fit de cette épouse peu de tems après son mariage, fut pour lui, malgré les richesses qu'elle lui laissa en mourant, un puissant motif de se détacher du monde. Pour ne plus porter ses pensées que vers les biens éternels, et travailler à son salut avec plus de dégagement, il sacrifia les excellentes qualitez d'esprit dont il étoit doüé et toutes ses espérances : il se consacra à la retraite, à l'exemple de S. Paulin, avec lequel il paroît avoir été lié dès sa jeunesse d'une étroite amitié, que le voisinage de leurs terres (NOTE XXXIX) avoit sans doute fait naître. Sulpice choisit pour sa retraite le lieu de Primuliac, que nous croyons avoir été situé dans l'ancien diocèse de Narbonne entre cette ville et celle de Toulouse (NOTE XL). C'est là qu'associé avec plusieurs disciples qui le suivirent, il travailla à se sanctifier par les pratiques et les austeritez de la vie monastique, et qu'il se rendit célébre par sa pénitence autant que par les pieux et sçavans écrits qu'il a laissez à la posterité. Son commerce et ses liaisons étroites avec S. Martin évêque de Tours, dont il nous a conservé dans ses ouvrages les actions les plus mémorables, lui font un honneur infini, et sont des marques éclatantes de sa pieté et de la sainteté de sa vie.

LXXIII.
Concile de Nismes.

S. Martin [2] fut un de ceux qui s'opposèrent avec le plus de force aux erreurs des Priscillianistes et en même-tems au zele indiscret de ses confreres qui poursuivoient la mort de ces hérétiques : il se separa même à ce sujet de la communion de ces évêques. Il n'eut pas toûjours cependant la même fermeté : car il communiqua du moins extérieurement avec les évêques Ithaciens qui se trouverent à l'ordination de Felix évêque de Treves, et qu'on appelloit ainsi, d'Ithace le plus animé d'entr'eux à poursuivre la mort des Priscillianistes. S. Martin se repentit de sa faute, et pour se punir lui-même de sa condescendance, il résolut de ne plus assister à l'avenir à aucune assemblée d'évêques. En effet après qu'Arbogaste général de l'empereur Valentinien II. eut fait cruellement étrangler (an 392) à Vienne dans les Gaules ce jeune prince, qui faisoit les délices de son siecle, le saint évêque de Tours aiant été appellé à un concile (an 393) qui se tint à Nismes [1], au sujet peut-être de l'affaire des Ithaciens, il refusa de s'y trouver. Cependant comme il souhaitoit beaucoup de sçavoir ce qu'on y faisoit, Dieu satisfit ses justes désirs. Il voiageoit par eau avec Sulpice Severe, et s'étoit mis à l'écart dans le vaisseau pour prier selon sa coûtume, quand un ange lui revela ce qui avoit été décidé par les évêques assemblez. L'évenement justifia la révélation : car tout fut réglé effectivement le même jour de la même maniere qu'il l'avoit appris de l'ange. C'est tout ce que les anciens monumens nous apprennent de ce concile de Nismes.

LXXIV.
L'idolatrie est entierement détruite dans la Narbonnoise.

Ce concile ne pacifia pas les troubles que les Ithaciens causoient dans l'église : ceux de l'empire qui étoient de tristes suites de la revolte d'Arbogaste et de la mort de Valentinien, contribuerent beaucoup à les entretenir. Ce rebelle, voulant regner sous le nom d'un autre, eut le crédit de faire élire dans les Gaules pour empereur, le general Eugene : celui-ci devint ensuite maître de tout l'Occident qu'il gouverna avec toute l'inhumanité d'un tyran. Le grand Theodose qui regnait alors en Orient, informé de la revolte d'Arbogaste, de l'usurpation d'Eugene, et de la mort tragique de Valentinien II. son beau-frere, résolut d'en tirer vengeance. Il leva une puissante armée, se mit à sa tête, après avoir déclaré Auguste son second fils Honoré et l'avoir associé à Arcade son fils aîné déja revêtu de la même dignité, et marcha contre Eugene et Arbogaste (an 394) avec cette confiance que donne la cause de Dieu qu'il soutenoit contre

---

[1] Till. art. 1. sur S. Sulp. Sev.
[2] Sulp. Sev. hist. l. 2.

[1] Sulp. Sev. dial. 2. n. 13. p. 303. - V. Till. sur S. Mart. art. 11.

ces deux usurpateurs protecteurs des idoles. Cet empereur les attaqua et remporta sur eux une victoire si complette, qu'elle fut moins regardée comme un effet de la prudence humaine, que d'une protection spéciale du ciel. La défaite d'Arbogaste et d'Eugene donna la paix au peuple (an 395) et assura tout l'empire à Theodose qui fut le dernier empereur qui le posseda sans partage. Ce prince mourut peu de tems après, regretté de tous les peuples et surtout des habitans de Constantinople, qui l'attendoient pour lui déferer les honneurs du triomphe que sa derniere victoire lui avoit méritez.

Theodose avant que de mourir partagea l'empire entre ses deux fils Arcade et Honoré. Celui-ci, qui regna en Occident, animé du zele de son pere, n'oublia rien pour étendre l'empire de J. C. sur les ruines des idoles, dont on voioit encore des temples entiers (an 399), malgré les soins du grand Constantin et de l'ordonnance de ces successeurs. Honoré en fit publier de nouvelles pour la destruction de l'idolatrie et l'abolition des sacrifices[1]. Le zele des Chrétiens pour seconder celui de cet empereur, alla si loin qu'ils n'épargnerent pas même les statuës[2] et les autres monumens qui servoient d'ornement aux bains, aux amphitheatres, aux marchez et aux autres lieux publics; en sorte que ce prince se crut obligé de moderer leur zele par une loi adressée au propréteur d'Espagne et à Proclien vicaire du préfet dans les Cinq provinces des Gaules. Par cette loi Honoré défend aux Chrétiens de toucher à ces précieux restes de la magnificence Romaine. Ce prince révoqua cependant ces ordres bientôt après par une autre loi[3], qui ordonnoit d'enlever des lieux publics tous les anciens monumens que la superstition payenne y avoit élevez. Ces lois sont une époque certaine de l'extinction du culte des idoles et de l'abolition entiere du paganisme dans la Narbonnoise, l'une des cinq provinces soûmises à la jurisdiction de Proclien [*].

[1] V. Till art. 12. sur Honoré.
[2] L. 15. de pagan. cod. Theod. V. not. Godof. ibid.
[3] L. 20. ibid.

[*] *V.* Additions et Notes du Livre III, n° 32.

LXXV.

Vicariat des Cinq provinces. Proclien vicaire. Assemblée des Sept provinces.

On croit[1] communément que ces Cinq provinces ne commencerent d'être gouvernées par un vicaire particulier que long-tems après la division de l'empire en quatre préfectures, parce que le concile de Valence tenu en l'an 374. est le plus ancien monument où il en soit fait mention. Nous avons lieu cependant de présumer que la Narbonnoise aiant toûjours été distinguée d'une maniere particuliere du reste des Gaules, le vicariat des Cinq provinces fut établi en même-tems que les quatre préfectures, c'est-à-dire vers l'an 330. Il paroit d'ailleurs que dans l'établissement de ces préfectures on voulut donner une égale étenduë aux vicariats qui furent soûmis à celle des Gaules: ainsi s'il n'y eût eu d'abord qu'un seul vicaire pour toutes ces provinces, l'étenduë de son ressort auroit été beaucoup plus grande que celle des vicaires d'Espagne et de Bretagne qui furent soûmis au même préfet. Il est vrai que de tous les vicaires qui ont gouverné les Cinq provinces des Gaules depuis l'établissement des quatre préfectures, nous ne connaissons gueres que Proclien: mais cela ne détruit pas l'ancienneté de l'institution de ce vicariat, puisque nous ne connaissons pas mieux les vicaires[2] qui ont gouverné l'isle Britannique, quoique ce dernier vicariat ait subsisté certainement depuis l'origine des préfectures.

On doit remarquer que quoiqu'avant la fin du IV. siecle on eût joint deux nouvelles provinces aux cinq qui composaient le vicariat particulier dont on vient de parler, on continua pourtant de donner à ce vicariat le nom de *Cinq provinces*. Nous en avons une preuve dans le concile de Turin tenu vers l'an 401., dont les canons sont adressez aux évêques des Gaules et *des*[3] *Cinq provinces*, et dans une épître[4] de Symmaque écrite vers le même-tems: mais dans la notice des citez des Gaules, faite à ce

[1] Godof. ibid. Lacarr. de præf. præt. p. 9. et 21. NOT. XXXIV. n. 10 et seqq.
[2] Notit. dig. tom. 6. cod. Theod. p. 337.
[3] Concil. tom 2. p. 1153.
[4] Sym. l. 4. ep. 30.

qu'on croit sous l'empire d'Honoré, on y divise les Gaules, en Gaules proprement dites et en Sept provinces. La ville d'Arles étoit regardée pour lors non seulement comme la métropole de ces dernières, mais mêmes de toutes les Gaules, depuis que les [1] fréquentes incursions des peuples de delà le Rhin, aiant causé la ruine de Treves, le siege du préfet du prétoire qui avoit été jusqu'alors dans cette dernière ville, y fut transféré (NOTE XLVIII). La ville d'Arles déjà considérable par plusieurs prérogatives, monta par là au faîte de sa grandeur; ce qui fut cause que Petrone, un des préfets des Gaules qui y résidoit au commencement du v. siecle, ordonna qu'on y tiendroit l'assemblée annuelle des Sept provinces. Cette assemblée devoit commencer le 13. d'Août, et finir le 13. Septembre suivant. Les malheurs des tems et divers tyrans qui s'élèverent bientôt après dans ces mêmes provinces, interrompirent cet usage, que l'empereur Honoré rétablit dans la suite, comme nous le dirons ailleurs.

LXXVI.

Alaric roi des Gots menace les Gaules.

Autant cet empereur avoit témoigné de zele et de fermeté pour le progrès de la religion Chrétienne par l'extinction des restes du paganisme, autant il montra de foiblesse et de négligence dans le gouvernement de l'empire, ce qui ne contribua pas peu à sa décadence. Le peu de soin de ce prince à mettre les provinces en état de défense contre les barbares fut en effet la principale cause de leur entiere ruine. Celles des Gaules furent d'abord menacées d'une invasion de la part des Gots, qui après avoir pénétré dans l'Italie et y avoir porté la désolation sous la conduite d'Alaric leur roi, faisoient dessein de passer en deçà des Alpes. On prétend [2] qu'Honoré leur avoit cédé ces provinces avec celles d'Espagne pour se délivrer des Vandales qui commençoient à les ravager: mais cette circonstance paroît fabuleuse. Il est vrai que les Gots après leur entrée en Italie s'avancerent vers les Alpes, comme s'ils eussent eu dessein de pénétrer dans les Gaules: mais aiant été attaquez et défaits à Pollence en Piémont par Stilicon général de l'empereur Honoré (an 403), ils furent obligés d'abandonner ce dessein: ainsi cette victoire qui délivra les Gaulois de la terreur que ces barbares avoient déjà répandue parmi eux, démontre évidemment la fausseté du prétendu traité d'Honoré avec Alaric et les Gots, à moins qu'on ne dise que Stilicon agit en traître en cette occasion, de quoi il étoit très-capable. Il est d'ailleurs certain que dans les temps de la bataille de Pollence les Vandales n'avoient pas encore passé en deçà des Alpes, ce qui détruit tout-à-fait le motif et les circonstances de cette prétendue cession.

LXXVII.

Vigilance répand ses erreurs aux environs de Toulouse.

L'inondation des barbares dont les Gaules étoient menacées, et les ravages qu'ils commirent depuis dans ces provinces, furent la juste punition [1] de la corruption des mœurs et du libertinage qui y régnoient alors, et que les erreurs de Vigilance, qui avoient déjà fait de grands progrès dans la Narbonnoise et la Novempopulanie, favorisoient beaucoup. Cet hérétique [2], qui selon le langage de S. Jérôme *est le premier monstre que les Gaules aient produit*, étoit né dans un lieu appellé *Calagurgis* vers les Pyrénées; ce qui a donné occasion à quelques auteurs de le faire natif de Calahorra en Arragon: mais il est constant qu'il nâquit dans les Gaules et dans le pays de Comminges sur les frontières du Toulousain *. Severe Sulpice, dont il fut d'abord simple domestique, lui confia ensuite, à ce qu'il paroît, le soin de quelque terre qu'il avoit en Espagne, avec celui de la recepte de ses revenus et de la vente de son vin. Il s'en servit depuis pour son commerce de lettres avec

---

[1] Salvian l. 6. p. 143. - S. Leo tom. 1. p. 539.
[2] Jorn. rer. Get. c. 30. - Paul. diac. l. 13. addit. ad Eutrop

[1] Salvian. de provid. l. 6. et 7.
[2] Hier. in Vigilanc. tom. 4. nov. ed. et ep. 36. 37. et 49. Gennad. c. 35. - V. Till. sur S. Jerom. art. 78. et suiv. - Pagi ad ann. 406. n. 5. - Marca de patr. Vigil.

* *V.* Additions et Notes du Livre III, n. 33.

S. Paulin[1] qui étoit alors à Nole. Vigilance aiant été ordonné prêtre, celui-ci s'en servit lui-même, et l'envoia dans la Palestine pour porter à S. Jérôme le panegyrique qu'il venoit de faire de l'empereur Théodose. Ce saint docteur reçut fort gracieusement ce messager[2] sur le témoignage et la recommandation de S. Paulin: mais il s'apperçut bientôt qu'il ne l'avoit pas bien connu, et que son cœur et son esprit étoient également gâtez. Vigilance fit en effet éclater ses mauvais sentimens contre S. Jérôme, par la malice qu'il eut de décrier sa doctrine et de l'accuser de favoriser les erreurs d'Origene; tandis que son orgüeil autant que son extrême ignorance le précipitoient lui-même dans les mêmes erreurs, et dans d'autres encore plus grossières. Il feignit cependant de se réconcilier avec ce saint docteur: mais à peine fut-il de retour en Occident et aux environs des Pyrénées sa patrie, qu'oubliant la justice qu'il lui avoit rendue, il écrivit vivement contre lui; ce qui obligea S. Jérôme de lui répondre[3] et de le traiter avec tout le mépris qu'il méritoit.

Vigilance continua cependant de répandre sa pernicieuse doctrine dans le pays (NOTE XLI); il la prêcha surtout dans une église qu'il desservoit dans le diocèse d'un saint évêque[4]: c'étoit saint[5] Exupere alors évêque de Toulouse. Ses principales erreurs étoient de combattre et de condamner la virginité, les jeûnes et les veilles de l'église, et d'improuver le culte des martyrs et celui de leurs reliques. Egalement corrompu dans ses mœurs et dans sa doctrine, il vivoit, quoique prêtre, dans le libertinage, dans l'incontinence et dans la crapule. Il avoit séduit plusieurs femmes, et imbu même de ses erreurs quelques évêques, apparemment fort ignorans. Ripaire et Didier deux prêtres zelez et attentifs à conserver la pureté de la doctrine dans leurs églises voisines de celle de Vigilance, voulant arrêter le progrès de l'erreur et de la séduction, écrivirent à S. Jérôme (an 404) pour le prier de combattre cet hérétique; ce que ce saint Docteur fit[1] avec beaucoup de force dans sa réponse à Ripaire, à qui il fit esperer de le faire ensuite avec plus d'étendué.

LXXVIII.

Exupere évêque de Toulouse consulte le pape Innocent I, et chasse Vigilance de son Diocèse.

Exupere évêque de Toulouse aiant eu occasion de consulter le pape Innocent I. sur plusieurs difficultez, lui écrivit en même-tems au sujet des mêmes[2] erreurs que Vigilance répandoit dans son diocèse, et entr'autres sur la continence des prêtres que cet hérétique combattoit. Ce pape lui répondit le 20. de Fevrier de l'an 405. et satisfit à tous les articles de sa lettre, en sorte que ce saint évêque, qui jusqu'alors paraissoit avoir usé de condescendance envers Vigilance, le chassa de son église. Ce fut sans doute dans ce tems-là que cet hérétique se retira du côté de Barcelonne où il fut pourvû d'une[3] cure. Ripaire et Didier suivant le mouvement de leur zele envoierent alors à S. Jérôme tous les écrits de Vigilance que ce saint docteur leur avoit demandez pour les refuter (NOTE XLI). Ils en chargerent Sisinnius, moine du diocèse de Toulouse, qu'Exupere son évêque envoioit[4] à ce même docteur, avec une lettre et des charitez pour les solitaires de Jérusalem et d'Egypte. Ce fut durant le peu de séjour que Sisinnius fit en Orient (an 406), que saint Jérôme travailla à la réfutation des ouvrages de Vigilance, et au commentaire sur le prophete Zacharie qu'il dédia à Exupere autant par amitié que par estime. Quoique Vigilance ne fût plus, à ce qu'il paroit, dans les Gaules lorque Sisinnius revint d'Orient, chargé de la réfutation que S. Jerôme avoit faite des erreurs de cet hérétique, Ripaire ne laissa pas de s'en servir avantageusement pour combattre cet ennemi de la foi, nonobstant son crédit et la faveur de ses partisans[5] auprès des puissance du siecle. On croit que Didier, qui ne témoigna pas moins de zele que Ripaire contre

---

[1] Paulin. ep. 5. ol. 1.
[2] Hier. ep. 49. ol. 13.
[3] Hier. ep. 36. ol. 75.
[4] Hier. ep. 37. ol. 53.
[5] V. Till. ibid.

[1] Hier. ep. 37. ibid.
[2] Concil. tom. 2. p. 1254. – V. Baron. ad ann. 306.
[3] Gennad. ibid.
[4] Hier. præf. in Zachar.
[5] Hier. ep. 102. ol. 55.

ces hérétiques, est le même [1] que celui que Severe Sulpice appelle son frère, et à qui il envoïa [2] le premier exemplaire de la vie de S. Martin qu'il avoit composée. Le voisinage des lieux de leur demeure aux environs de Toulouse, où Sulpice étoit encore, autant que la conformité de sentimens et d'inclinations, formerent sans doute leur mutuelle amitié. Didier avoit aussi contracté des liaisons fort étroites avec S. Paulin qui loue [3] beaucoup la pureté de ses mœurs, sa vertu, et la sainteté de sa vie.

LXXIX.

Sisinnius, Minerve, et Alexandre célèbres solitaires de Toulouse. Origine de l'état monastique dans la Narbonnoise.

Sisinnius, à son départ de Toulouse pour l'Orient, s'étoit chargé non seulement des lettres de Ripaire et de Didier pour S. Jerôme, mais aussi des questions ou difficultez dont plusieurs personnes de pieté de la province [4], et entr'autres Minerve ou Minere et Alexandre, deux illustres moines ou solitaires de Toulouse, demandoient la décision à ce saint docteur. Ces deux solitaires étoient ou freres ou du moins proches parens : mais le sang avait moins de part que la pieté à leur liaison. Ils avoient renoncé pour l'amour de J. C. à la gloire et à la pompe du siecle; et leur renoncement étoit d'autant plus estimable, qu'ils pouvoient se faire un grand nom dans le monde par leurs talens, et par la profession du barreau dans laquelle ils s'étoient déjà fort distinguez. Uniquement occupez de la lecture et de l'étude des divines écritures, ils s'adressoient avec humilité aux personnes les plus capables de leur en donner l'intelligence. C'est dans cette vuë qu'ils eurent recours à S. Jerôme dont la capacité et l'érudition ne leur étoient pas inconnuës. Ils lui proposerent plusieurs difficultez, et lui demanderent entr'autres l'explication de ce passage de S. Paul [5] :

[1] Till. ibid. art. 218.
[2] Sulp. Sev. vit. S. Mart. p. 179.
[3] Paulin. epist. 43. ol. 35.
[4] Hier. ep. 9. ol. 152. præf. in lib. 3. Amos. et in Malach.
[5] 1. Cor. 15. 51.

Nous dormirons tous : mais nous ne serons pas tous changez. Le départ précipité de Sisinnius n'aiant pas permis à S. Jerôme de répondre à la demande de ces deux saints religieux dans toute l'étenduë qu'ils souhaitoient, il promit de le faire dans une autre occasion. Pour les consoler cependant et leur marquer le cas qu'il fesoit de leur vertu et de leurs personnes, il leur dédia son commentaire sur le prophète Malachie, dont il leur envoïa un exemplaire.

On voit par ce que nous venons de dire que l'état monastique étoit alors florissant dans la Narbonnoise. Nous avons déjà vû qu'il paroît que Sulpice Severe, qui vraisemblablement embrassa le même genre de vie dans son monastère de Primuliac, fut le premier qui l'introduisit dans le pays : ainsi cette province fut une des premieres des Gaules où cette profession fut en vigueur. Elle devint plus célèbre peu de temps après par la fondation de la fameuse abbaye de Lerins, dont les moines établirent diverses colonies des deux côtez du Rhône.

LXXX.

S. Exupere fait achever l'église de Saint-Saturnin de Toulouse.

L'état monastique fut soûtenu dès sa naissance dans la province par la protection des évêques du pays, sur-tout de S. Exupere qui occupoit alors le siege de Toulouse. Ce saint prélat, que quelques auteurs ont confondu mal-à-propos avec un rhéteur [1] de même nom qui avoit professé les belles lettres à Toulouse près d'un siecle auparavant, succeda au commencement [2] du v. siecle à S. Sylvius. Ce dernier, dont les reliques qui furent découvertes dans le xiii. reposent encore aujourd'hui dans l'église de S. Saturnin de Toulouse, forma le dessein de transferer le corps de ce saint martyr et premier évêque de cette ville qui avoit demeuré jusqu'alors dans un oratoire bâti depuis près de cent ans par les soins de S. Hilaire son prédécesseur, et autour duquel la pieté des fideles avoit fait élever plusieurs tombeaux pour leur sepulture. Sylvius fit commencer pour cela une église magnifique :

[1] V. Till. not. 1. sur S. Exup. tom. 10. hist. eccl.
[2] Ruin. act. sinc. p. 132.

mais prévenu de la mort, Exupere son successeur la fit achever. Celui-ci la consacra ensuite, et y transféra le corps de S. Saturnin, après qu'il eut été assuré par révélation qu'il pouvoit entreprendre sans crainte cette translation qu'il n'avoit osé tenter auparavant, tant par respect pour ce saint martyr, que par déférence aux loix Romaines qui defendoient de toucher aux corps des morts après leur sepulture, sans une permission expresse des empereurs. Exupere aiant obtenu cette permission, fit la translation de ces précieuses reliques dans la nouvelle église qui porte le nom de ce saint martyr, et qui est aujourd'hui une des plus célébres collegiales du roiaume *. L'ancien oratoire, où ce premier évêque de Toulouse avoit été d'abord enterré, demeura dans le même état jusqu'à ce que le duc Launœbode fit bâtir à sa place dans le VI. siecle une église qu'on appella depuis Notre-Dame du Taur, en memoire de ce que le taureau qui traînoit S. Saturnin s'étoit arrêté dans cet endroit. Depuis cette translation quelques reliques de ce saint furent distribuées à diverses églises où Dieu opera les mêmes miracles que dans celle de S. Saturnin de Toulouse, qui conserve encore aujourd'hui très-soigneusement ce précieux dépôt.

La protection qu'Exupere accordoit à l'état monastique pourroit donner lieu de conjecturer, qu'à l'exemple de plusieurs saints évêques qui firent bâtir des monastères auprès des tombeaux des martyrs, il fut peut-être le fondateur de celui de S. Sernin, dans le dessein de charger les moines qui l'habiteroient du service de la même église; et que Sisinnius, Minerve et Alexandre moines de Toulouse, dont on a parlé, étoient établis dans ce monastère au commencement du IV. siècle. Quoi qu'il en soit, on ignore sa véritable origine: on sçait seulement qu'il étoit deja célébre au milieu du IX. siecle.

Rien ne releve tant le zele, la charité et les autres vertus épiscopales d'Exupere, que la comparaison qu'un auteur [1] très-respectable fait de ce prélat avec S. Saturnin premier évêque de Toulouse son prédécesseur. Grégoire [2] de Tours en fait un grand éloge et le met au rang des plus dignes ministres de J. C. S. Jerôme [3] rend témoignage à sa sainteté éminente en plusieurs endroits de ses écrits: il louë sur-tout son inclination et son goût pour la lecture des divines écritures et son ardente charité tant envers les pauvres, dont il cherchoit toutes les occasions de soulager l'indigence jusqu'à vendre même les vases sacrez de son église, qu'envers les solitaires de la Palestine et de l'Egypte, à qui il envoia des aumônes très-considérables.

LXXXI.

Les Vandales ravagent la Narbonnoise sous la conduite de Crocus leur roi.

A voir Exupere distribuer ses biens de tous côtez, on eût dit qu'il prévoioit l'irruption prochaine des Vandales et autres peuples barbares dans sa patrie, et qu'il se hâtoit de les assûrer entre les mains des pauvres, pour les dérober à l'avidité de ces peuples. L'évenement justifia la prévoiance du saint: car après que Radagaïse, à la tête d'un nombre infini de Gots ou autres barbares, eut fait trembler l'Italie, qui ne fut délivrée que par miracle, Dieu pour punir les péchés des Romains qui étoient montez à leur comble, suscita les Vandales, les Alains, les Sueves, les Allemans et divers autres peuples barbares du Nord, lesquels après avoir passé [4] le Rhin le dernier jour de l'année 406. inonderent ensuite toutes les provinces des Gaules.

On accuse [5] le general Stilicon ministre de l'empereur Honoré d'avoir, par une ambition démesurée, sollicité sous main ces barbares d'entrer dans l'empire, et d'en ravager les provinces dans la vuë de l'affoiblir et d'élever plus sûrement par là son fils Eucher sur

---

[1] Greg. Tur. de glor. mart. c. 48. de glor. confess. c. 20. etc.

* V. Additions et Notes du Livre III, n° 34.

[1] Act. sinc. ibid.
[2] Greg. Tur. hist. l. 2. c. 13.
[3] Hier. præf. in Zachar. lib. 3. in Amos. ep. 95. ol. 4.
[4] Prosp. chron. Oros. l 7. c. 28. et seqq. Greg. Tur. hist. l. 2. c. 2. V. Vales. rer. Franc. l. 3. p. 99. et 104.
[5] Oros. ibid.

le thrône. Ce qu'il y a de vrai, c'est que les Vandales[1], les Quades, les Sarmates, les Alains, les Gepides, les Herules, les Saxons, les Bourguignons, les Allemans et les Pannoniens s'étant divisez en plusieurs bandes (an 407), partagerent entr'eux les provinces des Gaules, et y porterent le fer et le feu; en sorte que peu de villes furent à l'abri de leur fureur. La premiere des provinces qui fut exposée à leurs ravages fut[2] la Germanie premiere, d'où ces barbares s'étendirent ensuite dans la Belgique, l'Aquitaine, la Narbonnoise et dans le reste des Gaules depuis le Rhin jusqu'aux Alpes, aux Pyrenées et à l'Océan. Il n'est pas aisé d'exprimer les désordres affreux que commirent ces peuples dans toute l'étenduë de ce pays (NOTE XLII). Crocus roi des Allemans ou des Vandales, prince extrêmement fier[3] et orgueilleux, étoit à la tête d'une partie de ces barbares. Il s'étoit mis dans l'esprit qu'il ne pouvoit rendre son nom célèbre que par des actes de cruauté, par les ravages des provinces et par la destruction des monumens qui pourroient rappeler le souvenir et la gloire des Romains : ce qui fit que ses troupes animées du même esprit, n'épargnerent aucun des anciens édifices qu'elles rencontrerent sur leur route.

Crocus se répandit d'abord dans la Lyonnoise où il ruina la ville de Langres, et fit souffrir le martyre à Didier[4] qui en étoit évêque : car ces peuples, quoique Chrétiens pour la plûpart, étoient Ariens[5] et par conséquent autant ennemis des Catholiques que les idolâtres mêmes; ce qui parut encore dans la suite par la persécution qu'ils susciterent en Afrique contre les mêmes Catholiques. D'ailleurs parmi ce grand nombre de barbares il y en avoit plusieurs qui étoient encore enveloppez dans les ténèbres du paganisme. Crocus, à ce qu'il paroît[6], étoit de ce nombre; et ceux d'entre ces barbares qui étoient Chrétiens, conservoient plusieurs superstitions payennes. Dieu, dit un pieux auteur[1], n'abandonna que peu à peu les provinces des Gaules à leur fureur, afin de donner le tems à celles qui furent ravagées les dernieres, de prévenir les mêmes châtimens par une pénitence salutaire. Les Vandales après avoir désolé la Lyonnoise, étendirent leurs courses jusqu'à[2] Vienne, et tournerent ensuite leurs armes du côté de l'Auvergne, où s'étant emparez de la ville de Clermont, ils procurerent à plusieurs Chrétiens la couronne du martyre. Ils détruisirent dans le même pays un fameux temple destiné au culte des idoles qui subsistoit encore.

LXXXII.

Martyre de S. Privat évêque de Gevaudan

De l'Auvergne, ces barbares passerent dans le Gevaudan dont S. Privat étoit alors évêque. Sur l'avis de leur[3] approche, les habitans prirent l'allarme, et se renfermerent la plûpart dans une forteresse du pays appellée Grezes (*Gredonense castrum*) qui subsiste encore à présent; tandis que leur saint évêque qui se trouvoit alors dans une grotte de la montagne où il se retiroit souvent, levoit comme un autre Moyse les mains au ciel, et tâchoit par ses prieres et par ses jeûnes d'appaiser la colere de Dieu irrité contre les péchez de son peuple. Les Vandales eurent à peine pénétré dans le Gevaudan, qu'ils attaquerent d'abord Javoux, capitale du pays située sur les frontieres d'Auvergne *. Après s'être emparez de cette ville, et l'avoir entierement ruinée, ils s'avancerent vers la montagne de Mende, où aiant découvert saint Privat, ils le pressèrent de leur livrer son troupeau : mais le saint évêque rejetta leur demande avec tout le courage d'un bon pasteur. Il refusa avec la même fermeté de sacrifier aux idoles, ce qui lui attira une grêle de coups, sous la violence desquels il faillit

---

[1] Hier. ep. 91. tom. 4. nov. edit.
[2] Salvian. de provid. l. 7. p. 167. Hier. ibid.
[3] Idat. tom. 2. nov. ed. Canis. p. 191. Greg. Tur. hist. l. 1. c. 30. et seqq.
[4] Till sur. S. Didier. tom. 11. hist. eccl.
[5] Salv. ibid. p. 160. et seqq. - V. Ruin. Pers. Vand. p. 411.
[6] Gall. Christ. nov. edit. tom. 1. p. 137. instr.

[1] Salvian. ibid. p. 167.
[2] Gall. Chr. et Greg. Tur. ibid.
[3] Greg. Tur. ibid. Sur. 21. Aug. V. Till. sur S. Privat. tom. 4. hist. eccl. p. 224. Gall. Christ. ibid.

* *V.* Additions et Notes du Livre III, n° 35.

à expirer sur le champ, et dont il mourut peu de jours après. Son corps fut inhumé dans le lieu même de son martyre par les soins de ses diocesains, qui après la retraite des barbares vinrent, mais inutilement, à son secours. Son [1] tombeau devint également célèbre dans la suite par le nombre des merveilles que Dieu y opera, et par la fondation d'un monastere voisin qui porta son nom: ce qui ne contribua pas peu à faire transferer dans ce lieu le siege épiscopal du Gevaudan.

LXXXIII.

Destruction de la ville d'Albe dans le Vivarais; celles d'Usez, Nismes, Agde, etc. saccagées par les barbares.

Les Vandales après avoir martyrisé ce saint évêque, allerent assieger le château de Grezes; mais rebutez par la vigoureuse résistance des assiegez, et pressez d'ailleurs par le défaut des vivres, ils traiterent avec eux, leverent le siege, et sortirent du pays moiennant une certaine quantité de vivres qu'ils reçurent et qu'ils paierent par de riches presens. Ces barbares après avoir quitté le Gevaudan, entrerent dans le Vivarais [2], où ils ruinerent la ville d'Albe capitale du pays, et firent mourir Avolus qui en étoit alors évêque. De là ces peuples s'étendirent des deux côtez du Rhône et porterent la désolation dans toutes les villes voisines, sçavoir à la gauche et au-delà de cette riviere, dans celles de Trois-châteaux, de Valence, d'Orange, de Vaison, de Carpentras, de Vindasque, d'Apt et d'Avignon; et en deçà de la même riviere dans celles d'Usez, de Nismes et d'Agde. Suivant un ancien [3] monument, dont l'autorité paroît cependant un peu douteuse, les évêques de ces villes et un grand nombre de personnes de tout âge, de tout sexe et de toute condition aimerent mieux souffrir toute sorte de tourmens, et devenir la victime de la fureur de ces barbares, que de renoncer à la foi catholique.

[1] Greg. Tur. hist. l. 6. 37. - Gall. Christ. nov. edit. tom. 1. p. 111. - V. Vales. notit. Gall. p. 214.
[2] Gall. Christ. ibid. p. 276. et p. 137. instr. - Columbi Vivar. p. 796. et seqq. V. NOTE XLII. n. 7.
[3] Gall. Christ. ibid. V. NOTE. XLII. n. 5.

LXXXIV.

Martyre des évêques de Nismes et d'Agde Crocus fait prisonnier. Sa mort.

Parmi les évêques qui souffrirent le martyre dans cette occasion, on met Felix de Nismes et Venustus d'Agde. Celui-ci étoit le premier évêque de cette derniere ville, si on peut faire quelque fond sur le monument dont nous venons de parler; car la ville d'Agde n'est pas comprise parmi les citez des Gaules dans la notice dressée sous le regne de l'empereur Honoré. On [1] joint à ces deux martyrs Victor évêque d'Arles, dont la ville épiscopale éprouva, dit-on, la même désolation. Gregoire de Tours [2] paroît confirmer la prise de cette derniere ville par Crocus: il dit en effet que ce prince y fut fait prisonnier. Un autre historien rapporte [3] que ce roi barbare se contenta seulement de mettre le siege devant cette place. Quoi qu'il en soit, Marius [4] general de l'armée Romaine et gouverneur de la Viennoise, après avoir rassemblé ses troupes, eut le courage d'attaquer Crocus, et la gloire de le vaincre dans Arles même ou auprès de cette ville, et de le faire prisonnier. Dieu permit à cette occasion que Marius fût aussi cruel à l'égard de ce prince, que celui-ci l'avoit été à l'égard des autres. Il le fit promener chargé de chaînes par toutes les villes qu'il avoit désolées, et dont il avoit dejà repris sans doute la plûpart. Ce general en fit son jouet pendant plusieurs jours, lui fit souffrir ensuite divers supplices, et le fit enfin mourir d'une maniere ignominieuse en punition des crimes qu'il avoit commis et des cruautez qu'il avoit exercées.

LXXXV.

Retraite des Vandales vers les Pyrenées. Leur passage en Espagne

Un autre corps de Vandales, sous le nom desquels on comprend en general tous les differens peuples barbares qui pénétrerent alors dans les Gaules, ne traita pas mieux la

[1] Gall. Christ. ibid.
[2] Greg. Tur. ibid.
[3] Idat. apud Canis. ibid.
[4] Idat. Greg. Tur. et Sigeb. ibid.

partie occidentale de la Narbonnoise. Il paroit en effet que dans tout ce pays, la seule ville de Toulouse fut préservée du malheur commun, par les prieres et les mérites de S. Exupere [1] son évêque, et qu'elle ne tomba point comme toutes les autres au pouvoir des barbares *. Une protection si visible de la part de Dieu [2] ne changea pas cependant le cœur des habitans de cette ville : ils continuerent dans leurs désordres de même que les autres Gaulois qui par là s'attirerent la punition du ciel, et furent subjuguez comme eux par d'autres barbares, après la mort du saint évêque leur protecteur.

Tandis que les Vandales désoloient les Gaules, les troupes Romaines qui étoient dans la grande Bretagne [3] élurent pour empereur un simple soldat nommé Constantin, lequel aiant passé la mer, et aiant été reconnu des peuples et des troupes *de la Gaule et de l'Aquitaine*, étendit sa domination jusqu'aux Alpes, malgré l'opposition de Sarus general de l'empereur Honoré. Ce general l'assiegea dans Valence : mais il fut obligé d'abandonner ce siege et de laisser cet usurpateur paisible possesseur des Gaules. Constantin établit alors son séjour dans Arles ; ce qui fait croire que Marius qui chassa les barbares de cette ville et des environs, pourroit bien avoir été general de ce tyran. On [4] sçait d'ailleurs que Constantin après avoir défait les Vandales leur accorda la paix, et leur laissa la liberté de demeurer dans les Gaules.

Ces barbares se cantonnerent [5] du côté des Pyrenées dans le dessein de passer en Espagne pour en ravager les provinces. Ils tenterent le passage de ces montagnes du côté de Narbonne et du Roussillon : mais aiant été repoussez par Didyme et Verinien son frere qui avoient la garde des passages, ils se virent forcez, au préjudice et au grand regret des peuples des Gaules, de s'arrêter dans ces provinces et d'attendre une occasion plus favorable pour l'execution de leur projet. Elle se présenta (an 409) quelque tems après, durant la troisième année depuis leur entrée dans les Gaules : voici comment. Le tyran Constantin après avoir retiré son fils ainé Constant du cloître où il avoit embrassé l'état monastique, et l'avoir declaré Cesar et ensuite Auguste, l'avoit fait partir pour l'Espagne dans le dessein de la soûmettre sous son obéissance, ce que ce dernier avoit heureusement executé. Après la mort des deux freres Didyme et Verinien, Constant qui gouvernoit l'Espagne eut l'imprudence d'ôter aux naturels du pays la garde des passages des Pyrenées dont ils avoient toûjours été chargez, pour la confier aux Honoriaques, peuples barbares incorporez dans les troupes Romaines. Ceux-ci soit par trahison ou par négligence, laisserent passer sans opposition les Vandales qui attendoient cette occasion depuis long-tems, tant pour s'enrichir des dépouilles de l'Espagne, que pour sortir des Gaules où ils craignoient [1] d'être attaquez par les peuples dont la plûpart venoient alors de secouer le joug du tyran Constantin. Ces barbares suivis des Alains et des Sueves, passerent les Pyrenées du côté de la Navarre au mois de Septembre ou d'Octobre [2] de l'an 409., après avoir ravagé de nouveau les Gaules, à la sollicitation de Geronce general de Constantin en Espagne, qui s'étoit révolté contre ce tyran. Les Vandales se répandirent ensuite dans toute cette partie de l'empire où ils commirent une infinité de désordres.

La Narbonnoise fut à peine délivrée de tous ces barbares, qu'elle se vit peu de tems après inondée par une multitude de Visigots dont elle subit enfin le joug. Nous traiterons cette matiere au livre suivant, après que nous aurons rapporté ici succinctement les mœurs des peuples de cette province sous la domination des Romains, ou rappellé en peu de mots ce que nous en avons dejà dit ailleurs.

---

[1] Hier. ep. 91. note xlv. n. 2. et seq.
[2] Salv. l. 6. et 7. p. 141. et seqq.
[3] Prosp. chron. Zos. l. 6. – Sozom. l. 9. c. 11.
[4] Oros. l. 7. c. 40.
[5] Oros. ibid. c. 30-40. – Sozom. l. 9. c. 12. Isid. hist. Vandal. p. 732. V. Marc. Hisp. p. 59. et seqq.

* *V.* Additions et Notes du Livre III, n° 36.

[1] Salvian. l. 7. p. 168.
[2] Prosp chron.

LXXXVI.

Mœurs des peuples de la province sous les Romains.

On ne peut donner une idée plus juste ni plus précise des mœurs des peuples de la province sous les Romains, que celle que Pline nous en a laissée. Il [1] *n'est point de province qui surpasse la Narbonnoise*, dit ce célébre auteur, *si l'on considere la culture et la fertilité de ses terres, le mérite et les mœurs de ses habitans, ses richesses et son abondance. En un mot,* ajoûte-t-il, *c'est plûtôt l'Italie même, qu'une province.* Ainsi nous n'en sçaurions rien dire de particulier qui ne convienne aux mœurs des Romains en general dont elle avoit pris la religion, les manieres, la politesse et le langage.

Ses habitans donnerent dans toutes les superstitions payennes, jusqu'à ce qu'éclairez des lumieres de la foi et fortifiez tant par l'exemple des martyrs, que par la sainteté de leurs premiers évêques, ils eurent horreur de leurs ténébres et reconnurent leurs égaremens. Cette province passa presqu'entierement en moins d'un siecle, c'est-à-dire, depuis le milieu du III. jusqu'au milieu du suivant, du paganisme et de l'idolatrie à la religion Chrétienne : mais par un malheur qui fut commun avec les autres provinces de l'empire, le progrès de l'Evangile n'arrêta point la corruption des mœurs ; la licence y fut d'autant plus grande, que les richesses [2] et l'abondance du pays ne contribuoient pas peu à la fomenter. Dieu punit les habitans de cette province par le ravage que les barbares firent de leurs terres, par la désolation de leurs villes et par la ruine des anciens monumens qui faisoient l'ornement du pays et le distinguoient de tous les autres.

La Narbonnoise fut gouvernée sous les Romains par des proconsuls. Après la division de cette province en plusieurs autres, la portion située à la droite et en deçà du Rhône, qui comprend la plus grande partie du Languedoc, et qui conserva son ancien nom de Narbonnoise, fut gouvernée de même par un proconsul jusques vers la fin du IV. siecle : Narbonne devint alors le siege d'un président qui succeda au proconsul, et dont l'autorité s'étendoit sur la Narbonnoise premiere. Cette province eut parmi ses gouverneurs plusieurs hommes illustres, qui parvinrent aux premieres dignités de la République ou de l'Empire, et qui s'attirerent l'amour et l'estime des habitans du pays autant par la sagesse de leur conduite, que par le soin qu'ils prirent de les soulager ; mais elle en eut aussi d'autres que l'avarice, les vexations et les impôts dont ils chargerent les peuples, rendirent odieux et insupportables. Elle se maintint dans l'usage de tenir tous les ans ses assemblées provinciales : usage que l'irruption des barbares, la négligence des tyrans [1] qui usurperent l'autorité impériale dans les Gaules, ou divers autres accidens interrompirent, durant quelque tems ; mais qui fut rétabli l'an 418. par l'empereur Honoré, lequel ordonna la tenuë annuelle de l'assemblée des Sept provinces, dont la Narbonnoise étoit une des principales *.

L'usage des loix Romaines fut d'abord plus commun dans cette province que par-tout ailleurs, tant à cause du grand nombre des colonies Romaines, que des villes municipales et des peuples entiers [2] à qui les Romains avoient accordé l'usage du droit Latin. Depuis que l'empereur Caracalla eut donné le droit de bourgeoisie Romaine à tous les sujets de l'empire, le droit Romain devint commun à tous les peuples de la province, qui depuis a toûjours continué de s'en servir.

Après que Jules Cesar eut introduit dans le senat les habitans de la Narbonnoise, plusieurs d'entr'eux parvinrent aux premieres charges civiles et militaires de l'empire : les senateurs tirez de la même province s'acquirent une si grande réputation de sagesse et de probité, qu'ils mériterent l'éloge public d'un empereur. Plusieurs se signalerent dans la milice, dans le barreau et dans la magistrature ; et sans parler de l'empereur Antonin Pie originaire de Nismes, la partie de la

---

[1] Plin. l. 3. c. 4. p. 308.
[2] Salvian. l. 7. p. 138.

[1] Pr. p. 21.
[2] V. Plin. ibid.

* *V.* Additions et Notes du Livre III, n° 37.

Narbonnoise qui est en deçà du Rhône, eut la gloire de donner la naissance aux empereurs Carus et Numerien, qui firent beaucoup d'honneur à leur dignité. On pourroit y joindre l'empereur Carin, s'il n'eût deshonoré sa patrie, et obscurci l'éclat des talens qu'il avoit reçûs de la nature par le déreglement de ses mœurs.

La Narbonnoise fut redevable d'une partie des grands hommes qu'elle donna à la République et à l'Empire, au grand nombre d'anciennes familles Romaines qui s'y établirent, attirées sans doute par la beauté du climat, la fertilité du terroir et la proximité de Rome qui faisoit regarder cette province comme l'Italie même. Les senateurs qui en étoient natifs ou qui y possedoient des terres étoient exemts de la loi commune qui défendoit aux autres de résider dans les provinces sans une permission expresse de l'empereur.

Autant que la Narbonnoise se rendit recommandable par les hommes illustres qu'elle donna à l'état, autant elle devint célébre par un grand nombre de sçavans qu'elle fournit à la république des lettres, ou qu'elle attira dans ses écoles de Narbonne et de Toulouse, qui eurent toûjours [1] des professeurs d'un mérite distingué et des étudians des premieres familles de l'empire. On y enseignoit, ainsi que dans les autres écoles des Gaules, la grammaire, c'est-à-dire, les belles lettres Grecques et Latines, et l'éloquence ou rhétorique; car il paroît que ce n'étoit gueres qu'à Rome qu'on professoit le droit et la philosophie. Les gages des professeurs [2] que l'empereur Gratien eut soin de régler, furent assignez sur le public ou sur le domaine du prince.

L'application à l'étude des belles lettres n'empêcha pas celle que les peuples de la province donnoient au commerce qui étoit alors des plus étendus [3] et des plus florissans, parce que les ports de la Méditerranée étoient dans ce tems-là beaucoup plus frequentez que ceux de l'Ocean. Tel étoit l'état florissant de la Narbonnoise quand les Visigots y entrerent et y porterent la désolation avec la barbarie et le mauvais goût.

[1] Auson. Parentel. profess. et clar. urb.
[2] L. 11. demedic. et profess. cod. Theod. V. Godof. ibid.
[3] Auson. clar. urb. 13. - Pr. p. 21.

FIN DU LIVRE TROISIÈME.

ADDITIONS ET NOTES

DU LIVRE TROISIÈME DE L'HISTOIRE DE LANGUEDOC,

PAR M. DU MÈGE.

1 Cette admirable position de Toulouse, au milieu de l'isthme formé par les deux mers, a dû y appeler de bonne heure le commerce et les richesses. Ce n'est guère, en effet, que dans l'existence d'un *Emporium*, ou marché, à *Vieille-Toulouse*, qu'on peut trouver la cause de la présence de tant de médailles Gauloises, Celtibériennes, Phéniciennes et Grecques, de Marseille, sur ce point. L'influence commerciale de Toulouse a été de même très grande durant le moyen-âge, et cette ville est l'entrepôt où une notable portion de l'ancienne Novempopulanie vient encore s'approvisionner. La création du Canal du Midi a dû ajouter encore à cette importance commerciale; mais, pour l'accroître, pour que les deux mers soient réunies, il faut scinder l'isthme qui les sépare, il faut creuser le canal de l'Adour à la Garonne. Alors, au lieu de s'aventurer sur des côtes inhospitalières, au lieu d'entreprendre la circumnavigation de l'Espagne pour parvenir dans la Méditerranée, les bâtimens de cabotage, à l'abri de tous les dangers, passeront sous les murs de Toulouse, et cette ville sera vraiment alors digne de l'épithète que lui donnent ses inscriptions latines, ce sera *la ville des deux mers*.

2 Ce rhéteur professa dans les Gaules. Il était né à Toulouse, selon Eusèbe, et il ne faut point le confondre avec Publius Papinius Statius, qui nous a laissé *l'Achilléide*, la *Thébaïde* et les *Sylves*. Le buste de Statius Ursulus a été placé dans la galerie formée, l'an 1678, en l'honneur des Toulousains les plus illustres.

3 On a déjà parlé (*Additions et Notes du liv.* II, 141, 142) de la prétendue colonie de *Tolosa* et de la médaille qu'elle aurait fait frapper pour Galba. Cette ville a dû, sans doute, avoir de nombreux édifices publics; mais il en reste aujourd'hui peu de traces. On a retrouvé dans la Garonne, près de la digue qui traverse en entier ce fleuve, des restes d'un vaste monument décoré de bas-reliefs en marbre blanc. Les fragmens qui en existent encore sont d'un style grandiose et d'un très beau faire. L'église de Notre-Dame-de-la-Daurade, que l'on a souvent désignée comme un temple antique, n'était peut-être que l'une des plus anciennes églises de Toulouse. Le Capitole de cette ville est mentionné par Sidonius Apollinaris (*Hym.*) et par Fortunatus Mais l'édifice qui porte ce nom n'est pas même bâti sur le sol où le vieux Capitole s'élevait autrefois. L'amphithéâtre dont on voit encore des ruines à l'ouest, et à une grande distance de la ville actuelle, n'avait pas des dimensions fort étendues. Sa forme était elliptique. Le grand diamètre avait un peu plus de 48 mètres, et le petit diamètre un peu moins de 27 mètres. Cet édifice, situé dans l'un de ces quartiers éloignés que l'abbé Audibert (*Dissertation sur les origines de Toulouse*) désigne comme une des villes groupées, au nombre de quatre, autour de leur métropole, et qui avaient fait donner à *Tolosa* l'épithète de *Quintuplicem*, était évidemment trop peu étendue pour recevoir cette population, si nombreuse, dont parle le poète Ausone :

Innumeris cultam populis.....

Et l'on en a conclu que cet amphithéâtre n'était pas originairement seul, et que peut-être il n'était destiné qu'à ce quartier lointain ou aux habitations situées sur les bords de la voie qui conduisait à *Lactora*, assez près d'une bourgade (*Balneacum* ou Blagnac) où l'on a découvert des restes de bains antiques, et un temple dans lequel étaient placées plusieurs statues. Lorsque, au commencement des guerres civiles et religieuses du XVIe siècle, Charles IX vint à Toulouse, il visita le château de St-Michel, bâti près de l'amphithéâtre, et il jugea convenable de détruire le vieux monument qui, par sa masse, pouvait couvrir et faciliter les approches de l'ennemi. On fit sauter alors les murs d'enceinte de l'amphithéâtre, et les larges débris, bouleversés en tout sens, qui y existent encore, portent des traces de la manière violente dont cet édifice a été renversé. M. de Montégut crut retrouver (*Recherches sur les antiquités de Toulouse*, dans les *Mémoires de l'Académie des Sciences de cette ville*, 1re Série; I.) des restes des ornemens de cet édifice. « On voit, dit-il, sur la porte de l'église de St-Michel une frise de marbre blanc, dont le bas-relief représente une suite de figures d'un pied de proportion, revêtues de la toge, avec un rouleau à la main, et séparées l'une de l'autre par de petites colonnes. On a cru y reconnaître les Décurions qui composaient le sénat de Toulouse. Celle du milieu a à ses pieds la petite caiselle, appelée *Capsula*, qui désigne les Duumvirs, images des consuls romains dans les colonies. Aux côtés de la porte, on voit deux autres frises : l'une est en tout semblable à la première, dont elle paraît avoir fait partie ; l'autre est de pierre et représente un feuillage sculpté dans le meilleur goût. Ces bas-reliefs faisaient partie des ornemens de l'amphithéâtre..... La voûte des cryptes qui sont sous le maître-autel est soutenue par plusieurs petites colonnes que M. L. Audibert présume avoir été apportées de l'amphithéâtre. Son sentiment paraît d'autant mieux fondé, qu'on voit sur les chapiteaux des bêtes fauves combattant contre des hommes vêtus à la romaine, et des combats de gladiateurs....» Ce passage renferme de grandes erreurs. Les bas-reliefs qui, selon M. de Montégut, auraient fait partie des ornemens de l'amphithéâtre, sont actuellement dans les galeries du Musée de Toulouse, et l'on peut se convaincre que ce ne sont que des tombeaux, semblables à ceux que Bosio (*Roma sotterranea*) et Arrighi (*Roma subterranea*), et une foule d'autres écrivains ont publiés, et qui sont des monumens chrétiens des quatrième et cinquième siècles. Ces Décurions, ces Duumvirs, dont on croyait retrouver les images sur ces bas-reliefs, ne sont autre chose que les Apôtres et J.-C. Sur l'un des petits côtés, le sculpteur a représenté Abraham prêt à sacrifier son fils bien-aimé, et ce sujet, historique et allégorique à la fois, se retrouve très souvent sur les mausolées des Chrétiens des premiers siècles. Les deux bas-reliefs, qui auraient été la suite l'un de l'autre, sont bien différens, et de style, et de travail, et d'aspect. Le bas-relief où l'on voit des rinceaux de feuillages n'est pas en pierre, comme l'a dit l'académicien de Toulouse, mais en marbre, et c'est aussi la partie antérieure d'un tombeau. Quant aux petites colonnes qui soutenaient les voûtes à plein cintre des cryptes de l'église monumentale de St-Michel du-Touch, je les ai vues en place : elles avaient évidemment été façonnées pour l'usage auquel elles servaient, et les grossières sculptures de leurs chapiteaux indiquaient assez qu'elles appartenaient au moyen-âge. Par une erreur bien étrange, M. Millin (*Voyage dans les départemens du Midi*, IV, 451) a dit, en parlant de l'église cathédrale de Toulouse : « Sous le maître-autel, qui a été exécuté par Drouhet (il fallait écrire Drouet), il y a quelques cryptes décorés de petites colonnes qu'on prétend avoir été tirées de l'amphithéâtre....» Mais, il n'y a pas de cryptes sous le maître-autel de la cathédrale, et Millin a évidemment transporté là les colonnes et les cryptes de Saint-Michel-du-Touch, église qui était cependant située à plus de 5 kilomètres de distance. Millin a d'ailleurs copié exactement, sans en nommer les auteurs, les descriptions que l'on avait déjà de cet édifice, descriptions, d'ailleurs, fort inexactes.

On a trouvé plusieurs inscriptions dans le voisinage de ce monument. L'une d'elles, aujourd'hui conservée dans le Musée, est ainsi conçue :

SEX. IV..
FABRV...
STATVAS..
SEX IVLIVS...

Celle qui suit a de même été découverte, ainsi que beaucoup de tombeaux, dans les champs voisins de l'amphithéâtre :

FRONTONI. ATECIAE. F'
EX TESTAMENTO LIBERTI
L. LVCILIVS. MAXVMVS
LOCVM. STRVI. IVS. V. F.

En prenant les ruines de cet édifice, où la rive droite du Touch, petite rivière qui se jette tout auprès dans la Garonne, pour point de départ, on trouve, en suivant la crête et le revers du plateau qui sépare les deux vallées, et dans un espace qui n'a pas moins de trois kilomètres de longueur, des indications de grands travaux exécutés par les Romains. Les nombreuses sources qui s'échappent de ce plateau étaient rassemblées dans un vaste aqueduc, dont presque tous les fondemens subsistent encore, et qui n'a été entièrement abattu que pendant la première moitié du xviiie siècle. Au temps de Catel, la route tracée au pied de ce monument portait le nom de *Cami des Arcs*. Il paraît que les eaux rassemblées dans cet aqueduc et portées, par lui, dans la ville, bâtie sur la rive droite de la Garonne, formaient une masse qu'on peut évaluer à soixante-dix pouces de fontainier. C'est surtout de cette partie du plateau qui est désignée par le nom de l'Ardenne, *Arduenna*, que sourdent ces eaux. L'aqueduc, parvenu sur la rive droite du fleuve, le traversait, et avait donné à cette portion du monument, durant le moyen-âge, le nom de *Pont de Regine Pédauque*. D'autres sources, moins élevées, étaient conduites dans le quartier bâti sur la rive gauche, où, d'ailleurs, on voit surgir de toutes parts des eaux limpides et pures. Sur le flanc du plateau et dans la plaine voisine existaient des Bains antiques, dont les restes ont été renversés, il y a environ cinq années, par un maître d'école qui en était devenu possesseur. Ces bains portaient, dans les anciennes reconnaissances en langue romane, le nom de *Bans de Regino Pedauquo*, et des mythes populaires étaient attachés à leur existence.

Le *Château Narbonnais* dont on a abattu, il y a peu d'années, la dernière tour, celle qu'on nommait *la Tour de l'Aigle*, parce qu'autrefois sa toiture était surmontée d'un aigle, était une vaste forteresse bâtie par les Romains, et souvent habitée depuis, par les comtes de Toulouse. Elle occupait le sol où s'élève aujourd'hui le Palais de Justice, et le Parlement y a siégé pendant plusieurs siècles. Noguier nous a conservé, (*Histoire Tolosaine*), le dessin de l'une des portes triomphales de ce monument. On a porté au Musée des restes de chapiteaux et d'entablemens en marbre blanc qui indiquent toute la noblesse et tout le grandiose des ornemens de ce palais.

Parmi les édifices dont on a retrouvé des traces dans l'intérieur de la ville, il faut surtout distinguer celui qui était bâti au midi de la cathédrale actuelle. En démolissant, en 1812, les chapelles qui formaient une partie de l'enceinte du cloître de cette cathédrale, on a retrouvé des colonnes debout, et placées sur leurs bases. Elles étaient en marbre noir antique, et l'une d'elles était encore couronnée de son chapiteau. Les fondemens des murs de la chapelle de Saint-Jacques où on découvrit ces colonnes, étaient formés par des blocs de marbre blanc, et les entailles que l'on remarquait sur quelques-unes de leurs faces annonçaient que ces blocs avaient été liés entr'eux par des crampons de métal. Une frise, sculptée avec délicatesse, et des fragmens de chapiteaux, à feuilles d'olivier, furent trouvés sur ce même sol, où déjà, au XVIe siècle, on voyait huit tronçons de colonnes de marbre noir antique, employés à soutenir la coupe d'une fontaine.

Tolosa était le centre d'où partaient un grand nombre de voies qui n'ont pas toutes été indiquées par les Itinéraires et par la Table Théodosienne. Sur la rive gauche de la Garonne, ou dans cette portion de territoire qui faisait d'abord partie de l'Aquitaine, il existait quatre routes qui partaient de la place occupée autrefois par le ravelin destiné à couvrir la Porte de Lisle. La première, à droite, était, près de *Tolosa*, bordée par des édifices décorés avec magnificence, si l'on en juge par les fragmens de marbres précieux que l'on retrouve çà et là dans les champs. Elle laissait, à droite, et l'amphithéâtre et *Balneacum*, et se dirigeait vers *Elusa*, métropole de la Novempopulanie, passait à Lactora ou Lectoure, d'où elle était continuée jusqu'à *Burdigala* ou Bordeaux. La seconde est connue par les anciens monumens géographiques ; c'est celle d'*Auscius* ou d'Auch, à *Tolosa* : il en existe une portion au-delà de la fontaine de Sainte-Marie. Elle passait au lieu d'*Ad Jovem*, à *Bucconis* ou Bouconne, à *Castrum Ictium*, etc. La troisième, qui est aussi en partie conservée, près de Toulouse, et qui, au midi, longe le Polygone d'artillerie, se dessinait vers les Pyrénées en passant à *Casinomagus*, lieu dont j'ai déterminé la position ; elle jetait, selon la Table Théodosienne, une branche vers Auch, et il me paraît démontré qu'elle aboutissait au *Vicus Aquensis*, actuellement Bagnères de Bigorre. Une voie s'étendait de *Tolosa* jusqu'aux eaux des *Tarbellici*, et de là jusqu'à Bordeaux, jetant de nombreux rameaux sur sa gauche. Ainsi l'un d'entr'eux se dessinait vers la cité des *Consorrani*, aujourd'hui Saint-Lizier ; et un autre, partant des environs de *Lugdunum Convenarum*, (Saint-Bertrand de Comminges), conduisait aux *Thermes Onésiens*, ou à Bagnères de Luchon.

Si de faciles moyens de communication existaient entre *Tolosa* et toute l'Aquitaine de César, ou la Novempopulanie, et par suite avec la Péninsule Hispanique, des sources de la Garonne jusqu'à l'embouchure de l'Adour, d'autres bien plus nombreux, existaient entre cette ville et toute la Gaule, l'Italie et l'Espagne. Aux pieds des murs du Château Narbonnais, commençaient trois routes. Celle de droite, indiquée encore par la rue des Récollets, traversait les champs funéraires de *Feretra* et le territoire de *Vieille-Toulouse*, remontait le cours de la Garonne jusqu'à l'embouchure de l'Ariége, et s'étendait, au-delà de cette rivière, vers la cité des *Consorrani*. Les nombreuses ramifications de cette route conduisaient, à droite, vers le pays des *Convenæ*, à gauche, dans la Narbonnaise. Cette voie a été détruite près de Toulouse par les crues extraordinaires de la Garonne et par l'éboulement des terres de la chaîne des côteaux de Pech-David.

On croit que la route centrale ne diffère pas de celle qui est indiquée dans les monumens géographiques. En examinant et le texte de l'Itinéraire de Bordeaux à Jérusalem et la Table Théodosienne, on peut croire que, pour établir des relations plus commodes et même pour les prolonger dans des portions de la Gaule, éloignées de la voie principale, on en avait tracé deux qui, de *Tolosa*, tendaient au même point, mais qui suivaient des directions diverses, avant de se réunir à Hebromagus. Voici, en effet, la route de *Tolosa* à Carcassonne, suivant l'Itinéraire :

CIVITAS TOLOSA,
MVTATIO AD NONVM...MIL. P...VIIII.
MVTATIO AD VIGESIMVM XI
MANSIO ELVSIONE......... VIIII
MVTATIO SOSTOMAGO....... VIIII.
VICVS HEBROMAGO......... X.
MVTATIO AD CEDROS VI
CASTELLVM CARCASSONNE..... VIII.

La voie est ainsi tracée sur la Table Théodosienne :

TOLOSA.
BADERA.................XV.
FINES................XVIIII.
EBVROMAGI.
CARCASSIONNE .... XIV.

Il paraîtrait d'abord, les noms des lieux intermédiaires entre les deux extrémités étant différens, que deux voies, partant de *Tolosa*, se dirigeaient vers Carcassonne, et que l'une d'elles (celle qu'on trouve dans la Table), après avoir laissé vers la droite les mutations *Ad Nonum*, *Ad Vigesimum*. *Elusio* et *Sostomagus*, se réunissait dans le bourg d'*Hebromagus* à celle qui est indiquée par l'Itinéraire Mais comme, dans la Table, la position d'*Eburomagus*, qui est le même lieu qu'*Hebromagus*, est déterminée ainsi que dans l'Itinéraire, à quatorze milles de Carcassonne, ce point demeure fixé invariablement ;

et si, dans la Table encore, la distance de *Fines* à *Eburomagus* a été effacée, on peut la rétablir d'une manière incontestable ; car dans l'Itinéraire, ce lieu prend sa position à XLVIII milles de *Tolosa* ; or, les premiers chiffres de la Table nous donnant XV pour la distance de Tolosa à *Badera*, XVIII de Badera à *Fines*, et d'*Eburomagus* à Carcassonne XIV, il paraît évident qu'il faut restituer, sur la Table, le chiffre XIV, comme exprimant la distance de *Fines* à *Eburomagus*, bourg ou *Vicus*, qui était lui-même à XIV milles de Carcassonne. En additionnant ces différens chiffres, on obtient XLVIII, chiffre qui exprime le nombre de milles Romains entre *Tolosa* et Carcassonne, et ce chiffre étant égal à celui que donnent les distances marquées dans l'Itinéraire, il faut en conclure qu'une seule voie était tracée entre Tolosa, Carcassonne et Narbonne ; les noms divers n'indiquent pas ici deux lignes différentes, comme en Roussillon, où, ainsi qu'on l'a vu (*Additions et Notes du liv. II*, 138), en outre de la différence des noms, il y en a une de 29 milles, dans le calcul des distances.

Une voie, qui n'est point indiquée dans les anciens monumens géographiques, liait *Tolosa* avec la forte castramétation établie sur les bords de l'Agoût, dans le lieu qui porte actuellement le nom de Castres, qui indique son ancienne origine. De ce point reculé, la voie se dirigeait vers Narbonne ; elle était défendue dans les passages difficiles par des ouvrages dont on retrouve encore les restes.

Une autre voie, oubliée aussi par l'auteur de l'Itinéraire et par celui de la Table, commençait à la *Porta Arietis* de Tolosa, se dirigeait vers la capitale des *Albienses*, et de là vers *Segodunum*, ou Rhodez. On en retrouve des restes sur plusieurs points, et au-delà du Tarn, relativement à Toulouse ; elle est encore connue sous le nom de *La Tolsanne*.

C'est aussi le nom d'une autre voie romaine qui commençait à la même porte, se dirigeait vers *Divona*, ou Cahors, et mettait en communication le nord et le centre des Gaules avec l'Aquitaine de César, *Tolosa* et l'Espagne. J'ai, dans plusieurs ouvrages (*Monumens religieux des Volces Tectosages, des Garumni et des Convenœ*, in-8°, 1813. *Voyage archéologique et littéraire dans le département de Tarn-et-Garonne*, 1829. *Statistique générale des départemens pyrénéens*, II, 116. *Mémoire sur la Mosaïque de saint Rustice*, dans les *Mémoires de l'Académie des sciences inscriptions et belles-lettres de Toulouse*, IV, 2me partie, 30, *et seq.*) déjà parlé de cette voie, qui est indiquée dans les anciens monumens géographiques, et j'ai indiqué, le premier, le rameau qu'elle jetait au-delà d'*Ecclesiola*, ou Grisolles, vers *Agmnum*, et d'où elle se prolongeait peut-être jusque dans la capitale des *Petrocorii*.....

Tolosa avait ainsi de nombreuses communications avec les diverses parties de la Gaule, et même de l'Espagne. Sa population était immense, suivant Ausone. Elle reçut les épithètes d'*Opulenta*, de *Palladia*, de *Quintuplicem*, et le poète Bordelais lui a donné la onzième place parmi les villes célèbres, immédiatement après Catane et Syracuse, et avant Narbonne, qui cependant avait donné son nom à toute cette partie de la Celtique. Sa position, entre les Cevennes et les Pyrénées, entre l'Océan et la Méditerranée, entre les Aquitains et les Ibères, lui donna une importance qui augmenta encore, lorsque les Rois Visigoths en eurent fait leur capitale, et que, parmi les provinces qui lui furent soumises, elle compta toutes celles qui s'étendent des Pyrénées jusqu'à Marseille, de l'Adour jusqu'à la Loire, et des Pyrénées jusqu'aux extrémités méridionales de la Péninsule Hispanique.

4 On donne encore, en Celto-Breton, le nom de *Bék* ou de *Beg* à la partie qui tient lieu de bouche aux oiseaux. Le mot *Bék* signifie aussi, en général, une pointe : ainsi l'on dit : *Beg ar Garrek*, la pointe du rocher, *Bék-douar*, pointe de terre, cap, promontoire, etc.

5 On doit surtout consulter relativement à Antonius Primus, les épigrammes de Martial, indiquées par les Bénédictins dans la note 1 de la page 181 de ce volume. La ville de Toulouse, dès l'année 1678, placé le buste d'Antonius Primus dans la salle où elle a rassemblé les images des grands hommes qui l'ont illustrée.

6 On ne saurait former que des conjectures à ce sujet. D'ailleurs, l'interprétation des lettres A. E. R. gravées sur l'une des pierres du Pont du Gard, et proposée par Gautier, ne saurait être adoptée M. d'Aignan d'Orbessan (*Mélanges historiques, critiques*, etc., tome II, 258) s'étonne que Gautier n'ait pas employé, s'il l'a connue, une inscription qui appuierait le sentiment de cet antiquaire, et qui devrait, dit-il, être gravée près de la magnifique fontaine de Nîmes. Mais Gautier n'a pas assurément connu cette inscription, dont la forme et le style indiquent d'ailleurs la fausseté. La voici :

IMP. CAESARI. ANTONINO. PIO
D HADRIANI. FIL. P. P TRI
POT. VIII COS IV. IMP. II. QVOD
NEMAVSENSIS. CIVIT. VETERIS
AVOR. SVOR PATRIÆ. NECESSIT
CONSVL. AD. AL. SVA. IN. EAM
MERITA. AQVAM. EVRANAM
A FONTE. ACCEPTAM PERFOSS
AVT. COMPLANAT. MONTIB.
EXCIS RVPIB SVPERATO. ETIAM
INGENTI SVBSTRVCTIONE
VARDON. FLVENTO. PER
MILLIAR. XV. ET. IMP. S. IN EAM
PERDVDEND. CVRAVER. COL.

AVG. NEM. NE. POSTERI. A. QVO
HOC TANTVM. BENEFICIVM
HABEAN. OBLIVISCANTVR HOC
MED. FORO. AERE. COLL. MON. P
    A. A. A. D. T. S.

Il parait que le P. Leslay, qui donna, à Rome, en 1750, une copie de cette inscription à M. d'Aignan d'Orbessan, peut être soupçonné d'en être l'auteur.

7 Les provinces reçurent de nombreux bienfaits durant le règne d'Alexandre Sévère, et la reconnaissance lui éleva plusieurs monumens dans les Gaules. J'ai retrouvé à Eause, autrefois *Elusa*, métropole de la Novempopulanie, le fragment d'une inscription consacrée à ce prince. Voici ce qu'on y lit encore :

```
.........
ANTONII.....
FILIO DIVI. SE......
POTI IMP CAESARI
MARC. AVREL SEVE
RO ALEXANDRO. PIO
......'LICI AVG. PONTI·
.. ...XIM. TRIB. POT··
............. P. P. CON
........ P.... OCON
.............. S. P.
```

Près de ce monument, on en a trouvé un autre qui fut élevé en l'honneur de Julia Mamea, mère de ce prince. Il est facile de restituer ce qui manque à ce marbre :

```
.... LIAE
.... MEAE
.... VSTAE
..... STI
       RI
```

Ces deux fragmens étaient dans la propriété de M. Doat, oncle, qui a bien voulu en faire don au Musée de Toulouse.

On a découvert dans les ruines de *Calagorris des Convenæ* les restes d'un buste d'Alexandre Sévère.

8 Une colonne milliaire, très fruste, conservée dans le château de Barbazan, près de Saint-Bertrand de Comminges, et qui était placée autrefois, ou sur la voie *ab Aquis Tarbellicis Tolosam*, ou sur la branche que celle-ci jetait vers les *Thermes Onésiens*, contient une longue inscription où l'on retrouve les noms de Philippe père et de son fils, et celui d'Otacilia Severa. C'est sous le règne de Philippe, qui fut tué, comme on sait, non loin de Vérone, après avoir été défait par Trajan Dèce, l'an 1002 de Rome, ou 249 de J.-C., que s'élevèrent plusieurs tyrans. On a cru que l'un d'eux, Tibérius Claudius Marius Pacatianus, qui n'est connu que par ses médailles, prit la pourpre dans le midi des Gaules. Mais on n'a pu fonder cette opinion que sur la découverte des premières médailles de cet usurpateur dans la Narbonnaise, médailles que l'on retrouve ailleurs, mais, il est vrai, moins communément. Millin (*Voyage dans les Départemens du Midi*, IV. 454) parle d'un Pacatianus, en or, qui existerait dans le médailler de l'Académie des sciences de Toulouse : il *se* trompe. Cette belle collection contient seulement deux médailles, en argent, de ce tyran, savoir :

1° FIDES MILITVM. *Mulier dextrorsum stans; dextra elatâ ramum; utrâque manu signum militare.*

2° PAX AETERNA. *Mulier dextrorsum stans; dextra elatâ ramum; lœva hastam transversam.*

9 Si l'on en croyait une ancienne tradition, Arles serait la première ville, en deçà des Alpes, qui aurait reçu la lumière de l'Évangile, et saint Trophime qui y aurait arboré le signe de la rédemption, ne serait pas différent du disciple dont parle saint Paul, dans sa seconde épître à Timothée. Pour fortifier cette opinion, quelques auteurs (Saxy, *Pontif. Arelat.* Dupont, *Histoire de l'Eglise d'Arles*, Lenoble-Lalauzière, *Abrégé chronologique de l'Histoire d'Arles*, 33, 34), ont assuré que Trophime accompagna saint Paul jusqu'à Arles, lorsque ce dernier vint en Espagne. Mais rien ne prouve que ce voyage ait eu lieu, et saint Paul ne fait mention de Trophime que pour annoncer qu'il a laissé ce disciple malade à Milet. On sait d'ailleurs que le pape Gélase (*Concil.* Labbe, II, 1243, Ép. I. IV. 1253. *Tractat. Gelas.*) a dit, formellement, que saint Paul n'entra jamais dans la Péninsule Hispanique. Si ce même apôtre avait laissé, en s'acheminant vers l'Espagne, saint Trophime à Arles, il faudrait fixer l'établissement du siége épiscopal de cette ville en l'an 63 ou 64 de J.-C. Papon (*Hist. de Provence*, I, 573) recule l'époque de la mission de saint Trophime jusqu'à l'an 150; mais il paraît assuré qu'il faut la placer sous l'empire de Trajan Dèce, c'est-à-dire un siècle plus tard, et c'est même ce que nous apprend Grégoire de Tours. C'est donc vers 250 de J.-C. que le siége épiscopal d'Arles fut créé : un saint Trophime vint alors, en effet, dans les Gaules, avec saint Paul Serge, saint Saturnin et quelques autres

C'est, dit-on, vers l'an 601 que l'évêque saint Virgile jeta les fondemens de l'église cathédrale de cette ville, qui fut consacrée par lui le 17 mai 606, mais qui a été reconstruite presque en entier dans des temps bien plus rapprochés de nous. Elle prit le nom de Saint-Trophime, lorsque, en 1152, les reliques de ce premier évêque d'Arles y furent transportées. Dans son état actuel, cet édifice est l'un des plus curieux monumens de l'art, et l'un des sanctuaires les plus saints et les plus révérés de la France. On y voit, dans l'un des bas-reliefs, la *Psychostasie* ou la *pesée des ames*, sujet que nous retrouverons sur plusieurs monumens du Languedoc et de la Guienne. On peut consulter à ce sujet l'opuscule intitulé : *Vues pittoresques de la cathédrale d'Arles, dessinées et lithographiées par Chapuy, avec un texte historique et descriptif*, par Alexandre Du Mège ; in-4°. Paris, Engelmann, 1829.

10 Des écrivains, qui ont voulu faire remonter l'origine de l'église de Narbonne, comme celle d'Arles, aux temps apostoliques, ont publié des légendes peu exactes sur Paulus Sergius, premier évêque de cette ville célèbre. Ces légendes ont été adoptées par Laffont, auteur d'une *Histoire*, encore manuscrite, *de l'église de Narbonne*. Cet écrivain rapporte, à cette occasion, et comme des documens historiques, les vers inscrits sur les tapisseries du chœur de l'église de Saint-Paul. Ce sont, en effet, de curieux monumens, mais seulement sous le rapport de l'art, et peut-être aussi comme des témoins des erreurs qu'une judicieuse et saine critique a fait disparaître depuis longtemps. Comme on recherche aujourd'hui les curieuses légendes que l'église repousse avec tant de raison, j'ai cru devoir rapporter celle-ci :

« L'empereur Claude gouvernait l'empire Romain, dit Laffont, et il confia à Paulus Sergius l'administration de ses affaires particulières. Celui-ci s'acquitta de cet emploi avec tant de succès, que l'empereur, en reconnaissance de son mérite, l'envoya en l'île de Chypre, sa patrie avec la charge de proconsul, ainsi que le confirment les vers suivans qu'on lit sur les tapisseries du chœur (1re pièce).

Comment l'Empereur esalta
Saint Paul Serge en très grand honneur,
Car de tout Cypre l'ordonna
Proconsul et grand gouverneur.

« Paulus s'attira l'estime de toute la province et l'amitié de tous ses compatriotes par son exactitude et son désintéressement. Les docteurs qui gouvernaient l'esglise d'Antioche, entre lesquels estaient Manahem, Lucius et Simon, dit Niger, inspirés par le Saint-Esprit, séparent de leur troupe Paul et Barnabé ; ils leur imposent les mains et les envoient au nom de Dieu prêcher son évangile. (Même pièce de tapisserie.)

Comment le Saint-Esperit va dire
A Manahem et Lucius
Et à Simon, sans contredire,
Que fallait Barnabas et Saulus
D'avesques eulx les séparer,
Et puys les mains par dessus eulx,
Tous troys ils allarent bouter,
Et mander en Cypre tous deux.

» Saul et Barnabé partent ; Jean, surnommé Marc, est associé à leur voyage. Ils arrivent en Chypre ; Paphe, capitale de ceste isle et séjour des gouverneurs de la province est la ville où ils annoncèrent d'abord la parole de Dieu. Serge ayant appris l'arrivée des saints apostres, les fait appeler chez lui : il veut connaître l'Évangile. Un Juif appelé Bar-Jesu et surnommé Eliman, tâche de détourner le proconsul, son maître, de la doctrine qui lui est annoncée. Sa malice lui est reprochée par Saul, ou Paul, qui le rend aveugle pour un temps. (2e pièce de tapisserie au côté droit du chœur.)

Comment Saulus en ung navire
Et Barnabas Johannes, la mer
Ont passé, à Paul Serge en Cypre
Qui tous trois les mandoit chercher,
Là où Saulus Bar-Jesu priver
Va de la vue promptement,
Pour ce que il voudrait garder
Paul de croire en eulx plainement.

» Estonné d'un si grand miracle Serge, ne resiste pas ; il croit à l'évangile et demande à estre baptisé. (Même pièce.)

Comment Saulus si baptisoit
Et Barnabas son compagnon
Paul, proconsul, et l'adressoit
En la foy par son grand renom.

» Paul, l'apôtre, ayant converti la ville de Narbonne, y dédia une chapelle en l'honneur des sept frères Machabées ; son disciple, Paul Serge, étant arrivé à Rome, communique au chef de l'église une vision qu'il avoit eue à Paphe, et y dédie une chapelle en l'honneur de saint Paul son maître....

» Lorsque Paul Serge eut rendu tous ses devoirs au Saint-Siège et qu'il eut reçu l'approbation de celui qui gouvernoit alors l'église de Rome, il partit de cette ville avec ses deux disciples Estienne et Ruffus, et prit la route des Gaules. Etant arrivés en la cité de Lune, alors fameux port de Toscane, et logeant chez une veuve dont le fils était aveugle-né, il lui donna la vue, convertit à la foy de J. C. la mère et le fils et les baptisa ainsi que nous le confirment les vers suivans ; (3e pièce de tapisserie, côté droit du chœur.)

Dieu Eternel, par la prière
De saint Paul, un aveugle-né,
Petit enfant, obtint lumière,
Puis baptesme luy a donné.

» Saprice, gouverneur de Lune, fit arrêter saint Paul Serge qui, par ce miracle, avoit excité l'envie des payens. Il le fit mettre en prison ; mais, pendant qu'il y estoit, l'enfant qu'il avoit guery luy amena plusieurs boiteux qu'il guérit aussi. (*Idem*)

Saprice après a ordonné
De mettre saint Paul en prison,
Auquel lieu l'enfant a mené
Plusieurs qui ont eu guérison.

» Encore plus irrité par ces nouveaux miracles, Saprice fit dresser une potence et fit pendre saint Paul Serge pour le faire mourir; mais Dieu qui défendait sa cause, empêcha que le bourreau lui ôtât la vie, et il guérit encore, en présence de tous les spectateurs, plusieurs malades venus en cet endroit pour l'en prier. (4ᵉ pièce, côté droit).

> Comment Saprice fit bouter
> Paul Serge dedans la lathomo,
> Sur une potence eslever
> En ce torment qu'ainsy se nomme,
> Et luy, en ceste payne estant,
> A plusieurs malades donnoit
> La santé des corps vraiement
> Dont chose, merveilleuse estoit.

» Ce supplice estant inutile, Saprice voulant mettre fin à ces grands prodiges qui attiroient l'admiration du peuple, ordonna que notre saint prélat, avesques ses deux disciples, seroit jeté dans la mer, chargé de chaines. (5ᵉ pièce, côté droit du chœur.)

> Saint Paul avec ses deux disciples
> Saprice a, pour abreger,
> Fait enserrer avec maniples
> Pour en la mer les submerger.

» Mais au lieu d'engloutir les trois serviteurs de J. C., la mer les soutint sur ses eaux, à la grande admiration des assistans et à l'estonnement du malheureux Saprice qui attribua ce miracle au démon et les fist remettre en prison. (Idem.)

> Jesu Christ d'iceluy danger
> Les a saulvez, comme lisons,
> Mais, par suite, de pied leger,
> Les a retournés en prison.

» Saprice, cherchant ensuite le moyen de les faire mourir, fut puni de Dieu, la même nuit, et mourut d'une mort très soubdaine. (Idem.)

> Saprice, mangeant d'ung poisson
> Estranglé fust subitement,
> Et l'ame portée en prison
> Des dyables, en cruel torment.

» Le bruict de la mort de Saprice s'étant répandu dans la ville de Lune, son escuyer et les habitans coururent de tous côtés aux prisons; ils en ouvrirent les portes, rendirent la liberté aux saincts prisonniers, firent ensemble une profession de foy devant eux et reçurent le baptême de la main de saint Paul Serge. (6ᵉ pièce, côté gauche du chœur.)

> Quand l'escuyer dudit Saprice
> Veyt ceste horreur, feust advisé
> Que la foy luy estoit propice,
> Dont par saint Paul fust baptisé.

» Paul Serge fit bastir en ce lieu une église en l'honneur de la Sainte Vierge Marie, ordonna des prestres habiles pour les gouverner, et après les avoir exhortés à lui rester fidèles, il prit congé d'eux pour continuer son voyage. (Idem.)

> Sainct Paul, en la cité de Lune,
> Ung saint temple édifia,
> Au nom de Celle qui est l'une
> Seule que Dieu sanctifia.

» Pendant son voyage, saint Paul convertit les peuples à la foi de J. C.; il fit abattre le temple de Neptune qui étoit à Embrun, aujourd'hui ville du Dauphiné, rendit chrétienne la ville d'Orange, en Provence, y dédia une chapelle en l'honneur de la Sainte Vierge Marie et saint Jacques le mineur apôtre, et y consacra un évêque; et, d'un commun accord, les habitans de Narbonne ayant appris qu'il estoit dans la Gaule Narbonnoise, lui envoyèrent les clefs de leur ville, à Orange, où fut le trouver une célèbre députation de magistrats et prud'hommes, le suppliant de venir au milieu d'eux (7ᵉ pièce, côté gauche du chœur.)

> Comment les consuls de Narbonne
> Les clefs de la cité porter
> Allerent à Paul, le saint homme,
> Jusques à Aurenge bailler.

» Paul est touché : il part d'Orange; Etienne et Rufus, ses disciples, sont avec lui; il passe par Arles, il y salue saint Trophine, il y dédie une chapelle en l'honneur de saint Pierre, et rend à la vie le batelier du Rhône qui s'était noyé; puis il consacra, en mémoire de ce fait miraculeux, une chapelle à la Résurrection de J. C. au lieu où a été bâti depuis le faubourg de Trinquetaille. (Idem.)

> Comment saint Paul ressuscita
> Le barquier lequel se noyoit
> Quand lui et sa gent il passa
> Le Rhône, en Arles où estoyt.

» Le saint évêque continua sa marche vers Narbonne; sollicité par les villes du Languedoc où il pensait faire séjour, il s'arrêta à Béziers, et il y jeta les fondemens de la première église, dédiée à la Sainte Vierge, et de quelques monastères. La ville de Narbonne, qui l'attendait avec la plus grande impatience, lui envoya une seconde députation : il se disposa à partir, et consacra Aphrodise, qui avoit été préfet d'Egypte. (8ᵉ pièce, du côté gauche du chœur.)

> Comment saint Paul Serge, à Beziers,
> Saint Afrodise consacra
> Evêque et Prélat Bitteriers,
> Pour les régir là le laissa.

» Saint Paul fait son entrée triomphante dans la ville de Narbonne le 22 de mars, année 73, la deuxième de l'empire de Vespasien. (*Idem.*)

<pre>
Comment saint Paul fit son entrée
A Narbonne trez noblement,
Car tout le peuple, à l'arrivée,
Le reçut triomphalement.
</pre>

» Paul Serge, entré dans la ville, guérit la fille de la veuve du gouverneur de Narbonne, possédée du démon et les baptise l'une et l'autre, ainsi que le peuple qui ne l'avoit pas encore été. Il renverse les temples et brûle les idoles. (9ᵉ pièce, côté gauche du chœur.)

<pre>
Comment saint Paul y fist yssir
Le dyable du corps de la fille
De la princesse, sans mentir,
De Narbonne la présente ville.
Comment le dict saint Paul aprez
A sa madame baptiser,
Et sa fille et son peuple emprez,
Et leurs ydoles fist brusler.
</pre>

Laffont raconte l'accusation portée contre le saint évêque de Narbonne, et son triomphe sur ses calomniateurs. Il le montre ensuite en voyage; saint Paul arrive à *Tolosa*, puis passe en Espagne et revient à Narbonne. « Là, dit l'auteur, ayant eu une révélation qui lui annonçait le jour et l'heure de sa mort, il appelle ses disciples, les grands et les magistrats de la ville, leur annonce les volontés du ciel, les prie de consoler son peuple et de reconnaître Estienne pour son successeur ; il les embrasse l'un après l'autre, leur recommandant de croire à la Sainte Trinité, et après avoir prédit plusieurs événemens, il rend l'âme en leur présence. » (10ᵉ et dernière pièce, côté gauche du chœur.)

<pre>
Comment et l'église et les grands
Les consuls, riches visiter
De Narbonne, peuples puissans,
Alarent Paul et le plorer :
Et à son trespas leur va dire,
Esmeu vers eulx de charité,
Mes freres pour bien vous conduyre
Croyez la Saincte Trinité.
Mes enfans, tous en paix, union,
Alleiz ensemble et concorde :
De Dieu la benediction
Vous promais et miséricorde,
Car je sçay que le temps viendra
Que beaucoup de maulx patirez,
Dans l'église maint souffrira,
Des prophetes faulx vous gardez ;
Quant la persécution grant
De l'église sera passée
Des citez de tout occident,
Narbonne sera renommée ;
Et à ceste heure il rendit
A Dieu tout-puissant son esprit.
</pre>

Les tapisseries de l'église de Saint-Paul, de Narbonne, ne sont pas les seules où l'on ait, dans cette partie de la France, représenté la légende d'un personnage éminent en piété, et vénéré par l'église. On connaît beaucoup de monumens semblables, qui appartiennent, en général, au xivᵉ siècle. L'une de ces tapisseries est conservée dans l'église de Montpezat, (*Mons Pensatus*) en Quercy. Elle est divisée en plusieurs tableaux représentant diverses circonstances de la vie de saint Martin, et a été donnée par Pierre de Montpezat, d'abord évêque de Riez, puis archevêque d'Aix en 1316 cardinal, en 1320, évêque de Palestrine, puis vice-chancelier de l'église, en 1327. Il fut le fondateur du chapitre collégial de Montpezat, sous le titre de saint Martin, et mourut à Avignon en 1361. Son corps fut porté à Montpezat, ainsi qu'il l'avait ordonné par son testament, et l'on voit encore dans le chœur, près du tombeau sur lequel sa statue est couchée, les diverses pièces de tapisseries où il a fait représenter la légende de saint Martin. Chacune de ces pièces est accompagnée, comme celles de l'église de Saint-Paul, de Narbonne, d'une explication en vers français. Les caractères se détachent en blanc, sur un fond écarlate. Voici ceux qu'on y lit encore :

<pre>
Quant d'Amiens Martin se partist,
Pour cheminer soubz loy panenne,
Au poure son manteau partist,
Faisant œuvre de foy chrétienne.

Luy reposant comme endormy,
Dieu se apparut environné
De angelz auxquelz disoit ainsy :
« Martin ce manteau m'a donné. »

Gaires depuis larrons deux
Luy tenent quelque artificement
Voeillantz rober, mais hung de eulx
Mercy luy pria prestement.

A Laudes des angels celestes
Autre temple li subrestist,
Dont payens luy firent molestes
Mais chascun puis se convertist.

Martin à Trèves feilt miracle,
Saultant une paralitique,
Puis guerist ung demoniacle
Dont depuys se feilt catholique.

Comme Martin chantoit la messe,
Son hoste estant de lepre plain,
En baisant la paix eubt liesse,
Car il fult guery tout à plain.
</pre>

Le diable fist tomber Martin,
Dont le tint navré fust griefvement,
Mais sain et sauf fust le matin.
Par vertu d'un saint ungnement
Qui fust par angel apporté,
Duquel fust oingt et conforté
Par la Vierge et mère Marie,
Dont la froissure feult guerie.

A Martin apparut ung jour
Le dyable, accoustré comme Roy,
Soi disant Christ, mais sans séjour
Il le chassa par la vraie foy.

Martin reposant, l'anemy
La paille et la chambre enflamma,
Mais de Dieu le parfaict amy
Par prière extinct la flamme a.

Quand la robe au paure eult vestu
Quy chantoit deuant plusieurs gentz
Angels ont les bras revêtu
De boultz riches et moult gentz.

Martin chantant Beixele ruoit
Et le ryoit en ung touquet,
Voyant que le dyable escripvoit
De deux commères le caquet.

Luy baptisé, suppédita
Dyable, char, et leurs aultours,
Pour ce que en vertus proufita
Sacré fult evesques de Tours.

Ydoles Martin destruisoit
Quant pour le occir ung payen vint,
Mais comme frapper le cuydoit
Ne sceut que son coultcau devint.

Mescrants à ung pin lierent
Martin, puis le pin abatirent;
En ce point tuer le cuiderent,
Mais euls mesmes la mort sentirent.

11 Une chronique en langue Romane, que j'avais déjà citée en 1829 (*Statistique générale des départemens Pyrénéens* II, 399) fait venir saint Aphrodise à Béziers, sous le règne de Néron, et cependant on assure qu'il était accompagné de saint Saturnin et de saint Paul Serge, qui n'entrèrent dans les Gaules que sous Trajan Dèce. On mêle, dans l'histoire de ce saint, et son chameau et un comte Bernard, qui aurait vécu aussi pendant les règnes de Néron et de Domitien, ce dernier étant d'ailleurs sur le trône impérial en l'an 300 de notre ère, bien qu'il soit assuré que Néron succéda à Claude, l'an 807 de Rome, ou 54 de J.-C., qu'il se donna la mort, l'an 821 de la ville, ou 68, de N. S. que Domitien fut empereur après Titus son frère, en 834 ou 81, et qu'il mourut assassiné, en 849 ou 96 de notre ère. Il y a donc là, seulement, une erreur de 204 années... puis que dire d'un *Comte Bernard* sous le règne de Domitien !!... J'ai cru devoir rapporter ici le passage de la chronique Bitteroise où l'on trouve des faits si étranges : ce fragment a été aussi rapporté dans le *Bulletin de la Société archéologique* de Béziers, 2e livraison, année 1837.

» Lemperor Nero fech mori belcop de bos homes, e n'auria fach mori bel cop d'autres que fogiron; et venc sant Afardis anaquest pays e foc à la Balma molt dies amb Sant Serni e Sant Pol, et prediquet tant que li feron sauta lo cap al paure Sant Afardis como se pot veser a son semblan davan lo porch de l'hostal del gros Cyrius, e li prengueroun lo camel; mays *lo comte Bernard* lo fech bailla anaquets que labion noyrit à la Balma, e donec lo fyeu separat per lo noyri, *l'an tres cens, regnant l'emperor Domitian*, como es escrich à la pel seniada I, à la petito caisso. E, morta la Bestia, se fes la caritat al despès del fyeu per l'amors de sant Afardis, per que lo Comte o volio, e passeron anaquet temps bel cop de bos homes. »

12 Nos savans historiens ont réfuté toutes les erreurs que le chanoine de Vic avait publiées (*Chronic. épiscop. Carcas.*) sur les premiers évêques de Carcassonne, à la tête duquel il met saint Crescentius, disciple de saint Paul: après ce saint évêque serait venu, selon de Vic, un prélat, nommé Guimera, qui serait mort l'an 300 de notre ère..... On donne saint Hilaire pour successeur de Guimera; mais il paraît que Sergius, qui assista, comme évêque de Carcassonne, au troisième concile de Tolède, en 389, eut saint Hilaire pour prédécesseur et qu'ainsi celui-ci doit ouvrir la liste des évêques de cette ville. Il fut inhumé dans une église de son diocèse, qui ainsi que beaucoup d'autres du midi des Gaules, était placée sous l'invocation de saint Saturnin. Dans la suite, un monastère fut bâti près de cette église, non loin du *Leucus*, ou Lauquet, ruisseau qui arrose une petite vallée à deux lieues de Carcassonne. Le tombeau de saint Hilaire y existe encore, ainsi qu'un cloître pittoresque et remarquable par ses formes sveltes et élégantes; un bas-relief, très-bien conservé, couvre la face antérieure du monument sépulcral du saint prélat. Il représente le martyre de saint Saturnin. On y voit la prise de celui-ci par les sectaires du polythéisme, et ses amis qui l'abandonnent. Près de là parait le *Capitole de Tolosa*. Le saint évêque est attaché à un taureau furieux qu'animent encore des hommes dont les traits annoncent la plus violente colère. Il va mourir.... les actes authentiques du martyre de saint Saturnin rapportent, que quelques heures après que le taureau qui traînait le corps de ce premier évêque de *Tolosa*, eût brisé ses liens, et laissé le cadavre hors de la ville, dans un lieu désert, des vierges, nommées vulgairement *les saintes Puelles*, et qui, plus tard, ont donné ce nom au bourg de *Recaudum*, où elles étaient nées, recueillirent avec vénération ce corps ensanglanté et lui rendirent, en secret, les honneurs de la sépulture. On les voit sur le bas-relief qui

décore le grand côté du tombeau de saint Hilaire. Leur attitude et l'expression de leurs traits annoncent la douleur dont elles sont pénétrées. Placées près du saint martyr, la tête ornée aussi du nimbe, ou de l'auréole céleste, on les reconnaît facilement..... ce monument est en marbre blanc, et précieux pour l'histoire de l'art. Il est probable qu'il fut sculpté avant le 22 février de l'an 970, époque où Warin, abbé de Cuxa, releva les ossemens de saint Hilaire, et les plaça sur un autel. Ce tombeau a été pendant long-temps l'objet de la vénération de tous les peuples du voisinage; on allait y confirmer les traités, y jurer d'observer la paix, y chercher des consolations et des secours. Les reliques de saint Hilaire ayant été déposées dans une riche châsse, le tombeau fut, vers l'an 1770, porté dans le jardin de l'abbaye. On l'en a retiré aujourd'hui, et ce précieux monument a repris la place qu'il avait occupée pendant 792 années. L'auteur de ces *Additions* a publié ce beau morceau dans les *Mémoires de la société archéologique du midi de la France.* I. 83 et seqq.

13 Suivant les traditions des églises de la Novempopulanie, saint Clair fut inhumé à Auch, et l'on montrait encore dans l'église de saint Orens de cette ville, le tombeau de ce martyr. Dom Brugèles (*Chroniques du diocèse d'Auch* 332) dit, il est vrai, que le tombeau était grand et en pierre, et celui qu'on montrait encore, en 1792, dans la même place où dom Brugèles avait vu ce monument, était en marbre et n'avait que 41 centimètres de long, c'est-à-dire un peu plus de 4 pieds 3 pouces. C'est l'un de ces sépulcres que Bosio, (*Roma Soterranea*), et beaucoup d'autres, attribuent, avec raison, aux chrétiens des premiers siècles. Un bas-relief continu couvre la face principale de celui-ci. Au centre, paraît une femme voilée qui étend ses bras en attitude d'*adorante*, et c'est ainsi qu'on a représenté l'âme sur les mausolées des chrétiens des 4e, 5e et 6e siècles. En examinant, ensuite, le reste du bas-relief, on voit, à droite, Isaac prêt à être sacrifié; il a les bras liés derrière le dos, et attend le coup fatal dont le menace Abraham. La flamme du sacrifice s'élève déjà sur un autel; mais, non loin de là, sur un rocher, paraît le bélier qui, seul, doit être immolé. Des apôtres, de saints personnages remplissent le fond du bas-relief et tiennent chacun un rouleau, ou *volumen*. Le Christ paraît ensuite: trois corbeilles sont placées à ses pieds; il touche et multiplie les pains et les poissons qu'on lui présente. Sur la gauche, on voit encore J.-C.; une femme est à ses pieds et l'implore. Le Sauveur tient dans la main gauche un *volumen*; une baguette est dans sa main droite: en face de lui s'élève un monument sépulcral: deux colonnes, dont l'une est à l'angle du tombeau, supportent le fronton du monument: dans le fond est un homme mort. On reconnaît là, très facilement, Marthe implorant le fils de Dieu pour Lazare, son frère, et J.-C. écoutant ses demandes. Sur l'un des petits côtés, le sculpteur a représenté Adam et Eve: le serpent tentateur entoure de ses anneaux l'arbre de la science du bien et du mal. Sur l'autre face, un jeune homme, nud, les bras élevés, en acte d'adoration, est placé entre deux lions qui, au lieu de s'élancer sur lui, détournent la tête: c'est le prophète Daniel.

J'ai expliqué dans l'*Archéologie Pyrénéenne* une partie des pieuses allégories que les chrétiens des premiers siècles retrouvaient dans les divers écrits de l'Histoire Sainte, qu'ils admettaient d'abord comme des faits incontestables, et où ils découvraient en outre, d'importans symboles de leur foi. Ainsi, pour eux, le sacrifice d'Isaac était une figure de celui de J.-C.; dans cette image, dans celle de Lazare rappelé à la vie, ils voyaient des images de la résurrection. En plaçant sur leurs monumens funéraires Adam et Eve, ils voulaient dire que le père des générations ayant introduit par le péché la mort dans le monde, la mort était une nécessité à laquelle tous les hommes doivent être soumis. D'autres allégories pieuses et morales étaient exprimées pour eux par cet hiéroglyphe Biblique... Daniel, dans la fosse aux lions, invoquant le Seigneur, et miraculeusement préservé, montrait que les chrétiens, persécutés par les tyrans, seraient délivrés de leurs longues tribulations, ainsi que, contre toute probabilité, Daniel fut délivré des lions auxquels il avait été jeté. Ce serait ajouter beaucoup trop à cette note que de rapporter les passages de saint Paul (Hebr., c. 11) de Tertulien (*Advers. Judæos.*, c. 10, et lib. III.—*Advers. Marcion.* c. 18.—*Et de ligno crucis*), de Théophylacte (*in Jos.* c. 8); d'Origène (*in Genes.*, c. 21, *Homel.* 8); de saint Ephiphane (*Impossibil. dial.* 3); de saint Chrysostôme (*Hom.* 27. *in Epist. ad Hebr.*); de saint Eucher (*in Genes.*, lib. II); de saint Augustin (*in Psal* XL) et de quelques autres qui expliquent aussi le sens allégorique des divers événemens représentés sur le tombeau de saint Clair. Voyez à ce sujet, mes *Recherches sur l'ancienne église de Saint-Orens d'Auch*, dans les *Mémoires de l'Académie des sciences inscriptions et belles-lettres de Toulouse*, nouvelle série, IV. 221.

14 Voyez *suprà*, note 12.

15 L'église de Saint Papoul a été souvent réparée et l'on ne trouve dans l'intérieur de cet édifice que de très faibles restes de ses ornemens primitifs. Ainsi, des chapiteaux sur lesquels on avait retracé les principales circonstances de la mission et du martyre de saint Papoul, ont été recouverts de plusieurs couches de ciment ou de chaux .... Mais l'apside offre encore, à l'extérieur, un heureux emploi de ces combinaisons architecturales qui ont précédé le style généralement en honneur pendant les 13e et 14 siècles. Des colonnes élégantes en forment les butées: c'est ainsi qu'on en remarque dans beaucoup d'Eglises des 10e, 11e et 12e siècles, à Saint-Saturnin de Toulouse, à Saint-Caprais d'Agen, dans les ruines de l'église de la Sainte-Croix, à

Alby, etc. Dans les entrecollonnemens, une ligne de modillons ou de consoles supporte la corniche. Plusieurs de ces modillons représentent des têtes d'hommes et d'animaux. Des fenêtres, à plein cintre, éclairent l'apside. Sur les chapiteaux des colonnes de cette partie de l'église, sont sculptés des sujets qui pourraient paraître bizarres, si l'on ne cherchait pas à s'identifier avec l'esprit qui présidait autrefois aux compositions pittoresques : les formes de ces chapiteaux sont d'ailleurs parfaitement en harmonie avec les formes générales de l'édifice.

Dans l'une des chapelles, séparée du reste de l'église, on remarque un mausolée qui ne manque pas d'une certaine magnificence. Là, sous un arc surbaissé, est un tombeau en marbre blanc, supporté par des pattes de lion, et que décorent de larges guirlandes de fleurs et de fruits; au-dessus est la statue agenouillée, et en marbre blanc aussi, d'un prélat : une longue barbe tombe sur sa poitrine : ses mains sont jointes : devant lui est un prie-dieu, sur lequel est un livre. On croit que le tombeau, dont l'inscription a été brisée, est celui de l'évêque François Donadieu, mort en 1610.

Le cloître de Saint-Papoul est encore conservé. C'est une majestueuse galerie dont les arcs à plein cintre reposent sur des colonnes d'une proportion élégante et heureuse.

16 Ce fut l'an 258 de J.-C. ou 1011 de Rome, que Postume (*Marcus Cassianus Latinus Postumus*) fut proclamé empereur par les légions dont le commandement lui avait été confié. Il fut tué par ses propres soldats, l'an 267 de notre ère, ou 1020 de Rome.

17 On a vu, dans la note précédente, que ce fut en 267 que Postume fut assassiné. On sait peu de chose sur le tyran Lollien ou Laelien dont parlent les auteurs de l'*Histoire de Languedoc*. « Lelien, Lollien, Elien, ce dernier avec le prénom de Lucius, dit M. Mionnet (*De la rareté et du prix des médailles Romaines*, II, 71) sont des noms qui, dans les auteurs qui en ont parlé, paraissent désigner le même personnage, savoir le tyran qui, au rapport de l'histoire, usurpa la couronne dans la Gaule, pendant que Postume régnait sur cette contrée, qui fut la cause de la mort de celui-ci, et qui y régna pendant plusieurs mois, jusqu'à ce qu'il fut tué par ses propres soldats, à l'instigation de Victorin. Suivant les médailles, au contraire, ce seraient trois personnages différens, puisque leurs prénoms ne sont pas les mêmes. Aussi, à l'imitation d'Eckhel les avons-nous distingués, et en avons-nous fait trois tyrans; mais l'histoire de ces tyrans est fort embrouillée. » Les médailles de Laelien sont incontestables ; on y lit du côté de la tête, tantôt : IMP. C. VLP. COR. LAELIANVS, tantôt : IMP. C. LAELIANVS. P. F. AVG. — Sur celle qui porte le nom de Lollien, et que l'on ne connaît que par Tanini, on lit : IMP. C. LOLLIANVS. P. F. AVG. Enfin sur celle d'Elien, rapportée dans le Musée Theupoli ; la légende est ainsi formée : IMP. C. Q. VALENS. AELIANVS. P. AVG.

18 La ville d'Albenga, où naquit Proculus, était dans la Gaule Cisalpine, et portait le nom de d'*Albium Ingaunum*, mots dont on a formé le nom moderne. Bien que, selon Vopiscus, il ait entraîné dans sa révolte les provinces de la *Gallia Braccata*, on ne trouve aucune médaille de lui dans cette partie de la Gaule; celles qui ont été publiées, n'existent point dans les cabinets, et on peut les considérer comme fausses.

19 Bonosus était né en Espagne d'une famille originaire de l'Angleterre. Après avoir commandé les troupes romaines dans la Rhétie, sous Aurélien et Probus, il fut proclamé empereur par ses légions, l'an de Rome 1033 ou 280 de J.-C. Parvenu jusqu'auprès de Cologne, en 1034, ou 281, il fut vaincu et tué.

20 Le monument dont parlent ici les auteurs de l'*Histoire de Languedoc* est conservé dans le jardin de la Préfecture du département de l'Aude, à Carcassonne. C'est une colonne semblable en tout aux colonnes milliaires, et elle a été trouvée sur les bords de la voie qui conduit à *Tolosa*. Lors de la découverte de ce monument on crut y retrouver le premier et nouveau milliaire établi sur ce chemin, en comptant les distances du centre de la Cité de Carcassonne jusqu'aux limites de la cité de *Tolosa*, limites fixées, comme on l'a vu dans les notes précédentes, à 34 milles romains de cette dernière ville. Mais les Bénédictins ont cru y voir, au lieu d'une colonne itinéraire, un monument honorifique, croyant apparemment que les sigles de la dernière ligne de l'inscription, N. M., étaient les initiales de ce formulaire qu'on retrouve si souvent dans les inscriptions impériales de cette époque, et particulièrement dans celles du règne même de Carus et de ses deux fils, *Numini Majestatique*; alors les deux lettres initiales suivantes P. I. seraient, non l'expression du titre de *Prince de la jeunesse* que l'inscription a déjà donné à Numérien, et qu'il a d'ailleurs sur une de ses médailles, rapportée par Kell, et où il est représenté debout, en habit militaire, tenant une branche d'olivier; mais, selon les Bénédictins, l'annonce que ce monument avait été érigé aux dépens du public. Ces deux sigles P. I. signifient, en effet, dans les inscriptions, *Impensa Publica*, et c'est sans doute, d'après cette explication, qui pourrait être contestée, que les auteurs de cette histoire ont dit que le peuple de Carcassonne fit élever à Numérien un monument aux dépens du public. Au reste, Numérien, qui était né vers l'an 1007 de Rome (254 de J.-C.) fut déclaré Prince de la jeunesse et César, par son père, en 1035. L'année suivante, il eut le titre d'empereur, sans avoir celui d'Auguste. L'inscription de Carcassonne, ne le dési-

gnant que sous celui de Prince de la Jeunesse, doit être de l'an 1035 de Rome, ou 282 de J.-C. Ce monument présente d'ailleurs une singularité : il nomme ce prince *Numerius Numerianus*, tandis que sur les médailles il est constamment désigné par les noms de *Marcus Aurelius Numerianus*, comme il l'est aussi sur une inscription de Guisona, en Catalogne (*Gruter. Inscrip. Rom.* CCCXXIII 5 ·) Flavius Vopiscus et Sextus Aurelius Victor ne lui donnent que le nom de Numérien.

21 Selon quelques auteurs, Carinus fut assassiné dans la Mœsie, par un tribun dont il avait violé la femme. Sextus Aurelius Victor (*Epitome*) s'exprime ainsi sur cet indigne fils de Carus : « *Hic Carinus omnibus se sceleribus inquinavit. Plurimos innoxios fictis criminibus occidit. Matrimonia nobilium corrupit ; condiscipulis quoque, qui taxaverunt eum in auditorio verbi fatigatione, perniciosus fuit. Ad extremum trucidatur ejus præcipui Tribuni dextera, cujus dicebatur conjugem polluisse.*

22 On conserve encore dans l'église de Baziége, lieu qui portait, comme on l'a vu, à l'époque romaine, le nom de *Badera*, une colonne milliaire placée jadis sur la voie de *Tolosa* à Narbonne, sous le règne de Dioclétien et de Galerius. J'ai publié ce monument, en 1814, dans les *Monumens religieux des Volces Tectosages, des Garumni et des Convenæ* ; L'inscription gravée sur cette colonne est très fruste.

23 C'est sans doute vers ce temps que fut placée à dix-neuf milles de *Badera*, aujourd'hui Baziège, une autre colonne milliaire, conservée dans le Musée de Toulouse, et sur laquelle on lit l'inscription suivante, dans laquelle le grand Constantin n'est encore désigné que sous les titres de *très noble César* et d'*empereur*, Galerius n'ayant pas consenti à ce qu'il prit encore celui d'*Auguste* :

IMP.
CAES. FLA
VAL. CONS
TANTINO. N
OB. C. DIVI CO
NSTANTI PII
AVG. FILIO
XV.

24 Voici l'éloge qu'Ausone fait de ce professeur célèbre :

Inter cognatos jam fletus, avuncule, Manes :
    Inter Rhetoricos nunc memorandus eris.
Illud opus pietas, istud reverenda virorum
    Nomina, pro patria religione habeant.
Bis meritum duplici celebremus honore parentem
    Arborium, Arborio patre, et avo Argicio.
Stemma tibi patris Æduici. Tarbellica Mauræ
Matris origo fuit. Ambo genus procerum.
Nobilis et dotata uxor, domus et schola cultæ
    Principum amicitiæ contigerunt juveni.
Dum Constantini fratres opulenta Tolosa
    Exilii species sepositus cohibet.
Byzanti inde arcem, Thressæque, Propontidis urbem
    Constantinopolim fama tui pepulit.
Illic dives opum, doctoque ibi Cæsare honorus
    Occumbis, patribus Magne superstitibus.
In patriam sed te sedem, ac monumenta tuorum,
    Principis Augusti restituit pietas.
Hinc renovat causis lacrymis, et flebile munus,
    Annuus ingrata relligione dies.

25 Le premier de ces princes, Flavius Julius Delmatius, fils du frère de Constantin, porte sur ses médailles les titres de *Très noble César*, FL. DELMATVS NO*Bilissimus* CAESar, et de *Prince de la Jeunesse*, PRINCIPI IVVENTVTIS. Il naquit à Toulouse, selon quelques-uns ; selon d'autres, à Narbonne. Son oncle le déclara *César*, l'an de Rome 1088 qui correspond à l'an 335 de J.-C. Il eut en partage pendant la vie de son oncle, la Thrace, la Macédoine et l'Achaïe. Il fut égorgé l'an 1090 de Rome, ou de J.-C. 337, par les soldats qui, après la mort de Constantin le Grand, ne voulurent reconnaître pour empereurs que les fils de celui-ci.

Le frère de ce prince, *Flavius Claudius Hanniballianus*, qui porte le titre de roi sur ses médailles, FL. CL. HANNIBALLIANVS REX, était né aussi, à ce que l'on croit, à Toulouse. A la même époque où Delmatius fut déclaré *César*, il reçut le titre de Roi et eut en partage le Pont, la Cappadoce et l'Arménie. Il fut égorgé par les troupes, ainsi que son frère Delmatius l'an 1090 de Rome, an 337 de notre ère.

Fl. Julianus Delmatius et Hanniballianus eurent pour précepteur, à Narbonne, le rhéteur Exuperius, qui, né à Bordeaux, fut d'abord professeur à Toulouse. Ausone (*Commemoratio Professorum Burdigalensium*) fait ainsi l'éloge de ce rhéteur :

Exuperi memorande mihi, facunde, sine arte,
    Incessu gravis, et verbis ingentibus, ore
Pulcher, et ad summam, motuque habituque venusto ;
    Copia cui fandi longe pulcherrima ; quam si
Audita tenus acciperes, deflata placeret.
Discussam scires solidi nihil edere sensus.
Palladiæ primum toga te venerata Tolosæ ;
    Mox rapuit levitate pari. Narbo inde recepit.
Illic Delmatio, genitos fatalia regum,
Nomina, tum pueros grandi mercede docendi
Formasti, Rhetor, metam prope puberis ævi.
Cæsareum qui mox indepti nomen, honorem
Præsidis, Hispanumque tibi tribuere tribunal.
Decedens, placidos mores, tranquillaque vitæ
    Tempora prædives finisti sede Cadurca.
Sed patriæ te jura vocant et origo parentum
Burdigalæ ut rursum nomen de Rhetore reddas.

26 On montre dans l'admirable cloître d'Elne le fragment d'un tombeau qui, suivant la tradition, serait

celui dans lequel Constantin aurait été enseveli. Ce fragment offre le monogramme de Christ, formé d'un X *chi* et d'un P *rho*, et environné d'une couronne de laurier. Mais ce symbole a été sculpté sur les monuments funéraires d'un grand nombre de chrétiens des premiers siècles, et rien n'indique que ce fragment ait fait partie du tombeau de cet empereur égorgé par les ordres de Magnentius.

27 On trouve, en effet que, l'an de Rome 1104, ou 351 de J.-C., *Magnentius* était consul avec Gaiso, dans cette partie de l'empire qui lui était soumise. Dans les autres, on datait les actes et les monuments publics en se servant de cette formule : *Post consulatum Sergii et Nigriniani*. Sergius et Nigrianus avaient, en effet, été consuls en l'an 1103 de Rome, ou 350 de J C.

28 Ausone donne, comme on l'a vu dans la note 25, l'épithète de *Palladienne* à la ville de *Tolosa*, imitant en cela Martial. Il ajoute ailleurs à ce titre celui d'*Opulenta*, riche ou puissante, et celui de *Quintuple*, qui semble annoncer qu'elle était formée de la réunion de cinq villes C'est dans son épître XXIV, adressée à Paulin, qu'il donne cette épithète à *Tolosa* :

Quintuplicem socias tibi Martie Narbo Tolosam.

Plusieurs critiques ont voulu, à l'aide de quelques autres vers d'Ausone en l'honneur de cette ville, expliquer celui-ci. Il dit, en effet, dans l'épigramme où il donne à *Tolosa* la onzième place parmi les villes les plus célèbres (*Clar. Urb.*)

Quæ modo *Quadruplices* ex se quum effuderit urbes,
Non ulla exhaustæ sentit dispendia plebis,
Quos genuit cunctos gremio complexa colonos.

Catel (*Mémoires de l'Histoire de Languedoc*, 118) dit : « Il semble qu'Ausone ayt voulu appeler la ville de Tolose *Quintuplicem*, tout ainsin qu'il a dit en l'épigramme qu'il a faict de la ville de *Syracuse*, *quadruplices Syracusas*, d'autant que la ville de Syracuse a esté composée de quatre villes qui sont nommées par Cicéron... tellement qu'il semble que l'intention de ce poète ayt esté de dire que quatre villes sout sorties de Tolose, ou plustost que Tolose a mis dans la clôture de ses murailles quatre villes, bourgs, ou fauxbourgs contigus; c'est pourquoy il dit que Tolose est environnée d'un grand et long circuit de murailles*. Ce qui rend cette explication plus probable, c'est le dernier de ces trois vers qui dit que que la ville de Tolose embrasse dans son sein tous les habitants qu'elle a engendrez. Car il semble par ces paroles vouloir dire qu'elle a compris dans son circuit de murailles quatre villes ou faubourgs qui estaient joignans : si bien que d'elle soient sorties ces quatre villes ; toutefois elle ne se ressent pas de sa perte, d'autant qu'elle n'est pas moins peuplée à cause qu'elle a retenus tous ses habitants dans sa closture. Je désirerois bien en ce lieu, pouvoir apporter une plus claire explication de ces vers, tirée de l'antiquité; toutefois je n'en sçay point de plus vraisemblable; car de croire ce que quelques-uns ont dit estre véritable que ces quatre villes mentionnées par Ausone sont *Cordes Tolosanes*, *Gaillac Tolosanes*, *Seysses Tolosanes* et *Martres Tolosanes*, lesquels retiennent encore le nom de Tolose, je ne le puis imaginer, d'autant que ces quatre villes sont appelées *Tolosanes*, parce qu'elles sont situées *in Pago Tolosano*, pour les séparer et distinguer des autres villes qui portent le mesme nom, lesquelles sont hors le *Pagus* ou diocèse ancien de Tolose. »

L'abbé Audibert crut trouver, dans Toulouse même, et dans les lieux qui indiquent autour de cette ville des vestiges d'habitation antique, l'explication de l'épithète de *Quintuple* donnée à *Tolosa* par Ausone. Ces lieux sont, suivant lui, 1° l'ancienne métropole des *Tectosages*, ou *Vieille-Toulouse*; 2° les environs du couvent des Récollets, position où l'on trouve des urnes, des inscriptions et des médailles ; 3° Toulouse même ; 4° le quartier opposé à cette ville, ou le faubourg Saint-Cyprien ; 5° enfin, le canton éloigné où l'on voit encore les ruines de l'amphithéâtre. Ne serait-ce pas, continue l'abbé Audibert (*Dissert. sur les Origines de Toulouse*, 61, 62, 63) ce qu'Ausone a voulu exprimer dans son éloge de cette ville ? On voit ici une ville principale distinguée de quatre autres ; c'est pourquoi le même auteur a dit :

. . . . Et mox
Quintiplicem socias tibi Martie Narbo *Tolosam*.

Le système de l'abbé Audibert est ingénieux et paraît au premier examen, probable : il cite avec bonheur les deux textes d'Ausone. Mais celui-ci, en se servant du mot *effuderit*, qui indique évidemment des migrations d'habitants, a-t-il voulu dire seulement que des colonies sorties de *Tolosa*, s'étaient groupées près de ses murs, et y avaient formé quatre villes ? C'est ce qu'on ne peut affirmer, et peut-être Ausone a-t-il voulu faire allusion aux colonies nombreuses sorties de *Tolosa*, et qui s'établirent dans la Germanie, dans l'Espagne et dans l'Asie Mineure. L'épithète de *Quintuple* ne peut avoir été donnée à cette ville que pour annoncer qu'elle était formée de la réunion de cinq villes différentes ; et c'est absolument dans le même sens qu'en parlant de Syracuse, le même poète a dit, *Quadruplices Syracusas*, et, ailleurs, *duplex Arelate*, en décrivant Arles, que le Rhône divisait en deux villes. Dans des temps plus modernes, Toulouse, resserrée encore dans l'enceinte romaine, avait des faubourgs immenses, et il ne faut

---

* Coctilibus muris quam circuit ambitus ingens.

pas dédaigner ce que dit Catel à ce sujet (*Mémoires de l'histoire de Languedoc*, 112, 113) : « J'ai vu dans les archifs de l'église métropolitaine de Tolose, des anciens plaidoyez.... dans lesquels est narré que Tolose estoit anciennement fort peuplée...... L'advocat Benedicti dit que, *præteritis temporibus*, Tolose sembloit estre grand chose, grandement peuplée de gens et y avait beaucoup d'habitants, car on lit que *diebus illis*, *de suburbiis solis*, sailloyent *pro defensione villæ*, quarante mille hommes....»

L'enceinte antique de *Tolosa* était, naguère encore, parfaitement dessinée jusqu'à la porte de Villeneuve, ou du *Ministre*, par les remparts démolis, il y a peu d'années, et qui s'étendaient du *Château Narbonnais*, ou de la porte Saint-Michel, jusqu'à celle de *Villeneuve* ou du *Ministre*. De ce point, ils étaient tracés presque en ligne droite et flanqués de tours jusqu'au bord de la Garonne, traversant le sol où s'élève l'hôtel-de-ville actuel et le couvent des Dominicains, et longeant celui où l'on voit actuellement l'hospice militaire. Je publierai la description de cette enceinte ainsi que les changements apportés à ces fortifications, dans les *Additions* qui auront rapport aux détails donnés par D. Vaissette, sur l'attaque de cette ville par le comte de Montfort.

29 Voyez les *Additions et Notes* du liv. II, p. 137, 138 et seq.

30 Les doctrines des Gnostiques doivent avoir eu des sectateurs fervens dans les contrées qui forment le Languedoc. Le chevalier Viguier d'Estagnol, de Narbonne, possédait, selon Latour d'Auvergne (*Origines Gauloises*, 11) de précieuses tablettes de plomb, trouvées dans les montagnes des Corbières, qui sont un appendice des Pyrénées. C'était un livre des Gnostiques ou Basilidiens, presque semblable à celui que don B. de Montfaucon a publié. L'auteur de ces notes possède un livre semblable, formé de sept tablettes de plomb, et trouvé aussi dans les Corbières. La partie supérieure des pages est chargée de figures parmi lesquelles on croit reconnaître plusieurs divinités égyptiennes ; au-dessous est gravé un texte en anciens caractères grecs. Ce curieux monument fait partie de ceux qui sont décrits dans l'*Archéologie Pyrénéenne*. M. Viguier avait cru y retrouver des caractères gravés par les Druides.....

31 Il est démontré aujourd'hui que l'*Ebromagus* de Paulin n'est point l'*Hebromagus* de l'Itinéraire, ou l'*Eburomagus* de la Table Théodosienne.

32 Les idoles ont sans doute été enlevées, cachées ou brisées même, alors que les empereurs l'ont voulu ; mais le culte ancien a conservé pendant longtemps encore de nombreux sectateurs. Les Capitulaires de nos rois, les Conciles, prouvent que les superstitions du Polythéisme n'ont pas été aussitôt éteintes. Au XIIIe siècle, les femmes allaient encore révérer, pendant la nuit, Hérodiade et Diane. On retrouve encore dans nos montagnes de nombreuses traces du Paganisme. Les *Pierres saintes*, autels votifs, chargés d'inscriptions, sont encore révérées (voy. *Monumens religieux des Volces Tectosages* et l'*Archéologie pyrén.*), comme, en d'autres lieux, la longue pierre des Dolmen. Des traditions mythologiques existent dans toute la chaîne des Pyrénées, et celles qu'a recueillies l'auteur de ces notes composent une sorte de système, dans lequel on retrouve des restes des croyances Druidiques et des fables grecques et romaines, ainsi que quelques-unes de celles des peuples venus de la Péninsule Hispanique, et des hordes du nord, accourues dans les derniers temps de l'empire. On a essayé de réunir ces mythes nombreux dans l'un des volumes de l'*Archéologie Pyrénéenne*. (Voy. *Additions et Notes du liv.* I, p. 60 et seq.)

33 Voyez les *Additions et Notes* du liv. II, 142 et suivantes.

34 Cette magnifique basilique est décrite en détail dans les *Additions et Notes* du liv. XI de cette histoire.

35 Voyez, sur Javoux, les *Additions et Notes* du liv. II. *Note* 25.

36 Des peintures précieuses représentent, dans l'église de Saint-Saturnin de Toulouse, les Vandales vaincus par saint Exupère ; d'autres peintures anciennes, consacrent le même souvenir dans la chapelle champêtre bâtie à Blagnac, près de Toulouse, sur le champ même où le saint évêque Exuperius fut enseveli. Une scène pareille est représentée sur une châsse dont l'auteur de cette note a publié la lithographie (voy. *Mémoires de la Société archéologique du midi de la France*, III).

Les peintures de la chapelle de saint Exupère, à Blagnac, près de Toulouse, ont été décrites par M. Belhomme (*Mémoires de la Société Archéologique du midi de la France*, II, 153 et seq.)

Cette chapelle fait partie d'un autre édifice, beaucoup plus moderne. L'entrée est formée par un arc à plein cintre qui repose sur deux montans octogones, qui se lient à la maçonnerie. Les nervures des voûtes avaient, à leur réunion, soit des écussons, soit des figures qui en ornaient les clefs. On n'y voit plus que les boulons qui les retenaient autrefois. A la droite de l'autel, est l'ouverture du souterrain qui porte le nom de *Tombeau de saint Exupère*. On n'y trouve, après y être descendu, qu'une figure en plâtre, grossièrement modelée, et offrant la figure couchée d'un évêque. Des peintures, qui remontent, à-peu-près, à la fin du XIVe ou au commencement du XVe siècle, couvrent les murs. Elles forment deux lignes, et chaque sujet était expliqué par une inscription en langue romane. Mais la ligne inférieure a extrêmement souffert et les inscriptions ont presque entièrement disparu. « L'une de ces peintures, à gauche en entrant, représente l'élection de saint Exupère. On lit au-dessous :

COMA LA LECION FOC FEITA

Un dignitaire, revêtu d'un surplis à larges manches, se montre sur la porte d'un grand édifice ; il tient un livre. On voit près de lui un grand nombre de religieux ; leurs cheveux sont coupés en couronne. Parmi eux, on peut reconnaître plusieurs personnages du peuple ; on croit reconnaître trois chanoines, ou trois membres du chapitre diocésain sur le premier plan. L'un d'eux tient un parchemin replié auquel un scel est appendu. L'introduction de chanoines dans ce sujet est sans doute un anachronisme ; nous en retrouverons d'autres sur ces curieuses peintures.

Un autre tableau représente la consécration de saint Exupère ; au-dessous on lit :

COMA SANT SVPERI FOC FEIT ARSEBESQUE.

Cette phrase est encore un anachronisme, puisque ce n'est qu'en 1312 que l'évêché de Toulouse fut érigé en archevêché, et que saint Exupère était en possession de ce siége au commencement du ve siècle. Dans ce tableau, deux évêques consécrateurs ayant la mitre en tête, une large manipule au bras gauche, une chappe d'or, et tenant la crosse, sont là. Exupère est assis sous un dais d'étoffe bleue, orné de franges d'or ; il est aussi revêtu d'une chappe précieuse. Plusieurs prêtres et religieux assistent à cette cérémonie.

Le tableau suivant montre Exupère donnant la communion au peuple, qui se presse autour de l'autel, où le pontife vient d'offrir le sacrifice. Il tient entre ses doigts l'hostie consacrée. L'homme le plus rapproché de l'autel présente, de la main droite, une sorte de patène à manche ; il tient son bonnet de la gauche. Au-dessous de ce tableau on lit :

COMA SANT SVPERI FASIO RECEBRE LE POPLE

Une autre peinture représente saint Exupère chassant les Vandales qui attaquaient *Tolosa*. On lit au-dessous ces mots qui expliquent le sujet de ce tableau :

COMA SANT SUPERI GARDET THOLOSA DE PERI

La plus affreuse ingratitude ayant été la seule récompense offerte à saint Exupère, il se retira dans la délicieuse vallée d'Aure, sa patrie, et, reprenant les habitudes du laboureur et du berger, il oubliait, dans ses occupations rustiques, et *Tolosa* et ses habitans. Bientôt une grande famine afflige la Narbonnaise. Ses terribles effets se font principalement ressentir à *Tolosa* ; le peuple est effrayé ; la cause du fléau, il a cru la voir dans l'absence de son évêque. « Alors, dit l'historien Bertrand, traduit par G. de la Peyrière, les Tolosains furent inspirés de la grâce de Dieu, à chercher leur prélat, et pour envoyer leurs plus faconds orateurs par tout le monde pour le quérir ; lesquels perlustrant les Espagnes, les Gaules, les monts Pyrénées et autres lieux, rien ne trouvèrent, et pour ce revenoient à *Tolosa*, comme hors d'espoir. Et en revenant passèrent devant le saint homme où il estoit en priant Dieu devostement et tenant vie d'hermite, et se logèrent en un lieu près, et par longs souspirs et regrets disoient telles paroles semblables : « O Exupère, notre père, nous te prions instamment qu'il te plaise nous donner secours en ceste fière bataille. Hélas ! il nous est incertain que devons faire. — Et, d'adventure, la mère de saint Exupère estoit tout près, laquelle notoit bien tout et quand elle oyt nommer son fils, elle dit aux orateurs : Messieurs, qui estes si dolens, que demandez-vous ? lesquels lui expliquarent la cause de leur douleur et voyage, et après la bonne dame répondit : — Celui que demandez est ici derrière en ces champs avec son père ; c'est celui qui est evesque de Tolose, et à ceste heure touche les bœufs de l'aiguillon avec son père. Les messagers voyant leur seigneur, prirent course et avec grande joie vinrent et le saluèrent humblement, en le priant qu'il lui plaise retourner à Tolose, laquelle chose refusa en disant que le peuple de Tolose estoit endurci et obstiné en son péché. Ce nonobstant, les orateurs, comme bien appris, de rechef supplient le saint homme, en luy racontant le grand amour qu'avaient les Tolosains envers luy, et pareillement la cruelle famine qui estoit par tout Tolose : et pour cela, le saint homme répondit fermement qu'il estoit autant possible que jamais retournât à Tolose, comme estoit possible que le baston qu'il tenoit ez mains pour toucher les bœufs florit et verdoyât ; et, ces paroles dites, incontinent le dit baston commence à florir, et pour ce le saint homme promit retourner à Tolose ; et luy, émerveillé d'un tel mystère, dit en ceste manière : « vraiment la volonté de Dieu est que je retourne à mes enfans de *Tolose* » ; et ce dit, le saint homme se départit de ses parens, non sans grande lamentation. Ainsi s'en retourna saint Exupère à Tolose, auquel les Tolosains vinrent au devant avec grande procession, et chantant hymnes. » — Cette circonstance de la vie de saint Exupère a été représentée dans l'un des tableaux de sa chapelle. On y voit les envoyés du peuple de Toulouse ; l'un d'entr'eux tient un parchemin plié au bout duquel pend un scel rouge retenu par un ruban bleu. Un autre de ces députés porte des ornemens pontificaux. La mère et le père de saint Exupère sont aussi là. Ce saint évêque est costumé en laboureur : un *Berret* rouge, la *Boyna* des Basques, couvre sa tête ; il porte un surtout bleuâtre. Une large courroie serre ses souliers.

Déjà le bâton avec lequel il aiguillonne les bœufs, a poussé la tige fleurie qui ne lui permet plus de douter des volontés du ciel. L'inscription indique que les députés de Toulouse furent le chercher dans le champ qu'il cultivait.

COMA LE BENGVEREN QVERRE AL CAMP.

Les autres tableaux, qui forment la série inférieure, offrent l'image des derniers momens de la vie de saint Exupère, ses obsèques et le transport de ses restes, du tombeau de Blagnac à l'église de saint Saturnin de Toulouse. On y remarque les Capitouls revêtus de leurs robes mi-parties de noir et de pourpre, et bordées d'hermine. Certes, l'auteur ne songeait guère qu'au cinquième siècle, les Décurions ou magistrats municipaux n'étaient pas revêtus des mêmes insignes que ceux qui existaient à l'époque où ces tableaux ont été peints.

37 Dans un article spécial, qui fait partie des *Addit. et Notes* de l'un des livres suivans, on a rassemblé tout ce qui est relatif aux assemblées politiques, administratives et municipales de la Province, avant la fin du XIIIe siècle. Là on a essayé de faire connaître et la constitution du Languedoc à cette époque, et les chartes communales des principales villes, bourgs et villages de cette partie de la France.

FIN DES ADDITIONS ET NOTES DU LIVRE TROISIÈME.

LIVRE QUATRIÈME.

I.
Origine des Gots

L'empire Romain s'affoiblissoit de jour en jour, soit par les frequentes irruptions des peuples barbares dans ses plus belles provinces, soit par l'usurpation de divers tyrans, quand les Gots, après avoir désolé l'Italie pour la troisième fois au commencement du v. siecle, pénétrerent dans les Gaules, y fixerent leur demeure, établirent dans Toulouse le siege de leur empire, et donnerent ensuite leur nom à la Narbonnoise premiere.

Suivant la plus commune opinion [1] ces peuples tiroient leur ancienne origine de cette partie de la Suede qu'on appelle le Gothland [*], d'où ils passerent dans la Germanie, et s'établirent d'abord dans la Saxe et la Pomeranie entre l'Elbe et la Vistule : mais peu contents de cette nouvelle demeure, ils en chercherent bientôt après une autre plus orientale, et allerent s'établir vers le Palus Mæotide, où on prétend que leur nom, leur langue et leur race subsistent encore. De là ils étendirent leur domination le long du Danube dans les pays voisins de la Dace et de la Thrace orientale, provinces de l'empire dont ce fleuve faisoit la frontiere (an 215). Comme les Getes avoient anciennement occupé ce même pays, la ressemblance des noms a donné occasion à quelques [2] historiens de les confondre avec les Gots, peuples entierement differens.

Ces derniers s'étant établis au voisinage de l'empire ne furent pas long-tems sans s'attirer les armes des Romains par les frequentes incursions qu'ils firent sur leurs terres, et dont ils faisoient leur occupation ordinaire. L'empereur Caracalla fut le premier qu'on connoisse, qui l'an 215. de J. C. porta la guerre dans leur pays, et entreprit de les soûmettre. On peut voir ailleurs le succès de cette guerre et de celles qui suivirent les differentes incursions de ces barbares sur les terres de l'empire; il nous suffit de remarquer ici que leurs courses leur donnerent lieu de se convertir au Christianisme.

II.
Leur conversion à la foi.

La conversion des Gots commença vers la fin du III. siecle sous l'empire de Valerien [1], par les prisonniers qu'ils firent dans une de leurs courses, et parmi lesquels il se trouva plusieurs prêtres. Ceux-ci moins touchez de leur propre captivité que de l'aveuglement de leurs maîtres, n'oublierent rien pour leur faire connoître le vrai Dieu, et les instruire des mysteres de la religion Chrétienne. Dieu bénit leur zele et leurs instructions: plusieurs de ces barbares ouvrirent les yeux à la lumiere de l'Evangile, et embrasserent le Christianisme qui se maintint dans sa pureté parmi eux jusqu'en l'an 376. que chassez de leurs terres par les Huns, nation plus puissante que la leur, ils firent solliciter par Ulphilas leur évêque l'empereur Valens de leur donner des terres dans l'empire. Pour gagner plus aisément ce prince fauteur des Ariens, ils lui promirent tous, tant ceux qui étoient dejà Chrétiens, que ceux qui ne l'étoient pas, d'embrasser l'Arianisme : ce fut à cette condition que Valens leur accorda la Thrace pour leur demeure.

III.
Leur établissement dans l'Empire.

La nation Gothique étoit partagée en deux principaux peuples, selon la differente situa-

---

[1] Jorn. de reb. Get. - Grot. Proleg. in hist. Got. - V. Till. emp. tom. 3. art. 17. sur Valens.
[2] Spart. p 89. Isid. orig. l. 9.

[*] V. Additions et Notes du Livre IV, n.° 1.

[1] Sozom. hist. l. 2. c. 6 - V. Till. emp tom 4 p 439. et Note 97. sur les Ariens tom 6 hist eccl

tion des pays [1] qu'ils occupoient à la gauche du Danube. Ceux qui demeuroient au Levant s'appelloient Ostrogots, c'est-à-dire, Gots Orientaux; et on nommoit Visigots ou Gots Occidentaux ceux qui étoient établis vers le couchant. Ces derniers, qui étoient soûmis à un roi ou prince de leur nation appellé Athanaric et qui sont les mêmes qui s'établirent dans la suite dans les Gaules et en Espagne, après avoir abandonné la plus grande partie de leur pays aux Huns, passerent le Danube au nombre de deux cens mille sous la conduite de deux de leurs chefs Alavit et Fritigerne. Leur premier soin, après leur arrivée dans la Thrace, fut de s'appliquer à la culture des terres que l'empereur leur avoit accordées dans cette province: mais pressez par la disette des vivres et par les mauvais traitemens des officiers romains, ils prirent les armes peu de temps après, coururent le pays et le pillerent malgré l'opposition des Romains et la défaite des Gruthonges ou Ostrogots qui les avoient suivis. L'empereur Valens eut lui-même le malheur d'être défait par ces peuples, et de périr miserablement par le feu que ses soldats avoient mis par hazard à une grange où il s'étoit retiré après sa défaite.

Les Visigots enflez de l'heureux succès de leurs armes, continuerent de ravager la Thrace et l'Illyrie, jusqu'à ce que leur roi Athanaric, qui étoit demeuré jusqu'alors au-delà du Danube, aiant été défait sous l'empire de Théodose, ils furent obligés en 382. de se soûmettre à ce prince qui leur accorda une partie de la Thrace et de la Mœsie pour leur demeure. Les uns s'y appliquerent à cultiver les terres et furent exemts de tribut, et les autres[2] prirent les armes en faveur de l'empire qu'ils servirent fidelement jusqu'après la mort de ce prince. L'ambition de Ruffin, natif d'Eause en Aquitaine et ministre de l'empereur Arcade, et le mécontentement d'Alaric l'un de leurs principaux chefs, leur donnerent alors occasion de recommencer leurs courses et leurs brigandages sous la conduite du même Alaric.

[1] Am Marcell. l. 31. - Sozom. l. 6. Idat. fast. Jorn. ibid.
[2] Zosim l. 5. - Claudian. de bell. Get. - Jorn. ibid

IV.

Extraction d'Alaric I. roi des Gots. Ses ravages en Italie.

Ce prince étoit issu de la famille des Balthes, la plus noble et la plus illustre de la nation Gothique après celle des Amales. Ses vertus militaires jointes à son extraction, le rendoient respectable à ses compatriotes et formidable à ses ennemis. Quoique né au milieu de la barbarie dans l'isle de Peucé à l'embouchure du Danube, et élevé dans l'Arianisme comme la plûpart des Gots, il avoit pourtant beaucoup plus d'humanité et de religion que les Romains mêmes: il en donna des marques éclatantes dans le sac de Rome. Il commença d'abord de servir sous l'empereur Théodose, et il étoit un de ceux qui commandoient un corps de troupes auxiliaires de la nation Gothique au service de l'empire sous le regne de ce prince.

Alaric étoit trop ambitieux pour borner sa fortune à celle de simple capitaine: après la mort de Theodose (an 395), il prit les armes et se révolta ouvertement contre Arcade successeur de ce prince, sous prétexte qu'on n'avoit pas égard à ses services. On accuse Ruffin ministre de ce dernier empereur, qui connoissoit son ambition et qui vouloit satisfaire la sienne, de lui avoir inspiré secretement la révolte, dans la vuë d'affoiblir l'empire d'Orient pour se frayer par là le chemin au thrône. Alaric se laissa aisément persuader; et flaté de l'esperance de conquerir et de piller, il assembla de toutes parts les troupes de sa nation, se mit à leur tête et ravagea la Thrace, la Pannonie et la Grece, malgré l'armée d'Occident que Stilicon, qui vint au secours d'Arcade, lui opposa. Ce ne fut qu'après la paix que fit, à ce qu'on[1] croit, cet empereur avec Alaric, que ce dernier mit les armes bas. Arcade persuadé de sa valeur et de son experience, lui confia alors le commandement des troupes Romaines dans l'Illyrie Orientale (an 396). On ajoute[2] que quelques années après, c'est-à-dire, vers l'an 399. les Visigots alliez ou sujets des Romains

[1] V. Till. art. 7. sur Arcade.
[2] Jorn. ibid. c. 29.

declarerent Alaric leur chef et lui défererent le titre de Roi.

On ignore le veritable motif de la premiere irruption que ce prince barbare fit ensuite en Italie à la tête des troupes de sa nation en l'an 400. Stilicon general de l'empereur Honoré[1] l'obligea d'en sortir, mais il y rentra en 402. et cette seconde irruption fut aussi fatale que la premiere à toute l'Italie, que les Visigots traverserent. Alaric menaça même la ville de Rome, si l'empereur ne lui accordoit des terres où il pût s'établir avec ceux de sa nation, qu'il offroit de mettre au service de l'empire: mais après sa défaite à la fameuse bataille de Pollence dont on a dejà parlé, il fut obligé (an 403) d'abandonner une seconde fois l'Italie, de demander la paix aux Romains, et de leur laisser comme autant d'ôtages, sa femme, ses enfans et ses belles-filles qui avoient eu le malheur d'être faits prisonniers. Alaric reprit alors le chemin de la Pannonie[2] et de la Dalmatie d'où il étoit venu. Stilicon ministre d'Honoré, dont la politique étoit d'epargner cet ennemi de l'empire, avec lequel il entretenoit des intelligences secretes, dans la vuë de s'en servir pour reconquerir sur l'empereur Arcade frere d'Honoré l'Illyrie Orientale, qui avoit autrefois fait partie de l'empire d'Occident, lui fit donner par ce dernier prince le commandement general des troupes Romaines dans l'Illyrie Occidentale (an 407). Pour assûrer le succès de cette expedition, Stilicon lui promit des sommes considerables, et de le suivre lui-même de près: mais sous prétexte que ce ministre lui avoit manqué de parole, Alaric prit le parti de retourner en Italie avec les troupes de sa nation (an 408). Avant que d'y rentrer il envoia des deputez à Stilicon pour le sommer de le faire dédommager par l'empereur des dépenses qu'il avoit faites, tant pour la levée et l'entretien de son armée, que pour la peine qu'il avoit prise de venir jusqu'aux Alpes; en sorte qu'Honoré pour éviter ses armes, dont il étoit menacé en cas de refus,

fut obligé, de l'avis du sénat, de promettre de lui faire délivrer au plûtôt quatre mille livres pesant d'or. On assure[1] que Stilicon avoit appellé secretement Alaric, et lui avoit promis de faire ouvrir les passages des Alpes pour l'emploier dans l'execution des projets qu'il méditoit contre l'empereur Honoré: mais ce prince aiant été informé peu de tems après des desseins ambitieux de ce ministre, qui vouloit mettre son fils Eucher sur le throne, lui fit ôter la vie.

La mort de Stilicon n'empêcha pas Alaric d'executer le dessein qu'il avoit formé de s'emparer de l'Italie. Avant que d'en venir à l'execution, il fit proposer la paix à Honoré aux mêmes conditions dont ils étoient dejà convenus: mais ne voiant pour réponse de la part de cet empereur que des préparatifs de guerre, il en fit aussi de son côté, et manda incontinent à Ataulphe son beau-frère de venir le joindre dans la Pannonie où il étoit et d'ammener avec lui toutes les troupes des Gots et des Huns qu'il pourroit ramasser. En attendant il s'avança lui-même jusqu'à Rome, l'assiegea et la réduisit aux dernieres extrémitez. Il voulut bien cependant lever le siege de cette ville moiennant une somme considerable qu'on lui compta: aiant donc fait sa paix avec les Romains, il s'engagea au service de l'empire, et se retira en Toscane.

V.

Honoré associe Constantin à l'empire. Alaric fait prendre la pourpre à Attale.

A la faveur de troubles que les Gots excitoient en Italie, le tyran Constantin qui résidoit alors dans la ville d'Arles, non content de se voir paisible possesseur de toutes les Gaules, et hors d'état d'être troublé par l'empereur Honoré, porta sa temerité jusqu'à lui envoier des ambassadeurs pour excuser son usurpation et lui demander même d'être associé à l'empire. Honoré qu'une telle proposition auroit irrité dans une autre occasion, se crut obligé d'user de politique et de menagement dans celle-ci et d'accorder cet hon-

---

[1] Claudian. ibid. et de sext. Honor. consul. - Oros. l. 7. c. 27. et seq.
[2] Sozom. l. 6. c. 23 - Zosim l. 5. - Olymp apud Phot. cod. 80.

[1] Philostorg. l. 12. c. 2. - Zosim. ibid. - Sozom. l. 9. c. 6.

neur à Constantin (an 409). Il refusa en même-tems aux Gots, à la sollicitation d'Olympe son nouveau ministre et des autres ennemis d'Alaric, l'execution des conditions de paix dont ils étoient convenus ; ce qui donna lieu à ce roi des Visigots, après plusieurs negociations inutiles où l'empereur et ses ministres le traiterent avec la derniere hauteur, de recommencer la guerre, de se rapprocher de Rome et de la bloquer, en attendant qu'il l'assiegeât dans les formes une seconde fois, d'abord après la jonction des troupes d'Ataulphe son beau frere. À l'arrivée de ce dernier, Alaric forma le siege de cette capitale de l'empire, et poussa si vivement les assiegez, que ceux-ci, plus pressez encore par la famine que par les armes des barbares, furent obligez de se soûmettre à la discretion de ce prince, et de recevoir de sa main Attale préfet de Rome pour empereur à la place d'Honoré.

Attale redevable à Alaric de la pourpre, et ne se soûtenant que par ce prince, le declara aussitôt general de ses armées, et fit Ataulphe comte des domestiques, c'est-à-dire, chef des troupes de sa maison : mais comme Alaric n'avoit élevé ce nouvel empereur sur le thrône, que pour se servir de son nom et de son autorité pour la conquête qu'il fit d'une partie de l'Italie, il le dépouilla bientôt après de la pourpre dont il l'avoit revêtu, dans le dessein de faire la paix avec Honoré. Il avoit obligé celui-ci de se renfermer dans Ravenne, et lui auroit même fait perdre la liberté avec l'empire, sans le secours que ce prince reçut de l'Afrique qui lui demeura fidele, et celui que Theodose le jeune son neveu, fils et successeur de l'empereur Arcade, lui envoia d'Orient.

Le tyran Constantin [1] offrit aussi à Honoré son secours contre Alaric : mais c'étoit moins pour l'aider que pour profiter de sa foiblesse, et sous ce prétexte le dépouiller du reste de l'empire. Constantin se rendit en effet avec ses troupes jusqu'à Verone (an 410) : mais aiant appris à son arrivée que ce prince avoit fait mourir Allobic, avec qui il entretenoit des intelligences secretes ; et craignant que ses pernicieux desseins ne fussent découverts, il reprit le chemin des Gaules, et retourna à Arles avec autant de précipitation et de désordre que s'il eût été poursuivi par ses ennemis et obligé de prendre la fuite.

VI.

Prise de Rome. Mort d'Alaric.

D'un autre côté Alaric qui n'avoit dépouillé [1] Attale de la pourpre que pour faire à Honoré de nouvelles propositions de paix, et l'engager de retirer la princesse Placidie sa sœur qu'il avoit faite prisonniere à Rome, mais à qui il faisoit rendre cependant tous les honneurs dûs à sa naissance ; piqué de la fierté de ce prince et du refus qu'il fit de ses offres, marcha avec son armée vers Rome, l'assiegea pour la troisiéme fois ; et après s'en être rendu maître le 24. d'Août de l'an 410. l'abandonna au pillage et à toute la fureur du soldat qui, conformément à ses ordres, ne respecta que les églises, et n'épargna que ceux qui s'y étoient réfugiez. Par là cette ville superbe qui jusqu'alors avoit été la maîtresse de tant de peuples, se vit elle-même esclave d'un Got et d'un barbare qui lui donna la loi.

Peu de jours après cette célèbre expedition, Alaric sortit de Rome chargé des riches dépouilles de cette ville, ou pour mieux dire des thrésors de toutes les nations, suivi d'un grand nombre de prisonniers, et entr'autres de la princesse Placidie. Il prit sa route vers la Campanie qu'il ravagea à son passage : s'étant avancé ensuite jusqu'à Reggio aux extrêmitez de la Calabre, il [2] méditoit une descente en Sicile, lorsque la mort, qui l'enleva subitement dans la vingt-huitième année de son regne, fit échoüer son entreprise.

Ce roi, la gloire de sa nation et la terreur des Romains, fut enterré avec honneur et d'une maniere fort singuliere. Jornandes raconte, qu'après avoir détourné le cours de la riviere de Barentin près de Cozence, les Gots firent creuser par leurs prisonniers une fosse très-profonde au milieu du lit de cette riviere

---

[1] Sozom l. 9. c. 12. Olympiod. ibid.

[1] Zosim l. 6. Oros. l. 7. c. 39.
[2] Idat. chron. Jorn. c. 30. Isid. chron.

où ils enterrerent le corps de ce prince ; et que pour dérober à la posterité la connoissance des richesses qu'ils y jetterent pour honorer sa sepulture, ils firent mourir tous ceux qui avoient été employez à y travailler : après quoi ils firent rentrer le Barentin dans son lit.

VII.

Ataulphe succede à Alaric.

Les Visigots se donnerent bientôt un nouveau roi. Leur choix [1] tomba sur Ataulphe qui avoit épousé la sœur d'Alaric, et à qui cette alliance autant que sa faveur et ses autres vertus militaires, mais sur-tout son aversion pour les Romains, méritent la préférence sur tous les autres officiers de sa nation. Jornandes prétend que ce nouveau roi fit un second voiage à Rome, pour enlever tout ce qui pouvoit y être resté du dernier pillage : mais on a d'autant plus lieu de douter de la vérité de ce fait, qui n'est d'ailleurs attesté par aucun auteur contemporain, que cet historien avance en même-tems que la princesse Placidie fut faite prisonniere par ce prince dans ce prétendu second sac de Rome ; et qu'il l'épousa ensuite à Forli, ville d'Italie ; ce qui est également faux. *

VIII.

Geronce se révolte contre Constantin, et soûmet la Narbonnoise.

Le tyran Constantin, qui continuoit de regner dans les Gaules, avoit alors un puissant ennemi sur les bras en la personne du general Geronce qui commandoit auparavant pour lui en Espagne, et qui, après s'être ligué avec les Vandales, qu'il avoit introduits au-delà des Pyrenées, s'étoit révolté et avoit revêtu Maxime de la pourpre. Cette révolution [2] avoit obligé Constant fils de Constantin, qui regnoit en Espagne, de prendre la fuite et de se refugier à Arles, où il arriva

[1] Oros. ibid. c. 43. Idat chron. Jorn. c. 31. V. Pagi critic. ad ann 411 n 2

[2] Oros. ibid c 42 Sozom. l 9 c. 12 et seq Olymp. ibid

* V Additions et Notes du Livre IV, n° 2.

dans le tems que Constantin son pere revenoit du voiage d'Italie dont on a deja parlé. Geronce non content d'avoir chassé Constant des provinces d'Espagne, le poursuivit dans les Gaules ; et après avoir laissé Maxime dans Tarragone, il passa les Pyrenées avec une puissante armée, soûmit d'abord la Narbonnoise, et poussa ensuite si vivement Constantin et Constant, que ces deux tyrans se voiant hors d'état de lui résister, furent obligez d'appeller les François et les Allemans à leur secours ; et, en attendant leur arrivée, de se jetter dans les places fortes pour se mettre à couvert des insultes de ce dangereux ennemi.

IX.

Fuite de Geronce. Siege d'Arles.

Constant se chargea de la défense de Vienne où Geronce l'assiegea et le fit mourir. Après la prise de cette place, ce general alla assieger Constantin qui s'étoit renfermé dans Arles. Geronce étoit actuellement occupé au siege, quand l'empereur Honoré voulant se défaire des tyrans qui occupoient les Gaules, avant que d'entreprendre la guerre contre les Gots et les autres barbares, envoia Constance son general en deçà des Alpes avec une armée pour soûmettre ces provinces à son obeissance. Constance dont les historiens nous ont laissé un portrait très-avantageux, aiant passé les Alpes, s'avança du côté d'Arles. A son approche la plûpart des soldats de Geronce qui faisoit le siege de cette ville, abandonnerent aussitôt le parti de ce general, et déserterent son camp pour se rendre dans celui de l'empereur : ce qui obligea ce rebelle de lever le siege d'Arles, et d'abandonner les Gaules pour se retirer en Espagne où il fut massacré par les siens qui dépouillerent en même tems de la pourpre le prétendu empereur Maxime.

Constance [1] se voiant delivré de Geronce, continua le siege d'Arles contre Constantin et Julien son fils qui défendirent cette place durant quatre mois avec toute la valeur possible, dans l'attente du secours des François et des Allemans, qu'Edobic François de na-

[1] Oros. ibid. - Sozom. l. 9. c. 14, Greg. Tur. l. 2. c. 9.

tion avoit été chercher au-delà du Rhin. Ce secours arriva enfin (an 411), et son approche effraya tellement les generaux d'Honoré qu'ils pensoient dejà à abandonner le siege et a reprendre le chemin de l'Italie, lorsque Constance voiant qu'il ne pouvoit éviter le combat, prit le parti de le prévenir et d'aller au-devant de ce secours pour tâcher de le surprendre.

X.

Bataille donnée auprès d'Arles en deçà du Rhône.

Constance passa le Rhône avec la meilleure partie de ses troupes, et rangea son infanterie en bataille, résolu d'attendre l'ennemi de pied ferme et de l'attaquer de front tandis que le general Ulphilas, Got de nation, qu'il détacha avec la cavalerie, alla se mettre en embuscade pour prendre les François en queuë. Ce projet fut très-heureusement exécuté : Edobic, qui ne s'attendoit pas d'être surpris, se trouva renfermé entre les deux corps d'armée commandez par Constance et Ulphilas, qui l'attaquerent brusquement avec beaucoup de vigueur ; ce qui l'obligea de plier et de chercher son salut dans la fuite, après avoir laissé la plus grande partie de ses troupes sur le champ de bataille, outre un grand nombre de prisonniers (NOTE XLIII). Ce combat se donna en deçà du Rhône du côté du Languedoc et vers l'endroit où est aujourd'hui la ville de Beaucaire. Le general Edobic après sa défaite, crut trouver un asile assûré en Auvergne [1] chez un seigneur Gaulois de ses amis nommé Ecdice, pere de l'empereur Avitus ; il se trompa cependant. Ce seigneur moins touché du violement des droits de l'hospitalité, que de la fortune qu'il esperoit tirer de la mort de son hôte, lui fit couper la tête, et l'apporta lui-même à Constance auprès duquel il crut s'en faire un grand mérite : mais ce general dont la grandeur d'ame égaloit la sagesse, loin d'approuver et de récompenser une action si noire et si détestable, se contenta de dire qu'on étoit bien [2] obligé au general Ulphilas d'avoir donné occasion à Ecdice de delivrer l'empire d'un ennemi. Constance ordonna en même-tems à ce seigneur Auvergnat de se retirer, et refusa la demande qu'il lui fit de demeurer dans le camp ; crainte que la presence ou le commerce d'un homme qui avoit également violé les loix de l'amitié et celles de l'hospitalité n'attirât quelque malheur sur son armée.

XI.

Prise d'Arles. Soûmission de la province à l'obéissance de l'empereur Honoré.

Constance après avoir entierement dissipé le secours des François, repassa le Rhône avec ses troupes, et alla reprendre le siege d'Arles. Constantin qui défendoit cette place, averti de la mort d'Edobic et de l'entiere défaite du secours qu'il lui amenoit, se voiant alors [1] sans ressource, ne songea plus qu'à capituler ; et pour obtenir des conditions plus avantageuses, il quitta la pourpre et se fit ordonner prêtre. Il étoit près de se rendre à discrétion, quand Constance sur l'avis qu'il eut que Jovin issu d'une famille des plus illustres des Gaules, et qu'un auteur [2] moderne conjecture être originaire de Narbonne, avoit été proclamé empereur à Mayence, et que soûtenu d'une puissante armée de barbares, il venoit fondre sur la sienne, se hâta de son côté de conclure la capitulation à des conditions qu'il auroit peut-être refusées dans un autre tems. Ce general accorda la vie à Constantin de même qu'à Julien son fils, et pardonna aux habitans d'Arles, qui lui ouvrirent les portes de leur ville à cette condition. Constance en fit sortir peu de tems après Constantin et Julien pour les envoier à Honoré : mais cet empereur voulant sans doute venger sur eux la mort de Didyme et de Verinien ses cousins qu'ils avoient fait mourir, ne leur donna pas le tems d'arriver à Ravenne, et leur fit couper la tête en chemin [3] au mois de Septembre de l'an 411. Honoré fit ensuite apporter à Carthage les têtes de ces deux tyrans pour être placées hors des murs de la ville avec celles des autres tyrans Maxime,

---

[1] V. Vales rer Franc. l. 4 p. 182.
[2] V. Sozom et not. Val ibid.

[1] Sozom. ibid. c. 15. Olympiod. et Greg. Tur. ibid Idat. in Fastis.
[2] Tristan tom. 1 p 330.
[3] Idat. Fast.

Eugene, et un autre Maxime, qui y avoient été mises du tems de Theodose et du grand Constantin.

XII.

Entrée des Visigots dans les Gaules

La réduction d'Arles et la mort de Constantin assûrerent à l'empereur Honoré les provinces[1] voisines qui se soûmirent à son obéïssance, et reconnurent l'autorité de ses officiers : la paix dont elles joüirent ne dura pas long-tems. Jovin s'étoit en effet déjà rendu maître de la Belgique et de la Lyonnoise, c'est-à-dire de la Gaule Ulterieure, ainsi appellée, pour la distinguer de la Citerieure (NOTE XLIV), composée de l'Aquitaine et de la Narbonnoise. D'un autre côté les Visigots qui étoient demeurez jusqu'alors en Italie, firent une irruption en deçà des Alpes l'an 412. sous la conduite de leur roi Ataulphe. On ignore[2] le véritable motif qui fit abandonner à ces peuples la Toscane, où on croit[3] qu'ils avoient fixé leur demeure depuis la mort d'Alaric, et qui les engagea de passer dans les Gaules. Jornandes assure que ce fut en execution d'un traité qu'ils avoient fait auparavant avec Honoré, qui, à ce qu'il prétend, leur avoit cedé les Gaules : mais cet accord prétendu n'étant[4] nullement vraisemblable, comme on l'a déjà dit ailleurs, et comme la suite le fera voir, il y a lieu de croire que l'esperance de piller et d'enlever dans les Gaules, ce qui avoit pû échapper à l'avidité et à la fureur des Vandales et des Alains qui les avoient précedez, fut l'unique motif qui fit passer les Visigots en deçà des Monts (an 412).

Rien n'est plus touchant que la peinture qu'un pieux[5] auteur nous a laissée de l'état des provinces méridionales des Gaules après l'entrée de ces barbares. « Quand tout l'Ocean, » dit cet auteur, auroit inondé les Gaules, il » n'y auroit pas fait de si horribles ravages : » nos bestiaux, nos fruits et nos grains ont » été enlevez ; nos vignes et nos oliviers déso- » lez ; nos maisons de campagne ruinées ; et » à peine reste-t-il encore quelque chose dans » les campagnes : mais tout cela n'est que la » moindre partie de nos maux. Depuis dix » ans les Vandales et les Gots font de nous » une cruelle boucherie : les châteaux bâtis » sur les rochers, les villes le plus fortes, » les bourgs situez sur les plus hautes montagnes » n'ont pû garantir leurs habitans de la » fureur de ces barbares ; et l'on a été par-tout » exposé aux dernieres calamitez. Ils n'ont » épargné ni le sacré ni le profane, ni la foi- » blesse de l'âge, ni celle du sexe : les hommes » et les enfans, les gens de la lie du peuple et » les personnes les plus considerables, tous » ont été sans distinction les victimes de leur » glaive. Ils ont brûlé les temples dont ils ont » pillé les vases sacrez, et n'ont respecté ni la » sainteté des vierges, ni la pieté des veuves : » les solitaires n'ont pas éprouvé un meilleur » sort. C'est une tempête qui a emporté in- » differemment les bons et les mauvais, les » innocens et les coupables. Le respect dû a » l'épiscopat et au sacerdoce n'a pas exempté » ceux qui en étoient honorez ; ces barbares » leur ont fait souffrir les mêmes indignitez » et les mêmes supplices : ils les ont enchaî- » nez, déchirez à coups de foüets, et condam- » nés au feu comme les derniers des malheu- » reux. » Telle étoit la triste situation des provinces méridionales des Gaules, où il paroît que cet auteur écrivoit, après le ravage des Vandales et l'entrée des Visigots sous la conduite d'Ataulphe leur roi.

XIII.

Ligue d'Ataulphe avec Dardane préfet des Gaules contre les tyrans Jovin et Sebastien.

Ce prince ne fut pas plûtôt entré dans les Gaules, qu'il alla d'abord avec son armée joindre le tyran Jovin, à la persuasion d'Attale qu'il emmenoit avec lui de même que la princesse Placidie. Il fut peut-être trouver ce tyran dans la vûë de lui proposer[1] une ligue contre l'empereur Honoré et le partage des Gaules qu'il se promettoit d'envahir

---

[1] Sozom ibid.
[2] Prosp chron Cassiod. chron. - Jorn. c. 31.
[3] V. Till art 31. sur Honoré.
[4] V. Till. ibid. art. 48.
[5] Carm de provid p 786 et seqq apud Prosper - V. Till art. 35 sur Honoré.

[1] Oros. l 7 c 42 Olympiod. ibid.

de concert avec lui; car les historiens ne marquent ni le lieu ni le sujet de cette entrevuë : ils font seulement entendre que Jovin et Ataulphe se separerent assez mécontens l'un de l'autre. Au retour de cette conference, ce dernier fut averti que Sarus general de l'empereur Honoré et Got comme lui de nation, mais son ennemi particulier, avoit abandonné le parti de cet empereur, et s'étoit mis en marche, accompagné seulement d'une vingtaine de personnes, pour aller joindre Jovin et lui offrir ses services : il alla à sa rencontre, et l'attaqua avec un corps de dix mille hommes. Il n'en falloit pas tant pour battre une si petite troupe : Sarus cependant malgré l'inégalité de ses forces se défendit en désesperé, et fit des prodiges de valeur ; mais enfin accablé par le nombre, il fut pris par Ataulphe, qui pour satisfaire sa vengeance, eut la cruauté de le faire mourir.

Cette action peu digne d'un prince auroit été capable de brouiller entierement ce roi des Visigots avec Jovin, si leur mésintelligence n'eût éclaté d'ailleurs dans le même tems par la démarche que fit ce dernier d'associer Sebastien son frere contre le sentiment de ce prince [1] et même malgré lui. Dardane préfet des Gaules et le seul officier de ces provinces qui fidele à Honoré ne s'étoit pas soûmis à Jovin, fut charmé de la désunion de ce tyran avec les Visigots, dans l'esperance d'en tirer avantage en faveur de l'empereur, et d'engager enfin ces peuples à embrasser son parti contre ce même tyran. En effet Ataulphe irrité de la conduite de Jovin, et de ce qu'il avoit associé son frere Sebastien, envoia des embassadeurs à Honoré pour lui offrir la paix, avec promesse de lui envoier la princesse Placidie et les têtes de ces deux tyrans, s'il vouloit lui accorder une certaine quantité de bled et quelques autres conditions que les historiens ne marquent pas. L'empereur Honoré, soit qu'il voulût effectivement accorder la paix à Ataulphe, ou plûtôt le désunir pour un tems d'avec les tyrans des Gaules pour les combattre ensuite tous separément, accepta ces conditions qui furent jurées solemnellement de part et d'autre. Ainsi après le retour [1] de ses ambassadeurs, Ataulphe se mit en devoir d'executer ce traité (an 413). Il alla d'abord, de concert avec Dardane * mettre le siege devant Valence dans la Viennoise où Jovin s'étoit enfermé, força cette ville et se rendit maître de la personne de ce tyran qu'il fit remettre aussitôt à Dardane. Ce préfet des Gaules étoit alors à Narbonne, dont il s'étoit emparé de son côté sur Sebastien qui s'y étoit jetté, et où il l'avoit arrêté prisonnier. Il avoit dessein d'envoier ces deux tyrans à l'empereur, mais impatient d'en délivrer bientôt l'état, il coupa lui-même la tête à Jovin dans cette derniere ville et y fit mourir Sebastien. Il envoia ensuite leurs têtes à Carthage pour y être placées sur les murailles avec celles des autres tyrans. Decimus Rusticus, ci-devant préfet [2] sous les tyrans Constantin et Constant son fils, et Agrece secretaire de Jovin dont ils avoient pris le parti, eurent le même sort en Auvergne : ils furent massacrez par les officiers d'Honoré, qui traiterent de même plusieurs autres personnes de consideration du pays, qui avoient suivi le même parti.

XIV.

Ataulphe rompt la paix avec Honoré, fait une tentative sur Marseille, prend Narbonne et Toulouse.

Il semble qu'Ataulphe, après un service aussi signalé que celui d'avoir délivré l'empire de ces tyrans, et une execution aussi prompte de ses promesses, étoit en droit d'exiger d'Honoré, la même fidelité à tenir les siennes : mais cet empereur [3] vivement sollicité par le general Constance, qui espérait d'épouser Placidie, ne cessoit de presser Ataulphe de lui renvoier cette princesse conformément à leur traité, sans se mettre en peine de son côté d'en executer les conditions. La famine [4] qui regnoit alors dans les Gaules, et que les ravages précédens des barbares avoient cau-

---

[1] Olympiod. ibid. Prosp chron V. Till. art 47. et seq. et note 26 sur Honoré.

[1] Idat. Fast et chron. Prosp. et Olympiod. ibid.
[2] Greg. Tur. hist. l 2. c. 9.
[3] Olympiod. ibid.
[4] Tyr. Prosp chron.

* V. Additions et Notes du Livre IV, n° 3.

sée mettoit d'ailleurs Honoré hors d'état de fournir la quantité de grains qu'il avoit promise aux Visigots. Chacun de ces deux princes s'excusoit de tenir sa parole, et aucun ne se mettoit en devoir de l'executer, soit par impuissance, soit par mauvaise volonté, car Ataulphe dans le dessein d'epouser Placidie, ne pensoit à rien moins qu'à remettre cette princesse à l'empereur son frère. Les affaires étoient dans cette situation, et le roi des Visigots ne cherchoit qu'un prétexte de recommencer la guerre, lorsque se trouvant campé près du Rhône, où il s'étoit arrêté après la prise de Valence, il ménagea une intelligence dans Marseille, dans la vûe de surprendre cette ville. Il s'avança en effet de ce côté-là à la tête de son armée : mais il fut prévenu par la vigilance du comte Boniface qui commandoit dans la place ; en sorte qu'aiant été vivement poursuivi par ce general, il fut battu, blessé dangereusement, et obligé de faire une retraite honteuse et de regagner son camp.

Le mauvais succès de cette entreprise ne déconcerta pas Ataulphe. Ce prince se flattant que ses armes seroient plus heureuses ailleurs, entra dans la Narbonnoise premiere, et arriva devant Narbonne, métropole de cette province dans le tems[1] des vendanges ; ce qui fit qu'il surprit aisément cette ville dont il eut soin de s'assurer (NOTE XLV n. 2. et 3.). Il paroît que ce roi marcha ensuite vers Toulouse, et qu'il s'en empara ; car nous sçavons que cette ville fut prise au commencement du v. siecle par les barbares, et que les désordres et les excès qu'ils y commirent, obligerent[2] les personnes les plus considerables de l'abandonner, et d'aller chercher un asile hors de leur patrie : or ce ne peut être que les Visigots ou les Vandales qui se rendirent alors maîtres de cette ville ; et nous avons deja vû qu'elle ne fut point prise par ces derniers, puisque S. Exupere son évêque par ses prieres la préserva de leur fureur, et que ces barbares passerent bientôt après en Espagne.

[1] Idat. chron.
[2] Rutil. itin. p. 14 V. Not. Castalion. et Bartii ibid.

XV.

Victorin abandonne Toulouse sa patrie.

L'un des plus distinguez qui dans cette occasion abandonnerent leur patrie, fut Victorin[1], homme très-respectable par la gravité de ses mœurs et par les charges considerables qu'il avoit exercées dans l'empire. Il avoit rempli entr'autres celles de vicaire du préfet des Gaules dans l'isle de Bretagne, où par la sagesse de sa conduite et la douceur de son gouvernement il s'étoit attiré l'amour, l'estime et la confiance des peuples. Il vivoit retiré dans Toulouse sa patrie dans le tems que cette ville eut le malheur d'être prise et saccagée par les barbares, ce qui l'obligea de quitter les Gaules. Son attachement pour l'empereur Honoré fut sans doute un des motifs qui l'engagerent, après avoir abandonné sa patrie, à s'approcher de ce prince et à chercher une retraite en Italie dans une campagne voisine de Volterre dans la Toscane. Il fixa sa demeure dans cette solitude, où il supporta sa mauvaise fortune avec la même moderation qu'il avoit fait paroître dans sa plus grande prosperité. L'empereur sensible à sa fidelité autant qu'à ses services passez, l'appella à la cour et lui offrit la charge de comte palatin ou des domestiques : mais Victorin préferant les plaisirs de la campagne aux honneurs du palais imperial, et la douceur d'une vie privée à la gloire des emplois les plus éclatans, remercia ce prince de cette marque de distinction et continua de vivre dans la retraite qu'il s'étoit choisie.

XVI.

Nouvelles négociations au sujet de Placidie. Nôces d'Ataulphe avec cette princesse célébrées à Narbonne.

Les Visigots, après s'être rendus maîtres de Toulouse, étendirent leurs conquêtes aux environs de cette ville, et y porterent la désolation[2]. Ils marcherent ensuite vers Bordeaux[3], où il paroît qu'ils entrerent comme amis de même que dans quelques autres villes des Gaules, parce que les négociations entre

[1] Rutil. ibid.
[2] Tyr. Prosp. chron.
[3] Paulin. Eucharist. - V. Till. art. 81. sur Honoré.

Ataulphe et Honoré n'étoient pas encore sans doute entierement rompuës. Placidie également recherchée de ce roi des Visigots et du general Constance, étoit tout ensemble l'obstacle et le nœud de la paix. Ataulphe[1] outre la passion qu'il avoit conçuë pour elle, esperoit en l'épousant assûrer son autorité et ses conquêtes : dans cette vuë, lorsque Constance, qui se flattoit de son côté d'épouser aussi cette princesse, le pressoit vivement de la remettre entre les mains de l'empereur Honoré, ce roi barbare affectoit de nouvelles demandes que ce prince étoit hors d'état de lui accorder. La plus grande difficulté qu'Ataulphe avoit à surmonter, pour faire réussir le dessein qu'il avoit d'épouser Placidie, étoit de gagner le cœur de cette princesse et de la faire consentir à son mariage. La proposition étoit d'autant plus délicate, que Placidie, quoique prisonniere, conservoit au milieu de sa captivité des sentimens dignes de la fille du grand Theodose ; ainsi il ne paraissoit pas aisé de persuader à cette princesse, plus grande encore par sa pieté et par ses excellentes qualitez d'esprit et de cœur que par son auguste naissance, d'épouser un roi barbare, un hérétique, le destructeur de l'empire, et enfin l'ennemi du nom Romain et de l'empereur Honoré son frere. Cependant Ataulphe voulant absolument gagner cette princesse, emploia toutes les personnes qu'il crut avoir le plus d'ascendant sur son esprit. Il se servit entr'autres d'un officier d'Honoré nommé Candidien, homme d'esprit et de distinction, qui agit si bien auprès d'elle, qu'il la détermina enfin à épouser ce roi.

Candidien obtint le consentement de Placidie, par l'adresse qu'il eut sans doute de lui persuader qu'Ataulphe avoit entierement changé de sentiment et de dessein à l'égard de l'empereur et de l'empire ; car nous sçavons d'ailleurs que vers ce même-tems, ce roi eut une conversation à Narbonne avec un seigneur de la même ville qui étoit fort avant dans ses bonnes graces, et qui étoit également recommandable par sa pieté, son mérite et les emplois militaires qu'il avoit remplis sous l'empereur Theodose ; ce qui peut nous faire conjecturer que c'étoit peut-être le même que Candidien dont nous venons de parler.

Ataulphe[1] qui avoit tout l'esprit et tout le courage d'un Romain, s'entretenant familierement avec cet officier, lui assûra plusieurs fois, même avec serment, que sa plus forte passion avoit été autrefois d'effacer entierement le nom Romain, et d'y susbtituer celui de sa nation, en donnant a l'empire le nom de Gothie au lieu de *Romanie,* et celui d'Ataulphe aux empereurs ses successeurs, à la place des noms de Cesar et d'Auguste : mais sçachant par une longue experience, que le génie des Gots et leur barbarie ne leur permettoit pas de s'assujettir aux loix nécessaires pour la conservation des états, il avoit préféré la gloire d'être le restaurateur de la puissance Romaine, et d'y concourir de toutes ses forces ; que c'étoit pour cette raison qu'il souhaitoit de conclure la paix avec Honoré. Orose rapporte ce fait comme l'aiant appris de S. Jerôme qu'il avoit vû à Bethléem l'an 415. ou 416., et il atteste que ce dernier l'avoit appris de l'officier même auquel Ataulphe en avoit fait confidence.

Ces dispositions du roi des Visigots toucherent sans doute Placidie ; et l'esperance qu'elle eut de les entretenir et de les augmenter encore, lorsque de captive de ce prince elle seroit devenuë son épouse, fit apparemment que l'amour de sa patrie, de sa famille et de sa liberté l'emporterent[2] enfin sur la répugnance naturelle qu'elle avoit d'épouser un roi barbare, qui d'ailleurs avoit actuellement une autre femme, qu'il répudia pour pouvoir épouser cette princesse. Le jour des nôces, dont la pompeuse cérémonie se fit à Narbonne dans la maison d'Ingenius Seigneur le plus distingué de la ville, fut fixé au mois de Janvier de l'an 414. Ataulphe n'oublia rien pour rendre cette fête digne de Placidie et de la majesté roiale ; tout y fut magnifique et répondit à la generosité de l'un et à l'auguste naissance de l'autre. Le roi des Visigots y parut vêtu à la Romaine, et après avoir donné la premiere place à Placidie, il s'assit auprès

---

[1] Olympiod. p. 185. et seqq. - Idat. chron

[1] Oros. l. 7. c. 42

[2] Olympiod. ibid - Idat. chron. - Philostorg l. 12 c. 4.

d'elle sur le lit nuptial paré de la maniere et selon l'usage des Romains. Il fit ensuite presenter à cette princesse de riches presens par cinquante jeunes seigneurs des mieux faits et vêtus de soye, dont chacun portoit deux bassins, l'un rempli de pieces d'or et l'autre de pierreries et de bijoux; tristes dépouilles de la ville de Rome. A ces presens succederent les divertissemens et le chant des hymnes ou épithalames à l'honneur des deux époux.

Attale que son vain titre d'empereur faisoit regarder comme le principal personnage de l'assemblée, chanta le premier, et après lui Rustique et Phœbade qui étoient sans doute les plus distinguez d'entre les Romains. C'est ainsi que se termina cette auguste fête à laquelle les Romains et les Visigots prirent également part, et qu'ils célebrerent à l'envi par toute sorte de jeux et de réjouissances *. Il y a lieu de croire qu'Ataulphe après avoir célébré ses nôces dans Narbonne, fit encore quelque séjour dans cette ville : nous ne voyons pas du moins qu'il ait établi son siege dans la prétendue ville d'Heraclée sur le Rhône, dont quelques modernes prétendent qu'il fit alors la capitale de son roiaume, fondez sur l'autorité d'une inscription qui nous paroit manifestement supposée (NOTE XLVI).

XVII.

Siege de Narbonne par Constance. Retraite des Visigots en Espagne.

Ce mariage auroit dû, ce semble, renoüer la paix entre Ataulphe et l'empereur Honoré. Le premier [1] la souhaitoit sincerement, et Placidie son épouse ne cessoit de la lui inspirer ; mais soit qu'Honoré fût mécontent du mariage de sa sœur avec ce roi barbare, ou plûtot que le general Constance pour se venger d'Ataulphe qui lui avoit enlevé cette princesse, détournât cet empereur d'écouter aucune proposition de la part des Visigots, tous les projets de paix entre ces peuples et l'empire s'évanoüirent bientôt après. En effet, Constance, qui se trouvoit alors à Arles,

[1] Oros. l 7. c. 43. Paulin. Eucharist. - Olymp. p. 188.

* V. Additions et Notes du Livre IV, n° 4.

recommença aussitôt les hostilitez contre les Visigots, tandis qu'Ataulphe de son côté voiant qu'il n'y avoit plus de paix à esperer, se mit en état de continuer ses expeditions, et fit reprendre la pourpre à Attale. Constance après avoir passé le Rhône à la tête des troupes Romaines, marcha incontinent vers Narbonne la plus forte et la plus importante place dont les Visigots se fussent encore emparez dans les Gaules : ce general se contenta de la bloquer et d'empêcher la communication de la garnison qu'Ataulphe y avoit laissée, avec le reste de l'armée de ce prince qui s'étoit étendu du côté de la Garonne vers l'Aquitaine et la Novempopulanie.

Sur la nouvelle du blocus de Narbonne les Visigots craignant de voir bientôt cette ville tomber au pouvoir de Constance, qui leur coupoit déjà les vivres et se disposoit à les combattre, résolurent d'abandonner les Gaules pour se retirer en Espagne. Ils prirent en effet la route des Pyrennées : mais ce ne fut pas sans laisser à leur départ et sur leur passage des marques de leur fureur et de leur barbarie. La ville de Bordeaux, que ces peuples avoient épargnée jusques alors, fut la principale d'Aquitaine qui éprouva leur cruauté ; ils y mirent le feu, après l'avoir abandonnée au pillage. Bazas auroit eu le même sort, si Paulin petit-fils d'Ausone, qui s'y étoit retiré après le sac de Bordeaux et de sa maison, n'eût sçu par son adresse gagner le roi des Alains et le désunir des Visigots, avec lesquels il s'étoit joint pour faire le siege de cette ville dans l'esperance d'en partager les dépouilles. Ces Alains étoient un reste des peuples de la même nation, qui étoient entrez dans les Gaules avec les Vandales quelques années auparavant, et qui n'aiant pas voulu suivre leurs compatriotes en Espagne, étoient demeurez en Aquitaine. Ces barbares conjointement avec les Visigots pressoient vivement le siege de Bazas, et deja la plûpart des habitans se voiant sans ressource, étoient prêts à se rendre, lorsque Paulin s'étant coulé secretement dans le camp des Alains, persuada à leur roi de se détacher des Visigots, d'entrer dans la ville, et d'en prendre la défense contr'eux, ce qui obligea enfin ces derniers à lever le siege. Ces peuples continuerent ensuite leur marche vers l'Espagne ; et les autres troupes de leur nation, que Constance avoit forcé d'abandonner la ville de Narbonne, prirent la même route. Ainsi tous ces barbares passerent les Pyrenées vers la fin [1] de l'an 414. aiant à leur tête Ataulphe qui emmena avec lui la reine Placidie et Attale, lequel conservoit toûjours le vain tire d'empereur.

XVIII.

Mort du roi Ataulphe.

A l'arrivée des Visigots à Barcelonne, Placidie y accoucha d'un prince [2] à qui le roi Ataulphe son pere fit donner le nom de Theodose, en mémoire de l'empereur de ce nom, pere de la reine son épouse. La naissance de ce prince inspira au roi des Visigots de nouveaux sentimens de paix ; mais Constance la traversa encore, et rendit inutiles tous les efforts que ce prince et la reine Placidie son épouse faisoient pour l'obtenir. Ils ne joüirent pas long-tems de la satisfaction que leur avoit donnée la naissance de Theodose leur fils : la mort l'enleva bientôt après (an 415). Le corps de ce jeune prince fut mis dans un cercueil d'argent, et enterré avec pompe près de Barcelonne dans un lieu de prieres, au rapport d'un ancien historien, c'est à-dire dans une église de Chrétiens, ce qui fait juger qu'il avoit reçû le baptême.

Il paroît que les démarches d'Ataulphe et de Placidie pour la paix ne furent pas tout-à-fait inutiles, et que les Visigots firent enfin quelque accord avec Constance, puisque ce general leur fit [3] défense d'avoir des vaisseaux et de commercer dans les pays étrangers; ce qui marque en quelque sorte qu'ils étoient soûmis à ses ordres ou plûtôt à ceux de l'empereur Honoré.

Ataulphe ne survêcut pas long-tems à la mort de son fils Theodose. Il [4] avoit parmi ses domestiques un homme de sa nation, nommé Dobbie, qui cherchant depuis long-tems à se venger sur lui de la mort d'un autre roi Got, son ancien maître, que ce prince avoit massacré sous ses yeux, s'étoit mis à son service dans l'esperance d'executer plus aisement son pernicieux dessein. Ataulphe aiant rencontré ce domestique un jour qu'il étoit allé dans son écurie pour voir ses chevaux, suivant sa coûtume, et étant entré en conversation familiere avec lui, ce serviteur infidele profita de ce moment, se jetta sur lui et le frappa d'un coup de poignard au côté, dont ce prince mourut à Barcelonne vers la fin d'Août ou au commencement de Septembre de l'an 415. car on apprit la nouvelle de sa mort à Constantinople [1], le Vendredi 24. du même mois de Septembre, ce qui causa beaucoup de joie à la cour de l'empereur d'Orient.

XIX.

Ataulphe recommande Placidie à son frere. Sigeric succede à ce prince, et Wallia à Sigeric

Ataulphe avoit eu pendant sa vie trop de consideration pour Placidie son épouse, pour ne pas lui en donner des marques en mourant. Il eut soin avant que d'expirer de la recommander [2] à son frere dont les historiens ne marquent pas le nom, et qu'il se flattoit sans doute d'avoir pour successeur. Il le chargea de remettre cette princesse entre les mains d'Honoré et de cultiver l'amitié des Romains, persuadé que la liberté de Placidie seroit le lien de la paix entre les deux nations. Cette princesse eut cependant le malheur, en perdant le roi Ataulphe son époux, de voir ses dernieres volontez entierement méprisées; car Sigeric frere du general Sarus ennemi mortel de ce prince étant monté par violence et par brigue sur le throne des Visigots, dont la bassesse de sa naissance devoit naturellement l'exclure, se mit peu en peine de la renvoier à l'empereur son frere.

Sigeric poussa encore plus loin l'animosité qu'il avoit héritée de Sarus son frere contre Ataulphe. Il eut à peine forcé les Visigots de l'élire pour leur roi, qu'il donna des marques publiques de sa cruauté et de sa haine contre

---

[1] Oros. ibid.
[2] Olympiod ibid
[3] Oros. ibid. - V. Till. art 53. et 56 sur Honoré.
[4] Olympiod. ibid Idat. et Prosp. chron.

[1] Chron pasch in hist Byzant p 716.
[2] Olimpiod. Oros. et Idat. ibid.

tout ce que ce prince avoit laissé de plus cher. Il fit éclater principalement sa vengeance sur la reine Placidie, seconde épouse de ce roi, et sur les enfans qu'il avoit eûs de la premiere. Ces derniers, après avoir été arrachez par ses ordres d'entre les bras de Sigesaire évêque Arien de sa nation, furent ensuite massacrez: ils étoient au nombre de six suivant leur épitaphe, qu'on croit [1] cependant peu authentique. Quant à Placidie, Sigeric étant sorti de Barcelonne, eut l'indignité de la faire marcher à pied avec les autres captifs et devant son cheval l'espace de douze milles. Sa cruauté ne demeura pas long-tems impunie : les Visigots ses sujets voiant qu'il paroissoit disposé à faire la paix avec les Romains, avec qui ils l'avoient sans doute rompue, s'en défirent le septiéme jour de son regne.

Wallia qui lui succeda, et qui ne monta sur le throne que par le meurtre de ses concurrens, fut elû par les Visigots dans l'esperance qu'étant ennemi irreconciliable des Romains, il ne feroit jamais la paix avec eux: mais ce prince fin et rusé trompa leur attente, ainsi qu'on le verra après que nous aurons parlé de l'état où se trouvoit alors la Narbonnoise.

XX.

La Narbonnoise remise sous l'obéissance d'Honoré Le poëte Rutilius la visite.

Cette province délivrée du séjour et de la fureur d'une multitude de barbares qui l'avoient ravagée pendant plus de dix ans de suite, commença à respirer après leur sortie, sous le gouvernement du general Constance qu'Honoré avoit élevé à la dignité de patrice, et des autres generaux de cet empereur. Elle tâchoit de réparer les dommages qu'elle avoit soufferts, lorsque le poete [2] Rutilius entreprit d'y faire un voiage pour la consoler dans ses malheurs ainsi que les autres provinces des Gaules qui avoient également souffert de l'irruption des barbares (an 416). Ce poete s'interessoit d'autant plus à procurer du soulagement à ces provinces, qu'il étoit né [3] dans les Gaules, et à ce qu'il paroît, dans la ville de Toulouse * (v. NOTE XLV).

Claudius Rutilius Numatianus étoit fils d'un autre seigneur Gaulois qui s'étoit acquis beaucoup de gloire et de réputation dans les charges de questeur, de gouverneur de Toscane et d'intendant des largesses, qu'il avoit exercées successivement. Il paroît aussi que le pere de Rutilius fut honoré de la dignité de préfet. Les peuples charmez de sa bonté, de son amour pour la justice et surtout de son attention à les soulager, lui firent ériger, autant par estime que par reconnoissance, plusieurs statues en divers endroits de l'empire.

Rutilius, digne fils d'un tel pere, ne se rendit pas moins célèbre par son esprit, sa politesse, et ses grandes qualitez qui répondoient parfaitement à l'éclat de sa naissance. Il parvint aux premieres dignitez de l'empire; il fut honoré d'abord de la charge de maître des offices, et exerça ensuite vers l'an 414 celle de préfet de Rome. Quelque agrément qu'il trouvât à faire son séjour dans cette capitale du monde, il voulut bien l'interrompre pour venir au secours de sa patrie affligée, et tâcher de la relever par sa presence, son crédit et son autorité, des maux que les barbares venoient de lui faire. C'est dans cette vûe qu'il entreprit un voiage dans les Gaules, après que les Visigots les eurent abandonnées pour passer en Espagne, et avant le retour de ces peuples en deçà des Pyrenées. Rutilius vit dans sa route son ami Victorin dans la retraite qu'il s'étoit choisie en Toscane, et c'est en cette occasion qu'il fait l'éloge de cet illustre Toulousain dont on a déja parlé. Il paroît qu'ils étoient liez d'une amitié fort étroite depuis fort long-tems, et sans doute dès leur enfance, s'il est vrai que Rutilius fût natif de Toulouse, comme il y a apparence. Nous ignorons le succès de son voiage, parce que nous n'avons qu'une partie du poëme, où il en fait le récit. Ce qui nous reste de cet ouvrage fait assez connoître la beauté de son esprit avec l'étenduë et l'élevation de son génie : l'élégance de ce poëte est en effet beaucoup au-dessus de celle de son siecle.

---

[1] V Till art 36. sur Honoré
[2] Rutil. itin - V. Till art 67 sur Honoré.
[3] Rutil ibid vers 510.

* *V.* Additions et Notes du Livre IV, n° 5.

Le malheur qu'il avoit d'être enveloppé dans les ténèbres du paganisme est cause sans doute du portrait odieux et peu fidele qu'il fait dans ce poëme des solitaires qui habitoient alors les isles de la mer de Toscane; ce qu'on doit attribuer plûtôt à son aveuglement et à ses préventions contre la religion Chrétienne, qu'à un dessein formé de décrire une profession dont il ignoroit la sainteté.

XXI.
SS. Castor et Leonce freres natifs de Nismes.

Cette profession avoit déjà fait des progrès dans la Narbonnoise, comme on l'a déjà vû, et on prétend [1] que S. Castor avoit fondé alors un monastere dans la ville de Nismes sa patrie (NOTE XLVII) : mais il paroit plus vraisemblable que le monastere de ce saint étoit situé dans le diocèse d'Apt en Provence dont il fut évêque dans la suite. Le fameux Cassien qui écrivit les douze livres de ses institutions monastiques pour le même monastere de Castor, fait l'éloge de ce prélat dans quelques endroits de ses ouvrages. Des mémoires de l'église d'Apt ajoûtent plusieurs circonstances de sa vie : mais ces mémoires paroissent modernes et peu exacts. On nous en a communiqué une [2] ancienne vie qui paroit meilleure, et que nous joindrons avec ce que les monumens du tems nous apprennent d'ailleurs de ce saint.

Suivant cette vie Castor naquit à Nismes de parens illustres. Il commençoit à faire du progrès dans l'étude des belles lettres lorsqu'il eut le malheur de perdre son pere : devenu depuis cette perte l'unique appui de sa mere, il se fit un devoir de l'être aussi des orphelins et de tous ceux qu'il voioit injustement opprimez : il prenoit leur défense, et les protegeoit avec un zele digne de sa charité. Il fit principalement éclater cette vertu en la personne d'une veuve de la ville d'Arles que sa noblesse et sa pieté rendoient également recommandable. Cette dame se trouvant sans crédit et sans défense, eut recours à la protection de Castor contre un seigneur du pays appellé Auxence qui avoit injustement envahi son domaine, situé dans le territoire de Menerbe au diocèse et à deux lieuës d'Apt, dans un lieu appelé *Manancha*, et qu'on croit être Manancuegno, où l'on voit encore les masures d'une ancienne chapelle sous le patronage de notre saint. Castor instruit de l'indigne usurpation de ce seigneur et de l'iniquité des juges qui par sentence l'avoient maintenu dans l'injuste possession de ce domaine, en obtint par ses soins la cassation, et passa la mer pour aller en demander la confirmation à l'empereur qui la lui accorda. De retour en Provence, cette veuve, ne sçachant comment lui témoigner sa reconnoissance pour un service si signalé, lui offrit sa fille unique en mariage avec tout le domaine dont elle lui devoit la conservation. Castor accepta ces offres, mais il se separa bientôt après de son épouse, d'un consentement mutuel, pour vivre dans la retraite, et fit bâtir un monastere dans le même lieu de Manancha, où il embrassa la vie monastique, et dont il mérita ensuite d'être élû abbé. Le célebre Cassien abbé de Marseille avec qui il étoit deja lié d'amité, lui dédia alors son ouvrage intitulé, *Miroir de la Vie monastique.*

La réputation de la sainteté de Castor s'accrut tellement dans le pays, qu'il fut élû évêque d'Apt par le clergé et le peuple de cette ville, après la mort de S. Quintin son prédecesseur : ne pouvant se résoudre à accepter un si pesant fardeau, il s'excusa jusqu'à ce qu'il eût obtenu la permission de l'évêque *à qui il avoit promis obéissance.* Il se mit en chemin sous prétexte d'aller trouver ce prélat : mais il se cacha dans le fonds d'une caverne de la montagne de Lebredon pour se dérober à la connoissance du public jusqu'après l'élection d'un autre évêque d'Apt. Ses précautions furent cependant inutiles; il fut miraculeusement découvert, et se vit forcé d'obéir à son métropolitain qui l'ordonna dans un concile provincial tenu dans la même ville d'Apt.

On attribuë divers miracles à S. Castor, et entr'autres d'avoir délivré par ses prieres des prisonniers de sa ville épiscopale, dont il n'avoit pû obtenir l'élargissement du juge ou président qui gouvernoit le pays pour

---

[1] Cassian. illustr. p. 159. et seqq. pag. 405. 409. 709. et seq.

[2] Vie mss. de S. Castor communiquée par M. le Fournier religieux de S. Victor de Marseille.

l'empereur. Sa vie dont nous venons de faire un extrait, est assez conforme aux autres monumens du tems qui nous restent de lui. Le principal est l'éloge [1] de ses vertus que Cassien nous a laissé. Cet auteur [2] nous apprend que Castor avoit quitté les vanitez du monde pour se retirer dans la solitude, où il fonda un monastere qu'il gouverna en qualité d'abbé, et où il devint un parfait modele de pieté et d'humilité. Nous sçavons encore du même Cassien que Castor, pour conduire plus sùrement ses religieux, lui demanda par une lettre qui nous reste, de vouloir l'instruire sur la discipline monastique qu'on observoit dans les monasteres d'Orient et d'Egypte, et qu'il faisoit garder lui-même dans son monastere de Marseille. Cet abbé satisfit à la demande de Castor et lui adressa ses douze livres des institutions monastiques. Il étoit aussi dans le dessein de lui dédier ses dix premieres conférences, mais la mort de Castor ne le lui permit pas. Cassien suppose dans le premier de ses ouvrages qu'il étoit deja évêque : Castor remplissoit en effet [3] alors le siege épiscopal de l'église d'Apt, et vivoit encore l'an 419. on croit [4] qu'il mourut peu de tems après. Il paroit par sa vie que ce fut le 2. de Septembre : la cathedrale d'Apt le mit dans la suite au nombre de ses patrons.

S. Castor [5] avoit un frere appellé Leonce, qu'on fait comme lui natif de Nismes, personnage très-célèbre par la sainteté de sa vie, et qui fut élevé sur le siege épiscopal de Frejus. Ce fut sous son épiscopat et par son conseil que S. Honorat fonda la célèbre abbaye de Lerins en Provence, dont l'état monastique a tiré tant d'illustres personnages, et l'église tant de saints évêques. Leonce passa lui-même le reste de ses jours dans ce monastere, et ce fut à lui et à Hellade que Cassien adressa les conferences qu'il avoit composées à la sollicitation de Castor, mais qu'il ne put dédier à celui-ci, parce qu'il étoit deja mort. L'éclat de la sainteté de ces solitaires étoit nécessaire pour dissiper les ténèbres des erreurs de l'Arianisme dont les Visigots faisoient profession, et pour servir de frein à la corruption des mœurs qui regnoit alors dans les provinces qui furent soûmises à ces peuples.

XXII.

Wallia fait la paix avec les Romains, et leur remet Placidie.

Constance, comme on l'a dejà vû, avoit forcé ces barbares à se retirer en Espagne, lorsque Wallia leur roi,[1], malgré le desir qu'il avoit de faire la paix avec les Romains, se vit obligé de leur faire la guerre par complaisance pour sa nation. Ce prince résolut d'abord de porter ses armes en Afrique : mais une tempête aiant fait périr la flotte qu'il avoit fait partir pour cette expedition, les Visigots se virent enfin obligez d'entrer dans des sentimens de paix. Wallia écouta favorablement les propositions que lui en fit Euplatius magisterien, qu'Honoré et Constance lui avoient envoyé pour la négocier avec lui : elle fut concluë au commencement de l'an 416 [2]. Suivant les conditions, qui furent fort avantageuses aux Visigots, Wallia, après s'être engagé à remettre la princesse Placidie et avoir donné des ôtages pour la sùreté de sa parole, reçut enfin de la part des Romains les six cens mille mesures de bled qu'Honoré avoit promises depuis longtems aux peuples de sa nation : il remit ensuite cette princesse qu'il avoit toûjours traitée avec tout le respect dù à sa vertu et à son auguste naissance, entre les mains d'Euplatius qui la ramena à l'empereur Honoré son frère. Ce prince, malgré la répugnance de cette reine, l'accorda quelque tems après en mariage à Constance, autant pour satisfaire l'inclination que ce general avoit toûjours témoignée pour elle, que pour récompenser les services importans qu'il avoit rendus à l'empire.

Cette paix dont Attale fut la victime, se

---

[1] Cassian. illustr. ibid. - Gall. Christ. nov. edit. tom. 1. instr. p. 73. et seq.
[2] Cassian. præfat. instit. - V. Prosp. Tyr. chron.
[3] Gall. Christ. ibid. p. 350. et seqq.
[4] Pagi critic. ad ann. 419. n. 38.
[5] Cassian. præf. Coll V. Gall. Christ. ibid. p. 420. et seqq

[1] Oros. l. 7. c. 43 - Olympiod. ibid. p. 189. - S Prosp. et Idat. ibid. - Chron. Isid p. 715 - Philostorg c. 12
[2] Pagi critic. ad ann 415 n. 25.

traita selon Jornandès [1] vers les Pyrénées entre Wallia et le patrice Constance, soûtenus chacun d'une armée: mais on ne sçauroit faire aucun fonds sur cette circonstance qui paroît combattuë par les auteurs contemporains. Ce qu'il y a de vrai, c'est qu'une des conditions fut que les Visigots prendroient les armes en faveur des Romains. Nous [2] voions en effet qu'ils servirent ensuite dans les armées de l'empire en qualité d'auxiliaires, que Wallia attaqua peu de tems après les Vandales et les autres barbares qui s'étoient établis dans la Lusitanie et la Betique, et que prenant sur lui le soin et le risque de cette expédition, il en ceda tout le fruit à Honoré. Ce fut aussi sans doute pour satisfaire à une autre condition [3] du même traité de paix, que ce roi des Visigots livra, ou pour mieux dire qu'il laissa tomber Attale entre les mains du general Constance, qui le fit emmener à Ravenne et présenter à l'empereur. Ce prince persuadé que c'étoit moins par ambition que par foiblesse qu'Attale avoit usurpé deux fois la pourpre, se contenta de lui faire couper deux doigts de la main droite, et de le releguer dans l'isle de Lipari *.

XXIII.

Prérogatives de la ville d'Arles Prétentions de ses évêques pour la primatie sur toute l'ancienne Narbonnoise.

Le general Constance [4] faisoit son séjour ordinaire dans Arles. Cette ville étoit alors l'une des plus considerables des Gaules: elle en étoit même regardée comme la métropole [5] depuis qu'après la ruine de Treves arrivée vers la fin du siecle précedent, le siege du préfet du prétoire y avoit été transferé. Les évêques d'Arles éblouis par les prérogatives de leur ville, porterent alors fort loin leurs prétentions, comme si effectivement elle eût été de tout tems au-dessus de toutes celles des Gaules: elle ne devoit cependant son principal lustre qu'à Constantin, qui y avoit fait quelquefois sa résidence, et ensuite à Valentinien II. et à Honoré, qui depuis qu'elle étoit le siege du préfet, lui avoient donné le titre de *Mere des Gaules* (NOTE XLVIII); en sorte que depuis ce tems-là elle avoit la qualité de métropole [1] honoraire pour le civil, et que ceux qui se trouvoient dans les Gaules et devenoient consuls y prenoient les marques [2] de leur dignité.

Les évêques d'Arles enflez de ces prérogatives, prétendirent d'abord sur tous les évêques de la Viennoise et sur le métropolitain même de cette province, auquel ils avoient été toujours soûmis [3] depuis la division de l'ancienne Narbonnoise, la même autorité pour le gouvernement ecclesiastique, que celle qu'avoit leur ville pour le civil sur toutes les autres villes des Gaules. Cette prétention, qui fut l'origine de la célèbre dispute entre les églises d'Arles et de Vienne, fut agitée au concile de Turin tenu vers l'an 401. où sur les demandes réciproques des évêques de ces deux églises, il fut décidé [4] que celui-là exerceroit la jurisdiction comme primat sur toute la Viennoise, qui prouveroit que sa ville étoit *métropole*.

Les auteurs [5] s'expliquent differemment sur cette décision. Les uns prétendent que le concile de Turin parle ici d'une métropole ecclesiastique, et les autres d'une métropole civile. Quoi qu'il en soit, il n'y a rien dans cette décision qui ne soit conforme aux canons; mais il paroit que ce concile y donna atteinte en ordonnant que chacun de ces deux évêques exerceroit par provision la jurisdiction sur les églises les plus voisines de la sienne; de sorte qu'on vit en même-tems deux métropolitains dans une même province contre la discipline ecclesiastique. La dificulté

---

[1] Jorn. c. 32
[2] Oros. ibid Idat. chron. - Isid. p. 716. - Sidon paneg. Anthem
[3] Philostorg. l. 12 c. 5.
[4] Oros l. 7 c 43
[5] Auson clar urb.

* *V.* Additions et Notes du Livre IV, n° 6.

[1] Till. art. 2 sur le pap. Zos tom. 10. hist. eccl.
[2] S. Leo tom 1 p 539
[3] Notit. civit. Gall. tom. 1. Duch. - Marca de prim. p. 168.
[4] Concil Taurin. tom. 2. conc. p. 1155. et seq.
[5] V. Till art. 1. sur le pap Zos. - Fleuri hist. eccl. l. 21 n 52. - Pagi ad ann. 401. n. 30. et seq. n. 37. et seqq

de décider cette question pouvoit excuser ce jugement provisionnel qui eut son execution, quoiqu'il paroisse par les anciennes notices, qui donnent à la seule église de Vienne, la qualité de métropole sur toute la Viennoise, que la ville d'Arles continua d'être comprise dans l'étenduë de cette province. Le même concile, dont les decrets furent adressez aux évêques des Gaules et des Cinq provinces, accorda par un privilege singulier et pour des raisons particulieres, à Procule évêque de Marseille, quoique de la province Viennoise, le droit de métropolitain sur la Narbonnoise seconde; mais ce privilege uniquement attaché à la personne de ce prélat ne passa pas à ses successeurs.

Quelque avantageux que fût le jugement du concile de Turin pour les évêques d'Arles, il ne satisfit pas cependant l'ambition de Patrocle [1] qui gouverna cette église quelque tems après cette décision, et qui ne borna pas ses prétentions à la seule Viennoise. Le general Constance, dont ce prélat étoit la créature et le confident, l'avoit fait élire évêque d'Arles l'an 412. lorsque les habitans de cette ville voulant se disculper auprès de l'empereur Honoré d'avoir embrassé le parti du tyran Constantin, chasserent indignement le saint évêque Heros, qu'ils accuserent d'être l'auteur de leur rebellion et qu'ils sacrifierent au ressentiment de ce prince. Patrocle eut beaucoup de part à l'expulsion de ce saint prélat dans la vuë d'usurper son siege, ce qui lui fut d'autant plus aisé, que les habitans d'Arles aiant interêt de ménager le general Constance qui devoit moienner leur paix avec Honoré, n'oserent lui refuser la demande qu'il leur fit de le mettre sur le siege épiscopal de leur ville. On accuse encore Patrocle de plusieurs autres crimes.

XXIV.

Patrocle évêque d'Arles surprend le pape Zosime, et obtient la primatie sur Narbonne.

Cet évêque d'Arles soûtenu de toute l'autorité [2] de Constance, à qui il étoit redevable de sa dignité, entreprit un voiage à Rome l'an 417. dans le dessein d'obtenir un privilege qui mit son église non seulement au-dessus de celle de Vienne, mais aussi de toutes les autres de l'ancienne Narbonnoise. Il s'adressa pour cela au pape Zosime qui venoit de succeder à Innocent I. Il representa à ce pontife que l'église d'Arles étoit la premiere des Gaules ou de l'ancienne Narbonnoise, qui avoit reçû par S. Trophime son premier évêque la lumiere de l'Evangile; que de là elle s'étoit répanduë dans toutes les autres églises de ces provinces, et qu'ainsi il devoit être confirmé dans le droit d'ordonner les évêques des deux Narbonnoise et de la Viennoise; assûrant que ce droit avoit toujours appartenu à ses predeceseurs, comme successeurs de S. Trophime, et qu'ils en avoient toujours joüi; ce qui étoit cependant très-faux, comme l'atteste le pape S. Leon [1].

On voit par là que Patrocle ajoûtoit beaucoup aux prétentions de ses prédecesseurs, qui ne prétendoient la jurisdiction que sur la seule Viennoise; et qu'il vouloit encore étendre la sienne sur les deux Narbonnoise, ce qui composoit toute l'ancienne Narbonnoise: car quoique dans la suite le même Patrocle ou ses successeurs aient exercé leur autorité sur une partie de la province des Alpes Grecques et sur celle des Alpes maritimes, ce fut moins en vertu de leurs prétentions sur l'ancienne Narbonnoise, que par le consentement volontaire de l'évêque d'Embrun métropolitain des Alpes Maritimes qui se laissa dépoüiller de son ancien droit sur sa province (NOTE XLIX). En effet Patrocle ne demanda point au pape Zosime la jurisdiction sur les deux provinces des Alpes: elles n'avoient jamais fait partie de l'ancienne Narbonnoise, et ne furent comprises dans les Gaules que depuis Constantin et par consequent postérieurement à S. Trophime, d'où Patrocle tiroit tout le droit de sa prétenduë primatie.

Le pape Zosime [2] par complaisance pour le general Constance protecteur de Patrocle, qu'il étoit de son interêt de ménager, écouta favorablement ce prélat. Il se contenta de

---

[1] S. Prosp. chron. - V. Gall. Christ. nov. ed. tom. 1. p. 525. et seqq. - S. Hil. vit. S. Honorat. tom. 1. op S. Leon. p. 763.
[2] Concil. tom. 2. 1571 et 1816.

[1] S. Leo. tom. 1. ep. 10. p. 431.
[2] V. not. Sirm. concil. ibid. p. 1816.

prendre l'avis de quelques évêques des Gaules qui se trouvoient alors à Rome, et que ce même prélat avoit sans doute gagnez ou qui n'étoient pas instruits ; et ensuite sans avoir examiné une affaire si importante, ni entendu les parties interessées, il donna une decretale le 22 de Mars de l'an 417. adressée [1] aux évêques des Gaules et *des Sept provinces*. Par cette decretale ce pape donna à l'évêque d'Arles le pouvoir d'ordonner les évêques des trois provinces qui composoient autrefois l'ancienne Narbonnoise, sçavoir des deux Narbonnoises et de la Viennoise.

Ce nouveau [2] droit ne pouvoit causer que beaucoup de troubles, puisqu'il étoit aussi extraordinaire de voir alors plusieurs [3] provinces soûmises à un même métropolitain, qu'il étoit faux que l'église d'Arles en eût encore [4] joüi, comme Patrocle avoit eu la hardiesse de l'avancer (NOTE L). Mais quand même il eût été vrai, comme le suposoit le pape Zosime surpris par le faux exposé de ce prélat, que S. Trophime avoit porté les premieres lumieres de la foi dans les Gaules, Patrocle n'auroit pas eu raison de demander, ni ce pape de lui accorder la prééminence ou la primatie sur les églises de l'ancienne Narbonnoise; puisque S. Paul de Narbonne [5] et S. Saturnin de Toulouse avoient partagé leur mission avec ce premier évêque d'Arles, et que Patrocle ne pouvoit prouver par aucun ancien monument la prétenduë superiorité de S. Trophime sur ses collegues, ni celle de ses successeurs sur les évêques de l'ancienne Narbonnoise. Il paroit au contraire (NOTE L), que conformément à l'ancienne discipline et aux canons des conciles [6], l'évêque d'Arles devoit avoir été soûmis d'abord lui-même à l'évêque de Narbonne, puisque ce dernier devoit avoir été seul métropolitain de toute l'ancienne Narbonnoise ; la subdivision des provinces des Gaules étant postérieure à la prédication de S. Trophime et de ses collegues. Ainsi l'évêque de Narbonne auroit été beaucoup mieux fondé à demander la primatie sur l'église d'Arles que l'évêque de cette derniere église sur celle de Narbonne, si la discipline de ce tems-là, qui n'admettoit dans une province d'autre primat [1] que l'évêque de la métropole, eût pû le permettre.

XXV.

Hilaire de Narbonne se plaint inutilement de l'innovation de Patrocle.

Outre la principale autorité pour l'ordination, ou le droit de consacrer [2] seul les évêques des trois provinces de l'ancienne Narbonnoise, que le pape Zosime accorda à Patrocle par cette décretale, dont les termes font voir du moins (*Ad Pontificium suum revocet*) que cet évêque n'en joüissoit pas alors ; il lui accorda un privilege fort considerable et une autorité éminente sur tous les évêques et les ecclesiastiques de toutes les Gaules, à qui il défendit de s'absenter sans être munis des lettres formées ou de communion du métropolitain d'Arles, sous peine d'être exclus de la sienne. Zosime ne borna pas là ses faveurs pour Patrocle ; il dépoüilla l'évêque de Vienne [3] du droit de métropolitain que le concile de Turin lui avoit conservé, et en usa de même à l'égard de Procule de Marseille métropolitain de la seconde Narbonnoise. Hilaire métropolitain de Narbonne écrivit alors à Zosime pour se plaindre de ce qu'il l'avoit dépoüillé d'un droit qui lui étoit acquis par la disposition des canons, et dans lequel il faisoit entendre qu'il avoit été maintenu par quelque rescrit du saint siege. Il ajoûtoit dans sa lettre que selon la disposition des mêmes canons c'étoit à lui et non pas à un étranger d'ordonner les évêques de sa province, et prioit enfin ce pape de le maintenir dans la possession d'un droit si légitime. Mais Zosime loin d'écouter [4] ses justes demandes, lui fit une réponse très-dure et le menaça même de l'excomunier, s'il ne reconnoissoit la prétenduë

---

[1] Concil. ibid. p. 1567.
[2] S. Leo. tom. 1. ep. 10. c. 5.
[3] Marca de Primat. p. 96. et 146.
[4] S. Leo. ibid.
[5] Greg. Tur. hist. l 1. c. 28. p 23.
[6] Concil. Nit. can 4 - V. Lecoint. ad ann. 794. n 50. p. 520.

[1] Marca ibid.
[2] Coust epist. S. P. tom. 1. p. 935. et seq.
[3] Coust. ibid. ep. 5. et 6. Zosim. - Concil. tom. 2. p. 1570. et seqq. p. 1585.
[4] Ep. 6. Zosim, apud Coust. ibid.

jurisdiction de l'évêque d'Arles. Ainsi cet évêque de Narbonne fut obligé de se taire pendant la vie de ce pontife : et de souffrir que Patrocle ordonnât un évêque à Lodeve dans sa propre province, jusqu'à ce qu'enfin les successeurs de ce pape plus équitables et mieux informez remirent les choses dans leur premier état, et rétablirent bientôt après le métropolitain de Narbonne dans l'autorité canonique qu'il devoit avoir sur toutes les églises de sa province, comme on le verra dans la suite.

Les évêques d'Arles continuerent pourtant de jouir encore long-tems après du vicariat que Zosime avoit attribué à Patrocle sur les Gaules, ou plûtôt selon l'interprétation d'un habile [1] critique, sur les trois seules provinces de l'ancienne Narbonnoise ; c'est-à-dire, que les évêques d'Arles, comme vicaires du pape, furent les juges des causes majeures qui naissoient dans ce pays, et qui n'étoient pas assez considerables pour être renvoiées à Rome : mais ils n'exercerent plus le droit de primat ou de métropolitain sur les mêmes provinces ; en sorte qu'ils conserverent un droit qui n'étoit attaché qu'à leur personne, et qu'ils perdirent bientôt celui qu'ils prétendoient en vertu de leur siege.

XXVI.

Constitution de l'empereur Honoré pour l'assemblée des Sept provinces.

La ville d'Arles, dont les prérogatives avoient beaucoup contribué aux prétentions de ses évêques, conserva [2] sa prééminence sur toutes les autres villes des Gaules par rapport au civil, tandis que les Romains en furent les maîtres. La puissante protection du Patrice Constance et le témoignage [3] avantageux que ce general Romain rendit à l'empereur Honoré de la fidelité des habitans de cette ville, la firent rétablir dans les honneurs dont elle avoit joüi autrefois au sujet de l'assemblée des Sept provinces, que les courses des barbares et la tyrannie de Constantin avoient obligé d'interrompre jusqu'alors. Honoré informé d'ailleurs par Agricole préfet des Gaules, des maux que causoit dans le pays la discontinuation de ces assemblées provinciales, en accorda le retablissement pour récompenser et animer la fidelité des peuples de ces provinces. Dans cette vuë il fit une constitution le premier d'Avril de l'an 418. par laquelle il ordonna qu'à l'avenir l'assemblée des Sept provinces, se tiendroit tous les ans dans Arles depuis le 15. d'Août jusqu'au 15. de Septembre, en presence du prefet des Gaules qui faisoit sa résidence dans cette ville. La fertilité de son terroir, son heureuse situation et la facilité de son commerce qui fournissoit abondamment toutes les choses nécessaires à la vie, contribuerent aussi beaucoup au choix que l'empereur fit de la même ville pour cette assemblée. Honoré ordonna donc par cette constitution que chaque province en general et chaque ville en particulier envoieroient pour deputez à l'assemblée des personnes notables *(Honoratos, possessores, curiales, optimos. V. gloss. Cang.)*, outre ceux qui par leurs emplois avoient droit d'y assister ; que ceux des deputez qui ne pourroient s'y transporter eux-mêmes commettroient à leur place leurs lieutenans, ce qui fut accordé principalement en faveur des provinces les plus éloignées de la ville d'Arles, telles que la Novempopulaine ou la province d'Auch, et la seconde Aquitaine dont Bordeaux étoit la métropole ; que les deputez qui manqueroient de se trouver à cette assemblée ou par eux-mêmes, ou par leurs subdeleguez, seroient punis d'une amende de cinq livres d'or, s'ils étoient juges ou présidens, et de trois, s'ils occupoient des charges moins considerables ; que les affaires publiques et particulieres en feroient l'objet principal ; et qu'enfin on n'y feroit aucune décision ni aucun reglement qu'après une mûre deliberation et une discussion exacte des matieres, afin que les peuples pussent juger de la justice et de la sagesse des deputez, par celles de leurs loix et de leurs ordonnances, qu'on publieroit ensuite dans les provinces.

---

[1] Till. art. 7. sur Zosim, et Note tom. 10. hist. eccl. p. 694.
[2] V. S. Leo. tom. 1. p. 839.
[3] Pr. p. 19. et seqq. - V. Pagi critic. ad ann. 401.

XXVII.

Origine des Etats de la province.

C'est à ces assemblées de notables, qui étoient déjà en usage dans la Narbonnoise avant qu'elle ne fût sous la domination des Romains, et qui continuerent depuis, qu'on peut rapporter avec assez de vraisemblance l'origine des Etats de Languedoc. En effet outre les assemblées particulieres (*Conventus*) que les gouverneurs Romains tenoient dans cette province ainsi que dans les autres, suivant l'usage, nous voions ici des assemblées generales établies de la maniere la plus solemnelle sous l'empire d'Honoré, premierement par Petrone préfet des Gaules, et ensuite par une constitution de cet empereur qui voulut en assûrer la durée (*Mansura in œvum auctoritate decernimus*) pour la suite des siecles. On verra d'ailleurs dans le cours de cette histoire que quoique l'usage de ces assemblées provinciales paroisse avoir été interrompu en Languedoc par les changemens que les ravages des Barbares, leur établissement dans cette province, et ensuite l'usurpation des comtes et autres seigneurs particuliers apporterent dans le gouvernement, il nous reste cependant encore assez de monumens qui prouvent que dans plusieurs occasions, les affaires importantes ou communes de la province y ont été traitées dans des assemblées de notables jusqu'au regne de S. Louis, lequel aiant réuni à son domaine la plus grande partie du pays, maintint les peuples dans l'ancien usage des assemblées provinciales.

XXVIII.

Retour des Gots dans les Gaules Cession que leur fait Honoré d'une partie des Sept provinces.

Cette constitution d'Honoré fut adressée à Agricole préfet des Gaules qui l'avoit sollicitée et qui la fit publier à Arles le 19 de Mai de la même année. Quoique la cession que l'empereur Honoré fit peu de tems après aux Visigots d'une partie des Sept provinces des Gaules, puisse donner lieu de douter si ces assemblées furent dans la suite aussi generales et aussi exactement tenuës tous les ans que ce prince l'ordonne par sa constitution, nous avons cependant lieu de croire que les Romains en maintinrent l'usage pendant tout le tems qu'ils possederent quelque chose dans les mêmes provinces, c'est-à-dire jusqu'à l'entiere décadence de l'empire d'Occident. Il est [1] fait mention en effet du corps des Sept provinces des Gaules dans une lettre du pape Boniface de l'année suivante (an 419) adressée à Patrocle d'Arles, Hilaire de Narbonne, Castor d'Apt, Leonce de Frejus et aux autres évêques des Gaules *et des Sept provinces*. Nous voions d'ailleurs suivant la remarque d'un moderne aussi sçavant historien que judicieux critique [2], que lorsque les Romains cedoient quelque province aux peuples barbares, c'étoit plûtôt pour y habiter comme les autres sujets de l'empire, en partager les terres avec les naturels du pays, les cultiver et fournir des soldats à l'empereur, que pour y avoir un domaine absolu; et que les Romains se réservoient toûjours la principale autorité, sur-tout dans les villes où ils permettoient à ces peuples de s'établir, sans souffrir qu'ils en fussent les maîtres. Ainsi la cession que fit l'empereur Honoré aux Visigots d'une partie des Sept provinces peut n'avoir pas empêché les naturels du pays de se rendre au lieu destiné pour l'assemblée generale. Cette remarque paroit d'autant mieux fondée, qu'on sçait d'ailleurs que les Visigots maintinrent les anciens peuples des provinces qui leur furent cédées, dans tous leurs usages, et en particulier dans celui du droit Romain; et qu'on verra dans la suite de cette histoire que ces peuples n'eurent une autorité absoluë sur une partie des Gaules que vers le tems de l'entiere décadence de l'empire Romain.

XXIX.

Toulouse devient capitale du roiaume des Visigots.

Les Visigots après avoir combattu en Espagne en faveur des Romains [3] et avoir affranchi une partie de ce pays du joug des Van-

---

[1] Concil. tom. 2. p. 1384. - V. Pagi Crit. ad ann. 419. n. 38.

[2] Till. art. 60. sur Honoré. tom 5 emp p. 641.

[3] Oros. l. 7. c. 43. Idat. et S. Prosp chron. - Isid. chron. Gothor. p. 716.

dales, des Sueves et des Alains, qu'ils avoient extrêmement resserrez, repasserent les Pyrenées sur la fin de l'an 418. ou plûtôt dans l'année suivante, sous la conduite de leur roi Wallia (NOTE LI), en vertu d'un nouveau traité qu'ils firent avec le Patrice Constance. Par ce traité, ce general leur ceda [1] pour leur demeure, au nom de l'empereur Honoré, l'Aquitaine depuis Toulouse jusqu'à l'Ocean; ou suivant une autre historien [2] la seconde Aquitaine ou province ecclesiastique de Bordeaux, et quelques villes des provinces voisines, ce qui pourroit faire croire que la Novempopulanie fut aussi cedée alors à ces peuples avec l'Aquitaine seconde (NOTE LVII) et le territoire de Toulouse: mais nous n'avons là-dessus rien de bien certain. Il paroît seulement que le Toulousain, l'Agenois, le Bordelois, le Perigord, la Saintonge, l'Aunis, l'Angoumois et le Poitou tomberent alors entre les mains des Visigots : tout le reste de la Narbonnoise premiere avec l'Aquitaine premiere demeurerent sous l'obéïssance des Romains; en sorte que les premiers occuperent seulement alors la partie Occidentale du Languedoc ou tout l'ancien diocèse de Toulouse, et que le reste de la même province demeura au pouvoir des autres. Un auteur [3] moderne ajoûte que les Visigots conserverent la Catalogne au-delà des Pyrenées; mais aucun ancien monument ne fait mention de cet article. La ville de Toulouse une des plus considerables de l'empire devint alors la capitale du roiaume des Visigots dans les Gaules; privilege dont elle jouit sans interruption pendant quatre-vingt-huit ans. Ce nouveau roiaume fut resserré d'abord dans les bornes dont on vient de parler: mais il s'étendit peu à peu ensuite dans la Narbonnoise et l'Aquitaine jusqu'à la Loire, et comprit enfin avant la fin du v. siecle tout le pays renfermé entre cette riviere, les Pyrenées, la Méditerrannée et l'Ocean.

Les anciens historiens nous ont laissé ignorer le véritable motif qui porta Honoré, ou plûtôt le general Constance au nom de cet empereur, à ceder aux Visigots une partie si considerable des Gaules. On peut cependant conjecturer avec assez de vraisemblance que ce fut un trait de la politique de ce general qui aspiroit à l'empire, et qu'étant allarmé sans doute du cours rapide des victoires de ces peuples sur les Vandales, il voulut les empêcher par là de s'établir en Espagne dont il leur étoit aisé de s'emparer entierement, mais dont il eût été très-difficile de les chasser dans la suite: ainsi Constance aima mieux ceder pour toûjours aux Visigots cette partie des Gaules, qui étant située au milieu des autres provinces de l'empire, pouvoit être secouruë plus facilement en cas qu'ils voulussent remuer, et dont ils pouvoient être chassez plus aisément si l'occasion s'en presentoit. Cette conjecture que nous [1] devons à quelques-uns de nos plus habiles critiques, paroît appuyée sur l'autorité de Jornandes [2].

XXX.

Partage des terres. Mort de Wallia premier roi des Visigots de Toulouse.

Les Visigots après leur retour d'Espagne dans les Gaules aiant fixé leur séjour dans les provinces qui leur furent cedées, en partagerent [3] les terres avec les anciens peuples qu'on appella *Romains* pour les distinguer de ces nouveaux habitans. Ceux-ci prirent pour eux les deux tiers de ces terres et laisserent l'autre à leurs anciens possesseurs.

Le roi Wallia sous la conduite duquel les Visigots avoient repassé les Pyrenées, ne survécut pas long-tems à l'établissement du siege de son roiaume dans la ville de Toulouse. Il mourut en effet sur la fin de l'an 418. (NOTE LI) suivant les uns, ou plus vraisemblablement dans l'année suivante selon d'autres. Il ne laissa en mourant qu'une fille unique qui épousa [4] dans la suite le fameux Ricimer, Sueve de nation, lequel rendit son nom célebre par la ruine entiere de l'empire d'Occident.

---

[1] Idat ibid.
[2] Isid. ibid.
[3] Pagi crit. ad ann. 418. n. 79.

[1] V. Vales. rer. Franc. l. 3 p. 115. Till. art. 60. sur Honoré. tom. 5 emp. p. 640.
[2] Jorn. de reb. Get. c. 33.
[3] Cod. Leg. Visig.
[4] Sid. carm. 2.

XXXI.

Theodoric I. succede à Wallia.

A Wallia succeda, du choix de la nation Gothique, Theodoric premier, appellé aussi par les anciens Theudo, Theodore, et Theodoride; prince dont la moderation, accompagnée des qualitez les plus excellentes du corps et de l'esprit, faisoit au rapport d'un auteur [1] Got, le principal caractère. A [2] peine eut-il commencé de regner, qu'il vit arriver à sa cour deux seigneurs Ostrogots dont il auroit sans doute pris ombrage, s'il eût été informé de leur naissance, et s'il eût pû pénétrer leurs desseins. C'étoient Beremond fils de Torismond roi des Ostrogots, et Witteric son fils, lesquels ne pouvant plus supporter la tyrannie des Huns qui avoient subjugué leur nation dans la Scythie, avoient abandonné leur patrie et l'esperance, de parvenir au thrône, pour se retirer chez les Visigots leurs anciens compatriotes, qui s'étoient maintenus jusqu'alors dans leur ancienne liberté. Beremond se flattoit non seulement de vivre plus honorablement parmi eux, mais aussi qu'étant issu de l'auguste famille des Amales et héritier de la valeur des anciens rois qu'elle avoit donnez à la nation Gothique, ces peuples pourroient avoir égard à sa naissance, si le thrône venoit à vaquer, et l'élire préferablement à tout autre. Et en effet, dit un historien [3] leur compatriote, qui des Gots auroit pû refuser son suffrage à un prince de la maison des Amales, la premiere et la plus illustre de la nation? Mais si Beremond n'eut pas le bonheur de parvenir à la couronne des Visigots, qui à son arrivée dans les Gaules venoit d'être donnée à Theodoric, il eut du moins l'avantage de gagner l'estime et la confiance de ce prince, qui charmé de sa sagesse et de ses vertus, le reçut à sa cour, le prit en affection, l'admit à son conseil et à sa table, et lui donna toutes les marques d'honneur et de distinction qu'il pouvoit souhaiter de même qu'à Witterich son fils, sans les

connoître autrement que pour des compatriotes d'un mérite distingué. Beremond de son côté avoit trop de politique et de pénétration pour ne pas comprendre la nécessité où il se trouvoit de cacher sa naissance pour ne pas donner de l'ombrage à Theodoric et se maintenir dans sa faveur : aussi eut-il grand soin de lui dérober la connoissance de son extraction qui étoit beaucoup plus illustre que celle de ce prince.

XXXII.

Prodiges arrivez à Beziers.

Le choix que les Visigots firent de Theodoric pour remplir la place de Wallia fut suivi de signes terribles qui parurent à Beziers. Paulin alors évêque [1] de cette ville en fit le détail et en donna la connoissance au public par une lettre circulaire qu'il envoia de toutes parts. Nous ignorons la nature et les effets de ces phénomenes : ce prélat s'en servit sans doute utilement pour jetter une terreur salutaire dans l'esprit de ses diocesains, et pour porter les pécheurs à la pénitence. C'est par ce seul endroit que nous connoissons cet évêque, car on ne sçauroit assûrer qu'il soit l'auteur de l'histoire du martyre de S. Genez d'Arles, ouvrage qu'un moderne [2] lui attribuë et qui est en effet digne de lui.

XXXIII.

Rétablissement de l'évêque de Narbonne dans ses droits de Métropolitain.

Hilaire métropolitain de Narbonne contemporain de ce prélat obtint [3] du pape Boniface, malgré tous les efforts et le crédit des évêques d'Arles, la justice que Zosime lui avoit refusée et le rétablissement de tous les droits dont ce dernier, surpris par Patrocle avoit injustement dépouillé son église. En effet la mort de Zosime et celle du general Constance que l'empereur Honoré avoit enfin associé à l'empire, aiant privé Patrocle de ces deux puissans protecteurs, Hilaire eut

---

[1] Jorn. c. 34.
[2] Jorn. ibid. c. 33 48.
[3] Jorn ibid.

[1] Idat. chron. ibid.
[2] Rosveyd not. in Paulin.
[3] S. Leo. ep. 10.

la liberté de soûtenir [1] avec zele les interêts de sa métropole (an 421). Deja le clergé et le peuple de Lodeve s'étoient plaints au même Boniface de ce que contre l'ancienne discipline de l'église et le respect dû aux saints canons, Patrocle avoit ordonné un évêque pour leur église malgré eux et sans la participation de l'évêque de Narbonne leur métropolitain, lorsque ce pape, qui n'ajoûtoit pas foi aisément aux plaintes qu'on lui portoit contre les évêques, frappé du grand nombre de ceux qui déposoient contre l'usurpation de Patrocle, écrivit là-dessus à Hilaire de Narbonne le 9. de Février de l'an 422. Boniface lui marquoit dans sa lettre, que si l'exposé qu'on lui avoit fait au sujet des entreprises de Patrocle pour l'ordination d'un évêque de Lodeve se trouvoit vrai, il eût à se transporter dans cette ville pour y regler toutes choses conformément à ses droits de métropolitain et aux desirs du peuple, et qu'il eût à lui faire sçavoir le succès de sa commission. Ce pape décide en mêmetems par cette épitre décretale, suivant le saint concile de Nicée et les regles de l'église que le gouvernement de chaque province doit appartenir à son métropolitain, et non pas à un étranger. Boniface cassa donc par cette decision tout ce que Zosime avoit fait par surprise en faveur de Patrocle, du moins par rapport à la Narbonnoise premiere, sur laquelle les évêques d'Arles ne prétendirent plus l'autorité de métropolitain ou de primat. Nous ne voions pas en effet que les successeurs de Patrocle aient rien entrepris ni prétendu depuis sur cette province, ce qui montre évidemment l'injustice des prétentions de ce dernier et la foiblesse du fondement sur lequel il les appuyoit. Le jugement [2] de Boniface en faveur de l'église de Narbonne fut confirmé dans la suite par les papes S. Celestin premier, S. Leon et leurs successeurs; et si les évêques d'Arles se maintinrent encore durant quelque tems dans une espece de juridiction sur plusieurs provinces, ce fut en qualité de vicaires des papes dans les Gaules, et non comme métropolitains: on ne trouve plus même aucun vestige de cette espece de primatie dès le IX. siecle.

XXXIV.

Siege d'Arles par les Visigots. Leur défaite.

La mort de Constance fut suivie [1] deux ans après de celle d'Honoré qui faute de successeur, laissa Theodose le jeune son neveu, maître des deux empires. Jean primicier des notaires s'étant d'abord après emparé de celui d'Occident, Theodose lui opposa le jeune Valentinien III. son cousin, fils de Constance et de Placidie (an 423). Ce jeune prince étoit alors à Constantinople avec sa mere, où ils s'étoient réfugiez depuis que l'empereur Honoré peu de tems avant sa mort les avoit obligez de sortir de Ravenne. Theodose pour donner plus de poids et d'autorité au jeune Valentinien, le déclara Cesar; et pour le mettre en état de vaincre le tyran, il le renvoia avec Placidie à Ravenne soûtenus d'une flotte et d'une puissante armée (an 424), qui attaqua et défit entierement l'usurpateur et délivra par sa mort l'empire d'Occident de sa tyrannie. Après cette insigne victoire Valentinien III. fut reconnu Auguste dans Rome et dans tout l'empire d'Occident l'an 425. sous la tutelle et la conduite de sa mere Placidie à cause de son bas âge.

Les Visigots [2] profiterent des troubles que Jean le tyran excita dans l'empire pour étendre leur domination au-delà des bornes qui leur avoient été prescrites (an 425). Ces peuples depuis leur retour dans les Gaules avoient entretenu la paix avec les Romains et avoient même fourni suivant leur dernier traité des troupes auxiliaires à Castin maître de la milice Romaine pour la guerre qu'il avoit entreprise l'an 422. en Espagne contre les Vandales de la Betique: mais après la mort d'Honoré voiant que les Gaules s'étoient soûmises à Jean le Tyran par les intrigues du même Castin, que les troupes, après avoir

---

[1] Concil. tom. 2 p 1383. - V. Coust. epist. S. P. tom. 1. p. 1031.

[2] Concil. tom 2 p. 1620. - S. Leo. ep. 10. tom. 1. Quesn. p. 431. - V. Till art. 9 et 10. sur S. Hil d Arl. tom. 15. hist. eccl.

[1] Idat. Prosp. Marcell. et Tyr. Prosp. chron.

[2] S. Prosp. chron. tom. 1. bibl. Labb. p. 49-50. - V. Val. rer. Franc. l. 3. p. 123. - Isid. p. 716.

fait périr dans Arles le préfet Exuperence, s'étoient révoltées, et qu'enfin tout étoit dans le désordre et la confusion dans ces provinces, ils rompirent la paix avec les Romains, franchirent les limites de leur roiaume d'Aquitaine, traverserent la Narbonnoise premiere, dont il paroît qu'ils soûmirent les villes qui se rencontrerent sur leur route depuis Toulouse leur capitale, passerent le Rhône et allerent enfin mettre le siege devant Arles, persuadez que cette conquête leur faciliteroit celle du reste des Gaules dont cette ville étoit alors regardée comme la métropole.

Aëce que sa valeur et un grand nombre de victoires rendirent si célébre dans la suite, commandoit alors en deçà des Alpes. Il avoit embrassé auparavant le parti de Jean le Tyran et lui avoit même procuré le secours des Huns: depuis la défaite de cet usurpateur il s'étoit soûmis à Valentinien qui l'avoit honoré du commandement des Gaules. Ce general informé de l'entreprise des Visigots contre la ville d'Arles dont ils pressoient vivement le siege, se mit aussitôt à la tête des troupes Romaines et marcha au secours de cette place. Les Visigots qui en furent avertis s'empresserent de décamper: mais Aëce les aiant atteints, les poursuivit et les battit dans leur fuite.

XXXV.

Etat de la province sous les Romains et les Visigots Discipline ecclesiastique.

Il y a lieu de croire que la perte que les Visigots firent dans cette occasion entraîna celle des conquêtes que ces peuples avoient peut-être faites auparavant dans la Narbonnoise premiere, ou du moins que les Romains recouvrerent ces places par la paix qu'ils firent bientôt après avec eux; car nous voions que les principales [1] villes de cette province continüerent toûjours d'être soûmises à l'empire jusques vers son entiere decadence.

Il paroît d'un autre côté que la partie des Gaules qui avoit été cedée aux Visigots par l'empereur Honoré fut encore comprise dans l'étenduë de l'empire sous le regne de Valentinien III. Il est fait mention en effet des Sept provinces des Gaules dans la notice de l'empire qu'on croit avoir été dressée l'année 427. ou la suivante, et dans laquelle on voit au rang des officiers de l'empire l'intendant des thrésors conservez à Nismes, et celui de la teinturerie de Narbonne; ce qui prouve que ces deux villes appartenoient alors aux Romains. On peut ajoûter que suivant la même notice, les Sept provinces, qu'on doit distinguer des autres provinces des Gaules, étoient gouvernées par un vicaire particulier du préfet, que la Viennoise étoit soumise en particulier à la jurisdiction d'un consulaire, et chacune des six autres, sçavoir les deux Narbonnoises, les trois Aquitaines et les Alpes Maritimes à celle d'un président (NOTE XXXIV. n. 10. et seq.); ainsi l'Aquitaine seconde, quoique cedée aux Visigots, devoit avoir alors un gouverneur Romain sous la dépendance du vicaire des Sept provinces, et ce dernier devoit par consequent étendre sa jurisdiction sur toute la partie des Gaules cedée à ces peuples. Nous voions [1] aussi qu'Acilius Glabrio étoit vicaire des Sept provinces vers l'an 430. supposé que ce soit le même, comme on le prétend [2], que Festus qui fut consul l'an 438. Enfin Gaudence [3] qui étoit vicaire du préfet des Gaules vers l'an 455. devoit exercer alors le vicariat des Sept provinces; vicariat que quelques auteurs confondent mal-à-propos avec celui du reste des Gaules. Toutes ces preuves, et quelques autres que l'on verra dans la suite, ne nous permettent pas de douter que Valentinien III. et les empereurs d'Occident ses successeurs n'aient conservé la principale autorité sur la partie des Gaules qui avoit été cedée aux Visigots; et que si ces peuples établirent une domination absoluë dans les provinces qu'on leur avoit cedées pour leur demeure, ce ne fut que vers le tems de la décadence de l'empire d'Occident et à la faveur des nouveaux traitez que les derniers empereurs qui eurent besoin de leur secours, furent obligez de faire avec eux.

---

[1] Duch. tom. 1. p. 1. et seq - Godefr. ad lib. 16. cod. Theod. de pag. et sacrif. - V. Vales. not Gall p. 302.

[1] Crut. p. 344. n. 2.
[2] Rel. fast. consul. p. 610.
[3] Sid. Apoll. l. 1. ep. 3. - V. not. Sirmond. ibid. et Till. art. 2. sur S. Sid.

Il y a lieu de croire que les Visigots firent la paix avec Aëce peu de tems après leur entreprise sur la ville d'Arles. Nous voions en effet qu'ils déclarerent la guerre deux ans après aux Vandales [1] ou Sueves d'Espagne qu'Ataulphe avoit resserrez auparavant dans la Galice, et qui s'étoient répandus dans les provinces Romaines de cette partie de l'empire où ils commettoient une infinité de ravages ; et qu'ils entreprirent cette guerre au nom des Romains, suivant un critique [2] moderne dont le sentiment paroît bien fondé : ainsi ils devoient avoir fait alors leur paix avec Aece general de l'empereur Valentinien. Jornandes attribué cette expedition au roi Wallia ; mais cet historien se trompe, car c'étoit Theodoric qui regnoit sur les Visigots dans ce tems-là.

Le séjour de ces peuples dans les provinces des Gaules y affoiblit peu à peu dans la suite la vigueur de la discipline ecclesiastique : il paroît qu'elle étoit encore dans toute sa force dans la Narbonnoise quelques années après l'établissement du siege des rois Visigots à Toulouse et au commencement du regne de Valentinien III. C'est ce qu'on voit par une lettre que le pape S. Celestin adressa l'an 429. aux évêques de cette province et à ceux de la Viennoise, dans laquelle il se plaint de l'excessive severité dont on usoit dans leurs dioceses à l'égard des pécheurs, à qui, suivant ce qu'on lui avoit rapporté, on refusoit la pénitence, même à l'heure de la mort. Ce pape parle [3] dans cette lettre d'un autre usage qui s'étoit introduit dans ces provinces où on lui avoit fait entendre qu'on élevoit à l'épiscopat des personnes convaincues de crimes, des étrangers et des laïques, qui sans abandonner leur ancienne maniere de vie, portoient des manteaux, des ceintures et des bâtons contre l'usage des églises, par où ce pape designe [4] plusieurs moines des monastères du pays qui étoient parvenus à la dignité épiscopale, et dont certains ecclesiastiques ambitieux avoient sans doute décrié la conduite auprès de lui, sous prétexte qu'ils conservoient dans l'épiscopat leur habit monastique. Le même pape donne ensuite dans cette lettre des regles sur quelques points de discipline par rapport à l'élection des évêques : il confirme le jugement de Boniface son prédecesseur en faveur de l'église de Narbonne contre les prétentions de celles d'Arles, et ordonne, conformément aux canons, que chaque metropolitain borneroit sa jurisdiction dans l'etendue de sa province.

XXXVI.
Nouvelles tentatives des Visigots sur la ville d'Arles Leur paix avec les Romains.

Les Visigots peu contents des bornes de leurs états dans lesquelles le general Aëce les avoit resserrez après leur entreprise sur la ville d'Arles, les franchirent [1] quelque tems après ; et aiant rompu la paix avec les Romains, ils firent plusieurs courses qu'ils pousserent jusques en Provence sous la conduite du general Anaolfe. Ils profiterent de l'absence d'Aëce, alors occupé du côté du Rhin à chasser les François des pays dont ils s'étoient emparez en deçà de ce fleuve, et tenterent de nouveau le siege de la même ville d'Arles où Cassius [2] commandoit les troupes Romaines : mais cette seconde tentative ne fut pas plus heureuse que la premiere ; car Aëce en étant averti, vint en diligence au secours de cette place ; et aiant rencontré les Visigots, il les attaqua, les tailla en pieces, et fit prisonnier le general Anaolfe (an 430).

Cet échec obligea le roi Theodoric à faire la paix avec [3] Valentinien. Nous en ignorons les conditions : mais il y a lieu de croire qu'une des principales fut que les Visigots se tiendroient renfermez dans les limites du pays qui leur avoit été cedé. L'empereur pour gage de ses promesses donna en ôtages à Theodoric plusieurs seigneurs des plus distinguez des Gaules, et entr'autres Theodore parent du célèbre Avitus. Ce dernier étoit d'une famille des plus illustres de l'empire

---

[1] Jorn. c. 33
[2] Pagi Crit. ad ann. 427. nd ann 427. n 20.
[3] Concil tom. 2. p. 1618. et seq.
[4] Till. art. 11. sur S. Hil. d'Arl. tom. 15. hist. eccl.

[1] Prosp et Idat. chron.
[2] Vit. S. Hil. Arel tom. 1 S Leon p 736.
[3] Sid paneg Avit. p. 322. - V. not. Sirmond. ibid. et Vales. rer. Franc. l. 3 139. et l. 4. p. 182.

et fils d'Ecdice seigneur Auvergnat, qui pour faire sa cour au general Constance avoit violé les droits de l'hospitalité envers Edobic general François, comme nous l'avons dit ailleurs. Il se transporta à la cour de Theodoric pour y solliciter le renvoi de Theodore, et sçut si bien gagner par ses manieres l'estime et l'affection du roi des Visigots, que ce prince n'omit rien pour le retenir auprès de lui et l'engager à son service : mais Avitus, quoique très-sensible à cette marque de bonté et de distinction, s'excusa si bien sur son engagement au service des Romains, que Theodoric ne put s'empêcher d'agréer son excuse et de loüer sa fidelité. Ce seigneur aiant obtenu la liberté de Theodore, alla servir ensuite sous Aëce dans l'expedition que ce general avoit commencée contre les François du côté du Rhin. Aëce durant cette expedition reçut de la part des peuples de Galice une ambassade [1] dont voici le sujet.

XXXVII.
Les Visigots appellez au secours des Sueves en Galice, et ensuite a celui de Valentinien contre le general Aëce.

Les Sueves qui s'étoient établis dans cette province d'Espagne, mais qui n'en occupoient gueres que la campagne, insultoient tous les jours les châteaux et les autres places fortes du pays où les anciens habitans s'étoient réfugiez, et cela malgré la foi de différens traitez que ces derniers avoient faits avec eux pour se racheter de leurs brigandages. C'est ce qui obligea les Galiciens, comme sujets de l'empire, de recourir par leurs ambassadeurs à la protection d'Aëce et d'implorer son secours contre les entreprises continuelles des Sueves. L'évêque Idace, qui étoit à la tête de ces ambassadeurs, ne nous marque pas le succès de sa négociation : il se contente de dire que Vetton Got de nation étant venu des Gaules en Galice dans le dessein d'y tramer quelque entreprise, s'en retourna chez les Visigots ses compatriotes sans avoir rien executé. Ceci peut nous faire croire que les Sueves avoient appellé ces peuples à leur secours,

en cas que le general Aëce ou les troupes Romaines eussent entrepris quelque chose contr'eux. Quoi qu'il en soit, Aëce après avoir donné la paix aux François qu'il venoit de dompter, renvoia l'évêque Idace en Galice accompagné du comte Censorius son ambassadeur auprès des Sueves, pour engager sans doute ces peuples à vivre en paix avec les Galiciens; Hermeric roi des Sueves conclut enfin un traité avec eux, ce qui leur rendit la tranquillité, et fit que les desseins des Visigots sur la Galice n'eurent alors aucune suite.

Il paroît que ces derniers peuples observerent exactement le dernier traité de paix qu'ils avoient fait avec les Romains, et qu'ils demeurerent fideles au service de l'empereur; car nous voyons [1] que Valentinien III. ou plûtot l'imperatrice Placidie sa mere, qui gouvernoit tout l'Occident sous le nom de ce jeune prince les employa quelques années après contre le comte Aëce qui s'étoit révolté.

Il y avoit déjà quelque tems que la prosperité des armes de ce general et le crédit qu'il avoit acquis parmi les troupes, donnoient de l'ombrage à Placidie, lorsque cette princesse pour balancer sa trop grande autorité lui suscita un rival dangereux. Ce fut le comte Boniface qui avoit defendu autrefois la ville de Marseille contre les entreprises du roi Ataulphe, et qui pour se venger de ce qu'Aëce jaloux de sa gloire et de sa faveur à la cour de l'empereur avoit rendu sa fidelité suspecte à ce prince, avoit depuis quatre ans introduit les Vandales en Afrique, et attiré par là une infinité de maux sur cette partie de l'empire. Placidie voulant mettre des bornes au pouvoir excessif d'Aëce qui lui devenoit suspect de plus en plus, reçut en grace Boniface, le rappella d'Afrique dans la vuë de l'opposer à ce general dont il étoit ennemi déclaré; et pour lui donner plus d'autorité, elle l'honora de la charge de maître de la milice de l'empire. Aëce ne put supporter l'elevation de son ennemi : son ressentiment alla si loin qu'il se révolta ouvertement; prit les armes contre Boniface, et lui livra bataille, laquelle fut également funeste à l'un et à l'au-

---

[1] Idat. ibid.

[1] Idat. S. Prosp. et Marcell. chron.

tre; car Boniface aiant été blessé à mort dans l'action, mourut peu de tems après, et Aëce fut entierement défait et obligé de se réfugier chez les Huns. Ces barbares avec lesquels il étoit [1] deja lié depuis long-tems, le reçurent avec honneur et lui fournirent même une puissante armée avec laquelle il entra en Italie. L'empereur se voiant hors d'état de lui résister, appella alors les Visigots à son secours: mais soit qu'Aëce craignît la valeur de ces peuples, soit qu'il se repentit de sa défection et de sa révolte, il prévint leur arrivée au-delà des Alpes, fit sa paix avec Placidie et avec l'empereur (an 433), et pour marque de la sincerité de son retour, il engagea les Huns, qu'il avoit amenez avec lui, au service de l'empire. Comblé ensuite [2] de toutes sortes de faveurs et honoré de la dignité de patrice, il fut renvoié dans les Gaules (an 435) pour y réduire les Bourguignons, peuples barbares, qui après s'y être établis depuis quelque tems sous l'autorité de l'empereur, s'étoient révoltez. A son arrivée il marcha contre les rebelles: et après les avoir soûmis, il leur accorda la paix. Aëce tourna ensuite ses armes contre les Bagaudes ou paysans révoltez qui s'étoient emparez de la Gaule Ulterieure ou Septentrionale, prit leur chef, et les força de rentrer dans leur devoir.

XXXVIII.
Siege de Narbonne par les Visigots.

Les Visigots, qui n'avoient entretenu [3] la paix avec les Romains qu'autant qu'ils l'avoient jugé utile à leurs interêts, profiterent de l'éloignement d'Aëce pour étendre leurs limites, et se saisirent vers ce tems-là de quelques villes voisines de Toulouse où étoit le siege de leur empire (an 435). La suite de cette expedition nous fait juger qu'ils s'emparerent de Carcassonne et des autres villes qui sont sur la route de Toulouse à Narbonne, et qu'ils n'avoient pas encore conquises. Ils en vouloient principalement à cette derniere, persuadez qu'étant une fois maîtres de cette importante place, ils le deviendroient aisément du reste de la Narbonnoise; mais l'entreprise étoit également hardie et difficile à cause que cette ville étoit extrêmement forte et bien munie et en état de faire une longue et vigoureuse résistance. Le roi Theodoric aiant entrepris cependant de l'assieger (an 436), la battit nuit et jour, et après un long siege il vint enfin à bout de renverser une partie des tours et de faire des bréches considérables aux murailles par la force de ses machines, et malgré la vigoureuse défense des assiegez qui soûtinrent long-tems et avec beaucoup de courage les attaques des Visigots, et signalerent également [1] leur fidelité et leur valeur. La faim les aiant enfin réduits à la triste nécessité d'user des alimens les plus vils et les plus rebutans, ils étoient sur le point de capituler et de se rendre à discrétion; lorsque le comte Litorius commandant des troupes Romaines sous le general Aëce, résolu de sauver cette importante place, se mit à la tête d'un gros corps de cavalerie, avec ordre à chaque cavalier de se charger de deux sacs de grain : il attaqua ensuite les assiegeans avec tant de valeur, que leur aiant passé sur le ventre, il entra dans Narbonne et ravitailla cette place qui par là fut en état de soûtenir le siege. Les Visigots le continuerent cependant, mais ils le leverent à la fin (an 437) à la persuasion et par l'entremise d'Avitus.

XXXIX.
Siege de Toulouse par les Romains. Défaite et prise de Litorius.

Nous ne sçavons pas si ces peuples firent ensuite la paix avec les Romains; nous voions du moins que la guerre s'étoit renouvellée [2] entr'eux quelque tems après. Il paroit que les armes des Romains furent d'abord assez heureuses; car on croit que les Visigots aiant assiegé sur eux vers ce tems là la ville de Tours [3] défenduë par Majorien, ils furent

---

[1] Tyr. Prosp. chron. tom. 1. bibl. Labb. p. 59.
[2] S. Prosp. chron. ibid. p. 51.
[3] S. Prosp. et Idat. chron. ibid. - Isid. chron. p. 716.

[1] Sid. paneg. Avit. carm. 7. vers. 475. et carm. 23.
[2] S. Prosp. chron. ibid. - Salv. l. 7. p. 164. et seqq. - Sid paneg. Avit. carm. 7. p. 323.
[3] Sid. carm. 4. vers. 210. - V. Val. rer. Franc. l. 4. p. 189.

obligez d'en lever le siege. Le comte Litorius étoit occupé alors à la tête des Huns auxiliaires qu'Aèce avoit retenus au service de l'empire, à punir la revolte des peuples Armoriques qui avoient pris les armes pour secoüer le joug des Romains : mais ce dernier voulant terminer promptement la guerre qu'il avoit à soûtenir contre les Visigots, lui ordonna d'interrompre cette expedition et de s'avancer contre ces peuples. Litorius se mit aussitôt en marche avec l'armée des Huns, qui consistoit principalement en cavalerie ; et aiant pris ensuite la route de Toulouse, pour attaquer les Visigots jusques dans la capitale de leurs états, il traversa la province d'Auvergne que les Huns désolerent comme un pays ennemi (an 438).

On prétend [1] que ces barbares sous la conduite de Garieric leur roi firent alors le siege de Bazas sur les Visigots, ce qui prouveroit que ces derniers avoient déjà étendu leur domination dans la Novempopulanie *. Gregoire [2] de Tours parle en effet de ce siege ; mais il n'en fixe pas l'époque : il ajoûte seulement que les Huns furent obligez de l'abandonner après avoir ravagé toute la campagne, l'évêque de Bazas aiant obtenu par ses prieres la délivrance de sa ville épiscopale. Quoi qu'il en soit, Litorius arriva avec les Huns auxiliaires devant Toulouse dans le dessein d'en faire le siege, tandis qu'Aèce, qui d'un autre côté continuoit ailleurs la guerre contre les Visigots, tailla en piéces un corps de huit mille hommes de leurs troupes.

Litorius après son arrivée forma la circonvallation de Toulouse et poussa le siege avec vigueur ** : mais sa présomption fit bientôt après changer de face aux affaires des Romains, et donna lieu aux Visigots de rétablir les leurs. Ces derniers [3] que la prosperité des armes d'Aèce et de Litorius avoient déjà extrêmement découragez, se voiant assiegez dans leur capitale par une armée formidable demanderent la paix avec empressement; les Romains fiers de leur forces et de leurs auxiliaires rejetterent leurs propositions avec beaucoup de fierté et de mépris. Les Visigots ne se rebuterent pas ; et se flattant que les Romains auroient pour le caractere épiscopal le même respect et les mêmes égards qu'ils avoient eux-mêmes, ils leur députerent quelques évêques catholiques pour les engager à leur accorder la paix ; mais les Romains renvoierent ces prélats avec beaucoup de hauteur, après leur avoir refusé toutes leurs demandes. Une ancienne vie [1] de S. Orens évêque d'Auch rapporte que ce prélat fut un de ceux que Theodoric envoia en ambassade pour fléchir les Romains, et qu'étant allé d'abord trouver Aèce, celui-ci vint à sa rencontre, descendit de cheval dès qu'il l'apperçut, le reçut avec honneur et se recommanda à ses prieres. L'auteur de cette vie ajoûte que cet évêque aiant passé ensuite dans le camp de Litorius, ce general ne se donna aucun mouvement pour sa réception, qu'il méprisa sa personne, et que loin d'écouter les propositions de paix qu'il lui fit, il le menaça de donner incessamment l'assaut à la ville de Toulouse et de la ruiner de fond en comble. Cependant les esperances de Litorius furent vaines : Dieu, dit Salvien, voulut punir la présomption des Romains par leur défaite, et récompenser l'humble confiance des Visigots par la victoire qu'il leur accorda.

Litorius qui tenoit depuis long-tems le roi Theodoric assiegé dans sa capitale (an 439), le pressoit si vivement, que ce prince réduit à la triste nécessité de vaincre ou de périr, et se voiant sans ressource, mit toute sa confiance en Dieu, se prosterna sur un cilice et ne cessa de demander par ses prieres de triompher de la fierté de ses ennemis qui ne vouloient lui faire aucun quartier ; tandis que [2] Litorius qui ne se confioit qu'en ses forces et qui comptoit d'emporter Toulouse d'assaut, pour tâcher d'effacer par cette action d'éclat la gloire et la réputation d'Aèce dont il étoit

---

[1] V. Vales. ibid. l 3. p. 140. - Pagi Crit. ad ann. 481. n. 1.
[2] Greg. Tur. de glor mart. l. 1. c 13
[3] S. Prosp. et Salvian ibid.

* *V.* Additions et Notes du Livre IV, n° 7.
** *V.* Additions et Notes du Livre IV, n° 8.

[1] Boll 1. Maii. p 61.
[2] S. Prosp. chron. p 52. - Jorn. c. 34. - Isid. ibid - Idat. apud Sirm p 302 - Salv. ibid. - V. Val. rer. Franc. l 3. p. 140. et seqq.

jaloux, avoit recours à la magie et consultoit les devins et les augures sur le succès de cette entreprise. Enfin ce général trompé comme il le méritoit, par une réponse favorable de ces imposteurs, et flatté de l'esperance de la victoire, se met à la tête des Huns et attaque témérairement les Visigots. Le roi Theodoric qui jusqu'à ce moment étoit toûjours demeuré prosterné en prieres, averti de l'attaque, se leve ; et plein de cette ardeur que donne une humble confiance, marche au secours de ses troupes, et par sa presence autant que par son exemple leur inspire tant de courage et tant d'ardeur, qu'après un rude combat qui fut long-tems disputé de part et d'autre, les Visigots aiant enfin fait plier les Huns, qui faisoient presque toute la force de l'armée Romaine, les taillent en pièces malgré leur résistance, et font prisonnier Litorius dejà tout couvert de blessures.

La prise de ce général termina l'action et assûra la victoire à Theodoric qui fut d'autant plus surpris de l'heureux succès de ses armes, que ses forces étoient beaucoup inferieures à celles des Romains, et que ces derniers avoient fait d'ailleurs des prodiges de valeur, et montré en combattant, que sous un général moins téméraire que Litorius, elles auroient infailliblement remporté la victoire sur les ennemis. Theodoric n'eut garde de s'attribuer la gloire de leur défaite, mais à Dieu seul, dont il avoit invoqué le secours et qui voulut sans doute punir l'orgueil et l'impieté de Litorius [1]. Ce général Romain les mains liées derriere le dos, entra dans Toulouse en esclave le même jour qu'il s'étoit flatté d'y entrer en conquerant. Les Visigots après en avoir fait quelque tems leur joüet, l'enfermerent dans un cachot où ils lui firent divers outrages, et où pour punir la passion qu'il avoit euë de passer pour brave, ils le firent périr enfin comme le plus lâche de tous ses soldats.

Suivant l'auteur de la vie de S. Orens, que nous avons dejà cité, Theodoric fut redevable de sa victoire aux prieres de ce saint évêque, lequel après son ambassade et son retour à Toulouse, ne cessa d'implorer le secours du ciel contre les Romains ; en sorte que Litorius aiant formé l'attaque de cette ville, un nüage épais qui s'éleva tout à coup l'environna, et fut cause qu'il s'avança imprudemment et sans le sçavoir jusqu'aux portes où il fut fait prisonnier, tandis qu'Aëce qui avoit été plus respectueux envers ce prélat, se retira sain et sauf avec son corps d'armée. Cet auteur ajoûte que Theodoric et les Gots sensibles à un service si important, en témoignerent à S. Orens une vive reconnoissance. C'est sans doute par le même motif que les Toulousains ont toûjours conservé une vénération particuliere pour la mémoire de ce saint prélat, qui dans cette occasion délivra leur ville du péril évident dont elle étoit menacée [*].

XL.
Avitus procure une nouvelle paix entre Theodoric et Valentinien.

Cette victoire inesperée n'inspira pas cependant aux Visigots de l'éloignement pour la paix. S'il en faut croire la chronique [2] de S. Prosper, ils firent même pour l'obtenir les premieres démarches auprès de l'empereur, et la demanderent avec plus d'empressement et de soûmission qu'auparavant ; mais ces démarches paroissent d'autant moins croiables, qu'on sçait que ces peuples étoient aussi insolens dans leur prosperité, que lâches et timides dans leur mauvais succès. Sidoine [2] dans le panégyrique d'Avitus nous les represente en effet, après cette derniere victoire, fiers et orgüeilleux ; et le général Aëce au contraire, de même que les Gaulois qui étoient encore sous l'obéïssance des Romains, abattus et accablez de tristesse. Ce même auteur confirme encore la fierté des Gots dans cette occasion, quand il ajoûte que le roi Theodoric enflé de l'avantage signalé qu'il venoit de remporter sur Litorius et qui lui donnoit la liberté d'entreprendre de nouvelles conquêtes, fut également insensible aux prieres d'Aëce et aux offres que lui fit alors ce ge-

---
[1] Salv. et Idat. ibid.

[1] Prosp. ibid. p. 53.
[2] Sid. carm. 7. p. 324. et seqq.

[*] *V.* Additions et Notes du Livre IV, n° 9.

neral des thrésors de l'empire pour obtenir la paix; et que ce prince voulant profiter de sa victoire, résolut d'étendre sa domination jusques au Rhône.

Theodoric n'avoit pas besoin de faire de grands efforts pour cela: il lui suffisoit presque de se mettre en marche; car les generaux Romains se trouvoient sans ressource et hors d'état de s'opposer à ses entreprises. Avitus [1] alors préfet des Gaules entreprit seul de faire échouer les vastes projets de ce prince; il y réussit par l'ascendant qu'il avoit acquis sur son esprit. Il lui écrivit une lettre fort touchante pour le porter à la paix, et cette seule lettre eut plus de succès que n'auroient pû avoir toutes les forces d'Aéce. Theodoric en fut tellement touché: qu'elle le désarma entierement, lui fit changer de résolution, et le détermina non seulement à accepter la paix qu'Avitus lui offroit, mais encore à renouveller son alliance avec l'empire. Le nouveau traité fut conclu par l'entremise de ce magistrat: ainsi [2] Theodoric et Aéce s'étant donnez des assûrances réciproques d'une amitié sincere, congedierent leurs troupes pour ne songer désormais qu'à vivre en bonne intelligence.

Nous ignorons les conditions de cette paix: il paroît seulement par ce que nous venons de dire, que la plus grande partie de la Narbonnoise premiere demeura toûjours soûmise aux Romains de même que l'Aquitaine premiere. Nous voyons en effet par la suite de l'histoire, que les Visigots ne furent pas sitôt maitres de cette portion des Gaules. On peut cependant conjecturer que par ce traité, la Novempopulanie demeura en entier à Theodoric: ce qui paroît fondé sur l'autorité de Salvien [3] qui écrivant l'année d'après la défaite de Litorius (an 440), parle de cette derniere province et de celle de l'Aquitaine seconde comme des pays également soûmis aux Visigots. Cet auteur ajoûte que ces peuples faisoient alors tous les jours de nouveaux progrès, tandis que les Romains perdoient peu à peu ce qui leur restoit dans les Gaules, quelque effort que fît Aéce pour le conserver; ce qui marque sans doute les avantages que les Visigots tirerent de ce nouveau traité de paix avec l'empire, et qu'ils furent confirmez dans la possession des pays que Theodoric avoit déja conquis, parmi lesquels il y a lieu de croire que la ville de Carcassonne avec son territoire étoit comprise.

Aéce fut d'autant plus sensible à ces pertes, qu'il avoit plus à cœur la gloire et les interêts de l'empire, et qu'il faisoit tous ses efforts pour lui conserver ce qui lui restoit dans les Gaules: mais il étoit traversé par les autres generaux qui partageoient avec lui le commandement des troupes dans les mêmes provinces, et qui jaloux de sa réputation, mettoient des obstacles, par leur mésintelligence avec lui, au progrès de ses armes. Cette jalousie fut la source des differends qui s'éleverent entre ce general et Albin, lesquels auroient enfin entraîné [1] la perte totale de ce qui restoit aux Romains dans les Gaules, si Valentinien prévoyant les suites de la désunion de ces deux generaux, n'eût envoié Leon diacre pour les mettre d'accord. Ce ministre s'acquitta de sa commission avec succès, et apprit avant son départ des Gaules pour l'Italie, le choix que le clergé de Rome venoit de faire de sa personne pour remplir le saint siege vacant par la mort du pape Sixte III.

XLI.

Les Visigots servent les Romains contre les Sueves d'Espagne.

Aéce après s'être réconcilié avec Albin par l'entremise de Leon, et avoir pacifié les troubles des Gaules en cedant aux Alains [2] le pays ou territoire de Valence avec une partie de la Gaule Ulterieure située le long et à la droite de la Loire vers sa source, partit pour l'Italie. Il comptoit sans doute sur la paix qu'il avoit concluë avec les Visigots: il paroît en effet que Theodoric fidele à l'observer, et pour ne pas se broüiller avec les Romains, congédia le comte Sebastien gen-

---

[1] Sid. ibid.
[2] Idat. ibid. p. 302. Isid. et S. Prosp. ibid. - Jorn. c. 34.
[3] Salv. l. 7. p. 134. et seqq. p. 167.

[1] S. Prosp. chron. p. 52.
[2] Tyr. Prosp. chron. p. 89.

dre du fameux comte Boniface, qui après s'être révolté et enfui de Constantinople, s'étoit retiré à sa cour, dans l'esperance de trouver auprès de lui [1] une puissante protection (NOTE XLIV). Quoi qu'il en soit, le comte Sebastien quitta bientôt après (an 444) la cour de ce roi, pour entrer en Espagne où il se saisit de Barcelonne qui étoit encore sous la domination des Romains, et dont il fut chassé l'année suivante (an 445).

Theodoric donna des preuves certaines de sa fidelité envers les Romains par les troupes auxiliaires qu'il leur envoia dans la suite (an 446), pour les aider à soûmettre les Sueves d'Espagne, qui depuis leur entrée dans cette partie de l'empire, en ravageoient impitoiablement les provinces. Ces peuples s'étoient joints alors avec les anciens habitans de la Carthaginoise et de la Betique, à qui les vexations et les duretez insupportables de Vitus general de l'une et de l'autre milice Romaine, avoient donné lieu de se soûlever et de prendre les armes. Il est vrai que les Visigots entrerent dans les provinces révoltées d'Espagne plûtôt dans le dessein de les piller que de secourir l'empereur contre les rebelles. Leur expedition ne fut pas heureuse; ils furent attaquez et entierement défaits par Rechila roi des Sueves qui avoit marché au secours des rebelles, et qui tourna ensuite ses armes contre ces derniers qu'il pilla impunément.

XLII.

S. Rustique évêque de Narbonne.

Ceux des Visigots qui échaperent de cette défaite reprirent la route des Gaules où l'Arianisme qu'ils professoient les rendoit extrêmement [2] odieux aux Catholiques, et principalement aux évêques des villes Romaines, voisines de leurs états. Rustique successeur immédiat d'Hilaire évêque de Narbonne, fut un des prélats à qui le voisinage de ces peuples et les [3] calamitez publiques qui suivirent l'entrée des barbares dans les terres de l'empire, faisoient souhaiter avec plus d'ardeur de se voir déchargez du pesant fardeau de l'épiscopat.

Rustique étoit fils d'un évêque nommé Bonose, et neveu d'un autre appellé *Arator*. Sa mère, sœur de ce dernier, devenuë veuve n'eut rien tant à cœur que l'éducation de son fils durant son bas âge. Elle prit sur-tout un soin particulier de lui inspirer l'amour de la religion et de la pieté et de lui faire apprendre les lettres humaines qui florissoient alors dans les Gaules. Elle l'envoia ensuite à Rome pour se perfectionner dans cette étude, et n'épargna rien pour son avancement. Rustique répondit parfaitement à l'attente et aux soins de sa pieuse mère; il fit un égal progrès dans la science et dans la vertu. Il conçut bientôt après un genereux mépris des vanitez du monde, et résolut de faire un sacrifice de ses biens, de sa jeunesse et de toutes ses esperances pour se donner entierement à Dieu dans les exercices de la vie monastique. Cependant avant que d'embrasser ce nouveau genre de vie, il crut devoir écrire à S. Jerôme, reconnu pour un des plus sçavans, des plus illustres et des plus saints solitaires de son tems, pour lui demander son avis avec des regles de conduite [1]. Ce saint docteur touché de cette marque de confiance et de sagesse répondit à Rustique l'an 411. lui marqua le plan qu'il devoit suivre, et lui donna pour modele de la vie qu'il vouloit embrasser les SS. évêques Exupere de Toulouse, qui vivoit alors dans son voisinage, et Procule de Marseille qu'il avoit sous ses yeux et dont il pouvoit recevoir tous les jours des avis salutaires. Cet article de la lettre de saint Jerôme donne lieu à quelques-uns [2] de conjecturer que Rustique professa la vie monastique dans le monastere de Marseille, et qu'il étoit natif de cette ville; mais d'autres [3] sont persuadez qu'il se fit moine à Toulouse où il y avoit un monastere célèbre sous l'épiscopat d'Exupere. Rustique après s'être exercé dans la pratique de la pénitence et des autres vertus du cloître, fut jugé digne de la

---

[1] Idat. chron. apud Sirm p. 303.
[2] Till. not. 3. sur Rustique. tom. 15 hist. eccl.
[3] S. Leo. t. 1. ep. 2. p. 403. – V. Till. sur S. Rust.

[1] Hier. ep. 95 ol. 4.
[2] V. Baluz. not. in Salv. p. 410.
[3] Quesn. not. in S. Leon. tom. 2. p. 781. et seqq.

prêtrise qu'il reçut à Marseille. Il fut choisi dans la suite pour gouverner l'église de Narbonne, dont il fut sacré évêque le 9 d'Octobre [1] de l'an 427.

Ce digne pasteur également [2] affligé de voir d'un côté dans sa province les progrès de l'Arianisme sous l'autorité des Visigots qui en possedoient une partie, et qui étendoient tous les jours leur domination dans les Gaules; et de l'autre les malheurs qu'attiroient dans le pays les guerres continuelles de ces peuples : voiant d'ailleurs les scandales et la corruption des mœurs augmenter tous les jours parmi son troupeau; ne put s'empêcher d'en témoigner sa peine au pape saint Léon dans une lettre qu'il lui écrivit, et dans laquelle il lui déclare la résolution qu'il avoit prise d'abdiquer l'épiscopat. Mais ce pape qui le connoissoit plus capable que tout autre d'en soûtenir le poids et d'en remplir tous les devoirs, loin d'entrer dans ses sentimens d'humilité et de modestie, l'exhorta dans sa réponse qu'il lui adressa les premieres années de son pontificat, à perseverer dans l'état auquel Dieu l'avoit appellé, et de mettre sa confiance non en ses propres forces, ce qui est la source de la foiblesse, mais en J. C. notre force et notre conseil sans lequel nous ne pouvons rien.

XLIII.

Assemblée de la province contre deux prêtres de l'église de Narbonne.

Rustique informoit S. Leon dans la même lettre d'un jugement qui avoit été rendu dans une assemblée des notables du pays composée d'évêques et de laïques qualifiez (*Episcoporum et honoratorum*), contre deux prêtres de son église nommez Sabinien et Leon, qui aiant voulu poursuivre la punition d'un adultere, avoient été trop loin. On croit que ces deux ecclesiastiques [3] se porterent pour accusateurs dans les formes sans avoir en main les preuves nécessaires pour convaincre les coupables, quoique le crime fût certain, ce qui les engageoit à être condamnez eux-mêmes comme faux délateurs. Quoi qu'il en soit, ces deux prêtres avoient d'abord comparu devant cette assemblée des notables de la province; mais ils avoient ensuite fait défaut; et n'aiant osé poursuivre leur accusation, ils avoient été condamnez par l'assemblée. Cependant comme ils avoient raison dans le fond, Rustique embarrassé sur la conduite qu'il devoit tenir à leur égard, consulta le pape S. Leon et lui envoia les actes de l'assemblée tenuë sur ce sujet. Ce saint pontife lui répondit que ces deux prêtres n'avoient aucun droit de se plaindre de leur condamnation, mais qu'il pouvoit cependant les traiter comme il jugeroit à propos; qu'il lui conseilloit d'employer à leur égard la douceur de la charité plûtôt que la rigueur de la justice, puisque dans le fond ces ecclesiastiques n'avoient péché que par un excès de zele, dans la poursuite d'un crime qui avoit été certainement commis.

Rustique avoit joint à sa lettre un memoire de dix-neuf articles ou difficultez concernant divers points de discipline qu'il prioit S. Leon de lui résoudre. Un des principaux regardoit le baptême de ceux que la persecution des Vandales d'Afrique avoit ou attirez, ou fait exiler dans les Gaules, et de la validité duquel on avoit lieu de douter, parce qu'ils avoient reçu ce sacrement chez des peuples infectez de l'Arianisme. Cet article pouvoit regarder aussi plusieurs d'entre les anciens habitans de la Narbonnoise que ces barbares avoient faits esclaves fort jeunes, dans le tems de leur irruption dans les Gaules, et qui aiant été emmenez en Afrique, étoient ensuite retournez dans leur patrie. S. Leon satisfit Rustique en peu de mots sur toutes ces difficultez, et lui manda que pour le faire plus amplement il auroit eu besoin de le voir et de conferer avec lui. Herme archidiacre de l'église de Narbonne et depuis successeur de Rustique, porta la lettre de ce prélat à Rome et en rapporta la réponse.

XLIV.

Nouvelle construction de l'église de Narbonne.

Ce saint évêque possedoit les vertus épiscopales dans un degré éminent. Il fit sur-tout

---

[1] Pr. p 4 inscr. 9 - V. Pagi ad ann. 445. n. 25.
[2] S. Leo ep 2.
[3] Till. sur S. Rustique. p 404.

éclater son zele pour la maison du Seigneur, lorsque son [1] église aiant été long-tems auparavant consumée par le feu, il entreprit, après en avoir fait abattre les masures, d'en faire bâtir une nouvelle. Il communiqua son dessein à son clergé, et ce fut de son avis, et en particulier de celui d'Herme son archidiacre qu'il fit commencer le bâtiment le 13. [2] d'Octobre de l'an 441. Marcel préfet des Gaules qui avoit fort encouragé le saint évêque à cette grande entreprise, contribua beaucoup à son execution par les sommes considerables qu'il lui fournit pendant les deux années de sa préfecture. Rustique fut redevable du reste à la pieté des fideles, sur-tout à Venere évêque de Marseille avec lequel il avoit porté le joug du Seigneur dans le même monastere. Dyname qu'on croit [3] avoir été évêque de Beziers, et un autre évêque appelle Agrece, contribuerent aussi à la construction de la nouvelle église de Narbonne qui fut achevée quatre ans après, le 29 de Novembre de l'an 445. selon la supputation [4] la plus vraisemblable, ou selon d'autres [5] de l'an 448.

XLV.

Mariage de deux filles du roi Theodoric.

L'inscription qui nous apprend le rétablissement de cette église, par les soins de Rustique son évêque, nous donne à connoître en même-temps que la ville de Narbonne et une partie de la province étoient encore alors sous la domination des Romains. Il est vrai que leur autorité s'y affoiblissoit tous les jours ainsi que dans le reste des Gaules par la mauvaise conduite de l'empereur Valentinien III. tandis que les Visigots y faisoient de nouveaux progrès, et que leur roi Theodoric se rendoit redoutable par ses alliances avec les autres rois barbares qui à son exemple s'étoient établis en differentes provinces de l'empire. Theodoric s'allia [6] en effet avec Hunneric fils aîné de Genseric roi des Vandales d'Afrique et avec Rechiarius ou Rutiarius roi des Sueves de Galice par le mariage de ses deux filles dont il donna l'une au premier, et l'autre appellée [1] Theodore au second.

XLVI.

Rechiarius va joindre à Toulouse Theodoric son beau-père.

Rechiarius succeda [2] à son pere Rechila qui étoit payen l'an 486. de l'Ere Espagnole ou l'an 448. de J. C. Il s'étoit converti à la foi catholique ; mais le christianisme ne changea pas en lui les mœurs barbares de sa nation. Il signala le commencement de son regne par les brigandages et les courses qu'il fit dans la Navarre, le Guipuscoa et une partie de l'Aragon qu'occupoient alors les Vascons ou Gascons, peuples qui s'établirent ensuite en deçà des Pyrenées dans le pays qui porte aujourd'hui leur nom. Après cette expedition, que Rechiarius entreprit au mois de Février de la premiere année de son regne, ce prince se trouvant peu éloigné de Toulouse, se rendit dans cette ville au mois de Juillet suivant, pour visiter le roi Theodoric son beau-pere qui y tenoit sa cour. Il partit quelque tems après pour retourner en Espagne, et emmena avec lui un corps de Visigots : ces peuples après avoir ravagé sous sa conduite les environs de Saragosse, et s'être emparez de Lerida et de la Tarragonnoise, porterent la désolation dans la Carthaginoise, quoique ces provinces fussent encore sous l'obéissance des Romains dont le roi Theodoric étoit allié. C'étoit peut-être contre l'intention de ce prince ; car il paroît qu'il demeura toûjours dans l'alliance de l'empire depuis la paix qu'il avoit faite par l'entremise d'Avitus. Il le secourut du moins bientôt après de toutes ses forces contre le fameux Attila roi des Huns surnommé le fleau de Dieu et la terreur du genre humain.

XLVII.

Genseric fait couper le nez à sa bru, fille de Theodoric, et suscite Attila contre ce prince.

Theodoric avoit lui-même un interêt particulier de tourner ses armes contre ce prince

---

[1] Pr. ibid. – V. Baluz. et Till. ibid.
[2] V. Pagi crit ad ann. 445. n. 25. et seqq.
[3] Till. ibid. p. 405. et Pagi ibid.
[4] Baluz. et Till ibid.
[5] Quesn. S. Leo. ibid.
[6] Jorn. c. 36. – Idat. p. 301.

[1] Excerpt. Idat. apud. Canis. p. 185
[2] Idat. ibid. Isid. hist. Suev. p. 738.

barbare. Nous avons [1] déjà dit qu'il avoit donné une de ses filles en mariage à Hunneric fils de Genseric roi des Vandales d'Afrique, également fameux par son orgüeil, ses conquêtes et sa cruauté envers les Catholiques de ses états. Cette alliance fit d'abord plaisir à Genseric ; mais dans la suite ce prince aiant soupçonné sa bru d'avoir préparé du poison pour le faire mourir, lui fit couper le nez, et la renvoia en cet état et sans autre forme de procès à la cour de Theodoric son pere, où sa presence excita également la compassion des peuples et la vengeance de sa famille.

Genseric persuadé que Theodoric ne manqueroit pas de venger par les armes l'injure faite à sa fille, tâcha de le mettre hors d'état de l'attaquer, en lui suscitant un ennemi capable de l'arrêter dans les Gaules et de l'empêcher par cette diversion de porter la guerre en Afrique. Informé qu'Attila roi des Huns, prince également redoutable et ambitieux, ne cherchoit qu'à étendre ses conquêtes, il le pressa secretement d'entrer dans les Gaules pour y faire la guerre à Theodoric (an 449). Attila gagné par les riches presens de Genseric et poussé par sa propre ambition, se détermina d'autant plus volontiers à cette entreprise, qu'il étoit d'ailleurs résolu de porter la guerre dans les états de Valentinien, contre lequel Honoria sœur de cet empereur le faisoit solliciter de prendre les armes.

Les Huns [2] dont Attila étoit roi, étoient des peuples de la Scythie qui s'étoient rendus célèbres depuis quelque tems par leurs courses et leurs ravages en diverses provinces de l'empire ; sur-tout depuis qu'Attila après s'être défait de son frere Bleda avec qui il partageoit auparavant la couronne, étoit demeuré par ce fratricide seul maître du throne de sa nation. Ce prince né pour être la terreur de tous les peuples, avoit toutes les qualitez nécessaires pour se faire craindre. Il se persuadoit que sa valeur lui donnoit droit de tout entreprendre à la tête d'un peuple belliqueux dont il étoit le maître

absolu ; et son ambition et sa vanité encore plus grandes lui faisoient croire que tout l'univers devoit plier sous sa puissance : au reste on prétend qu'il ne manquoit pas d'humanité. Avec un roi de ce caractère, les Huns déjà célèbres en Orient par leurs brigandages, se rendirent formidables en Occident par leurs conquêtes. Attila les avoit poussées jusques vers les frontieres de l'Italie et des Gaules lorsqu'il résolut de déclarer la guerre à Valentinien et à Theodoric ; mais comme il étoit aussi rusé que brave, avant que de l'entreprendre, il tenta de désunir ces deux princes, et envoia à chacun d'eux des ambassadeurs pour les amuser et les empêcher d'armer contre lui.

XLVIII.
Ambassade d'Attila et de Valentinien a Theodoric.

Il écrivit d'abord [1] à Valentinien, qu'il faisoit trop de cas de son amitié et de son alliance pour penser à y donner la moindre atteinte ; et que s'il faisoit des préparatifs de guerre, c'étoit uniquement contre Theodoric dont il le prioit de ne pas prendre la défense. Le reste de sa lettre à cet empereur étoit également flatteur et peu sincère (an 450). Attila écrivit d'un autre côté avec la même dissimulation à Theodoric qu'il sollicita fortement d'abandonner les intérets de Valentinien et de rompre son alliance avec les Romains par le souvenir de la guerre qu'ils lui avoient faite peu de tems auparavant et des maux qu'ils avoient causez à sa nation. C'est ainsi qu'Attila s'efforça d'amuser ces deux princes avant que de les attaquer : mais Valentinien qui se défioit de ses artifices, prit des mesures pour les prévenir, et envoia aussitôt une ambassade à Theodoric et aux Visigots, à qui il écrivit dans ces termes. « Il est de votre prudence,
» peuple de tous le plus belliqueux, de vous
» élever contre le tyran de Rome, dont l'ambition est de réduire l'univers dans les fers,
» et qui n'examine jamais les motifs des guerres qu'il entreprend, parce que tout ce
» qu'il veut lui paroit juste. Il mesure ses

---

[1] Jorn. c. 36.
[2] Jorn. c. 34. et seqq.

[1] Jorn. c. 36.

» forces sur son ambition, et son orgueil
» lui fait croire que tout lui est permis ; en
» sorte que sans aucun égard pour le droit
» et pour la justice il se déclare l'ennemi
» du genre humain. Un ennemi commun
» tel que lui mérite une haine commune.
» Souvenez-vous sur-tout de ce qu'on ne
» sçauroit oublier, que les Huns ont résolu
» notre perte, et que pour réussir ils joi-
» gnent la mauvaise foi à l'artifice. Souffrirez-
» vous patiemment leurs orgueilleuses en-
» treprises, vous dont les armes sont si re-
» doutables ? Vengez donc vos propres inju-
» res, et joignez-vous à nous pour nous
» aider à tirer vengeance de celles qu'on
» nous fait ; secourez la république Romaine
» dont vous occupez déjà une partie, et qu'un
» même intérêt nous unisse et nous rende
» les ennemis d'Attila. »
Theodoric également touché de la lettre de Valentinien et des discours que ses ambassadeurs y ajoûterent, leur répondit en ces termes. « Vous êtes, Romains, au com-
» ble de vos souhaits ; vous avez réussi à
» nous faire regarder Attila comme notre
» ennemi. Nous irons le chercher et le com-
» battre par-tout où il sera. Quelque enflé
» qu'il soit du grand nombre des victoires
» qu'il a déjà remportées sur les nations
» les plus altieres, il n'est pas nouveau pour
» les Gots de se battre contre des peuples
» encore plus redoutables. On ne doit rien
» craindre quand il s'agit d'entreprendre une
» guerre juste et dont la cause doit faire
» esperer un heureux succès. » Après cette réponse les ambassadeurs de Valentinien, qui en furent très-satisfaits, se retirerent, et les Visigots se disposerent pour la guerre.

XLIX.

Aëce et Theodoric joints ensemble forcent Attila de lever le siege d'Orleans.

Attila de son côté assembla une armée formidable tant de ses sujets que de diverses autres nations barbares qui le suivirent en qualité d'auxiliaires ; le nombre de ses troupes montoit en tout, suivant l'historien Jornandes [1], à cinq cens mille combattans. Ce prince s'étant mis ensuite à leur tête, partit de la Pannonie où il faisoit alors son séjour, et aiant traversé la Germanie et passé le Rhin, il alla se présenter devant la ville de Metz la veille [1] de Pâques de l'an 451. Après avoir emporté cette ville de force, il fit passer les habitans au fil de l'épée et y mit le feu. Il exerça la même fureur et commit les mêmes excès dans la plûpart des autres villes voisines. Tous ces malheurs, à ce qu'on [2] prétend, furent présagez par des signes extraordinaires qui parurent dans le même tems.

Aëce [3] qui commandoit dans les Gaules sous les ordres de l'empereur Valentinien III. apprit à Arles où il étoit alors, qu'Attila, qu'il n'attendoit pas sitôt, étoit déjà en deçà du Rhin. Sur cet avis il rassemble au plus vîte ce qu'il put de troupes ; mais se voiant encore trop foible pour tenir tête à un ennemi si redoutable, il demande aux Visigots le secours qu'ils avoient promis à l'empereur son maître. Ces peuples moins pressez de se mettre en campagne pour aller au-devant d'Attila, que de prévenir la guerre que ce prince devoit porter dans leurs états, avoient résolu de n'en pas sortir et de se contenter d'en disputer l'entrée aux Huns. Aëce n'eut pas plûtot appris cette résolution, que se voiant hors d'état de marcher contre Attila sans le secours des Visigots, il n'oublia rien pour leur persuader de joindre leurs armes aux siennes et de prendre avec lui la défense de l'empire. Pour les y engager il envoia en diligence S. Agnan évêque d'Orleans avec le célèbre Avitus ancien préfet des Gaules vers Theodoric qu'il crut gagner par la sainteté du premier, et par l'ancienne liaison que l'autre avoit avec ce prince. Le voiage que S. Agnan avoit fait à Arles pour demander du secours à Aëce contre les Huns qui menaçoient sa ville épiscopale, donna lieu sans doute à ce general Romain de l'envoier à Theodoric pour cette ambassade ; et s'il en faut croire l'ancien auteur [4] qui la rapporte,

[1] Jorn. c. 35. V. Sid. carm. 7.

[1] Greg. Tur. hist. l. 2. c. 6.
[2] Idat. Prosp. et Isid. chron.
[3] Sid. carm. 7. p. 325 - Greg. Tur. ibid. c. 7. - Excerpt. Idat. apud Canis. p. 186.
[4] Excerpt. Idat. ibid.

ce saint évêque offrit de la part de ce même general au roi des Visigots de lui faire donner par l'empereur la moitié des Gaules, si avec le secours de ses troupes il venoit à en chasser les Huns: mais ce fait est d'autant plus douteux (NOTE LII), qu'outre que cet auteur n'est pas exact dans le récit de plusieurs évenemens de cette guerre, il fait faire par Aëce la même offre à Attila s'il vouloit joindre ses armes à celles des Romains contre les Visigots, ce qui paroît peu digne de la probité de ce general. Ce qu'il y a de vrai, c'est qu'Aëce voulant absolument gagner le roi Theodoric, se servit[1] du ministere d'Avitus dont il connoissoit par sa propre experience le pouvoir qu'il avoit sur l'esprit de ce prince, et qu'on regardoit comme l'arbitre et le médiateur des Romains et des Visigots. Avitus par zele pour l'empereur, autant que par amour pour sa patrie, se chargea de cette commission, alla trouver Theodoric, et le pressa si vivement soit par des vués d'intérêt, soit par le point d'honneur dont il le piqua, qu'il l'engagea enfin à marcher au secours de l'empire.

Theodoric[2] après avoir assemblé une armée nombreuse des troupes de sa nation, qui témoignoient déjà l'ardeur qu'elles avoient de combattre et l'envie de se signaler, se mit à leur tête accompagné de ses deux fils ainez Thorismond et Theodoric avec qui il voulut partager ses périls et la gloire de ses victoires. Il laissa à Toulouse quatre autres de ses enfans, sçavoir Frideric, Euric, Rotemar et Himmeric, parce qu'apparemment ils étoient encore trop jeunes. Il joignit à ses propres troupes un grand nombre d'auxiliaires, qu'il tira vraisemblablement des anciens peuples des provinces soûmises à son obéissance.

Aëce de son côté fit venir aussi de toutes parts un grand nombre de troupes auxiliaires, et appella à son secours les Celtes et les Germains d'au-delà du Rhin qui voulurent bien marcher au service de l'empire. Ces dernieres troupes, composées principalement de François, de Sarmates et de Bourguignons, jointes à celles des Romains et des Visigots, formerent une armée très-nombreuse; mais celle d'Attila l'étoit encore davantage.

Ce dernier[1] après avoir désolé les pays situez entre le Rhin et la Loire et saccagé la plûpart des villes, avoit assiegé Orleans et pressoit vivement le siege; en sorte que lorsque les Romains et les Visigots se mirent en marche, cette ville étoit presque sur le point de devenir la proie de ses ennemis, et ne se soûtenoit plus que par le secours des prieres de S. Agnan son évêque contre les efforts du roi des Huns. Le dessein de ce prince après la prise d'Orleans étoit de porter ses armes dans l'Aquitaine contre les Visigots avant que de combattre l'armée des Romains, persuadé qu'en attaquant ces peuples separément il lui seroit plus aisé de les vaincre: mais Dieu, maître des desseins des hommes, dissipa bientôt ceux d'Attila; car Aëce et Theodrric joints ensemble furent à peine arrivez la veille de saint Jean Baptiste devant Orleans, qu'ils attaquerent les Huns, et les pousserent si vivement qu'Attila après une perte très-considerable, fut obligé de lever[2] le siege de cette ville et de prendre la fuite avec le reste de son armée.

Aëce et Theodoric ne jugeant pas à propos de poursuivre ce roi barbare, attendirent[3] l'arrivée de leurs auxiliaires qui devoient les joindre incessamment. Le premier donna cependant le commandement de la ville d'Orleans à Sangiban roi des Alains qu'il y mit en garnison avec les troupes de sa nation: mais sur l'avis qu'il eut peu de tems après que ce roi entretenoit des intelligences secretes avec Attila et vouloit lui livrer la ville, il en donna la garde à d'autres troupes, de concert avec Theodoric, prit soin de la fortifier, et pour s'assûrer de la conduite des Alains qu'il en avoit fait sortir, il les plaça au milieu des auxiliaires de son armée; et se mit ensuite en marche contre Attila.

---

[1] Greg. Tur. ibib.
[2] Act. S. Anian. apud. Sur. V. Vales. rer. Franc. l. 4. p. 160. et 164.
[3] Jorn. c. 37.

[1] Sid ibid.
[2] Jorn. ibid. c. 36. — Prosp. chron.

L.

Bataille de Meri en Champagne. Défaite d'Attila. Mort de Theodoric.

Ce dernier [1] après la levée du siege d'Orleans s'étoit retiré vers la Champagne et avoit planté son camp dans un lieu appellé *Mauriacum*, qu'on croit être le bourg de Meri situé aux environs [2] de Troyes, au milieu d'une vaste plaine où il avoit la liberté d'étendre son armée extrêmement nombreuse. Cette plaine qu'on appelloit *la campagne de Châlons* (*Campi Catalaunici*) du nom de cette ville qui en étoit la principale, avoit cent lieuës de long sur soixante-dix de large ; sur quoi il faut observer que, suivant la supputation de Jornandes, la lieuë Gauloise n'étoit que de quinze cens pas. C'est dans cette campagne qu'Aëce et Theodoric aiant joint Attila, et que les deux armées étant en présence, on se disposa au combat. Attila qui tiroit déjà un très-mauvais augure de la découverte qu'on avoit faite de la perfidie des Alains, voulant sçavoir par avance quelle seroit sa destinée, eut recours à ses aruspices et à ses devins : mais il ne reçut que des réponses funestes. Il se détermina cependant à livrer bataille : elle se donna aux environs du même lieu de Meri, et c'est une des plus mémorables et des plus sanglantes dont l'histoire fasse mention.

Le combat commença à trois heures après midi (*Circa nonam diei horam. Jorn. ibid.*), à l'occasion d'une colline qui dominoit sur les deux camps, et dont les Huns tâcherent de s'emparer les premiers : les deux armées étoient rangées de la maniere suivante. Le roi Theodoric avec les troupes de sa nation occupoit l'aîle droite de l'armée Romaine, et le general Aëce la gauche : les Alains étoient placez dans le centre avec les autres auxiliaires. Attila de son côté s'étoit posté dans le centre de son armée avec les Huns naturels qu'il regardoit comme ses meilleures troupes. Ses deux ailes étoient composées de divers peuples qu'il avoit subjuguez : l'une étoit commandée par Walamir roi des Ostrogots et par ses freres Theodemir et Widemir ; et l'autre étoit sous les ordres d'Arderic roi des Gepides : par cette disposition les Ostrogots qui étoient à la gauche d'Attila, se trouverent dans la nécessité de combattre contre les Visigots leurs anciens compatriotes, qui occupoient la droite de l'armée Romaine.

Attila voulant s'emparer [1] de la hauteur dont on a dejà parlé, fit marcher un corps de troupes vers la droite de cette colline : mais les Huns prévenus par Aëce et Thorismond, qui s'étoient dejà campez sur la gauche de ce poste, furent repoussez et obligez de l'abandonner. Attila s'appercevant que ce premier échec avoit un peu déconcerté ses troupes, leur fait faire halte et tâche de relever leur courage par une harangue très-pathétique. Il leur recommande sur-tout de porter tous leurs efforts contre les Visigots et les Alains qui faisoient la principale force de l'armée ennemie ; et joignant ensuite l'exemple à ses discours, il attaque en même-tems les Romains et les Visigots. Alors les deux armées s'étant mêlées, le combat devint également furieux et opiniâtre, et le carnage si horrible des deux côtez, qu'un petit ruisseau qui couloit auprès du champ de bataille, devint en peu de tems un torrent de sang *.

Theodoric couroit de rang en rang pour animer ses troupes, lorsque se laissant emporter à l'ardeur du combat qui ne faisoit que de commencer, il eut le malheur d'être désarçonné, de tomber de cheval, et d'être enfin [2] écrasé et foulé sous les pieds de ses propres soldats. D'autres rapportent sa mort d'une maniere différente, et prétendent qu'il fut tué d'un coup de fléche qu'il reçut d'un Ostrogot de l'armée l'Attila : ce qu'il y a de certain, c'est que ce prince qui étoit alors dans un âge avancé, fut tué au commencement de l'action.

Les Visigots, qui ignoroient la mort de leur roi, continuant de combattre avec la même ardeur, se separent des Alains, redoublent leurs efforts et tombent si rude-

---

[1] Jorn. c. 36. et seqq. - Greg. Tur. ibid.
[2] V. Ruin. not. in Greg. Tur. ibid et Val. ibid

[1] Jorn. c. 38 et seqq.
[2] Jorn. et Idat. ibid.

* *V*. Additions et Notes du Livre iv, n° 10.

ment sur les bataillons des Huns, qu'Attila seroit resté infailliblement sur la place, s'il n'eût pris enfin avec ses troupes le sage parti de se retirer dans son camp où les chariots de son armée dont il l'avoit environné, lui servirent de rempart. C'est dans ce foible retranchement que les Huns à qui auparavant les murs les plus inexpugnables ne pouvoient résister, se mirent à l'abri des insultes de leurs ennemis après avoir cependant disputé long-tems la victoire : elle fut en effet douteuse et incertaine jusqu'à la nuit qui separa les deux armées et favorisa la retraite d'Attila qui se vit obligé d'abandonner aux Romains et aux Visigots le champ de bataille. Thorismond de son côté après avoir combattu sur le haut de la colline d'où il avoit chassé les Huns, et les avoir ensuite menez battant jusqu'à l'entrée de la nuit, se retiroit pour aller rejoindre dans son camp le roi Theodoric son pere, dont il ignoroit la mort de même que le reste de ses troupes, lorsqu'il alla par mégarde donner contre les chariots dont ces barbares s'étoient couverts. Cette méprise occasionna une seconde action où ce jeune prince donna encore des marques de sa valeur : mais aiant reçu une blessure à la tête qui le renversa de son cheval, il fut obligé de mettre fin à ce nouveau combat, après avoir été relevé et heureusement secouru par les siens. Aëce qui erroit aussi alors dans les ténèbres separé de son armée, et couroit sans le sçavoir au milieu des ennemis, arriva enfin dans son camp où il passa le reste de la nuit, fort inquiet du succès de la bataille et du sort des Visigots.

Le lendemain à la pointe du jour, Aëce et Thorismond voiant la campagne couverte de corps morts, et que les Huns, ces peuples auparavant si fiers et si hardis, n'osoient sortir de leur camp, comprirent qu'ils avoient gagné la bataille. Ils sçavoient d'ailleurs qu'Attila ne s'étoit retiré qu'après avoir fait une grande perte. Quelques auteurs [1] font monter celle des deux armées dans cette mémorable bataille à trois cens mille hommes, ce qui paroît incroiable : tous les autres historiens [1] conviennent du moins qu'il y eut cent soixante mille hommes tuez de part et d'autre, sans compter quinze mille tant François que Gepides, qui par un évenement des plus singuliers et qui paroît même fabuleux, s'étant rencontrez la nuit qui précéda le combat, se battirent dans l'obscurité avec tant de fureur et de rage, qu'ils s'entretuerent tous, sans qu'il en échappât un seul.

Quelque funeste que fût cette bataille pour les deux armées, la perte [2] des Huns fut cependant incomparablement plus considerable que celle des Romains et des Visigots; ce qu'un ancien [3] auteur attribuë à la valeur de ces derniers. Attila conservant malgré cela sa fierté, fit bonne contenance : il fit même sonner la charge, comme s'il eût voulu tenter le sort des armes; mais il vouloit seulement par cette démarche amuser ses ennemis et leur cacher la retraite qu'il méditoit. Les Romains et les Visigots après leur victoire délibererent ensemble sur ce qu'ils avoient à faire : ils conclurent qu'Attila aiant fortifié son camp et garni ses retranchemens d'un grand nombre d'archers, il n'étoit pas possible de le forcer. Ce roi, dont les mauvais succès n'avoient pû abattre le courage, étoit en effet résolu de se défendre en désesperé et de se livrer plutôt aux flammes d'un bucher qu'il avoit préparé en cas de malheur, que de tomber vivant entre les mains de ses ennemis.

LI.

Honneurs funebres rendus à Theodoric. Son éloge.

Aëce et Thorismond ne voiant point jour à pouvoir attaquer le camp d'Attila, prirent le parti de le bloquer et de tâcher de réduire les Huns par la famine en leur coupant les vivres. Cependant les Visigots [4] chercherent parmi un tas affreux de corps morts celui de leur roi Theodoric pour lui rendre les

---

[1] Idat. chron. apud Sirm. p. 305. Isid. chron. p. 717.

[1] Jorn. ibid. Paul. diac. hist. Miscell. l. 15. - Freculf. etc. - V. Vales. rer. Franc. l. 4. p. 164. et seqq. et Pagi crit. ad ann 451. n 23.

[2] Prosp. et Isid. chron. ibid.

[3] Cassiod. chron.

[4] Jorn. c. 41.

devoirs de la sepulture; et aiant eu enfin le bonheur de le découvrir, ils l'enlevent à la vûë des ennemis, l'emportent dans leur camp, le revêtent de ses habits roiaux; et aiant son fils Thorismond à leur tête, ils lui rendirent les honneurs funebres. Ils marquerent sur-tout par les larmes qu'ils mêlerent à leurs chants lugubres, la douleur dont ils étoient pénétrez d'avoir perdu en la personne de ce prince un grand roi et un vaillant capitaine. Théodoric méritoit en effet les regrets de ses sujets par ses rares qualitez: il avoit de la pieté, quoiqu'Arien, et il en avoit donné des marques lorsque couché sur un cilice il ne cessa d'implorer le secours du ciel avant que de livrer bataille aux Huns qu'il défit devant Toulouse, et dont il délivra enfin les Gaules aux dépens de sa propre vie. Les historiens [1] loüent ses qualitez de corps et d'esprit, et sur-tout son extrême moderation. Il fit voir le cas qu'il faisoit des gens de mérite en la personne d'Avitus, à qui il donna toûjours des marques sinceres d'une amitié constante et genereuse. Les Gots dûrent à sa valeur leur premier aggrandissement dans les Gaules: il y a lieu de croire en effet qu'il étendit les limites de ses états pendant les guerres qu'il entreprit contre les Romains et dont nous ignorons le motif. Il paroît cependant qu'après qu'il eût fait enfin la paix avec eux, il eut soin de l'entretenir, et qu'il fut toûjours dans la suite leur fidele allié. Il laissa en mourant six princes et deux princesses dont nous avons dejà parlé.

LII.

Thorismond succede à Theodoric son pere. Son arrivée à Toulouse.

L'armée des Visigots n'eut pas plûtôt achevé la cérémonie des funerailles de Theodoric, qu'elle élut [2] au bruit des armes son fils Thorismond pour son successeur. Ce nouveau roi dont la valeur égaloit celle de son pere, résolut alors d'attaquer les Huns dans leur camp pour le forcer et venger sur ces barbares la mort du roi son pere: cependant avant que d'en venir à l'execution, il consulta le patrice Aëce. Mais ce general craignant que ce prince, après avoir entierement défait les Huns, ne tournât ensuite ses armes contre l'empire, le dissuada de cette entreprise: il lui fit comprendre qu'il lui importoit extrèmement de reprendre incessamment le chemin de Toulouse, tant pour s'y faire reconnoître au plûtôt par le reste de ses sujets, que pour prévenir les mauvais desseins de son frere Theodoric qui pourroit le devancer, s'unir avec ses autres freres et lui enlever la couronne avec les thrésors de leur pere, ce qui l'exposeroit à une guerre dangereuse.

Thorismond comptant sur la bonne foi d'Aëce suivit son conseil, leva le camp et marcha vers Toulouse. Dès qu'Attila fut assuré du départ de ce prince, qu'il redoutoit effectivement, il décampa de son côté avec ce qui lui restoit de troupes, abandonna les Gaules et passa en Italie dans le dessein de la ravager. Il restoit encore dans le camp d'Aëce un nombre de François auxiliaires qui l'avoient servi utilement dans cette guerre, et qu'il craignoit presqu'autant que les Visigots: il usa, pour les éloigner, de la même ruse dont il s'étoit servi pour faire décamper ces derniers, et leur persuada de retourner chez eux. Ce general devint par là maître absolu du champ de bataille et des riches dépoüilles des Huns. Aëce revint à Arles, et Thorismond entra de son côté en triomphe dans Toulouse au milieu des applaudissemens et des acclamations de ses sujets, et de ses freres mêmes. Le commencement du regne de ce prince fut d'abord assez tranquille; mais il fut troublé dans la suite par divers mouvemens qui s'éleverent dans son roiaume et dont nous parlerons ailleurs.

LIII.

Second concile d'Arles, où Rustique de Narbonne assiste avec les autres évêques de sa province.

Si l'empire d'Occident étoit alors agité par les courses des barbares, celui d'Orient ne l'étoit pas moins par les erreurs de Nestorius et d'Eutichez qui y faisoient tous les jours de nouveaux progrès. Les évêques d'Occident, le grand S. Leon à leur tête, avoient

---

[1] Jorn c 34
[2] Jorn c. 41. Greg. Tur. hist. l 2. c. 7

deja proscrit ces erreurs, lorsque [1] les évêques de la Narbonnoise s'assemblerent à Arles avec ceux de plusieurs provinces voisines à la fin de l'an 451. où dans un concile, qu'on croit être le second de cette ville, ils approuverent la lettre de ce pape à Flavien de Constantinople. Ce concile fut souscrit par quarante-quatre évêques parmi lesquels Ravenne d'Arles qui y présida, souscrivit le premier, et après lui Rustique de Narbonne, auquel se joignirent sans doute tous les évêques de sa province : on ne trouve cependant que la souscription de celui d'Usez appellé Constance.

Il paroit par cette souscription que Rustique qui étoit plus ancien que Ravenne, lui ceda cependant le rang dans cette occasion, quoique ses predecesseurs se fussent toujours opposez jusqu'alors aux prétentions de l'église d'Arles sur celle de Narbonne : mais par là Rustique reconnut moins la superiorité de Ravenne comme métropolitain, que sa qualité de vicaire du pape attachée depuis quelque tems à son siege, et en vertu de laquelle ce dernier avoit droit d'assembler des conciles de plusieurs provinces et d'y présider. Nous voyons en effet que peu de tems après saint Leon écrivant [2] aux mêmes évêques des Gaules, nomme dans sa lettre Rustique de Narbonne avant Ravenne d'Arles. D'ailleurs le même pape en décidant [3] en 450. le differend des métropoles de Vienne et d'Arles, assigna quatre suffragans à la premiere; ainsi les évêques d'Arles n'exercerent depuis ce tems-là le droit de métropolitain que sur le reste de la Viennoise qui comprenoit tous les autres diocèses de cette province, du nombre desquels étoit celui de Viviers. Les évêques d'Arles ne prétendirent donc plus avoir aucun droit de métropolitain hors des limites de leur province particuliere, et ne conserverent que celui d'assembler des conciles dans l'étenduë de leur vicariat, comme on l'a dejà dit. Ce fut en consequence de ce privilege que Ravenne convoqua [4] quelques années après dans sa ville épiscopale un concile de plusieurs provinces au sujet du fameux monastere de Lerins, et auquel Rustique de Narbonne, qu'il y appella, se rendit avec quelques évêques de la Narbonnoise premiere comme Constance d'Usez et Flore. On [1] croit que Flore pourroit être le saint évêque de Lodeve de ce nom, supposé que celui-ci ne soit pas l'évêque de cette église qui mourut en 419. et à la place duquel Patrocle d'Arles ordonna son successeur.

LIV.

Tonante Ferreol préfet des Gaules. Sa famille originaire de la Narbonnoise premiere.

L'assistance des évêques de la Narbonnoise premiere aux conciles d'Arles, qui étoit la principale des villes qui restoient alors aux Romains dans les Gaules, prouve, à ce qu'il paroit, que la plûpart des villes épiscopales de cette province étoient dans le même-tems sous la domination de l'empire, et qu'elles n'avoient pas encore passé sous celle des Visigots; il est certain d'ailleurs que la ville de Narbonne obéissoit dans ce tems-là aux Romains, et nous croyons en avoir une preuve pour celle de Nismes dans les lettres du célèbre Sidoine Apolinaire. En effet suivant ces lettres Tonante Ferreol préfet des Gaules faisoit alors son séjour ordinaire aux environs de cette derniere ville, et il n'est pas vraisemblable que le premier officier de l'empire dans ces provinces, eût résidé dans un pays soûmis aux Visigots.

Ce préfet [2] étoit peut être natif de Nismes : on sçait du moins que sa famille avoit des biens considerables dans la Narbonnoise I. et que quelques-uns de ses descendans étoient originaires de Narbonne. Il étoit par sa mere petit-fils d'Afranius Syagrius préfet du prétoire qui exerça ensuite la charge de consul [3] en 381. et 382. et dont la famille n'étoit pas moins distinguée que celle de Ferreol par la noblesse et par les dignitez. Ce dernier ne dégénera pas de la vertu et de la

---

[1] S. Leo. tom. 1. p. 579. tom. 2. p. 864. 866. — V. Till. sur S. Rust. de Nar. p. 406 et 628

[2] S. Leo. ep. 77. tom. 1. p. 572.

[3] Ibid. ep. 50.

[4] Concil. tom 4. p. 1023.

[1] V. Gall. Chr. tom. 2. p. 771. — Till. sur S. Rust. p. 407.

[2] Sid. l. 1. ep. 7. l 2. ep 9. l 7. ep. 12.

[3] V. Till. not 17 sur l'emp Gratien.

gloire de ses ancêtres : il mérita d'être élevé à la charge de préfet des Gaules qu'il occupa durant trois années consecutives; sçavoir l'année 452. et les deux précédentes. Il s'attira [1] dans l'exercice de cette importante dignité, l'estime, l'affection et les applaudissemens des peuples, par le soin qu'il prit de les soulager et de diminuer les impôts dont ils étoient accablez. Il témoigna dans la suite son zele pour les intérêts et les droits de son souverain en se portant pour accusateur contre Arvande son successeur dans la préfecture des Gaules, coupable des crimes de péculat et de léze-majesté. Sa moderation, sa prudence, sa politesse et sa douceur qui le faisoient admirer, eurent plus de force pour éloigner Thorismond des portes de la ville d'Arles, que n'en auroit eu Aëce avec toutes ses troupes. Sidoine faisoit un cas particulier de sa pieté ; et c'est par estime autant que par respect qu'il mit dans le recüeil de ses épîtres une lettre [2] qu'il lui avoit écrite, parmi celles qui étoient adressées aux évêques.

Ferreol faisoit sa demeure ordinaire dans une de ses maisons de campagne appellée Prusian *(Prusianus)*, et située sur les bords du Gardon dans le territoire de Nismes. La description qu'en fait Sidoine [3] son allié, et la maniere agréable avec laquelle il y fut reçu nous font également connoître la beauté de la situation de ce lieu et la politesse de Ferreol, avec celle des peuples de cette partie de la Narbonnoise qui n'étoit pas encore soûmise aux Visigots. Sidoine l'éprouva dans le voiage qu'il fit à Nismes pour y voir cet ancien préfet, et le senateur Apollinaire son parent. L'un et l'autre voulant avoir le plaisir de le loger et de le divertir, le menerent dans leurs maisons de campagne situées aux environs de cette ville : chacun l'invita tour à tour durant sept jours; Ferreol dans sa belle maison de Prusian, et Apollinaire dans celle de *Voroangus*, où ils tâcherent de l'amuser agréablement, tantôt par les jeux et la bonne chere, tantôt par la promenade et le plaisir du bain, et enfin par la lecture et la conversation ; et cela avec tant de politesse et une si grande ouverture de cœur, que Sidoine fut charmé des témoignages de leur amitié et des soins qu'ils se donnerent pour lui faire goûter tous les plaisirs de la campagne.

Ferreol avoit une autre maison de campagne vers les montagnes des Cevennes appellée *Trevidon*, où il se retira sur la fin de ses jours et avant l'an 470. On pourroit conjecturer par la maniere dont Sidoine [1] Apollinaire parle de ce lieu, que c'est le même que celui de Treve situé dans les Cevennes et l'ancien diocèse de Nismes sur la frontiere du Roüergue et du Gevaudan entre Merueys et l'abbaye de Nant : mais il paroît d'un autre côté que ce lieu devoit être situé à la droite du Tarn, ce qui ne convient pas avec la situation de Treve. Ferreol s'y retira sans doute pour n'être pas obligé de vivre sous la domination des Visigots, après que ces peuples eurent réduit sous leur obéissance la Narbonnoise premiere et avant qu'ils ne se fussent rendus maîtres de l'Aquitaine premiere où ce lieu étoit situé. Papianille, femme d'une rare vertu et de la même famille que l'empereur Avitus, suivit Ferreol son epoux dans sa retraite : mais on ignore si leurs enfans s'y retirerent aussi avec eux. Parmi ceux-ci Tonante, dont le même Sidoine [2] parle avec éloge, se distingua beaucoup par son inclination naturelle et son goût exquis pour les lettres. On lui donne pour frere Roricius évêque d'Usez dont nous parlerons ailleurs, aussi bien que de S. Ferreol évêque de la même ville, et des autres descendans de ce préfet des Gaules, dont la famille se perpetua dans la Narbonnoise. C'est du même Ferreol, qui vivoit encore vers l'an 476. [3] que quelques-uns de nos genealogistes tirent l'origine de la maison roiale de France qui regne aujourd'hui ; mais ce sentiment est combattu par d'autres.

---

[1] V. Lacarr. præf. præt. Gall. p. 148.
[2] Sid. l. 7. ep. 12.
[3] L. 2. ep. 12.

[1] Sid. carm. 24. vers. 395.
[2] L. 9. ep. 13.
[3] L. 7. ep. 12.

LV.

Guerre de Thorismond contre les Alains et les Romains

Le roi Thorismond sur l'esprit duquel Ferreol avoit beaucoup d'ascendant, eut, suivant Jornandes, une seconde guerre à soûtenir contre les Huns. Cet historien [1] prétend qu'Attilla après sa defaite dans la campagne de Châlons revint dans les Gaules dans le dessein de combattre les Visigots, et qu'il prit une route differente de celle qu'il avoit tenüe dans sa premiere irruption : il ajoûte que ce roi des Huns attaqua d'abord les Alains qui s'étoient établis le long et à la droite de la Loire, et que Thorismond étant allé alors à sa rencontre dans ce pays, lui livra bataille et le mit en fuite après avoir remporté sur lui une victoire aussi complette que celle de Meri : mais cette nouvelle guerre entre Attila et Thorismond n'a aucune vraisemblance, et il paroît que Jornandes s'est trompé sur ce fait, ainsi que sur bien d'autres (NOTE LII). On sçait [2] seulement en general que Thorismond entreprit contre les Alains une guerre dont on ignore le tems, les motifs et les circonstances ; et qu'il défit entierement ces peuples.

Nous sommes un peu mieux instruits du motif qui engagea ensuite ce prince à déclarer la guerre aux Romains. S'il en faut croire un ancien [3] auteur, Aëce y donna occasion par l'inexecution des promesses qu'il avoit faites à ce roi, lorsqu'il lui persuada de se retirer dans ses états après la défaite d'Attila ; ce qui est très-vraisemblable, quoique cet auteur rapporte plusieurs autres circonstances sur lesquelles on ne sçauroit faire aucun fonds (NOTE LII). Il y a en effet lieu de croire que Thorismond aiant décampé de Meri à la persuation d'Aëce, et avant le départ des Huns, ce general pour l'obliger à partir plus promtement, lui promit de lui envoier sa part des dépouilles du camp de ces barbares lorsqu'ils l'auroient abandonné ; et qu'Aëce aiant ensuite manqué à sa promesse, ce roi des Visigots crût être en droit d'avoir recours à la voie des armes pour se faire raison. Cette circonstance paroît d'ailleurs confirmée par ce que nous dirons dans la suite, et il est certain que la guerre s'alluma [1] entre les Romains et les Visigots, peu de tems après leur victoire commune sur Attila.

Nous ignorons si Thorismond entreprit cette guerre ou immédiatement après son retour du camp de Meri, en passant par la Provence, et avant son arrivée à Toulouse ; ou après qu'il eut été se faire reconnoître dans cette capitale de ses états. Nous sçavons seulement que ce prince s'étant avancé jusqu'aux environs du Rhône, s'approcha d'Arles et campa au voisinage dans le dessein de former le siege de cette ville : mais le préfet Ferreol qui s'y trouvoit alors, eut l'adresse de le détourner de cette entreprise. Il l'alla trouver et fit tant par ses caresses, ses discours et ses manieres insinuantes, que l'aiant invité à un repas somptueux, il lui persuada enfin de décamper et de retourner à Toulouse : à quoi Aëce n'auroit pû l'obliger avec toutes ses forces.

LVI.

Réconciliation de Thorismond avec Aëce. Mort du premier.

La réconciliation de Thorismond avec ce general Romain qui suivit de près, fut ménagée à ce qu'il paroît, par le même Ferreol. Aëce pour arrêter les plaintes du roi des Visigots sur le partage des dépouilles des Huns lui envoia un bassin d'or garni de pierres précieuses du poids de cinq cens livres, ou seulement de cinq cens sols suivant un manuscrit : ce riche bijou fut le gage de la paix entre les Romains et les Visigots. Les successeurs de Thorismond le conserverent précieusement dans leur thrésor, et le possedoient encore l'an 630. lorsque Sisenand [2] seigneur Visigot le promit au roi Dagobert pour obtenir de lui du secours contre le roi Svintila qu'il vouloit déthrôner.

Il paroît que Thorismond rompit encore

---

[1] Jorn. c. 43.
[2] Greg. Tur. l. 2 c. 7.
[3] Excerpt. Idat. apud Canis.

[1] Sid. l. 7. ep. 12. - V. not. Sirm. ibid. et Lacarr. præf. præt. p. 150.
[2] Fredeg. c. 73. - V. not. Ruin. ibid.

quelque tems après la paix avec l'empire : nous sçavons[1] du moins que la troisième année, de son regne ses propres freres lui susciterent une querelle sous ce prétexte, et que leurs dissensions furent suivies de plusieurs guerres intestines qui furent enfin funestes à ce prince, et causerent beaucoup de troubles dans ses états. Ses deux freres Theodoric et Frederic aiant conjuré sa perte, profiterent du tems qu'il étoit actuellement malade et qu'il venoit de se faire saigner, pour executer plus sûrement leur pernicieux dessein. Ils lui firent d'abord enlever secretement ses armes et s'avancerent ensuite avec leurs complices vers son appartement. Ascaleruus l'un de ses domestiques informé de la conjuration, vint aussitôt l'en avertir : mais les conjurez étant entrés presqu'en même-tems dans la chambre, se jetterent sur lui et l'assassinerent. Ce ne fut pas néanmoins impunément : car ce prince, quoique surpris et sans armes, aiant saisi de la main qui lui restoit libre le premier escabeau qu'il rencontra, en assomma quelques-uns de ses assassins. Ainsi périt malheureusement le roi Thorismond, sous le consulat d'Opilion en l'an 453. de J.C. après avoir commencé la troisième année de son regne, qui ne fut pas tout-à-fait si long suivant quelques auteurs (NOTE LII. n. 3).

LVII.

Theodoric II roi des Visigots. Son portrait.

Theodoric II. du nom succeda à son frere Thorismond, après avoir[2] été son meurtrier. Ce crime qui fait horreur, donne d'abord une idée très-désavantageuse de ce prince; cependant à en juger par le portrait qu'en fait Sidoine[3] Apollinaire, auteur contemporain et qui pouvoit le connoître parfaitement, Theodoric étoit un prince accompli, en qui l'auteur de la nature avoit rassemblé toutes les qualitez les plus excellentes du corps et de l'esprit. « Il avoit la taille au-dessus de la mé-
» diocre ; le teint blanc et relevé d'un beau
» coloris, lequel étoit toûjours un effet de la
» pudeur et de la modestie, et jamais de la
» colère ou de l'emportement ; ses cheveux
» étoient frisez, ses sourcils épais : quand il
» fermoit les yeux, le poil des paupieres lui
» tomboit jusqu'à la moitié des joues. Il avoit
» le nez aquilin, les oreilles couvertes, selon
» la coûtume de sa nation, par les tresses
» flottantes de sa chevelure, les lévres dé-
» liées, la bouche petite, les dents blanches
» et bien rangées, la barbe épaisse, et qu'on
» avoit soin de lui arracher avec des pincet-
» tes depuis le bas du menton jusqu'aux
» joues : enfin la juste proportion de tous ses
» membres formoit un corps des mieux faits
» et des plus robustes. » Selon le même auteur, les qualitez de l'esprit répondoient parfaitement à celles du corps; mais nous nous réservons d'en parler dans une autre occasion.

LVIII.

Theodoric vit en paix avec les Romains.

Il paroît que Theodoric après son élévation sur le thrône des Visigots, garda à l'égard de l'empereur Valentinien une conduite opposée à celle de Thorismond, et qu'il vécut toûjours en paix avec ce prince : nous voyons[1] du moins son frere Frederic commander dans ce tems-là une armée au service de l'empire contre les Bagaudes ou paysans qui s'étoient révoltez et avoient pris les armes dans la Tarragonnoise. Ce prince eut le bonheur de réüssir dans cette expedition. Les révolutions que causerent quelques années après dans l'empire d'Occident la mort d'Aëce (an 454.) que Valentinien tua de sa propre main sur un leger soupçon de quelque infidelité dans son ministere, et ensuite celle du même empereur, donnerent occasion à Theodoric de se mettre en armes et de rompre la paix avec les Romains. Valentinien III. prince foible autant que malheureux, aiant été massacré publiquement le 26 de Mars de l'an 455. par deux soldats Gepides, qui vengerent sur lui la mort de leur general Aëce à la sollicitation du senateur Petrone Maxime ; ce dernier plein d'ambition, et qui étoit aussi le principal auteur de la

---

[1] Prosp. chor p. 54. - Greg. Tur. l. 2. c. 7. - Idat. chron. p. 305 Isid. chron. p. 718. - Jorn. c. 43.
[2] Jorn. c. 44. - Isid. ibid.
[3] Sid. l. 1. ep. 2.

[1] Idat. ibid. p. 306.

mort tragique d'Aëce, usurpa alors l'empire. Il obligea ensuite l'impératrice Eudoxie de l'épouser, et fit en même tems déclarer Cesar son fils Pallade à qui il donna en mariage la jeune princesse Eudoxie fille de la même impératrice et du feu empereur Valentinien III. son époux.

Ces évenemens [1] furent également funestes à Rome et à tout l'empire. Les peuples barbares informez de la mort d'Aëce, de celle de Valentinien et de l'usurpation de Maxime, ne songerent plus qu'à profiter de ces occasions de trouble. Les Saxons se mirent en mer pour infester les côtes Armoriques des Gaules, les François attaquerent la Germanie premiere et la Belgique seconde, les Allemans passerent le Rhin, et enfin les Visigots leverent une puissante armée sous prétexte de donner du secours à l'empire : mais dans le fonds pour profiter de ces désordres et étendre leur domination.

LIX.

Maxime envoie Avitus en ambassade à Theodoric.

Maxime frappé de la prochaine ruine de tant de provinces, et s'imaginant voir déjà les Visigots aux portes de Rome sans pouvoir s'y opposer, eut recours à Avitus en qui il mit sa principale ressource : il le crea maître de l'une et de l'autre milice, et le chargea en même-tems du soin de contenir les barbares et de conserver à l'empire ce qui lui restoit dans les Gaules. Avitus qui après avoir exercé avec honneur les premieres charges de l'état, menoit alors, comme un autre Cincinatus, une vie privée à la campagne, où il ne s'occupoit que du plaisir de l'agriculture, auroit préferé, ainsi que cet illustre Romain, les charmes et la tranquillité d'une vie champêtre à un emploi aussi éclatant : mais l'amour de la patrie et les pressans besoins de l'empire l'aiant emporté sur son inclination naturelle, il se mit à la tête des troupes, et en moins de trois mois il delivra les Gaules des courses des Saxons, des Allemans et des François; en sorte qu'il ne lui resta plus que le soin de détourner les Visigots des grands préparatifs qu'ils faisoient contre Maxime.

[1] Sid. paneg. Avit. carm. 7. et l. 1. ep. 3.

Ce prince qui étoit persuadé que personne n'étoit plus capable qu'Avitus d'entreprendre cette négociation, à cause du crédit qu'il avoit sur l'esprit de ces peuples, l'avoit chargé surtout de travailler de toutes ses forces à les engager à vivre en paix avec l'empire. Avitus se disposa à partir pour son ambassade ; mais avant son départ il jugea à propos d'envoyer le senateur Messianus au roi Theodoric pour préparer les voies et regler les préliminaires de la paix qu'il devoit offrir à ce prince de la part du nouvel empereur. Messianus fut reçû fort gracieusement par Theodoric au milieu de son armée campée auprès de la Garonne : la nouvelle qu'il annonça de la prochaine arrivée d'Avitus causa une si grande joie dans le camp des Visigots, que ce senateur la regarda comme un heureux présage du succès de la négociation. L'évenement répondit à son attente : Avitus arriva peu de tems après au camp de Theodoric où il fut admis à l'audience de ce prince, qui selon l'expression de Sidoine Apollinaire, *rougit de joie* de le voir, comme si en rougissant il eût voulu lui faire un aveu de sa faute. Une conference serieuse succeda à l'accueil gracieux que Theodoric fit à ce ministre : mais ce prince qui vouloit prendre l'avis de son conseil, remit la conclusion à un autre jour. Theodoric rentra ensuite avec pompe dans Toulouse, et voulant partager avec Avitus les honneurs de cette auguste cérémonie, il le fit marcher côte à côte, et se mit entre lui et le prince Frederic son frere.

LX.

Theodoric engage Avitus à prendre la pourpre.

Dans ce même-tems on apprit à Toulouse la nouvelle de la derniere révolution arrivée à Rome. L'impératrice Eudoxie vivement piquée de la double injure qu'elle avoit reçûë du tyran Maxime, pour s'en venger, avoit fait appeller à son secours Genseric roi des Vandales qui étoit passé aussitôt d'Afrique à Rome avec toutes ses forces. A la vûë de la flotte de ces barbares, le trouble s'étoit mis dans cette capitale du monde, la plûpart de ses habitans s'étoient enfuis le 12 de Juin après avoir mis en pièces le tyran ; et Genseric s'étoit rendu maître de cette ville trois jours après. Toute la cour de Theodoric étoit déjà instruite de cette étrange révolution, à la réserve d'Avitus, lorsque ce roi assembla[1] de grand matin son sénat le 10. de Juillet pour conclure la paix avec lui. Cet ambassadeur se rendit[2] à l'assemblée, et avec cet air noble et majestueux qui lui étoit naturel, adressant la parole à Theodoric, il commença d'abord par relever l'amitié particuliere que le roi Theodoric I. son pere avoit toûjours euë pour lui, et l'honneur qu'il lui avoit fait de le prendre souvent pour médiateur de ses differends avec les Romains. Il lui témoigna ensuite l'attachement respectueux qu'il avoit pour sa personne, rappella à ce prince le tems de son enfance et la tendresse avec laquelle il l'avoit tenu entre ses bras, et finit son discours en le priant de lui faire sentir dans cette occasion qu'en succedant à la couronne de son pere, il avoit succedé aussi à ses sentimens pour lui.

L'assemblée des senateurs Visigots faisoit déjà retentir la salle du senat de ses cris de joie, et de ses applaudissemens sur le discours d'Avitus, lorsque le roi Theodoric prenant la parole, dit à cet ambassadeur, que non seulement il lui accordoit la paix, mais qu'il lui offroit même le secours de ses troupes. Ce prince donna en même-tems à Avitus des marques publiques d'estime, d'amitié et de reconnoissance pour sa personne. Il le remercia en particulier de la bonté qu'il avoit euë de se charger autrefois, à la priere du roi son pere, du soin de son éducation durant sa jeunesse, et lui témoigna sur-tout l'obligation qu'il lui avoit d'avoir poli ses mœurs, de l'avoir instruit du droit Romain, et d'avoir formé son esprit par la lecture des poësies de Virgile. Il l'assûra qu'il étoit résolu de vivre en paix avec l'empire, de l'aider de toutes ses forces, et de réparer même tous les maux qu'Alaric roi des Visigots son prédecesseur avoit faits autrefois à Rome, s'il vouloit prendre lui-même le titre d'Auguste. *Vous ne l'usurperez sur personne*, continua Theodoric, *puisque Maxime a été tué et qu'on n'a point élû d'empereur à sa place. A cette condition je me déclare ami de Rome, et je combats sous vos enseignes.* Au reste, ajouta-t-il, ce n'est pas un commandement, mais une priere que je vous fais. Songez d'ailleurs que les peuples des Gaules sont en droit de vous forcer d'accepter l'empire pour empêcher ou prévenir son entiere ruine. Cela dit, Theodoric et le prince Frederic son frere reconnurent Avitus, ou pour mieux dire le déclarerent empereur, après l'avoir assûré solennellement de leur alliance et lui avoir promis leur secours; Avitus forcé[1] en quelque maniere de se revêtir de la pourpre, fut reconnu ensuite par la noblesse et les troupes Romaines des Gaules qui se trouvoient à sa suite.

LXI.

Avitus reconnu empereur à Ugernum, et couronné à Arles.

S'il en faut croire Sidoine, cet empereur dont il étoit gendre et panégyriste, ne monta que malgré lui sur le thrône; mais quelques auteurs[2] plus modernes à la verité, mais moins suspects, ne font pas le même éloge de la modestie et de la modération d'Avitus. Quoi qu'il en soit, ce nouvel Auguste suivi du roi Theodoric et du prince Frederic, partit de Toulouse et marcha[3] vers les provinces des Gaules qui étoient encore sous l'obéïssance des Romains. Il se rendit à *Ugernum*, château situé en deçà du Rhône sur le chemin de Nismes à Arles, où il trouva la noblesse de toutes les Gaules, c'est-à-dire, tous ceux qui avoient des emplois civils ou militaires (*Honorati*), que la nouvelle de son élévation à l'empire y avoit attirez en grand nombre.

Cette illustre assemblée informée de la répugnance que témoignoit Avitus de se charger du fardeau du gouvernement, le fit solliciter si fortement par un des principaux d'entr'eux, de vouloir bien pour le salut de sa patrie accepter l'empire qu'il étoit seul capable de relever, qu'enfin il se rendit à leurs vives instances, et consentit à son inauguration. Cette cérémonie se fit trois

---

[1] Anon. Cuspin.
[2] Sidon. ibid.

[1] Sid. ibid. - Idat. chron. p. 306.
[2] Greg. Tur. l. 2. c. 11. Isid. p. 718.
[3] Sid. ibid. - Mar. Avent. chron.

jours après et environ le 15. du mois d'Août dans la ville d'Arles où ce nouvel empereur se rendit. A son arrivée on le fit monter sur un thrône de gazon que les troupes et la noblesse des Gaules lui dresserent à la hâte. On mit sur sa tête un collier militaire en guise de diadème, et après avoir été revêtu des habits roiaux, et de tous les autres ornemens de la dignité dont il avoit auparavant soûtenu tout le poids, il fut salué empereur par les principaux seigneurs des Gaules et par les troupes. Le roi Theodoric aiant ensuite confirmé la paix qu'il avoit faite avec lui, retourna à Toulouse, et Avitus partit pour l'Italie.

Ce ne fut cependant qu'après avoir soûmis[1] la Pannonie par sa seule présence et sans coup ferir, que cet empereur entra dans Rome. Il y fut reçu avec les applaudissemens du senat et du peuple, et y célébra son consulat le premier jour de Janvier de l'an 456. jour auquel Sidoine Apollinaire son gendre prononça son panégyrique qui fut extrêmement applaudi de tout le senat. Avitus fut reconnu empereur d'Occident par Marcien qui regnoit en Orient, et à qui il envoia une ambassade : mais quelque soin que prît Avitus et quelque envie qu'il eût de relever l'empire avec sa capitale, il ne lui fut pas possible de les rétablir dans leur ancien éclat ; les provinces étoient trop desolées par les frequentes irruptions des barbares, et Rome avoit trop souffert de la part des Vandales qui l'avoient mise au pillage durant quatorze jours.

LXII.

Guerre de Theodoric contre les Sueves d'Espagne en faveur d'Avitus.

Les provinces d'Espagne étoient surtout exposées aux courses[2] continuelles des Sueves, qui après s'être emparez, depuis environ cinquante ans, de la Galice et d'une partie de la Lusitanie, faisoient tous leurs efforts pour envahir ce qui restoit aux Romains au-delà des Pyrenées. Les troupes imperiales avoient jusqu'alors traversé leurs desseins, et

[1] Sid. et Idat. ibid.
[2] Idat. p. 307. et seqq. - Jorn. c. 44.

Rechila roi des mêmes Sueves après avoir fait une nouvelle tentative, avoit été obligé de faire la paix avec Valentinien III. La principale condition étoit, qu'il se contiendroit avec ses peuples dans ses limites : mais après la mort de cet empereur, Rechiarius ou Riciaire fils et successeur de Rechila, et beaufrere de Theodoric, comptant sur l'alliance et le secours de ce dernier, et croiant pouvoir profiter des désordres de l'empire et des suites funestes de la mort de Valentinien, fit de nouvelles courses dans la Tarragonnoise et la Carthaginoise.

Theodoric étoit trop lié avec Avitus, qu'il avoit élevé à l'empire, pour souffrir que contre la foi des traitez, Riciaire, quoique son beau-frere, courût les provinces soûmises aux Romains : c'est ce qui l'engagea à envoier des ambassadeurs à ce prince, de concert avec cet empereur qui en envoia aussi de son côté pour se plaindre des excursions des Sueves, leur notifier l'alliance qui avoit été contractée entre les Romains et les Visigots, et les porter par des voies de douceur à discontinuer leurs courses et à se contenir dans les limites de leurs états.

Riciaire reçut également mal le comte Fronton ambassadeur de l'empereur Avitus, et ceux du roi des Visigots : fier de la prosperité de ses armes, il les renvoia sans vouloir les entendre, et se contenta d'écrire ces mots à Theodoric. *Si vous vous plaignez de ce que j'approche trop près de vous, j'irai à Toulouse, siege de votre empire : vous vous y défendrez si vous pouvez.* Riciaire pour montrer ensuite le peu de cas qu'il faisoit des remontrances d'Avitus et de Theodoric, recommença ses courses dans la Tarragonnoise.

Theodoric piqué de la réponse fiere de ce roi, résolut aussitôt de lui déclarer la guerre : mais comme il étoit également prudent et moderé, il crut ne devoir l'entreprendre qu'après avoir bien cimenté la paix avec ses voisins, c'est-à-dire sans doute avec les Bourguignons dejà établis dans les Gaules, et avoir tâché de mettre entierement le roi des Sueves dans son tort. Il envoia une seconde ambassade à ce prince dans l'esperance que honteux de sa conduite passée, il se rendroit enfin à ses nouvelles remontrances : mais rien ne fut capable de vaincre l'orgüeil de Riciaire. Ce prince traita les nouveaux ambassadeurs de Theodoric avec autant de mépris et d'indignité que les premiers; et voulant qu'ils fussent témoins de ses brigandages, il fit après leur arrivée une nouvelle excursion dans la Tarragonnoise, d'où il revint dans la Galice chargé de butin, et suivi d'un grand nombre de prisonniers qu'il avoit faits. Riciaire ne fit point d'autre réponse aux nouveaux ambassadeurs de Theodoric.

Ce dernier voiant [1] qu'il ne pouvoit rien gagner par la voie de la douceur, eut recours enfin à celle des armes. Il assembla toutes ses forces dans l'Aquitaine, de l'avis et sous l'autorité d'Avitus, se mit à leur tête et entra en Espagne accompagné de Gundiac et d'Hilperic deux rois Bourguignons qui le suivirent dans cette expedition avec un bon nombre de troupes auxiliaires de leur nation. Riciaire de son côté aiant formé une armée très-nombreuse de Sueves, alla au-devant de Theodoric et le rencontra un Vendredi sixiéme d'Octobre de l'an 456. dans le lieu de Paramo [2] à douze milles de la ville d'Astorga près de la riviere d'Obrego (*Urbicum*), qui prend sa source dans les Asturies, et passe ensuite dans le roiaume de Leon.

LXIII.

Bataille de Paramo.

Les deux armées de ces princes ne demeurerent pas long-tems en presence sans en venir à une bataille: elle fut livrée le même jour au désavantage des Sueves dont les uns furent taillez en pièces, et les autres faits prisonniers ou mis en fuite par les Visigots. Le roi Riciaire aiant été blessé, chercha son salut dans la fuite et se retira avec beaucoup de peine aux extrêmitez de la Galice où il s'embarqua pour se dérober à la poursuite de Theodoric. Ce dernier après avoir vaincu et humilié les Sueves, voulut se vaincre lui-même en faisant grace aux vaincus. Il fit cesser les hostilitez et donna pour nouveau roi à ces peuples Ajulfe ou Achiulfe un de ses sujets, War-

ne d'origine, c'est-à-dire d'une nation moins estimée que celle des Gots.

LXIV.

Ambassade envoiée par Avitus à Theodoric. Mort de cet empereur.

Theodoric avoit reçû quelque tems auparavant une [1] ambassade de la part d'Avitus. Ce dernier après avoir célébré à Rome le premier jour de son consulat, étoit retourné à Arles et avoit remporté par la valeur du comte Ricimer plusieurs victoires sur les Vandales qui infestoient les côtes de la Gaule et de l'Italie. Il avoit visité ensuite les provinces situées le long du Rhin: mais les débauches auxquelles on prétend qu'il s'abandonna l'aiant rendu également odieux et parmi les peuples et à Rome, il trouva à son retour dans cette capitale de l'empire les esprits extrêmement indisposez contre lui; quelques auteurs attribuent ce changement des Romains aux intrigues de Marcien empereur d'Orient qui étoit devenu ennemi d'Avitus. Quoi qu'il en soit, cet empereur comprit alors le besoin qu'il avoit du secours de ses alliez pour se soûtenir sur le thrône; et c'est sans doute pour demander celui de Theodoric, qu'il lui envoia en ambassade le tribun Hesychius chargé de riches presens, sous prétexte de lui faire part de l'heureux succès de ses armes contre les Vandales: mais soit que ce roi des Visigots n'eût pas le tems d'aller donner du secours à Avitus, ou que peut-être il eût changé de sentiment à son égard, cet empereur se vit dépouillé de la pourpre par ordre du senat avant que de pouvoir recevoir aucun secours. Il fut pris à Plaisance en Italie par Ricimer maître de la milice Romaine et par Majorien son successeur, qui l'obligerent d'abdiquer l'empire [2] le 17. de Mai de l'an 456. Avitus ne survécut pas long-tems à son malheur; il fut tué peu de tems après en cherchant un azile pour se mettre en sûreté.

---

[1] Idat. ibid. p. 308. - Aim. l. 1. c. 3.
[2] Anon. Cuspin. - V. Pagi crit. ad ann. 456. n. 6.

---

[1] Idat. et Jorn. ibid. - Isid. p. 718.
[2] Vict. Tur. chr. ed. Scalig.

LXV.

Retour de Theodoric dans les Gaules après son expedition contre les Sueves.

Theodoric qui jusqu'alors avoit porté les armes en Espagne en faveur de l'empire, n'eut pas plûtôt appris la déposition d'Avitus, qu'il songea à profiter [1] pour lui-même des nouveaux troubles de l'empire et à établir sa domination au-delà des Pyrenées. Les Visigots depuis leur entrée dans les Gaules avoient fait à la verité diverses expeditions au-delà de ces montagnes : mais il paroît que ç'avoit été toûjours au nom et au service de l'empire et seulement en qualité d'auxiliaires. Theodoric changea de système, et se trouvant alors en Espagne, il se mit en état de se rendre maître de toute la Galice. Il soûmit d'abord les Sueves qui occupoient la campagne que les Romains leur avoient cedée pour la cultiver et y vivre en qualité d'alliez de l'empire : les places fortes appartenoient encore aux anciens habitans du pays qui s'y étoient réfugiez, comme nous l'avons dit ailleurs. Ce prince résolu de s'emparer de ces villes, commença par attaquer celle de Brague capitale de la province, et l'emporta d'assaut un Dimanche 28. d'Octobre de la même année. Il ordonna d'épargner le sang des habitans de cette grande ville et de respecter la pudeur des vierges : mais il la livra au pillage de ses troupes qui firent prisonniers la plûpart des habitans, et enleverent même des temples sacrez les ministres du Seigneur qui s'y étoient réfugiez comme dans un azile inviolable.

Quelque tems après on amena à Theododoric le roi Riciaire qui avoit été pris dans sa fuite à Porto, ville maritime, où une tempête l'avoit obligé de relâcher. Cet ancien roi des Sueves fut aussitôt enfermé dans un cachot par ordre de ce prince, et peu de tems après il termina ses malheurs par un genre de mort des plus cruels, qu'on lui fit souffrir au mois de Decembre de la même année. La prise de ce roi fut suivie de la soûmission du reste des Sueves. Theodoric fit punir les uns et accorda le pardon aux autres. Ce prince après avoir pacifié ses peuples, alla passer l'hiver dans la Lusitanie, qu'on appelle aujourd'hui Portugal, pour reprendre ensuite le chemin des Gaules au commencement du printems de l'année suivante.

A son départ (an 457) il entra dans la ville de Merida, métropole de Lusitanie, qu'il avoit dessein de mettre au pillage : mais il en fut détourné à la vûe des prodiges qui arriverent et qu'on attribua à l'intercession de sainte Eulalie patronne de cette ville. Theodoric aiant ensuite continué sa route après les fêtes de Pâques, s'avança vers Toulouse capitale de ses états (NOTE LIII.). Il laissa en Espagne une partie de ses troupes, tant pour en continuer la conquête, que pour agir contre Ajulfe nouveau roi des Sueves, qui se mettant peu en peine d'executer les promesses qu'il avoit faites à Theodoric, lorsque ce prince le fit élever sur le thrône, cherchoit à secoüer son joug et s'attribuoit une autorité despotique.

Le corps de troupes que Theodoric laissa en Espagne s'empara d'abord des villes d'Astorga et de Palence, sous prétexte de mettre les habitans à couvert des entreprises des Sueves ; mais les Visigots n'en furent pas plûtôt les maîtres qu'ils y mirent le feu après les avoir livrées au pillage des soldats. Le seul château de Coyanca [1] éloigné de trente milles d'Astorga, arrêta leur fureur par la vigoureuse défense des assiegez. Les Visigots forcez de lever le siege de ce château, marcherent contre Ajulfe qu'ils attaquerent et défirent entierement : ce prince abandonné des siens fut fait prisonnier et ensuite décapité à Porto au mois de Juin par ordre de Theodoric, qui étoit déjà rentré dans Toulouse chargé des riches dépouilles des Sueves et d'une partie de l'Espagne. Ces derniers peuples après avoir été soûmis une seconde fois par les armes des Visigots, se voiant sans chef et sans roi, et sçachant le respect que Theodoric avoit pour les évêques, lui envoierent deux ambassades pour lui demander pardon de leur mauvaise conduite et la permission d'élire un roi de leur nation. Theodoric tou-

---

[1] Idat. et Jorn. ibid. - Isid. p. 718. et seq. 738. et seq.

[1] V. Ferrer. ad. ann. 457.

ché de leur soûmission leur accorda l'un et l'autre : mais les suffrages de ces peuples étant partagez, les uns élurent Fronton et les autres Maldras. Celui-là étant mort peu de tems après, ceux de son parti mirent à sa place Remismond ou Rechimond dont il paroît que Theodoric appprouva l'élection.

LXVI.
Guerre de Theodoric contre l'empereur Majorien.

La situation où étoient alors les affaires de l'empire d'Occident, donna lieu aux Visigots de méditer de nouvelles conquêtes. Les provinces [1] des Gaules étoient agitées de divers mouvemens causez par la déposition d'Avitus, à laquelle les peuples de ce pays, quoiqu'accablez d'impôts sous son regne, furent cependant extrêmement sensibles, tant parce que cet empereur étoit leur compatriote, que parce qu'ils l'aimoient d'inclination. Ses créatures qui étoient en crédit et en grand nombre dans ces provinces, et entr'autres Sidoine son gendre avoient pris les armes pour le venger. D'un autre côté Pæonius, homme d'une naissance fort médiocre et d'un esprit fort remuant, après s'être emparé de sa propre autorité de la charge de préfet des Gaules, s'étoit mis à la tête d'une puissante faction dans laquelle il avoit engagé plusieurs jeunes seigneurs du même pays en faveur du rebelle Marcellien ancien ami d'Aëce, qui sous prétexte de venger la mort de ce general, s'étoit rendu maître de la Dalmatie. Les Bourguignons de retour d'Espagne avoient étendu les limites de leurs états en deçà des Alpes et s'étoient rendus maîtres de Lyon, où Sidoine les avoit peut-être introduits en faveur du parti d'Avitus, quoique d'autres [2] prétendent que ce furent les Visigots qui s'emparerent alors de cette ville. Enfin les Vandales maîtres de toutes les provinces d'Afrique depuis la mort de Valentinien III. continuoient d'infester les côtes d'Italie. Telle étoit la situation des Gaules et de l'empire, lorsqu'après un interregne de près d'un an, Majorien fut élû le premier d'Avril de l'an 457. par la faction de Ricimer maître de la milice et principal auteur de la déposition d'Avitus.

Theodoric également irrité de la déposition et de la mort de ce dernier, n'eut aucun ménagement pour Majorien, et continua la guerre contre l'empire (an 458.). Il fit marcher une nouvelle armée, sous la conduite du general Cyrila, vers les provinces d'Espagnes [1] dans le dessein de les soûmettre ou du moins de les piller. Ce general pénétra d'abord au mois de Juillet de l'an 458. dans la Betique ou Andalousie. Nous avons lieu de croire que Theodoric tâcha en même-tems d'étendre sa domination dans les Gaules, quoique nous ignorions ses exploits de ce côté là : l'accusation que le comte Gilles maître de la milice de ces provinces forma vers ce tems-là contre le comte Agrippin, ne nous permet pas d'en douter.

Agrippin étoit [2] un seigneur Gaulois, à qui sa naissance et ses services avoient mérité le gouvernement (*Comes Galliæ*) d'une partie des Gaules, c'est-à-dire, de cette partie de la Narbonnoise qui restoit encore aux Romains. Le comte Gilles maître de la milice dans les mêmes provinces, soit par zele ou plutôt par envie contre ce gouverneur, dont le mérite lui faisoit ombrage, l'accusa secretement auprès de l'empereur, de favoriser les barbares, ce qu'on doit entendre des Visigots, et d'avoir voulu par ses intrigues leur livrer les provinces des Gaules soûmises à l'empire. Ce prince aiant ajoûté foi trop legerement à cette délation, donna ordre au comte Gilles d'envoier incessamment Agrippin à Rome pour y rendre compte de sa conduite, et y être puni suivant la rigueur des loix s'il étoit coupable, ou absous s'il étoit innocent. Agrippin qui se croioit irréprochable, fit d'abord difficulté d'obéir à ces ordres, à moins que son accusateur ne se rendît avec lui auprès de l'empereur pour soûtenir son accusation : mais le comte Gilles que ce gouverneur ne connoissoit pas pour son délateur, lui aiant fait entendre que sa désobéissance ne serviroit qu'à le rendre plus

---

[1] Sid. paneg. Majorian. carm. 4. et 5. l. 1. ep. 11. V. not. Sirm. ibid. V. Lacarr. præf. præt. p. 155. et Vales. rer. Franc. l. 4. p. 186. et seqq.
[2] Lacarr. ibid. p. 159.

[1] Idat p. 309.
[2] Vit. S. Lupit. Boll. 21. Mart. p 266. et seqq.

criminel, il consentit enfin à partir, sur la parole que S. Lupicin son ami et abbé d'un monastere du Mont-Jura lui donna, au nom et comme caution du comte Gilles, qu'il ne lui arriveroit aucun mal, et qu'on lui rendroit justice.

Agrippin à son arrivée à Rome alla à l'audience du patrice Ricimer, qui après avoir assemblé le senat sur l'affaire de ce comte, et consulté l'empereur sur la punition qu'il méritoit, le fit condamner à la mort sans l'avoir entendu, ni lui avoir permis de se défendre et de se justifier. Un pareil procedé surprit extrêmement Agrippin ; mais plein de confiance aux mérites du saint abbé Lupicin qui lui avoit promis qu'il ne lui arriveroit aucun mal, il ne se découragea pas. L'execution de sa sentence fut en effet differée, et aiant été conduit en attendant dans une étroite prison, il en fut délivré miraculeusement par les prieres de ce saint abbé, et se réfugia dans l'église de S. Pierre. Le bruit de son évasion s'étant répandu dans Rome, on crut que pour se venger il avoit été se mettre à la tête des barbares, afin de les engager à faire une irruption sur les terres de l'empire. Agrippin informé de ce bruit, et du chagrin que sa fuite causoit à l'empereur et à toute sa cour, se presenta alors devant ce prince et offrit de prouver son innocence ; ce qu'aiant fait avec succès, l'empereur le renvoia absous dans son gouvernement des Gaules et le combla de bienfaits. Les circonstances de cet évenement prouvent évidemment qu'Agrippin fut accusé devant l'empereur Majorien, dont le nom n'est pas marqué dans l'ancien auteur qui les rapporte, et que cette affaire dut arriver durant les premieres années du regne de ce prince. Le pere Mabillon [1] qui en fixe l'époque à l'an 460. se trompe ; car il ne paroît pas que cet empereur ait été à Rome pendant toute cette année. Le P. Pagi [2] prétend que cet évenement arriva sous le regne de Severe successeur de Majorien : mais il est certain que le comte Gilles fut [3] toûjours ennemi du premier, et qu'il ne le reconnut jamais pour empereur.

L'accusation dont nous venons de parler fut la source de l'inimitié qui éclata depuis entre le comte Gilles et le comte Agrippin, et des malheurs qui arriverent bientôt après aux Romains dans la Narbonnoise premiere qu'ils perdirent entierement. On voit par là que les Visigots, qui sont ces barbares dont parle l'auteur contemporain de la vie de S. Lupicin, menaçoient alors de faire une irruption dans la partie de cette province dont ils ne s'étoient pas encore emparez, ce que Majorien appréhendoit extrêmement.

Cet empereur eut besoin de toute son habileté et de toute sa valeur pour se soûtenir au milieu de tant de troubles et de si puissans [1] ennemis. Il tâcha d'abord de gagner l'affection des peuples par la diminution des impôts, et attira ensuite à son parti les barbares qui habitoient le long du Danube et du Tanaïs, qu'il incorpora dans ses troupes en qualité d'auxiliaires, pour s'en servir dans ses expeditions, et sur-tout dans celle qu'il meditoit contre les Vandales d'Afrique, sur lesquels il vouloit reprendre cette partie de l'empire. Avant que de tenter cette entreprise, il crut devoir pacifier les Gaules et se mettre en état de ne pas craindre Theodoric, qui non content des ravages que ses troupes faisoient en Espagne, avoit sollicité [2] les Sueves d'y faire le même dégât de leur côté.

LXVII.
Voiage de Majorien en deçà des Alpes.

Majorien après avoir commencé son consulat à Ravenne, résolut de venir incessamment dans les Gaules [3] pour y rétablir entierement la paix par sa présence, et passer ensuite en Afrique. Avant son départ il fit grace à la ville de Lyon et à Sidoine qui s'étoient déjà soûmis à son obéïssance ; et afin d'attacher plus fortement les Gaulois à ses interêts, il avoit choisi parmi eux deux personnages des plus illustres, pour deux des

---

[1] Mabill. annal. tom. 1. p. 23. et seqq.
[2] Pagi crit. ad ann. 464. n. 7. et seqq.
[3] Prisc. legat. p. 42. - Idat. chron.

[1] Sid. paneg. Major. carm. 5.
[2] Idat. ibid.
[3] Sid. ibid. - Greg. Tur. l. 2. c. 11.

plus importantes charges de l'empire. C'étoient le comte Gilles capitaine de réputation dont nous avons deja parlé, et Magnus Felix natif de Narbonne et d'une famille des plus distinguées de tout l'Occident, lequel par ses liaisons avec les Visigots étoit plus propre que tout autre à négocier la paix avec ces peuples : Majorien avoit honoré le premier de la charge de maître de la milice des Gaules, et avoit donné à l'autre celle de préfet dans les mêmes provinces. Cet empereur après avoir mis les côtes de la Campanie à l'abri des courses des Vandales, et équipé une puissante flotte contre ces barbares, partit enfin pour les Gaules au commencement du mois de Novembre de la même année, passa les Alpes, malgré la rigueur de la saison, à la tête d'une armée composée presque toute d'auxiliaires, et arriva avant la fin de l'année à Lyon où Sidoine prononça son panégyrique.

On fut d'autant plus surpris de voir ce prince dans les Gaules, que depuis Valentinien II. jusqu'à Avitus, aucun empereur n'étoit sorti de Ravenne où ils faisoient leur résidence ordinaire, ce qui avoit été la source des malheurs de l'empire. Majorien étoit suivi du comte Gilles et de Magnus Felix dont nous venons de parler, et dont Sidoine [1] fait l'éloge, sans les nommer, dans le même panégyrique de ce prince, en parlant du maître de la milice et du préfet du prétoire des Gaules qui étoient à sa suite.

LXVIII.
Magnus Felix natif de Narbonne, préfet des Gaules, et ensuite consul.

Cet auteur [2] nous a laissé un portrait fort avantageux de ce préfet dont il étoit allié. La ressemblance du nom pourroit faire conjecturer qu'il étoit de la même famille que celle du patrice Felix, personnage consulaire et maître de la milice, qu'Aéce son successeur dans cette charge tua à Ravenne avec sa femme Padutia en 430. Ce qu'il y a de certain, c'est que Magnus Felix descendoit du patrice Philagrius, et qu'il étoit issu d'une très-illustre famille établie depuis long-tems à Narbonne, où il étoit né. Ce préfet avoit dans cette ville une grande et belle maison, ornée d'une riche bibliotheque que ses ancêtres [1] lui avoient transmise avec leur amour pour les lettres. Sa naissance, ses richesses, son éducation, ses excellentes qualitez d'esprit et de cœur, mais sur-tout l'integrité de ses mœurs et sa probité, lui attiroient l'estime de tout le monde. Avec un mérite aussi distingué et sous un empereur qui se piquoit de le connoître et de le récompenser, Magnus Felix ne pouvoit manquer de parvenir aux charges les plus considerables de l'empire : aussi fut-il élevé par ce prince, comme on l'a dejà vû, à celle de préfet des Gaules qu'il exerça [2] durant les années 458. et 459.

Majorien ne borna pas là les marques de son estime pour ce magistrat. Il le nomma consul ordinaire l'an 460. en récompense sans doute des soins qu'il s'étoit donnez, à ce qu'il paroît, dans la négociation de la paix qui fut concluë entre l'empire et les Visigots (NOTE LIV). Cet empereur qui l'honoroit d'une bienveillance particuliere, l'admettoit familierement à sa table. Il lui fit entr'autres cet honneur à Arles [3] en 461. le jour qu'on célébra les jeux du cirque dans cette ville. La mort funeste de ce prince et les troubles dont elle fut suivie, donnerent lieu à Magnus Felix d'abandonner la cour : il se retira alors à Narbonne qui étoit encore sous l'obéissance des Romains ; il y mena une vie privée et fit tout son plaisir de l'étude des belles lettres. Après la réduction de cette ville sous la domination des Visigots, qui arriva bientôt après, Magnus y continua son séjour, et il y étoit encore dans le tems [4] que Sidoine y fit un voiage vers l'an 464. Cet auteur se loue infiniment de l'accueil gracieux que lui fit cet ancien magistrat, qui étoit dejà mort vers l'an 470. [5] lorsque le même Sidoine publia ses poësies.

[1] Sid. ibid. vers. 552. et seq. V. not. Sirm
[2] Sid. ibid. et carm. 23. et 24. - V. not. Sirm. ibid.

[1] Sid. l. 1. ep. 11.
[2] V. Lacarr. præf. præt. p. 159. et seqq.
[3] Sid. l. 1. ep. 11.
[4] Sid. carm. 23.
[5] Carm. 24 V. Till. art. 10. sur S. Sidoine.

C'est tout ce que nous avons pû recüeillir au sujet de cet illustre personnage qui fit également honneur à sa patrie et aux premieres charges de l'empire dont il fut revêtu (NOTE LIV).

LXIX.

Famille de Magnus Felix. Son fils Felix devient patrice.

Il eut plusieurs enfans, parmi lesquels Magnus Felix son fils aîné, de même nom que lui, se distingua beaucoup par sa [1] vertu, son esprit et son inclination pour les lettres. Quoique celui-ci portât les deux noms de Magnus Felix, il fut pourtant plus connu sous ce dernier, et son pere sous celui de Magnus. Felix nâquit à Narbonne où il passa la plus grande partie de sa vie, à ce qu'il paroit : il n'en sortit du moins qu'après l'an 470. lorsque voulant s'avancer dans les charges de l'empire, ce qu'il ne pouvoit esperer en continuant son séjour dans une ville qui étoit alors soûmise aux Visigots, il se retira en Provence où il fut honoré de la préfecture des Gaules qu'il exerça pendant les années 472. et 473. et où il fut fait patrice l'an 474 (NOTE LIV).

Les révolutions qui arriverent depuis dans la Provence, dont les Visigots s'emparerent, donnerent occasion à Felix de se dégoûter du monde et d'y renoncer entierement, pour prendre le parti de la retraite et de la piété. Il embrassa la profession monastique [2] à Arles, où Leonce évêque de cette ville lui fut d'un grand secours dans ce nouveau genre de vie, soit par son exemple, soit par ses instructions. Felix s'étoit dejà retiré dans la solitude l'an 482. dans le tems de l'exil du fameux Fauste évêque de Riez, avec lequel il étoit fort lié et à qui il rendit des services importans dans cette occasion. Les liaisons qu'il avoit contractées avec ce prélat, font moins d'honneur à sa mémoire que celles qu'il avoit formées dès son enfance avec le célèbre Sidoine Apollinaire son allié. Ce dernier [3] nous apprend que Felix s'appliquoit beaucoup à l'étude, et qu'il avoit un goût exquis pour les belles lettres ; ce qui joint à beaucoup de sagesse, de modestie et d'affabilité, le rendoit très-estimable. Ce fut à sa priere que cet illustre auteur publia le recüeil de ses poësies.

LXX.

Probus fils de Magnus, et Camille son neveu.

On croit [1] que Felix, Gaulois de naissance, qui fut consul l'an 511. pouvoit être un des enfans de ce patrice. On présume que celui-ci épousa Attique qui contribua beaucoup par ses liberalitez à la construction de l'église de saint Laurent de Rome : il est du moins certain qu'il avoit un frere appellé Probus Felix. Ce dernier fit beaucoup d'honneur à sa patrie par son érudition : quoique plus avancé [2] dans les études que Sidoine Apollinaire, il fut élevé avec lui et sous les mêmes maîtres. Ils étudierent ensemble la philosophie sous Eusebe sage et sçavant philosophe. Probus fit autant de progrès dans cette science, qu'il en avoit dejà fait dans les belles lettres. Ce qui lia encore plus étroitement ces deux illustres condisciples, fut la conformité de goût et de sentimens en matiere de litterature, joint l'alliance qui se fit entre les deux familles; car Probus épousa Eulalie cousine germaine de Sidoine, femme recommandable par sa probité et sa sagesse. Il paroit que Probus ne quitta pas le séjour de Narbonne après la prise de cette ville par les Visigots, qu'il y étoit encore [3] en 470. et que la bibliotheque de ses ancêtres y faisoit ses plus cheres délices.

Probus Felix avoit un cousin [4] germain appellé Camille, fils d'un frere de Magnus Felix son pere, dont nous ignorons le nom : nous sçavons seulement qu'il fut proconsul; mais il ne le fut pas d'Afrique, comme l'a cru un moderne (NOTE LIV. n. 5). Camille

---

[1] Sid. l. 2. ep. 3. l. 3. ep. 7. carm. 9. V. not. Sirm. p. 228. - Gennad. c. 85.
[2] Genn. ibid. - V. not. Sirm. in Sid. p. 228.
[3] Sid. l. 2. ep. 3. l. 3. ep. 4. et 7. l. 4. ep. 5. et 10.

[1] Sirm. not. in carm. 9. Sid. - Till. art. 8. sur Fauste de Riez.
[2] Sid. carm. 9. vers. 333. et seq. carm. 24. v. 94. et seq. l. 4. ep. 1.
[3] Carm. 24.
[4] L. 1. ep. 11. carm. 9. vers. 5.

avoit déjà rempli lui-même deux charges considerables de l'empire, qui lui avoient mérité le titre d'*illustre* (*Virillustris*), dans le tems qu'il se trouva à Arles l'an 461. à la suite de l'empereur Majorien : ce prince lui fit alors l'honneur de le mettre au nombre de ceux qu'il invita à un grand festin qu'il donna à l'occasion des jeux du cirque qu'on avoit célébrez dans cette ville. La conversation étant devenuë fort enjoüée sur la fin du repas, Camille fit paroître son esprit ; quand l'empereur lui adressant la parole lui dit, au sujet de Magnus Felix personnage consulaire : *Vous avez, mon cher Camille, un oncle en la personne duquel je me sçai bon gré d'avoir honoré votre famille d'un consulat ;* Camille qui aspiroit à la même dignité, répliqua : *Ne dites pas seigneur Auguste, un consulat ; mais un premier consulat :* ce qui fut applaudi de toute l'assemblée. Le desir que Camille avoit de parvenir aux premieres charges de l'empire l'engagea sans doute à abandonner le séjour de Narbonne sa patrie pour s'établir à Arles, après que la premiere de ces deux villes fut tombée au pouvoir des Visigots. On prétend qu'il eut dans l'autre un fils appellé Magnus Felix Ennode [1] qui devint évêque de Pavie. Ce prélat nâquit en effet dans les Gaules, et pouvoit être par conséquent de la famille des Magnus Felix de Narbonne dont il portoit le nom.

LXXI.

Siege d'Arles par Theodoric. Défaite de ce prince.

L'arrivée de l'empereur Majorien dans les Gaules et les propositions de paix qu'il fit faire à Theodoric, n'empêcherent pas celui-ci de continuer ses expeditions contre l'empire. Ce roi envoia en effet quelque tems après (an 459) une nouvelle [2] armée dans la Betique province d'Espagne sous la conduite du general Suneric, homme habile et experimenté dans le métier de la guerre, et rappella en même-tems Cyrila qu'il avoit envoié l'année précedente au-delà des Pyrenées.

Le dessein de ce prince étoit sans doute de se servir de ce dernier general pour l'execution des projets qu'il méditoit du côté du Rhône où il avoit résolu de pousser ses conquêtes (NOTE LV). Dans cette vuë il passa cette riviere et alla mettre le siege devant la ville d'Arles presque sous les yeux de l'armée de l'empereur qui s'en étoit approché.

Le [1] comte Gilles maître de la milice des Gaules, qui s'étoit jetté dans cette ville, la défendit le plus long-tems qu'il lui fut possible contre les efforts des Visigots : mais Theodoric poussoit si vivement le siege et faisoit garder si exactement la circonvallation, qu'il n'étoit pas possible que la ville pût résister davantage, ni recevoir aucun secours de l'armée Romaine. Dans cette extrêmité le comte Gilles se voiant sans ressource du côté des hommes, sa piété lui inspira d'en chercher du côté de Dieu : plein de confiance en sa protection, après avoir invoqué son saint nom et demandé son secours par l'intercession de S. Martin, et de S. Genez patron de la ville, il tenta une sortie sur les assiegeans. Elle fut si heureuse qu'il défit entierement les Visigots, et obligea leur roi Theodoric de lever le siege, de repasser le Rhône, et de se retirer après une grande perte.

LXXII.

Paix entre Theodoric et Majorien.

Cette défaite rendit Theodoric plus [2] traitable et plus facile à écouter les propositions de paix que lui faisoit Majorien. Le préfet Magnus Felix qui avoit autant [3] d'ascendant et de crédit sur l'esprit de ce prince, qu'Avitus en avoit eu autrefois sur celui du roi son pere, contribua sans doute beaucoup à la conclusion de cette paix. Elle fut jurée de part et d'autre et cimentée par une ligue que les deux princes firent ensemble : ce fut en execution de cette ligue que les

---

[1] V. Sirm. in Eunod. et Till. art. 8. sur Fauste de Riez.
[2] Idat. chron. p. 309.

[1] S. Paulin. l. 6. de vit. S. Mart. Greg. Tur. l. 1. de mir. S. Mart. p. 1001. et seq. – V. Vales. rer. Franc. l. 4. p. 160 et seqq.
[2] Idat. ibid. p. 310. et seqq. – Prisc. legat. tom. 1. hist. Bjzant. p. 42.
[3] Sid. carm. 5. vers. 560.

Visigots servirent dans la suite sous le regne de Majorien en qualité d'alliez dans les armées de l'empire, et qu'ils contribuerent de leur part à soûmettre divers peuples qui avoient fait quelques mouvemens (NOTE LIV. n. 2). Nous ignorons les autres conditions de cette paix : on peut cependant conjecturer qu'une des principales fut, que les Visigots remettroient aux Romains toutes les nouvelles conquêtes qu'ils avoient faites sur eux soit dans les Gaules, soit en Espagne depuis la mort d'Avitus. Après la conclusion de cette paix, Theodoric dépêcha [1] aussitôt un exprès pour en donner avis au comte Nepotien maître de la milice et au comte Sunieric son general, avec ordre sans doute de suspendre les hostilitez (NOTE LV). Ces deux generaux firent sçavoir les mêmes nouvelles aux Sueves de la Galice, et aux Galeciens sujets de l'empire qui étoient aussi en guerre les uns contre les autres. C'est ainsi que la paix fut renduë aux Gaules et à l'Espagne.

LXXIII.

Les Visigots secourent Majorien en Espagne, et agissent contre les Sueves.

Majorien n'aiant plus rien à craindre de la part des Visigots devenus ses amis et ses alliez, ne songea plus qu'à executer ses projets contre les [2] Vandales. Dans cette vuë il partit des Gaules au mois de Mai de l'an 460. et se rendit près de Carthagene en Espagne où l'attendoit une flotte de trois cens voiles qu'il avoit fait équiper pour faire une descente sur les côtes d'Afrique. Il fit voile bientôt après ; mais Genseric roi des Vandales informé de son dessein et de son départ, le prévint, et lui enleva tous les vaisseaux de transport ; en sorte que ce prince se vit malgré lui obligé d'abandonner ses projets, de faire la paix avec ces barbares, de reprendre le chemin des Gaules pour retourner en Italie, et de laisser aux troupes de Theodoric le soin de s'opposer en Espagne aux nouvelles excursions des Sueves.

Ces peuples, [3] naturellement inquiets et avides de pillage, avoient commis depuis peu, plusieurs désordres en divers endroits, et entr'autres à Lugo où ils avoient massacré plusieurs Romains ou Galleciens sujets de l'empire. Theodoric fidelle allié de Majorien, résolut de punir cette infraction de paix : il ordonna aux comtes Nepotien et Sunieric qui commandoient alors en Espagne l'armée Romaine et celle des Visigots, d'envoier un détachement en Galice pour châtier ces barbares et arrêter leurs mouvemens. Les ordres de Theodoric furent executez avec la derniere rigueur, et sans doute au-delà de l'intention des Romains ; car ce détachement aiant surpris les Sueves dans Lugo, mit cette ville au pillage, tandis que d'un autre côté Sunieric avec le reste de son armée s'étant approché de Santaren (*Scalabis.*) dans la Lusitanie, où les Sueves avoient poussé leurs conquêtes, se rendit maître de cette place ; ce qui n'empêcha pas ces barbares de continuer leurs brigandages et leurs incursions sur les Galeciens, jusqu'à ce qu'enfin ils convinrent entr'eux d'une espece de paix.

Un differend qui s'éleva bientôt après entre Frumarius et Remismond rois des Sueves, causa parmi ces peuples une guerre civile. Theodoric protecteur de Remismond se mêla dans la querelle de ces deux princes, et voulut être leur médiateur. Il réüssit en effet à les mettre d'accord par le ministere des ambassadeurs qu'il leur envoia : mais la paix entre ces deux rois Sueves ne fut pas de durée, non plus que celle des Romains avec les Visigots, qui fut troublée par la mort de Majorien.

LXXIV.

Rupture de la paix entre les Visigots et les Romains, après la mort de Majorien.

Cet empereur [1] étoit retourné dans les Gaules pour s'opposer aux courses des Alains qui s'étoient établis dans ces provinces ; et après avoir assisté aux jeux du cirque que le consul Severin avoit donnez à Arles, il avoit repris le chemin d'Italie. Les peuples se flattoient de voir bientôt rétablir par ses soins les affaires de l'empire : mais le patrice Ricimer

---

[1] Isid. chron. 719.
[2] Idat. et Prisc. ibid. - Mar. Avent. chron.
[3] Idat. ibid. - Isid. chron. p. 719. 738. et seq.

[1] Idat. ibid. - Jorn. c. 45. - Mar. Avent. chron.

Sueve de nation et petit-fils [1] par sa mere, de Wallia roi des Visigots, qui avoit eu par ses intrigues autant que par ses violences l'adresse de s'emparer de toute l'autorité dans l'empire d'Occident, et qui avoit fait donner la pourpre à ce prince, l'en fit dépouiller à Tortone ville d'Italie le 2. du mois d'Août de l'an 461. [2] et le fit mourir cinq jours après. Le throne de l'empire d'Occident demeura vacant jusqu'au 19. du mois de Novembre suivant, que ce même patrice fit élire pour empereur, Severe complice de la mort de Majorien : mais le comte Gilles maître de la milice, les peuples des Gaules, et sur-tout les troupes Romaines qui étoient sous les ordres de ce general dans les mêmes provinces, également attachez à Majorien, et indignez contre Ricimer et Severe auteurs de la mort de ce prince, refuserent de reconnoître ce nouvel empereur.

Les troupes [3] Romaines qui étoient alors dans les Gaules et qui avoient été levées dans le pays, étoient d'autant plus dévouées à Majorien, qu'elles l'avoient toûjours suivi dans toutes ses expeditions : ainsi il étoit aisé au comte Gilles de les déterminer à le suivre en Italie pour aller venger sur Severe et Ricimer la mort de cet empereur. Theodoric attentif à profiter pour lui-même de ces nouveaux troubles de l'empire, empêcha par ses nouvelles hostilitez que ce general ne pût executer ce projet, et le mit dans la nécessité de demeurer dans les Gaules pour s'opposer à l'entreprise qu'il méditoit de s'emparer de ce qui restoit aux Romains dans ces provinces.

Il est certain [4] en effet que Theodoric se mit en armes quelque tems après la mort de Majorien ; soit que ce roi des Visigots eût fait un traité avec Severe et le patrice Ricimer, comme il y a lieu [5] de le croire, et que par ce traité il se fût engagé moiennant la cession d'une partie de la Narbonnoise premiere, à attaquer le comte Gilles pour l'empêcher de porter ses armes en Italie contre le nouvel empereur ; soit que ce même roi fût poussé par sa seule ambition et par le desir d'étendre sa domination à la faveur des nouveaux troubles de l'empire. Le comte Gilles fut donc forcé de demeurer dans les Gaules pour s'opposer aux desseins des Visigots, et de tourner toutes ses forces contre ces peuples pour conserver à l'empire ce qui lui restoit en deçà des Alpes. Theodoric rappella [1] d'Espagne vers ce même-tems les deux generaux Nepotien et Sunieric, dans la vuë sans doute de les emploier contre le comte Gilles, et envoia Arborius à leur place au-delà des Pyrenées (an 462.) : mais Nepotien mourut peu de tems après.

LXXV.

Narbonne et une grande partie de la Narbonnoise cedées aux Visigots par l'empereur Severe.

La mésintelligence qui regnoit depuis long-tems entre le comte Gilles et le comte Agrippin gouverneur de la Narbonnoise pour les Romains, ne contribua pas peu à favoriser les conquêtes que les Visigots firent alors dans cette province. Theodoric se servit avantageusement de la désunion de ces deux generaux pour se défendre contre les armes du premier, qui durant [2] cette guerre donna des preuves éclatantes de sa valeur et de sa capacité dans l'art militaire. Ce comte remporta divers avantages contre les Visigots dans cette occasion ; et si Agrippin avoit voulu agir de concert avec lui, ils auroient pû non seulement faire échoüer les entreprises des Visigots, mais encore rétablir les affaires de l'empire et déthrôner Severe : mais ce general vivement piqué contre le comte Gilles pour les raisons dont nous avons parlé ailleurs, s'unit [3] avec les Visigots et leur livra la ville de Narbonne qui étoit la principale de son gouvernement. Par là cette importante place qui depuis près de six siecles servoit de boulevard aux Romains dans les Gaules contre leurs ennemis, tomba pour

---

[1] Sid. carm. 2. v. 361. et seqq.
[2] Anon Cuspin. - V. Pagi ad ann. 461. n. 2.
[3] Idat. et Prisc. ibid. - Isid. chr. p. 719.
[4] Prisc. leg. p. 42.
[5] V. Ferrer. ad ann. 461.

[1] Idat. ibid.
[2] Prisc. leg. ibid.
[3] Idat. et Isid. ibid. V. NOTE LVI, n. 3.

toujours au pouvoir des Visigots ; ce qui facilita à ces peuples la conquête du reste de la Narbonnoise premiere, depuis cette ville jusqu'au Rhône, qui, à ce qu'il paroit, étoit encore sous l'obéissance des Romains. Les Visigots s'assûrerent aussi par la possession de Narbonne la liberté de passer en Espagne, soit pour y faire de nouvelles conquêtes, soit pour y conserver celles qu'ils y avoient déjà faites, depuis la mort de l'empereur Avitus qui les y avoit d'abord appelez en qualité d'alliez.

Les anciens historiens ne marquent pas si le comte Agrippin livra la bataille de Narbonne aux Visigots par ordre de l'empereur Severe : quelques [1] modernes le supposent avec assez de vraisemblance. Il paroit en effet, comme nous l'avons déjà dit, que cet empereur d'abord après son élection et de concert avec le patrice Ricimer se ligua [2] avec les Visigots contre le comte Gilles : nous voions d'ailleurs que Sidoine [3] Apollinaire, qui fit un voiage à Narbonne peu de tems après qu'Agrippin eut remis cette ville entre les mains de ces peuples, appelle le roi Theodoric *l'appui et le salut des Romains* (*Romanæ columen salusque gentis. Sid. ibid. vers.* 70.). Ainsi ce fut sans doute en exécution d'un traité fait entre ce prince et l'empereur Severe, que cette ville et une grande partie de la Narbonnoise tomberent au pouvoir des Visigots. Agrippin qui en étoit gouverneur dut se prêter d'autant plus volontiers à cette cession, qu'il étoit ennemi juré du comte Gilles, lequel s'étoit déclaré d'abord contre Severe. Il paroît donc qu'Agrippin, pour se venger de ce comte, embrassa le parti de Severe, et qu'il ménagea un traité entre ce prince et les Visigots voisins de son gouvernement. Ce gouverneur pouvoit être d'ailleurs porté pour ces peuples dont on l'avoit autrefois accusé de favoriser les interêts, peut-être avec plus de fondement que ne le prétend [4] un ancien auteur. Quoi qu'il en soit, il paroît que depuis ce tems-là les Visigots furent maîtres de la Narbonnoise depuis Toulouse jusques vers le diocèse de Nismes ; ce qui fait voir que ces peuples acquirent cette province non pas par droit de conquête, mais en vertu de la cession que leur en firent les empereurs Romains par differens traitez et à diverses reprises.

Sidoine Apollinaire, qui comme nous avons déjà dit, fit un voiage à Narbonne peu de tems après que cette ville eut été livrée aux Visigots, la représente [1] dans un de ses poëmes comme étant alors très considerable, soit par la grandeur de son enceinte et la force de ses murs, soit par le nombre de ses habitans, les richesses de son commerce, l'abondance de ses salines, et la magnificence de ses édifices. Il prend plaisir à decrire les avantages de sa situation et la fertilité de son terroir. Il releve sur-tout les marques de valeur et de fidelité que ses habitans avoient données, lorsqu'elle avoit été assiégée auparavant par les Visigots et ravitaillée par Litorius. On voioit encore des preuves éclatantes de la vigoureuse défense des assiegez pendant ce siege, par les bréches et les tours à demi ruinées, qui n'avoient pas encore été réparées. « Cette fidelité, ajoûte Sidoine, en
» faisant dans cet endroit l'éloge du roi Theo-
» doric, attire aux habitans de Narbonne
» l'estime et l'affection de ce prince, qu'il
» appelle l'appui et le salut du peuple Ro-
» main, comme on l'a déjà remarqué. »

LXXVI.

Personnages illustres de Narbonne. Consence le pere.

Rien ne faisoit alors tant d'honneur à cette ville que le nombre des gens de lettres qu'elle possedoit, et parmi lesquels on comptoit ses plus illustres citoiens. Consense [2] chez qui Sidoine alla loger, et dont il fut reçu avec toute l'amitié et la politesse imaginables, étoit un des principaux. Il étoit issu d'une famille illustre par sa noblesse et par ses emplois, autant que par son amour pour les lettres et la profession qu'elle faisoit des sciences. Son pere de même nom que lui avoit déjà illustré

---

[1] V. Ferrer. tom. 3. ad ann. 461. p. 91.
[2] Idat. ibid. *Gothorum fœdere.*
[3] Sid. carm. 23.
[4] Vit. S. Lupic. Boll. 21. Mart.

[1] Sid. carm. 23.
[2] Sid. carm. 22. et 23.

cette même ville, dont il étoit natif, par ses rares talens et par son érudition. Sidoine nous le represente comme un homme versé en tout genre de litterature; poëte, orateur, jurisconsulte, historien, astronome, geometre, musicien; et qui joignoit à la politesse des Grecs toute la gravité des Romains : il lui donne avec la gloire d'exceller dans toutes les sciences, celle d'égaler les meilleurs et les plus sçavans auteurs autant par la varieté de son style, que par la multiplicité de ses connoissances. On lui attribué [1] un traité de grammaire sur les deux parties d'oraison, que nous avons parmi les ouvrrages des anciens grammairiens sous le nom de *P. Consentius*, personnage consulaire; ce qui prouveroit qu'il fut élevé au consulat. Nous sçavons du moins qu'il étoit d'une naissance à parvenir à cette importante dignité, et qu'il épousa la fille de Priscus Jovin, qui après avoir exercé la charge de maître de la cavalerie des Gaules, avoit été revêtu de celle de consul l'an 367. L'église [2] de saint Agricole de Rheims devenuë dans la suite titre d'abbaye sous le nom de S. Nicaise, regarde le même Jovin pour son fondateur, et en conserve encore aujourd'hui un très-ancien monument.

LXXVII.

Consense le fils.

Consense eut de ce mariage un fils qui nâquit à Narbonne et qui porta son nom : c'est le même qui reçut dans sa maison Sidoine [3] Apollinaire. Cet auteur nous le dépeint encore plus noble par ses mœurs que par sa naissance. Nourri dans le sein des Muses, il étoit dès sa jeunesse habile grammairien et encore plus habile orateur. L'empereur Valentinien III. l'éleva quoique jeune, aux charges et aux dignitez les plus considerables de l'empire. Il lui donna d'abord l'emploi de tribun (*Tribunus et notarius in consistorio*) et celui de notaire ou secretaire d'état. Le jeune Consense prit ensuite le parti des armes; et loin de s'enrichir dans le service du prince,

[1] Tristan. tom. 1. p. 530.
[2] V. Sirm. not. in Sid. p. 261.
[3] Sid. ibid.

comme il l'auroit pû faire aisément, il se signala par ses liberalitez et revint à Narbonne avec la réputation d'un homme véritablement riche; car il ne comptoit pour ses véritables biens que ceux dont il avoit comblé les autres. Le même empereur persuadé de son mérite et de sa capacité, l'envoia dans la suite à Constantinople avec le caractere d'ambassadeur auprès de l'empereur Theodose son beau-pere; personne ne pouvoit mieux que lui remplir cet emploi, étant également versé dans la langue Grecque et dans la Latine. La facilité avec laquelle il s'énonçoit dans la premiere, le fit admirer à la cour d'Orient : son esprit étendu, aisé et insinuant, le rendoit d'ailleurs très-propre pour la négociation; et sa douceur jointe à l'integrité de ses mœurs, étoit capable d'inspirer la paix aux nations les plus barbares, et de lui attirer leur respect.

Consense joignoit aux qualitez de l'esprit beaucoup de dexterité dans les exercices du corps; il remporta une fois à Rome le prix des jeux du cirque sur des concurrens fameux, en presence de l'empereur, ce qui lui attira l'applaudissement du peuple. Après la mort de Valentinien, il suivit la cour d'Avitus, qui lui donna l'intendance de son palais (*Cura palatii*), charge designée dans l'empire d'Orient par le titre de *Curopalate*, et qui répond en France à celle de grand-maître de la maison du Roi. Cet empereur étant mort, Consense quitta entierement la cour pour se retirer à Narbonne sa patrie : c'est dans cette ville, où il étoit vers l'an 463. qu'il reçut la visite de Sidoine, à qui il fit goûter tous les plaisirs que peut permettre une honnête liberté jointe à une modeste retenuë; et qu'il tâcha d'amuser par differentes sortes de divertissemens agréables et utiles. La conversation, le bain, differens jeux, la bonne chere, la lecture, la visite des personnes de lettres et des lieux saints occuperent tour à tour cet illustre voiageur qui durant son séjour à Narbonne, composa le poëme [1] où il fait la description de la maison que Ponce Leon un des descendans du célébre S. Paulin de Nole, avoit à Bourg au confluent de la Garonne et de la Dordogne. Enfin Sidoine fut si

[1] Sid. carm. 22.

charmé de la réception que lui fit Consense, qu'il voulut après son voiage lui en témoigner sa reconnoissance par quelques vers : mais celui-ci le prévint et lui en envoia lui-même de Provence où il étoit alors. Sidoine y répondit par un grand poëme [1] sur Narbonne qui nous a fait connoître plusieurs illustres citoiens de cette ville.

Sidoine rappelle [2] le souvenir de l'accüeil gracieux de Consense dans une lettre qu'il lui écrivit quelque tems après, et dans laquelle il fait la description d'une de ses terres appellée *Octavienne* (*Octavianus*), située entre Narbonne et la mer, à une distance presque égale de l'une et de l'autre. Consense avoit dans cet endroit une fort belle maison ornée d'une chapelle, de portiques, de bains, de meubles précieux et d'une riche bibliotheque, ce qui rendoit ce lieu également agréable et magnifique. Le grand nombre d'amis que ce citoien de Narbonne recevoit dans cette maison de campagne, ne l'empêchoit pas de partager son tems entre l'étude des belles lettres et les plaisirs de l'agriculture. Il s'adonnoit sur-tout à la poésie [3] dans laquelle il excelloit. Il avoit un talent merveilleux pour les chansons qu'il faisoit avec beaucoup de facilité, qu'on recherchoit avec empressement et qu'on chantoit avec plaisir à Narbonne et à Beziers. Sidoine étoit déjà évêque lorsqu'il écrivit cette lettre ; et comme le caractere épiscopal lui donnoit une espece de superiorité sur Consense quoique plus âgé que lui, il l'exhorte en ami de s'appliquer à l'étude de choses plus serieuses et qui pussent lui être utiles après sa mort. Au reste l'avis que Sidoine donne ici à Consense ne regarde que ses études ; car quoique fort agréable et fort enjoüé dans la conversation, il étoit très-reglé dans ses mœurs, et faisoit un bon usage de ses richesses ; en un mot l'exhortation de Sidoine ne tendoit qu'à faire de son ami un parfait chrétien. Un habile critique [4] croit que Consense, à qui cette lettre est adressée, étoit fils de celui qui reçut

Sidoine Apollinaire à Narbonne : mais nous ne trouvons rien qui nous oblige d'admettre un troisième Consense *.

LXXVIII.

Autres personnages illustres de Narbonne et de la province.

Parmi les autres citoiens de Narbonne qui se distinguoient alors dans la profession des lettres et que Sidoine eut occasion de connoître et de visiter durant le séjour qu'il fit dans cette ville, il fait mention [1] de Magnus Félix, personnage consulaire dont on a déjà parlé ; du jurisconsulte Leon qui fut depuis ministre d'Euric roi des Visigots dont nous parlerons dans la suite ; de Lympidius et de Marin citoiens très-polis et des premiers de la ville ; de Marcellin et de Livius également célèbres, celui-ci [2] par ses poësies et plusieurs autres ouvrages, et celui-là [3] par la réputation d'habile jurisconsulte, par la gravité de ses mœurs et par son intrépidité à soûtenir la justice et la verité ; et enfin de Marcius Miro. Telle étoit la ville de Narbonne lorsqu'elle tomba entre les mains des Visigots : la politesse Romaine y regnoit encore ; mais ces peuples y introduisirent bientôt après la barbarie avec leur domination.

Nous joindrons par occasion à ces hommes illustres les deux freres Sacerdos et Justin dont nous devons la connoissance au même Sidoine [4], et que l'amour des lettres avoit unis autant que le sang. Ils étoient neveux par leur pere et héritiers d'un sçavant et fameux poëte appellé Victorin, et faisoient tous les deux leur demeure dans le Gevaudan.

LXXIX.

Affaire d'Herme évêque de Narbonne.

Parmi les visites que Sidoine rendit dans Narbonne, il fait mention [5] de celle qu'il fit

---

[1] Sid. carm. 23.
[2] L. 8. ep. 4.
[3] Ibid. et l. 9. ep. 15.
[4] Till. sur S. Sid. art. 18.

[1] Sid. carm. 23. in fin.
[2] Ibid. et l. 2. ep. 13. - V. Sirm. not.
[3] Sid. carm. 23. - Vit. S. Hilar. Arel.
[4] Sid. l. 5. ep. 21. et carm. 24.
[5] Sid. carm. 23. - Concil. tom. 4. p. 1040. et seqq - S. Leo. ep. 2.

* V. Additions et Notes du Livre IV, n° 11.

à l'évêque, dont il ne marque pas le nom. C'étoit Herme archidiacre de l'église de cette ville. S. Rustique, auquel il avoit succedé, l'avoit envoié à Rome, comme nous l'avons deja dit, et il s'y étoit distingué par sa piété. Il avoit été ensuite ordonné évêque de Beziers par le même Rustique sous le pontificat de S. Leon : mais le clergé et le peuple de la ville aiant refusé de le reconnoître pour des motifs que nous ignorons, il ne fit aucune démarche pour les y obliger. Il vécut hors de ce diocèse jusqu'à ce que Rustique, qui connoissoit son mérite, se voiant sur la fin de ses jours, le destina pour remplir après sa mort le siege de Narbonne, et en écrivit à S. Leon pour le prier d'autoriser cette destination qui paroissoit extraordinaire : mais ce saint pape, extrêmement attaché aux regles de la discipline, ne crut pas pouvoir le faire. Herme fut pourtant reconnu évêque de Narbonne par le clergé et le peuple après la mort de Rustique, qui arriva, à ce qu'on croit, l'an 461. le 28. du mois d'Octobre [1], jour auquel on célèbre sa fête.

L'année suivante [2] Theodoric roi des Visigots s'étant rendu maitre de Narbonne, et aiant envoié Frideric son frere pour prendre le gouvernement de cette ville, ce dernier qui étoit Arien, et par consequent ennemi des évêques catholiques, écouta volontiers les plaintes qu'on lui porta contre l'inthrônisation d'Herme, et écrivit lui-même à ce sujet au pape saint Hilaire successeur de S. Leon une lettre très-forte qu'il lui envoia par Jean Diacre. Ce pape prévenu par les plaintes de Frideric et par le bruit que cette affaire faisoit dans le public, écrivit le 3. de Novembre de l'an 462. à Leonce évêque d'Arles son vicaire dans les Gaules, et lui reprocha sa négligence à l'informer de ce qui s'étoit passé à Narbonne sur ce sujet. Il lui ordonna en même-tems de l'instruire, conjointement avec les évêques voisins, de la verité du fait pour être en état de lui donner sur cela les ordres convenables.

Le pape saint Hilaire se disposoit alors à tenir un concile qu'il avoit indiqué à Rome pour le 19. de Novembre, jour de l'anniversaire de son ordination. Quelques évêques des Gaules qui s'y trouverent lui aiant rendu compte de ce qui s'étoit passé au sujet de l'élection d'Herme pour le siege épiscopal de Narbonne, ce concile prit connoissance de l'affaire de ce prélat, et jugea pour un bien de paix qu'il seroit confirmé dans le siege de cette église ; mais pour l'empêcher d'abuser de la condescendance qu'on avoit pour lui, il fut privé personnellement du droit de métropolitain pour ce qui regardoit l'ordination des évêques de sa province. Le concile défera cette fonction durant sa vie à Constance évêque d'Usez et *primat* de la province, c'est-à-dire, le plus ancien évêque de la Narbonnoise premiere. On accorda le même droit, pendant la vie d'Herme, à l'évêque le plus ancien de cette province en cas que Constance d'Usez vint à mourir.

Saint Hilaire fit sçavoir cette décision aux évêques de la Lyonnoise premiere, des deux Narbonnoises, de la Viennoise, et de la seconde des Alpes ou des Alpes Pœnines, par une lettre qu'il leur adressa le 3. de Decembre de l'an 462. Ce pape loue beaucoup dans cette lettre la personne d'Herme : mais il blâme extrêmement son inthrônisation comme contraire aux saints decrets. On [1] croit cependant pouvoir le justifier de même que S. Rustique son prédecesseur. Saint Hilaire fait mention de plusieurs autres reglemens de ce concile de Rome, et en particulier de celui qui ordonnoit la tenuë annuelle du concile des cinq provinces nommées à la tête de sa lettre, et dont l'évêque d'Arles en qualité de vicaire du saint siege, devoit marquer le tems et la maniere de le tenir.

LXXX.

Siege de Chinon par les Romains contre les Visigots.

Il paroît que le prince Frideric ne fit pas un long séjour dans Narbonne après sa lettre au pape Hilaire dans laquelle il se plaint de l'inthrônisation d'Herme ; car nous le

---

[1] V. Till. sur S. Rust. p. 408. tom. 15. hist. eccl.
[2] Concil. ibid.

[1] V. Till. art. 2. sur S. Hil. pap. tom. 16. hist. eccl.

voions peu de tems après commander [1] au voisinage de la Loire les troupes du roi Theodoric son frere. Ce roi peu content d'avoir étendu les limites de ses états du côté du Rhône avoit envoié une armée vers la Loire pour tâcher de s'aggrandir de ce côté-là; ses troupes s'étoient déjà emparées sur les Romains du château de Chinon en Touraine, place d'autant plus à la bienséance des Visigots, qu'elle étoit située sur les frontieres du Poitou dont ils étoient maîtres, depuis la cession que l'empereur Honoré leur avoit faite d'une partie de l'Aquitaine. Le comte Gilles voiant l'importance de cette place, fit tous ses efforts pour la reprendre, et en forma le siege (an 463). Cependant comme sa situation avantageuse sur une montagne lui faisoit craindre de ne pas réüssir, il trouva moien de détourner la source de l'unique puits qui fournissoit de l'eau aux assiegez. Ceux-ci encore plus pressez par la soif que par les vigoureuses attaques des troupes Romaines, commençoient à désesperer de leur salut et de celui de la place, quand le saint abbé Maxime, disciple de S. Martin, qui se trouvoit renfermé dans ce château, s'étant mis en prieres, obtint de Dieu une pluye abondante qui fournit à leurs besoins, ce qui obligea le comte Gilles de lever le siege et de décamper.

LXXXI.

Victoire du Comte Gilles sur Frideric. Défaite et mort de ce prince.

Ce general Romain eut occasion bientôt après de se relever du mauvais succès de cette entreprise, par la défaite du prince Frideric frere du roi Theodoric et general de l'armée des Visigots, qui s'étoit avancé [2] vers l'Armorique entre les rivieres de Loire et de Loiret près d'Orleans. Le comte Gilles vint au-devant de lui et l'attaqua dans cet endroit où il se donna un combat des plus sanglans entre les deux armées. La victoire se déclara bientôt pour le general Romain qui signala sa valeur dans cette occasion par l'entiere défaite des Visigots : ces derniers perdirent entr'autres le prince Frideric qui demeura sur le champ de bataille. On auroit quelque sujet de croire que ce prince mourut catholique, soit par les soins qu'il se donna [1] auprès du pape saint Hilaire auquel il s'adressa dans l'affaire d'Herme de Narbonne, soit par le titre de *son cher fils* (*Magnificum virum filium suum*) que ce même pape lui donne dans la lettre qu'il écrivit à Leonce évêque d'Arles, si on ne sçavoit d'ailleurs que tous les Visigots étoient Ariens. Il est vrai qu'ils n'inquietoient pas les Catholiques de leurs états, et que se regardant alors en quelque maniere sous la dépendance des empereurs, ils n'osoient rien attenter contre la foi et la discipline de l'église : mais sous le regne d'Euric, ce prince s'étant rendu entierement indépendant des Romains, il ne ménagea plus leur religion, et fit tous ses efforts pour faire triompher les erreurs de sa secte, comme nous le verrons dans l suite.

LXXXII.

Mort du comte Gilles. Nouveaux progrès de Theodoric II.

Le comte Gilles animé par la victoire qu'il venoit de remporter sur les Visigots, continua [2] la guerre contre leur roi Theodoric : et après avoir passé la Loire, alla l'attaquer dans le cœur de ses états, et remporta sur lui divers avantages. Comme il étoit également ennemi de Severe, il tâcha de fomenter en même-tems la guerre que Genseric roi des Vandales avoit déjà entreprise contre ce tyran au sujet de la dot d'Honoria sa bru, fille de l'empereur Valentinien III. Le comte Gilles pour engager Genseric à agir fortement en Italie contre Severe et Ricimer, en attendant qu'il pût lui-même passer les Alpes et les aller combattre, lui envoia des ambassadeurs qui s'embarquerent sur l'Ocean au mois de Mai de l'an 464. Il paroit que ce comte suscita encore contre Severe les Alains qui s'étoient établis dans les Gaules, et qui après avoir passé en Ita-

---

[1] Idat. chron. p. 311. et seqq. - Greg. Tur. de glor. conf. c. 22. - V. not. Ruin.
[2] Idat. ibid. - Mar. Avent. chron.

[1] Tom. 4. conc. p. 1041.
[2] Idat. et Prisc. ibid. - Greg. Tur. l. 2. c. 18.

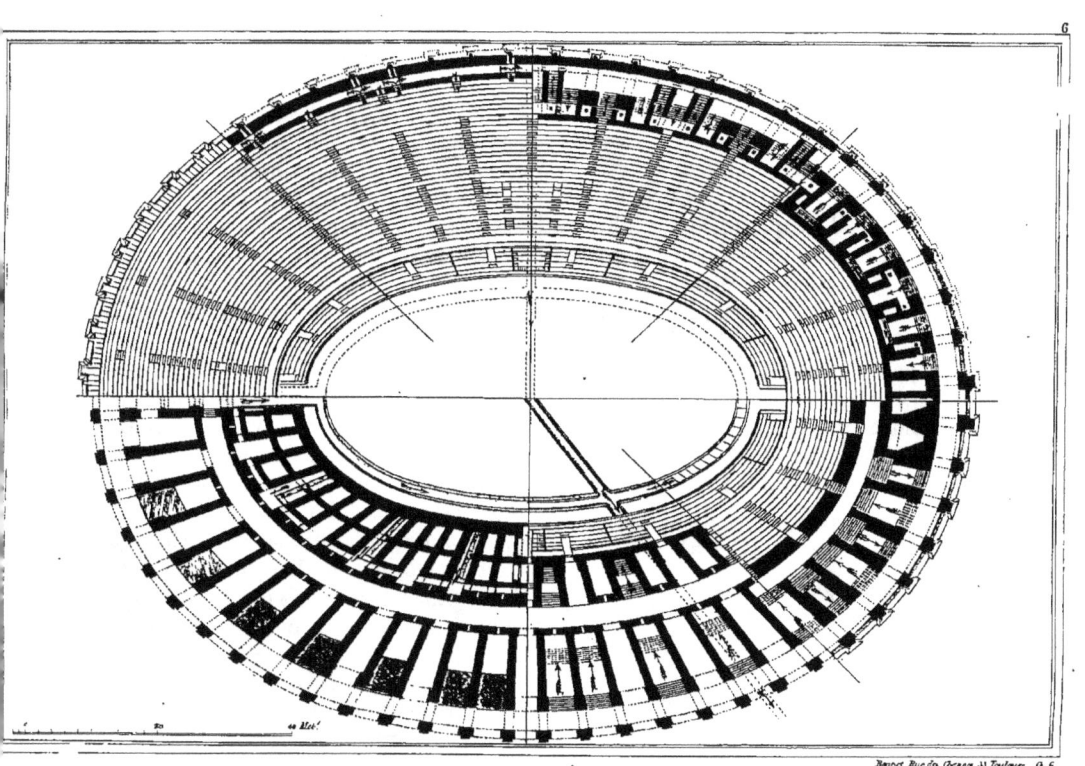

PLAN DE L'AMPHITHÉATRE DE NIMES.

lie, furent défaits[1] vers le même-tems au voisinage de Bergame. Ce general vit évanoüir bientôt après tous ses vastes projets; car les ambassadeurs qu'il avoit envoiez en Afrique, furent à peine de retour au mois de Septembre de la même année, qu'il tomba malheureusement dans les pieges de ses ennemis, qui désesperant sans doute de le réduire par la force des armes, le firent périr par le poison. Telle fut la fin de ce grand[2] capitaine aussi recommandable par sa grandeur d'ame que par sa probité: et seul capable d'arrêter les progrès des Visigots *.

Sa mort donna lieu[3] à ces peuples d'étendre de tous côtez leur domination sans obstacle; et les provinces des Gaules qui jusqu'alors avoient été au pouvoir des Romains, se trouvant sans défense, il leur fut aisé d'y faire de nouvelles conquêtes. Quelques historiens[4] prétendent que le comte Gilles ne mourut pas dans le tems que nous venons de marquer, et que dans la suite il fut même élû roi par les François; mais ce qu'ils rapportent là-dessus paroît[5] si fabuleux, quoiqu'appuié du témoignage de Gregoire de Tours, qu'on peut le regarder comme un véritable roman[6] que cet historien a adopté trop facilement.

LXXXIII.

Expedition de Theodoric contre les Sueves. Son alliance avec Remismond leur roi.

Outre les conquêtes que Theodoric fit dans les Gaules, il s'acquit une nouvelle autorité sur les Sueves de la Galice. Ces peuples, comme nous l'avons dit ailleurs, avoient fait une espece de paix avec les anciens habitans du pays : mais également perfides et brigands, ils recommençoient tous les ans leurs courses; en sorte que les Galeciens ne pouvant plus supporter ces actes d'hostilité[7], furent obligez d'avoir recours à la protection du roi Theodoric à qui ils députerent l'an 462. Palegorius l'un des plus nobles d'entr'eux. Ce prince après avoir écouté ce député, le renvoia et le fit accompagner par Cyrila son ambassadeur, avec ordre à celui-ci de pacifier la Galice. Ces deux ambassadeurs à leur arrivée sur les frontieres de cette province rencontrerent ceux que Remismond, l'un des deux rois Sueves, envoioit de son côté à Theodoric pour justifier sa conduite auprès de lui, ce qui obligea ces derniers envoiez de rebrousser chemin et d'accompagner celui du roi Theodoric jusqu'à Lugo où la paix fut négociée et concluë de nouveau entre les Galeciens et les Sueves. Cyrila eut à peine repris le chemin des Gaules, que ces derniers peuples recommencerent leurs hostilitez contre les Galeciens, en sorte que Theodoric fut obligé de renvoier une seconde fois ce ministre dans la Galice, pour en appaiser les troubles, mais ce fut sans succès.

Les affaires de ces peuples étoient dans cette situation, quand en 463. Frumarius l'autre roi des Sueves qui regnoit du côté de Braga, étant mort, Remismond son collegue réünit tous les peuples de sa nation sous son obëissance. Ce prince fit alors la paix avec les Galeciens, et envoia des ambassadeurs à Theodoric pour lui demander sa protection et son amitié, et faire alliance avec lui. Celui-ci fit un très-bon accueil aux ambassadeurs de Remismond, en envoia d'autres à ce prince, et lui donna même en mariage une fille Visigote de nation, et apparemment de sa famille : il lui envoia aussi des armes et lui fit divers autres presens, ce qui fit que les Sueves demeurerent tranquilles. Ils firent cependant quelque tems après (an 465) une nouvelle entreprise sur les villes de Coïmbre et de Lisbonne dans la Lusitanie; et le roi des Sueves se prévalant sans doute de la protection du roi Theodoric, tâcha d'étendre sa domination dans cette province. Il envoia en même tems de frequentes ambassades à ce prince, soit pour justifier sa conduite, ou pour tâcher d'entretenir la paix et la bonne intelligence avec lui. On croit[1] que Remismond

---

[1] Cassiod. chron.
[2] Paulin. vit. S. Mart.
[3] Idat. ibid.
[4] V. Val. rer. Franc. l. 5. p. 199. et seqq.
[5] Greg. Tur. hist. l. 2. c. 12.
[6] V. Dan. præf. hist. art. 2.
[7] Idat. ibid. p. 312. et seq.-Isid. chron. p. 719. et 739.

* *V.* Additions et Notes du Livre iv, n° 12.

[1] Ferrer. ad ann 465.

gagné par les caresses de son épouse qui étoit Visigote et Arienne, abandonna alors la foi Catholique qu'il professoit, pour embrasser l'Arianisme, et que pour faire sa cour à Theodoric, il pria ce prince par ses ambassadeurs de lui envoier des ecclesiastiques Ariens pour instruire ses peuples dans cette secte. Quoi qu'il en soit, Theodoric[1] après avoir rappelé d'Espagne le general Arborius qui y commandoit sous ses ordres, y envoia un certain Ajax, Galate de nation, apostat de la religion catholique et Arien de profession. Ce malheureux qui s'étoit d'abord établi dans les Gaules où il vivoit sous la domination des Visigots, fut à peine arrivé chez les Sueves alors Catholiques, qu'il les infecta de ses erreurs dans lesquelles ils eurent le malheur de perseverer jusqu'au milieu du siecle suivant que Theodemir leur roi les réunit à l'Eglise par la prédication de S. Martin de Dume.

LXXXIV.

Mort de Theodoric. Son éloge.

Les Sueves après avoir fait plusieurs courses dans la Lusitanie, en tenterent de nouvelles du côté d'Orense sur les Galeciens que Theodoric avoit mis sous sa protection, et qui étoient peut-être déjà devenus ses sujets. Ce roi irrité de la conduite des Sueves, envoia de nouveaux ambassadeurs à leur roi Remismond pour lui ordonner de faire cesser les hostilitez: mais ce prince peu touché de cette ambassade et sçachant d'ailleurs que depuis le rappel d'Arborius d'Espagne, Theodoric étoit moins en état de se faire craindre, continua ses courses, ce qui obligea ce roi de lui envoier Sella l'un des principaux seigneurs de sa cour pour lui ordonner de nouveau de discontinuer ses entreprises. Sella après avoir rempli[2] son ambassade, reprit la route de Toulouse: mais à son arrivée en cette ville Theodoric, qu'Euric son frere avoit assassiné pour regner à sa place, étoit déjà mort. C'est tout ce que nous sçavons des circonstances de la fin tragique de ce prince

[1] Idat. ibid.
[2] Idat. et Mar. Avent. chron. ibid. - Jorn. c. 44. et seqq.

qu'un pareil crime avoit élevé sur le thrône, mais dont il avoit tâché d'effacer l'horreur par la sagesse de sa conduite et la douceur de son gouvernement. La mort de Theodoric dut arriver avant le mois d'Août de l'an 466. Il étoit alors environ dans la quarantiéme année de son âge et avoit regné treize ans accomplis (NOTE LVI).

Theodoric mérita avec justice d'être regreté de ses sujets à cause de ses rares talens. Nous avons déjà fait en partie son portrait, et parlé sur le temoignage de Sidoine Apollinaire, de ses qualitez de corps. Le même auteur nous fournit un éloge parfait de ses mœurs et de sa conduite; et il est d'autant plus digne de foi, qu'outre qu'il étoit contemporain, il paroît qu'il étoit très-bien instruit, étant gendre de l'empereur Avitus qui avoit eu des liaisons fort étroites avec Theodoric.

Ce prince[1] étoit extrêmement actif. Il prévenoit l'heure des offices ou des nocturnes que ses chapelains chantoient avant le jour. Il y assistoit assiduement avec peu de suite, et toûjours avec beaucoup de respect: quoiqu'entre nous, dit son panégyriste, ce fût moins par raison et par principe de pieté que par coûtume. Cet exercice de religion étoit suivi de l'application aux affaires de l'état ausquelles Theodoric vaquoit jusqu'à sept heures du matin, accompagné de son grand écuier (*Comes armiger*) qui se tenoit toûjours auprès de son thrône. Ses gardes vêtus de peaux, ainsi que les autres Visigots étoient placez entre un rideau qui partageoit toute la salle du consistoire ou d'audience, et une (*Cancelli*) balustrade dont elle étoit fermée. C'est là que ce prince donnoit audience aux ministres étrangers, écoutant beaucoup et parlant peu: quant aux affaires qu'on lui proposoit, il differoit la décision de celles qui demandoient une mûre délibération, et expedioit les autres sur le champ.

A la sortie de ses audiences qui finissoient à sept heures du matin, il alloit voir ou son thrésor ou ses chevaux, ou prendre quelquefois le divertissement de la chasse. Comme il ne croioit pas qu'il fût de la majesté

[1] Sid. l. 1. ep. 8.

roiale d'avoir son arc pendu à son côté, il le fesoit porter hors de son étui par un page qui se tenoit toûjours, auprès de lui et qui avoit soin de le lui donner détendu quand il en avoit besoin ; car alors il le bandoit lui-même, et tiroit avec tant d'adresse et d'habileté, qu'il ne manquoit jamais son coup. Après cet exercice on servoit le dîner qui dans les jours ordinaires ne differoit pas de celui d'un simple particulier : la table étoit peu chargée d'argenterie ; la conversation, dont le sujet étoit toûjours serieux, en faisoit le principal agrément. Les nappes et les serviettes étoient tantôt de lin, tantôt d'une étoffe de pourpre, et les mets composez de viandes communes, mais bien assaisonnées. La vaisselle étoit propre et légere ; on y bûvoit moins par délice que par nécessité : on y admiroit la propreté des Grecs, l'abondance des Gaulois, et le service prompt et exact des Italiens. Sidoine ajoûte qu'il ne parle pas des repas magnifiques et somptueux que Theodoric donnoit les jours solemnels, parce que, ajoûte-t-il, tout le monde en est pleinement informé.

Le dîner de ce prince étoit ordinairement suivi d'une courte méridienne, et celle-ci, quand l'envie lui en prenoit, du jeu des dez ou osselets (*Tessetas*) auquel il joüoit avec beaucoup d'adresse, de grâce et d'enjoûement ; car quoiqu'il fût philosophe, il relâchoit alors un peu de son air grave et serieux. Ennemi de la gêne et de la contrainte, il vouloit et exhortoit même qu'on agit en ces occasions familierement avec lui : il prenoit également plaisir à gagner et à considerer le chagrin et le dépit de ceux qui perdoient ; et lorsqu'on perdoit sans se dépiter, il se persuadoit que c'étoit par complaisance et par ménagement. Il n'étoit jamais si gai ni si facile à accorder des grâces, que lorsqu'il gagnoit lui-même : ceux qui vouloient en obtenir profitoient de ces heureux momens, et Sidoine avoüe s'en être servi pour lui-même.

Après le jeu qui finissoit à trois heures, ce prince s'appliquoit aux affaires du gouvernement ; on voioit alors dans son palais une infinité de gens d'affaires, ce qui duroit jusqu'au soir (*Ad vesperam*) que chacun se retiroit, à la reserve des courtisans avec lesquels il s'entretenoit jusqu'à l'heure du coucher. Pendant son souper on n'entendoit jamais ni simphonie ni musique. Une conversation serieuse et utile et quelquefois égayée faisoit tout le plaisir de ce repas. A la sortie de table, on posoit les sentinelles préposez pour sa garde jusqu'à son lever du jour suivant. Telle étoit la conduite uniforme de ce prince, et tel est le portrait que Sidoine Apolinaire nous en a laissé dans une de ses lettres à Agricole son beau-frere qui souhaitoit de le connoître. Enfin ce roi mériteroit les plus grands éloges, si sa foi eût été pure, son regne plus pacifique, et si son élevation sur le thrône n'eût été le fruit d'un fratricide *.

LXXXV.

Euric succede à Theodoric II. Son frere.

Euric ou Euaric, car on donne indifferemment l'un et l'autre nom à ce prince, succeda au roi Theodoric II son frere, dans la conjoncture favorable de l'interregne de l'empire d'Occident qui vaquoit depuis que le patrice Ricimer, après avoir revêtu l'empereur Severe de la pourpre, l'en avoit dépoüillé et lui avoit ôté la vie le 15. d'Août de l'année précedente. La principale application de ce nouveau roi, les premieres années de son regne, fut de s'assûrer la couronne des Visigots et les conquêtes que Theodoric son prédecesseur avoit deja faites sur les Romains, à la faveur des troubles de l'empire. Pour mieux s'affermir sur le thrône, il envoia [1] une ambassade solemnelle à Leon empereur d'Orient, regardé alors comme le seul maître legitime des deux empires à cause de l'oppression où Ricimer tenoit celui d'Occident. Euric demandoit sans doute la paix et l'amitié de Leon par cette ambassade : mais nous en ignorons le succès et les suites : il paroît seulement que le regne de ce roi fut assez tranquille dans ses commencemens, et qu'il joüit paisiblement du fruit de son crime.

---

[1] Isidor. chron. p 719.

* *V*. Additions et Notes du Livre IV, n° 13.

LXXXVI.

Origine du nom de Septimanie donné à la province Narbonnoise premiere.

Ce prince à son avenement à la couronne trouva son roiaume plus puissant et plus étendu qu'il n'avoit encore été depuis l'établissement des Visigots en deçà des Alpes. Son frere Theodoric l'avoit en effet beaucoup augmenté par les conquêtes qu'il avoit faites tant au-delà des Pyrenées que du côté de la Loire, et par l'acquisition d'une partie de la Narbonnoise I. On croit que c'est alors que cette derniere province prit le nom de Septimanie; nom dont les auteurs posterieurs au tems dont nous parlons se sont servis pour la désigner. Il est vrai que ce nom étoit deja en usage du tems de Sidoine Apollinaire, qui est le plus ancien auteur qu'on connoisse, qui fasse mention *de la Septimanie* dans une de ses [1] lettres écrite vers l'an 473. mais le tems et les circonstances de cette lettre font voir que Sidoine n'entendoit pas par la Septimanie, la Narbonnoise premiere; mais seulement le pays qui fut d'abord cedé aux Visigots dans les Gaules par le general Constance au nom de l'empereur Honoré (NOTE LVII). Ce pays comprenoit sept citez ou sept peuples; et c'est sans doute ce qui lui fit donner le nom de Septimanie, comme on donnoit celui de Novempopulanie à la troisiéme Aquitaine ou province d'Eause, parce qu'elle comprenoit neuf peuples dans son étenduë. Ces sept citez ou dioceses étoient celui de Toulouse dans la Narbonnoise premiere, et les six de l'Aquitaine seconde ou province de Bordeaux qui formoient ensemble l'ancien domaine cedé aux Visigots dans les Gaules l'an 419. par l'empereur Honoré. C'est, à ce qu'il nous paroît, la véritable étymologie du nom de Septimanie sur laquelle tous nos modernes sont fort partagez.

Le nom de Septimanie passa dans la suite aux autres pays des Gaules dont les Visigots firent la conquête, jusqu'à ce qu'aiant perdu la meilleure partie de leurs états dans ces provinces, ce nom demeura attaché à la seule Narbonnoise premiere que ces peuples conserverent en deçà des Pyrenées, mais dont il faut excepter le diocèse de Toulouse que les François leur enleverent dans le même-tems. Ces derniers peuples s'étant emparez aussi des villes d'Usez et de Lodeve, il ne resta plus aux Visigots dans la Narbonnoise premiere que les anciennes citez de Narbonne, de Beziers, de Nismes et d'Agde auxquelles ces peuples ajoûterent ensuite celles de Carcassonne, de Maguelonne et d'Elne, qu'ils firent ériger en évêchez pour remplacer les trois autres qu'ils avoient perdus dans la Narbonnoise premiere. Ce nombre de sept citez qui appartenoient aux Visigots dans la Narbonnoise premiere, fit peut-être donner encore à cette province le nom de Septimanie, dont ils demeurerent toûjours les maîtres jusqu'à l'entiere destruction de leur roiaume par les Sarasins. Ces peuples aiant repris dans la suite le diocèse de Lodeve, ajoûterent cette ville aux sept citez de la Septimanie qu'ils avoient toûjours possédées, de sorte que cette province, outre la ville d'Elne avec son diocèse (d'où dependoit le Conflant, le Roussillon et le Valespir), comprenoit tout le Languedoc, à la réserve de l'ancien diocèse de Toulouse, qui fit une province particuliere; de l'ancien diocèse d'Albi, de ceux de Velai et de Gevaudan compris alors dans l'Aquitaine; et enfin de ceux de Viviers et d'Usez qui appartinrent à d'autres provinces.

LXXXVII.

La Septimanie titre de roiaume. Ses divers noms.

On donna indifferemment dans la suite à cette partie de la Narbonnoise premiere jusqu'au XII. siecle les noms de Septimanie ou de Gothie, et celui de Gots à ses habitans, à cause des Visigots qui en furent les maîtres et qui conserverent plus long-tems cette province qu'aucune autre des Gaules. Après que ces peuples eurent transferé le siege de leurs rois au-delà des Pyrenées, on comprit cette province sous le nom d'Espagne prise en general, ou sous le nom d'Espagne citerieure. Les Visigots l'appelloient aussi *la province des Gaules*, parce que ce fut la seule

---

[1] Sid. l. 3. ep. 1. - V. Till. art. 22. sur S. Sid.

qu'ils conserverent en deçà des Pyrenées. Tous ces differens noms n'empêchoient pas qu'on ne lui donnât encore quelquefois dans le même-tems celui de Narbonnoise. Plusieurs monumens qui nous restent donnent à la Septimanie ou Gothie le titre de roiaume, à cause sans doute du long séjour que les rois Visigots avoient fait soit à Toulouse soit à Narbonne qui furent les premiers sieges de la domination de ces peuples tant en deçà qu'au-delà des Pyrenées. Le roiaume des Visigots n'eut en effet d'abord d'autre titre que celui de roiaume de Toulouse et ensuite de Narbonne qui étoient les deux principales villes de la Narbonnoise premiere. On verra la preuve de tout ce que nous venons d'avancer dans la suite de cette histoire.

LXXXVIII.

Précautions d'Euric contre l'empereur Antheme.

Euric regnoit tranquillement sur ses sujets à la faveur de l'interregne de l'empire d'Occident, et profitoit impunément des troubles qui en étoient les suites, lorsque le patrice Ricimer qui s'étoit emparé de toute l'autorité sur cet empire, après avoir dépouillé Severe de la pourpre dont il l'avoit revêtu, voulut bien lui donner enfin un successeur. Ce patrice voiant que les Vandales continuoient d'infester les côtes d'Italie, consentit après plus d'une année d'interregne que le peuple Romain et le senat demandassent à Leon empereur d'Orient un prince capable de défendre l'Occident contre les efforts de ces barbares et des autres ennemis de l'empire.

Leon qui n'avoit jamais voulu reconnoître Severe, parce qu'il avoit été élû sans sa participation, écouta volontiers la proposition des Romains, et conformément à leurs souhaits, nomma empereur d'Occident le patrice Antheme, Grec de naissance que Rome reconnut le 12. d'Avril de l'an 467. et dont Ricimer épousa la fille. Cette alliance et l'élevation d'Antheme à l'empire donnerent de l'ombrage à Euric. Ce roi, malgré le desir sincere [1] qu'il avoit de vivre en paix avec l'empire, et l'ambassade qu'il avoit déja envoiée sur ce sujet à Leon, craignit que les préparatifs de guerre que les deux empereurs faisoient de concert ne fussent moins contre les Vandales que contre lui-même, et qu'Antheme ne voulût reprendre sur lui les pays des Gaules dont Theodoric son frere s'étoit emparé sur l'empire, et que Severe lui avoit cedez. Dans cette appréhension il résolut de s'unir avec les Vandales, et envoia [1] des ambassadeurs à Genseric leur roi, pour lui proposer sans doute une ligue contre leurs ennemis communs.

Euric envoia d'un autre côté une autre ambassade au roi des Sueves, soit pour s'assûrer de leur secours en cas qu'il fût attaqué par les empereurs, ou pour se maintenir dans l'autorité que Theodoric son prédecesseur avoit acquise sur ces peuples. Leur dépendance des rois Visigots paroît en effet par la députation que firent les habitans d'Orense en Galice au roi Euric, et dont Opilion l'un d'entr'eux fut le chef, pour se plaindre à ce prince des courses que ces peuples faisoient sur leurs terres, et demander sa protection contre leurs entreprises. Il y a lieu de croire qu'Euric écouta favorablement la demande des Galeciens, puisque les Sueves discontinuerent leurs courses, et qu'ils étoient tranquilles lorsque les ambassadeurs que ce prince avoit envoiez en Afrique à Genseric roi des Vandales revinrent dans les Gaules.

LXXXIX.

Intrigues d'Arvande préfet des Gaules avec Euric contre l'empereur Antheme.

Ces ambassadeurs à leur retour confirmerent le bruit public des grands préparatifs que les deux empereurs faisoient de concert contre les Vandales, ce qui détermina de nouveau Euric à rechercher la paix avec l'empire. Il en fut [2] détourné cependant peu de tems après à la sollicitation d'Arvande, préfet des Gaules, qui sacrifia les intérêts de sa patrie et de l'empereur Antheme son maître à son ambition et à son avarice, et

---

[1] Sid. l. 1. ep. 7. - V. not. Serm. ibid.

[1] Idat. chron. p. 313. - Isid. ibid.
[2] Sid. ibid.

fit tout son possible pour livrer aux barbares ce qui restoit aux Romains en deçà des Alpes. Les intelligences secretes de ce préfet furent découvertes par une de ses lettres à Euric, qui fut interceptée (an 468). Il marquoit entr'autres choses à ce prince de ne pas faire la paix avec l'empereur, l'exhortoit d'aller attaquer les Bretons, qui après avoir été chassez de leur isle par les Anglo-Saxons, étoient venus s'établir le long de la Loire sous la protection de l'empereur, et le pressoit enfin de se rendre maître des provinces Romaines des Gaules pour les partager ensuite avec les Bourguignons qui en occupoient deja une partie. Tels étoient les conseils que ce traître donnoit à Euric dans sa lettre, avec plusieurs autres avis capables d'exciter l'ardeur d'un roi belliqueux et d'animer même un prince pacifique.

XC.

Prodiges arrivez à Toulouse.

Euric se disposoit à executer les projets qu'Arvande lui avoit inspirez, et à prévenir les préparatifs de guerre de l'empereur Antheme, lorsqu'on vit paroître dans Toulouse sa capitale divers prodiges qui sembloient ne présager rien d'heureux pour ce prince. Quelques [1] historiens fort crédules rapportent qu'on vit sourdre du milieu de cette ville une source de sang qui coula tout le jour et qu'on regarda comme le présage de la ruine future de l'empire des Visigots dans les Gaules par les François; qu'on vit briller en même-tems deux soleils; et ce qui paroît encore fort merveilleux, qu'Euric aiant convoqué un jour à Toulouse une assemblée generale des principaux de sa nation, on vit le fer de leurs armes changer de couleur entre leurs mains, en sorte que les unes étoient vertes, les autres jaunes, quelques-unes noires, et d'autres de couleur de rose; mais ce prince fut sans doute moins frappé de ces prodiges imaginaires que de la découverte de la trahison d'Arvande.

[1] Idat. ibid. et chron. apud Canis. tom. 2 part. 1. p. 188. - Isid. chr. p. 720.

XCI.

Découverte des intelligences secretes d'Arvande.

Ce préfet étoit alors dans la seconde année de sa magistrature [1] : il l'avoit deja exercée auparavant d'une maniere à s'attirer l'amour des peuples par son affabilité; mais durant sa seconde préfecture ses vexations lui attirerent la haine publique et donnerent lieu au soulevement des provinces qui lui étoient soûmises, et aux plaintes qu'elles porterent de concert contre lui à l'empereur Antheme; en sorte que sur l'accusation qu'on forma contre lui, ce prince ordonna qu'il fût amené prisonnier à Rome. Il étoit accusé des crimes de peculat et de léze-majesté; et ses lettres à Euric, qui furent interceptées et que son secretaire avoüa avoir écrites par ses ordres, le convainquirent de trahison et de felonie. Tonante Ferreol ancien préfet des Gaules dont nous avons deja parlé, Thaumaste parent de Sidoine et frere de cet Apollinaire qui avoit une terre voisine de Nismes, et Petrone, trois des plus illustres citoiens de la partie des Gaules soûmise encore aux Romains, le suivirent pour soûtenir à Rome, au nom de leurs provinces l'accusation qu'elles avoient formées contre lui.

Sidoine Apollinaire, personnage illustre par la charge de préfet de Rome qu'il avoit deja exercée, et par la dignité de patrice à laquelle l'empereur Antheme [2] l'avoit élevé, étoit dans cette ville lorsqu'Arvande y arriva au commencement de l'an 469. Il se trouvoit également lié d'amitié avec l'accusé et avec les accusateurs; mais touché du malheur du premier, il s'emploia d'abord en sa faveur, et lui inspira même les moiens de se défendre. Arvande n'en profita pas : ce magistrat aussi orgüeilleux que téméraire, rejetta avec mépris ses avis salutaires, ce qui attira sa perte. Il fut condamné à perdre la tête, après avoir avoué, avant même que d'être interrogé, ses intelligences criminelles avec Euric. Sidoine ami fidele autant que genereux ne se rebuta pas;

[1] Sid. l. 1. ep. 7. Isid. ibid.
[2] V. Till. art. 8. sur S. Sid.

et malgré le peu de cas qu'Arvande avoit fait de ses conseils, il employa encore tout le crédit qu'il avoit auprès de l'empereur pour lui sauver la vie. Il réussit et fit changer la peine de mort à laquelle il avoit été condamné, en celle d'exil.

XCII.

Euric entreprend la guerre contre Antheme.

Euric voyant que ses intelligences avec Arvande avoient été découvertes, comprit [1] que l'empereur Antheme après avoir réduit les Vandales contre lesquels il faisoit de nouveaux efforts conjointement avec l'empereur Leon son collegue, ne manqueroit pas de tourner ses armes contre lui et de venir dans les Gaules pour le punir de ses mauvais desseins. C'est ce qui l'engagea sans doute à former de nouvelles alliances pour se mettre en état de résister aux attaques de ses ennemis, car on croit [2] que c'est alors qu'il donna sa fille en mariage à Sigismer jeune prince de bonne mine, et fils, à ce qu'on ajoûte, d'un roi des François d'au-delà du Rhin. Sigismer vint en effet célébrer ses nôces [3] dans les Gaules, et fit dans Lyon son entrée solennelle dont Sidoine nous a laissé une fort belle description; mais cette circonstance nous donne lieu de croire que l'épouse de Sigismer étoit plûtôt fille d'un roi Bourguignon, que d'Euric roi des Visigots, lequel avoit à peine alors des enfans qui fussent en état d'être mariez (NOTE LVIII): ce qui n'empêche pas que ce prince n'ait pû former d'autres alliances avec les François, comme S. Sidoine ne nous permet pas [4] d'en douter et comme on le verra ailleurs.

Euric étoit déja très-disposé de lui-même à prévenir les entreprises d'Antheme, lorsque Genseric roi [5] des Vandales pour faire diversion et détourner les armes des deux empereurs dont il étoit menacé, l'engagea enfin par ses presens et ses intrigues secretes à déclarer le premier la guerre à l'empire sans attendre qu'il fût attaqué. D'un autre côté Genseric engagea en même-tems par ses sollicitations les Ostrogots à prendre les armes contre l'empereur d'Orient. Euric se détermina d'autant plus aisement à rompre la paix avec les Romains, qu'il étoit persuadé que sous la tyrannie du patrice Ricimer le regne des empereurs d'Occident ne pouvant être ni long ni absolu, il tireroit avantage des frequentes révolutions de cet empire. Il résolut donc de prévenir les attaques d'Antheme, de s'étendre dans les Gaules et d'envoyer une armée au-delà des Pyrenées dans le dessein de continuer la conquête des provinces d'Espagne que Theodoric son frere et son prédecesseur avoit commencée.

XCIII.

Euric fait marcher une armée en Espagne.

Il paroît que ce dernier avoit discontinué ses expeditions dans ces provinces quelque tems avant sa mort, en rappellant Arborius son general qui y commandoit sous ses ordres. Euric voulant reprendre cette expedition, envoia au-delà des Pyrenées, la troisiéme année de l'empire [1] d'Antheme, un corps d'armée qui suivit de près le retour des ambassadeurs qu'il avoit reçûs de Remismond roi des Sueves. Ces troupes après s'être étendues dans la Lusitanie, firent diverses conquêtes dans cette province, s'emparerent de Merida et de Lisbonne, et attaquerent indifferemment les Sueves et les Romains.

XCIV.

Défaite des Bretons par les Visigots dans le Berri.

Les exploits qu'Euric fit en personne dans les Gaules ne furent ni moins rapides ni moins considerables. Les [2] Bretons qui, comme nous avons dit, s'étoient déja établis dans les Armoriques sous le bon plaisir et la protection des empereurs, furent les premiers qui éprouverent la force de ses armes. Antheme se voyant trop foible pour résister aux

---

[1] Idat. ibid. p. 314.
[2] V. Vales. rer. Franc. l. 5. p. 219. et seqq. - Till. art. 9. sur S. Sid.
[3] Sid. l. 4. ep. 20.
[4] Sid. l. 8. ep. 3. et 9. - V. Vales. ibid.
[5] Jorn. c. 45. et 47.

[1] Idat. ibid. p. 314.
[2] Jorn. c. 45. - Greg. Tur. 2. c. 18.

entreprises d'Euric, avoit engagé Riothime leur roi de faire la guerre à ce prince pour arrêter ses progrès et les desseins qu'il avoit d'étendre sa domination du côté de la Loire (an 470). Dans cette vuë Riothime se mit à la tête de douze mille soldats des plus braves de sa nation; et s'étant embarqué, remonta la Loire avec ses troupes pour se jetter ensuite dans Bourges qu'Euric menaçoit d'assieger. Les Bretons furent reçûs avec joie dans cette ville, mais cette joie fut courte; car à l'arrivée d'Euric dans le Berri, ces peuples étant allez à sa rencontre, il se donna un combat sanglant entr'eux et les Visigots, dans lequel Riothime fut entierement défait avant que l'armée Romaine pût venir à son secours. Ce prince perdit dans cette action, qui se passa au bourg de Deols près de Châteauroux, la meilleure partie de ses troupes: le reste des Bretons fut mis en fuite et obligé d'aller chercher avec leur roi un azile chez les Bourguignons alliez des Romains.

XCV.

Progrès des armes d'Euric dans l'Aquitaine premiere par la trahison de Seronat.

Nonobstant le gain de cette bataille, les Visigots ne se rendirent pas alors maîtres du Berri. Ils étendirent cependant leurs conquêtes dans l'Aquitaine premiere; en sorte que l'empereur Antheme pour arrêter [1] le progrès de leurs armes, fut obligé d'implorer le secours des Bourguignons et des François. Ces derniers marcherent en diligence au service de l'empire, et le comte Paul s'étant mis en campagne peu de tems après la défaite de Riothime avec un corps considerable de troupes de cette nation, entra dans le pays soûmis aux Visigots, y fit le dégât et en rapporta un riche butin: il paroît que les Visigots eurent ensuite leur revanche [2] sur les François, qu'ils remporterent divers avantages sur eux, et qu'ils les battirent en differentes rencontres.

Antheme acheta [3] le secours des Bourguignons au prix de la ville de Lyon et des pays circonvoisins, tels que ceux de Vienne et de Vivarais, qu'il ceda à Chilperic leur roi pour en prendre la défense contre les Visigots. Cet empereur donna en même-tems la charge de maître de la milice des Gaules pour les Romains au même Chilperic. Les Bourguignons sensibles à cette cession et fideles à leur alliance avec les Romains firent [1] les derniers efforts pour défendre l'empire contre les entreprises d'Euric, et eurent soin sur-tout de mettre de bonnes garnisons dans les places d'Auvergne que ce roi menaçoit d'attaquer.

Euric de son côté joignant l'intrigue à la terreur que donnoit la prosperité de ses armes, tâcha d'étendre ses conquêtes de plus en plus. Seronat [2] homme avare et emporté qui gouvernoit alors les provinces des Gaules soûmises à la domination des Romains sous le titre, à ce qu'on [3] croit, de préfet, voyant les progrès étonnans de ce roi, et l'impossibilité où se trouvoient les Romains de les arrêter, fit divers voiages à la cour de ce prince pour traiter avec lui au préjudice de l'empire, et s'engagea de gagner et de livrer aux Visigots les provinces Romaines voisines de leurs états dont il les pressa de se rendre maîtres (an 471). Seronat non content de trahir sa patrie, exerçoit sur elle toute sorte de violences, et la rendoit miserable par ses malversations. Les peuples de Roüergue, de Gevaudan et d'Auvergne, qui étoient encore alors sous l'obéïssance des Romains, éprouverent plus particulierement ses vexations au retour des deux voiages qu'il avoit faits à Aire et à Toulouse à la cour d'Euric avec lequel il entretenoit des intelligences, comme on l'a dejà dit. Il devint enfin si insupportable et si odieux aux peuples des provinces de la domination Romaine qu'il tâchoit de soûmettre à ce prince, que la plûpart des habitans étoient deja résolus de prendre la fuite et d'abandonner leurs biens pour se mettre à l'abri des impositions excessives dont il les

---

[1] Greg. Tur. ibid.
[2] Sid. l. 8. ep. 3. et 9.
[3] L. 5. ep. 6. - V. Till. art. 2. sur S. Rom.

[1] Sid. carm. 12. - V. Till. art. 12. sur S. Sid.
[2] Sid. l. 2. ep. 1. l. 5. ep. 13. l. 7. ep. 7.
[3] V. Till. art. 9. sur S. Sid. - Val rer. Franc. l. 5. p 214.

chargeoit, quand quelques puissans seigneurs d'Auvergne aiant trouvé moien de s'assûrer de sa personne, le firent conduire à l'empereur Antheme qui lui fit expier par le dernier supplice les crimes qu'il avoit commis.

XCVI.

L'Aquitaine premiere se soûmet aux Visigots, à la reserve du Berri et de l'Auvergne.

La punition de Seronat n'empêcha pas Euric de profiter de la trahison de cet officier pour soûmettre les peuples de l'Aquitaine premiere qu'il n'avoit pas encore réduits sous son obeïssance; ses conquêtes furent si rapides dans cette province, qu'il se rendit maître en peu de tems du Velai, du Gevaudan et de l'Albigeois qui font aujourd'hui partie de la province de Languedoc; il conquit avec la même facilité le Rouergue, le Querci et le Limousin, de sorte [1] qu'en l'année 472. ou la sixième année de son regne, il ne restoit aux Romains dans la premiere Aquitaine que le Berri et l'Auvergne, comme il paroît par l'élection de S. Simplice évêque de Bourges à laquelle Sidoine Apollinaire, depuis peu évêque de Clermont, se trouva seul de cette province, parce que les autres évêques de ce pays étoient déjà sous la domination des Visigots.

XCVII.

Soûmission de Nismes et du reste de la Narbonnoise premiere à Euric et aux Visigots.

C'est environ ce tems-là qu'on [2] croit qu'Euric porta ses conquêtes jusqu'au Rhône, et acheva de soûmettre à son obeïssance les pays de la Narbonnoise premiere qui avoient échappé aux armes victorieuses de Theodoric II. son frere. Il paroît en effet que ce fut alors [3] que ce prince s'empara de la ville de Nismes près de laquelle le senateur Apollinaire, dont on a parlé ailleurs, et qui est different de l'évêque de Clermont de même nom, avoit une maison appellée *Voroangus*, où il faisoit son sejour ordinaire; car ce senateur ne voulant pas subir le joug et la domination des Visigots, abandonna ce pays vers la fin de l'an 471. et alla chercher une retraite au-delà du Rhône dans les états des Bourguignons alliez des Romains.

XCVIII.

Conquête du Berri et de la Touraine par Euric.

La mort de l'empereur Antheme et les troubles qui la suivirent ne contribuerent pas peu à assûrer à Euric ses conquêtes, et à lui faciliter le moien d'en faire de nouvelles. Ricimer beau-pere d'Antheme s'étant brouillé avec lui, parce qu'il prétendoit avoir toute l'autorité, et que cet empereur n'étoit pas d'humeur de la lui ceder, cet ambitieux patrice se servit de ce prétexte pour lui faire la guerre. Il le dépouilla d'abord de la pourpre, et quelque tems après il lui ôta la vie le 11. de Juillet de l'an 472. Ricimer avoit déjà remplacé cet empereur de son vivant par le senateur Olybrius, et avoit fait mourir Bilimer gouverneur des Gaules qui venoit en Italie à son secours. Enfin Ricimer étant mort quarante jours après son beau-pere, et Olybrius successeur de ce dernier ne lui aiant survêcu que jusqu'au 23. d'Octobre de la même année, il y eut un interregne qui dura jusqu'au 5. du mois de Mars de l'année suivante (an 473). que Glycerius fut élû empereur à Ravenne.

Euric à la faveur de ces troubles, continua ses conquêtes dans les Gaules, et les poussa sans obstacles, d'un côté jusqu'à la Loire, et de l'autre jusqu'au Rhône; car il se rendit [1] maître du Berri, et, à ce qu'on a lieu de croire, de la Touraine. Ce prince se vit par là en état de porter ses armes victorieuses dans l'Auvergne, la seule province de l'Aquitaine qui lui restoit à soûmettre. A son arrivée dans ce pays ses troupes ravagerent la campagne, mirent le feu aux moissons et commirent les mêmes excès qu'elles avoient déjà faits dans le reste de l'Aquitaine et aux environs [2] du Rhône. La

---

[1] Sid. l. 7. ep. 5. V. Till. art. 20 sur S. Sid.
[2] Till. art. 13. sur S. Sid.
[3] Sid. l. 2. ep. 9. l 5. ep. 3 et 6 l 7. ep. 4. - V. Till. ibid. et art. 16.

[1] Sid l. 7. ep. 1. l 3. ep. 1.
[2] L 6. ep 12.

terreur saisit les habitans; et par un surcroît de malheur, les Bourguignons [1] et les Bretons, auxiliaires des Romains, qui étoient dejà accourus pour prendre la défense des Auvergnats, firent chez eux presqu'autant de dégât que les Visigots mêmes.

XCIX.
Siege de Clermont.

Enfin Euric alla mettre le siege [2] devant Clermont, ville capitale du pays qui fut defenduë par les Bourguignons et par les habitans. Ces derniers divisez auparavant entr'eux, se réunirent alors pour agir de concert contre leurs ennemis communs, et éviter de tomber entre leurs mains. Sidoine Apollinaire leur évêque qui se renferma dans cette ville, ne contribua pas peu à sa conservation par ses soins, ses conseils et sa vigilance. Il fut la principale ressource de son troupeau au milieu des périls dont il étoit environné, et des efforts redoublez des Visigots, qui après avoir fait par leurs machines des brèches [3] considerables à une partie des murailles de la ville, mirent le feu à l'autre malgré la vigoureuse défense des assiegez; en sorte que ces derniers étoient sur le point de se rendre, lorsque le general Ecdice ranima leur courage par le secours qu'il leur amena fort à propos.

C.
Euric leve le siege de Clermont et abandonne l'Auvergne.

Ce general étoit fils [4] du feu empereur Avitus, et par consequent beau-frere de Sidoine Apollinaire. Il n'eut pas plûtôt appris l'extrémité où se trouvoit Clermont, que, malgré son éloignement, il marcha à grandes journées au secours de cette ville sa patrie, et arriva lui dix-huitiéme devant la place dans le tems qu'Euric pressoit vivement les assiegez. Le bruit de l'arrivée d'Ecdice jetta une si grande épouvante dans le camp des Visigots, que ces peuples persuadez qu'il amenoit avec lui un puissant renfort pour les attaquer, se mirent aussitôt en état de défense, et interrompirent les travaux du siege pour aller se camper sur une hauteur et le combattre avec avantage. Ce general profita de ce mouvement ; et s'étant mis à la tête de sa petite troupe, il trouva moien de pénétrer en plein midi jusqu'à Clermont à travers le camp des Visigots : en sorte que malgré les efforts de ceux qui voulurent s'opposer à son passage, et qu'il renversa, il entra victorieux dans la ville, sans avoir perdu un seul homme, à la face des ennemis et à la vuë de tous les habitans qui s'étoient postez sur les remparts, pour être spectateurs du succès d'un évenement auquel ils s'interessoient beaucoup.

L'entrée d'Ecdice dans Clermont releva le courage des troupes de la garnison et de ses concitoiens. Chacun vint avec empressement lui témoigner sa joie et sa reconnoissance, et tous le regardoient comme le liberateur de la patrie. Ce general après avoir ranimé le courage des assiegez, leva de nouvelles troupes qu'il fut obligé d'entretenir à ses dépens, ne pouvant recevoir que de foibles secours des finances de l'empire. Enfin il se servit si à propos et avec tant de conduite de sa petite armée, qu'il obligea les Visigots de lever le siege de Clermont et d'abandonner l'Auvergne. Il les harcela même dans leur retraite, leur livra divers combats, et remporta sur eux plusieurs avantages, sans pouvoir pourtant ni les empêcher de ravager les lieux et les campagnes qui se trouverent sur leur passage, ni delivrer sa patrie de la crainte de leur voisinage et de leurs hostilitez.

CI.
Tréve entre les Romains et les Visigots. Rupture de cette tréve.

Les Auvergnats craignant que pendant la campagne suivante [1] le roi des Visigots, qui souffroit impatiemment que l'Auvergne fût la seule province qui lui restoit à soûmettre entre la Loire et le Rhône, ne fît de nouveaux efforts pour les subjuguer, en

---

[1] L. 3. ep. 4. et 9. l. 4. ep. 7. et carm. 12.
[2] L. 3. ep. 2. et 3. l 7. ep. 1. – Greg. Tur. l. 2. c. 24.
[3] Sid. l. 3. ep. 2. et 3. l. 7. ep. 7. et 12.
[4] Jorn. c. 45. Sid. ibid.

[1] Sid. l. 3. ep. 2. l. 4. ep. 6. l. 7. ep. 1.

firent de leur côté pendant l'hiver pour se mettre en état de défense. Ils pourvûrent à la sûreté des places et à la garde [1] des passages : cependant malgré toutes ces précautions, la terreur des armes d'Euric, dont ils étoient encore saisis, l'emportant sur l'esperance que pouvoient leur donner leur préparatifs, plusieurs [2] d'entr'eux abandonnerent le pays et se retirerent ailleurs. Pour comble de malheur, le feu de la division se ralluma parmi les citoiens de Clermont : mais l'évêque Sidoine toûjours zélé pour le salut de sa patrie, trouva moien de concilier les esprits, et de rétablir la paix dans cette ville par l'entremise de Constance prêtre de Lyon, homme dont l'éloquence égaloit la sagesse, qu'il fit appeller durant l'hiver. Les esprits s'étant réunis, on travailla de concert à réparer les bréches que les Visigots avoient faites pendant le siege précedent de cette ville, et on s'y mit en état d'en soûtenir un nouveau. Sidoine se donna d'un autre côté toute sorte de mouvemens pour trouver du secours, et écrivit [3] à Ecdice pour le prier de revenir incessamment de la cour du roi des Bourguignons où il étoit allé. Il écrivit [4] en même-tems à Avitus son parent, homme de consideration dans l'empire, pour l'engager à négocier la paix, ou du moins une tréve entre les Romains et les Visigots, sans quoi la désolation de l'Auvergne étoit inévitable. C'est dans cette lettre que Sidoine parlant de ces derniers peuples, dit que peu contens de leurs anciennes demeures, c'est-à-dire de cette partie des Gaules que l'empereur Honoré leur avoit cedée et ne pouvant se contenir dans les bornes *de leur Septimanie*, ils les franchissoient souvent pour les étendre d'un côté jusqu'à la Loire, et de l'autre jusqu'au Rhône; et que c'est dans cette vuë qu'ils travailloient à se rendre maîtres de l'Auvergne.

Il paroît que la négociation d'Avitus eut un heureux succès, puisque les Romains et les Visigots convinrent d'une [5] tréve dès le commencement de l'année 474. mais cette tréve à laquelle Sidoine eut beaucoup [1] de part, ne fut pas de durée. Les habitans de Clermont informez par le bruit public des nouveaux préparatifs que faisoient les Visigots pour entrer en campagne au commencement du printems, se disposerent de leur côté à soûtenir un second siege. C'est alors que Sidoine leur évêque pour détourner ce fleau de Dieu, dont ils étoient menacez, institua les rogations dans son diocèse, à l'exemple de S. Mamert de Vienne auquel il ecrivit [2] sur ce sujet. Malgré ces saintes précautions, Dieu, soit pour la punition ou pour l'épreuve des Auvergnats, les laissa tomber sous la domination des Visigots.

CII.

Widimer roi d'une partie des Ostrogots se joint aux Visigots des Gaules.

Ceux-ci s'étant mis en campagne et aiant pénétré dans l'Auvergne [3], y firent de nouveaux ravages dans le tems que l'empereur Glycerius fut dépouillé de la pourpre. Ce prince dont l'empereur d'Orient n'avoit pas approuvé l'élection, et qui étoit regardé comme un usurpateur, n'avoit pû empêcher [4] que Widimer roi d'une partie des Ostrogots et oncle du fameux Theodoric n'entrât en Italie et ne s'y établit. Ce prince barbare étant mort peu de tems après, Widimer son fils de même nom lui succeda. Glycerius qui avoit beaucoup à craindre de ce jeune prince fit tous ses efforts pour l'engager à quitter l'Italie et à passer dans les Gaules pour se joindre aux Visigots ses anciens compatriotes, à l'exemple de Beremond dont nous avons parlé ailleurs ; et il réussit à force de presens et de sollicitations. Le jeune Widimer passa les Alpes à la tête des Ostrogots sur lesquels il regnoit, et vint s'établir dans le pays occupé par les Visigots avec lesquels il s'unit. Glycerius ne jouit pas long-tems du fruit de sa politique et de l'éloignement de ces barbares : il fut pris au port de Rome

---

[1] L. 9. ep. 3.
[2] L. 6. ep. 10. l. 7. ep. 11.
[3] L. 3. ep. 3
[4] L. 3. ep 1.
[5] L. 5. ep. 12. l. 9. ep 5.

[1] V. Till. art. 10. et 23. sur S Sid.
[2] Sid. l 7. ep. 1.
[3] L. 3. ep. 7. l. 5. ep. 16.
[4] Jorn. de reb(Get. c. 56.

par le patrice Julius Nepos, à qui Zenon empereur d'Orient avoit donné en mariage une de ses proches parentes, et dépouillé de la pourpre après un regne de quatorze à quinze mois. Nepos se fit ensuite proclamer empereur d'Occident le 24. de Juin de l'an 474.

CIII.
L'empereur Nepos négocie la paix avec Euric.

Ce nouvel empereur informé de l'état pitoiable où les Visigots réduisoient l'Auvergne [1], et touché de la désolation d'un peuple qu'il connoissoit extrêmement attaché à l'empire, résolut de le secourir, non pas tant par la voie des armes que sa foiblesse ne lui permettoit pas de tenter, que par celle de la négociation. C'est dans cette vuë qu'il envoia de Ravenne le questeur Licinien au roi Euric pour tâcher de ménager la paix entr'eux. La réputation de probité, d'esprit et de sagesse que Licinien s'étoit déjà acquise, fit esperer un heureux succès de sa négociation. Il arriva dans les Gaules à la fin de l'année, lorsque les Visigots après avoir ravagé l'Auvergne pendant la campagne, avoient abandonné ce pays pour se retirer chez eux. Licinien porta en mêmetems à Ecdice beau-frere de Sidoine les provisions de la dignité de patrice dont l'empereur Nepos l'avoit honoré en récompense des services importans qu'il avoit rendus à l'empire.

CIV.
Famine le long du Rhône, en Aquitaine et ailleurs.

Sidoine se voiant délivré des Visigots, que les approches de l'hiver avoient obligé de se retirer, profita [2] de leur éloignement pour faire un voiage du côté de Vienne et de Lyon. Il vit avec admiration pendant son voiage la charité de S. Patient évêque de cette derniere ville à l'égard de plusieurs provinces des Gaules dont les Visigots avoient ravagé ou brûlé les moissons : ce qui avoit causé une famine presque générale dans l'Aquitaine, le long du Rhône, et même jusques dans le pays occupé par les Bourguignons. S. Patient pourvut durant cette famine aux besoins d'une infinité de pauvres à qui il fit distribuer gratuitement une grande quantité de bled ; et il étendit ses charitez jusqu'en Provence, et en particulier dans le diocèse de Valence et dans le Vivarais (*Albenses*) ; pays qui étoient alors sous la domination des Bourguignons.

CV.
Etablissement des Bourguignons le long du Rhône. Ils se rendent maîtres du Vivarais.

Ces peuples [1] qui avoient déjà étendu leur domination des deux côtez du Rhône, étoient originaires de la Germanie, d'où après s'être fait connoître dès la fin du III. siecle par leurs frequentes excursions en deçà du Rhin, ils s'étoient enfin établis dans les Gaules, à l'exemple des Visigots, et à peu près dans le même-tems. Ils avoient d'abord fixé leur demeure dans la Germanie premiere ou province de Mayence à la gauche de ce fleuve. Après quelque séjour dans ce pays, et avoir abandonné la religion catholique qu'ils professoient auparavant, pour embrasser l'Arianisme, ils s'etablirent [2] entre le Rhône et les Alpes, par la cession que l'empereur Valentinien III. leur fit l'an 443. du pays qu'on appelle aujourd'hui Savoye. Ils choisirent alors Geneve pour capitale de leur roiaume, et étendirent peu à peu les limites de leurs états par la conquête qu'ils firent des pays voisins. L'empereur Antheme aiant besoin de leur secours contre les Visigots qui menaçoient d'envahir toutes les Gaules, fit un traité avec eux, et leur ceda vers l'an 469. la ville de Lyon, où ils établirent le siege de leur empire, et plusieurs autres villes ou pays situez au voisinage et des deux côtez du Rhône ; entr'autres les diocèses de Vienne, de Valence et le Vivarais jusqu'à la ville de Vaison, qui par là devint frontiere de leurs états et de ceux de l'empire du côté de Provence.

Telle étoit l'étenduë de la domination des

---

[1] Sid. ibid.
[2] L. 5. ep. 6. l. 6. ep. 6. et 12. - Greg. Tur. l. 2. c. 24.

[1] V. Vales. rer. Franc. l. 1. et seqq.
[2] Mar. Avent. chron. - V. Till. art. 8. sur S. Lupicin, et art. 26. sur S. Sid.

Bourguignons dans les Gaules, quand Sidoine [1] entreprit le voiage de Lyon dont on vient de parler. Ce prélat eut occasion, pendant le séjour qu'il fit dans cette ville à la cour du roi Chilperic ou Hilperic qui regnoit alors sur ces peuples, de rendre service au senateur Apollinaire son parent qu'on avoit accusé auprès de ce prince d'avoir voulu livrer la ville de Vaison au nouvel empereur Nepos. On croit [2] que ce senateur, homme très-respectable par sa naissance et par sa vertu et dont nous avons parlé ailleurs, s'étoit retiré dans cette ville, et y avoit établi son séjour depuis que celle de Nismes étoit tombée au pouvoir des Visigots. Sidoine aiant été informé de cette accusation, parla avec tant de force à Chilperic pour la justification d'Apollinaire, qu'il dissipa entierement les soupçons qu'on avoit donnez de la fidelité de ce senateur à ce prince, qui lui rendit ses bonnes graces et sa bienveillance.

CVI.

Nouvelles négociations de paix entre les Romains et les Visigots.

Sidoine, sur l'avis qu'il eut [3] à Lyon que les Visigots, avec qui le questeur Licinien n'avoit pû conclure la paix, menaçoient l'Auvergne d'une nouvelle irruption, partit en diligence pour revenir à Clermont dont il craignoit que ces peuples n'entreprissent un nouveau siege. L'empereur [4] Nepos de son côté voulant conserver ce qui restoit à l'empire dans les Gaules, ne se rebuta pas par les mauvais succès de la négociation de Licinien : il en tenta une nouvelle dans laquelle il emploia les principaux évêques de sa domination, sçavoir, Leonce d'Arles, Bazile d'Aix, Fauste de Riez et Grec de Marseille. Ces prélats furent trouver Euric (an 475), lui firent de nouvelles propositions, et lui offrirent de la part de l'empereur de renouveller avec lui l'alliance entre les Romains et les Visigots, à condition que ces derniers s'en tiendroient aux anciens traitez, et qu'ils se renfermeroient dans les limites des pays qui leur avoient été cedez par l'empire.

Pendant que ces évêques négocioient la paix avec Euric, l'Auvergne, quoique menacée et comme assiegée par les Visigots, joüissoit [1] d'une espece de paix, et profitoit de la liberté du commerce. On s'y tenoit cependant sur ses gardes ; car Euric souhaitoit extrêmement que Nepos lui cedât ce pays avec tout celui qu'il avoit dejà conquis, afin de n'avoir plus aucun obstacle qui l'empêchât de terminer ses états par la Loire et par le Rhône : c'est à cette seule condition qu'il offroit la paix à l'empire. Sidoine informé d'une partie de ces négociations, crut qu'il étoit de son zele pour la religion, et en particulier de son amour pour son diocèse, d'empêcher que l'Auvergne ne tombât sous la domination d'un prince hérétique dont l'attachement excessif à ses erreurs lui faisoit tout appréhender. Il écrivit [2] sur cela à Bazile d'Aix un des négociateurs de la paix. Il lui recommanda les interêts de la foi et le pria d'engager les autres plénipotentiaires ses collegues à faire inserer dans le traité, qu'il seroit permis aux villes de la domination des Visigots de professer librement la foi catholique, et au clergé et au peuple de choisir ses évêques. Sidoine s'adressa principalement à Bazile pour le prier d'insister fortement sur cet article, parce qu'il connoissoit l'amour de ce prélat pour la foi orthodoxe, dont il avoit donné des preuves par la réfutation solemnelle qu'il avoit faite des argumens d'un évêque Arien nommé Modhahaire.

CVII.

Euric persecute les Catholiques.

Ce n'étoit pas sans raison que Sidoine demandoit la liberté de l'exercice de la religion catholique pour les anciens peuples soûmis à Euric. Ce prince persecutoit ouvertement les Catholiques de ses états ; et son zele pour l'Arianisme étoit si outré, que suivant l'expression de cet auteur, il donnoit

---

[1] Sid. l. 5. ep. 6. et 7.
[2] Till. sur S. Sid.
[3] Sid. l. 4. ep. 5. l. 5. ep. 6.
[4] L. 7. ep. 6. et 7. - Ennod. vit. Epiph. p. 1663. et seqq.

[1] Sid. ibid. l. 9. ep. 3. et 5.
[2] L. 7. ep. - V. not. Sirm. Greg. Tur. l. 2 c. 25

lieu de douter s'il cherchoit moins à étendre sa domination en soûmettant les villes des Romains qu'à éteindre leur religion, et s'il n'étoit pas plûtôt le chef de sa secte que le roi de sa nation. Son aveuglement étoit si grand, qu'il attribuoit à son amour pour la secte Arienne l'heureux succès de ses entreprises et la prosperité de ses armes ; tandis que Dieu, par un secret de sa providence, se servoit du faux zele de ce prince, qui étoit en lui une marque de réprobation, pour purifier ses élûs.

Euric durant la persecution qu'il suscita contre les Catholiques de ses états, fit emprisonner un grand nombre d'ecclesiastiques, et fit souffrir la mort ou l'exil à quelques-uns *. Il refusa de permettre de remplir le siege de plusieurs évêchez vacans ; en sorte que plusieurs églises, et entr'autres celles de Bordeaux, de Perigueux, de Rodez, de Limoges, de Gevaudan, d'Eause, de Bazas, de Comminge, d'Auch, et plusieurs autres demeurerent long-tems sans évêques. Celle de Nismes se trouva aussi privée du sien, s'il est vrai [1] que Crocus qui fut exilé avec l'évêque Simplice par ordre d'Euric, étoit évêque de cette ville ; mais on n'a aucune preuve bien certaine du siege de ces deux prélats, quoiqu'il paroisse assez vraisemblable que le dernier étoit le saint évêque de Bourges de ce nom (NOTE XXIV). Euric fit encore boucher d'épines les portes des églises dans l'esperance d'éteindre la religion dans les cœurs des fideles, par la difficulté de frequenter les assemblées ecclesiastiques autant que par la disette des ministres du Seigneur : si bien qu'on voioit la plûpart des églises de la campagne et des villes ou désertes ou à demi ruinées, et quelques-unes servir même de retraite aux animaux. Telle est la peinture que Sidoine nous a laissée de la triste situation des églises catholiques soûmises aux Visigots, dans le tems qu'il écrivit à Bazile d'Aix pour l'exhorter à obtenir d'Euric le libre exercice de la foi orthodoxe.

Ce saint évêque de Clermont ignoroit alors qu'un des articles sur lequel ce prince insistoit le plus, et sur lequel les évêques négociateurs de la paix étoient prêts de se relâcher, regardoit la cession de l'Auvergne. Il fut d'autant plus sensible à l'avis qu'on lui en donna quelque tems après, qu'il ne craignoit rien tant que de tomber entre les mains de ce prince hérétique, surtout après la résistance opiniâtre de la ville de Clermont pendant le dernier siege qu'elle avoit soûtenu. La crainte qu'Euric ne s'en vengeât sur les habitans, fut cause qu'il fit les derniers efforts pour détourner les évêques plénipotentiaires de ceder l'Auvergne aux Visigots. Il écrivit [1] sur cela à un Grec de Marseille l'un des principaux, pour lui representer combien les Auvergnats avoient sujet d'appréhender qu'on n'accordât la paix aux autres provinces Romaines des Gaules aux dépens de leur liberté ; que la seule pensée de devenir les sujets d'Euric leur faisoit horreur, et qu'ils prefereroient la guerre à une telle paix. Il ajoûte que ces peuples ne méritoient pas un pareil traitement, après avoir sacrifié leurs biens et leurs vies, et s'être réduits à la derniere extrêmité pour la défense commune ; et qu'enfin si cet article passoit, ils abandonneroient plûtôt le pays, que de se voir exposez à la fureur d'un roi aussi intraitable et aussi violent que ce prince.

CVIII.

Ambassade de S Epiphane auprès d'Euric.

Nous ignorons l'effet que produisit la lettre de Sidoine sur l'esprit de Grec de Marseille, et si la résistance que fit peut-être celui-ci avec ses collegues sur l'article de la cession de l'Auvergne en faveur des Visigots, fut cause de la rupture des négociations, et du refus que le roi Euric fit [2] de la paix aux prélats plénipotentiaires de l'empereur. Ce qu'il y a de vrai, c'est que Nepos, dont l'interêt étoit de faire la paix avec ce roi qui étoit déja sur le point d'en-

---

[1] Not. Sirm. in Sid. p. 124.

* V. Additions et Notes du Livre IV, n° 14.

[1] Sid. l. 7. ep. 7.
[2] Ennod. vit Epiph. p. 1665. et seqq.

vahir toutes les Gaules, ne se rebuta pas; et que malgré l'inutilité de ses premieres démarches, il résolut, pour conserver ce qui lui restoit dans ces provinces, de tenter une troisième négociation. Dans cette vue il fit assembler les personnes les plus considerables de la Ligurie où il se trouvoit alors, pour déliberer des moiens de remedier aux maux presens et d'arrêter les progrès des armes d'Euric. Il fut conclu d'une voix, qu'on tenteroit une nouvelle négociation de paix avec ce roi, et qu'on en chargeroit S. Epiphane évêque de Pavie, l'un des plus saints et des plus illustres personnages de son tems.

Quelque difficile que parût cette commission, et quelque foible que fût l'esperance d'y réussir après tant de tentatives inutiles auprès d'un prince aussi fier et aussi emporté que l'étoit Euric, ce saint évêque plein de zele pour le salut de l'état, et de confiance en la protection de Dieu, s'en chargea volontiers. Il partit de Pavie; et pour attirer le secours du ciel, il ne cessa de prier durant le cours de son long et pénible voiage. A son arrivée à Toulouse, où sa réputation l'avoit dejà devancé, il eut la consolation de trouver la cour du roi des Visigots fort prévenué en sa faveur, et surtout les prêtres du pays naturellement curieux de voir et de connoître les étrangers. Leon l'un des principaux du conseil d'Euric avoit dejà pris soin d'annoncer son voiage et de publier son mérite.

Ce ministre recommandable par sa probité autant que par son érudition procura d'abord à saint Epiphane une audience du roi Euric. Ce saint évêque après avoir abordé ce prince avec les cérémonies et les saluts ordinaires, lui dit : « Quoique la réputation » de votre courage, prince du Monde le plus » redoutable, vous rende la terreur d'un » grand nombre de nations, et que le glaive » avec lequel vous portez la désolation chez » vos voisins, soit tous les jours trempé dans » le sang de vos ennemis; le desir insatiable » que vous avez de combattre vous attirera » infailliblement l'abandon de Dieu, et ce » glaive ne défendra pas vos frontieres, si » le Seigneur en est offensé. Souvenez-vous, » prince, que vous avez un roi à qui vous » devez plaire, et qui en montant aux cieux » a recommandé la paix à ses disciples. Il » en a fait un précepte pour chacun de » nous; et vous n'ignorez pas d'ailleurs que » tout homme qui s'abandonne à la colere, » ne mérite pas le nom de brave. Vous de- » vez encore considerer que personne ne » défend mieux ses droits et ses biens, que » celui qui n'envahit pas ceux d'autrui. C'est » pourquoi l'empereur mon maître, à qui » la providence a confié le gouvernement de » l'Italie, m'a chargé de travailler à réta- » blir la paix entre vous et lui, afin que » les sujets des deux empires vivent en bonne » intelligence et de bon accord. L'empereur » ne craint point la guerre, il souhaite au » contraire sincerement la paix. Vous con- » noissez tous les deux les anciennes bor- » nes de vos états; vous n'ignorez pas en » particulier jusqu'à quel point vos officiers » ont exercé la patience des peuples des pro- » vinces que vous avez soûmises; acceptez » donc les offres d'un prince qui étant aupa- » ravant votre maître, se contente aujour- » d'hui du titre d'ami. » (*Patitur amicus dici qui meruit dominus appellari.*)

Euric touché du discours de ce prélat, ne put s'empêcher d'en témoigner sa satisfaction par la serenité de son visage. Leon ministre de ce prince se fit un plaisir de son côté d'en faire sentir la force et d'en admirer luimême la beauté. Euric aiant pris la parole, répondit en ces termes à saint Epiphane par la bouche d'un interprète : « Quoique je sois » toûjours armé de mon bouclier, de ma » cuirasse et de mon épée, vous avez pour- » tant trouvé le secret de me désarmer par » la force de votre discours. Ceux-là, ajoûta- » t-il, se trompent, qui disent que la lan- » gue des Romains n'est pas aussi forte qu'un » bouclier, et aussi pénétrante qu'un jave- » lot; ils sçavent se mettre en garde contre » nos discours, et porter les leurs jusqu'au » fond des cœurs. Je ferai donc, vénérable » prélat, ce que vous souhaitez de moi, » parce que je considere beaucoup plus la di- » gnité de la personne envoiée, que la puis- » sance du prince qui l'envoie. Recevez donc » mon serment : je me contente que vous

» promettiez pour l'empereur votre maître
» qu'il observera une paix inviolable, car
» je compte autant sur votre parole que sur
» le serment le plus solemnel. » Cela dit, on
convint de part et d'autre des conditions
de la paix, et saint Epiphane se retira.

CIX.
Toute l'Aquitaine et la Narbonnoise premiere cedées aux Visigots.

Un moment après ce prince le fit inviter par ses officiers à venir manger le lendemain à sa table : mais ce saint prélat pour ne pas communiquer avec les prêtres Ariens qui avoient coûtume de s'y trouver, s'excusa sur ce qu'il ne mangeoit jamais hors de chez lui, et que d'ailleurs il étoit résolu de partir deux jours après. Il se mit en chemin en effet au tems marqué, et il fut accompagné d'une si grande foule de peuple, que la ville de Toulouse se vit presque déserte, tant cet évêque avoit gagné pendant son peu de séjour l'estime et l'affection des Toulousains, dont la plûpart regarderent leur patrie après son départ comme un lieu d'exil et de captivité ; ce qui fait voir la simplicité et l'integrité de leur foi au milieu des persécutions et des efforts que faisoit Euric pour l'étouffer dans leurs cœurs. Saint Epiphane étant sorti de Toulouse, reprit la route de Pavie, et visita en passant l'isle de Lerins que la sainteté de ses habitans rendoit alors très-célèbre. A son retour dans sa ville épiscopale, il rendit compte à l'empereur Nepos du succès de sa négociation.

Quoique dans le récit de l'ambassade de saint Epiphane que nous avons tiré de sa vie, composée par Ennodius son disciple et son successeur, on ne trouve pas les conditions de paix qui furent reglées entre Nepos et Euric, nous pouvons raisonnablement conjecturer par la fin de la harangue de ce saint prélat à ce roi des Visigots, que l'empereur ceda à ce prince non seulement toutes les nouvelles conquêtes que ce dernier avoit faites, et l'Auvergne dont il n'avoit pû se rendre maître ; mais encore le domaine absolu sur tous ses états. (NOTE LIX. n. 1).

Nous sçavons en effet que durant les premieres négociations Nepos [1] s'étoit relâché sur l'article de la cession de l'Auvergne dont il offrait alors la libre possession aux Visigots. On voit d'ailleurs par la suite de l'histoire, que depuis ce traité Euric demeura paisible possesseur de la Narbonnoise premiere, des trois Aquitaines, et en particulier de l'Auvergne ; qu'il eut la satisfaction qu'il souhaitoit depuis long-tems d'avoir la Loire, le Rhône, la mer Mediterranée, les Pyrenées et l'Ocean pour bornes de ses états dans les Gaules, et que lui et ses successeurs regnerent despotiquement sur tout ce pays. Mais si ce traité que les tristes conjonctures où étoient alors les affaires d'Occident, rendirent necessaire, fut avantageux pour les Visigots, il fut également préjudiciable à la religion et honteux dans l'empire.

C'est donc en vertu de ce traité solemnel que les Visigots acquirent par un titre legitime le reste de la Narbonnoise premiere dont l'autre partie leur avoit été déja donnée par les empereurs Honoré et Severe, et qu'ils parvinrent à la possession absoluë de tout ce qu'ils avoient conquis ou qui leur avoit été cédé dans les Gaules. Par là tout ce qui compose aujourd'hui la province de Languedoc cessa entierement de dépendre de l'empire, et fut soûmis à Euric, à la réserve du Vivarais qui appartenoit alors aux Bourguignons, et qui étant situé à la droite de la Loire se trouvoit hors des limites que ce prince s'étoit proposé de donner à ses états.

CX.
Victorius duc ou gouverneur de l'Aquitaine premiere pour les Visigots

Euric devenu paisible et légitime possesseur de toute l'Aquitaine et de la Narbonnoise premiere, par son traité avec l'empereur Nepos, envoia aussitôt le duc [2] Victorius pour prendre possession de l'Auvergne qui lui avoit été cédé par ce traité. Ce prince avoit nommé ce seigneur, quelque tems auparavant,

---

[1] Jorn. c. 45. - V. Pagi crit. ad ann. 474. n. 10. 475. n. 3.

[2] Greg. Tur. l. 2. c. 20. de vit. patr. c. 3. de glor. conf. c. 33.

duc ou gouverneur general des sept citez ou peuples de l'Aquitaine I. qu'il avoit déjà soûmis, et qui avec le pays d'Auvergne, lequel faisoit la huitième cité ou peuple, composoient toute cette province. Ces sept citez ou pays étoient l'Albigeois, le Velai et le Gevaudan qui font aujourd'hui partie du Languedoc; le Berri, le Limousin, le Querci et le Roüergue. Victorius outre l'autorité principale qu'il avoit sur l'Auvergne en qualité de duc de toute l'Aquitaine I. fut pourvû du gouvernement particulier ou comté de ce pays, et il fixa sa principale résidence dans la ville de Clermont. De là vient que Sidoine [1] Apollinaire ne lui donne que le simple titre de comte; car les Visigots avoient déjà emprunté ce titre des Romains, pour désigner les gouverneurs particuliers de chaque diocèse, de même que celui de duc pour marquer les gouverneurs generaux des provinces: titres que l'usage avoit autorisez depuis quelque tems dans l'empire, et que les peuples barbares adopterent.

Victorius gouverna l'Auvergne comme comte [2] et toute l'Aquitaine I. en qualité de duc pendant neuf années de suite. On croit qu'il étoit Romain de naissance, c'est-à-dire, qu'il étoit né sujet de l'empereur. Il paroît qu'il étoit Catholique; il fit même du bien à diverses églises qu'il prit plaisir à embellir: mais s'il en faut croire Grégoire de Tours, ses mœurs ne répondoient pas à la pureté de sa foi. Sidoine Apollinaire qui pouvoit le conoître particulierement puisqu'il étoit alors évêque de Clermont, en parle cependant avec [1] éloge: ce qui peut faire croire qu'il tenoit dans le temps de cette lettre une conduite plus reglée que celle dont parle Grégoire de Tours, ou que peut-être Sidoine a voulu le ménager. Nous parlerons ailleurs de la fin malheureuse de ce duc.

La cession que l'empereur Nepos fit de l'Auvergne [2] aux Visigots fut cause que le duc Ecdice fils de l'empereur Avitus, dont nous avons déjà parlé ailleurs, et qui en qualité de maître de la milice des Gaules, commandoit alors dans ce pays, l'abandonna, ne pouvant plus le défendre contre Euric. Cet illustre senateur aima mieux se retirer sur les terres de l'empire et s'exiler pour toûjours volontairement de sa patrie, que d'être obligé d'y vivre sous l'obéïssance des Visigots. L'empereur Nepos qui pour reconnoître ses services, l'avoit déjà honoré de la dignité de patrice, l'appella auprès de sa personne. Ce prince donna en même-tems à Oreste la charge de maître de la milice des Gaules qu'Ecdice occupoit auparavant.

[1] Sid. l. 7. ep. 17. V. not Sirmond. ibid. p 132
[2] Greg. Tur. ibid.

[1] Sid ibid
[2] Jorn. c. 45

FIN DU LIVRE QUATRIEME.

ADDITIONS ET NOTES

DU LIVRE QUATRIÈME DE L'HISTOIRE DE LANGUEDOC,

PAR M. DU MÈGE.

---

[1] Des ténèbres épaisses couvraient l'origine des Goths alors qu'ils se mirent en rapport avec les nations civilisées, et les nombreux ouvrages publiés autrefois sur leurs premiers temps, sur leur histoire et leur langue, ne dissipèrent point ces ténèbres. Plusieurs écrivains les ont confondus avec les Scythes, et les ont placés dans la Chersonèse Taurique et dans les environs du Palus-Mœotide, où d'autres retrouvent seulement des Scythes qu'ils ne croient pas être les mêmes que les Goths. Grotius (*Historia Vandalorum, Gothorum et Longobardorum*) remarque néanmoins que, souvent, les mêmes actions sont indistinctement attribuées aux Goths ou aux Scythes. Eunapius appelle Scythes ceux qui sont appelés Goths par Ammien. Théophane dit expressément que les Scythes étaient nommés Goths dans leur propre langue : En effet, dit Charles Pougens (*Essai sur les Antiquités du Nord*, 81), les Grecs, et surtout les Éoliens, faisaient souvent usage de la prothèse de *l's*; c'est ainsi qu'ils nommaient Σιμβροι les Cimbres..... Mais qu'on lise avec soin tout ce qui a été écrit jadis sur ce sujet, et on se convaincra que, malgré les savans travaux de Charles Lundius (*Zamolxis, primus Getarum legislator*), de Lindenbrok (*Thesaurus legum antiquarum, seu leges Visigothorum, Burgundionum, etc.*), d'Olaus Magnus (*Gothi Historia de gentium septentrionalium variis conditionibus statibusve, etc.*), de Sternhielmius (*de Hyperboreis Dissertatio*), d'Eric Olaus (*Historia Suevorum et Gothorum*), d'Olaus Rudbeck (*Atlantica, sive Manheim, etc.*), et d'une foule d'autres, les origines et l'histoire primitive des Goths étaient des choses naguère inconnues. Il ne paraissait pas d'ailleurs démontré que les peuples Æstyens, que Pythéas, de Massalie, trouva sur les côtes de la mer Baltique, vers la fin du IVe siècle avant J.-C., fussent les mêmes que ceux qui ont été nommés, dans la suite, *Cossini* ou *Cottini*, et que l'on dût reconnaître, en eux, les Goths qui ont soumis une grande partie de l'Europe méridionale à leur domination.

Il était réservé à M. Erik Gustaf Geier, professeur d'histoire à l'Université d'Upsal, (*Svea Rikes Häfder* et *Geschichte Schwedens*. 1, c. 1), de jeter de vives lumières sur cette importante partie de l'histoire[*].

En recherchant quels furent les peuples qui ont fondé, au ve siècle, le Royaume de Toulouse, on est amené à rechercher quelles furent les populations primitives de la Scandinavie.

Au témoignage des historiens classiques, tels que Procope et Paul Warnefrid, ce grand pays était habité dans l'origine par une population primitive que le premier désigne sous le nom de *Scrithfinns*, et l'autre, sous celui de *Scrittovinni*.

Dans l'histoire mythologique du Nord, ces peuples semblent désignés sous le nom et les traits des *Jattes*. Les *Jattes*, dans cette mythologie, représentent toutes les puissances mauvaises ou terribles de la nature : la Nuit, le Vent, sont de la race des *Jattes*. Les *Jattes d'Utgard* sont les ennemis éternels et seront en définitive, par la trahison de *Loke*, les vainqueurs des *Ases*, ou des Dieux du Nord. Or, dans la langue symbolique des Eddas, les *Jattes* s'appellent souvent *les Loups du Rocher, les Rois des Cavernes, les Enfans de la Montagne*. Ils sont représentés souvent sous la forme de nains, et sont habiles à travailler les métaux. Enfin un texte de l'Edda, dit en propres termes : « Thor a abattu *le Peuple des Cavernes* ; il a tué *les Chefs de la Montagne et les Rois des Finns*. » Long-temps après, dans la langue poétique du Nord, au témoignage de Snorresturleson, les deux mots *Jattes* et *Finns* sont synonymes.

Les témoignages de l'histoire classique et de l'histoire mythologique du Nord se réunissent donc pour attester l'existence, dans la Péninsule Scandinave, d'un grand peuple, antérieur à toutes les invasions Germaniques, et qui, suivant toute apparence, habitait même quelques-uns des rivages méridionaux de la Baltique, où Tacite les désignait sous le nom de *Fenni*, et où leur nom s'est conservé dans la *Finlande* moderne.

C'est une invasion qui a dépossédé les *Finns* de ce grand pays qu'ils habitaient, et qui les a rejetés

---

[*] Nous avons tiré ces notions de la traduction inédite de l'ouvrage de M. Geier, par M. Barry, professeur d'histoire à la faculté des lettres de Toulouse. Cette traduction aurait d'autant plus de prix pour tous ceux qui veulent étudier les antiquités et l'histoire du Nord, que M. Geier a envoyé des notes très-nombreuses à son habile traducteur, et que ces notes ajoutent beaucoup à l'intérêt général de l'ouvrage.

vers le pôle, sous une nature pesante et dure, où leur race, probablement svelte et belle autrefois, s'est dégradée et abâtardie.

Quelle a été cette invasion? Les témoignages historiques, les lois, les mœurs, la langue actuelle de la Péninsule Scandinave, témoignent toutes à l'envi qu'elle a été l'œuvre de la race Germanique. Mais des inductions puissantes autorisent à conclure qu'elle a été accomplie à des époques différentes, et par des peuples distincts, bien qu'ils appartinssent à une même race primitive. Ces inductions se trouvent à la fois dans l'histoire mythologique et dans l'histoire proprement dite de la Scandinavie.

Entre les trois grands dieux de la mythologie Scandinave, Odin, Thor et Freya, c'est Thor qui semble avoir la charge de l'extermination des *Jattes* ou *Finns*; c'est lui que les anciens chants nous montrent toujours, dispersant avec la foudre ou le marteau, le *Peuple des rochers*, les *Enfants des cavernes*. C'était là, en effet, la tâche des premiers envahisseurs. Dans la religion Scandinave, les deux grands dieux Odin et Thor sont réunis; mais Thor semble subordonné à Odin, toujours nommé avant lui. Cependant des témoignages authentiques déposent que Thor resta dans l'ouest, en Norwège et en Islande, le premier des dieux. La religion des peuples de l'est de la Péninsule est marquée de caractères plus héroïques et plus brillants. Un enthousiasme plus grand semble avoir été produit là par des résistances plus vives. Ce n'est pas seulement à l'égard des anciens vaincus (*Jattes* ou *Finns*) et de leur divinité (Freya) que cette religion se placera dans une attitude de supériorité, ce sera à l'égard de ce dieu Thor, lui-même, qui avait été le vainqueur de la race primitive et dont Odin semble devenir le chef et le maître à son tour. La trinité Scandinave, réunira, si l'on peut s'exprimer ainsi, Freya et Thor, mais les subordonnera, tous les deux, au vainqueur des vainqueurs, à Odin.

A les prendre historiquement, les différences, les distinctions ne sont pas moins frappantes entre les deux peuples; l'un d'eux (les Goths) habite, dans la Péninsule, un pays distinct qui a long-temps gardé, et qui garde encore leur nom, et de l'aveu des historiens Suédois eux-mêmes, ce royaume avait précédé en Scandinavie celui des Suédois. — L'autre peuple, les Suédois, habite dans l'est et le centre de la Péninsule, un pays que la poésie indigène désigne quelquefois sous le nom *Suithiod*. L'histoire du moyen-âge en Suède n'est souvent que le récit de la lutte des Goths et des Suèdes (Suèves) qui se disputent le droit de donner un roi à tout le royaume; les dialectes eux-mêmes sont encore aujourd'hui différens: l'un en général abrège les mots et les sons, l'autre, au contraire, les étend, les élargit et les redouble.

Tout semble donc s'accorder encore pour attester l'existence de l'invasion, et plus tard la lutte de deux peuples Germaniques dans ce grand pays qu'ils devaient enlever aux *Finns*. Le premier, et le plus ancien, arriva dans la presqu'île par ses rivages méridionaux, et ce fut lui qui commença à refouler vers le nord le grand peuple des *Finns* qui lui cédait la terre, en la laissant seulement de loin en loin marquée de son nom (*Finnhaid*, *Finnweid*, etc.); et ce fut, quelque temps après l'établissement et les premières conquêtes des Goths qu'arriva, par l'est, à la hauteur de Stockholm et d'Upsal, le peuple héroïque et sacerdotal des *Suèves* sous la conduite de ses *Ases* ou demi-dieux. Il acheva la dépossession des *Finns*, se mit, envers les Goths, ses frères, dans l'attitude de supériorité politique qu'ils lui laissèrent prendre, réunit dans le grand temple d'Upsal, et de son dieu Odin, le chef des *Ases*, les dieux des *Finns* et ceux des Goths, *Freya* et *Thor*, et malgré les résistances du peuple de race gothique, il finit par imposer à la péninsule sa race royale des *Ynglings*, qui se rattachaient directement à Odin et aux *Ases*.

Mais quels étaient ces Suèves, ces vainqueurs des vainqueurs de la Péninsule? C'était, suivant toute apparence, un rameau détaché, une branche aventureuse et perdue, de cette grande race des Suèves qui envahissaient, deux siècles avant l'ère chrétienne, l'Europe centrale. Elle venait, comme le rameau principal de l'invasion, de l'orient, dont le souvenir s'est conservé d'une manière si frappante, dans sa mythologie comme dans son histoire, et l'antiquité classique, elle-même, conservait un souvenir vague de ce singulier voyage, accompli d'Asie en Europe par l'invasion *Suevo-gothique*. Tacite avait trouvé dans les traditions Germaniques les traces d'un héros errant dont, suivant les habitudes de l'*interpretatio Romana*, il avait traduit le nom par celui d'Ulysse. Odin, dit Paul Warnefrid, avait été en Grèce avant d'arriver en Germanie; enfin chez Frédégaire, chez Saxon le grammairien, et chez les autres chroniqueurs, le vieux rôle que joue la ville de Troye, en tête des origines des peuples Germaniques, semble se rattacher à l'existence de cette ancienne *Asgard*, que Strabon indique l'existence à l'est du Palus-Méotide (*Aspargiani*), et dont le nom, dit un géographe Arabe, se confondait avec celui des Alains. Il s'était étendu, de là, jusqu'au Tanaïs, où les voyageurs du xve siècle trouvaient encore des restes de physionomies et de langues Germaniques.

C'est de là que les Suèves, après avoir traversé les steppes alors désertes de la Russie, arrivèrent par mer, en Scandinavie, dans la *Suithiod*, où nous les avons amenés tout-à-l'heure. Ce fut, suivant toute apparence, cette invasion des Suèves qui décida l'émigration Gothique que Jornandès a racontée, en la reculant seulement de quelques siècles trop loin, par suite de la manière dont il confond toujours les Gêtes (Goths) et les Scythes. L'émigration Gothique eut lieu suivant toute apparence, durant le premier siècle de l'ère chrétienne. Ce fut alors que les Goths, chassés de la Scandinavie, vinrent s'établir sur les rives méridionales de la Baltique, pour, de là, en suivant à rebours le même chemin qu'avaient fait les Suèves, envahir graduellement une notable partie de l'Europe méridionale.

Deux familles, ou dynasties, eurent le privilège de régner sur les Goths. La première conserva sa puissance tant que l'unité nationale fut conservée. Cette dynastie était celle des *Amales*. On leur donnait le nom d'*Ases*. M. Fauriel (*Histoire de la Gaule méridionale, sous la domination des conquérants Germains*, I, 7) dit fort bien à ce sujet que c'étaient les héros, les demi-dieux, les instituteurs des Goths. Il ne paraît pas, d'après les détails donnés sur eux par Jornandès (*de Reb. Got.* xiv) que leur règne ait commencé long-temps avant l'ère chrétienne. La famille des Amales conserva le sceptre des Ostrogoths. Les Wisigoths choisirent pour chefs les descendans de Balthe. C'est de cette dernière famille que sortit le terrible Alaric.

2 Quelque confiance que puissent inspirer les récits de Jornandès, on peut douter de ce voyage d'Ataulphe à Rome. Les fables populaires annonçaient que les trésors conquis par Alaric, lors du sac de Rome, le 24 août 410, avaient été portés par lui à Carcassonne, et c'est ce que raconte en ces termes G. Besse dans son *Histoire des Antiquités et Comtes de Carcassonne*, 38 et seq. « Ensuite de quoy, dit cet auteur, et dans l'apréhension qu'Alaric le Grand eut que les trésors qu'il avoit pillez de Rome, parmy lesquelles estoient les dépouilles du temple de Salomon, pourroient enfin servir de matière à l'envie de ses voisins, il fit bastir les grandes et hautes murailles et tours de structure à la rustique, qui ornent encore de nos jours la Cité de Carcassonne, bâtiment à la vérité digne de la magnificence d'un si riche et si puissant Roy qu'Alaric, et que dès ce temps là mesmes on appela forteresse. La tour qu'il fit exprez bastir pour remettre tous les trésors, est celle-la mesme que nous appelons encore la Tour du Trésor, et à raison de quoy cette ville s'acquit le titre de *Gazagothorum*, c'est-à-dire, le trésor des Gots..... Théodoric, roi des Ostrogoths, beau père d'Alaric le Jeune qui régnait en Italie, ayant fait lever le siége mis par les Français devant Carcassonne, il enleva tous les trésors et les fit transporter à Ravenne, selon Procope, Sigonius, Cassiodore et beaucoup d'autres historiens de ce temps-là ..... Nous tenons pourtant par tradition que les Gots, effrayez de la venue d'Attila, roi des Huns, en ce pays, jetèrent une grande partie de cet insigne trésor dans le grand puyts de la ville, qui est une des belles pieces qui se puisse voir; mais comme il est inespuisable on n'a jamais pu en retirer rien. » G. Besse, qui a recueilli cette tradition, fait d'ailleurs venir sous la conduite d'Enée une colonie de Troyens à Carcassonne, qui aurait d'abord été nommée *Carcasso Anchysæ*....

Remarquons, en passant, que cette origine asiatique de la colonie de Carcassonne, comme celle du prétendu fondateur de *Tolosa* et de tant d'autres villes, tient peut-être à un antique souvenir, à de vieilles traditions, à des chants poétiques sur des héros, des demi-dieux, chefs d'une ou de plusieurs invasions des peuples de l'orient; souvenirs qui n'ont pas seulement été recueillis par les chroniqueurs du moyen-âge, mais que les historiens latins ont fait connaître, les premiers, en les transformant et en donnant aux chefs de ces invasions, des noms pris dans la Mythologie du Latium et dans celle de la Grèce. Ainsi, comme on l'a déjà remarqué, Tacite avait traduit par le nom d'Ulysse celui d'un héros errant dont il avait trouvé les traces dans les traditions Germaniques. A l'époque de la conquête Romaine, il y avait en Gaule des peuples, et entr'autres les *Arvernes*, qui prétendaient être descendans des Troyens, de même que leurs vainqueurs. Lucain a parlé de cette origine dans les vers suivans :

Arvernique ausi Latio se dicere fratres,
Sanguine ab Iliaco populi.....

M. Grivaud de la Vincelle, a dit, avec beaucoup de raison, (*Recueil de monumens antiques découverts dans l'ancienne Gaule*, II, et seq.) que deux médailles découvertes à Carcassonne et où un chanoine du pays avait cru reconnaître une princesse *Karkassa*, fondatrice de cette ville, sœur de *Pédauque*, prétendue reine des Gaulois Tectosages, et l'eunuque *Karkas*, n'étaient autre chose que des médailles Gauloises, ou plutôt Celtibériennes, et très-frustes, où l'on voit à peu près tout ce qu'on veut y voir. Mais le monument dont il donne la figure, planche xiv, n° 3, et qui aurait été trouvé à Carcassonne, paraît extrêmement suspect. C'est une de ces figures composées dans le genre de celles qu'on remarque en grand nombre dans les manuscrits de Beaumesnil, et qui n'ont jamais existé que dans l'imagination de celui-ci.

3 Ce personnage célèbre est le même que celui en l'honneur duquel on a gravé dans les montagnes voisines de Sisteron, cette inscription fameuse qui consacre le souvenir de ce qu'il avait opéré pour rendre plus commodes les avenues du lieu de Théopolis et pour y avoir fait construire des murs et des portes. Cette inscription est gravée sur un rocher qui porte dans le pays le nom de *Peyro escriuto :*

CL. POSTVMVS DARDANVS. V. INLVSTR ET PA
TRICAE DIGNITATIS EX CONSVLARI PRO
VINCIAE VIENNENSIS EX MAGISTRO SCRI
NII LIB. EX QVAEST. EX PRAEF. PRET. GALL. ET
NEVIA GALLA CLAR. ET INL. FEM. MATER FAM
EIVS LOCO CVI NOMEN THEOPOLIS EST
VIARVM VSVM CAESIS VTRIMQVE MON
TIVM LATERIB PREASTITERVNT MVROS
ET PORTAS DEDERVNT QVOD IN AGRO

PROPRIO CONSTITVTVM TVETIONI OM
NIVM VOLVERVNT ESSE COMMVNE ADNI
TENTE ETIAN V. INL. COM. AC FRATREM. ..E
MORATI VIRI CL. LEPIDO EX CONSVLA
GERMANIAE PRIMAE EX MAG MEMOR
EX COM. RERVM PRIVAT. VTERGA OMNI
    VM SALVTEM EORV
     M STVDIVM E
      T DEVO
TIONIS PV......
TITVLVS POSS. . . . . OSTENDI

Cette inscription qui a été rapportée par Spon (*Miscel.* 150), Sirmond (*Annotationes in Sid. Apollinar.*), Gruter (*Inscript. Rom.* CLI, 6), Bergier (*Histoire des Grands Chemins*, 169), Boldoni (*Epigraphica*, 297), Bouche (*Chorographie de Provence*, 244), D. Bouquet (*Script. Rer. Gall.* I) Chorier (*Histoire du Dauphiné*, 187), Papon (*Histoire de Provence*, 95, 96), Mevolhon (*Inscriptions nouvellement découvertes à Sisteron*), Millin (*Voyage dans les départemens du Midi*, III, 67) et par beaucoup d'autres, peut être traduite ainsi :

« Claudius Postumus Dardanus, homme illustre, élevé à la dignité de Patrice, ex-consulaire de la province de Vienne, ex-maître des requêtes, exquesteur, ex-préfet du prétoire des Gaules, et Nevia Galla, clarissime et illustre femme, mère de famille, ont procuré au lieu nommé Théopolis l'usage facile des routes, en faisant tailler, des deux côtés, les rochers des flancs de ces monts, et lui ont donné des murs et des portes. Toutes ces choses ont été faites sur leur propre terrain, mais ils l'ont voulu rendre commun pour la sûreté de tous. Cette inscription a été faite par les soins de Claudius Lépidus, comte illustre, frère de l'homme clarissime déjà nommé, ex-consulaire de la première Germanie, ex-maître des Mémoires, ex-comte des revenus particuliers, afin de montrer leurs soins pour le salut de tous et être un témoignage de la reconnaissance publique. »

4 Les vieux antiquaires Narbonnais ont cru retrouver dans leur ville un monument commémoratif des noces d'Ataulphe et de Placidie. C'est un bas-relief antique qui est placé dans le mur de l'hôtel des postes. Montfaucon l'a publié, d'après un très-mauvais dessin C'est le grand côté de l'un de ces tombeaux des premiers chrétiens sur lesquels on a représenté tant de pieuses allégories et tant de scènes bibliques. On voit au centre du bas-relief, comme sur celui dont le tombeau de saint Clair est décoré, (*suprà*), l'âme de la personne pour laquelle ce monument a été fait représentée sous la forme d'une femme, voilée, et en prières. A une extrémités on voit Moïse faisant sortir du rocher une source abondante: près de là paraît J.-C. multipliant les pains et les poissons. A l'autre bout, un personnage assis remet un rouleau à un homme qui le reçoit C'est Moïse donnant la loi au peuple Juif ....

M le marquis de Castellane a publié ce monument (*Notes sur les rois Goths*, dans les *Mémoires de la société archéologique du midi de la France*, II, 109 et seqq.) et ce savant archéologue n'y reconnaît, comme moi, que le frappement du rocher, la multiplication des pains et des poissons, etc.

5 Plusieurs écrivains ont cru que Rutilius Numantianus était né à Toulouse ; mais l'opinion contraire a prévalu, et il faut avouer que dans les beaux fragmens qui nous restent de l'Itinéraire de ce poète, on ne trouve rien qui puisse justifier le sentiment qui lui donne la métropole des *Tectosages* pour patrie. Alors qu'il va visiter le Toulousain Victorinus, refugié en Toscane, après le ravage de son pays, il ne parle point des malheurs de cette ville, comme il l'aurait fait si elle avait été pour Victorinus et pour lui une commune patrie. Dans un autre endroit, il dit : « Né Gaulois, les champs paternels me demandent. Pays autrefois si beau, si fertile, aujourd'hui défiguré par les ravages de la guerre et, par là, plus digne de pitié... Ce peut être un léger inconvénient de négliger des citoyens heureux et tranquilles ; mais, dans le trouble et dans l'infortune, ils reprennent des droits sur nous. Ce n'est pas de loin qu'il faut plaindre sa patrie ; avertis de ses périls, nous devons la protéger. Il ne m'est plus permis d'ignorer des malheurs qui se sont multipliés faute de secours. Il est temps de réparer les ruines de nos campagnes, de rebâtir au moins les cabanes de nos bergers. Hélas ! les fontaines, si elles parlaient, les arbres mêmes, m'eussent reproché ma lenteur ; tout enfin m'appelait dans ma patrie. Elle a vaincu J'ai sacrifié les délices de Rome, et je me suis repenti d'avoir tardé si long-temps. » Dans tout cela il n'y a que des généralités, et rien ne démontre que l'éloquent Rutilius appartient à *Tolosa* par sa naissance.

6 Rien ne prouve mieux la basse flatterie des monétaires que les légendes fastueuses des médailles d'Attalus Tantôt on le voit, en habit militaire, relevant de la main droite une femme prosternée qui représente la République, et autour de cette composition on lit les mots REPARATIO REIP. Tantôt on le voit traînant un captif par les cheveux, et autour de la médaille sont inscrits les mots GLORIA ROMANORVM. On ne pouvait mieux mentir à la postérité.

7 Il est assuré que, dès l'an 418, le patrice Constance avait cédé la seconde Aquitaine aux Wisigoths. Mais on peut croire que, cette contrée conserva encore. comme la portion de la seconde Narbonnaise, où les Wisigoths étaient aussi établis, la législation Romaine, et même les formes administratives qui y étaient établies On en aurait la certitude si l'épitaphe de Nymfius, trouvée dans la Novempopulanie, et qui n'a été portée que depuis deux années dans le Musée de Toulouse, appartenait aux temps où cette partie de la Gaule fut cédée aux Visigoths : mais il

paraît qu'elle date d'une époque plus reculée. C'est l'un de nos plus curieux monumens, et, s'il n'est point postérieur à l'année 418, il faut évidemmment, le placer entre l'an 311 de J.-C., 1064 de Rome, époque de la conversion de Constantin, et cette année 418 de J.-C., où la seconde Aquitaine fut cédée aux Wisigoths.

NYMPIVS AETERNO DEVINCTVS MEMBRA SOPORE
HIC SITVS EST COELO MENS PIA PERFRVITVR
MENS VIDET ASTRA QVIES TVMVLI COMPLECTITVR ARCTVS
CALCAVIT TRISTES SANCTA FIDES TENEBRAS
TE TVA PRO MERITIS VIRTVTIS AD ASTRA VEHEBAT
INTVLERATQVE ALTO DEBITA FAMA POLO
IMMORTALIS ERIS NAM MVLTA LAVDE VIGEBIT
VIVAX VENTVROS GLORIA PER POPVLOS
TE COLVIT PROPRIVM PROVINCIA CVNCTA PARENTEM
OPTABANT VITAM PVBLICA VOTA TVAM
EXCEPERE TVO QVONDAM DATA MVNERA SVMPTV
PLAVDENTIS POPVLI GAVDIA PER CVNEOS
CONCILIVM PROCERVM PER TE PATRIA ALMA VOCAVIT
SEQVE TVO DVXIT SANCTIVS ORE LOQVI
PVBLICVS ORBATAS MODO LVCTVS CONFICIT VRBES
CONFVSIQVE SEDENT ANXIA TVRBA PATRES
VT CAPITE EREPTO TORPENTIA MEMBRA RIGESCVNT
VT GREX AMISSO PRINCIPE MAERET INERS
PARVA TIBI CONIVNX MAGNI SOLATIA LVCTVS
HVNC TVMVLI TITVLVM MAESTA SERENA DICAT
HAEC INDIVIDVI SEMPER COMES ADDITA FVLCRI
VNANIMAM TIBI SE LVSTRA PER OCTO DEDIT
DVLCIS VITA FVIT TECVM COMES ANXIA LVCEM
AETERNAM SPERANS HANC CVPIT ESSE BREVEM

8 J'ai cru devoir renvoyer les détails relatifs à l'enceinte fortifiée de *Tolosa*, détails qui auraient pu prendre place ici, aux *Additions et Notes* du Livre XXII, où nos historiens racontent le premier siége de cette ville par le comte de Montfort.

9 Saint Orientius fut l'un des prélats qui proscrivit avec le plus de zèle les pratiques du paganisme, encore existant dans la Novempopulanie, vers le commencement du 5e siècle. Il fit abattre le temple d'Apollon qui existait sur le mont Nerveva, non loin d'*Augusta Auscorum*, ou d'Auch. On a de lui un poeme latin intitulé *Commonitorium*, dont Fortunatus (*Lib*, I.) a fait mention dans ce vers :

Paucaque perstrinxit florente Orientius ore.

Sigebert en parle ainsi, dans son Index des hommes illustres (*Cap*. XXXIV) : *Orientius Commonitorium scripsit, metro heroico ut mulceat legentem suavi breviloquio*. Dom Martenne a publié cet ouvrage, qui est divisé en deux livres.

Suivant les Bollandistes et le P. Labbe, qui ont consulté plusieurs anciens bréviaires et quelques manuscrits, perdus aujourd'hui, Orientius fut député par Théodoric, roi des Wisigoths, vers Aetius et Littorius Celsus, qui, à la tête d'une armée romaine, s'avançaient vers Toulouse. Le premier reçut l'évêque d'Auch avec respect; le second, qui adorait encore les dieux de l'empire, méprisa ce saint prélat. Salvien (*De provid. Dei.*) raconte, avec ce style qui lui est propre, les humiliations auxquelles fut en proie, après sa défaite, cet officier qui, profitant de la tolérance générale, faisait profession publique d'un culte qui n'était ni celui du prince, ni celui de l'état. Vers le même temps le *Clarissime* Mérobaudius, général des troupes romaines en Espagne, ne cachait pas son attachement à l'ancien culte, ce qui montre que les loix d'exclusion n'étaient pas exécutées, et que les chrétiens d'Occident n'étaient pas persécuteurs, quoiqu'en aient dit Niebuhr et quelques autres. Les poëmes de ce même Merobaudius prouvent, d'ailleurs, qu'au Ve siècle, un général, un *Clarissime*, pouvait avouer hautement son attachement aux vieilles idées religieuses, sans s'exposer à tomber en disgrace Il ne craignait même pas, comme le remarque M. A. Beugnot, (*Histoire de la destruction du paganisme en Occident*, II. 241) d'attribuer dans ses vers, tous les malheurs de la patrie à l'abandon du culte des dieux; et loin de punir l'écrivain qui attaquait ainsi la Religion chrétienne, on lui dressait une statue dans le Forum de Trajan.....

10 Les habitans de Toulouse ont cru, pendant longtemps, que la bataille dans laquelle Théodoric trouva une mort glorieuse, avait été livrée dans les champs des Catalens, bourg situé entre la Garonne et la voie Romaine, qui, des environs d'*Ecclesiola*, ou de Grisolles, parvenait d'abord à Finhan, (*Fines.?*), se prolongeant vers le Tarn, laissant, à droite, *Mons Ætius*, ou Montech, et la Castramétation nommée *Castrum Vandalorum* (Gandalou). Ces champs dont l'étendue est immense, sont parsemés de restes de retranchemens et de *Tumuli*. Catel dit à ce sujet : (*Mémoires de l'Histoire de Languedoc*, 466 et seq). « Grégoire de Tours ne dit autre chose sinon qu'Attila, après avoir levé le siége d'Orléans, se retira pour se préparer à donner la bataille au camp de Mauriac. Idacius dit que la bataille fut donnée *in campis Catalaunicis*, et Cassiodore qui remarque cette journée en sa Chronique, dit la même chose, qu'elle fut donnée *in Campis Catalaunicis* comme fait bien Isidore. Jornandes joinct bien les deux ensemble, car il dit que la bataille fut donnée *in Campis Catalaunicis qui et Mauricii vocantur*. Mais en quel quartier estoient ces *Campi Catalaunici?* ceux qui en ont parlé n'en demeurent pas bien d'accord. Bertrandi, en ses *Gestes Tolosaines*, dit, que c'estoit aux Catalains, à sept lieues de Tolose. Noguier en son *Histoire Tolosaine*, raconte que toutes les troupes, tant des Romains, François que Gots, s'assemblèrent dans la ville de Tolose, et de là partirent pour aller donner la bataille aux Catalains, à sept lieues de To-

lose, et ajoute en deux endroits de son Histoire, que les Catalains se trouvent du costé de Carcassonne, qui tesmoigne assez, combien il escrit son histoire nonchalament, car les Catalains est du côté de Castel-Sarrasin, qui est contre la rivière de Garonne, bien loin de Carcassonne. Ce ne sont pas seulement les historiens de ce pays qui l'ont ainsi remarqué, mais les plus sçavans historiens espagnols l'ont ainsi escrit, car Vasseus, en sa Chronique d'Espagne, a escrit que cette bataille de Théoderic contre Attila avait esté donnée près de Tolose. Le père Jean Mariana au chapitre troisième du livre cinquième de son histoire d'Espagne a dit que *Campis Cataulinicis, qui Marochii dicti sunt*, sont voisins de Tolose, et non-seulement les historiens espagnols l'ont ainsi escrit, mais ça esté encore l'opinion de Blondus, et de Joannes Magnus, en son histoire des Gots. Ortellius en son Thrésor géographique a escrit, que plusieurs des nouveaux ont estimé que le champ où cette bataille fut donnée, estoit situé près de Tolose. — Outre ces authorités, on peut remarquer ces conjectures pour montrer qu'elle a esté donnée près de Tolose : premièrement, qu'Attila avoit entrepris cette guerre à la prière et persuasion de Genseric, roy Wandale, pour ruiner Théoderic roy de Tolose, afin qu'il ne se vengeat de la grande injure qui lui avait esté faite. D'ailleurs que, tant Ætius, Théoderic, que les Hunnes estoient quelques temps avant cette bataille dans le Languedoc, car ils avoient assisté Ætius pour lever le siége que Théoderic avoit mis devant Narbonne. Outre ce, Théoderic qui mourut en cette bataille, fut enterré dans Tolose, ainsi que j'ay lu dans un historien espagnol, ainsi que du Fauchet le remarque au livre second de ses Antiquités Françaises ce qui ne peut servir de petite conjecture pour montrer que la bataille n'a pas esté donnée loin de Tolose, puisque Théoderic qui mourut en cette bataille fut enterré en Tolose. A quoy se peut ajouster la situation du lieu ; car Jornandès dit qu'elle fut donnée, *in campis Cataulinicis qui Mauriacii nominantur*, et que cette campagne estoit de cent lieues françoises de long et soixante dix lieues de large, prennant pour lieues françoises quinze cents pas, ce qui ne se rencontre pas mal avec la plaine de Catalains, d'autant qu'il y a, à une lieue des Catalains, un lieu qui s'appelle encore pour le jour-d'hui Mauriac, et les Catalains sont nommés *Catalauni*, car bien que ce soit un petit bourg, neanmoins il semble avoir esté autrefois grandement peuplé...... et quant à la plaine des Catalains, il est certain qu'elle est d'une grande et longue étendue ; d'avantage ceux qui ont escrit cette bataille ont remarqué qu'Ætius, lors de la bataille, gaigna une petite colline pour pouvoir puissamment et avec avantage combattre les ennemis. L'on prétend que cette petite colline est Montech, sur lequel lieu a esté bastie ladite ville, qui retient encore le nom de *Mons Ætii*, voulant dire que c'estoit la colline gagnée par Ætius lors de la bataille, et cette colline ou montagne se trouve bien près de Catalains. Il a été aussi remarqué par Jornandès en décrivant cette bataille qu'il y avait au camp un petit ruisseau lequel à cause de la grande quantité de sang humain qui avait esté répandu en ce lieu, se déborda de sang, et il se trouve près de Catalens un ruisseau que l'on nomme encore *Lo rieu Sanguinolent*, qui veut dire le ruisseau de sang. L'on trouve encore dans ladite campagne de grandes tranchées et en icelles plusieurs monnoies et pièces d'anciennes armes qui témoignent assez quelque bataille y avoir esté donnée..... Je ne croy pas pourtant que cette bataille aye esté donnée près de Tolose, etc... »

Aujourd'hui, tout le monde est convaincu que les environs du bourg de Catalens, ces champs si vastes, et où l'on voyait, à l'époque où Catel écrivait tant de témoignages d'une sanglante bataille, ne sont pas ceux où Attila fut vaincu. Mais des monumens qu'on y retrouve et des traditions populaires, il résulte que ce terrain, que longe au loin la chaine des collines qui séparent la vallée du Lers de celle du Tarn, que traverse dans toute son étendue une voie Romaine, et qui n'est limitée, à l'ouest, que par un fleuve, a été le théâtre d'un combat acharné. Peut-être est-ce sur ce sol, qu'eut lieu, en 438, la bataille dans laquelle Aetius, vainquit Théodoric, et où celui-ci perdit huit mille hommes, si l'on en croit Idace, (*Idatii Chron.*). Peut-être encore faut-il retrouver là le champ où Théodoric vainquit, vers la fin de 439, l'armée Romaine commandée par Littorius. Cette dernière bataille eut lieu près de Toulouse, suivant les historiens, et l'on peut conjecturer que ce fut dans les environs du lieu des Catalens, que les monumens et la tradition désignent comme un ancien champ de bataille.

Les médailles trop long-temps attribuées à Attila qui, selon tant d'écrivains aurait été vaincu dans les environs de Toulouse, sont fort communes dans ce pays. Beauvais a rapporté qu'il y avait des antiquaires qui doutaient que ces médailles eussent été frappées pour le roi des Huns. Eckhel, (*Doctrin. num vet.* VIII, 290) n'attribuait pas ces médailles, dont la fabrique paraît Gauloise, au farouche conquérant. M. Mionnet (*Description des médailles antiques* I. 86, *et Suppl.* I. 151) retrouve sur ces médailles les noms de quelques chefs Gaulois. Selon des notes manuscrites de M. l'abbé Magi, l'Académie des sciences, inscriptions et belles-lettres de Toulouse, ayant vu découvrir, à la fois, en 1776, une centaine de ces médailles, crut pouvoir les attribuer à la ville de Toulouse même Si l'on adoptait cette opinion il en résulterait que, n'ayant point de médailles portant le nom des Tectosages, on en aurait du moins des *Tolosates*, qui formaient l'une des tribus de ce peuple célèbre. L'opinion de l'Académie était fondée et sur la grande quantité de médailles de ce genre découvertes à Vieille-Toulouse, et sur le mot VLATOS que l'on remarque sur la plupart d'entr'elles : elle y retrouvait toutes les lettres et rien que les lettres du mot TOLVSA, qui sur plusieurs deniers d'argent de Louis le Débonnaire, frappés à Toulouse aussi, désignent cette ville. Dans quelques médailles grecques les lettres sont posées de la droite à la gauche. Celle de Gela est écrite ainsi, ΧΑΛΓ, et celle de Lipari de même puisqu'elle est tracée de cette sorte ΠΙΛΑ pour ΛΙΠ : on pourrait citer aussi quelques médailles de Caulonia en Italie. Les monnaies impériales, frappées hors de Rome, montrent souvent un arrangement très bizarre de lettres transposées par l'ignorance de l'ouvrier qui à gravé le coin. Ici, où l'on ne trouve que les lettres nécessaires pour former le mot TOLVSA, l'Académie a cru qu'il était possible que la médaille, faussement attribuée à Attila, étant évidemment gauloise, on pourrait, ne connaissant pas d'ailleurs de peuple ou de lieu auquel le mot VLATOS puisse être appliqué, penser que ce nom n'était autre que celui de TOLVSA, changé ainsi par la transposition des lettres dont il est formé. On sent bien que nous ne croyons pas beaucoup à cette origine, fondée sur un anagramme qui serait le fruit de l'inadvertance d'un ouvrier ignorant.

11 Martial (*Epigram.*) donne l'épithète de *Pulcherrima*, ou de très belle, à Narbonne, et Prudentius (*Hymn.*) celle de *Speciosa*, qui exprime un sens presque pareil. Ausone a loué dignement (*Clar. Urb.*) cette ville célèbre. Sidonius lui a consacré aussi un éloge spécial (*Carmen* XXII.) : et si l'on retrouve dans cet ouvrage l'affectation, le goût et l'exagération même qui caractérisent l'époque à laquelle il fut composé, on y recueille cependant des détails précieux sur cette ville, sur ses monumens, sur sa salubrité, sur les campagnes dont elle était environnée. Mais, quinze siècles et des révolutions nombreuses ont changé l'aspect de cette ancienne métropole de la Gaule méridionale, et l'on chercherait en vain sur cette terre historique les somptueux édifices qui la décoraient autrefois Il n'y resterait même rien qui pût rappeler son ancienne grandeur, si les archevêques qui y avaient leur siège, n'avaient pas rassemblé, au pied du grand escalier, et dans la cour de leur palais, quelques inscriptions précieuses, si ce noble exemple n'avait pas ensuite été imité par les magistrats municipaux, et si, en construisant la plus grande partie de l'enceinte fortifiée, vers l'époque où François 1er était prisonnier en Espagne, un ingénieur militaire n'avait pas rassemblé et mis en ordre dans les murs de nombreux fragmens de frises et une longue suite d'inscriptions. Mais ces monumens, altérés par le temps, allaient successivement disparaître, lorsque, envoyé en 1821, par le ministre de l'intérieur, dans le département de l'Aude, pour en décrire les antiquités, l'auteur de ces Notes proposa la formation d'un Musée où ces restes précieux seraient rassemblés. Quatorze ans plus tard, on a réalisé ce projet. Mais la plupart des inscriptions qui, au temps de Saliger, existaient encore, sont détruites, et les frises et les métopes sont étrangement mutilées. *L'Archéologie Pyrénéenne* reproduit des dessins fidèles de tous les monumens antiques de Narbonne.

Dans un ouvrage spécial sur ces monumens, ouvrage manuscrit, et que l'on conserve à Narbonne, on a inséré un plan de cette ville antique, et dans ce plan on a figuré en relief ses temples, son capitole, ses palais, et les lacs qui l'environnent en partie, et la mer qui baigne la côte voisine. La plus chétive inscription religieuse a suffi à l'auteur pour créer un temple, un mot de Sidonius Apollinaris pour élever un palais Ce plan a été publié dans la *Descrip. génér. du départem. de l'Aude*, et c'est avec peine qu'on le retrouve dans cet excellent ouvrage. Il n'a point d'échelle mais, comme on sait par Pline (l. III, c. 4) que Narbonne était bâtie à 12 milles de la mer, et que cette mer est figurée sur le plan, on peut considérer comme une échelle, l'espace indiqué entre la ville et la côte. En s'en servant, on trouve que le diamètre de Narbonne, au temps de la domination romaine, aurait été de 29 milles, c'est-à-dire de 21,924 toises, ce qui est évidemment absurde...

12 La manie de dénaturer les noms historiques régnait à l'époque où nos savans Bénédictins travaillaient à l'*Histoire de Languedoc*, et ce n'est même que depuis peu de temps qu'on a senti qu'il fallait écrire les noms tels qu'on les trouve dans les écrits des anciens. Si cette manie de transformations n'avait pas existé, il y a un siècle, on lirait dans cette histoire le nom du comte *AEgidius*, et non pas celui du comte *Gilles*...

13 Comme souverain, Théodoric a mérité sans doute les éloges de Sidonius Apollinaris et de tous les historiens. Il eut la gloire de donner un maitre à l'empire, et de saluer dans *Tolosa* le nouvel empereur d'Occident. Mais un crime lui avait donné la couronne. Couvert du sang de Thorismond, son frère, il prit les insignes de la royauté, et s'il les porta, non sans gloire, s'il recula les limites de ses états, le sceau du fratricide, imprimé sur son front, dut néanmoins faire oublier les qualités brillantes qu'il avait reçues en naissant, et que l'éducation avait développées. Un attentat pareil à celui qui l'éleva sur le trône l'en précipita, et Euric, son frère, devint son meurtrier.... Étrange destinée, sans doute, mais dans laquelle l'homme religieux reconnait cette loi providentielle qui frappe toujours le coupable, quels que soient d'ailleurs l'éclat et le prestige de ses fausses grandeurs et de ses équivoques vertus.

14 Euric fut, comme plusieurs écrivains l'ont dit, moins le roi des Visigoths que le chef fanatique des sectateurs d'Arius. Quelques-uns de ses prédécesseurs avaient senti qu'ils devaient respecter les croyances des populations qui étaient toutes catholiques. Il voulut au contraire faire adopter ses opinions à tous ceux qui étaient soumis à son sceptre, et il souilla, par l'into-

lérance et les persécutions, un règne jusqu'alors glorieux. Il fit détruire les remparts d'*Elusa*, métropole de la Novempopulanie, et martyriser son évêque. Dans la suite, il persécuta de même les églises de Bordeaux, de Bazas, de Comminges, d'Auch ; des prélats furent égorgés, ainsi que beaucoup de prêtres. Il en bannit un grand nombre d'autres, sans permettre qu'on leur donnât des successeurs. Beaucoup de fidèles furent martyrisés aussi d'après ses ordres, et la Novempopulanie garde le souvenir de plusieurs d'entre eux. C'est ainsi que Gaudentius, qui devait donner son nom à une ville bâtie, dans la suite, autour de son tombeau, eut la tête tranchée, et que beaucoup d'autres catholiques furent livrés aux bourreaux.

Grégoire de Tours (*Hist. Lib.* II, c. 25) a raconté en partie cette persécution ; mais dans son texte, il faut lire, comme Marca, Masson, et dom Ruinart l'ont remarqué, *Novempopulanæ* au lieu de *Germaniæque*.

Sidonii tempore, Evarix, Rex Gothorum, excedens Hispanum limitem, gravem in Gallias super Christianos intulit persecutionem ; trucidabat passim perversitati suæ non consentientes ; clericos carceribus subigebat ; sacerdotes verò, alios dabat exilio, alios gladio trucidabat ; nam et ipsos sacrorum templorum aditus spinis jusserat obserari ; scilicet, ut raritas ingrediendi oblivionem faceret fidei maximè : tunc Novempopulaniæ geminæque Aquitaniæ urbes ab hac tempestate depopulatæ sunt.

Grégoire de Tours rapporte ensuite ce passage d'une lettre de Sidonius (*Lib.* VII. *Epist.* 6.) : *Burdegalæ, Petrocorii, Rutheni, Lemovices, Gabalitani, Elusani, Vasates, Convenæ, Auxenses, multòque jam major numerus civitatum, summis sacerdotibus ipsorum morte truncatis, nec ullis deinceps episcopis in defunctorum officio suffectis, latum spiritualis ruinæ limitem traxit..... ità populos excessu pontificum orbatos tristis intercisæ fidei desperatio premit ; aut Valvarum cardinibus avulsis, Basilicarum aditus Hispidorum veprium fruticibus obstructos. Ipsa (pro dolor !) videas armenta, non modò semi patentibus jacere vestibulis, sed et herbosa viridantium altarium latera depasci. Sed jam non per rusticas solum solitudo parochias, ipsa insuper urbanarum ecclesiarum conventicula rarescunt. Quid enim fidelibus solatii superest, quandò clericalis, non modò disciplina, verùm etiam memoria perit.*

FIN DES ADDITIONS ET NOTES DU LIVRE QUATRIÈME.

LIVRE CINQUIÈME.

I.

Sidoine emprisonné dans le château de Liviane par ordre d'Euric.

Euric eut à peine pris possession de l'Auvergne et des autres pays qui lui avoient été cedez par son traité avec l'empire, qu'il fit sentir son indignation aux peuples nouvellement soûmis, en haine des efforts qu'ils avoient faits pour éviter de subir son joug. Ce prince dur et vindicatif fit principalement tomber sa colere sur le célèbre Sidoine Apollinaire évêque de Clermont qui avoit fait paroître plus d'aversion [1] qu'aucun autre contre la domination et la secte des Visigots, et témoigné plus d'ardeur pour les interêts des Romains ou de l'empire. Euric sur le simple rapport qu'on lui fit des mouvemens que ce prélat s'étoit donnez pour empêcher la cession de l'Auvergne en sa faveur, le fit prendre et emprisonner dans le château de Liviane situé entre Narbonne et Carcassonne, à peu près dans l'endroit qu'on appelle aujourd'hui Campendu *. Cette conduite d'Euric à l'égard de Sidoine eût pû être regardée comme une infraction de paix entre les Romains et les Visigots : mais ce prince qui ne cherchoit qu'à satisfaire sa passion, se mit peu en peine de violer la foi des traitez. D'ailleurs les nouvelles revolutions qui arriverent dans l'empire d'Occident peu de tems après son traité avec Nepos, lui donnoient lieu de tout entreprendre. Cet empereur fut en effet dépouillé de la pourpre par la faction d'Oreste qui au lieu de se rendre dans les Gaules dont il l'avoit nommé maître de la milice pour défendre les provinces qui restoient à l'empire en deçà des Alpes, tourna ses armes contre

[1] Sid. l. 8. ep. 3. Avit. epist. 15.

* *V.* Additions et Notes du Livre v, n° 1.

lui, l'attaqua dans Ravenne, et le pressa si vivement, qu'il fut obligé d'abandonner cette place le 28. du mois d'Août de l'an 475. et de chercher son salut dans la fuite.

Nepos se retira dans la Dalmatie, d'où il sollicita inutilement le secours et la protection de Zenon empereur d'Orient pour son rétablissement sur le thrône d'Occident et son retour en Italie. Oreste étoit déja maître de tout ce pays et en avoit pris le gouvernement au nom de son fils Romulus Auguste qu'il avoit fait reconnoître empereur à la place de Nepos, et qu'on appela Augustule à cause de son bas âge. Les provinces des Gaules qui étoient encore sous la domination des Romains demeurerent fideles à Nepos, et refuserent de reconnoître ce nouvel Auguste qui fut le dernier des empereurs d'Occident *. Telle étoit la situation de cet empire dans le tems de la prison de S. Sidoine : ce prélat fut uniquement redevable de sa liberté au soin que prit Leon ministre d'Euric et son ami particulier, de faire connoître son innocence à ce prince.

II.

Leon natif de Narbonne, et ministre d'Euric. Loix des Visigots.

Leon, dont nous avons déja parlé à l'occasion de l'ambassade de saint Epiphane, étoit d'une famille des plus illustres de Narbonne et arriere-petit-fils de Fronton l'un des plus célèbres orateurs de son tems. Il étoit lui-même habile orateur, sçavant jurisconsulte et excellent poëte, et autant recommandable par sa probité et sa sagesse que par son éloquence et son érudition. Il [1]

[1] Sid l. 4. ep 22. l. 8. ep. 3. l. 9. ep. 13. et 16. carm. 23 vers. 446 et seqq. carm. 9. vers. 315. - Ennod vid Epiph p. 1663. et seqq

* *V*. Additions et Notes du Livre v, n° 2.

emploioit tranquillement son tems à l'étude des belles lettres dans Narbonne sa patrie, quand cette ville étant tombée au pouvoir des Visigots, le roi Euric informé de son mérite et de ses rares talens, l'appella auprès de sa personne et lui donna la principale place dans son conseil. Ce fut un bonheur pour Euric et pour tous ses états d'avoir choisi un tel ministre, qui par sa politesse et par la douceur de ses mœurs, moderoit autant qu'il étoit en lui l'humeur impétueuse et intraitable de ce prince; mais c'en fut encore un plus grand pour la religion orthodoxe que Leon protegea ouvertement et dont il fut la principale ressource auprès de ce roi hérétique et violent persecuteur des Catholiques. Nous avons déja vû les services importans qu'il rendit à saint Epiphane évêque de Pavie pendant son ambassade auprès d'Euric; il n'en rendit pas de moins essentiels à S. Sidoine.

Ce prélat avoit eu occasion de connoître ce ministre dans le voiage qu'il avoit fait à Narbonne, dont nous avons parlé ailleurs, et de lier avec lui une amitié très-étroite; aussi Leon s'employa-t-il avec beaucoup de chaleur pour lui procurer la liberté. Sidoine conserva une vive reconnoissance envers son liberateur; et pour lui en donner des marques, il lui envoia, d'abord après son élargissement, une copie de la vie du fameux Apollone de Tyane que ce ministre lui avoit demandée, et qu'il accompagna d'une lettre où il le compare à cet ancien philosophe, et fait un très-grand eloge de sa personne.

Leon, quoique chargé du poids des affaires du roiaume d'Euric, ne laissoit pas de se dérober certains momens qu'il emploioit à cultiver les belles lettres. Plus avide de science que de richesses, il usoit volontiers de son crédit et de sa faveur auprès du prince pour l'établissement de la fortune des autres, et s'embarassoit peu de l'avancement de la sienne; ennemi du faste et de l'ostentation, il étoit simple et négligé au milieu d'une cour superbe et magnifique, et d'une extrême sobrieté dans les festins les plus somptueux; sa droiture et sa probité lui attiroient l'estime et la confiance de tous les princes étrangers qui avoient à négocier à la cour du roi des Visigots, et qui s'en rapportoient volontiers à sa décision. Tel est le portrait que Sidoine nous a laissé de cet illustre ministre.

Euric se servit [1] utilement de la profonde connoissance que Leon avoit des loix pour executer le dessein qu'il avoit déja formé de rédiger par écrit et en un seul corps celles de sa nation; ce qui donna commencement au code des loix des Visigots dont nous parlerons ailleurs. Ces peuples qui se gouvernoient auparavant selon leurs usages et leurs coûtumes qu'ils tenoient par tradition, commencerent depuis ce tems-là à se servir de loix écrites qui fixerent leurs jugemens et formerent leur jurisprudence.

Les sçavans trouvoient en la personne de Leon un Mecenas par la protection qu'il leur accordoit, et un excellent modele par son goût exquis pour les belles lettres; ce qui ne contribuoit pas peu à en inspirer l'amour et l'étude. Il écrivit à Sidoine par Hespere leur ami commun qui alloit de Toulouse à Clermont, pour le presser de donner ses lettres au public et de travailler ensuite à l'histoire de son tems : mais ce prélat s'excusa [2] d'entreprendre ce dernier ouvrage autant par modestie que par la difficulté d'allier cette étude avec la sollicitude pastorale, et par la crainte de se voir exposé au danger ou de mentir, ou du moins de flatter, étant mal-aisé dans les conjonctures du tems d'éviter l'un ou l'autre de ces inconvéniens.

Sidoine étoit en effet trop sincere pour déguiser la vérité au sujet d'Euric son souverain, et des Visigots; et il eût été dangereux pour lui de la dire. Il se contenta d'exhorter Leon de se charger lui-même de cette entreprise. « Le dessein que vous m'ins-
» pirez, lui dit-il dans une de ses lettres,
» d'écrire l'histoire de mon tems est digne
» de vous : vous êtes plus propre et plus
» capable que personne d'entreprendre cet
» ouvrage; l'étenduë de vos connoissances
» jointe à votre éloquence qui égale celle des
» anciens auteurs les plus célèbres, vous met
» plus que tout autre en état d'executer ce

---

[1] Sid ibid. - V. not. Sirm p. 42 Isid chron p. 720
[2] Sid l 4 ep 22

» projet avec succès. Chef du conseil d'un
» prince très-puissant, vous êtes exactement
» informé de ce qui se passe au-dedans et
» au-dehors : personne n'est mieux instruit
» que vous de ses affaires, de ses droits, de
» ses alliances et de ses guerres. Vous con-
» noissez le tems, les lieux et tous les évé-
» nemens de son regne. Vous avez le secret
» des affaires publiques, et vous n'ignorez
» ni les belles actions de ses capitaines, ni
» ses differentes négociations, ni les divers
» mouvemens des peuples. Enfin dans le poste
» éminent que vous occupez, et qui vous
» met au-dessus de tout, vous n'avez pas be-
» soin de supprimer le vrai ni d'employer le
» faux. Si vous voulez vous charger de cet
» ouvrage, la maniere dont vous l'écrirez
» nous le fera lire avec plaisir, et consulter
» avec confiance; et votre seul nom sera
» pour la posterité un sûr garand de la ve-
» rité des faits que vous rapporterez. » Que
de secours et de lumieres n'aurions-nous pas
en effet sur quantité de points de notre histoire si l'un ou l'autre de ces deux illustres
personnages nous eût laissé de pareils mémoires ?

Leon survécut long-tems au roi Euric son
maître, et nous verrons ailleurs qu'il se maintint en faveur auprès d'Alaric fils et successeur de ce prince. Sidoine après avoir obtenu son élargissement par le crédit de cet
ami genereux, retourna [1] à Clermont (an 476).
où il soûtint tout le fardeau de l'épiscopat
malgré la dureté du gouvernement d'Euric.

III.
Euric profite de la décadence de l'empire pour achever la conquête de l'Espagne.

Ce prince toûjours attentif aux occasions
d'étendre sa domination, profita avantageusement [2] des nouveaux troubles qui s'éleverent, et qui mirent fin à l'empire d'Occ-
cident. Odoacre roi des Turcilinges étant
entré en Italie avec une puissante armée
composée de divers peuples barbares, fit
d'abord mourir Oreste pere d'Augustule; et
après avoir dépoüillé ce dernier de la pourpre, et aboli le titre d'empereur en Occident au mois d'Août ou de Septembre de
l'an 476. il prit le gouvernement de l'Italie,
sans prendre le titre d'empereur, et envoia
à Zenon empereur d'Orient les ornemens im-
periaux.

Cette grande révolution augmenta le trouble et la confusion qui regnoient déja dans
tout l'Occident; et pour ne parler ici que
des Gaules, on vit alors les Bourguignons
s'emparer entierement des provinces où ils
étoient déja établis le long du Rhône et de
la Saône, et qu'ils gardoient auparavant au
nom et sous les ordres des Romains; les
François faire de nouveaux efforts pour
s'assurer celles qui sont le long du Rhin;
les Allemans déja maîtres du pays qui est
en deçà des sources de ce fleuve, et qui
porte aujourd'hui le nom de Suisse, travailler à s'y maintenir; les Saxons tenter
de nouvelles entreprises sur les côtes de
l'Armorique, tandis que d'un autre côté
les Alains et les Bretons tâchoient de se soûtenir dans les pays situez sur les bords
de la Loire : en sorte que les Visigots étant
maîtres de tous les pays renfermez entre
cette derniere riviere, le Rhône, l'Occan,
les Pyrenées et la Méditerranée, il ne restoit plus aux Romains dans les Gaules que
la Provence qui sous le gouvernement du
préfet Poleme reconnoissoit [1] encore l'empereur Nepos, quoique dépoüillé de la pourpre et réfugié dans la Dalmatie; et une partie de la Lyonnoise et de la Belgique que
Syagrius fils du feu comte Gilles gouvernoit
avec une autorité presque absoluë.

Euric profitant de tous ces troubles, et
gagné d'ailleurs par Genseric roi des Vandales, qui pour détourner les armes de l'empereur d'Orient, le sollicitoit fortement de
faire diversion en sa faveur en Occident, se
mit à la tête d'une puissante armée, et aiant
passé les Pyrenées, résolut d'asujettir toute
l'Espagne à sa domination (an 477). Nous

---
[1] Gennad. c 92.
[2] Jorn. c. 46 et seqq

[1] Candid. hist. 1 2 apud. Phot. cod 79. Sid. 1. 4. ep 14 - Greg. Tur. 1. 2 c. 27.
[2] Jorn c. 47. et 56. Isid chron p. 719 - Paul. diac. l. 16 addit ad Eutrop

avons déja dit que ce prince, quelque tems après son avenement à la couronne des Visigots, avoit envoié l'an 469. une armée pour continuer la conquête de cette partie de l'empire que le roi Theodoric son frere avoit commencée, et qu'il avoit ravagé alors la Lusitanie : nous ignorons la suite de cette expedition, parce que la chronique d'Idace qui auroit pû nous l'apprendre, finit à cette année; il paroit cependant que depuis sa paix avec l'empereur Nepos, ce roi avoit laissé joüir paisiblement l'empire des provinces qui lui restoient au-delà des Pyrenées. Cet empereur aiant été détrôné, Euric crut n'être plus obligé de garder aucun ménagement avec les Romains. Il passa [1] donc les montagnes du côté de la Navarre, suivi de Widimer roi d'une partie des Ostrogots qui l'avoit beaucoup aidé dans ses conquêtes des Gaules, assiegea et prit la ville de Pampelune, tourna ensuite du côté de Saragosse dont il se rendit maitre, et soûmit toute l'Espagne superieure malgré l'opposition de la noblesse de la province Tarragonnoise qu'il défit entierement. Ce prince par cette conquête se vit maitre de presque toute l'Espagne, où la domination des Romains cessa dès-lors tout-à-fait, et dont les Sueves conserverent seulement une petite partie. Après cette expedition Widimer reprit le chemin de l'Illyrie pour y rejoindre le reste des Ostrogots ses compatriotes qui s'étoient alors rendus redoutables à l'empire d'Orient.

IV.

Puissance d'Euric.

Ces victoires consecutives rendirent Euric formidable à toutes les nations. Sidoine qui fit un voiage à Bourdeaux, où ce prince se trouvoit alors, pour obtenir de lui une partie de la succession de sa belle-mere veuve de l'empereur Avitus, nous le represente toûjours occupé ou à regler les affaires de son état, ou à donner des audiences aux ambassadeurs étrangers, qui prosternez à ses pieds lui demandoient les uns son alliance, et les autres son amitié ou sa protection. Il met de ce nombre les François, les Saxons, les Bourguignons, les Herules, les Ostrogots, les Perses même et les Romains ★. Il paroit qu'Euric eut des démêlez avec presque tous ces peuples et en particulier avec les François qu'il vainquit [1], et avec lesquels il fit depuis alliance. Nous ne sçaurions dire si ce fut dans les Gaules que ce prince fit la guerre aux François ou dans la Germanie et au-delà du Rhin. Ce dernier sentiment paroit cependant plus probable : car suivant Cassiodore [2] ce roi protegea les Herules, les Warnes et les Thuringiens contre l'invasion et les guerres de leurs voisins, et nous sçavons que les François étoient limitrophes de ces trois peuples dans la Germanie.

V.

Maxime évêque de Toulouse.

Ce fut sans doute après le voiage que Sidoine fit à Bourdeaux, que ce prélat entreprit celui de Toulouse. Il se détourna de son chemin dans la vûë de rendre service [3] à un débiteur et de lui obtenir un délai auprès de son créancier, qui demeuroit dans une maison de campagne voisine de cette derniere ville. Ce créancier qui s'appelloit Maxime étoit un personnage respectable par le rang qu'il avoit tenu auparavant dans l'empire, et que Sidoine croioit encore seculier et engagé dans le grand monde : mais ce prélat fut agréablement surpris de voir Maxime entierement changé, de ne plus trouver en lui ces airs et ces manieres du siecle qu'il affectoit auparavant, et de voir au contraire la modestie éclater dans toutes ses actions. Ses discours étoient en effet trèsédifians : il portoit les cheveux courts, laissoit croitre sa barbe, et étoit si frugal dans sa table et si pauvre dans ses ameublemens, que Sidoine étonné d'un si grand changement, doutoit si c'étoit véritablement Maxime son

---

[1] V. Marc. Hisp. p 70.
[2] Sid. 1 8. ep. 3. et 9.

[1] Sid. ibid
[2] Cassiod. l 3 ep 3.
[3] Sid. l. 4. ep. 24. – V. Till art. 2 29. et not. 7. sur S. Sid.

★ V. Additions et Notes du Livre v, n° 3.

ami, ou plûtôt un pénitent. Son étonnement cessa lorsqu'il apprit le choix que le clergé et le peuple d'une ville voisine venoit d'en faire malgré sa résistance, pour remplir leur siege épiscopal. Le saint évêque de Clermont en eut une joie extrême; et il s'attacha d'autant plus à renouveller ses anciennes liaisons avec cet ami, que leur vie étoit entierement conforme.

On ne doute [1] point que ce ne soit de Toulouse dont Maxime fut élû évêque, ce qui pourroit faire croire que son élection précéda de quelques années la persecution d'Euric, ou que si elle est posterieure, comme il y a apparence, ce prince avoit révoqué alors sa défense d'élire de nouveaux évêques dans les sieges vacans. Nous voyons d'ailleurs qu'Euric rappella S. Sidoine de son exil et le fit sortir de sa prison, et que nonobstant son indisposition contre lui, il lui permit de retourner dans son diocèse et d'en reprendre le gouvernement. Au reste il paroît que sous la domination des Visigots Ariens, les anciens peuples de la province demeurerent inviolablement attachez à la religion catholique; et que soûtenus par le zele et la pieté de plusieurs saints évêques qui illustroient alors les églises des Gaules, Euric fit des efforts inutiles pour les ébranler dans leur foi.

VI.

S. Severe fonde un monastere dans la ville d'Agde.

Un ancien monument nous a conservé la mémoire de Beticus évêque d'Agde qui vivoit [2] à peu près dans le même-tems, et qui donna dans sa ville épiscopale un azile à S. Severe Syrien de nation, lequel après avoir abandonné sa patrie et ses parens, et s'être mis en mer, fut porté par hazard vers l'embouchure de l'Eraud à deux milles de la ville d'Agde. Ce saint après avoir distribué ses biens aux pauvres et obtenu permission de Beticus de vivre en réclus hors de la même ville, fit bâtir ensuite proche l'église de saint André un monastere où il assembla trois cens moines sous

sa conduite, du nombre desquels fut S. Maixent natif d'Agde dont nous aurons occasion de parler ailleurs. Severe, selon l'auteur de sa vie qui ne paroît pas fort ancien, fut inhumé dans l'église de S. Martin de la même ville *.

VII.

Victoire d'Euric sur les pirates Saxons.

L'absence d'Euric occupé alors à la guerre d'Espagne enhardit les pirates Saxons qui écumoient les mers de l'Armorique, à faire une entreprise sur les côtes d'Aquitaine vers la Saintonge [1] dans les états de ce prince: mais sa flotte s'étant mise en mer, leur donna la chasse, et les vainquit, à ce qu'il paroît; car ils furent du nombre des peuples qui demanderent la paix à Euric, lorsqu'étant de retour d'Espagne il fit le voiage de Bordeaux dont nous avons déjà parlé. Ce prince non content d'avoir étendu sa domination au-delà des Pyrenées, fit encore de nouvelles conquêtes dans les Gaules après la mort de Nepos.

VIII.

La Provence soûmise aux Visigots.

Cet empereur quoique dépoüillé de la pourpre [2] et de presque tous ses états, tâchoit de se maintenir toûjours dans la Dalmatie, et ne cessoit d'implorer la protection et le secours de Zenon empereur d'Orient pour rentrer en Italie et en chasser Odoacre. Les provinces des Gaules lui demeurerent toûjours fidelles malgré son expulsion, et refuserent de reconnaître Odoacre qui vouloit les assujettir à sa domination. Elles députerent même à Constantinople pour solliciter Zenon en sa faveur, et pour se dispenser d'obéir à ce roi des Herules qui envoia de son côté des ambassadeurs à cet empereur pour lui demander qu'il voulût lui accorder le titre de patrice avec le gouvernement de l'Italie. Zenon parut d'abord balancer entre ce prince barbare et Nepos; il

---

[1] Bar. ad ann. 465. - Savar. in Sid. V. Till. ibid.
[2] Cat. mem. p. 907. - Mab. annal. tom. 1. p. 33 et tom. 1. act. SS. ord. S. B.

[1] Sid. l. 8. ep. 6. et 9.
[2] Malch. in hist. Byzant. - Candid. hist. l. 2. apud Phot. cod. 79. p. 176. - V. Pagi ad ann. 480. n. 4. et seqq. - Till. art. 4. sur S. Sid.

* *V.* Additions et Notes du Livre v, n° 4.

se déclara cependant pour celui-ci, qu'il avoit déjà reconnu empereur d'Occident, et il paroissoit disposé à vouloir l'aider de toutes ses forces pour le rétablir sur le thrône, lorsque Nepos aiant été tué à Salone dans la Dalmatie au mois de Mai de l'an 480. sa mort fit changer de face aux affaires d'Occident, et en particulier à celles des provinces des Gaules qui étoient encore soûmises à l'empire. Comme elles ne vouloient pas reconnoître Odoacre qui tenoit la place de l'empereur d'Occident, elles se mirent en liberté; et il paroît que ce fut alors que Syagrius fils du comte Gilles, qui commandoit pour les Romains entre le Rhin et la Loire, s'appropria les villes de son gouvernement sous le nom [1] de patrice ou de *Roi des Romains*.

Euric profita de cette conjoncture favorable pour pousser ses conquêtes au-delà du Rhône, et soûmettre [2] la Provence à sa domination. Il paroît que ce prince, fidelle au traité qu'il avoit fait avec Nepos, n'avoit osé auparavant attaquer cette province qui reconnut toujours cet empereur: mais après sa mort (NOTE LIX) Euric aiant passé le Rhône, se rendit maître des villes d'Arles et de Marseille, et étendit sa domination dans tout le pays situé entre la Durance, la mer et les Alpes Maritimes. Odoacre voiant de son côté qu'il ne pouvait conserver cette province, et qu'il n'y seroit jamais reconnu, la lui ceda [3] enfin; et c'est peut-être de ce roi des Herules qu'il faut entendre l'alliance que ces peuples contracterent avec Euric, et dont Sidoine [4] fait mention.

IX.

Guerre entre les Visigots et les Bourguignons. Mort d'Euric.

On [5] attribuë à Euric, devenu maître de la Provence, l'exil du fameux Fauste évêque de Riez, pour le punir d'avoir écrit contre les Ariens. Ce prince fit la guerre [6] environ

[1] Greg. Tur. l. 2. c. 18. et 27. - V. Fredeg. Hinem. et Aim.
[2] Jorn. c. 47. - Isid. chron. p. 719. et seq. - V. Till. ibid.
[3] Procop. l. 1. hist. Goth. p. 175.
[4] Sid. l. 8. ep. 9.
[5] Till. art. 8. sur Fauste.
[6] Jorn. et Sid. ibid.

ce même-tems aux Bourguignons ses voisins; mais nous en ignorons également le sujet et les circonstances. Nous sçavons seulement qu'il vainquit ces peuples, et qu'il les obligea de lui demander la paix. Il mourut ensuite à Arles la dix-neuvième année de son regne, c'est-à-dire, vers la fin de l'an 484. ou du moins avant le mois de Février de l'année suivante.

Euric mourut au milieu de ses plus grandes prosperitez, après avoir rempli le monde du bruit de ses armes, et avoir ajoûté à ses états presque toutes les Espagnes avec une grande partie des Gaules (V. NOTE LIX *et* LXII). Dieu arrêta [1] le cours de ses victoires pour lui en faire rendre compte, et par une punition singuliere *il* [2] *brisa son sceptre de fer*, c'est-a-dire, qu'il mit fin à la dureté de son regne. Ce prince que ses vertus militaires rendoient véritablement recommandable, étoit fier, ambitieux, dur à l'égard de ses sujets, et si attaché à sa secte, qu'il persécutoit également ceux qui refusaient de l'embrasser, et ceux qui avaient le courage de la combattre. Heureux d'avoir trouvé en la personne de Leon un sage et habile ministre qui contribua beaucoup à la gloire de son regne, et qui par la politesse de ses mœurs adoucit la férocité des siennes.

X.

Loix des Visigots. Usage du droit Romain dans la province.

Ce prince se servit de ce ministre, comme on l'a déjà dit, pour donner aux Visigots des lois écrites que ses successeurs perfectionnerent. Ces lois étoient seulement pour ces peuples; car nous verrons dans la suite que les Gaulois ou anciens habitans des provinces soûmises à la domination d'Euric, et qu'on [3] appelloit Romains, continuerent de se gouverner, quoique sujets de ce prince, suivant le droit Romain.

[1] Greg Tur. l. 2. c. 25.
[2] Ennod. vit. Epiph. p. 1663.
[3] Sid. l. 4. ep. 24. l. 2. ep. 1. - V. Till. art. 29. sur S. Sid.

XI.

Ragnahilde femme d'Euric

Euric avant que de monter sur le thrône avoit épousé la princesse Ragnahilde fille d'un roi dont nous ignorons le nom. Nous devons la connoissance de cette reine à une épître de Sidoine [1] Apollinaire qui à la priere d'un certain Evode fit des vers que ce dernier fit graver sur une coupe d'argent dont il avoit dessein de faire present à cette princesse. Quelques auteurs ont prétendu prouver par ces vers que Ragnahilde n'étoit pas femme d'Euric, mais plûtôt de Theodoric II. son frere; il nous paroît cependant qu'on en doit tirer une induction toute contraire (NOTE LIX. *n* 4. *et* 5). Ces mêmes auteurs ajoûtent qu'il est vraisemblable que c'est cette reine qui fit construire à Toulouse l'ancienne église de la Daurade, qu'elle y fut enterrée, et qu'elle est la même que celle que le peuple de cette ville a appellée la reine *Pedauque*: toutes conjectures qui ne paroissent appuiées sur aucun fondement solide *.

XII.

Alaric roi des Visigots. Ses premiers differends avec Clovis.

Alaric II. fils d'Euric et de Ragnahilde succeda, quoique fort jeune, à son pere, et fut reconnu roi des Visigots à Toulouse [2] ville capitale de ses états. Le commencement de son regne fut d'abord assez paisible. Les progrès que les Francs firent bientôt après dans les Gaules an 486, lui firent comprendre ce qu'il avoit à craindre un jour de ces peuples.

La nation Françoise également puissante et belliqueuse étoit composée de differens peuples de la Germanie, d'où elle tiroit son ancienne origine, quoi qu'en disent quelques modernes [3], qui sans aucune preuve solide la font descendre des Tectosages ou anciens Gaulois établis au-delà du Rhin. Ces Germains qui dès le III. siecle étoient déjà connus sous le nom de Francs, s'étoient rendus célébres depuis long-tems par leurs excursions dans les Gaules, leurs exploits militaires et les marques de valeur qu'ils avoient données en differentes guerres qu'ils avoient soûtenuës, soit pour leur propre défense, soit en faveur de l'empire qu'ils avoient souvent servi en qualité d'auxiliaires. Ces Francs ou François, à qui on donnoit ainsi qu'à plusieurs autres peuples le nom de barbares, profitant des désordres et de la décadence de l'empire d'Occident, s'emparerent d'abord des provinces des Gaules situées le long du Rhin, et qui étant [1] à leur voisinage étoient à leur bienséance.

Clovis regnoit alors sur une grande partie de ces peuples. Ce prince attentif aux occasions d'acquerir de la gloire et d'étendre les limites de ses états, voiant les provinces d'Occident en proie à divers peuples, et les conquêtes que les Visigots et les Bourguignons faisoient tous les jours dans les Gaules, travailla de son côté à s'assûrer des pays situez entre la Seine et le Rhin dont une partie étoit encore sous l'obéïssance des Romains et sous l'autorité de Syagrius dont nous avons déjà parlé. Dans ce dessein Clovis après s'être assûré du secours de plusieurs princes de sa nation et avoir assemblé une puissante armée, déclara la guerre à ce general Romain, et l'aiant défié au combat, lui livra bataille proche de Soissons où il le défit entierement.

Syagrius se voiant sans ressource après sa défaite, prit le parti de chercher un azile à la cour du roi Alaric où il se retira, tandis que Clovis profitant de sa victoire, porta ses armes dans le reste de la Belgique. Ce general Romain comptoit sans doute sur le secours et la protection des Visigots qui avoient interêt d'arrêter les progrès d'un prince aussi entreprenant et aussi belliqueux que le roi des François. Il fut trompé cependant dans son attente, et non seulement il ne reçut aucun secours de leur part, mais ils le livrerent même entre les mains de ses ennemis. En effet Clovis aiant envoié aussitôt des ambassadeurs à Alaric pour le sommer de lui remettre ce general, avec menace en cas de refus, de lui déclarer la guerre et de la

---

[1] Sid l. 4. ep. 8. – V. not. Sirm ibid
[2] Isid. chron. p 720
[3] V. diss sur l'orig des Franc.

* *V.* Additions et Notes du Livre v, n° 5.

[1] Greg. Tur. l. 2 c. 27. – Fredeg. c. 15

porter jusques dans le cœur de ses états, ce roi n'osa point se compromettre avec un prince que ses exploits rendoient déjà extrêmement redoutable, et livra Syagrius aux envoiez François. Ceux-ci aiant amené ce general à Clovis, ce prince le fit mourir, et étendit ensuite ses conquêtes jusqu'à la Loire, et par consequent jusqu'aux frontieres du roiaume des Visigots.

XIII.
Ligue d'Alaric avec Theodoric roi des Ostrogots.

Alaric ne put voir d'un œil tranquille la rapidité des victoires de Clovis. Il fut allarmé sur-tout de le voir si près de ses états, ce qui le fit songer à se précautionner contre un voisin si dangereux et à se liguer avec des princes qui fussent en état de le secourir en cas qu'il fût attaqué par les François. Il s'unit sur-tout avec Theodoric roi des Ostrogots, prince alors très-recommandable par ses vertus militaires. Theodoric avoit [1] rendu d'abord des services très-importans à l'empereur Zenon, qui lui devoit son rétablissement sur le thrône que Basilique avoit usurpé, et qui par reconnoissance l'aiant appellé à sa cour, l'avoit honoré du titre de patrice, de la charge de maître de la milice prétorienne, et enfin de la dignité de consul ordinaire. Theodoric préferant au repos, dont il jouissoit au milieu de ces honneurs, la gloire des exploits qu'il méditoit, demanda avec instance à Zenon la permission de porter la guerre en Italie pour en chasser le roi Odoacre, avec promesse de lui en ceder la conquête, et de se contenter de la gouverner sous ses ordres. Zenon soit par foiblesse, soit par reconnoissance n'osa lui refuser sa demande, il se contenta de lui recommander le senat et le peuple Romain. Theodoric se mit aussitôt en marche avec toutes les troupes de sa nation; et après avoir traversé sans obstacle les Alpes Juliennes (an 489.), il alla camper avec son armée auprès de la riviere d'Izonzo (*Sontium*) qui descend des montagnes de la Carniole et va se jetter dans la mer près d'Aquilée. Odoacre se présenta devant cette riviere pour lui en disputer le passage; mais ne pouvant soûtenir le choc des Ostrogots, il fut obligé de prendre la fuite. Il fut vaincu une seconde fois par ces peuples dans un nouveau combat qui se donna auprès de Verone à la fin du mois de Septembre de l'an 489. et qui fut très-vif de part et d'autre. Odoacre obligé de prendre la fuite une seconde fois, se retira à Ravenne après avoir été abandonné par Tufa maître de sa milice et par une partie de ses troupes qui passerent dans le camp de Theodoric. Celui-ci alors maître de la campagne, s'empara de la Lombardie qui portoit dans ce tems-là le nom de Ligurie, et ordonna à Tufa d'aller assieger dans Ravenne le roi Odoacre dont il venoit d'abandonner le parti : mais soit que ce general se défiât de Theodoric, ou qu'il craignit de tomber entre les mains d'Odoacre, il se déclara de nouveau pour ce dernier à qui il livra les principaux des Ostrogots qui étoient sous ses ordres. L'infidelité de ce general fit changer la face des affaires de Theodoric, et releva le courage du roi des Herules, qui s'étant remis en campagne, recouvra Cremone et Milan; en sorte que Theodoric fut obligé à son tour de se tenir renfermé dans Pavie dont il s'étoit emparé, sans oser ni sortir de cette place, ni tenter aucune entreprise (an 490).

Dans cette extrémité Theodoric [1] s'adressa aux Visigots des Gaules ses anciens compatriotes et les pressa de venir à son secours. Le roi Alaric charmé de l'occasion de secourir un prince si puissant et si capable de le soûtenir à son tour contre les entreprises de Clovis, se ligua volontiers avec lui et fit marcher incessamment un corps d'armée en Italie pour se joindre aux Ostrogots et les aider contre Odoacre. Theodoric soûtenu de ce renfort sortit aussitôt de Pavie, se mit en campagne et alla chercher ce roi qu'il rencontra sur la riviere d'Adda. Les deux armées ne furent pas plûtôt en présence qu'elles en vinrent aux mains. L'action se passa le onzieme d'Août de l'an 490. La victoire fut

---

[1] Procop. l. 1. de bell. Goth. - Jorn. c. 52. 53. et 57. - Anon. Vales. in edit Am. Marcell. p. 663. et seqq. - Ennod. vit. S. Epiph.

[1] Anon Vales ibid.

long-temps disputée de part et d'autre, et la perte fut très-considérable des deux côtez. Mais enfin les Gots devenus superieurs aux Herules, Odoacre après avoir perdu le general Piërius comte des domestiques, fut obligé d'abandonner le champ de bataille et de se renfermer dans Ravenne.

Theodoric le poursuivit jusques dans cette place qu'il assiegea : mais comme sa seule situation la rendoit imprenable, il convertit dans la suite le siege en blocus, résolu de la réduire par famine. Odoacre voiant qu'il ne pouvoit éviter de tomber tôt ou tard entre les mains de ce prince, tenta au mois de Juillet de l'an 491. une sortie des plus vigoureuses : mais le succès ne répondit ni à sa valeur, ni à celle de ses troupes. Enfin se trouvant réduit à la derniere extrémité par la disette des vivres, après un siege ou un blocus de trois ans, il capitula au mois de Février de l'an 493. et donna Thela son fils en ôtage. Theodoric promit la vie à l'un et à l'autre : mais à peine fut-il maître de la place, qu'oubliant sa promesse, il tua le pere de sa propre main, sous prétexte qu'il avoit voulu attenter à sa vie, et fit mourir Thela avec les principaux de la nation des Turcilinges et des Herules peuples également soûmis à ces princes.

Après la conquête de l'Italie, Theodoric qui jusqu'alors s'étoit contenté du titre de patrice, prit celui de roi que les Ostrogots ses sujets lui confirmerent. Ce prince partagea à ces peuples les terres d'Italie que les Herules occupoient auparavant et qui faisoient le tiers des biens-fonds du pays, et laissa les deux autres parties aux anciens habitans qui en étoient demeurez paisibles possesseurs : en cela bien plus équitable que les Visigots qui n'abandonnerent aux Romains ou anciens peuples des provinces des Gaules dont ils se rendirent maîtres, que le tiers des terres, et prirent le reste pour eux.

Theodoric maître de l'Italie et d'une partie de l'Illyrie qu'il avoit conquise auparavant, s'appropria ses conquêtes, sans se mettre en peine de les remettre à l'empereur Anastase successeur de Zenon à qui il s'étoit engagé de les rendre. Pour se maintenir dans la possession de ses états, il s'allia avec des princes assez puissants pour la lui assurer. Il épousa Audeflede fille, ou plûtôt sœur de Clovis; de deux filles naturelles qu'il avoit euës dans la Mœsie, il donna la premiere en mariage à Alaric roi des Visigots, et la seconde à Sigismond fils de Gondebaud roi des Bourguignons. Celle-ci se nommoit Ostrogothe; les auteurs varient un peu sur le nom de l'autre que les uns [1] appellent Theodigothe, Theudicode, et Theudicheuse, et d'autres Arevagni [2].

XIV.

Voiage d'Alaric à Narbonne

Alaric soûtenu par l'alliance et la protection du roi Theodoric qui lui étoit d'ailleurs entierement dévoüé autant par inclination que par reconnoissance des secours qu'il en avoit reçûs, et par là n'aiant rien à craindre [3] de la part des François, donna toute son application au gouvernement de ses états. Beaucoup plus moderé et moins zelé que le roi son pere pour sa secte, il laissa aux églises catholiques de ses états la liberté de choisir leurs évêques. Par cette conduite à laquelle Leon son ministre, qui l'avoit deja été d'Euric, eut sans doute beaucoup de part, on vit la paix et la justice regner dans ses états.

Ce prince que Leon accompagnoit dans tous ses voiages n'avoit pas tellement fixé son séjour à Toulouse, qu'il n'en sortît quelquefois pour aller visiter les autres villes de ses états. Il avoit [4] entr'autres un palais à Narbonne qu'on croit avoir été l'ancien capitole de cette ville, appellé dans les siecles postérieurs *Capdueil*, et dont la situation étoit des plus belles. La vûë de ce palais s'étendoit au Nord-oüest de Narbonne le long de la riviere d'Aude sur un très-beau pays qu'on nomme la plaine de Liviere, laquelle consiste principalement en prairies. Alaric souffrant impatiemment de voir qu'une si

---

[1] Jorn. c. 58. Procop. ibid.
[2] Anon. Val. ibid.
[3] Procop. ibid. p. 175.
[4] Greg. Tur. de glor. mart. l. 1. c. 92. - V not. Ruin. ibid. et Catel. mem p. 77. et seqq.

belle vûë fût coupée par la trop grande élévation d'une église voisine dédiée sous l'invocation de S. Felix martyr de Gironne, et dans laquelle reposoient les reliques de ce Saint, consulta Leon sur les moiens d'y remedier. L'avis de ce ministre fut d'en faire abattre une partie, ce qui fut aussitôt executé : mais si nous en croions Gregoire de Tours, Dieu punit la trop grande complaisance de Leon, en permettant qu'il devint aveugle sur le champ.

XV.

Apollinaire rentre dans les bonnes graces d'Alaric. Punition de Burdimelus.

Nous ignorons si ce ministre survécut longtemps à son malheur, et s'il continua d'aider Alaric de ses conseils. On a seulement lieu de croire que c'est à son ancienne amitié pour Sidoine Apollinaire évêque de Clermont, alors décédé depuis quelque tems, que Sidoine Apollinaire fils de ce prélat fut redevable des bonnes graces que le roi Alaric lui rendit. Ce senateur [1] devenu sujet des Visigots, après que ces peuples eurent fait la conquête de l'Auvergne, avoit lié une amitié très-étroite avec le duc Victorius dont nous avons parlé ailleurs, et qui était comte ou gouverneur particulier de ce pays. Ce duc aiant soûlevé contre lui tous les habitans de Clermont par ses vexations et ses débauches, avoit été obligé, pour éviter la mort, de prendre la fuite et de se retirer à Rome, où Apollinaire l'avoit suivi. Il y fut tué dans la suite et assommé à coups de pierre à cause qu'il continuoit de vivre d'une maniere extremement débordée. Apollinaire fut arrêté en même-temps et envoié prisonnier à Milan, d'où après s'être évadé il revint en Auvergne. A son retour dans sa patrie il trouva que sa fuite et peut-être aussi d'autres raisons avoient fort prévenu Alaric contre lui, et que ses ennemis profitant de son absence l'avoient fort décrié [2] dans l'esprit de ce prince ; mais s'étant justifié auprès de lui, il rentra dans ses bonnes graces, et lui donna dans la suite des marques de sa reconnoissance et de son attachement à ses interêts.

Autant qu'Alaric étoit doux et indulgent envers ceux qui avoient recours à sa justice s'ils étoient innocens, ou à sa clemence s'ils étoient coupables, autant il étoit inéxorable à l'égard de certains criminels à qui il croioit ne pouvoir faire grace. Il donna une preuve de cette severité [1] à l'occasion d'une révolte qui s'éleva en Espagne, et dont un certain Burdimelus étoit le chef. Ce rebelle se voiant à la tête d'un puissant parti, se fit reconnoître roi dans le pays. Sur l'avis de ces troubles Alaric se mit incontinent en état de les arrêter, et donna de si bons ordres, qu'après divers combats ce rebelle aiant été pris et envoié à Toulouse, il fut renfermé et brûlé tout vif dans un taureau d'airain autour duquel on avoit allumé un grand bucher (an 496). C'est par ces exemples de justice et de severité qu'Alaric tâchoit de se maintenir dans son autorité.

XVI.

Exil et martyre de S. Volusien évêque de Tours.

Ce prince étoit respecté de ses sujets Catholiques : mais ils appréhendoient qu'étant Arien il ne renouvellât la persecution qu'Euric son pere avoit excitée contr'eux, et qu'il ne les forçât à abandonner la foi orthodoxe pour embrasser ses erreurs. C'est pour cela qu'ils souhaitoient de passer sous la domination d'un prince Catholique : Clovis l'étoit depuis peu, et la protection qu'il accordoit à la religion lui avoit tellement gagné l'affection des Gaulois ses sujets, que les anciens habitans du pays soûmis aux Visigots envioient leur bonheur.

Alaric informé que Volusien, qui gouvernoit alors l'église de Tours, étoit un des évêques de sa domination qui témoignoient [2] avec plus d'ardeur de se voir sous celle de Clovis, et craignant qu'il ne fît révolter en faveur de ce prince la Touraine limitrophe du roiaume des François, et n'introduisît ces

---

[1] Greg. Tur. hist. l. 2. c. 20. de glor. mart. l. 1. c. 48.
[2] Avit. Vien. ep. 45.

[1] Append. chron. Vict. Tun. - V. Vales. rer. Franc. l. 6 p. 270. et seqq.
[2] Greg. Tur. l. 2. c. 26. l. 10. c. 31.

peuples dans sa ville épiscopale, il le fit arrêter et conduire à Toulouse, d'où il l'éxila ensuite en Espagne. Ce prélat se mit en chemin pour se rendre au lieu de son éxil ; mais à son arrivée à quelque distance de Toulouse, il mourut au mois de Mars [1] ou de Juillet de l'année 498. la huitième de son épiscopat.

Suivant une ancienne [2] tradition S. Volusien après avoir souffert la prison à Toulouse, et s'être mis en marche pour se rendre en Espagne, étant arrivé dans le pays de Foix en un endroit appellé la Couronne, éloigné d'environ mille pas d'un autre appellé Ville-Peyrouse, y fut arrêté par ses conducteurs qui lui couperent la tête en haine de sa religion ; ce qui aura donné lieu sans doute à quelques martyrologes de le mettre au rang des martyrs. Selon la même tradition ses reliques furent transferées dans l'église de S. Nazaire de Foix qui prit son nom dans la suite. C'est aujourd'hui une abbaye de Chanoines Réguliers dont nous aurons occasion de parler ailleurs, de même que de la translation des reliques de leur saint patron. Elles y étoient en vénération à la fin du xiv. siecle [3] et furent exposées pendant les troubles du xvi. à la fureur des Calvinistes [4] qui, après les avoir enlevées, les disperserent ou les réduisirent en cendres.

XVII.

Nouveaux differends entre Alaric et Clovis.

L'éxil et la mort de S. Volusien affligerent sans doute d'autant plus le roi Clovis, que le desir que ce saint évêque avoit témoigné trop ouvertement de passer sous sa domination avoit occasionné l'un et l'autre. Ce fut là peut-être l'origine des differends qui s'eleverent bientôt après entre ce prince et le roi Alaric. Ce dernier de son côté conservoit un vif ressentiment de la fierté et des menaces de Clovis dans l'affaire de Syagrius qu'il avoit été forcé de lui livrer : jaloux d'ailleurs de la prosperité des armes de ce prince et de la nouvelle réputation de valeur qu'il s'étoit acquise dans la fameuse bataille de Tolbiac où il avoit vaincu les Allemans, mais surtout de l'affection que tous les Gaulois Catholiques avoient pour lui, il ne cherchoit qu'un prétexte de rompre les foibles liens d'amitié et d'union que leur commune alliance avec Theodoric roi d'Italie pouvoit avoir formez entr'eux. Alaric avoit reçu depuis peu divers sujets de mécontentement de la part de Clovis, sur lesquels il souhaitoit d'avoir des éclaircissemens. Il lui envoia à ce sujet une ambassade [1] solemnelle : mais l'accüeil fier et hautain que ce prince fit aux ambassadeurs Visigots, et les réponses piquantes qu'il leur donna, ne servirent qu'à indisposer davantage Alaric, qui croiant ne devoir plus user de ménagement envers un roi qui le traitoit avec tant de hauteur, lui déclara la guerre, résolu de se venger des affronts et des sujets de chagrin qu'il en avoit reçûs. Après cette déclaration il assembla ses troupes pour attaquer les François, tandis que Clovis de son côté se mit en état de défense.

XVIII.

Theodoric roi d'Italie s'emploie pour accorder les rois Alaric et Clovis.

Dans cette disposition de haine et de vengeance entre ces deux rois que les flateurs et les esprits remuans, qui ne manquent jamais à la cour des princes, n'entretenoient que trop, les peuples s'attendoient à une guerre sanglante de part et d'autre, lorsque le roi Theodoric, à qui son âge et son alliance avec ces deux princes donnoit sur eux une espece d'autorité, informé de leur animosité et de leurs préparatifs de guerre, interposa sa médiation pour les mettre d'accord. Ce roi tenoit alors la place d'empereur en Occident, quoiqu'il eût refusé d'en prendre le titre ; en cette qualité il se regardoit peut-être comme l'arbitre des differends qui s'élevoient entre les souverains des provinces auparavant soûmises à cet empire. Il avoit d'ailleurs un interêt particulier de ménager les interêts

---

[1] V. Till. sur S. Perp. de Tours tom. 1 . hist. eccl.
[2] Pr. p 28. - Cat. mem. p. 476. et seq.
[3] Pr. ibid.
[4] V. not. Ruin. in Greg. Tur. ibid. Vie de S. Volusi. p. 93.

[1] Cassiod. l. 3. ep. 1. et 4.

des Visigots ses principaux alliez, ses anciens compatriotes, et qui professoient l'Arianisme comme lui. Theodoric fit partir [1] d'abord deux ambassadeurs qu'il envoia au roi Alaric, avec une lettre pour ce prince conçûë en ces termes : « Vous ne devez pas tellement compter sur le nombre de vos troupes et sur celui des victoires qu'elles ont déjà remportées que vous n'aiez à craindre le sort des armes toûjours incertain et douteux ; d'ailleurs vos soldats n'ont pas été exercez depuis long-tems : vous devez vous donner de garde de vous abandonner au ressentiment. On ne défend jamais mieux ses droits que par la moderation, et il est toûjours tems d'avoir recours aux armes lorsqu'on ne peut obtenir justice par d'autres voies ; attendez donc que j'aie envoié mes ambassadeurs au roi des François, et que j'aie tenté d'accommoder vos differends par l'entremise des amis communs. Je serois très-fâché de voir qu'entre deux rois qui me sont également alliez l'un s'aggrandit au préjudice de l'autre. Au reste dans tous vos démêlez Clovis n'a ni répandu le sang des Visigots, ni envahi leurs provinces ; comme vos differends ne proviennent que de quelques paroles dont vous vous plaignez, on peut aisément vous concilier par l'entremise des princes que je proposerai pour arbitres, et en particulier par celle de Gondebaud roi des Bourguignons que mes ambassadeurs ont ordre d'aller trouver après avoir été instruits de vos propres dispositions et vous avoir fait sçavoir les ordres dont je les ai chargez, etc. » Theodoric finissoit sa lettre par assûrer Alaric qu'en cas que les voies de pacification qu'il proposoit fussent inutiles, il pouvoit compter sur son secours et sur son attachement à ses interêts.

Les envoiez de Theodoric s'étant acquittez de leur commission auprès du roi des Visigots, passerent suivant leurs instructions à la cour de Gondebaud roi [2] des Bourguignons pour remettre à ce prince une lettre du roi leur maître, dans laquelle après lui avoir marqué sa peine sur les différends des deux rois des François et des Visigots ses proches et ses alliez, et avoir ajoûté qu'il avoit résolu d'en prévenir les funestes suites, il l'exhortoit de joindre sa médiation à la sienne pour la réconciliation de ces deux princes dont ils avoient un interêt commun d'assoupir les querelles, dans la crainte de les voir tourner au préjudice des Gots et des Bourguignons. Les mêmes ambassadeurs étoient encore chargez de communiquer de vive voix à Gondebaud quelques autres instructions qui ne sont pas venuës jusqu'à nous.

De la cour du roi [1] des Bourguignons ces ambassadeurs passerent à celles des rois des Herules, des Warnes et des Thuringiens peuples Germains qui habitoient au-delà du Rhin. Theodoric écrivoit à ces princes pour les engager à entrer dans la négociation de paix entre Clovis et Alaric, et les prier de joindre leurs ambassadeurs à ceux de Gondebaud et aux siens qui iroient ensemble à la cour de Clovis pour lui persuader de ne rien entreprendre contre les Visigots, et de faire satisfaction à Alaric suivant le droit des gens, s'il ne vouloit s'attirer leurs armes communes. Theodoric n'oublia rien pour faire comprendre à ces rois Germains que c'étoit la seule voie pour prévenir les suites funestes de la division entre les deux rois, et qu'ils devoient se joindre avec lui pour travailler à les réconcilier, tant en reconnoissance des obligations qu'ils avoient au roi Euric qui les avoit toûjours protegez et secourus contre les François leurs voisins, que pour leur propre avantage ; leur faisant entendre que si Clovis venoit à vaincre Alaric, ils ne pourroient éviter d'être à leur tour les victimes de l'ambition de ce roi victorieux. Il y a lieu de croire que ces princes Germains, touchez des raisons de Theodoric, entrerent dans ses vuës, et qu'à sa sollicitation ils envoierent de même que Gondebaud leurs ambassadeurs à Clovis pour tâcher de le porter à donner satisfaction à Alaric.

Les ambassadeurs de Theodoric étant allez ensuite à la cour du roi des François, lui remirent [2] une lettre de ce prince, dans

---

[1] Ibid. ep 1.
[2] Ep. 2.

[1] Ep 3.
[2] Ep 4

laquelle il marquoit à Clovis avec toute la liberté d'un souverain, la tendresse d'un pere et la confiance d'un allié, « qu'il croioit » devoir lui representer qu'il étoit surpris que » pour un differend aussi leger que celui qu'il » avoit avec Alaric, il voulût éprouver le sort » des armes dont le succès est toûjours incer- » tain, et dont leurs ennemis communs ne » manqueroient pas de profiter. Vous êtes » tous deux, continuë-t-il, à la fleur de votre » âge, et vous regnez paisiblement sur deux » puissantes nations: vous risquez l'un et l'au- » tre d'affoiblir vos états, ou de les ruiner » entierement pour une bagatelle. La voie » des arbitres communs pour terminer vos » differends convient beaucoup mieux à des » alliez que celle des armes; faut-il qu'une » ambassade qui n'a pas réussi vous engage à » vous déclarer la guerre? Abandonnez-en » donc le dessein, si vous ne voulez m'acca- » bler de douleur. Au reste je vous avertis » comme votre pere et comme votre ami, » que je me déclarerai contre celui des deux » qui refusera de déferer à mes conseils. C'est » pourquoi j'envoie à votre excellence les » mêmes ambassadeurs qui ont deja été à la » cour d'Alaric votre frere pour vous enga- » ger l'un et l'autre à vous en rapporter à la » décision des amis communs. »

XIX.

Entrevuë de Clovis et d'Alaric.

Il paroît que les soins de Theodoric pour la réconciliation de ces deux princes eurent le succès qu'il souhaitoit, dans l'entrevûe qu'ils eurent ensemble, au rapport de Gregoire [1] de Tours. Cette entrevûe qui se fit sur les frontieres des deux roiaumes des Visigots et des François, se passa de la manière suivante (NOTE LX).

Quelque sujet qu'eût Alaric de se plaindre de la conduite et de la fierté de Clovis à son égard, et de lui déclarer la guerre, il n'avoit osé cependant l'attaquer soit par respect pour Theodoric son beau-pere allié de ce prince, soit par crainte de s'engager dans une guerre dont le succès étoit très-incertain. Il prit donc

[1] Greg. Tur. l. 2. c. 35.

le parti d'envoier des ambassadeurs à Clovis pour lui demander une entrevûë dans laquelle ils termineroient eux-mêmes leurs differends. Clovis accepta la proposition d'Alaric ; et s'étant avancez l'un et l'autre, ils se joignirent dans une isle de la Loire voisine du château d'Amboise en Touraine, qui faisoit la separation de leurs états, et qu'ils avoient choisie pour le lieu de leur rendez-vous. L'accùeil fut très-gracieux de part et d'autre ; et leur conference, où tout se passa avec une égale politesse, fut suivie d'un magnifique repas, à la fin duquel, après s'être promis une amitié mutuelle, ils se separerent en paix, et se retirerent chacun dans ses états. C'est ainsi que se passa cette entrevûe qui fut sans doute une suite de la médiation de Théodoric, et dans laquelle les rois des François et des Visigots terminerent selon les apparences les differends dont nous avons parlé. Le récit qu'en fait Gregoire de Tours détruit du moins toutes les circonstances fabuleuses que quelques auteurs posterieurs ont forgées sur ce sujet, et que les plus habiles critiques rejettent (NOTE LX).

XX.

Union d'Alaric avec Gondebaud roi des Bourguignons

On peut dire que si la crainte des armes victorieuses de Clovis suspendit la vengeance d'Alaric contre ce prince, et l'obligea de s'accommoder avec lui, du moins pour quelque tems, l'appréhension que ce roi des François eut à son tour de s'attirer celles de Theodoric roi d'Italie allié et protecteur des Visigots, l'empêcha d'attaquer ces peuples, et l'engagea à terminer plûtot qu'il n'auroit fait, ses differends avec Alaric. Clovis avoit d'ailleurs interet de ne pas multiplier ses ennemis dans le dessein qu'il avoit alors de profiter de la division qui étoit entre les princes Bourguignons. Il suspendit donc le projet qu'il avoit formé de soûmettre à sa domination les provinces des Gaules possedées par les Visigots, et attendit une occasion plus favorable ou un prétexte plus plausible pour l'executer.

Gondebaud l'un de ces rois Bourguignons étoit fils de Gunduic qui avec sa nation s'étoit établi a Lyon, et des deux côtez du Rhône et de la Saone, comme nous l'avons dit ailleurs. Il avoit [1] d'abord partagé avec trois de ses freres les états de leur pere ; mais deux d'entr'eux appellez Chilperic et Godomar lui aiant déclaré la guerre, il s'étoit d'abord saisi de leurs personnes, les avoit fait mourir, et avoit ensuite envahi leur portion. Il joüissoit tranquillement du fruit de son crime dans la ville de Lyon, alors capitale de ses états, lorsque Godegisile son troisiéme frere qui regnoit dans le pays qui lui étoit échû en partage aux environs de Geneve, craignant que ce prince, dont les forces étoient beaucoup superieures aux siennes, n'usât de la même cruauté à son égard, crut devoir prendre des mesures et se prémunir contre ses entreprises. Il fit proposer secretement à Clovis qu'il se rendroit son tributaire, s'il vouloit l'aider à s'emparer des états de Gondebaud son frere. Clovis charmé de trouver une occasion d'étendre sa domination embrassa celle-ci avec joie et déclara la guerre à Gondebaud (an 500), qui ne pensant à rien moins qu'à la trahison de son frere Godegisile, le sollicita fortement de suspendre la poursuite de leurs differends particuliers et de joindre leurs armes pour défendre leurs états contre les entreprises de leurs ennemis. Godegisile se joignit effectivement avec Gondebaud ; mais à la premiere rencontre des François et des Bourguignons sur la riviere d'Ousche près du château de Dijon, le premier étant passé avec ses troupes du côté de Clovis, Gondebaud fut entierement défait.

Celui-ci aiant pris le parti de la fuite après sa défaite, se retira à l'extrémité de ses états, et se jetta dans Avignon, où Clovis le poursuivit et l'assiegea ; tandis que Godegisile s'empara de Vienne et des autres états des Bourguignons situez le long du Rhône et par conséquent du Vivarais qui faisoit partie du roiaume de Gondebaud. Ce dernier se voiant sans ressource et vivement pressé dans Avignon par les troupes Françoises qui en faisoient le siege, eut recours à une ruse qui lui réussit. Il fit sortir de la place Aredius son confident, homme d'esprit et d'intrigue,

qui se rendit à Clovis comme un transfuge et agit si bien auprès de lui, qu'il lui persuada de lever le siege d'Avignon qui tiroit en longueur, et de se contenter d'un tribut annuel que Gondebaud promettoit de lui paier. A cette condition Clovis abandonna le siege de cette place, leva le camp, et se contenta de laisser dans le pays, pour la sûreté de Godegisile, un corps de cinq mille François : mais Clovis fut à peine sorti des états des Bourguignons, que Gondebaud s'étant mis en campagne, entreprit d'assieger son frere dans la ville de Vienne, dont il se rendit maître à la faveur d'un aqueduc. La garnison fut passée au fil de l'épée, et Godegisile s'étant réfugié dans une église Arienne où il comptoit de trouver un azile, eut le malheur d'y être misérablement massacré. Les troupes Françoises que Clovis avoit laissées à ce prince infortuné se trouvant hors d'état de se défendre, se jetterent dans une tour de la même ville où elles se rendirent enfin à discretion. Gondebaud après avoir défendu de leur faire aucun mal, les envoia à Toulouse au roi Alaric pour être reléguées dans les états de ce prince, ce qui augmenta les sujets de division qui étoient dejà entre ce roi des Visigots et Clovis qui le soupçonna d'être d'intelligence avec Gondebaud.

XXI.

Ligue de Theodoric avec Clovis contre les Bourguignons. Conquête de plusieurs places du côté du Rhône par le premier.

Celui-ci [1] se voiant seul et paisible possesseur de tout ce qu'on appelloit alors le roiaume des Bourguignons, refusa bientôt après le tribut annuel qu'il avoit promis de paier à Clovis, ce qui alluma une nouvelle guerre entre ces deux princes. Theodoric roi d'Italie prit le parti du François durant cette guerre, plûtôt par politique, que par aucun dessein de nuire au Bourguignon qui étoit son allié ; car Sigismond fils de Gondebaud avoit épousé sa fille Ostrogothe. Theodoric prévoiant donc que si Clovis devenoit maître de tout le pays des Bourguignons, il auroit beaucoup à craindre

---

[1] Greg. Tur. l. 2. c. 32. et seq.-Procop. l. 1 de bell. Goth. fredeg. epit c. 23 et seqq

[1] Greg. Tur. l. 2. c. 33. - Procop. ibid. p. 175. et seq.

www.ingramcontent.com/pod-product-compliance
Lightning Source LLC
Chambersburg PA
CBHW050545170426
43201CB00011B/1574